Kölner Ethnologische Mitteilungen

Herausgegeben von
Ulla Johansen und Thomas Schweizer †

Band 12

Christoph Antweiler

Urbane Rationalität

**Eine stadtethnologische Studie
zu Ujung Pandang (Makassar), Indonesien**

Reimer

Als Habilitationsschrift auf Empfehlung der Philosophischen Fakultät der Universität zu Köln gedruckt mit Unterstützung der Deutschen Forschungsgemeinschaft

Die Deutsche Bibliothek - CIP-Einheitsaufnahme
Ein Titeldatensatz für diese Publikation ist bei
Der Deutschen Bibliothek erhältlich

Umschlagabbildung: Bewohner Ujung Pandangs
(Foto: Ch. Antweiler, 1999)

© 2000 Dietrich Reimer Verlag GmbH

Alle Rechte vorbehalten
Gedruckt auf alterungsbeständigem Papier

Printed in Germany
ISBN 3-496-02692-8

Für Thomas Schweizer (1949–1999)

Inhalt

Verzeichnis der Abbildungen xi
Verzeichnis der Tabellen xiii
Vorwort xv

1 Einführung: Stadt und Rationalität 1
1.1 Ziel und Herangehensweise 1
1.2 Argumentationsgang der Kapitel 7
1.3 Darstellungsform und Terminologie 12

2 Räumliche Mobilität und naturalistische Entscheidungsstudien 15
2.1 Räumliche Mobilität als Handlung 15
2.1.1 Migration und Wanderungsursachen: Forschungsstand 15
2.1.2 Migrationsmotive, Bleibemotive und Migrationsentscheidungen 19
2.1.3 Innerstädtische Mobilität als Entscheidungsproblem 23
2.2 Handlungsrationalität als empirisches Forschungsproblem 30
2.2.1 Rationalität und Rationalitäten 30
2.2.2 Rationales Entscheiden (*rational choice*) 40
2.2.3 *Rational choice* und Makro-Mikro-Makro-Erklärungen 49
2.2.4 Zusammenfassung der Theorieannahmen 56
2.3 Erkenntnisannahmen und methodischer Ansatz 61
2.3.1 Ethnologische Empirie als Beitrag zur Debatte um Rationalität 61
2.3.2 Ethnologische Entscheidungsstudien: Themen, Ansätze und interne Kritik 68
2.3.3 Entscheiden unter realen Bedingungen: *natural decision-making* 71
2.3.4 Der *natural decision-making*-Ansatz als Mittel zur Präzisierung des Themas Handlungsrationalität 77
2.3.5 Haushaltsentscheidungen und eine multiethnische Stadtnachbarschaft als Untersuchungseinheit 87

3 Methodik und Feldmethoden 91
3.1 Allgemeine Methodik im ethnisch und sozial gemischten urbanen Feld 91
3.1.1 Eigene Wohnsituation und eigener Umzug 91

3.1.2　Rollengestaltung im heterogenen Untersuchungsfeld　96
3.1.3　Datenaufnahme　103
3.1.4　Wechselseitiger Zusammenhang von Theorie und Empirie　112
3.1.5　Besondere regionale Ereignisse im Feldforschungsjahr　112
3.2　Spezielle Methodik: Wohn- und Mobilitätsentscheidungen　114
3.2.1　Auswahl der Stadt und der lokalen Untersuchungseinheit　114
3.2.2　Methodenzusammenhang und Auswahlverfahren　117
3.2.3　Entscheidungstabellen als spezielle Erhebungs-
und Darstellungsmethode　123

4　Ujung Pandang in Süd-Sulawesi: Migration,
Handlungsoptionen und Stadtkultur　127
4.1　Stadtkultur und neue Stadtformen in Südostasien:
kampungisasi, *kotadesasi* und *In situ*-Urbanisierung　127
4.1.1　Urbane Tradition, Kontinuitäten und Verstädterung　127
4.1.2　Urbanisierung, Migration und kulturspezifische
Wanderungstraditionen　131
4.1.3　Urbanisierung und Migration in Indonesien　137
4.2　Süd-Sulawesi als Wanderungs- und interethnisches
Begegnungsfeld　140
4.2.1　Süd-Sulawesi im Überblick　140
4.2.2　Vier dominante Ethnien　148
4.2.3　Ethnienübergreifende Strukturen und interethnische
Beziehungen　162
4.2.4　Wirtschaftsbeziehungen als Motor interethnischen Umgangs　166
4.3　Regionalhistorische Kontinuitäten in Süd-Sulawesi:
Sozialstatus und Option als Kulturthemen　168
4.3.1　Instabile Herrschaft, Arbeitskräftemangel und
Klientelbeziehungen　168
4.3.2　Indigene Konzeptionen von Herrschaft　170
4.3.3　Statuswettbewerb und strategisches Handeln　174
4.3.4　Wahlmöglichkeiten im Wirtschaftshandeln und
in räumlicher Mobilität　178
4.3.5　"Wahlverwandtschaft" und informelle interethnische
Netzwerke　182
4.4　Urbane Kontinuitäten　184
4.4.1　"Company Town": Formale Segregation versus
informeller Austausch　184
4.4.2　Wirtschaftliche Konkurrenz und Konflikte:
Ethnizität und Verwandtschaft als soziales Kapital　192
4.4.3　Politisierung des Verhältnisses Stadt-Region-Nation
im 19. und 20. Jahrhundert　195

4.5 Ujung Pandang als periphere Großstadt heute 204
4.5.1 Lebensform, Stadttyp und Wirtschaft 204
4.5.2 Besonderheiten der interethnischen Situation und Migration: Vielfalt und Dominanz 208
4.5.3 Lokalisierung des globalen Urbanismus: Westliche Planung in kulturspezifischer Ausformung 212

5 Rappocini: Mobilität und ethnische Interaktion im Stadtviertel 219
5.1 Lokale historische Kontinuitäten in Rappocini 219
5.1.1 Methodische Vorbemerkung: Verschiedene Sichten einer konfliktreichen Sozialgeschichte 219
5.1.2 *Daerah Texas*: Rappocini als ethnisch homogener *kampung* an der Stadtgrenze bis in die 1960er Jahre 222
5.1.3 Freier Bodenmarkt und multiethnische Struktur: Ein "Quasi-Experiment" ab 1971 229
5.1.4 Wirtschaft und Ethnizität: Verdrängung der Makasar seit den 1980er Jahren 236
5.2 Knotenpunkte des Alltagslebens 240
5.2.1 Haushalt, Nachbarschaft und Arbeitsplatz 240
5.2.2 Die Nachbarschaft *Rukun Tetangga* (*RT*) als Verwaltungseinheit 246
5.2.3 Städtische "Frontier" und selektive Modernisierung: *modernisasi* 251
5.3 Haushaltsökonomie: Dynamische Kombination mehrerer Einkommen 254
5.3.1 Methodische Vorbemerkung: Haushalte und Haushaltsarbeit 254
5.3.2 Arbeit für Geldeinkommen 258
5.3.3 Arbeit für den Eigenbedarf: Subsistenzeinkommen 263
5.3.4 Konsumption: Ungleichheit der Lebenslagen und Lebensstile 265
5.4 Lokale Politik: "von oben und außen" oder "von unten und innen" 266
5.4.1 Die Bedeutung der unteren Verwaltungseinheiten *Rukun Tetangga* (*RT*) und *Rukun Warga* (*RW*) für die Bewohner 266
5.4.2 Legitimitätsprobleme in dynamischen Nachbarschaften 268
5.5 Überzeugungen im Schnittpunkt von Religion, Ethnizität und Nationalismus 277
5.5.1 Theoretische Vorbemerkung: Überzeugungssysteme als plurale Gebilde 277
5.5.2 Überzeugungen im Alltagszusammenhang 278
5.5.3 Konstitutive Verhaltensregeln 280
5.5.4 Regulative Ideen 285

5.6 Soziale Organisation von Raum und Zeit 289
5.6.1 Verortung Rappocinis in der Bewohnersicht: der Makrokontext als Abhängigkeitsbeziehung 289
5.6.2 Mesoraum als soziales "Netz": Die Nachbarschaft (*kampung ini*) 294
5.6.3 Der Haushalt (*rumah tangga*) als Mikrosphäre 299
5.6.4 Arbeitswelt und Islam als strukturierende Faktoren der Tageseinteilung 309
5.6.5 Soziale Auswahl und Zeitmangel: "beschäftigt sein" (*sibuk*) 310
5.7 Entscheidungsrelevante lokale Konzepte sozialer Ungleichheit 312
5.7.1 "Social Location": soziale Verortung und Aufstiegsmotiv als ethnienübergreifende Kulturthemata 312
5.7.2 Polare emische Modelle der Sozialstruktur 316
5.7.3 "Social Location" auf Familien- und Nachbarschaftsebene 318
5.7.4 Eine urbane Sicht zu Rang und Ansehen 324

6 Rationalität in Wohnweise und räumlicher Mobilität 329
6.1 Lokale Entscheidungskonzepte und Entscheidungsroutinen 329
6.1.1 Entscheidungsbedarf, -bedingungen, -begrenzungen, -verfahren und -zuständigkeit 329
6.1.2 Die "Lebenslage" (*situasi hidup*) als grundlegende Handlungsbedingung 331
6.1.3 Entscheidungsstrategien am Beispiel "Geld suchen" (*cari uang*) 333
6.1.4 Struktureller Entscheidungsrahmen: schwach legitimierte Hierarchien und die *Indonesian Metropolitan Superculture* 336
6.2 Die Suche nach physischer Sicherheit, Arbeit und Erziehung: Migration als regionale und diachrone Strategie 341
6.2.1 Indigene Migrationskonzepte 341
6.2.2 Fallgeschichte: Nurdin als "Wanderer" (*perantau*) 343
6.2.3 Mobilitätserfahrungen: Biographische Kontinuität 346
6.3 Mietunsicherheit, ökonomische Optionen und Status: Innerstädtische Umzüge als Handlungsstrategie 350
6.3.1 Entscheidungsbedarf: Residenzwahl und Wohnzwänge 350
6.3.2 Der soziale und symbolische Kontext des Umziehens 359
6.3.3 Wohnen und "Lebensmuster" (*pola hidup*) 366
6.3.4 Sozialer Kontext und ethnienübergreifende Ideale als Entscheidungsgrenzen: zwei Fallgeschichten 377
6.4 Wohnort und "sozialer Ort": ethnienübergreifende und ethnienspezifische Ziele 385
6.4.1 Wohnen: allgemeine Ziele und Präferenzen 385

6.4.2 Hausbau: Strategien entsprechend sozialer Lage, Modernitätsidealen und ethnischen Präferenzen 389
6.4.3 Haus- und Bodenkauf: Aufstiegsmotiv (*cari status*) und urbane Ideale 402
6.5 Systematisierung und Test: das Handlungsfeld städtischer Residenz 407

7 Synthese: Urbanität als Rationalität und städtische Dynamik in Südostasien 415
7.1 Ansatz: Handlungsbezogene urbane Kognition und *Natural Decision-Making* 415
7.2 Theoriebezogene Ergebnisse: Handlungsrationalität im postkolonialen Kontext 416
7.3 Regional vergleichende Ergebnisse: Neue Urbanität und Stadtkultur in Südostasien 431

Anhang 447
A.1 Glossar 447
A.2 Lokale Definitionen handlungsrelevanter Begriffe 453
A.3 Lebenshaltungskosten in Ujung Pandang 456
A.4 Biographischer Kontext von Migration und Umzügen 457

Bibliographie 459

Verzeichnis der Abbildungen
(Kurztitel)

Abb. 1 : Theoretische und methodische Verortung der Untersuchung 6
Abb. 2: Aufbau der Untersuchung 7
Abb. 3: Typen von Migrationsmodellen 18
Abb. 4: Entscheidungsmodell für Wanderungen 22
Abb. 5: Anteil innerstädtischer Umzüge in Köln 1989/1990 24
Abb. 6: Entscheidungsmodell zu innerstädtischer Mobilität 26
Abb. 7: Handlungsraster mit Entscheidungshorizonten und -umfang 36
Abb. 8: Motive und Handeln in Relation zum Aufwand 38
Abb. 9: Erweitertes Handlungsraster 39
Abb. 10: Struktur und Terminologie des Makro-Mikro-Makro-Modells 50
Abb. 11: Dreischritt sozialwissenschaftlicher Erklärung 52
Abb. 12: Verhaltensregeln im Alltag 93
Abb. 13: Einführung bei Personen unterschiedlichen sozialen Hintergrunds 98
Abb. 14: Theoriebildung und Empirie im Untersuchungsablauf 111
Abb. 15: Modell der morphologischen Struktur indonesischer Städte 138
Abb. 16: Sulawesi: Morphologie und wichtigste Städte 141
Abb. 17 : Grunddaten und Strukturmerkmale Süd-Sulawesis 142
Abb. 18: Naßreisbau im ländlichen Süd-Sulawesi 144
Abb. 19: Provinz Süd-Sulawesi und ethnolinguistische Gruppen 151
Abb. 20: Strukturmodell der kolonialen Stadtgesellschaft 189
Abb. 21: Typische Konstellationen im Handelsnetzwerk 194
Abb. 22: Ujung Pandang: Strukturdaten und qualitative Charakteristika 206
Abb. 23: Stadtplan Ujung Pandangs und Lage des Untersuchungsgebiets 209
Abb. 24: Rapider heutiger Wandel in Ujung Pandang 215
Abb. 25: Historische Einbettung Ujung Pandangs 216
Abb. 26: Landschaft aus makasarischen *kampung* in Reisfeldern 222
Abb. 27: Die ersten permanenten Häuser des untersuchten *RT* 230
Abb. 28: Karte des *kelurahan* Rappocini und untersuchte Nachbarschaft 237
Abb. 29: Bauliche Veränderungen zwischen 1988 und 1991 238
Abb. 30: Ethnische Mischung in der untersuchten Nachbarschaft 242
Abb. 31: An einem Weg in der untersuchten Nachbarschaft 246
Abb. 32: Verwaltungseinheiten im städtischen Indonesien 248
Abb. 33: Hauptstraße mit neuen Geschäftshäusern chinesischen Typs (*ruko*) 250
Abb. 34: Die *frontier* der Hauptstraße zum Wohnbereich 251
Abb. 35: Die zweite *frontier*: Besiedlungsgrenze zum ehemaligen Reisland 253
Abb. 36: Infrastruktur, öffentlicher und privater Raum 254
Abb. 37: Ein ungelöstes Problem: unkontrolliert abgeladener Abfall 269
Abb. 38: Normenübertretung in Beispielen 279
Abb. 39: Ursachen für das Gefühl der Beschämung 282
Abb. 40: Wegtor mit nationalen und regionalen Symbolen 286
Abb. 41: Verräumlichte Konzepte von Abhängigkeit und Vernetzung 291
Abb. 42: Zäune als soziale Grenzen 296

Abb. 43: Begegnungsgelegenheiten im öffentlichen Raum: ein Schulfest 298
Abb. 44: Moderne Zimmerkategorien und tatsächliche Nutzung 302
Abb. 45: Soziale Grenzen in einem Wohnhaus 304
Abb. 46: Zeitweilige Begrenzungen in einem Wohnhaus 308
Abb. 47: Anpassungen an Veränderungen der Bewohnerzahl 308
Abb. 48: Möglichkeiten der Demonstration von sozialem Status 315
Abb. 49: Emische Hauptdimensionen von Feierlichkeiten 318
Abb. 50: Alltagsdrehbuch für den Besuch eines Hochzeitsempfanges 321
Abb. 51: Spontan genannte Umzugsgründe 352
Abb. 52: Innensicht der Migrations- und Umzugsmotive 355
Abb. 53: Typische Erweiterung eines Hauses 359
Abb. 54: Gegenseitige Hilfe beim Umzug 361
Abb. 55: Errichtung eines Wohnhauses 366
Abb. 56: Gebiet mit geräumten illegalen Hütten 369
Abb. 57: "Land anderer Leute bewachen" 369
Abb. 58: Wohnwechsel im interethnischen Kontext 378
Abb. 59: Typ Stelzenhaus 391
Abb. 60: Typ des "Süd-Sulawesi- Hauses" 392
Abb. 61: Aktionsplan für den Bau eines Hauses 394
Abb. 62: Fundamente eines Hauses 395
Abb. 63: Typ Steinhaus 399
Abb. 64: Moderne Wohnformen für eine "Elitegegend" 403
Abb. 65: Handlungsfeld Migration und Wohnen in Süd-Sulawesi 408
Abb. 66: Wohnen und Mobilität im Makro-Mikro-Makro-Modell 416
Abb. 67: Gemeinsamkeiten der Ethnien und Kontinuitäten in Süd-Sulawesi 420
Abb. 68: Regional- und ethnienspezifische Migrationsursachen 421
Abb. 69: Ethnien, Schichten und sozialer Umgang 433

Verzeichnis der Tabellen
(Kurztitel)

Tab. 1: *Homo sociologicus, homo oeconomicus* und das RREEM-Modell 55
Tab. 2: Methoden zur Erforschung von Entscheidungen 71
Tab. 3: Entscheidungsdimensionen im Gradient zwischen zwei Polen 80
Tab. 4: Entscheidungsprofile zu Migration und innerstädtischem Umzug 81
Tab. 5: Fokus der Untersuchung in Forschungsansätzen 82
Tab. 6: Tagesablauf während der Feldforschung 94
Tab. 7: Tätigkeiten im Verlauf der Feldforschung 96
Tab. 8: Art und Zusammenhang der Auswahlen 122
Tab. 9. Aufbau der Entscheidungstabellen 124
Tab. 10: Verbreitung der Bugis, Makasar und Mandar 143
Tab. 11: Ungleichheit und Armut Süd-Sulawesis 146
Tab. 12: Beziehungsformen in Politik und Wirtschaft der Kolonialzeit 183
Tab. 13: Übersicht der Kategorien sozialer Ungleichheit im 18./19. Jh. 186
Tab. 14: Vergleich dreier Haushaltsinventare des 18. Jhs. 190
Tab. 15: Herkunft der Elterngeneration der Bewohner der Nachbarschaft 204
Tab. 16: Einwohnerzahlentwicklnung Ujung Pandangs 211
Tab. 17: Wohndauer in der untersuchten Nachbarschaft 235
Tab. 18: Phasenhafter Aufbau der Siedlungsstruktur 235
Tab. 19: Herkunft der Bewohner der untersuchten Nachbarschaftseinheit 241
Tab. 20: Ethnische Zusammensetzung der untersuchten Nachbarschaft 241
Tab. 21: Altersaufbau des untersuchten *RT* 243
Tab. 22: Einkommen der Haushalte 243
Tab. 23: Formale Bildung 245
Tab. 24: Berufe und Arbeitstätigkeiten 245
Tab. 25: Kernbestand der Bewohner der Haushalte 256
Tab. 26: Zusätzliche Bewohner 257
Tab. 27. Alterspanne der Haushaltsmitglieder 257
Tab. 28: Grundgehälter von Beamten in Ujung Pandang 259
Tab. 29 Monatliche Ausgaben und Geldeinkommen der Haushalte 259
Tab. 30: Derzeitige wirtschaftliche Lage der Haushalte 260
Tab. 31: Bedeutung der Selbstversorgung 261
Tab. 32: Mitgliedschaft der Hausfrauen in Sparklubs 261
Tab. 33: Nebentätigkeiten 262
Tab. 34: Informelle Einnahmequellen 263
Tab. 35: Dimensionen des Lebensstandards und Indikatoren des Lebensstils 266
Tab. 36: Zimmeranzahl der Häuser und Wohnungen 306
Tab. 37: Anzahl ständiger und zeitweiliger Bewohner 306
Tab. 38: Polare Sozialkategorien und neue Mittelschichtskategorien 317
Tab. 39: Migrations- und Umzugserfahrungen der Haushalte 347
Tab. 40: Mobilitätshäufigkeit eines Samples 347
Tab. 41: Zusätzlicher Landbesitz 349
Tab. 42: Zusammenhang zwischen Wohnform und verfügbarem Wohnraum 353

Tab. 43: Beispiel einer Entscheidungstabelle 357
Tab. 44: Beengte Wohnsituation in der Innensicht 358
Tab. 45: Anbauten und Erweiterungen an Häusern 358
Tab. 46: Soziale Unterstützung bei Umzügen 362
Tab. 47: Ethnische Interaktion durch Wohnverhältnisse 363
Tab. 48: Wissen zur Wohnfolge 363
Tab. 49: Bewohnerfluktuation im Haushalt 371
Tab. 50: Wohnformen in der untersuchten Nachbarschaft 373
Tab. 51: Bedingungen und Optionen bei Umzügen in der Innensicht 1 375
Tab. 52: Bedingungen und Optionen bei Umzügen in der Innensicht 2 376
Tab. 53: Wohnpräferenzen 389
Tab. 54: Arbeitsdurchführung beim Hausbau 393
Tab. 55: Mietpreise 400
Tab. 56: Optionen, Regeln und Strategien beim Hausbau 1 401
Tab. 57: Optionen, Regeln und Strategien beim Hausbau 2 401
Tab. 58: Entscheidungskomplex zum Kauf von Boden mit Haus 402
Tab. 59: Wohnoptionen in Abhängigkeit von sozioökonomischer Lage 413

Sofern nicht anders angegeben, stammen sämtliche
Graphiken, Photos und Tabellen vom Autor.

Vorwort

Dies ist eine problemorientierte stadtethnologische Studie, in der ich theoretische Fragen der Erforschung von Rationalität anhand einer empirischen Lokalstudie in der Stadt Ujung Pandang in Indonesien angehe.

Der Forschungsfokus ist die Handlungsrationalität im Kontext nichtwestlicher städtischer Lebensform. Eine dahinter stehende Frage ist, inwiefern urbanes Denken und Handeln eine spezifische Form von Rationalität (*urban cognition, urban rationality*) aufweist, ein Thema, das sich quer durch verschiedene Disziplinen zieht, die sich mit dem Phänomen Stadt befassen. Die zweite Frage, die im Horizont des Problems urbaner Rationalität steht, ist die Frage nach kulturspezifischen Formen von Urbanität im Denken und Handeln. Sie drängt sich in einer Phase zunehmender Globalisierung, die jeweils spezifische sog. Lokalisierungsprozesse zur Folge hat, auf. Zu ihrer Klärung können stadtethnologische Kognitionsstudien in besonderer Weise beitragen.

Dieses Buch ist das Ergebnis meiner zehnjährigen Beschäftigung mit Ujung Pandang und resultiert vor allem aus einer einjährigen Feldforschung 1991/1992. Es steht im Kontext zweier meiner theoretischen Forschungsinteressen: Kulturwandel und Kognition. In meiner Dissertation und weiteren Arbeiten (1988, 1991a, 1991b, 1991c, 1994c, Antweiler & Adams, eds. 1991) untersuchte ich die Rolle von Handlungsrationalität beim Wandel von Kultur theoretisch und in langfristig-evolutionistischer Perspektive. Mit der vorliegenden Arbeit will ich dies um eine theoriegeleitete Studie ergänzen, die ein spezifisches Handlungsthema im Kontext schnellen Kulturwandels empirisch untersucht. Handlungsbezogenes lokales Wissen (*cultural/local/indigenous knowledge*) beschäftigt mich seit mehreren Jahren (1993, 1995b, 1996, 1998d, 1998e). In dieser Untersuchung gilt mein Interesse insbesondere der Verquickung allgemeinmenschlicher mit kulturspezifischen Denkorientierungen und Wissensformen sowie deren Manifestation im Handeln im urbanen Kontext. Hierfür wird die Innensicht der Akteure im Kontext der Stadtkultur und im Zusammenhang mit materiellen Lebensumständen untersucht.

Den empirischen Untersuchungsfokus bildet ein ausgewähltes Handlungsfeld, nämlich haushaltsbezogenes Entscheiden im Bereich des Wohnens und innerstädtischen Wohnortswechsels in Ujung Pandang als einer großen multiethnischen Provinzstadt Indonesiens. Ich frage am Beispiel des Themas Wohnen und Umziehen, wie das Zusammenspiel individueller Motive und übergeordneter kultureller Orientierungen das Handeln leitet, und welche Rolle dabei einerseits spezifisches kulturelles Wissen und andererseits materielle Lebensumstände spielen.

Probleme der Rationalität manifestieren sich besonders deutlich in Situationen kultureller Mischung und kultureller Dynamik, wo es zu Widersprüchen und Veränderungen und damit unter den Menschen zu Diskussionen über Handlungsmotive und Handlungsoptionen kommt. Über die stadtethnologische Fragestellung hinaus soll mit dieser Untersuchung eines Beispieles von Handlungsrationalität ein Beitrag zu einer erfahrungswissenschaftlichen "Anreicherung" der

Diskussionen um rationales Handeln, die immer wieder in der Diskussion um Rationalität gefordert wird, geleistet werden.

Dieses Werk ist die gekürzte Version meiner Habilitationsschrift (*„Stadtkultur und Mobilität in Süd-Sulawesi. Wohn- und Umzugs-entscheidungen im interethnischen Migrationsfeld von Ujung Pandang"*, Köln, 1995). Mehrere Aufenthalte im Anschluß an die stationäre Feldforschung erlaubten es, die Arbeit durch Informationen über neueste Trends in der sich schnell wandelnden Stadt zu aktualisieren. Ujung Pandang, die Forschungslokalität, ist eine Stadt, die bis 1972 Makassar hieß und im Süden der äquatorialen Insel Sulawesi in Indonesien liegt. Seit Jahrhunderten ein Zentrum regionaler Migration, ist diese Stadt ein Begegnungsfeld von Menschen verschiedener Ethnien und unterschiedlicher regionaler Herkunft. Heute treffen Angehörige mehrerer ethnischer Gruppen nicht nur im Arbeitsleben intensiv aufeinander, sondern sie wohnen auch räumlich eng zusammen. Nach einem Aufenthalt 1989, welcher der Planung diente, sammelte ich die Daten für diese Untersuchung während einer einjährigen stationären Feldforschung von Februar 1991 bis Januar 1992 in Rappocini, einem Stadtteil Ujung Pandangs, wo ich mit Frau und Kind nacheinander je ein halbes Jahr bei zwei indonesischen Familien innerhalb einer Nachbarschaft lebte. Der Feldforschung folgten bislang vier weitere Besuche bei den zwei gastgebenden Familien 1992, 1996, 1997 und 1999. Verschiedene Methoden der Datensammlung habe ich in systematischer Weise kombiniert, um der komplexen Situation gerecht zu werden. Die offenen Gespräche und die systematischen Interviews führte ich in der indonesischen Nationalsprache (*Bahasa Indonesia*) durch, die in der ethnisch gemischten Stadt die gewöhnliche Umgangssprache nicht nur im öffentlichen Umgang, sondern auch in den Haushalten ist. Ich habe nicht mit Dolmetschern gearbeitet.

Es ist mir ein Bedürfnis, einigen Institutionen und Personen zu danken, die die Arbeit ermöglichten oder förderten. Die Aufnahme und Auswertung der Daten sowie die Anfertigung dieses Berichtes wurde von der Fritz Thyssen Stiftung (Köln) mit einem dreijährigen Habilitationsstipendium im Rahmen des Hochschullehrer-Nachwuchsförderungsprogramms unterstützt. Die Stiftung Evolutionsfonds Apfelbaum e.V. finanzierte die Erstellung der Karten, die Thomas Jarmer nach meinen Entwürfen präzise ausführte. Ferner danke ich der indonesischen Wissenschaftsbehörde *LIPI* (Jakarta) für die Forschungserlaubnis und den Universitäten *IKIP* und *UNHAS* (Ujung Pandang) für die Betreuung. Idrus Abustam, mein wissenschaftlicher "Sponsor" in Ujung Pandang, war immer für Gespräche bereit, an meinem Thema interessiert und ließ mich ausgiebig in seiner Privatbibliothek stöbern.

Unter den indonesischen Ethnologen möchte ich besonders Darmawan M. Rahman, Mukhlis Paeni, Abu Hamid und Achmad Mattulada (alle Ujung Pandang) danken. Sehr hilfreich war auch ein ausgiebiges Gespräch mit Zainal Abidin Farid, dem führenden Historiker am Ort, der sich besonders mit der Geschichte der lokalen Reiche befaßt hat. Sie alle gewährten mir einen Austausch, der mir erst den regionalen oder geschichtlichen Hintergrund etlicher Fragen erschloß. Ferner möchte ich zwei Historikern danken, die zur Kolonialgeschichte der Stadt geforscht haben und mir vor und nach der Feldforschung wertvolle

Hinweise gaben: Heather Sutherland (Amsterdam) und Anthony Reid (Canberra). Dank gebührt auch den Herausgebern der Zeitschrift *Baruga*, die durch sehr aktuelle Bibliographien und Hinweise das Erschließen neuer Literatur und Kontakte zu Kollegen, die über Süd-Sulawesi forschen, erleichtern. Horst Liebner (Ujung Pandang) möchte ich für viele Gespräche über Süd-Sulawesi und für den Kontakt zur ersten der beiden Gastfamilien danken. Erik Ishak (Düsseldorf) half mir vor der Feldforschung während langer Spaziergänge, in Ergänzung zu Sprachkursen alltagssprachliches Indonesisch zu lernen. Heike Schauermann (Köln) leistete wertvolle Hilfe bei der Auswertung der Daten mittels SPSS PC+. Michaela Jacobsohn (Bremen), Sylvia Servaes (Köln) und Thomas Gesterkamp (Köln) danke ich für ihre detaillierten und kritischen Kommentare zu Entwürfen von Teilen der Arbeit oder zum gesamten Manuskript. Dagmar Horn und Clemens Pucher gebührt Dank für intensives Korrekturlesen und manchen inhaltlichen Vorschlag.

Ganz besonders danke ich meiner Mutter, Elisabeth Antweiler, die mich auf alle nur denkbare Weise unterstützte, und meiner Frau, Maria Blechmann-Antweiler, vor allem dafür, daß sie bereit war, die Feldforschung mit unserem damals erst sieben Monate alten Sohn mitzumachen. Es war sehr hilfreich, daß sie zu einem dauerhaften „Fan" Süd-Sulawesis geworden ist. Gewidmet habe ich dieses Buch dem verstorbenen Thomas Schweizer, von dem ich enorm viel gelernt habe, nicht nur durch die Betreuung dieser Arbeit.

In Rappocini möchte ich den beiden Familien, Ibu und Pak mit ihren Kindern, sowie Kap und Ubi danken, bei denen ich und meine Familie während des Feldforschungsjahres je ein halbes Jahr wohnen durften. Als Assistent(inn)en, die bei der Erhebung von Daten halfen, danke ich Laela, Arifuddin und Jasman. Wichtige Einblicke in die Hintergründe aktueller Geschehnisse der Stadt Ujung Pandang und zum untersuchten Stadtteil Rappocini erhielt ich in Gesprächen, die sich über das ganze Jahr erstreckten, mit Mappanganro, Henri Kornelis Balfour und Mochtar Leo, dem Vorsteher der Nachbarschaftseinheit.

Ich danke den vielen Gesprächs- und Interviewpartnern in der untersuchten Nachbarschaft, die leider anonym bleiben müssen. Ferner danke ich etlichen Beamten verschiedener städtischer und regionaler Behörden, die mir offizielle, aber auch interne Daten zugänglich machten, weshalb sie ebenfalls ungenannt bleiben.

Nigel Barley schreibt in seinem ethnologischen Reisebericht, Ujung Pandang sei "eindeutig nicht das Gelobte Land des Ethnographen" (1994:64). Die jüngsten Ausschreitungen gegen Indonesier chinesischer Herkunft in der Innenstadt Ujung Pandangs im September 1998 unterstreichen das nur. Ich schätze jedoch diese Stadt und besuche sie zusammen mit meiner Familie fast jedes Jahr wieder. Das liegt vor allem an den Menschen. Das Leben und Forschen hier war und ist für mich nicht nur wissenschaftlich faszinierend, sondern hat mir und meiner Familie viel Freude gemacht und viele Freunde gebracht.

Trier, im Herbst 1998
Ujung Pandang, im Frühjahr 1999

Christoph Antweiler

Cultural issues are a significant dimension of the globalisation argument, but largely absent from the literature describing the new urban forms (in Southeast Asia).
Dean Keith Forbes, 1999

1 Einführung: Urbanität und Handlungsrationalität

1.1 Ziel und Herangehensweise

Das Ziel dieser Untersuchung ist es, die Lebens- und besonders die Denkweise in einer extrem multiethnischen Regionalstadt Südostasiens, Ujung Pandang in Süd-Sulawesi/Indonesien zu erforschen. Den empirischen Fokus bildet Rationalität im Handlungsbereich des Wohnens und Umziehens, der intraurbanen Residenzmobilität. Für die Südostasienforschung möchte ich damit einen empirischen Beitrag zum Thema urbaner Handlungsrationalität außerhalb der Metropolen leisten.

Das theoretische Interesse an städtischer Handlungsrationalität ist durch Aussagen in der Literatur motiviert, die einerseits Rationalität als solche und andererseits individuelle Entscheidung und Kreativität mit städtischem Lebensmilieu verknüpfen. Diese Annahmen gehen vor allem auf Interpretationen früher Arbeiten Georg Simmels (1993, zuerst 1901) zur Großstadt zurück. Festzuhalten ist aber, daß Simmel die Rationalität, die "Verstandesmäßigkeit" des großstädtischen Sozialcharakters, eher mit Geldwirtschaft und Modernität und nur in zweiter Linie mit Merkmalen städtischer Siedlungsweise und Lebensform, etwa der Wohndichte und der Heterogenität der Bewohner, erklärte (Savage & Warde 1993:110-114). Ein älteres und ein neues Zitat verdeutlichen diese verbreiteten Annahmen zum Zusammenhang zwischen Stadt und Rationalität:

> "In the urban setting in the MDCs (more developed countries; Erg. CA) human behaviour becomes more "rational" than traditional, that is, many realms of life become subject to decision-making as contrasted with adherence to the socially inherited *mores* and folkways. (...). It is in the urban milieu that man begins to understand that his destiny is in his own hands and not in the play of supernatural forces such as the stars, spirits and other supernatural elements" (Hauser 1985:6f.).

> "The city as a whole presents problems so overwhelming in scale that their solution becomes a matter of engineering fantasy. People must shrug their shoulders at them; but, at the same time must resolve to carve out for themselves little bits of the city that can be reformed, reconstructed, made habitable through their own social ingenuity" (Cohen 1993:6; vgl. 16).

Nach der Rationalität menschlichen Handelns kann, vereinfacht gesagt, in dreierlei Weise gefragt werden:
1. Inwiefern ist eine Handlung zweckmäßig, bzw. optimal in Bezug auf die Ziele und die Wahl der Mittel?
2. Inwieweit ist ein Handeln in dem Sinn verstandesmäßig, daß es kognitiv und nicht primär emotional gesteuert ist?
3. In welcher Hinsicht ist eine Handlung vernünftig im Sinne eines kulturspezifischen sozialen Konsenses?

Besonders die erste und die dritte dieser Grundfragen der Rationalitätsdebatte können mittels ethnologischer Konzepte und Methoden empirisch angegangen werden. Sie sollen hier im Rahmen der Untersuchung städtischer Lebensform außerhalb Europas erforscht werden. Dabei werden Fragen der Handlungstheorie angeschnitten, die umstritten sind. Dies sind etwa die Fragen, unter welchen Umständen Akteure maximieren, optimieren oder nur bestimmte begrenzte Ziele verfolgen, welche "Kapitalformen" dabei eine Rolle spielen oder in welchem Verhältnis allgemeine zu bereichsspezifischen Rationalitäten stehen. Besonders interessiert mich die kognitive Basis des Handelns und ihre Implikationen zwischen der Mikroebene der Akteure und der Makroebene der Gesellschaft.

Theoretisch nutze ich als Orientierung neuere Varianten der Theorie rationalen Wahlhandelns (*rational choice theory*), die aus der konstruktiven Kritik des Modells des *Homo oeconomicus* entstanden sind. Aus ethnologischer Sicht erscheint dieser Ansatz nützlich, weil er in einheitlichem Theorierahmen das Mikro-Makro-Problem und das Problem des Kulturwandels angeht sowie hoch systematisiert ist. Allerdings sollte man folgendes nicht übersehen:

> "Die Umsetzung der Theorie auf empirische Gegenstände stellt (...) eine große Herausforderung für die Forschung dar. Hier befinden wir uns in der Ethnologie noch im Erprobungsstadium und eine tiefergehende Leistungsbeurteilung der Theorie rationalen Handelns für die ethnologische Forschung wäre gegenwärtig verfrüht" (Schweizer 1992:26).

Entsprechend nutze ich diese Theorie als allgemeinen Rahmen zur Strukturierung, der es zu einer empirischen Frage macht, inwieweit sich die Handlungen im Einzelnen als rationale Entscheidungen deuten lassen. Methodisch gesehen wird die thematische Frage und die genannte theoretische Orientierung in dieser Untersuchung mittels einer Kombination verschiedener Verfahren mit einem Schwerpunkt auf kognitionsethnologischen Methoden angegangen. Besonders nutze ich eine neuere Richtung der Kognitionsethnologie, die Untersuchung von Entscheidungen im realistischen Lebenszusammenhang, sog. "natürliche Entscheidungen" (*natural decision-making approach*). Aber nicht nur bezüglich dieser Entscheidungen, sondern auch bei der Darstellung des Hintergrunds der Mobilitätsentscheidungen steht die Innensicht der Menschen im Zentrum. Mittels dieses Herangehens will ich versuchen, zu klären, inwieweit Urbanität allgemein und die Entscheidungen im besonderen auf spezifisch städtischen Erfahrungen und auf spezifisch städtischem bzw. großstädtischem Wissen beruhen. Es geht also um den Bereich des Wissens, den Menschen in der Stadt aus gelebter Erfahrung und aufgrund dort erfahrener Wertsozialisierung aufbauen (*metropolitan knowledge* in der Definition nach Rotenberg & McDonogh 1993:xi und Low 1996:400f.). Rotenberg (1995:62-77) zufolge betrifft dieses Wissen vor allem öffentliche Verfahrensabläufe, Örtlichkeiten und die eigene und anderer Menschen Identität. Die Spezifität urbaner Erfahrung und Kognition wird von der neueren stadtethnologischen Literatur nahelegt:

"... the paradox that, while the city is so manifestly heterogenous a milieu, it is experienced by its inhabitants in highly specific terms. (...) It is precisely because of this diversity, because of the descriptive poverty of the term 'city', that we place so much on urban imagery to capture the essential character of the social milieux with which we are dealing" (Cohen 1993:2,3).

"Metropolitan knowledge is a subset of the knowledge people gain from their lived experience and value socialization. In many important ways, city dwellers share meanings regardless of the particular city they inhabit or the history that shaped their particular culture. This knowledge is highly generalized. It does not overshadow that which people aquire locally, or which they share with their suburban and rural neighbors" (Rotenberg 1993:xii).

Ich untersuche Fragen der Handlungsrationalität in einer Stadt Südostasiens. In Südostasien wurde das Thema der Handlungsrationalität in Städten - ganz im Gegensatz etwa zu Lateinamerika - empirisch bislang kaum erforscht. Am ehesten wurde die Frage regional in den Philippinen anhand von Klientelverhältnissen (vgl. Portes 1972; Granovetter 1992:26-31) aufgenommen. Eine intensive Debatte gab es jedoch bezüglich der Rationalität von Bauern (*peasant rationality*) im ländlichen Kontext Südostasiens. Dabei ging es vor allem um eine "moralische Ökonomie" versus einer "politischen Ökonomie". Diese Debatte wurde zunächst am Beispiel Vietnams und Burmas sehr dichotom geführt. Der individuell maximierende, gegenwartsbezogen und instrumentell orientierte, ja sogar unternehmerisch denkende Akteur (Popkin 1979) wurde dem "moralischen" Akteur gegenübergestellt, der tradierten sozialen Normen folgt und sein Handeln aus Furcht vor Krisen auf Subsistenzsicherung ("security first") ausrichtet (Scott 1976). Hinter dieser regional ausgetragenen Debatte steht die allgemeinere Kontroverse um strukturelle versus intentionale Erklärungen von sozialem Wandel (*structure vs. agency*). In letzter Zeit mehren sich aber theoretische Arbeiten, die eine Vermittlung zwischen beiden Positionen andeuten, indem sie zeigen, daß sich beide Positionen nicht ausschließen, sondern in einem gemeinsamen Erklärungsrahmen integriert werden können (z.B. Taylor 1989:115-123; 135, 138-142 zu Scott und Popkin; Beiträge in Keyes 1983). Außerdem ergaben empirische Untersuchungen in Südostasien, daß innerhalb heutiger bäuerlicher Gemeinschaften verschiedene Handlungsorientierungen zusammen auftreten und sich zudem je nach der Situation wandeln. Unterschiedliche Formen von

Rationalität, instrumentelle, strategische, normative und kommunikative, bestimmen das Handeln je nach sozialer Position, Situation und je nach Handlungssphäre, wie z.b. Pertierra (1988) für philippinische und Schweizer (1989c) für javanische Bauern feststellten. Erst in den letzten Jahren fand die Diskussion um moralische Ökonomie anhand einer speziellen Frage Eingang in eine die Handlungsrationalität in Städten betreffende Diskussion. Sie dreht sich um das sog. "Dilemma der Händler" (*traders´ dilemma*; Evers & Schrader 1994), die zwischen der Obligation zur Unterstützung von Verwandten, Nachbarn und ethnischen Genossen einerseits und Profitmaximierung andererseits stehen.

Südostasien ist eine im Weltvergleich noch wenig verstädterte Kulturregion. Diese Region weist allerdings heute eine hohe Zunahme der Wachstumsrate der Städte auf. Die meisten bisherigen ethnologischen und geographischen Stadtuntersuchungen in der Region betreffen entweder die großen Metropolen bzw. Primatstädte, vor allem Bangkok, Singapore, Manila und Jakarta, kleine traditionelle kulturelle Zentren, wie Yogyakarta oder Chiang Mai, oder aber kleine Landstädte. Die großen Provinz- und Regionalstädte wurden dagegen viel weniger untersucht, finden im letzten Jahrzehnt aber zunehmendes Interesse (bzgl. Indonesien z.B. Siegel 1986, Yamashita 1986, Frank 1993, Tarnutzer 1993, 1994, Columbijn 1994b). Aber gerade hier spielen sich heute schnelle Veränderungen ab. Dies betrifft die Lebensweise im allgemeinen und eine urban-westliche, aber jeweils lokal- und kulturspezifisch gefärbte Denk- und Handlungsweise im besonderen. Beides steht in engem Zusammenhang mit der postkolonialen Situation und der jeweiligen nationalen Entwicklung sowie mit z.t. neuen regionalen Bewegungen. Aus diesen Gründen habe ich eine Stadt gewählt, die in einer historisch wichtigen Region liegt und selbst historisch eine markante Rolle spielte, deren Stellung aber heute als peripher einzustufen ist.

Da das Thema Handlungsrationalität empirisch schwierig zu fassen ist, nähere ich mich ihm von einem ausgewählten Handlungsbereich aus an. Um das Thema empirisch handhabbar zu machen, habe ich als Handlungsbereich Wohnen und innerstädtischen Wohnortswechsel ausgewählt (vgl. Hannertz´ städtische *domains* 102ff., 317f.). Mein Herangehen ist dabei in einer Hinsicht bewußt eng fokussiert und geht ins Detail; in anderer Hinsicht breit und ganzheitlich. Der Handlungsbereich soll in seiner thematischen Beschränkung als methodisches "Fenster" zur Rationalität dienen[1]. Darin untersuche ich vor allem die diesbezüglichen Entscheidungen. Dies ist ein Fokus, der Kognition und Handlung eng verknüpft und damit Rationalität konkret greifbar werden läßt. Weiterhin ist räumliche Mobilität ein in Süd-Sulawesi besonders relevantes Thema, sowohl in der historischen Erfahrung und der Innensicht der Bevölkerung selbst als auch aus wissenschaftlicher Sicht. Die innerstädtischen Umzüge stehen nämlich heute im Rahmen regionaler Wanderungsprozesse und haben eine historische Kontinuität in Form der in Süd-Sulawesi schon traditionell wichtigen räumlichen Mobilität. So ist der Gegenstand auch für die Menschen vor Ort existentiell bedeutsam, biographisch angebunden und als Ausgangspunkt für Gespräche interessant.

---

[1] Für eine neuere stadtethnologische Untersuchung, in der ebenfalls ein thematischer Handlungsbereich (Heimarbeit) betont wird und ebenfalls ein Fokus auf Entscheidungen liegt vgl. Goddard 1996.

Ein bekanntes Muster der Wohndynamik in Städten Südostasiens ist es, daß die ärmeren Haushalte durch die schnellen Veränderungen der Bodenpreise, durch städtische Bauprojekte oder durch private Wohnsiedlungen "hin- und hergeschoben" werden (vgl. Evers 1984:481, 488). Dies zeigt sich in Ujung Pandang ebenfalls, einerseits in erzwungenen Umzügen von einem geräumten Gebiet in ein anderes unbesiedeltes Areal, andererseits in Umzügen aus Geldnot oder angesichts kurzfristiger wirtschaftlicher Chancen. In Ujung Pandang ist eine zusätzliche Umzugsdynamik zu beobachten. Auch innerhalb der Mittelschicht kommt es zu häufigen innerstädtischen Umzügen. Diese Mobilität ist im Gegensatz zu den Umzügen der verdrängten oder ökonomischen Zwängen folgenden ärmeren Haushalte freier und oft von besonderen urbanen Motiven geleitet. Diese Tendenzen finden sich auch in anderen Provinz- bzw. Intermediärstädten Südostasiens, wurden aber bislang dort noch kaum untersucht. Innerstädtische Umzüge sind aus den großen Metropolen Südostasien bekannt, werden auch dort jedoch meist nur erwähnt (Berner & Korff 1994:29).

Diesen bewußt eng eingegrenzten Handlungsbereich des Wohnens und Umziehens versuche ich dann aber tiefgehend, dicht und holistisch zu ergründen. Erstens werden sowohl die kognitiven Aspekte als auch der Verhaltensaspekt und die lokalen Konzepte und Routinen des Entscheidens im allgemeinen berücksichtigt. Zweitens wird neben der synchronen Wohn- und Mobilitätssituation auch deren sozialhistorische Genese behandelt. In diachroner Hinsicht führe ich die primär synchrone Analyse mit dem regional-sozialhistorischen und kolonialstädtischen Rahmen zusammen, welche ihrerseits eng miteinander verknüpft sind. Drittens steht der lokale Ausschnitt im Zentrum der Untersuchung; er wird aber in seiner regionalen Einbettung verstanden. Die Daten betreffen also schwerpunktmäßig die lokale Situation; aber ich versuche, die lokalen Befunde räumlich, wirtschaftlich und politisch in die Region Süd-Sulawesi sowie weitergreifend in den nationalen indonesischen Kontext und in das globale Beziehungsgeflecht einzubetten, statt dies entweder ganz zu unterlassen oder die Makroebene nur "anzuhängen". Diese Integration der Makroperspektive in die Mikrountersuchung städtischer Kultur halte ich für eine besonders wichtige Aufgabe der Stadtethnologie (vgl. Gulick 1984, Foster & Kemper 1996), die auch betreffs der Städte in Südostasien immer mehr gefordert wird (vgl. Guiness 1993:322f.).

Über Süd-Sulawesi hinausgehend, versuche ich in regionaler Hinsicht, einen Beitrag zum Verständnis städtischer Kultur und ihrer aktuellen Umstrukturierungen in Südostasien zu leisten. Hier möchte ich zur immer noch geringen Kenntnis ethnisch gemischter Gemeinschaften, wie sie in Städten Südostasiens inzwischen häufig sind, beitragen. Solche gemischten Lebensformen sind im Gegensatz zu kulturell einheitlichen Stadtnachbarschaften oder sozialen Segmenten städtischer Bevölkerung bislang erst in den letzten Jahren stärker untersucht worden (z.B. Guiness 1992), so daß es noch wenige Erkenntnisse dazu gibt. Innerhalb Indonesiens habe ich eine Stadt auf einer der sogenannten Außeninseln (*Outer Islands*; Inseln außerhalb Java, Madura und Bali; H.: *buitengewesten*) gewählt. Die ethnologischen Untersuchungen in indonesischen Städten waren bislang in erster Linie auf Städte in der zentralen Insel Java, besonders auf Jakarta und West-Java, Yogyakarta in Zentral- und kleinere Städte in Ost-Java, konzentriert. Mit Süd-Sulawesi habe ich aber eine Region gewählt, deren große Ethnien (Bugis, Makasar, Mandar und Toraja) einzeln relativ gut erforscht sind, so daß eine Basis von Erkenntnissen als Hintergrund zum Verständnis heutigen Handelns vorhanden ist. Studien zu kulturellen Mischsituationen und städtischer Kultur in Süd-Sulawesi und zur Stadt Ujung Pandang fehlen jedoch fast ganz, weshalb diese Untersuchung in Bezug auf die Stadt, ganz im Unterschied zur Region Süd-Sulawesi, nur auf vergleichsweise wenigen indonesischen Arbeiten aufbauen konnte.

Nach dieser regionalen Einordnung der Studie zeige ich in Abb. 1 im Schnittpunkt welcher Forschungsrichtungen diese stadtethnologische Untersuchung in Südostasien angesiedelt ist, was Fragestellung, Theorie und Methode anbelangt. Aus der Ethnologie nutze ich vor allem Literatur aus der Kognitionsethnologie (*Cognitive Anthropology*) und in zweiter Linie aus der Stadtethnologie (*Urban Anthropology*). Die zwei anderen dargestellten Forschungsbereiche sind keine einzelnen Disziplinen, sondern stellen interdisziplinäre Forschungsfelder dar. Zur Erforschung von räumlicher Mobilität tragen neben anderen Fächern in erster Linie die Migrationssoziologie und die Geographie bei. Die Literatur zur empirischen Erforschung von Rationalität ist noch breiter gestreut, wobei die meisten Arbeiten aus der Soziologie, der Psychologie, den Wirtschaftswissenschaften und der Ethnologie stammen.

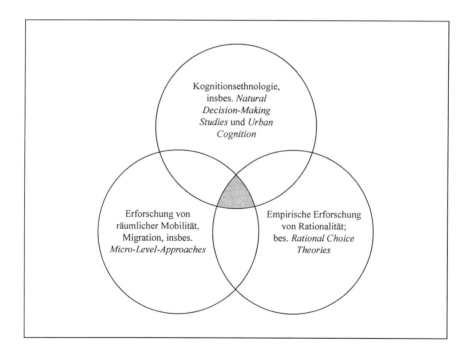

Abb. 1: Theoretische und methodische Verortung der Untersuchung in einem ethnologischen und zwei interdisziplinären Forschungsfeldern

1.2 Argumentationsgang der Kapitel

Ziel dieser Monographie ist es, die urbane Handlungsrationalität im multiethnischen Kontext Süd-Sulawesis anhand von Entscheidungshandlungen zum Komplex Wohnen systematisch zu charakterisieren. Dazu muß als Hintergrund eine Darstellung der Lebenswelt gegeben werden, wobei ein Schwerpunkt auf der Innensicht der Bewohner liegt. Dies erscheint nicht nur aus allgemeinethnologischer Sicht angebracht, sondern entspricht auch den neueren Varianten der *rational choice*-Theorie, in denen die "subjektive Rationalität" als zentraler Bestandteil verstehender Erklärungen von sozialem Handeln angesehen wird (Esser 1991). Der Problembezug auf Rationalität und die Fokussierung auf das Handlungsfeld Wohnen und Umziehen einerseits und die kulturelle Vielfalt der Stadt andererseits erfordern einen Untersuchungsaufbau, der teilweise von der gängigen Gliederung ethnologischer Monographien abweicht. Deshalb erläutere ich im folgenden den Aufbau im Detail.

Die Untersuchung ist in sieben Kapitel gegliedert (Abb. 2). Die zentralen empirischen Teile sind Kapitel 4, 5 und 6, die von der regionalen und historischen Makroebene hin zur lokalen und heutigen Mikroebene angeordnet sind und in der Untersuchung der heutigen Wohn- und Umzugsproblematik im lokalen Feld münden. Umrahmt werden diese empirischen Kapitel von den vorangestellten theoretischen Grundlagen, einem genauen Bericht zur Methodik, einer Charakterisierung der Region und einer abschließenden Synthese.

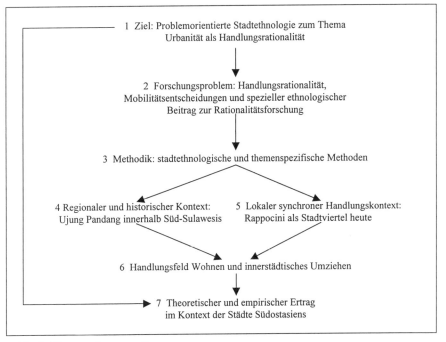

Abb. 2: Untersuchungsaufbau

Im an diese Einführung anschließenden *Kapitel 2* gebe ich eine Übersicht des Forschungsstands zu Ursachen räumlicher Mobilität, also Land-Stadt-Migration, zirkulärer Migration und besonders zu innerstädtischen Umzügen. Dabei wird offenbar, daß innerstädtischer Wohnortswechsel eine in vieler Hinsicht besondere Form von Bevölkerungsmobilität darstellt, über die man bislang besonders bezüglich nichtwestlicher Länder nur wenig Sicheres weiß. In diesen Abschnitten steht die kognitive Dimension von Mobilität, also die Wanderungsmotive bzw. die von den Akteuren erhofften Auswirkungen, im Mittelpunkt der Darstellung. Ich zeige dann anhand der Debatte um Rationalität, wie ein empirischer Zugang zu Rationalität, nämlich über Handlungen und Entscheidungen, die oft sehr spekulative Diskussion befruchten kann. Dazu führe ich ein einfaches Schema an, das Handlungsmotive als Variablen darstellen kann, statt sie in Form dualistischer Menschenbilder, etwa einem Utilitarismus vs. Altruismus, festzulegen. Anschließend erläutere ich den Hintergrund der theoretischen Fragestellung, das Thema Handlungsrationalität, indem ich die derzeitige Diskussion um die Erforschung von Rationalität im nichtwestlichen Kontext behandle. Zunächst führe ich neuere Ansätze der Theorien rationalen Entscheidens (*rational choice*) aus den Wirtschafts- und Sozialwissenschaften an. Diese haben ein gegenüber den klassischen *homo oeconomicus*-Theorien realistischeres Akteurmodell und sind trotzdem sparsam in ihren Annahmen. Dieses Modell läuft weniger Gefahr, historisch, räumlich und kulturell allzu stark zu verallgemeinern und thematisiert außerdem präzise die Beziehung zwischen Akteur und sozialem System. Ferner erläutere ich ein sozialwissenschaftliches Makro-Mikro-Makro-Erklärungsmodell und ein realistisches Akteurmodell, das Annahmen der *rational choice*-Ansätze mit den Prämissen klassischer und neuerer sozialwissenschaftlicher Handlungstheorie zusammenführt.

Aus dem Forschungsstand heraus begründe ich dann, daß Entscheidungen zu räumlicher Mobilität ein geeignetes Untersuchungsthema für Studien im Rahmen der Erforschung sogenannten "natürlichen Entscheidens" bilden. Solche Entscheidungen stehen erstens in realistischem Lebenszusammenhang, statt experimentell erzeugt zu sein. Zweitens sind sie für die Akteure, seien es Individuen oder Haushalte, fast immer wichtig, und schließlich stehen diese Entscheidungen durch Vorerfahrungen und Antizipationen in einem prozessualen Rahmen. Damit eignen sie sich besonders zur Erforschung der Entscheidungsfindung (*decision-making*). Im Anschluß wird das Potential ethnologischer Empirie zur Erforschung von Handlungen anhand von kognitionsethnologischen Entscheidungsstudien entfaltet und schließlich werden die theoretischen Grundannahmen der Untersuchung zusammenfassend dargelegt. Darauf bauen die Erläuterung der Erkenntnisannahmen und die Methodik auf. Nach Ausführungen über spezifisch ethnologische Methodenzugänge zum Thema Rationalität wird ein spezieller Ansatz, die Erforschung sog. "natürlicher" Entscheidungsfindung (*natural decision-making*), systematisch dargelegt, da dies bislang in der Literatur fehlt. Hier gehe ich auf die von diesem Ansatz aufgeworfenen empirischen Detailfragen, auf Varianten des Ansatzes und auf seine partiellen Defizite ein. Ferner zeige ich, wie dieser Ansatz zur Unterscheidung von Entscheidungstypen einerseits und zur Präzisierung empirischer Fragen genutzt werden und so dazu beitragen kann, Untersuchungen zur

Handlungsrationalität zu präzisieren und empirisch umzusetzen. Schließlich begründe ich die Fokussierung auf Haushalte als Entscheidungseinheiten und die Wahl einer räumlichen statt einer (mono-) ethnischen Untersuchungseinheit.

Kapitel 3 berichtet detailliert über die Methodik der Untersuchung im allgemeinen und die verwendeten Verfahren im einzelnen. Ich gehe dabei insbesondere auf die Potentiale und auch die Schwierigkeiten ethnologischer Feldforschung im gemischtethnischen städtischen Rahmen ein. Zunächst gebe ich einen Einblick in meine Wohnsituation während des einen Jahres vor Ort und meinen eigenen Umzug innerhalb der Nachbarschaft. Dann erläutere ich den kommunikativen Kontext der Untersuchung, weil dieser im urbanen Feld besonders vielfältig ist. Daraufhin wird über die Umstände der Datenaufnahme berichtet und aufgezeigt, wie die verschiedenen aufgenommenen Daten systematisch zusammenhängen. Anschließend verdeutliche ich, wie sich während der Feldforschung mitgebrachte Vorannahmen, theoretische Ideen, die sich im Verlauf der Forschung herausbildeten, und empirische Daten einander ergänzten. Es folgt die Darstellung der speziellen - auf Wohn- und Umzugsentscheidungen bezogenen - Methodik. Sie ist detailliert abgefaßt, weil es eine solche Darstellung bislang nicht gibt. Ich begründe die Wahl der Forschungslokalität und erläutere, warum gerade der Fokus auf aktuelle innerstädtische Umzüge als prozessualer Untersuchungseinheit einen guten allgemeinen Zugang zur dynamischen städtischen Lebensform bietet und außerdem ein aufschlußreicher Ausgangspunkt für die historische Verankerung solcher innerstädtischer Residenzmobilität innerhalb eines regionalen interethnischen Begegnungs- und Migrationsfeldes ist (zu Migrationsfeld vgl. Cadwallader 1992:45-52 am Bsp. der USA). Dann stelle ich die Gründe für verschiedene Auswahlen bei der Gewinnung systematischer Daten dar und erläutere im Detail die spezielle Methode der Erhebung und Darstellung von Entscheidungen mittels Entscheidungstabellen.

Das *4. Kapitel* stellt den geschichtlichen und regionalen Hintergrund dar. Zunächst bringe ich Strukturdaten zur Urbanisierung und zum Städtewachstum in Südostasien und setzte dies in den Zusammenhang mit Migrationsprozessen. Dazu skizziere ich einige neue Trends der Verstädterung und städtischer Kultur. Ich führe dann in die Region Süd-Sulawesi und die Stadt Ujung Pandang ein. Hier werden besonders solche Kulturmuster herausgearbeitet, die die Region in dem Sinne charakterisieren, daß sie historisch kontinuierlich sind und außerdem die einzelnen Ethnien übergreifen, also einen bestimmten regionalen "Kulturtyp" darstellen. Bezüglich der Stadt arbeite ich Merkmale heraus, die sie im Vergleich zu anderen Städten Indonesiens und Südostasiens strukturell auszeichnen. Dadurch werden nationale und regionale Bedingungen deutlich, die auf lokaler Ebene den Handlungsrahmen mitbestimmen. Anschließend wird die sozialgeschichtliche Einbettung des Stadtviertels in die ehemals Makassar genannte Stadt und weitergehend in die Region Süd-Sulawesi dargelegt. Diese Abschnitte gehen nur soweit ins Detail, wie es für das Thema der urbanen Handlungsrationalität relevant erscheint, sind aber recht umfangreich, da nur so die vier zentralen kulturellen Charakteristika verständlich werden: die Tradition räumlicher Mobilität, die Normalität interethnischen Umgangs, die ethnienübergreifende Bedeutung sozialer Schichtung und die Wählbarkeit von Handlungen als regionales Kulturthema.

Darstellungen der Regionalgeschichte Süd-Sulawesis existieren nur für wenige Perioden (z.b. Andaya 1981) und auch Gesamtdarstellungen der Stadtgeschichte, auf die ich hätte zurückgreifen können, fehlen weitgehend (z.b. Mattulada 1991[2]), so daß die wichtigen Ereignisse und Strukturen aus verstreuten Aufsätzen zusammengestellt wurden. Deutlich wird damit erstens der Hintergrund der heutigen Migration und der starken innerstädtischen Mobilität und zweitens die hohe Bedeutung, welche der sozialen Stellung von Personen und Gruppen in der ganzen Region zugemessen wird, was treffend als "soziale Verortung" (*social location*; Millar 1981) gekennzeichnet wurde. In der Darstellung der Geschichte der Stadt, die auf zentrale Muster, Kontinuitäten und Umbrüche konzentriert ist, wird die Intensität des sozialen und interethnischen Austausches seit der Kolonialzeit herausgearbeitet. Dieser Austausch war in erster Linie wirtschaftlich und fand in der Regel zwischen Einzelpersonen statt, die kategorial deutlich unterschiedenen Gruppen angehörten. Ich zeige auf, daß wirtschaftliche Beziehungen hier schon lange der entscheidende Motor für die komplexe interethnische Dynamik sind. Die Darstellung der Stadtgeschichte mündet in eine Charakterisierung der Geschichte, wie sie in der Gegenwart gemacht wird (*history in the making*, Borowsky 1987). Darin spielt die soziale Konstruktion von Nachbarschaft und Urbanität mittels Verwaltung und westlicher Stadtplanung eine große Rolle, was auch für neue Wohnziele und Wohnmöglichkeiten gilt. Ein Abschnitt über die Sozialgeschichte der Nachbarschaft im Rahmen der Region macht die Bedeutung des regionalspezifisch ausgeprägten Konzeptes der "Sicherheit" für die Bewertung von Wohnplätzen in der Sicht der Bewohner verständlich. Ferner werden strukturelle Konflikte aufgezeigt, die bis heute den Umgang von "Alteingesessenen" und "Zugezogenen" prägen. Die nur kurze, aber um so intensivere und konflikthafte Sozialgeschichte des untersuchten Viertels ermöglicht ein tieferes Verständnis der heutigen Lebenssituation. Dies betrifft besonders die interethnische Dynamik, die heutigen Bodenkonflikte und das Bild, das die heutigen Bewohner von ihrer Siedlung haben; Fragen, die im anschließenden Kapitel behandelt werden.

Kapitel 5 stellt Wohnen und Umziehen im dem lokalen Handlungskontext dar, in dem sie in der Nachbarschaft heute stehen. Ich charakterisiere Rappocini hier als jung besiedeltes, gemischtethnisches und peripheres Viertel in der Millionenstadt Ujung Pandang in synchroner und lokaler Sicht. Die Darstellung folgt hier der gängigen Systematik ethnologischer Monographien, ist aber auf diejenigen Kulturdimensionen konzentriert, die einzeln und in ihrer Verknüpfung besonders relevant für das Verständnis der Wohn- und Umzugsentscheidungen sind. Das vorangegangene Kapitel wird hier also vertieft, indem die "Logik der Situation", in der sich die Akteure sehen, auf der Mikroebene beschrieben wird. Zunächst stelle ich das Alltagsleben und die Siedlungsform in der untersuchten Nachbarschaft dar und versuche dadurch, ein Lebensbild des komplexen Wohnens und Wirtschaftens in dieser Stadtnachbarschaft zu geben. Dieser Stadtteil entzieht sich nämlich einfachen Typisierungen, wie die als Slum, als Squattersiedlung oder als geplanter Wohnsiedlung, auch wenn Teilaspekte dieser Siedlungstypen vorhanden sind. Detailliert wird dann die ökonomische Situation der Haushalte dargestellt, weil sie eine materielle Basis zum Verständnis der Umzüge als mehr oder minder rationaler kurzzeitiger Strategien liefert und außerdem das tatsächliche Ausmaß der materiellen Ungleichheit erschließt. In Ergänzung der Darstellung der ethnischen Gruppen in der Außensicht im zweiten Kapitel werden dann interethnische Stereotype dargestellt, wie sie in der Stadt verbreitet sind. Sie beinhalten lokale Vorstellungen über Handlungspräferenzen und Gewohnheiten von ganzen Ethnien. Es folgt eine kurze Beschreibung der örtlichen politischen Szene, da sie die wichtige und hier besonders bürokratisch geprägte städtische Umwelt für Alltagsentscheidungen bildet. Dies leitet über zur Darstellung der leitenden Orientierungen im Überzeugungssystem, weil diese die längerfristige Grundlage der Absichten der Akteure sowie kulturell spezifischer Motive und Präferenzen bei Wohn- und Umzugsentscheidungen darstellen. Weiterhin zeigen sich hier sowohl soziale Einschränkungen für individuelle Entscheidungen durch geteilte Normen als auch Freiräume, die sich durch verhandelbare oder uneindeutige Normen und Werte ergeben. Eine ausführliche Darstellung der lokalen Raum- und Zeitkonzepte schließt sich an. Diese sind nämlich in Verbindung mit der Haushaltsökonomie in besonders engem Zusammenhang zu den im anschließenden Kapitel analysierten Wohn- und Umzugsentscheidungen zu sehen. Ein abschließender Schwerpunkt des Kapitels bildet die Darstellung der sozialen Ungleichheit in der Sicht der Bewohner Dies ist allgemein, wie oben gesagt, ein zentrales Kulturthema in Süd-Sulawesi und bestimmt im besonderen die Präferenzen in vielen Lebensbereichen, nicht nur im Bereich des Wohnens und Umziehens, bestimmt.

Im *6. Kapitel* wird die Rationalität der Wohn- und Umzugsentscheidungen systematisch und im Detail dargestellt. Als Hintergrund der Entscheidungen im Bereich des Wohnens behandelt der erste Abschnitt lokale Formen und Traditionen individuellen und haushaltlichen Entscheidens. Dazu werden auch Mechanismen der informellen Entscheidungsfindung im Rahmen der städtischen Bürokratiekultur dargestellt, die in ihrer lokalspezifischen Ausformung über reine Bestechlichkeit hinausgehen und das alltägliche Entscheiden mitprägen. Dann zeige ich an regionalspezifischen Migrationskonzepten einerseits und anhand der bisherigen Wanderungserfahrungen der Bewohner in Form von Residenzbiographien andererseits, inwieweit Land-Stadt-Migration und innerstädtische Umzüge als langfristige Haushaltsstrategien in Süd-Sulawesi zu bewerten sind. Hier wird deutlich, daß die Suche nach physischer Sicherheit, Arbeit und höherer Bildung entscheidende Größen für die den innerstädtischen Umzügen vorangehende Migration in die Stadt sind. Den Kernpunkt der Arbeit bildet die Darstellung materieller und psychischer Dimensionen des Wohnens und Umziehens innerhalb Ujung Pandangs. Diese werden mittels Daten aus systematischen kognitiven Interviews sowie anhand einzelner beobachteter und erfragter Fälle und Fallgeschichten analysiert. Ich frage hier, inwiefern die Umzüge Bestandteil kurzfristiger Strategien sind, den Charakter von Versuch-und-Irrtum haben und inwieweit sie gegebenenfalls revidiert werden können. Die Innensicht zum Entscheidungsbedarf, also zu den Freiheiten und Zwängen, zum sozialen und symbolischen Kontext des Wohnens und zu "passenden" Wohnformen wird systematisch dargelegt und mit Daten zur materiellen Lebenssituation ergänzt. Beides betrifft sowohl die eher private als auch die eher öffentliche Dimension des Wohnens[2]. Mittels zweier Fallgeschichten konkretisiere ich die Begrenzungen der individuellen Entscheidungsfreiheit, die aus dem sozialen Kontext des Wohnens und Umziehens in Zusammenhang mit ethnienübergreifenden Idealen erwachsen. Ein eigener Abschnitt geht dann auf die Wahrnehmung und Bewertung von Wohnplätzen im Rahmen des Strebens nach Statuserhöhung, einem für die Region typischen Handlungsmotiv, ein. Ich stelle hier allgemeine Ziele und Präferenzen des Wohnens dar, arbeite aber auch schichtenspezifische Varianten heraus. Schließlich folgt eine Systematisierung der Ergebnisse im Rahmen eines Akteurmodells und ein Test der emischen Modelle mittels ebenfalls emischer Daten aus einer zweiten, unabhängigen Auswahl.

Im abschließenden *7. Kapitel* fasse ich zunächst die theoretisch relevanten Resultate zum Thema Handlungsrationalität, zu räumlicher Mobilität und zum Wohnort als sozialem Ort zusammen. Schließlich setze ich die Resultate in einen regional komparativen Rahmen neuer Formen von Urbanität in Südostasien.

1.3 Darstellungsform und Terminologie

Es ist immer ein Problem, eine kompliziert angelegte Untersuchung über ein komplexes Thema in einen zwangsweise linearen Text zu gießen, ohne dem Thema eine allzu einfache Form überzustülpen. Ich versuche, eine Lebenswelt, die in mehrfacher Hinsicht durch postmoderne Vielfalt und postkoloniale Verschränkungen gekennzeichnet ist, durch Textform und Abbildungen in bewußt moderner und strukturierter Form darzustellen. So soll ein Bild entstehen, daß sich nicht in der in Publikationen zu Städten Südostasiens verbreiteten Polarität von Squattersiedlungen und hypermoderner Glitzerwelt erschöpft (vgl. Forbes 1999). Mein Anliegen war es, Vergleiche und auch Bezüge zur eigenen Erfahrung der Leserin bzw. des Lesers möglich zu machen, statt zu exotisieren.

Außer Ortsbezeichnungen und Personennamen sind sämtliche fremdsprachigen Wörter kursiv gesetzt. Da die Menschen in Ujung Pandang, wie vielerorts in Indonesien, die indonesische Sprache in grammatikalisch vereinfachter Form gebrauchen (z.B. indem sie Prä- und Suffixe weglassen), wurden die Äußerungen hier sprachlich vereinheitlicht. Wo die Gesprächspartner allerdings durchgängig vereinfachte Formen verwenden, wurde dies beibehalten. Dies betrifft vor allem Vorsilben, die weggelassen werden. Bei englischen und indonesischen Wörtern steht außer einer deutschen Übertragung kein weiterer Vermerk, während ein zusätzliches M. für Makasarisch, ein B. für Buginesisch, ein T. für die Sprache der Toraja und ein N. für Holländisch steht. Bei häufiger auftretenden Wörtern des Makasarischen verwende ich die vereinfachte moderne indonesische Schreibweise (vgl. Noorduyn 1991b), wobei die Akzente wegfallen, z.B. *siriq* statt *siri'* (familienbezogene "Ehre", "Selbstwertgefühl"; M.) und Talloq statt Tallo' (ein Herrschaftszentrum), bei selteneren behalte ich die traditionelle Schreibweise bei.

---

[2] Im Englischen läßt sich dies präziser als im Deutschen unterscheiden: *home* vs. *housing*. In dieser Weise wird der private und der öffentliche Aspekt des Wohnens auch in der Erforschung von Wohnumwelten in der Umweltpsychologie unterschieden (z.B. Tognoli 1987:655f., 657-675).

Bei den Wörtern aus lokalen Sprachen sind zur Vereinfachung affigierende Personalpronomen (*-ki, -ko*) und aspektanzeigende Artikel (*-pi, -mi, -ji*) weggelassen. Besonders wichtige wörtliche Äußerungen oder besonders bedeutende Informationen von einzelnen Gesprächspartnern sind formal so wie aus der Literatur zitierte Aussagen behandelt. Entsprechend gebe ich den Namen an; allerdings kodiert in Form dreibuchstabiger Kürzel. Außerdem vermerke ich ggf. den Zeitpunkt der Äußerung, wenn der Zeitbezug innerhalb der Feldforschung bzw. die eventuelle zeitgeschichtliche Einordnung der jeweiligen Äußerung wichtig ist (vgl. Werner & Schoepfle 1987, II:301f.).

Schließlich noch eine Bemerkung zu einem der häufigsten Wörter in dieser Arbeit. Das Wort *Makassar* wird in der Literatur sehr uneinheitlich verwendet, so daß es Verwirrungen über den Bedeutungsgehalt des zum ersten Mal 1364 im javanischen Manuskript *Negara Kertagama* genannte Wortes geben kann. Mit der Bezeichnung "Makassar" (bzw. "Makasar") werden in der Literatur vier verschiedene Dinge bezeichnet (vgl. Mattulada 1991:15-20):
- erstens eine ethnische Gruppe als kulturelle, bzw. sprachliche Einheit bzw. im moderneren Sinne als eine ethnische Gruppe, verstanden im Sinn einer kollektiven Identitätseinheit als "Wir-Gruppe",
- zweitens das hauptsächlich von Angehörigen dieser Gruppe bewohnte Königreich (*kerajaan*) bzw. Sultanat Gowa (Goa);
- drittens das frühe Handelszentrum an der Küste und spätere Zentrum der Vereenigten Oostindischen Compagnie (VOC) als Kolonialstadt. Dieses Gebiet entspricht etwa dem Zentrum der heute Ujung Pandang genannten Stadt, die von 1607 bis zum Jahre 1972 diesen Namen trug. In der kolonialzeitlichen Literatur wurde die ganze wachsende Kolonialstadt und das angrenzende Gebiet "Makassar" genannt, auch wenn ab 1905 der Name "Makassar" meist nur noch das kleine Altstadtgebiet bezeichnete;
- viertens heißt schließlich auch ein Stadtteil der Stadt Ujung Pandang bis heute "Kreis Makassar" (*Kecamatan Makassar*).

Angesichts der Uneinheitlichkeit in der Verwendung der Bezeichnung und der verschiedenen Schreibweisen für die ethnische Gruppe und auch den Stadtnamen folge ich Caldwells gut begründetem Vorschlag (1992c:5f.; vgl. z.B. auch Needham 1988:44f.; Noorduyn 1991a; Bulbeck 1993:10) und benutze *Makasar* (mit einem s) als Bezeichnung für die ethnische Gruppe, deren Sprache entsprechend als Makasarisch bezeichnet wird. *Makassar* (mit zwei s) benutze ich als Namen der heutigen Stadt Ujung Pandang in geschichtlicher Zeit. Das historische Reich der Makasar bezeichne ich als *Gowa* (nach seiner Vereinigung mit dem Reich Talloq als *Gowa-Talloq*).

Den Namen der Stadt schreibe ich durchgehend in der üblichen Form in zwei Wörtern (*Ujung Pandang*) statt in einem, wie es des öfteren in indonesischen Veröffentlichungen und in Atlanten zu finden ist. Ebenso schreibe ich den Namen des untersuchten Stadtteiles in der gebräuchlichen Form als *Rappocini* statt in den ebenfalls, selbst in offiziellen Dokumenten, gebrauchten Formen *Rapocini* bzw. *Rappo Cini* oder den kolonialzeitlichen Namen *Rapotjini* bzw. *Desa Rappotschini*.

*Die Notwendigkeit zu entscheiden reicht
weiter als die Fähigkeit zu erkennen.*
Immanuel Kant

2 Räumliche Mobilität und naturalistische Entscheidungsstudien

2.1 Räumliche Mobilität als Handlung

2.1.1 Migration und Wanderungsursachen: Forschungsstand

Migration bzw. Wanderung besteht in einer dauerhaften oder semipermanenten Verlagerung des Wohnsitzes (Wechsel der Wohnstätte). Diese Definition (nach Lee 1972; vgl. Albrecht 1972:25) sagt bewußt nichts über Motive und Freiwilligkeit und auch nichts über die Distanz, sondern schließt nur zyklische kurze Ortsveränderungen, wie bei Urlaubsaufenthalten und beim Pendeln zwischen Arbeitsplatz und Wohnsitz aus, die zusammengenommen als Zirkulation bezeichnet werden. Unter Zirkulation fallen auch nomadische Transhumanzbewegungen, obwohl sie in der Ethnologie meist unter Wanderungen mit einbezogen werden (Braukämper 1992:26). Verbreitet sind jedoch auch Definitionen von Migration, die ein Merkmal enthalten, das bei räumlich kurzen Wanderungen nur mit Einschränkung gilt, nämlich daß der Wohnortswechsel einen Wandel in der Gesamtheit des sozialen und wirtschaftlichen Handelns beinhaltet (Ammassari 1994:12). Seit dem klassischen Aufsatz von Ravenstein (1885/89) sind für Ortsveränderungen je nach unterschiedlicher Ursache, Richtung, Distanz, Dauerhaftigkeit und Freiwilligkeit der Wanderung, verschiedenartigste Systematiken von Migration vorgeschlagen worden, die bis heute zu keiner einheitlichen Typologie geführt haben[3]. Die verbreitetste Unterscheidung betrifft die politischen bzw. Verwaltungsgrenzen, trennt internationale von nationaler/interner Migration und unterscheidet Land-Land, Land-Stadt und Stadt-Stadt-Wanderungen.

Die Erforschung von Migration ist heute ein unübersehbares und interdisziplinäres Forschungsfeld, an dem vor allem die Geographie, die Migrationssoziologie, die Demographie, die Wirtschaftswissenschaften, die Psychologie und die Ethnologie beteiligt sind. Die Forschungsansätze sind sehr vielfältig, lassen sich aber grob in Makroansätze und Mikroansätze trennen, eine Einteilung, die auch in maßgeblichen Überblicken zum Thema (z.B. De Jong & Gardner 1981; Stillwell & Congdon 1991, Cadwallader 1992, Cadwallader 1996:296-300, Hillmann 1996:13-23) verwendet wird. Die Makroansätze versuchen, aggregiertes Wanderungsverhalten mit sozioökonomischen bzw. Merkmalen der physischen oder sozialen Umwelt in Zusammenhang zu bringen, und haben ihre Basis in neoklas-

---

[3] Beispiele für Migrationstypologien: Petersen (1968), Albrecht (1972:22ff.), Franz (1984:23ff.), Körner (1990:6-23), Bähr (1992:285-289), Kuls (1993:164-168), Parnwell (1993:111-28), Ammassari (1994:12f.), Hoffmann-Nowotny (1994:390f.) und besonders ausgereift Malmberg (1997:22-29).

sischen Ansätzen der Ökonomie. Die Mikroansätze setzen dagegen an den Entscheidungsprozessen auf individueller bzw. Haushaltsebene an, wobei deren Wahrnehmung und Bewertung im Mittelpunkt stehen und vor allem psychologische Theorieannahmen verwendet werden (Cadwallader 1992:4).

Viele Arbeiten sind auf die Ursachen und Umstände der Ortsveränderung selbst konzentriert. Einige Untersuchungen sehen Migration jedoch makrosoziologisch, d.h. in weiterem Rahmen als zentrale Kategorie sozialer Organisation und sozialen Wandels. In der deutschsprachigen Literatur verknüpft z.b. Albrecht (1972) sozialökologische und strukturfunktionalistische Annahmen mit dem Lebenszykluskonzept und sieht Migration als Alternative zur Arbeitsteilung bei der Konkurrenz um Ressourcen. Hoffmann-Nowotny (1970) deutet Wanderungen als Reaktion zur Lösung struktureller und "nomischer" gesellschaftlicher Spannungen, wobei Macht und Prestige im Zentrum stehen. Individuen können in die "innere Migration" gehen oder aus ihrem System in eine anderes ausweichen. Beide Ansätze argumentieren in erster Linie makrosoziologisch, wollen jedoch auch individuelles Wanderungsverhalten erklären (Hoffmann-Nowotny 1994:397).

Ein früherer Schwerpunkt der Forschung war die Arbeitsmigration zwischen Nationalstaaten; heute werden zunehmend (a) politisch und umweltbedingte Wanderung bzw. Flucht und (b) transnationale Wanderungsnetzwerke untersucht. Migration ist in den letzten Jahren als globales und mehr und mehr als ein "normales" Phänomen erkannt worden, wie neuere Überblicke zeigen (Castles & Miller 1993, Hoffmann-Nowotny 1993, Parnwell 1993, Glick Schiller et al. 1995, Bräunlein & Lauser 1997, Malmberg 1997). Eine Einsicht aus den grenzensprengenden Migrationsvorgängen der letzten Jahre war, daß eine rein systemtheoretische Untersuchung der Spannungen zwischen Herkunfts- und Zielregionen nicht ausreicht. Oft werden die rechtlichen Barrieren in den Einwanderungsländern größer, während die faktischen Kontrollmöglichkeiten häufig kleiner werden. In den Auswanderungsländern ergeben soziale Veränderungen, z.B. die Verringerung sozialer Kontrolle, oft eine Lockerung der Selektions- und Kontrollmechanismen. Das erhöht allgemein die Handlungsmöglichkeiten des einzelnen und eine davon ist Migration. Ergänzend zur systemtheoretischen ist also eine "kontrolltheoretische" Analyse vonnöten, die die Effekte von Grenzen und politischen Migrationsbarrieren beleuchtet und daraus bestimmt, welche Kategorien von Personen überhaupt und wenn ja, mit welcher Wahrscheinlichkeit, wandern (Hoffmann-Nowotny 1994:401f.).

Innerstaatliche Migration macht heute einen hohen Anteil aller Migrationsvorgänge aus. Solche Wanderungen werden auch als Binnenmigration oder als nationale Migration (*internal migration* bzw. *intra-national migration*) von der internationalen Migration abgegrenzt. Die weltweite Aufmerksamkeit für internationale (bzw. transnationale) oder sogar interkontinentale Wanderungen hat aber das Interesse an Binnenmigration in den Hintergrund treten lassen, obwohl sie einen weitaus größeren Umfang hat (Hoffmann-Nowotny 1994:389). Beide Migrationsformen betreffend hat sich in den letzten Jahren das Interesse von der Wanderung als solcher hin zum breiteren Kontext der Verteilung und Mobilität der Bevölkerung als Variablen der Entwicklung verlagert (Ammassari 1994 und Ackermann 1997 als Überblicke).

Die Erforschung der Ursachen von Migration ist von theoretischem Pluralismus und Debatten gekennzeichnet (Cadwallader 1992:6). Sie ist, wie oben gesagt, deutlich in Makrountersuchungen und Mikrostudien polarisiert, wobei es von letzteren deutlich weniger gibt (vgl. als frühen Überblick De Jong & Gardner 1981). Die klassische Forschungsrichtung zu Ursachen von Migration ist an wirtschaftlichen Motiven interessiert und untersucht zumeist große Kollektive; sie ist also ökonomisch und makroorientiert. Die individuelle oder haushaltliche Entscheidung wird als "black box" behandelt (Franz 1984:66). Immer mehr zeigt sich aber, daß die wirtschaftliche Situation von Migranten oft in nur sehr vager Beziehung zu Zielorten, Migrationsverlauf und Umfang der Wanderungen steht (allgemein: Haberkorn 1981:253; Weber 1982:34; Körner 1990:196; bzgl. Indonesien: Hugo 1981:187). Die Erwartung pekuniären und psychischen Nutzens ist sicher ein notwendiger, aber noch kein hinreichender Auslöser für Wanderungen, besonders für die internationale Migration (Körner 1990:200). Zum einen führen unterschiedliche Merkmale von Individuen, Haushalten und Gruppen zu "differentieller Migration" (Bähr 1992:284). Zweitens gibt es eine Fülle von Faktoren am Herkunfts- und am Zielort, aber auch auf dem Wege dazwischen. Diese Faktoren lassen sich durch Vergleich verschiedener und auch innerhalb von Lebensgeschichten einzelner Migranten nachweisen (vgl. DuToits *migration continuum* 1978:64,67).

Im Unterschied zu den meisten ökonomischen Ansätzen sieht man aus heutiger sozialwissenschaftlicher Sicht Menschen als grundsätzlich mobil an (Körner 1990:196). Bei der Ursachenforschung geht es also weniger darum zu erklären, warum Menschen überhaupt migrieren, sondern um Erscheinungsformen, Umfang, Ziele und besondere Motive von Wanderungen. Insbesondere individuelle sowie kulturspezifische Motive, Strukturmerkmale des Haushaltes und Lebensalter der migrierenden Person(en) bieten Ansätze zur Erklärung (De Jong & Fawcett 1981:53; LaGory & Pipkin 1981:143; Dicken & Lloyd 1981:223, Findley 1987). Die relative Bedeutung von sozialer Affinität, Informationsgrad und sozialer Unterstützung hingegen kann nach bisherigem Forschungsstand nicht einheitlich entschieden werden. Primärwanderer und Folgewanderer unterscheiden sich häufig in verschiedenen Merkmalen (Hugo 1981:204). Daten aus afrikanischen Großstädten, deren Untersuchung - abgesehen von den frühen Arbeiten im *Copper Belt* (vgl. Garbett 1975) - später als in Lateinamerika einsetzte, zeigen, daß Land-Stadt-Migranten oft zunächst bei Verwandten wohnen und daß die ethnische Zugehörigkeit die Wahl des ersten städtischen Wohnortes in hohem Maße beeinflußt (Bähr 1992:369).

Vereinfachend lassen sich folgende Grundtypen von Erklärungen unterscheiden (Abb. 3; vgl. Bähr 1992:290-305):

1. "Distanz- und Gravitationsmodelle" setzen an objektiven Raummerkmalen an und sind durch die auf Lee (1972) zurückgehende Formel von vom Herkunftsgebiet abstoßenden (*push*-) und an die Zielregion anziehenden (*pull*-) Faktoren bekannt geworden. Hier werden die Entfernung zwischen Abwanderungs- und Zielgebiet und deren relative sozioökonomische Situation herangezogen und

individuelle Verhaltensweisen und Einstellungen postuliert. Beide Modelle sind deterministisch, nutzen aggregierte Daten und sind an durchschnittlichem Verhalten sowie an der Makrostruktur interessiert.

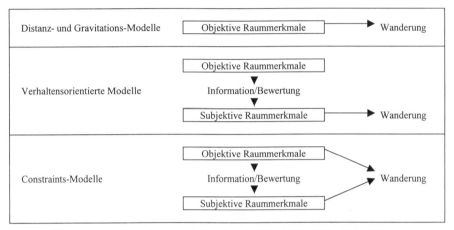

Abb. 3: Typen von Migrationsmodellen (nach Bähr 1992:292, Abb. 70)

2. "Verhaltensorientierte Modelle" (*behavioral models*) sind dagegen mikroanalytisch ausgerichtet, postulieren Wahrnehmungen und Bewertungen der objektiven Merkmale seitens von Individuen und betonen die vielen Unsicherheiten und die geringe Voraussagbarkeit des Verhaltens. Obwohl diese Modelle auch "Entscheidungsmodelle" genannt werden, wird die Entscheidung selbst nicht direkt empirisch erfaßt, sondern Entscheidungsverhalten beschrieben. Das wohl bekannteste dieser Modelle geht auf Todaros Modell interner Migration (1976:27f., 1985:258-261, 276-279) zurück. Dieses Modell nimmt individuelle Akteure an, die aus rationalen, ökonomischen Gründen migrieren. Individuelle Akteure, Familien bzw. soziale Kollektive wandern aufgrund wahrgenommener bzw. erwarteter Einkommensunterschiede zwischen Stadt und Land. Der erwartete Nutzen, den Todaro herausstellt, ergibt sich als Resultat aus den tatsächlichen Einkommensunterschiede zwischen Stadt und Land, den gesehenen Arbeitsmöglichkeiten in der Stadt und der subjektiven Wahrscheinlichkeit, dort einen Arbeitsplatz zu finden. Interne Migration wird demnach als Investitionsentscheidung aufgefaßt. In diese Gruppe sind auch alle Erklärungen einzuordnen, die von der Theorie der subjektiven Nutzenerwartung (*subjective expected utility, SEU,* seit Leonard Savage), d.h. erzielbarem Wert mal Erzielungswahrscheinlichkeit ("Erwartung") ausgehen (für Migration De Jong & Fawcett 1981, zu innerstädtischen Umzügen Brown & Moore 1970). Viele Studien haben jedoch gezeigt, daß eine solche abwägende Entscheidung den wirtschaftlich besser gestellten und besser ausgebildeten Personen bzw. Haushalten vorbehalten ist. Die Armen, wenig Gebildeten und Landlosen können oft nur reagieren, statt echte Alternativen zu haben (Findley 1977); nur materiell besser gestellte Haushalte können es sich

leisten, auf passende Alternativen zu warten (Parnwell 1993:87). Weiterhin hat sich gezeigt, daß in armen Ländern eher die Großfamilie der über Wanderung entscheidende Akteur ist als einzelne Personen, und daß sie dazu einen wichtigen Verlaufsfaktor darstellt, da sie die Migranten unterstützt (Findley 1987:Ch.6, Ammassari 1994:19).

3. "*Constraints*-Modelle" (Desbarats 1983:12) beziehen sowohl objektiv gegebene als auch subjektiv erfahrene Merkmale ein und streben damit eine Verknüpfung struktur- und individualtheoretischer Modelle an. Anders als die Modelle freien Entscheidens betonen diese Theorien ökologische, sozialstrukturelle sowie kognitive Einschränkungen der Wanderungsentscheidung und gehen damit stärker in Richtung einer empirischen Erforschung der den Migrationen zugrundeliegenden Motive. Hoffmann-Nowotny (1994:399) fügt den drei genannten Modellen viertens noch Modelle der "individuellen Perzeption und Entscheidung" hinzu. Solche Modelle, die individuelle Wahrnehmungen und Entscheidungen zu Migration im Detail betreffen, existieren bislang kaum, sind aber für diese Untersuchung zentral, weshalb ich sie jetzt gesondert behandele.

2.1.2 Migrationsmotive, Bleibemotive und Migrationsentscheidungen

Innerhalb der Migrationsforschung haben sich in den letzten Jahren einige Forscher darangemacht, die Motive und Entscheidungen der beteiligten Akteure auf der Mikroebene zu thematisieren. Eine zentrale Frage ist die nach der Rationalität von Wanderungen (Schubert 1987). In Deutschland sind hierzu sozial- und verhaltenspsychologische Arbeiten zu nennen, z.B. von Langenheder (1968, 1975), der Kurt Lewins Feldtheorie auf Wanderungen bezieht. Hier werden die subjektiv wahrgenommenen unter den objektiven Kräften ins Zentrum gestellt und gesagt, daß eine Person um so eher wandert, je mehr sie erwartet, durch diese Handlung einen positiv bewerteten Lebensraum zu finden. In ähnlicher Weise deuten Kottwitz und Vanberg (1971/72, vgl. Vanberg 1975) Wanderung als Mittel, um eine fehlende Übereinstimmung von erwarteten und tatsächlichen Belohnungen am Wohnort, eine subjektive Deprivation, zu beheben. Die Wahrnehmung der Möglichkeiten und Einschränkungen wird demnach als unabhängige Variable gesehen. Esser (1980) schließlich formuliert im Rahmen einer Theorie zur Eingliederung von Wanderern, ein handlungstheoretisches statt eines verhaltenstheoretischen Modells, das Wanderungen aus individuellem Interesse, insbesondere den subjektiv erwarteten Nützlichkeit (*SEU*-Theorie; siehe oben) erklärt, aber Makrofaktoren ausdrücklich berücksichtigt. Die Erforschung von Migrationsentscheidungen auf der Mikroebene ist maßgeblich durch die Unzufriedenheit mit den Makrotheorien motiviert und kulminierte in einem von De Jong & Gardner herausgegebenen Sammelband (1981). Die Kritik an den Makrostudien besagt im Kern, daß wir eigentlich nicht viel mehr wissen, als daß ökonomische Motive einen wichtigen, wenn auch nicht den einzigen Motor der meisten Migrationsvorgänge bilden (Ammassari 1994:15). Darüber hinausgehend gibt es kaum Verallgemeinerungen zu den Ursachen von Migration, die über längere Zeit der empirischen Evidenz standgehalten haben. Dies verwundert nicht, denn die Untersuchungseinheiten der Makrountersuchungen sind Verwaltungsdistrikte oder statistisch charakterisierte Bevölkerungsaggregate.

Fast nichts, so sagen De Jong & Gardner, ist bislang über außerökonomische Migrationsfaktoren auf der lokalen Ebene von Familien und Haushalten bekannt. Außerdem seien die wenigen Mikrostudien, die es gibt, meist auf wenige Familien konzentriert, ohne deren verwandtschaftliche und außerverwandtschaftliche Bindungen zu berücksichtigen. Weiterhin fehlen Kenntnisse über Nichtmigranten in Gemeinschaften, aus denen viele auswandern (vgl. Kearney 1986[4]). Nichtmigrieren (*immobility*) kann aber durchaus das Ergebnis einer bewußten Entscheidung sein, wie Onoge (nach Boehm 1978:289) schon 1970 empirisch zeigte. Dies ist m.E. eine der wichtigsten Einsichten der neueren Migrationsforschung (ausführlich bei Fischer et al. 1997, bes. 75ff.).

Weiterhin fällt in der Literatur zu Migranten auf, daß bislang nur wenige Daten zum genauen Verlauf der Ortsveränderungen selbst existieren. Die meisten wissenschaftlichen Studien betreffen nämlich entweder ausschließlich das Zielgebiet oder aber nur das Herkunftsgebiet der Migranten, wobei letztere Studien rar sind. "Bipolare" (Eades 1987) bzw. "multilokale" (Gregory & Altman 1989:58) Untersuchungen fehlen weitgehend, was, zumindest auf teilnehmende Feldforschung bezogen, aufgrund logistischer Probleme verständlich ist. Rossi wies schon 1955 in einer klassischen sozialpsychologischen Untersuchung des Residenzwandels in Philadelphia mit dem Titel "Why people move" (überarbeitet Rossi 1980) empirisch auf die Bedeutung des Entscheidungsprozesses, der der eigentlichen Ortsveränderung vorangeht, hin. Trotzdem gibt es bis heute zum sog. *pre-migration decision-making* kaum Untersuchungen. Schließlich gibt es bislang nur wenige Studien, die den Zusammenhang von strukturellem Rahmen bzw. der Makrobedingungen zur Mikroebene der Akteure herstellen (De Jong & Fawcett 1981:19; Hugo 1981:187; Hugo et al. 1987:232; Prins & Nas 1983:44 und besonders die Beiträge in Hammar et al. 1997; vgl. aber Hill 1963 und Garbett 1975 als frühe ethnologische Beispiele).

Die Erforschung von Migrationsmotiven im Mikrobereich (*microlevel studies of migration decision-making*; De Jong & Gardner 1981 bzw. *micro-level approaches to migration and residential mobility*; Cadwallader 1992:5, 115-152, 198-236) ist noch jung und wird innerhalb verschiedener Disziplinen verfolgt, vor allem in der Geographie, der Regionalplanung und der Wirtschaftswissenschaft. Der interdisziplinäre und noch wenig konsolidierte Charakter der Bemühungen zeigt sich an den im folgenden aufgezählten verschiedenen Termini, die für diesen thematischen Bereich der Migrationsforschung verwendet werden. Sie werden großteils synonym angewandt; die jeweilige Wortwahl weist aber schon auf einige Hauptlinien der Forschung hin: *migration-decision-making* bezieht sich eher auf den kognitiven Entscheidungsprozeß, während *migrational choice behaviour* eher das Verhalten als Resultat einer Entscheidung meint, nämlich den gewählten Zielort. Der Ausdruck *movement decision* verweist auf die Entschei-

---

[4] Eine der wenigen frühen Ausnahmen ist die Untersuchung von Uhlenberg (1973). Er befaßt sich mit nichtwirtschaftlichen Faktoren und mit Bleibemotiven und unterscheidet deutlich zwischen Wanderungsmotiv und tatsächlicher Migration.

dung, überhaupt zu migrieren, während *locational choice* bzw. *site choice* sich eher auf die daran anschließende Entscheidung zwischen alternativen Zielorten bezieht. *Residential mobility decision* (La Gory & Pipkin 1981:137,148) meint dagegen im engeren Sinn die Wahl eines Wohnortes, nicht eines Arbeitsorts, und kommt damit dem in dieser Arbeit untersuchten Thema am nächsten. Die bisherigen Befunde dieser jungen Forschungsrichtung besagen folgendes:

(a) Wanderungsentscheidungen erwiesen sich schon in Industrieländern als sehr differenziertes Problem, was den geringen Erfolg bisheriger allgemeiner Modelle erklärt. Moewes (1980:274) schreibt: "Wanderungsentscheidungen liegen differenzierte, personenspezifische Bewertungen zugrunde, und diese folgen keineswegs zwingend etwa dem Gravitationsgesetz oder den durch persönliche Kontakte vorgegebenen Wanderungskanälen, den Lohnniveauunterschieden, dem Arbeitsplatzangebot etc., sondern sind das Ergebnis einer potentiell variablen und subjektiv sinngebend koordinierten Bewertung und entsprechend sinnorientierter Entscheidung". Insbesondere zu den Migrationsmotiven im außereuropäischen Rahmen ist anzunehmen, daß "... no single influence, be it economic, demographic, social or psychological, can adequately account for the motives leading to migration decision" (Sripraphai & Sripraphai 1984:205). Methodisch gesehen werden also einfache und direkte Befragungen zu Migrationsmotiven kaum Aufschlüsse ergeben, wie z.b. Hugo (1981:190) für Java aufzeigte. Andererseits ist das Themenfeld Migration/Wanderung/Umzug in aller Regel wenig tabuisiert, was Gespräche darüber leichter macht als über Entscheidungsthemen, die in vielen Gesellschaften sensibler sind, etwa Entscheidungen zu Sexualität oder zur Austragung von Konflikten.

(b) Wie schon die obigen Begriffe *movement decision* und *locational choice* andeuten, scheint der Entscheidungsprozeß zu einer Wanderung sich häufig in zwei Schritten abzuspielen. Zunächst wird entschieden, ob migriert wird oder nicht (*decision to move, decision to seek a new dwelling/residence*; *mobility decision*). Erst in einem zweiten Schritt sucht und wählt man dann ein angestrebtes Ziel der Wanderung (*relocation decision*; *active search*; *search; evaluation and choice*[5]; vgl. Wolpert 1965; Brown & Moore 1970; Fielding 1974:215, Michelson 1980, Brown & Sanders 1981:152, Haberkorn 1981:212f., LaGory & Pipkin 1981:147, Cadwallader 1992:198,206 und Knox 1994:292). Diese Struktur findet sich in vielen der graphischen Entscheidungsmodelle zu Wanderung[6]. Offen bleibt bislang aber, ob diese angegebene (und naheliegende) Schrittabfolge empirisch bestätigt werden kann und dies insbesondere in bislang kaum daraufhin untersuchten außereuropäischen Situationen. Es wäre ja auch denkbar, daß Haushalte sich in einem Schritt für ein Wanderungsziel entscheiden, dessen sie sich gewahr werden, ohne daß sie sich vorher entschieden, zu migrieren.

---

[5] Die Bezeichnung *housing choice* meint dagegen die Wahl eines bestimmten Gebäudetyps bzw. einer spezifischen Wohnform, etwa Miete, Pacht oder Kauf.

[6] Graphische Modelle von Wanderungsentscheidungen finden sich in Brown & Moore (1970), Man (1971:592 nach Jakle et al. 1975:150), Kottwitz & Vanberg (1971/72;46), Moore (1972), Fielding (1974:215), Nipper (1975:13), Jakle et al. (1976:150), Brown & Sanders (1981:152), De Jong & Fawcett (1981:54), De Jong & Gardner (1981:64), Haberkorn (1981:260), Harbison (1981:230), Hugo (1981:192), Todaro (1985:255), Bähr (1990:11) und Knox (1994:296).

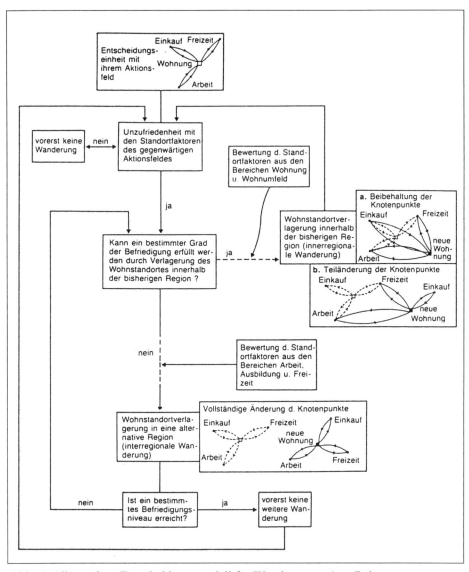

Abb. 4: Allgemeines Entscheidungsmodell für Wanderungen (aus Bähr 1992:300; Abb. 71)

(c) Im außereuropäischen Kontext ist bislang nur in einzelnen markanten Fällen, z.B. bezüglich der Minangkabau in Indonesien, untersucht worden, inwiefern Migration von kulturspezifischen Normen gestützt wird: Gibt es bei den Wanderern z.B. Mobilität als Selbstwert (Haberkorn 1981:260f.)? Existieren in der Gesellschaft der Migranten daneben allgemeinere Konzepte, die auf Migration einwirken, wie das häufig in Südostasien der Fall ist, z.B. das Ziel "to find and make a place in the world" in Thailand (Sripraphai & Sripraphai 1985:208)? Ferner ist zu fragen, ob die Migration als Wohnortswechsel, also als das Aufgeben des bisherigen Wohnplatzes, oder vielmehr als Ausweitung des Aktivitäts- und Beziehungsfeldes konzeptualisiert wird. Außerdem können situations- oder ethnienspezifische Haushaltsorientierungen (*household orientations*; Moore 1972 nach La Gory & Pipkin 1981:144) eine Rolle spielen. Hier stellt sich die Frage, ob der Haushalt eher als Ort der Konsumption, als Prestigeträger, als Heim der Familie oder als Ort gesellschaftlichen Umganges gesehen wird.

Von den publizierten graphischen Wanderungsmodellen gebe ich hier eines (Abb. 4) wieder, weil es die genannte Schrittabfolge des Entscheidens enthält und dazu die räumliche Komponente deutlich macht, die in der vollständigen bzw. nur teilweisen Änderung des alltäglichen Aktionsraumes in den Bereichen Arbeit, Freizeit und Konsum bestehen kann, die mit einem Wohnungswechsel verbunden sind. Damit beinhaltet es schon einen wichtigen Aspekt, der innerstädtische Umzüge von anderen Wanderungen oft, wenn auch nicht immer, unterscheidet.

2.1.3 Innerstädtische Mobilität als Entscheidungsproblem

Wie im obigen Forschungsüberblick zu Migration gezeigt wurde, liegen zum weltweit verbreiteten und existentiell wichtigen Phänomen der Land-Stadt-Wanderung und der Arbeitsmigration zwar viele Studien vor. Aber erstens haben sich dabei nur wenige Erkenntnisse ergeben, die sich als verallgemeinerbar erwiesen haben, und zweitens existieren vergleichsweise wenige Studien zum Entscheidungsprozeß seitens der Migranten. Noch weniger weiß man über innerstädtische Umzüge, die Migrationen in kleinerem räumlichen Maßstab einer Gemeinde darstellen. In Europa ziehen zwischen 5% und 10% der Haushalte im Jahr um, während es in Nordamerika, Australien und Neuseeland 15% bis 20% sind (Knox 1994:285). Es verwundert zunächst, daß es so wenige Studien gibt, denn die Intensität intraurbaner Migration ist von allen Migrationsströmen die stärkste (Kolb 1992:2), was in Abb. 5 am Beispiel meiner Heimatstadt Köln illustriert ist. Die meisten Umzüge gehen über kurze Distanzen und bleiben oft auf ein Stadtviertel beschränkt. Vergleichende Befunde in europäischen Städten besagen, daß die innerstädtische Mobilität maßgeblich von der Balance zwischen dem Bevölkerungswachstum und dem Bau von Wohneinheiten, dem Anteil von Arbeitsmigranten und der Bevölkerungsdichte bestimmt wird. In vergleichenden Studien in den USA stellte sich die Größe und der Besitzstatus der Wohneinheit als die zentrale Determinante für die Häufigkeit von Umzügen heraus: in Nachbarschaften mit hohen Anteilen von Hausbesitzern und Einzelfamilien wird am wenigsten umgezogen (Knox 1994:286, 289f.). Ein einfacher Grund für die geringe Beachtung, die innerstädtischer räumlicher Mobilität geschenkt wurde und wird, liegt darin, daß die Wanderungsstatistiken und die darauf aufbauenden Arbeiten Umzüge erst erfassen, wenn sie administrative Grenzen überschreiten. Damit werden intrakommunale Wanderungen systematisch vernachlässigt (Kaufmann et al. 1976:34).

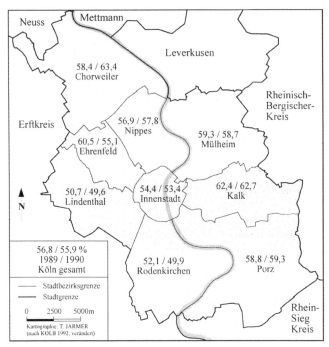

Abb. 5: Anteil innerstädtischer Umzüge an der gesamten Migration auf Stadtbezirksebene der Stadt Köln 1989/1990

Noch erheblich weniger empirische Studien gibt es über Entscheidungen zu intraurbanen Wanderungen, also innerstädtischen Umzügen. Die wenigen dazu vorgelegten Untersuchungen stammen zudem meist aus westlichen Großstädten, überwiegend aus den USA. Nur einige wenige dieser Arbeiten untersuchten Motive direkt. Die meisten Arbeiten erforschten entweder aus geographischer Sicht den räumlichen Aspekt innerstädtischer Mobilität oder sie versuchten, aus wirtschaftswissenschaftlicher Perspektive Entscheidungsresultate zu modellieren (*urban economics*). Einige Arbeiten zielten auf Modelle im Interesse von Stadtplanern bzw. Wohnungsbaugesellschaften ab, die wissen wollten, wie sich Käufer im Immobilienmarkt orientieren. Dabei handelte es sich um eine Form der *consumer choice*-Untersuchungen[7]. Die Umzugsmotive wurden dabei fast immer indirekt aus dem aggregierten Verhalten vieler Umzieher abgeleitet, statt direkt erhoben zu werden (*revealed* vs. *stated preferences*, de Vyvere 1994). Aufgrund der verschiedenen beteiligten Wissenschaften und unterschiedlichen Ansätze verwundert es nicht, daß wie bei den Bezeichnungen der Migrationsentscheidung auch die Terminologie zu innerstädtischem Wohnungswechsel sehr uneinheitlich ist[8].

---

[7] Wilson (1980:156-163) unterscheidet acht Typen quantitativer Modelle von Residenzwandel und diskutiert deren Anwendbarkeit.

[8] Innerstädtische Wohnungswechsel werden im deutschsprachigen Schrifttum auch als "innerstädtische Wanderungen", "Wohnstandortverlagerungen", "Wohnort(s)wechsel", "innerstädtische (räumliche)

Umzugsmotive in Städten

Die Motive und psychischen Begleitumstände für Umzüge wurden fast ausschließlich in dem Teil der Umweltpsychologie erforscht, der sich mit Wohnumwelten (*residential environments*) befaßt (z.B. Aitken 1983, 1984, 1987, 1990; Flade 1990). Gerade hier zeigt sich aber das Problem der Verallgemeinerung euroamerikanischer Umstände und Erkenntnisse. So werden Umzüge fast in der gesamten westlichen Forschung als negative Erfahrungen dargestellt, weil die umziehenden Personen aus ihren gängigen Örtlichkeiten und Routinen herausgerissen würden (Tognoli 1987:670). Die subjektiven Erfahrungen der beteiligten Menschen könnten jedoch ganz anders gelagert sein, wenn Haushalte insgesamt mobiler sind und zudem ein räumlich weitgespanntes Netz bekannter Haushalte besteht, wie es z.B. vielfach in Indonesien der Fall ist. Aitken faßt die zunehmende Unzufriedenheit mit den bisherigen Resultaten aus dieser Forschungsrichtung zu innerstädtischen Umzügen in westlichen Ländern so zusammen:

"Firstly, there has been a general lack of consideration for the *holistic* nature of the decision-making process. Secondly, much empirical work has been based on theories and methods which are immiscible. Finally, no general cognitive behavioral model of mobility has yet emerged from this field of study" (Aitken 1983:67).

Ich gebe hier ein Modell innerstädtischer Wohnmobilität aus Knox (1994:296) wieder, das in mehrfacher Hinsicht realistisch ist und damit einen Ansatz zur weiterführenden Erforschung dieses Phänomens auch in armen Ländern darstellt (Abb. 6). In diesem Modell werden erstens die wichtigen kausalen Einheiten der externen Wohnumwelt (Wohneinheit und Nachbarschaft) einerseits und die internen haushalts- und familienbezogenen Bedingungen andererseits unterschieden. Zweitens umfaßt es die zwei Entscheidungsschritte, nämlich überhaupt einen anderen Wohnplatz zu suchen und zum anderen die Suche und Auswahl bestimmter Wohnplätze. Dies ist eine Differenzierung, die in vielen auch neueren Lehrbuchmodellen fehlt (z.B. bei Carter 1995:235). Hierbei ist in diesem Modell auch die in vielen anderen vernachlässigte Tatsache berücksichtigt, daß meist nur in bestimmten Stadtteilen gesucht wird. Schließlich enthält das Modell in Form der beiden seitlichen Äste explizit die denkbaren Alternativen zum Umzug, nämlich ein Senken bzw. eine qualitative Umorientierung der Wohnbedürfnisse oder aber eine aktive Verbesserung der Wohnbedingungen *in situ*, also in der bisherigen Wohnung, im Haus oder im Wohnumfeld (non-spatial adjustment, Malmberg

---

Mobilität", "innerstädtische Wanderungsbewegung" oder einfach als "Umzüge" bezeichnet. In der angloamerikanischen Literatur spricht man von *intraurban mobility, intrametropolitan mobility, (local) residential mobility, habitat mobility, residential moves, urban residential changes, relocation, short-distance moves* oder *place-to-place movement*: vgl. Ravenstein (1885/89), Rossi (1955), Benninger (1970), Brunn & Moore (1970), Heinzmann & Heidemann (1979), Kaufmann et al. (1976), La Gory & Pipkin (1981:138), Höllhuber (1982), Grundmann & Schmidt (1988), Parnwell (1993:17) und Kalter (1997). Alle diese Termini beziehen sich auf tatsächliche Wohnortswechsel; nur wenige Autoren benutzen das Wort Residenzmobilität für die Distanz, über die angesichts der Haushaltsbedingungen umgezogen werden kann (*residential mobility* und *transit mobility*, Aitken & Fik 1988:471).

1997:26). Ergänzen müßte man dies noch um die Möglichkeit, Standortmängel dadurch zu mildern, daß ein anderes Transportmittel erworben wird. Diese Alternativen werden in vielen anderen Modellen unterschlagen, weil man auf die Personen oder Haushalte, die tatsächlich wandern, fixiert ist. Wie schon oben festgestellt, erscheinen Nichtwanderer, diesem *bias* entsprechend, oft als uninteressant und werden nicht untersucht, da ein Verbleiben am Standort als passive Haltung angesehen wird.

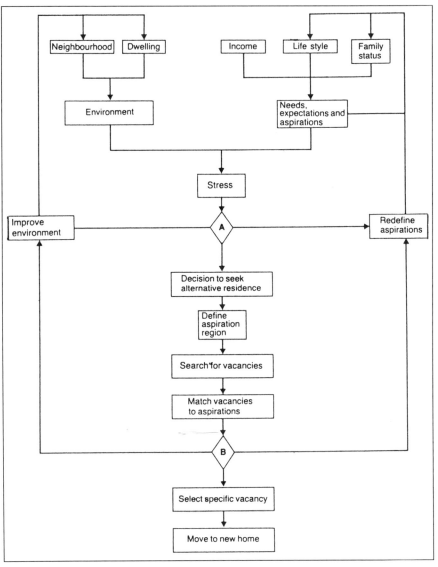

Abb. 6: Entscheidungsmodell zu innerstädtischer Mobilität (Knox 1994:296)

Noch weniger als über Umzugsmotive in Industrieländern weiß man über die Motive innerstädtischer Umzüge in nichtindustriellen und nichtwestlichen Ländern, in denen solche Entscheidungen in strukturell besonderen und kulturell andersartigen Kontexten stehen. Noch am besten sind Umzüge in lateinamerikanischen Städten untersucht; weniger weiß man dazu über afrikanische und kaum etwas über asiatische Städte. In Asien sind in Bezug auf innerstädtische Mobilität in erster Linie Städte in der Türkei mit ihren *gecekondu* ("über Nacht gebaut") und Städte, die in vieler Hinsicht sehr außergewöhnlich sind, wie Singapur und Hongkong, untersucht worden (Bähr 1992:369).

Die Ergebnisse zu Entscheidungen bei innerstädtischem Wohnortswechsel sind bislang uneinheitlich, aber lassen doch einige tendenzielle Aussagen zu:

(a) In Industrieländern ist die Unzufriedenheit mit dem jetzigen Wohnsitz *(site)* bzw. der jetzigen Wohnsituation *(situation)* das von Befragten meist genannte Motiv für innerstädtische Umzüge (Gardner & De Jong 1981:59,71, Aitken 1990). Von großer Bedeutung für die Wohnzufriedenheit selbst sind erstens die durch frühere Wohnerfahrungen gebildeten Erwartungen und zweitens die aktuellen Freiheiten zum Umziehen. Schlechte Erfahrungen oder fehlende Wahlmöglichkeiten lassen die Wohnzufriedenheit höher ausfallen, als nach objektiven Wohnbedingungen zu erwarten ist. Wohnortswechsel kann aber auch durch zahlreiche andere Gründe motiviert sein, die oft mit individuellen oder gruppenspezifischen Vorstellungen des "guten Lebens" zusammenhängen. Dies alles erklärt, warum sich gemessene Wohnzufriedenheit nur als schlechter Prädiktor des Umzugsverhaltens erwiesen hat (Flade 1990:490)[9].

Die auf Rossi zurückgehende Erklärung über den Lebens- bzw. den Haushaltszyklus ist die bislang stichhaltigste Erklärung innerstädtischer Mobilität in Industrieländern (Rossi 1980, zuerst 1955; vgl. Carter 1995:239, Bähr 1992:362 und Kolb 1992:2-3 für die BRD). Der entscheidende Anstieg des Wohnbedarfes wird hiernach bei jungen Familien mit Kindern erreicht. Wichtig scheinen Veränderungen des Einkommens und Vermögens mit zunehmendem Alter (sog. "sozioökonomischer Lebenszyklus") und der damit veränderte Bedarf an Wohnfläche. Hinter den Veränderungen des Wohnbedarfs stehen Veränderungen der "sozialen Existenz" (Weber 1982:45f.), die mit einem jeweils erreichten Lebenszyklustyp nur unzureichend erfaßt sind. In neuerer Zeit ist der Wunsch der Anpassung der Wohnung an veränderte Familiengröße zum beherrschenden Motiv geworden. Deutlich wurde in den letzten Jahren ferner, daß die Stadt als Zuzugsort nur für junge Menschen wirklich attraktiv ist. In Deutschland wird die im angelsächsischen Raum schon seit mehr als einem Jahrzehnt beobachtete *gentrification* zunehmend wichtig: Angehörige mittlerer und oberer Schichten suchen in den Städten "urbanes Wohnen" und die "Nähe zu städtischem Leben" (Bähr 1992:363). Dies zeigen neuere Daten zur Wohnortpräferenz in der Bundesrepublik deutlich (Gilges & Schaefer 1993:47ff.). Bei weniger gut verdienenden Haushalten schließlich kommt es in den Großstädten wegen Mangel an Alternativen mehr und mehr erzwungen und nicht aus freier Entscheidung zu Umzügen bzw. unfreiwilligen Nicht-Umzügen ("neue Wohnungsnot"; vgl. Häußermann &

---

9   Ähnlich negativ sind bislang die Befunde zur Rolle der Nähe bzw. der Erreichbarkeit des Arbeitsplatzes (Carter 1995:235).

Siebel 1995 als Überblick). Dies zeigt nur besonders deutlich, daß viele Erklärungen bislang die sozioökonomisch bedingte Immobilität vieler Menschen übersahen, erzwungene Mobilität vernachlässigten und die Entscheidungen als individuell und ausschließlich auf Wohnen bezogen konzeptualisierten, wie Stokols & Shumaker (1982) berechtigterweise kritisieren.

Aber auch bei real gegebenen Alternativen informieren sich Umzugswillige im allgemeinen fast nur über solche potentiellen Ziele, die in ihrer Nähe liegen und dies meist über Freunde und Verwandte (Knox 1994). Entsprechend undurchsichtig ist der Wohnungsmarkt (Smith & Clark 1980:123; Dicken & Lloyd 1981:212-280, bes. 233ff., Short 1996:173-206). Zu vielen grundlegenden Fragen gibt es widersprüchliche bzw. je Bevölkerungsgruppe sehr verschiedene Ergebnisse. Warum sind beispielsweise die Umzugsmotive bezogen auf dieselben Wohnungen bei Fortziehenden (Aspekte der Wohnung und des Wohnumfelds) anders als bei Zuziehenden (familiäre Motive; Weber 1982:47)? Hier könnte es eine Rolle spielen, wie lange es dauert, bis bestimmte Eigenschaften von Wohnstandorten wahrgenommen werden. Widersprüchliche Ergebnisse gibt es zur Frage, ob potentiellen Einziehern eher das Äußere des Hauses oder der Zustand der Räume wichtig ist. Hier spielen Statusunterschiede eine Rolle, aber es könnten auch kulturelle, vom sozioökonomischen Status unabhängige Faktoren wie Vorstellungsbilder der Stadt (*images*), Größe des täglichen Aktionsfeldes und Konzepte von Nachbarschaft eine Rolle spielen. Dies scheint z.B. für die zurückgelegten Distanzen zu gelten. Pauschal gesagt, ziehen Einwanderer z.B. in Deutschland über deutlich geringere Distanzen um als Inländer (Bähr 1993:364 mit Verweisen auf weitere Literatur), was auf unterschiedliche "Wahrnehmungsräume" und die Bedeutung von Netzwerkkontakten hindeutet.

(b) In den Städten von sog. Entwicklungsländern befindet sich "... das traditionelle Muster des innerstädtischen Sozialgefüges heute in weltweiter Auflösung ..." (Bähr 1992:364), wobei diese Änderungen eng mit schichtenspezifischen intraurbanen Wanderungen verknüpft sind. In armen Ländern sind die Entscheidungen zu innerstädtischen Umzügen in vielfältiger Weise durch strukturelle Umstände und kulturelle Regeln eingeschränkt (extrem z.B. in indischen Städten; vgl. Schenk 1986 zu *residential immobility*). Bei ökonomisch besser gestellten Haushalten der Mittel- und Oberschicht ist eine "freiere Entscheidung"[10] zu erwarten als bei Slum- und Squattersiedlern. Letztere sind allerdings viel besser untersucht. Bei besser gestellten Haushalten werden verstärkt Umzugsmotive eine Rolle spielen, die durch außerökonomische Normen und Werte geprägt sind: Prestige, Konsumwünsche, Netzwerkkontakte, Fühlungsvorteile zu Behörden und Urbanität. Viele dieser nichtökonomischen Motive werden nicht universaler Natur, sondern regional-, lokal- oder kulturspezifisch sein.

---

10 Der Komparativ dieser Formulierung ist wichtig, um nicht in die häufige, aber empirisch falsifizierte Annahme zu verfallen, Slum- bzw. Squattersiedler würden (im Weberschen Sinne) nicht vorausschauend-rational, sondern emotional und kurzsichtig entscheiden, wie es - entgegen der ursprünglichen Intention - oft in der Anwendung des *Culture of Poverty*- Ansatzes geschieht. Portes zeigt das am Beispiel des Widerstandes von Slumbewohnern gegen Baumaßnahmen und schließt auf eine grundlegende Ähnlichkeit lateinamerikanischer Slumbewohner zu Bewohnern integrierterer mittlerer und höherer Viertel, da sich die marginalen Bewohner realistisch, zielbezogen und kalkulierend verhalten (1972:272, 277ff., 285f.).

Migration, innerstädtische räumliche Mobilität und Besonderheiten des Wohnungsmarktes

Inwieweit unterscheidet sich die Entscheidung hinsichtlich innerstädtischer Umzüge grundsätzlich von einer Wanderung vom Land in die Stadt? Vom Typus des Handlungsproblems her gesehen ist die Entscheidung zu einem innerstädtischen Umzug weniger existentiell (*crucial*), als der Entschluß zu längeren Wanderungen, etwa einer Land-Stadt-Migration. Kurze städtische Bewegungen sind überschaubarer, dauern weniger lang und sind eher reversibel. Man kann sich besser informieren und der Aufwand hierfür ist vergleichsweise gering. Außerdem gilt für innerstädtische Umzüge kaum folgende Feststellung, die bezüglich Migration gemacht wurde: "If the entire household moves, even serially, relationships with traditional social networks and kin and the economic and social 'safety net' they provide are disrupted" (Households 1982:11). Trotz dieser strukturellen Unterschiede sind auch bei innerstädtischen Umzügen neben gewollten und vorhergesehenen nicht gewünschte und nicht antizipierte Konsequenzen wahrscheinlich, weil städtisches Leben allgemein eine geringe "funktionelle Transparenz" (Boesch 1982) für die Akteure hat. Damit ergeben sich Probleme durch fehlende Information und mangelnde Voraussehbarkeit, die sich aber je nach Maßstab der Bewegung in der Stadt (Carter 1995:238f.) unterscheiden. Im Fazit sind Umzugsentscheidungen in vieler Hinsicht für die Beteiligten problematisch und sie verdeutlichen gut die Ambiguität, die ein grundsätzliches Merkmal menschlichen Entscheidens ist.

Ein wichtiger Grund für diese Unsicherheiten liegt in der allgemeinen Struktur von Wohnungsmärkten, die sich in mehrerer Hinsicht von typischen Märkten unterscheiden (Arnott 1987, nach Van de Vyvere 1994:192):
1. Angebot wie Nachfrage sind vergleichsweise gering, weil Umziehen aufwendig und deshalb als Handlung relativ selten, etwa im Vergleich zu anderen Entscheidungen, ist (*thinness of demand and supply*);
2. Investitionen werden nicht nur durch den Ankauf bzw. Bau von Wohneinheiten, sondern auch durch Verbesserungen *in situ* getätigt (*nonconvexities in the production*);
3. die Anbieter kennen den Markt tendenziell besser als die Nachfrager (*information dissymmetries*);
4. hohe Transaktionskosten bewirken eine Trägheit des Marktes (*inertia*) und
5. der Markt ist oft in fast unabhängige Sub-Märkte unterteilt (*segmentation*).

Dazu kommen Besonderheiten von Wohnungen und Häusern, die sie von anderen Marktgütern unterscheiden und zu wirtschaftlich gesehen besonders komplexen Gütern machen, was die diesbezüglichen Entscheidungen für Personen und Haushalte, aber auch für Institutionen, sehr problematisch macht (Vyvere 1994:192; vgl. Rapoport 1994 zur allgemeinen kulturellen Relevanz und Häußermann & Siebel 1995 zur deutschen Situation):
(a) Behausungen sind notwendig, da sie menschliche Grundbedürfnisse stillen (*necessity*);

(b) sie werden kulturübergreifend fast durchweg als "wichtig" angesehen (*importance*);
(c) Behausungen sind Güter, die - oft generationenübergreifend - dauerhaft sind (*durable*);
(d) sie sind fast immer räumlich fixiert (*spatial fixity*), eben "Immobilien"; und
(e) sie sind, anders als die meisten anderen Güter, kaum teilbar (*indivisibility*).

Insgesamt erscheinen innerstädtische Umzüge trotzdem als ein Entscheidungsfeld, in dem - wenn auch in Grenzen (Knox 1994:303) - die Wahlfreiheit eher gegeben ist, als dies bei Land-Stadt-Wanderungen der Fall ist. Entscheidungsprozesse als Fokus der Forschung können die Mischung aus Zwängen und Freiheiten bei Wohnortswechseln methodisch besonders gut zusammenführen (La Gory & Pipkin 1981:141). So lassen sich innerstädtische Umzüge als zielorientiertes Handeln von Individuen im sozialen Rahmen und im Umweltkontext, statt als nur reaktive Anpassung an Mißstände verstehen[11]. Die Untersuchung von Entscheidungen erscheint bezüglich innerstädtischer Umzüge also, anders als das oft für Land-Stadt-Migration gilt, nicht als aufgesetzte "Entscheidungs"-Fragestellung zu einem Lebensbereich, in dem de facto rein strukturell "entschieden" wird.

2.2 Handlungsrationalität als empirisches Forschungsproblem

2.2.1 Rationalität und Rationalitäten

Handlungsmotive und Menschenbilder

Debatten über Rationalität sind immer eng mit einer meist essentialistisch gestellten Grundfrage der Anthropologie verbunden gewesen, nämlich in welchem Maße menschliches Handeln durch Vernunft, Emotion oder blinden Impuls geformt wird, und ob es durch egoistische bzw. individualistische Motive oder durch altruistische bzw. kollektivistische Orientierungen bestimmt ist. Nur ganz wenige der vielen denkbaren oder als Alltagstheorien verbreiteten Menschenbilder fanden Eingang in wissenschaftliche Rationalitätskonzepte und Handlungstheorien. Oft sind dies sehr einseitige Vorstellungen und überwiegend sind es ökonomische Annahmen, wie in den verschiedenen Varianten des *homo oeconomicus* als rational nutzenmaximierendem Akteur. Diese sehr spezifischen Annahmen wurden dann für gewöhnlich in dem Sinne anthropologisiert, daß sie für universal gültig in Bezug etwa auf Lebensstadium, Umweltsituation und kulturelles Umfeld gehalten wurden.

In der Ethnologie war das der Hintergrund der besonders seit Levy-Bruhl (1923) bekannten Debatten um sog. "primitives Denken" vs. "westliches Denken"

---

[11] In der Zielorientierung, den vielfältigen Begrenzungen, der Notwendigkeit von Ressourcen und der schrittweisen Annäherung an ein Ziel sind Umzüge ein Beispiel für das, was - auf einzelne Personen bezogen - in der neueren Geographie und in der Umweltpsychologie als "persönliches Projekt" bezeichnet wird (Saegert & Winkel 1990:452-454, dort weitere Literatur).

(Hallpike 1976; Sahlins 1995), der Debatte um "kulturelle Vernunft" vs. "praktischer Vernunft" (Sahlins 1981). Allgemeiner ging es um die kulturelle Relativität von Rationalität (Diskussion um sog. *modes of thought*; Sammelbände von Wilson 1970, Horton & Finnegan 1973, Hollis & Lukes 1982, Hogarth & Reder 1986; sowie kurze Überblicke in Crick 1982, Pelissier 1991 und Fikentscher 1995:157-188). Eine spezielle Problematik stellte die Frage rationaler Erklärungen (Bilmes 1986:21-51, Tambiah 1990) und der Konsistenz von Erklärungen (Nuckolls 1994) dar. In spezieller Weise wurde das Thema im Rahmen des Disputs zwischen Formalisten und Substantivisten in der Wirtschaftsethnologie diskutiert, der sich vor allem um die Anwendbarkeit allgemeiner Rationalitätsmodelle auf nichtwestliche Wirtschaftsformen drehte (vgl. z.B. Godelier 1972).

Als Illustration der essentialistischen Menschenbilder und ihrer wissenschaftlichen Unfruchtbarkeit nenne ich im folgenden erstens unterschiedliche Erklärungen eines sehr bekannten ethnologischen Einzelfalles und zweitens einander widersprechende Rationalitätskonzepte, die sich aus Hunderten experimenteller psychologischer Untersuchungen von Entscheidungen ergaben. Das ethnologische Beispiel ist der bekannte Potlatch der Kwakiutl, bei dem Häuptlinge Feste veranstalten, während derer große Mengen von Nahrungsmitteln und anderen Gütern an wichtige Männer von Nachbarsiedlungen abgegeben werden. Dafür sind drei Erklärungen vorgeschlagen worden, eine beruhend auf kulturspezifischen Vorstellungen des moralisch Richtigen, eine sozial-funktionalistische und eine über Individualinteressen (Wilk 1993:192f.):

(1) Der Potlatch ist Ausdruck transzendentaler Konzepte über Kosmos und Wohlstand, sowie zum Wert und zur Moralität von Geschenken. Die Häuptlinge handeln im symbolischen Rahmen eines Rituals. Hinter dieser Deutung liegt die Idee eines kulturspezifischen Vorstellungssystems, das Kategorien von gut und schlecht, von richtig und falsch beinhaltet und dem Individuum damit den Rahmen des Möglichen und seine moralische Motivation vorgibt. Die Schlagworte zu diesem von Gegnern oft als "kulturalistisch" bezeichneten Ansatz sind *cognition, semantics, belief systems* und *cultural systems of meaning*.

(2) Der Potlatch ist nützlich für die Gesellschaft, weil überschüssige Güter in Gebiete verteilt werden, wo man sie braucht und so langfristige Schwankungen durch Redistribution ausgeglichen werden. Die Häuptlinge handeln demnach im Sinne eines Nutzens für die gesamte Gruppe. Dahinter liegt die Vorstellung, daß Personen dazu sozialisiert werden, sich mit ihrer Gruppe zu identifizieren und damit durch Interessen der Eigengruppe motiviert sind. Individuelle Motive sind in dieser Sicht nichts als die durch die Gesellschaft zugelassene Illusion eigenen Willens. Die Erklärung von Handlungen besteht demnach darin, statt individueller Interessen die Normen sowie die Solidarität und Kontinuität der Gruppe zu untersuchen. Schlagworte dieses sozialsystemischen Ansatzes sind Norm, Konformität und Funktion.

(3) Der Potlatch ist ein Resultat eines strategischen Handelns, durch das einzelne Personen politische Macht, sozialen Status und Kontrolle über andere Personen gewinnen, weil diese durch Geschenke zu Gegengeschenken gezwungen werden oder einen Statusverlust hinnehmen. Die Häuptlinge handeln so, weil sie materielle Güter gegen soziales Kapital tauschen wollen. Dahinter steht die

Vorstellung des Individuums, das seine eigenen Interessen verfolgt, die Nützlichkeit einer Handlung aus seiner Sicht maximiert, auch wenn sie nach außen altruistisch erscheint. Die entsprechenden Stichworte sind *homo oeconomicus* und *rational man*.

Das Problem ist nun, daß die Deutungen des Potlatch in der Literatur oft als einzelne Erklärungen auftreten und sich nur scheinbar ausschließen, daß zweitens alle drei Varianten durch einige der bekannten Daten gestützt werden und daß drittens ebenfalls alle drei Erklärungen durch Eigenaussagen der Akteure untermauert werden können. Die Kwakiutl selbst sind sich nicht über eine Deutung einig. Nur die erste, "kulturalistische" Erklärung erfordert überhaupt die Annahme, daß eine Beziehung zwischen geäußerten Motiven und tatsächlichem Handeln besteht. Es gibt keine einzelne "richtige" Erklärung. Auch der Verweis auf historische und regionale Varianten des Potlatch oder pauschale Aussagen, daß jeder Ansatz "partiell richtig" sei, führen nicht weiter, solange es keine Regeln gibt, zu entscheiden, worin sie richtig sind. Jede Erklärung taugt für bestimmte Aspekte oder Fälle; nicht jedoch im Sinne einer umfassenden Handlungstheorie (Wilk 1993:193).

Mein zweites Beispiel entstammt aus dem interdisziplinären Feld der Erforschung von Entscheidungsfindung, in dem seit längerer Zeit jedes Jahr mindestens 250 Publikationen erscheinen. In diesem Feld sind sehr verschiedene Rationalitätskonzepte vorgeschlagen worden. Auf eine kurze Formel gebracht, wurden der "korrigierbare Rationalist", der "begrenzte Rationalist", der "sich irrende intuitive Wissenschaftler" und schließlich der "Sklave seiner Emotionen" vorgeschlagen (nach Abelson & Levi 1987:232ff.). Die Fähigkeiten des "korrigierbaren Rationalisten", etwa zum Lernen oder die Wahrscheinlichkeiten abzuschätzen, sind nicht optimal, aber können durch Training oder durch Lernen an der Erfahrung erhöht werden. Problematisch bei diesem Ansatz ist z.B. die Übertragbarkeit von erlernten Problemlösungen auf neue Entscheidungsfragen. Der "begrenzte Rationalist" ist rational, aber im Gegensatz zum klassischen *homo oeconomicus* führt er keine kompletten Kosten/Nutzen- Abwägung durch, sondern überlegt nur bis zu einem bestimmten Punkt, wo aus praktischen Gründen, z.B. Zeitmangel, eine einfache Lösung gewählt wird. Das Problem des Konzeptes besteht darin, daß jede Abweichung von optimalen Entscheidungen irgendwie als "praktisch vernünftige" Lösung gedeutet werden kann. Der "intuitive Wissenschaftler" entscheidet wie der "begrenzte Rationalist" suboptimal, aber dies liegt nicht an Vereinfachungen angesichts praktischer Umstände, sondern an grundsätzlichen Voreingenommenheiten der Wahrnehmung und Einschätzung bzw. in den vereinfachenden Heuristiken. Dieses Menschenbild ist tendenziell pessimistischer als die ersten beiden. Die Schwierigkeit bei diesem Ansatz ist, zu sagen, für welche Entscheidungsprobleme welche allgemeinmenschlichen *biases* anzunehmen sind. Der "Sklave seiner Emotionen" folgt irrational seinen Antrieben und entspricht damit der Alltagstheorie, daß Emotionen der Rationalität dadurch widersprechen, daß sie das Handeln diffus und impulsiv machen. Ein deutlicher Hinweis auf solche Einflüsse ist der Nachweis, daß Akteure Informationen, die eine Entscheidung verbessern könnten, systematisch ignorieren (*defensive avoidance*, Janis & Mann 1977). Dieses Bild ist mit den bisher genannten vereinbar, unterscheidet sich aber darin, daß unkontrollierbare Emotion als verbreitet angenommen wird. Das Problem dieses Ansatzes ist es vor allem, emotionale von kognitiven Komponenten der Fehleinschätzungen oder von sog. "irrationalen Motiven" zu trennen.

Auch diese Menschenbilder, die nicht von einem Einzelphänomen wie dem Potlatch, sondern aus einem enorm breiten Fundus empirischer Studien zu Entscheidungen herrühren, führen nicht zu einer einheitlichen Handlungstheorie. Beide Beispiele zeigen, daß viele Ansätze daran kranken, Motivation als ausschließlich exogene oder aber als nur inhärente Variable zu behandeln. Dies gilt nach Wilk (1993:197) auch für die Ansätze, welche verschiedenen Persönlichkeitstypen, Haushaltstypen oder gar ganzen Gesellschaften bestimmte Motive als inhärente Qualitäten zuzuschreiben. Das geschieht oft in binärer Weise. Personen seien "egoistisch" oder "altruistisch", Haushalte seien "konfliktorientiert" oder "kooperativ", Gesellschaften als ganze "individualistisch" bzw. "antisozial" orientiert oder aber "ethisch", "moralisch", "sozial" bzw. "traditional" ausgerichtet. Alle diese Vorstellungen widersprechen der Alltagserfahrung, daß man bei sich selbst und auch bei anderen sowohl diese, als auch jene Handlungsorientierung erfährt[12]. Einige Autoren sehen den Menschen auch als zwischen zwei entgegengesetzten Orientierungen hin- und hergerissenen Akteur, sei es zwischen Eigen- und Gruppeninteressen (Margolis 1982; vgl. auch Mauss und die orthodoxen Transaktionalisten in der Ethnologie; Streck 1985:574), oder zwischen materiellen Interessen und moralischen Zielen (Etzioni 1988).

Trotz dieser Vorstellungen sozialer Balance liegt meistens die Annahme zugrunde, daß Individuen "eigentlich" eigennützig handeln und altruistische Handlungen (a) kurzfristige, strategisch eingesetzte Mittel zum eigennützigen Zweck sind, (b) als solche belohnt werden oder (c) auf gesellschaftlichem Druck beruhen. Wilk spricht treffend von der Annahme eines "... almost gravitational pull toward selfishness" (1993:198). Diese essentialistischen, nämlich einseitigen oder binären, Modelle menschlichen Handelns argumentieren derart idealtypisch, daß sie weder als realistische wissenschaftliche Modelle noch als subjektive Theorien der Akteure anzusehen sind, sondern eher als Projektionen von - vielfach implizit normativen - Kategorien auf ein tatsächlich sehr vielfältiges Kontinuum von Handlungsmotiven. Ouroussoff (1993:281ff.) weist berechtigterweise darauf hin, daß gerade die Annahme, daß westliche Gesellschaften aus rationalen Individuen bestünden, die dann denen fremder Gesellschaften dichotom entgegengesetzt werden, selbst nicht etwa auf empirischen Untersuchungen über diese westlichen Gesellschaften zurückgeht, sondern auf philosophische Traditionen. Anhand einer ethnographischen Untersuchung in einem multinationalen Konzern zeigt sie,

---

[12] Trotz Max Weber, der menschliches Handeln für ein Gemisch traditionaler, emotionaler sowie wert- und zweckrationaler Handlungstypen hielt, finden sich heute kaum Handlungstheorien, die dies zusammen analysieren. Stattdessen stehen Freudsche Psychoanalyse (Emotion), Lern- und Verhaltenstheorien (Lernen und Tradition) und kognitive Theorien (Zweckorientierung) weitgehend unverbunden nebeneinander (Eichener 1989:349). Granovetter (1985, 1992:22) charakterisiert die Annahmen vieler Theorien wirtschaftlichen Handelns als die von "untersozialisierten Akteuren", die nur rational sind oder "übersozialisierten Akteuren", die ausschließlich kulturellen Normen folgen. Dies gilt mit wenigen Ausnahmen gleichermaßen für die Sozialwissenschaften insgesamt, wie auch innerhalb der heutigen Ethnologie.

daß die Arbeiter, anders als die Manager, ihre Firma nicht als Agglomeration von Individuen sehen, die ihre Umwelt bestimmen, sondern als Personen in bestimmten sozialen Positionen (1993:293f.). Sowohl dieser moderne Fall, als auch das ethnologische Phänomen des Potlatch und dazu die Resultate der neueren experimentellen Psychologie zu Entscheiden und Problemlösen weisen aber schon in die Richtung weniger essentialistischer Menschenbilder, die als Kern von Handlungserklärungen brauchbar sind.

Ich gehe in dieser Arbeit davon aus, daß die Debatte um Rationalität sich weiterbringen läßt, wenn beobachtete und erfragte Entscheidungen zum Zentrum der Analyse gemacht werden und nach den jeweiligen Arten, Umständen und dem Umfang von Entscheidungsproblemen im realen Lebenskontext gefragt wird. Dies gilt besonders für den ethnologischen Beitrag zur Erforschung von Rationalität. Seymour-Smith schreibt:

"Much of the confusion surrounding rationality from the cross-cultural perspective stems from the failiure to distinguish between individual and group decision-making and to assess the overall evolutionary or ecological rationality of a given strategy or action. Actions and decisons which are rational in terms of the knowledge available to the decision-maker and his or her material and symbolic priorities may or may not be rational in their ultimate evolutionary advantage or ecological effects. In functionalist theory and cultural ecology writers often fail to make this distinction, confusing micro-rationality with functional, evolutionary or ecological macrorationality" (1986:240).

Hinter den hier favorisierten Versuchen, Rationalität als relativ von Umständen, Situationen und kulturellen Hintergründen zu sehen, lauert aber gleich die entgegengesetzte Gefahr, nämlich überhaupt jegliche Grundannahmen zu allgemeinmenschlichen Handlungsmotiven aufzugeben. Dieser Gefahr unterliegen diejenigen Ansätze, die an sich berechtigte Kritik daran üben, daß Handlungstheorien Rationalität und Individualismus oft in unhistorischer Weise anthropologisieren. Elias´ Prozeß- und Figurationstheorie (1969) z.B. ist zwar wichtig als einer der wenigen Versuche, Mikro- mit Makroerklärungen sozialen Wandels zu verknüpfen, aber er macht jegliche Handlungsorientierung zur abhängigen Variablen des Zivilisationsprozesses, also langfristigen gesellschaftlichen Wandels. Wenn aber lediglich gesagt wird, daß Menschen wegen unzureichender Naturausstattung auf Hilfe, Kommunikation, Lernen und Sozialisation angewiesen sind, in Interdependenzgeflechten (sog. Figurationen) leben und damit als "Pluralitäten relativ offener, interdependenter Systeme" erscheinen (Eichener 1989:348f.), bleiben die anthropologischen Prämissen der Theorie so minimal, daß sie fast gar keine Aussage macht.

Eine graphische Annäherung
an die Vielfalt der Rationalitäten

Die Annahmen in Rationalitätsmodellen sollten also sparsam, aber deshalb nicht völlig offen, sondern (1) an der Art und am Maßstab der jeweiligen Entscheidungsprobleme orientiert sein und (2) den bisherigen Kenntnisstand zu Universalien von Handlungstendenzen des Menschen nutzen. Wilk skizziert ein Programm, das den ersten Punkt auslotet, indem er den sozialen Umfang und den zeitlichen Maßstab von Entscheidungen beachtet:

> "Instead of posing social goals, moral goals, and selfish goals as alternatives, we can look at them as linked continua, as scales that define a grid in which to map the logic of choice. Defined in this way, the selfish, moral or social all become rational options, but at *different scales*. Rather than forcing motives into discrete boxes defined a priori, we can use a more empirical approach, one that accepts the probability of mixed and ambigous or multiple motives" (1993:198f.).

Wilk konkretisiert dieses Programm, indem er die verschiedenen Maßstäbe, auf die sich Handeln in der Sicht der Akteure beziehen kann, in einem "Gitter" (*motivational grid*) darstellt, das durch eine Zeitachse und eine Achse des sozialen Maßstabes, auf die sich ein Verhalten bezieht, aufgespannt wird (Abb. 7).

Die vertikale Achse erstreckt sich vom jeweiligen Jetztzeitpunkt in die Zukunft und reicht über die Lebensspanne des Akteurs hinaus. Damit wird sowohl der Tatsache Rechnung getragen, daß der unmittelbare aktuelle Nutzen einer Handlung für den Einzelnen nur das eine Ende eines Kontinuums an Eigeninteressen ist, als auch berücksichtigt, daß Menschen auch Ereignisse, die sie erst für die Zeit nach ihrem Tod erwarten, in Entscheidungen mit einbeziehen. Solche Motive werden oft als "altruistisch" oder "moralisch" bezeichnet (vgl. Elster 1989:116-120). Dieses Gitter erlaubt eine genauere Einordnung des zeitlichen Horizontes (Planungshorizont; Ortiz 1983b:276), statt in die Zukunft orientiertes Verhalten einfach als von ehernen Werten bzw. "zeitlosen" moralischen Prinzipien geleitet darzustellen, wie dies in ethnologischer Literatur bisweilen immer noch geschieht. Wilk schlägt vor, nur solche Motive "moralisch" zu nennen, die tatsächlich in der Weise zeitlos sind, daß sie sich nicht auf dieser Zeitskala einordnen lassen. Manche Entscheidungen lassen sich klar einem bestimmten zeitlichen Rahmen zuordnen. Das Rauchen einer Zigarette soll kurzfristig befriedigen, während der Ankauf eines Platzes auf dem Friedhof erst auf den Zeitpunkt des Lebensendes und die Zeit danach bezogen ist. Viele Entscheidungen werden vom Akteur aber eher auf eine längere Zeitspanne als auf einen ganz bestimmten Zeitrahmen bezogen sein. Das Gitter erlaubt auch darzustellen, wie sich der zeitliche Entscheidungshorizont im Leben von Akteuren ändert und auf welche zeitliche Ausdehnung eine Gemeinschaft ihre Mitglieder hin "moralisch" orientieren will, sei es durch die Rhetorik vom "öffentlichen Interesse" oder vom "sozialen Handeln", durch religiöse Ziele oder durch Sanktionen.

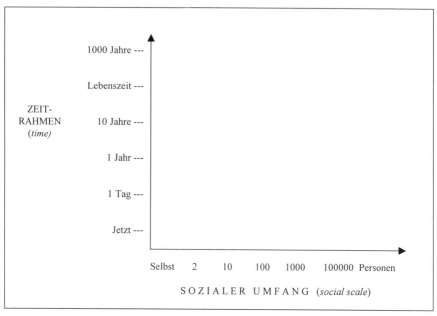

Abb. 7: Handlungsraster mit zeitlichen Entscheidungshorizonten und sozialem Entscheidungsumfang (nach Wilk 1993:199)

Die horizontale Achse beschreibt den sozialen Aspekt des Entscheidungshorizontes. Sie trägt der offensichtlichen Tatsache Rechnung, daß Akteure das Wohlergehen anderer in ihre Entscheidungen mit einbeziehen und stellt dar, wie umfassend der Teil der Personen ist, für die ein Akteur maximieren will: ist es nur die eigene Person, also individuelle Nutzenmaximierung i.e.S.; ist es das Selbst plus etwa ein Freund, die Mitglieder der Familie, des Haushaltes, Nachbarschaftsgruppen, die Mitglieder der eigenen Ethnie oder ist es sogar die ganze Menschheit? Auf beiden Achsen wird der Nutzen für den Einzelnen immer abstrakter werden, was sich z.B. in der Schwierigkeit der Umsetzung eines Ideales wie "Handle lokal, denke global" zeigt, das als quasi zeitlose Totalität auf beiden Achsen extreme Werte hat, nämlich die langfristige Entwicklung der gesamten Menschheit.

Diese graphische Darstellung hat einige klare Vorzüge gegenüber rein sprachlichen Darstellungen, sollte aber um eine Dimension ergänzt werden. Zunächst ist sie einfach und unterscheidet zwei Dimensionen, die auch in der Alltagserfahrung zentrale Gesichtspunkte beim Handeln sind. Es wird klar, wie extrem die Vorstellung des nur den gegenwärtigen Nutzen maximierenden Akteurs (links unten), als auch die des perfekt altruistischen Menschen (rechts oben) ist. Weiterhin wird deutlich, daß "moralisches" Handeln in zwei Dimensionen aufgefaßt werden kann: einerseits kann es zeitloses Handeln sein, andererseits selbstloses in der Gegenwart. Die meisten moralischen Systeme kombinieren beides und

viele gehen davon aus, daß beide letztlich auf dasselbe hinausliefen, aber mit dem Gitter könnte man zeigen, wo der Schwerpunkt, sei es vom Akteur, sei es von der Gemeinschaft, der er sich zugehörig fühlt, gesetzt wird. Man kann so z.b. die Ziele des Akteurs als einander konzentrisch umfassend auffassen. Statt der fruchtlosen Opposition von Individuum versus Gruppe wird ein Individuum konzipiert, das kulturell bestimmte Ziele mittels einer Reihe von Beziehungen mit einander umfassenden Gruppen verfolgt (*concentric goals, nested groups*; vgl. Barlett 1989:8f.). Außerdem ist das Gitter hilfreich,
1. um Annahmen unterschiedlicher Handlungstheorien oder Varianten innerhalb eines Ansatzes klarzulegen,
2. um "Territorien" von Disziplinen bei der Erforschung von Handlungen darzustellen,
3. um empirische Beispiele einzutragen,
4. um die Beziehung zwischen dem Motiv einer Handlung und dessen rhetorischer bzw. öffentlicher Erläuterung zu verdeutlichen und schließlich
5. um die Positionen zu markieren, die verschiedene Akteure innerhalb einer betrachteten Entscheidung einnehmen (Wilk 1993; Fig. 2 bis 6).

Bezüglich des sozialen Maßstabes nimmt Wilk allerdings allzu vereinfachend an, daß die meisten menschlichen Handlungen zwischen altruistischen und egoistischen Motiven anzusiedeln seien, und er schließt, dies sei eine rein empirische Frage (1993:200). Er schreibt, daß man statt des Umfanges auf der sozialen Achse die signifikanten sozialen Gruppen anordnen könnte und nennt als Beispiele die aufsteigende Reihe Heiratspartner, Kernfamilie, Kindred, Klan, Dorf, Distrikt und Nationalstaat als immer größere oder einander beinhaltende Einheiten. Gerade diese Reihe ist aber wohl nicht zufällig, sondern reflektiert m.E. die Erfahrung, daß der Umfang bzw. die Einheit von Personen, die beim Handeln Berücksichtigung finden, kein rein empirisches Problem ist. Darauf weist schon Sahlins´ Konzept der Zonen unterschiedlicher Reziprozität hin, das sozialen und geographischen Abstand betont. Menschen steht es zwar frei, das Wohlergehen ganz verschiedener sozialer Einheiten maximieren zu wollen, insbesondere wenn sie ihr Handeln einer ganz bewußten Entscheidung unterziehen. Allgemeinmenschliche Handlungsneigungen können statistisch gesehen aber sehr wohl das bewußte Wollen unterlaufen. In aller Regel, insbesondere bei allen eher weniger bewußt abgewogenen Handlungen, werden Menschen bestimmten Handlungstendenzen folgen; nicht aus Zwang, sondern aus universalmenschlicher Neigung. Sie werden aufgrund ihrer evolutionären Vergangenheit z.B. tendenziell ihr eigenes Überleben sichern und ihr Handeln kurzsichtig auf ihre Nahumwelt ausrichten, z.B. Verwandte bevorzugen. Hierauf verweisen - unabhängig der sonstigen Unterschiede der Forschungsperspektiven - gleichermaßen Erkenntnisse der kulturvergleichenden Ethnologie (zu Universalien), der Kognitionspsychologie (z.B. Wahrnehmungsgrenzen), der Sozialpsychologie (Kleingruppenforschung), wie auch der Soziobiologie (z.B. zu Nepotismus). Diese biologisch begründbaren Verhaltenstendenzen sind nicht als Determinismus zu verstehen und sie lassen sich mit sozialwissenschaftlichen Theorien und Befunden vereinen (vgl. Esser 1993: Teile C und D).

Handelt es sich nur um sprachliche Handlungen; sind es Aktionen mit geringem Aufwand an materiellen Ressourcen, Energie, Information und Risiko oder solche mit hohem Aufwand und Konsequenzen ("Hochkostensituationen"; Zintl 1989:63). Sicherlich können selbst Denkprozesse energetisch und zeitlich aufwendig sein; sie unterscheiden sich aber doch im Aufwand deutlich von den meisten Handlungen offenen Verhaltens (Abb. 8). Sprachliches Handeln ist in diesem Sinne nicht aufwendig, aber u.U. sehr konsequenzenreich.

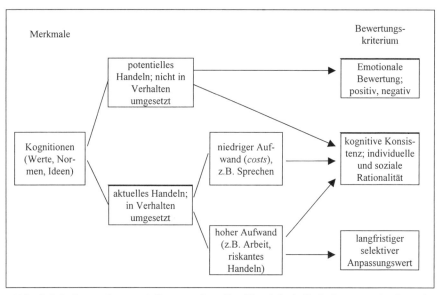

Abb. 8: Motive und potentielles vs. aktuelles Handeln in Relation zum Aufwand (aus Antweiler 1988:194; Abb. 16; leicht verändert)

Die Dimension des Aufwandes und Risikos erschließt einen Aspekt des Verhaltens und Handelns, der nicht zufällig gleichermaßen in ökonomischen wie in ökologischen bzw. evolutionistischen Modellen im Zentrum steht, auch wenn sie sich sonst in vieler Hinsicht unterscheiden (vgl. Smith 1987, 1988, Smith & Winterhalder 1992, Ursprung 1988; Witt 1987). Letztlich spiegelt sich hier nämlich die evolutionäre und organismische Dimension des Menschen, die Existenz als Individuum in Umwelten mit immer begrenzten (knappen) Ressourcen; ein Aspekt, der in vielen Handlungsmodellen der Kulturwissenschaften vergessen wird. Der Aufwand beinhaltet auch die Dimension der räumlichen Distanz, die in Wilks Schema nur implizit in der Achse des sozialen Umfangs berücksichtigt wird. Entgegen den meisten gängigen Sozialtheorien kommt der räumlichen Dimension (*space*) eine hohe Bedeutung für Handlungserklärungen zu, wenn auch vermittelt über die soziale Umsetzung als *place* (Giddens 1984; Gupta & Ferguson 1992 sowie Weichhard 1994 zur Diskussion). Die Herausstellung unterschiedlichen Aufwandes soll gerade nicht darauf hinauslaufen, sämtliches Handeln unterliege der inklusiven Fitneß. Sie soll aber klarstellen, daß dies für einige

Handlungen sehr wohl gilt. Die Beachtung dieser Dimension erlaubt es, Handlungen, die wegen Aufwand und Konsequenzen eher evolutionären Bedingungen unterliegen von utilitaristischen und "less utilitarian aspects of human social behavior" (Smith 1987:236) zu unterscheiden und entsprechend differenzierte Erklärungen zu suchen. Diese Dimension läßt sich als dritte Achse in Wilks Gitter einfügen, so daß sich ein dreidimensionaler Rahmen zur Analyse menschlichen Handelns in Form von Motiven, die Handlungen und Entscheidungen unterliegen, ergibt (Abb. 9).

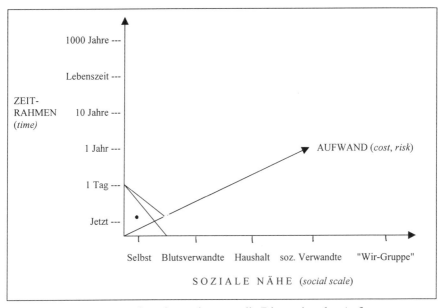

Abb. 9: Das *motivational grid*, erweitert um die Dimension des Aufwands/Risikos und spezifiziert in der sozialen Dimension

2.2.2 Rationales Entscheiden (*rational choice*)

Neuere Rationalitätstheorie vs. *homo oeconomicus*
und ihre Bedeutung für die Ethnologie

Dieser Untersuchung liegen Annahmen der neueren[13] unter den individualistischen oder akteurorientierten Sozialtheorien zugrunde. Anhand des Problems der Erklärung kollektiver sozialer Phänomene ergaben diese Arbeiten Einsichten, die als Hintergrund kurz angeführt seien.

Ein einfacher Erklärungsansatz für Handlungen ist die Theorie rationaler Wahlhandlungen, meist *rational choice* - Theorie genannt. Unter einer "rationalen Wahl" bzw. "rationalen Entscheidung" (*rational decision, rational choice, economizing*) versteht man die Verwirklichung derjenigen unter mehreren möglichen Handlungsweisen, die den höchsten Nettonutzen pro gegebenem Aufwand ergibt. Es geht nicht pauschal um Nutzenmaximierung, sondern um Nutzenmaximierung unter situationsspezifischen Nebenbedingungen (Zintl 1989:53; Bohman 1994:69). Technisch gesprochen ist dies eine Handlungsweise, die unter gegebenen Beschränkungen ("Restriktionen", *constraints*: Zeit, Material, Geld, Energie, soziale Ressourcen) und Opportunitätskosten (Verlust durch nichtgewählte Alternativen) den marginalen Nettoertrag entsprechend der Präferenzen maximiert. Der Akteur vergleicht verschiedene Möglichkeiten (Optionen, "Gelegenheiten", "Opportunitäten"), ermißt den Nutzen (*utility*) und bemißt den Aufwand (die "Kosten"). Rationalität ist immer abhängig von den dem Akteur verfügbaren Optionen und Mitteln. Die zentrale gedankliche Operation ist das Vergleichen: nicht nur die Optionen werden miteinander verglichen; auch in den Vorlieben und Abneigungen stecken Vergleiche. Ein Individuum präferiert das eine im Vergleich zum anderen, ohne genau die Intensität seiner Vorlieben messen zu können (Arbeitsgruppe Soziologie 1992:89). Bislang ist die Theorie rationalen Wahlhandelns spieltheoretisch und in Computersimulationen entwickelt, aber fast nur im engeren ökonomischen Bereich auf empirische Beispiele angewendet worden. In Deutschland wurde vor allem die Verwendung in der Eingliederungsforschung in der Migrationssoziologie bekannt (Esser 1981; Eichener 1989 als Kritik). Die Probleme der empirischen Umsetzung fangen nicht erst im fremdkulturellen Kontext an, sondern liegen schon bei einigen der theoretischen Annahmen. Für diese Probleme gibt es jedoch Lösungsansätze, wie ich jetzt zeigen werde.

Unter den neueren Theorien der rationalen Wahl (*rational choice*) können Theorien zusammengefaßt werden, die nicht von genau kalkulierter Maximierung bei voller Informiertheit ausgehen, sondern einfach Handlungen als Wahlen unter Optionen behandeln und davon ausgehen, daß Akteure überhaupt Intentionen

---

[13] Die zwei älteren Quellen dieser Theorien, die vorwiegend auf Hobbes zurückgehenden Vertragstheorien (Gesellschaft als intendierte Kooperation) und die auf Hume zurückgehenden Tauschtheorien (Gesellschaft als nicht beabsichtigtes Resultat utilitaristischen Individualhandelns) und moderne Varianten individualistischer Sozialtheorie werden von Wiesenthal skizziert (1987: 436-440) und von V. Vanberg (1975) ausführlich behandelt. Esser (1993:239-244) diskutiert die ereblichen Ähnlichkeiten der modernen Ansätze mit den Thesen der schottischen Moralphilosophen Ferguson, Hume und Smith.

haben bzw. bewußt und zielorientiert Interessen verfolgen und tendenziell maximieren. Damit nähern sie sich dem allgemeinen Handlungsbegriff als zielorientiertem Verhalten (z.b. Schwemmer 1984:678-682; Dörner & Kaminski 1987:76) bzw. dem Konzept der "Tätigkeit" in der sowjetischen Psychologie an. Die neueren Ansätze der sozialwissenschaftlichen Rationaltheorien decken sich mit Erkenntnissen der Kulturpsychologie darin, daß sie betonen, daß einzelne Ziele und Handlungen im Rahmen weitergreifenden Handelns stehen:

"Nur ausnahmsweise liegt (...) die Bedeutung einer Einzelhandlung in ihr selbst; öfter bezieht sie ihren Sinn aus der Einbettung in weiterreichende Handlungsketten einerseits, aus ihrem Eingefügtsein in Handlungssysteme andererseits" (Boesch 1983:12).

"Rationale Wahl ist instrumentell: sie wird durch die Folgen einer Handlung angeleitet. Handlungen werden nicht für sich selbst gewertet und gewählt, sondern als mehr oder minder effiziente Mittel für weitergehende Ziele" (Elster 1989:22).

"Social scientists who are studying structural change now agree that people are active strategists and decision makers, rather than passive reactors to macrolevel changes. It follows that a study of their decison-making processes can provide insight into the directions of change for society as a whole" (Gladwin & Garis 1996:316).

Die Theorien der rationalen Wahl gehen davon aus, daß menschliches Leben weder nur durch den lebensweltlichen Handlungsrahmen geleitet, noch ausschließlich von gesellschaftlichen Strukturen bestimmt ist, sondern maßgeblich von intentionalem Handeln und dessen beabsichtigten und vorausgesehenen sowie nichtintendierten und nichtantizipierten Folgen des Handelns beeinflußt wird. Intentionales Handeln kann genauer definiert werden als Wahlhandlungen, die bewußt an angestrebten Resultaten orientiert sind, oder anders gesagt: Es handelt sich um absichtliche, erfolgsorientierte und konsequenzenbezogene Handlungen. Damit ist nicht gemeint, daß jegliches Handeln intentional ist, aber es wird auf der allgemeinen Existenz bewußter Ziele und Präferenzen von Individuen beharrt.

Die Annahme zielgerichteten Handelns ist auch im fremdkulturellen Kontext nicht weltfern. Der Ausgangspunkt, daß Akteure zielgerichtet bzw. vernünftig sind, trennt entgegen verbreiteten Ansichten die Wirtschaftswissenschaften nicht von anderen Humanwissenschaften (Ursprung 1988:258f.). Jeder ethnologischen Felduntersuchung liegt diese Annahme zugrunde, wenn auch meist implizit. Nur auf diesem Verstehensfundament lassen sich sinnvolle Fragen stellen, Beobachtungen machen und erst so Differenzen im einzelnen erkennen (Schweizer 1992:24, Davidson 1993). Damit wird all denjenigen postmodernen Ansätzen in der Ethnologie entgegengetreten, die aus extrem kulturrelativistischer Sicht zielgerichtetes Handeln bzw. Entscheiden für eine westliche Selbsttäuschung halten. Auch lassen sich erst unter dieser Annahme unbeabsichtigte von beabsichtigten Wirkungen von Handlungen unterscheiden. Die Annahme nichtintendierter Handlungsfolgen ist ein wichtiges Korrektiv gegenüber extremen theoretischen Positionen und überzogen interpretativen Ansätzen, die angesichts der Bedeutung sozialer Alltagspraktiken solche unbeabsichtigten Wirkungen oft übersehen. Dies bedeutet aber nicht, daraus den umgekehrten Schluß zu ziehen, Akteure seien nur der Spielball sozialer Umstände (Giddens´ Kritik 1992:364). Die Unterscheidung zwischen beabsichtigten und nichtbeabsichtigten Handlungsfolgen hält dazu an, Nebenprodukte des Handelns nicht mit tatsächlichen Motiven zu verwechseln und ermöglicht es, Rückkopplungen der Handlungseffekte auf spätere Motive, wie sie im Funktionalismus oft allzuleicht verallgemeinert werden, zu überprüfen (Wiesenthal 1987:444; vgl. Barths diesbezügliche Grundsatzkritik 1992).

Aufgrund des holistischen Kulturverständnisses und der Dominanz strukturfunktionalistischer Erklärungen widmeten die großen Richtungen der Ethnologie absichtlichem Handeln einzelner Personen in den untersuchten Gesellschaften vergleichsweise wenig Aufmerksamkeit. Im Zentrum standen das gesellschaftliche System, Institutionen und Normen und Werte, die in der Sozialisation angeeignet werden und das Individuum in der Handlungsfreiheit einschränken. Die Untersuchung des einzelnen Akteurs und seiner Interessen blieb ein untergeordnetes Forschungsinteresse der allgemeinen Ethnologie, wobei z.B. die Arbeiten von Barth und Firth markante Ausnahmen sind. Diese Tradition wird bestärkt durch die poststrukturalistische Dekonstruktion des Individuums, welche die Bedeutung von individuellen Ideen und Absichten zugunsten unbewußter kollektiver Bedeutungssysteme vernachlässigt (vgl. Cohen & Rapports Kritik 1994).

Zielgerichtetes Handeln wurde in der Ethnologie fast ausschließlich in der formalistischen Richtung der Wirtschaftsethnologie untersucht und auch dort kaum empirisch angegangen. Dies gilt in noch drastischerer Weise für die Soziologie. Wie Wiesenthal (1987:434f.) treffend ausführt, sind es gerade solche absichtlichen Handlungen, die in älteren ökonomistischen und behavioristischen Ansätzen, sowie im Funktionalismus Durkheims oder im Strukturfunktionalismus Parsons´ unbearbeitet bleiben. Gleiches gilt aber auch für die auf Regeln, Sinn und Verstehen rekurrierenden Theorien, wie bei Weber, Schütz und Blumer. Alle diese Ansätze stellen nämlich Handlungsbedingungen, Handlungsbeschränkungen bzw. Zwänge ins Zentrum, statt Handlungsoptionen, positive Handlungswahl und strategisches Handeln zu erforschen und dabei vorhandene innere wie äußere Handlungsgrenzen zu einer empirischen Frage zu machen, wie es die *rational choice*-Ansätze tun (Wiesenthal 1987:443f.). Sie thematisieren damit den wichtigen Zwischenbereich zwischen ökonomischen Trivialregeln und jenen Normen, durch die Handelnde angeleitet oder durch die sie "hin- und hergestoßen" werden.

Anders als viele Gegner dieser Theorien nahelegen (z.B. Eichener 1989), unterscheiden sich die Annahmen deutlich von früheren Theorien rationaler Akteure, insbesondere vielen i.e.S. neoklassischen ökonomischen Handlungstheorien. Neuere rationalistische Ansätze nutzen die Perspektive der Akteure für eine Rekonstruktion intentionaler Handlungen, die sich der vielfältigen dem Handeln unterliegenden Kontingenzen bewußt ist. In den neueren Ansätzen wird nämlich anders als in den früheren eher präskriptiven Theorien, auf normative Prämissen und ein rein utilitaristisches Menschenbild verzichtet. Neuere *rational choice* - Theorien unterstellen keineswegs, daß Akteure ihre Ziele konsequent verfolgen und bruch- oder verlustlos umsetzen. Bewußt offen bleibt, ob die Ziele der Akteure rational gesetzt sind und ob ihre Verwirklichung "realistisch" gesehen erreichbar ist. Nicht gesagt ist, was der Maßstab des Handlungserfolges ist, sei es Eigennutzen oder Nächstenliebe; also wird bewußt auch inhaltlich offengelassen, was die Akteure maximieren, etwa reproduktives, wirtschaftliches, soziales oder symbolisches Kapital. Altruismus und materielle Nutzenmaximierung werden jeweils nur als eine unter mehreren möglichen Rationalitätsprämissen, als eine mögliche "Währung der Optimierung" unterstellt (Wiesenthal 1987:443, Smith 1987:203). Das Ökonomische wird verallgemeinert, z.b. tritt neben den "strategischen Interaktionismus" (Görlich 1993:253) der Tauschmodelle der symbolische Interaktionismus im Sinne Bourdieus (1976, 1985), in dem nur die erstrebten Güter andere sind, nicht der ökonomische Kalkül als solcher. Altruismus, Askese und Solidarität sind mit diesem Ansatz vereinbar, weil keine spezifischen Annahmen über den Inhalt individueller Ziele gemacht werden[14]. Insofern handelt es sich tatsächlich um "methodologischen Individualismus", der theoretisch gefüllt werden muß (Smith 1988:226f.). Weiter unten werde ich zeigen, daß diese methodische Sparsamkeit der Annahmen neben einer theoretischen Füllung auch empirische Zugänge notwendig macht.

Die neueren *rational choice*-Ansätze unterscheiden sich also deutlich von den neoklassischen Theorien des *homo oeconomicus* (und ähneln der klassischen Ökonomie!; Esser 1993:243), mit denen sie häufig verwechselt oder vermengt werden, aber sie bestehen auf Teilpostulaten dieser Theorien. Die ökonomischen Annahmen sind zwar sparsamer; innerhalb der Leitdifferenz von Wahlmöglichkeiten einerseits und Einschränkungen andererseits (*choices/options* und *constraints*) werden aber zentrale mikroökonomische Annahmen beibehalten, die den Kern der neoklassischen Ökonomie ausmachen (vgl. Robbins 1962:16; vgl. Kirchgässner 1989:113). Dies sind (a) die Annahme knapper Mittel im Verhältnis zu den Zielen, (b) die Annahme einer Pluralität von Präferenzen und Bewertungsmaßstäben und (c) die Annahme, daß Handlungsbedingungen über Preise von Angebot und Nachfrage und damit von Präferenzen Dritter abhängig sind (Wiesenthal 1987:443). Letzteres kann allerdings nur für einen Teil der Handlungen gelten, weil in vielen Situationen die Akteure eben nicht, wie im Markt, einander anonym bleiben.

Meines Erachtens unterliegen diese neueren Ansätze mit diesen weniger ökonomistisch eingeengten Annahmen, die im Kern nur behaupten, daß Menschen tendenziell zielorientiert und eigennützig handeln, auch weniger der Gefahr

---

[14] Damit ist der Ansatz auch nicht etwa per se konservativ oder bürgerlich, wie häufig behauptet. Schon der Sozialdarwinismus, der besser Sozialspencerismus (wegen des Fortschrittskonzepts und der Vorstellung des "Überleben des Stärkeren") genannt würde, hat zu "linken" wie "rechten" politischen Schlüssen geführt (Francis 1976). Auch gibt es heute sicherlich Soziobiologen, die konservativ sind, aber auch andere, die sich als "links" verstehen. Konservative Ideologien setzen eher an vermeintlichen Interessen ganzer Gruppen oder Völker als an Individualinteressen an (Smith 1988:223 vs. Sahlins 1981). Methodischer Individualismus muß nicht einer individualistisch-egoistischen Gesellschaft das Wort sprechen, sondern kann z.B. zur Kritik unbegrenzter Konkurrenz benutzt werden und er ist auch schon marxistisch interpretiert worden (Elster 1987).

einer "... unzulässigen zeitlichen Verallgemeinerung einer aktualistischen Perspektive...", die Eichener (1989:346) verallgemeinernd "rationalistischen Handlungstheorien" unterstellt[15]. Damit ist auch einer vorschnellen kulturellen bzw. regionalen Verallgemeinerung vorgebeugt, die Ethnologen an ökonomischen Modellen häufig als "westliche" oder "eurozentrische Sicht" kritisieren, und was sie meist deutlichen Abstand zu soziologischen und psychologischen Handlungstheorien halten läßt. Zwei Zitate aus Untersuchungen in wenig westlich beeinflußten Gruppen mögen das verdeutlichen. Es ist aufschlußreich, wenn im ersten Zitat ein Ethnologe nach 15 Jahren empirischen Studiums der Semai-Senoi in Zentralmalaysia - einer von Jagd und Sammeln lebenden und für ihre Friedfertigkeit sowie ein defensives Auftreten nach innen und außen, berühmten Menschengruppe - zu einem rationalen Menschenbild gelangt. In ihrer Wirtschaftsweise, Sozialorganisation und ihrem Weltbild könnte sie nämlich kaum verschiedener von westlichen Lebensformen sein. Ebenso aufschlußreich ist es, wenn im zweiten Zitat ein Ethnologe bei der Erforschung einer für mythisches Denken bekannten Ethnie, sobald er dieses Denken nicht losgelöst, sondern in Bezug zu lebenspraktischen Problemen der Menschen erforscht, auf eine Betonung individuellen Entscheidens in der Eigensicht der Menschen trifft.

"... an approach that *puts human beings back in the models* ... as active participants in their own destinies, as *goal-directed* decision makers picking their ways through *fields of options and constraints*, many of which are indeed biologically and environmentally conditioned. (...) The key concern here is motivation, but not conceptualized as some unitary force within passive individuals that impels them to action, 'pushing out' certain forms of behavior. Rather people are seen as *intrinsically active and choice-making beings in pursuit of particular goals and objectives*. Motivation so conceived involves all the forces, factors, options, and constraints that influence the *choice people make*, both in terms of the purposes they intend and the means they employ in their achievement" (Robarchek 1989:908, 909; Hervorh. CA).

"... Dinka take practice, not primarily as a means to an end, but as its own objective. (...). That the Dinka grasp themselves in terms of choice seems a critical finding in the light of the unreserved suspicion under which the rhetoric of choice has fallen in postmodern intellectual discourse" (Evens 1994:101).

---

[15] In der Interpretation der Eliasschen Figurationssoziologie durch Eichener wird auch ausdrücklich zugestanden, "... daß sich Menschen tendenziell rational verhalten. Es wird lediglich bestritten, daß sich Menschen *ausschließlich* rational verhalten" (1989:355).

Theorie des subjektiv erwarteten Nutzens

Die meisten *rational choice*-Theorien unterscheiden die Bewertung des Nutzens einer Handlung für einen Akteur einerseits und dessen subjektive Erwartung andererseits. Dies wurde in der "Erwartungsnutzentheorie" bzw. Theorie der "subjektiven Nutzenerwartungswahrscheinlichkeit" (*subjective expected utility theory*) präzisiert. Sie ist das orthodoxe wirtschaftswissenschaftliche Paradigma der Nachkriegszeit zur Analyse von Entscheidungen. Diese Theorie unterscheidet die für den Akteur vorstellbaren Handlungen bzw. Optionen (I), deren Werte bzw. Wünschbarkeit (U) und deren Erwartbarkeit (P). Damit vermeidet der Ansatz trotz seiner Sparsamkeit vorschnelle thematische Einseitigkeiten. Anders als beim *homo oeconomicus* geht es nicht nur um Präferenz und Sicherheit; anders als in der Wissenssoziologie à la Berger & Luckmann (1980) wird nicht nur die Sicherheit des Wissens berücksichtigt.

Untersuchungen der ökonomischen Psychologie, etwa von Tversky & Kahnemann (1981), haben allerdings zeigen können, daß die Theorie der subjektiven Nützlichkeit etliche empirische Befunde nicht erklären kann, z.B. "Sicherheitseffekte" oder die Tatsache, daß Akteure bei psychologischen Entscheidungsexperimenten Verluste anders bewerten als gleich hohe Gewinne, oder daß die Bewertung abhängig vom quantitativen Referenzpunkt ist. Ferner überfordert die Theorie tendenziell den Akteur, weil dieser bei komplexen Situationen nicht alle Handlungsvarianten in seinem Repertoire haben kann. "Der kognitive Prozeß kostet Zeit und beträchtliche Anstrengung und wird somit selber zu einer Handlung, die einen Handlungswiderstand enthält und die mit ihm zum Gegenstand einer Metahandlungskalkulation wird usf." (Eichener 1989:351). Es kann also nicht das gesamte Problem "durchkalkuliert" werden.

Die bisher angebotene Lösung solcher Schwierigkeiten innerhalb der Erwartungsnutzentheorie besteht in realistischeren Annahmen zu den Kognitionen der Akteure. Man nimmt jetzt an, daß diese über Strategien bzw. Heuristiken verfügen, um komplexe Entscheidungen zu vereinfachen. In robusten Daumenregeln werden bestimmte Entscheidungen als bedeutsam angesehen und innerhalb dieser einzelne Dimensionen des Problems bewußt herausgehoben, während die Akteure bei weniger wichtigen Entscheidungen eher routinemäßig nach ihren bisherigen Erfahrungen vorgehen. Dahinter steht die Annahme, daß Informationen für eine Handlung immer Aufwand ("Kosten") mit sich bringen und demzufolge Vereinfachungen und Heuristiken erfordern (Simon 1990b:9-11). In diesem Sinne können sowohl Vereinfachungen zur Wahl der Mittel, etwa durch Gewohnheiten (*routines, habits*), als auch Vereinfachungen zur Struktur der Ziele in bestimmten Situationen durch übergreifende Ziele (*frames*) selbst als ein rationaler Umgang mit begrenzten Ressourcen gesehen werden (Esser 1990:238). Ein Beispiel für solche kognitiven Vereinfachungen sind die von Abelson (1981; vgl. Abelson & Levi 1987) beschriebenen Formen episodischen Wissens von stereotypen Verhaltensabfolgen (*scripts*), die bei häufig wiederkehrenden und wenig bewußten, aber dennoch in sich vielfältigen Handlungsabläufen, wie etwa bei Restaurantbesuchen, eine Rolle spielen. Esser charakterisiert die Modifikationen gegenüber den gängigen Modellen der subjektiven Erwartungswahrscheinlichkeit:

"Der Unterschied zu den herkömmlichen SEU-Modellen ist der, daß dort jede Änderung in den Opportunitätsstrukturen unmittelbar auf die Handlungswahl wirkte, hier aber nur eine mittelbare Beeinflussung angenommen wird. Die in der sozialen Wirklichkeit geradezu als Normalfall zu beobachtende Trägheit von sinnspezifischem und institionalisiertem Handeln gegenüber Änderungen in den ´objektiven´ Opportunitätsstrukturen wird auf diese Weise gut verständlich" (Esser 1990:241f.).

Kritik der individualistischen Theorien und ethnologischer Erkenntnisbeitrag

Das Konzept des Akteurs in individualistischen Sozialtheorien umfaßt drei Hauptmerkmale. Ein gesellschaftlicher Akteur hat erstens bestimmte Ziele darüber, was zu erreichen und zu vermeiden ist; er verfügt zweitens über Ressourcen - wie Wissen, Geld oder Einfluß - die seine Möglichkeiten bestimmen und er verfolgt drittens eine Handlungsstrategie; er folgt also insgesamt einem Rationalitätskalkül. Wenn sich Ziele und Potentiale von mindestens zwei Akteuren tangieren, ergibt sich eine sog. Akteurkonstellation (Coleman 1977:85 nach Schimank 1988:621). Die entscheidende Frage ist, wie sich in sozialen Situationen Handlungen von Akteuren verketten und überindividuelle Strukturen hervorbringen. Akteurtheorien wollen Zustand und Wandel solcher Strukturen aus der Interdependenz einzelner Akteure erklären.

Der erste Mangel dieses Ansatzes besteht in der Kluft zwischen dem abstrakten Akteur, der seine Interessen verfolgt, und sehr generellen Handlungsstrategien, die in solchen Erklärungen nur zugeschrieben werden, einerseits, und empirisch konkreten spezifischen Ausprägungen von Interessen und Strategien andererseits (Schimank 1988:621f.). Konkrete Ziele und Interessen von Akteuren können entweder postuliert oder empirisch ermittelt werden. Man kann sie von Akteuren erfragen oder explizite Äußerungen in Dokumenten heranziehen. Oder man kann solche Intentionen - weil sie psychisch sind - indirekt beobachten bzw. anhand von Handlungen erschließen. Besonders die Zuschreibung von Zielen zu Akteuren, etwa aufgrund von plausiblen Alltagsannahmen, ist äußerst problematisch und erklärt wenig, wenn sie zu eng vorgenommen wird. Deutlich zeigt sich dies in der neueren Organisationsforschung, wo Zweckrationalität nicht mehr so stark überschätzt wird wie früher. Beispielsweise lassen sich selbst Handlungen von Unternehmen - eigentlich der Paradefall utilitaristischer Organisation - nicht einfach durch das Postulat des Strebens nach Gewinnmaximierung bzw. Dividendenfähigkeit verstehen. Ebenso lassen sich Entscheidungsvorgänge in Organisationen, für die zweckrationales Entscheiden bislang als definierendes Merkmal galt, nicht mehr allein über derartige Postulate bestimmen. Oft bestehen unterschiedliche Teilrationalitäten der verschiedenen Akteure. All das hat zu wesentlich zurückhaltenderen Definitionen von Organisationen als komplexe Gebilde in komplexen Umwelten geführt (Glagow & Willke 1984:117; Crozier & Friedberg 1990; Knie & Helmers 1991:429). Kalküle des Aufwandes und Nutzens seitens der Akteure kann man prinzipiell nur schwer spezifizieren. Neben Versuchen, dies durch Messung für einzelne Akteure zu lösen, gibt es dafür die Lösung, Akteurtypen zu ermitteln, welche ähnliche Ausgangsbedingungen in ihrer Handlungssituation haben. Ausdrückliche Interessen, welche in Befragungen ermittelt werden oder aus Dokumenten zugänglich sind, sind ebenfalls mit Vorsicht zu genießen, besonders letztere, da solche Dokumente evtl. für spezielle Ziele, etwa die Außendarstellung, verfaßt wurden.

Ein zweites oft kritisiertes Manko älterer, eher am *homo oeconomicus* orientierter Ansätze geht über methodische Probleme hinaus und ist im systemtheoretischen Defizit der Theorie angelegt. Es ist unrealistisch, anzunehmen, daß die substantiellen Interessen der Akteure ausschließlich situativ bestimmt sind, sondern sie beruhen auch auf stabileren, dem Handelnden eher selbstverständlichen und damit stillschweigend angenommen Handlungsorientierungen. In neueren Arbeiten wurde gezeigt, daß auch dies in *rational choice*-Theorien eingebaut werden kann (vgl. Esser 1990 zu *habits*). Erst durch deren Kenntnis kann man ermessen, worin der Nutzen einer Handlung für den Akteur in einer sozialen Situation besteht. Demnach werden zumindest grobe Informationen über die Sichtweise der Akteure und außerdem Kenntnisse über situationsübergreifende Handlungsorientierungen der Akteure benötigt. Es zeigt sich also, daß die abstrakten Akteurannahmen mit konkreten Situationsdaten verknüpft und darüber hinaus Daten über generelle Handlungsorientierungen und über das soziale System einbezogen werden müssen. Genau hier liegt ein möglicher Beitrag der Ethnologie.

Soziale Ungewißheit und sachliche Intransparenz

Homo oeconomicus-Ansätze haben außer der Problematik häufig nur gesetzter Intentionen und der oft ganz fehlenden Dimension der generellen Handlungsorientierungen des Akteurs ein drittes Problem, das ebenfalls auf eine notwendige Integration akteurtheoretischer mit sozialsystemischen Ansätzen hinweist. Es besteht darin, daß Akteure prinzipiell einer mehrfachen Ungewißheit unterliegen. Zunächst besteht eine Unsicherheit darüber, wie sich die anderen Akteure verhalten, was als Grundproblem gesellschaftlicher Strukturbildung gesehen werden kann. Diese Unsicherheit ist inzwischen Thema vieler Arbeiten geworden, die dieses Problem anhand des sog. "Gefangenendilemmas" (*prisoner's dilemma*) für zwei oder mehrere Akteure theoretisch modellieren (Axelrod 1984 als Überblick). Darüber hinaus kann man davon ausgehen, daß Akteure oft noch keine allgemeinen Sinnschemata für ein bestimmtes Thema haben und sich also unsicher über sich selbst und den Charakter der Situation und damit auch über die bevorzugten und die weniger präferierten Handlungsweisen sind ("sachliche Intransparenz" nach Schimank 1988:624). In dieselbe Richtung weisen die echtevolutionistischen Modelle und die Lernmodelle sozialen Wandels, die den Anteil von Entscheidungen durch ungerichtete ("blinde") Variation und kulturelle Selektion bzw. durch Versuch-und-Irrtum als hoch einschätzen (vgl. Campbell 1965, 1986, Antweiler 1988, 1990 zu ersteren und Langton 1976 zu letzteren). Auch experimentelle Untersuchungen der ökonomischen Psychologie haben gezeigt, daß Akteure nicht etwa die ihnen nützlichsten Entscheidungen treffen, wenn ihnen möglichst viele Informationen und Optionen angeboten werden. Aufgrund ihrer begrenzten kognitiven (und emotionalen) Fähigkeiten erfassen Akteure nicht alle Optionen und Folgen (*bounded rationality*). Außerdem denken sie nicht synchron bzw. entscheiden nicht synoptisch, sondern sequentiell (*procedural rationality*). Optimierend bzw. maximierend i.e.S. können sie nur entscheiden, wenn es um wenige Optionen mit wenigen Kriterien geht. Ansonsten wird ein bestimmter Grad der Befriedigung bzw. der Anspruchserfüllung angestrebt, was sich nur im Englischen passend, nämlich aktivisch ausdrücken läßt: *satisficing* (Simon 1957:205ff., 1990a:24ff., 1990b:7f., 11; vgl. Crozier & Friedberg 1980:195-200).

Wenn die Unsicherheit des Akteurs zwar im Einzelfall unterschiedlich hoch sein kann, aber prinzipiell vorhanden ist, fragt sich, wie diese vermindert wird, damit Handeln möglich wird. Theoretisch sind drei Mechanismen solcher Kontingenzbewältigung vorgeschlagen worden. Die psychologischen Studien gehen von Mechanismen zur kognitiven Vereinfachung aus, welche ein Problem gedanklich handhabbar machen (Schemata, Alltagstheorien, sog. "naive" Verhaltenstheorien etc.). Die individualistischen Akteurheorien kollektiven Handelns nehmen Institutionen an, die die Konstellationen von Akteuren vereinfachen und damit für einen einzelnen Akteur erwartbar machen. Einige soziologische Theoretiker (z.B. Schimank 1988: 629, 634.) postulieren, daß Akteure aus dem Gesamtsystem ihrer Gesellschaft gedanklich Teilsysteme ausgliedern, welche sinnhafte Orientierungen geben und damit ihr Handeln prägen. Diese Teilsysteme sind in dem Sinne fiktional, als die Akteure durchaus wissen, daß sie die soziale Wirklichkeit von außen, oft im nachhinein vereinfachen und verfälschen. Aber erst solche Fiktionen ermöglichen das Handeln. Als "praktische Fiktionen" führen sie auch zu Erwartungen, die als Projektionen sich selbst erfüllen können. Dieses Konzept gesellschaftlicher Teilsysteme als Akteurfiktionen ermöglicht es, Akteur- und Systemtheorien miteinander zu verbinden, ja es ermöglicht erst die Überwindung der Schwächen beider. Diese Vorstellung kommt allgemein dem kognitiven Kulturbegriff der Ethnologie nahe, der Kultur als Orientierungswissen sieht[16].

---

[16] Wenn es speziell um die Reduzierung sozialer Komplexität geht, läßt sich das Konzept der gesellschaftlichen Teilsysteme als Akteurfiktion mit kognitiv argumentierenden Theorien von Ethnizität verbinden, die Ethnizität als sinnstiftende Grenzziehung zwischen Eigen- und Fremdgruppe interpretieren (Barth 1969, Eriksen 1992b).

2.2.3 *Rational choice* und Makro-Mikro-Makro-Erklärungen

Akteur, Makrosystem und Erklärung

Ein Entscheidungsproblem im Sinn der Theorie der rationalen Wahl besteht nur dann, wenn die Mittel begrenzt sind und - was oft vergessen wird - nur dann, wenn die Mittel in mehrfacher Weise verwendet werden können (*multipurpose means*; Plattner 1989:7, 10). Die klassischen Untersuchungen im Rahmen der *rational choice*-Theorie sind spieltheoretische Analysen, die als Gedankenexperimente oder in Form von Simulationen ausgeführt werden können. Zwei gedachte "Spieler" streben nach einem bestimmten Gut und müssen unter bestimmten gegebenen Bedingungen ("Spielregeln") entscheiden, ob sie kooperieren oder nicht. Sie haben Ziele und können Ereignisse beeinflussen und ihre Handlungen wirken sich auf den anderen aus. In solchen Analysen werden dann strategische Grundsituationen und sich ergebende Dilemmata (z.b. das bekannte "Gefangenendilemma") untersucht. Gesellschaftliche Strukturen ergeben sich nach spieltheoretischen Annahmen durch die additive Verkettung der Handlungen der Individuen. Aus der jeweiligen Interessenssituation und Ressourcenlage der Akteure können aber auch neue Ziele entstehen und über die Akkumulation von Handlungen neue Makrostrukturen neue "Spielregeln" auftreten (Coleman 1986).

Ausgangspunkt der neueren Richtungen dieser individualistischen Sozialtheorien war die Unzufriedenheit mit einer Sozialwissenschaft *sui generis*, die soziale Makrophänomene durch andere Makrophänomene erklärt, wie in Durkheims Struktursoziologie. Dieses Programm der Sozialwissenschaft wird heute vor allem kritisiert, weil bislang keine Gesetze auf der Makroebene gefunden werden konnten, die wenige Ausnahmen haben und aufgrund derer sich allgemeine Aussagen über die soziale Dynamik machen lassen. Zudem fehlen in einer so konzipierten Sozialwissenschaft Tiefenerklärungen. Durkheim selbst führte immer wieder neben den "sozialen Tatsachen" auch die Akteursperspektive, die Motive des Einzelnen, in seine Erklärungen ein, z.B. in seinem Buch über Selbstmord (pace Streck 1985:571). Die reinen System- bzw. Strukturtheorien haben Erklärungsdefizite, die heute deutlicher als je zuvor gesehen werden (z.B. Schimank 1988). Die traditionellen Mikrorichtungen, wie Symbolischer Interaktionismus und Behaviorismus, liefern wiederum keine echten Erklärungen von Makrophänomenen, sondern nur Orientierungshypothesen, weil sie offen lassen, wie Umwelten einwirken und wie Handlungen von Einzelnen kollektive Phänomene bewirken (das sog. Transformations- bzw. Aggregationsproblem). Die Mikro/Makro-Problematik wird heute von Vertretern ganz unterschiedlicher Richtung als zentrales Problem sozialwissenschaftlicher Theoriebildung gesehen. Ritzer (1988:366-384) referiert verschiedene Lösungsversuche dieses Problems, die fast sämtlich in den 1980er Jahren erschienen und zeigt auf, daß sich trotz der teils gravierenden Unterschiede ein Konsens dahingehend herausgebildet hat, dies als ein Kernproblem gegenwärtiger Sozialwissenschaft zu sehen.

Auch in der Ethnologie ist die Vermittlung zwischen Mikro- und Makroebene ein zentrales Problem, das sich z.B. stellt, wenn eine Monographie sowohl die Kohärenz und interne Dynamik, als auch die Vielfalt und die externe Einbettung einer Gesellschaft darstellen will. Entsprechend sieht Schweizer in einem Überblick zum Thema ethnologischer Sozialstrukturanalysen (neben dem Problem der Modellbildung) das Mikro/Makro-Problem und das damit verbundene Problem des sozialen Wandels als zentrales Theorie- und Methodenproblem der Ethnologie. Er zeigt dies an den klassischen Traditionen der britischen Sozialethnologie, der nordamerikanischen Ethnologie und den französischen Arbeiten zu elementaren Sozialstrukturen: "Wie gelangte man von der Detailanalyse individueller Akteure in speziellen Situationen zur Gesamtanalyse der Sozialstruktur (und umgekehrt vom institutionellen Gefüge einer Gesellschaft zum konkreten Handeln ihrer Individuen)?" (1992:20).

Ich ziehe zur Präzisierung dieses Problems Colemans Vorschlag (1986) heran, der zwar im Rahmen der soziologischen Diskussion des Strukturfunktionalismus steht, aber allgemeine Bedeutung hat. Coleman versucht in einem Modell eine Auflösung des Problems einseitiger mikro- und makrotheoretischer Handlungserklärungen. Er zeigt die Zusammenhänge zwischen System und Akteur und plädiert dafür, daß der Theoriekern sozialwissenschaftlicher Erklärungen im Mikrobereich liegt, also nur über den Akteur gehen kann (ähnlich Smith 1988:241 als Optimalitätstheoretiker; vgl. Weede 1989, mit Beispielen). Coleman skizziert eine Beziehung zwischen der Mikro- und der Makroebene sozialer Phänomene, die als Form unabhängig von Zeit und Raum immer wiederkehrt. Abb. 10 zeigt die allgemeine Struktur und nennt einige der in der Diskussion bislang noch uneinheitlich gehandhabten Termini für die Ebenen, Einheiten und Beziehungen.

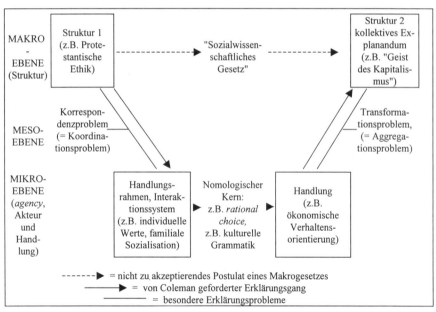

Abb. 10: Makro-Mikro-Makro-Modell zur Erklärung von Handlungen ("Badewannenmodell", in Anlehnung an Coleman 1986)

Ein Fahrplan einer Untersuchung nach diesem Erklärungsmodell sieht am Beispiel kollektiver Phänomene im Ideal so aus, daß zunächst (1) ein kollektives Ereignis als Explanandum bestimmt wird, dann (2) ein Interaktionssystem in einer Umwelt ausgegrenzt wird, (3) ein erklärender Kern (nomologischer Kern) bestimmt wird, der so einfach wie möglich ist, (4) die "Logik der Situation" eruiert wird, (5) die sog. "Logik der Aggregation" festgestellt wird und daraus (6) eine Gesamterklärung versucht wird. Die Logik der Situation und die der Aggregation können dann (7) beliebig erweitert werden (Esser 1993). Dieses Modell läßt auch graphisch deutlich werden, daß nicht nur das Transformationsproblem zwischen Mikroebene und Struktur 2 der Makroebene, sondern auch die Beziehung zwischen Struktur 1 und dem Handlungsrahmen, das sog. "Korrespondenzproblem" (auch "Koordinationsproblem" oder "Problem der Brückenhypothese" genannt), ein eigenes Forschungsproblem darstellt (Lindenberg & Wippler 1978:222). Ferner lassen sich mittels dieser Struktur kurzschlüssige Erklärungen deutlicher aufzeigen.

Die Vorteile eines solchen Untersuchungsmodelles sind, daß (a) überhaupt eine Erklärung versucht wird, daß (b) die Erklärungen durch die Berücksichtigung lebensweltlicher Aspekte an der Lebenspraxis "normaler" Menschen ausgerichtet sind, daß sie (c) empirisch kritisierbar und modifizierbar sind und daß dieses Modell (d) inhaltlich sowohl auf Mikrophänomene, etwa intrapsychische Vorgänge, als auch auf Makrophänomene anwendbar ist. Ferner ermöglichen diese Untersuchungen, (e) etliche Gräben zwischen wissenschaftlichen Schulen zumindest ansatzweise zu überwinden, nämlich
- zwischen Mikro- und Makroansätzen, z.B. zwischen dem Strukturfunktionalismus (Malinowski und Radcliffe-Brown in der Ethnologie, Parsons in der Soziologie) als der traditionellen Makrotheorie und dem Symbolischen Interaktionismus als der traditionellen Mikrotheorie, so daß die Mesoperspektive der zwischenmenschlichen Verflechtungen eingeschlossen werden kann,
- zwischen erklärenden und verstehenden Ansätzen,
- zwischen objektivierenden und subjektivierenden Forschungen,
- zwischen universalanthropologischen und historisch oder lokal spezifischen Annahmen, und, im enger auf Entscheidungen bezogenen Sinn,
- zwischen rein ökonomischen Entscheidungserklärungen (*choice* i.e.S.) einerseits und kulturalistischen Erklärungen (*culture, norms*) andererseits.

Damit bieten sich solche Erklärungen auch für einen interdisziplinären Anschluß an (vgl. die Beiträge in Coleman & Fararo 1992). Neben theoretischen Überlegungen gibt es aber auch empirische Gründe dafür, daß heute individualistische Sozialtheorien stärker propagiert werden, nämlich die historische Ausweitung von Handlungssphären, worauf ich weiter unten eingehe.

"Logiken" der Situation, der Selektion
und der Akkumulation

Es lassen sich drei aufeinander aufbauende Schritte nennen, die zusammengenommen das Grundmodell einer sozialwissenschaftlichen Erklärung bilden. Diese drei Schritte werden "Logik der Situation", "Logik der Selektion" und "Logik der Akkumulation" genannt und sie verbinden vier Elemente, nämlich die soziale Situation, den Akteur, das Handeln und die Handlungswirkungen (Abb. 11). Die Struktur der vier Elemente, die durch drei Schritte verbunden sind, ist schon in der verstehend-erklärenden Soziologie Max Webers mit dem deutenden Verstehen der sozialen Situation, dem Erklären des Handlungsablaufs und dem Erklären der Wirkungen sozialen Handelns angelegt. Ich folge hier der Systematisierung einer solchen sozialwissenschaftlichen Erklärung bei Esser (1993a:91ff.).

Die "Logik der Situation" besteht in der Rekonstruktion des Handlungsrahmens, der sozialen Situation, der sich die Akteure ausgesetzt sehen. Sie verbindet über Beschreibungen die spezielle Makrosituation mit der Mikroebene der Akteure. Auf dieser Ebene werden die Bedingungen und Alternativen des Handelns in meist typisierender Weise beschrieben. Diese werden mit den Erwartungen und Bewertungen der Akteure verknüpft. Im Zentrum stehen hier also die subjektiven Modelle der Akteure zu ihrer Handlungssituation. Es geht hier um das, was in ethnologischer Literatur meistens als "Innensicht" bzw. "Binnenperspektive" (*emic view, emic model*) und in soziologischer Terminologie als "Konstruktionen erster Ordnung der Akteure" bezeichnet wird. Diese Erklärungen sind auf die notwendigen zu beschränken, wenn das eigentliche Ziel das Verständnis der kollektiven Folgen von individuellen Handlungen ist. Wenn das Ziel aber vor allem die Gewinnung von Hypothesen ist, wie in dieser Arbeit, dann kann die Entstehung der Situation und der sozialen Konstruktionen selbst vertieft werden ("Prinzip der abnehmenden Abstraktion"; Esser 1993a:133-137, 247).

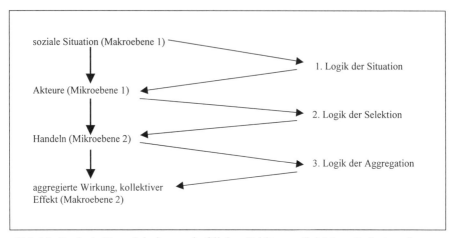

Abb 11: Dreischritt sozialwissenschaftlicher Erklärung (leicht verändert nach Esser 1993a:246; Abb. 15.1)

Die "Logik der Selektion" stellt dadurch eine Erklärung des individuellen Handelns dar, daß angegeben wird, nach welchen allgemeinen Regeln die Akteure unter gegebenen Bedingungen (Restriktionen) unter den Optionen eine bestimmte wählen ("selegieren"). Hier werden also zwei Elemente der Mikroebene miteinander verbunden, nämlich der Akteur und das soziale Handeln. Die Erklärung besteht in einer allgemeinen Handlungstheorie, die in ihren Ursachenteil als Merkmale der Situation Erwartungen und Bewertungen aufnimmt und diese in einem Folgenteil mit den zur Wahl stehenden Optionen verknüpft. Wenn ein solcher "analytisch-nomologischer Kern" geliefert wird, kann man von einer echten Erklärung sprechen (Esser 1993a:95). Die oben diskutierte Wert-Erwartungstheorie ist eine einfache Handlungstheorie, die diese Bedingungen erfüllt, indem sie postuliert, daß Akteure die Option wählen, bei der das Produkt des Wertes von Handlungsfolgen mit der Erwartung, daß diese Konsequenz eintritt, am größten ist. Das hier referierte Modell fordert eine Spezifizierung der akteursnahen Umstände. Als Randbedingungen der Logik der Selektion lassen sich damit Faktoren einbeziehen, die unterschiedlich "nahe" am Akteur sind. Dies reicht von externen Situationsmerkmalen, die in der Außensicht wichtig erscheinen bis hin zu rein subjektiven Erwartungen und Bewertungen. Ferner erlaubt eine derartige Erklärung, daß die subjektiven Modelle von der Darstellung der Situation aus der Außensicht (*etic view*) abweichen[17]. Damit verfügen wir über eine Präzisierung des Modells von *setting* und *situation*, wie es in der Ethnologie von Mitchell (1987:Ch. 1) dargestellt wurde. Im folgenden Abschnitt werde ich ein Modell des Menschen beschreiben, welches die SEU-Theorie anthropologisch fundiert, das RREEM-Modell von Lindenberg (1985:100ff., 1990).

Die "Logik der Aggregation" trägt diesen Namen, weil sie den angesammelten Effekt der individuellen Handlungen umfaßt. Diese Logik verbindet die Mikroebene des Handelns mit der Makroebene der kollektiven Folgen. Diese kollektiven Effekte sind das in den Sozialwissenschaften eigentlich interessierende Phänomen, was erklärt werden soll. Die Verknüpfungen zwischen Mikroebene von Akteuren und individuellem Handeln und der kollektiven Makroebene werden auch als "Transformationsregeln" bezeichnet. Sie sind oft von bestimmten institutionellen Regeln bestimmt, was die historische Einmaligkeit eines Phänomens ausmacht. Ferner ist die Aggregation oft von der Art des inhaltlichen Problems bestimmt.

Insgesamt beinhaltet eine derartige Erklärung also typisierende Beschreibungen ("Situation"), handlungstheoretische Erklärungen ("Selektion") und Erklärungen über Transformationsregeln ("Aggregation"). Es handelt sich um eine Makro-Mikro-Makro-Erklärung: man geht vom Makrobereich der sozialen Situation aus, gelangt zum Mikrobereich der handelnden Akteure und kommt zum Makrobereich der Effekte zurück. Das Modell berücksichtigt Faktoren, die für eine interpretative, verstehende Sozialwissenschaft im allgemeinen und für das

---

[17] Das Modell wird damit auch der Konzeption von Habermas gerecht, der innerhalb des "zweckrationalen Handelns" zwischen "instrumentalem" und "strategischem" Handeln unterscheidet. Unter den Bewertungen können nämlich nicht nur die kognitiv-technische Bewertung der Angemessenheit von Mitteln nach ihrer Wirksamkeit, sondern auch die moralisch-praktische Bewertung der Optionen nach Werten und Maximen berücksichtigt werden.

ethnologische Interesse an der Innensicht zentral sind. Im Zentrum steht die Wahl des Handelns durch Akteure, was das Modell insbesondere anschlußfähig für ethnologische Untersuchungen im Rahmen des *natural decision making* macht, die ich in 2.3.4 erläutere. Das Gesamtmodell bildet zwar eine kausale Analyse in der Außensicht, also eine "Konstruktion zweiter Ordnung", die die Akteure in ihrer Gänze nicht teilen, aber:

> "Gleichwohl erfüllt das Modell die Forderung von Alfred Schütz und Raymond Boudon nach der Einlösung der *interpretativen* Dimension der Sozialwissenschaften. Es *enthält* in den Brückenhypothesen bei der Logik der Selektion und in den Variablen der Handlungstheorie bei der Logik der Selektion die Konstruktionen *erster* Ordnung der Akteure: Die subjektiven Erwartungen und Bewertungen, die Sinnwelten der Menschen" (Esser 1993b:96).

Das RREEM-Modell als Alternative zu
homo oeconomicus und *homo sociologicus*

Wie die bisherigen Ausführungen zeigten, gibt es in den Gesellschaftswissenschaften zwei grundlegend unterschiedliche Bilder des Menschen. Im Modell des *homo sociologicus* folgen Akteure den Vorgaben ihrer Gesellschaft: Sie handeln so, wie es Normen, Werte, Regeln und soziale Rollen von ihnen verlangen. Innerhalb dieses Modelles gibt es drei Varianten (Esser 1993a: 232-236). Die rollentheoretische Variante sagt, daß Akteure sozialisiert sind, Rollen spielen und Sanktionen beachten. Die variablensoziologische Form besagt vereinfacht, daß Akteure nicht etwa wählen, sondern Dispositionen, Einstellungen und Attitüden in Verhalten umsetzen. Handeln in Unsicherheit, bei Konflikten, bei Unwirksamkeit sozio-demographischer Variablen und bei abnehmenden übergreifenden Normen wird in diesen normativen Versionen nicht erklärt. Die interpretative Version des *homo sociologicus* ist als Reaktion auf diese Kritik entstanden und bestimmt die Richtungen des symbolischen Interaktionismus und der Ethnomethodologie. Hier wird einfach gesagt angenommen, daß Akteure keineswegs blind den Normen folgen, sondern Symbole interpretieren, Situationen definieren und ihren Eindruck auf andere strategisch beeinflussen.

Sämtliche genannten Varianten des *homo sociologicus* widersprechen wichtigen Bedingungen menschlicher Existenz, wie sie bislang geschildert wurden, insbesondere der Erkenntnis immer vorhandener Handlungsbeschränkungen und dem Prinzip der tendenziellen Maximierung. Es wird nämlich in allen drei Varianten folgendes postuliert:
1. Restriktionen seien unbedeutend,
2. das Maximierungsprinzip treffe nicht zu,
3. Normen würden unabhängig vom Aufwand für den Akteur befolgt und
4. Erwartungen und Bewertungen seien nur dann relevant, wenn sie mit Normen zusammenhingen

Schließlich wird die kreative Findigkeit der Akteure nur in der interpretativen Variante berücksichtigt. Aus der Sicht einer akteurorientierten Sozialtheorie besteht das wesentlichste Manko aller drei Varianten aber im Fehlen einer ausdrücklichen Handlungstheorie. Die Modelle des *homo sociologicus* sagen nichts darüber, nach welchen Kriterien Akteure zwischen Handlungen wählen (Esser 1993a:236).

Auch diese Alternative eines *homo oeconomicus*-Modells ist aber nicht befriedigend, da von ihren vier zentralen Annahmen - Maximierungstendenz, Vorhandensein von Restriktionen, perfekte Informiertheit und damit sichere Erwartung sowie stabile und geordnete Präferenzen - nur die ersten beiden evolutionär gut begründet sind und empirisch gestützt werden. Wir wissen inzwischen, daß der typische Akteur nicht perfekt informiert ist (*bounded rationality*), Entscheidungen schrittweise fällt (*procedural rationality*), Handlungssituationen typisiert wahrnimmt (*frames, scripts*) und an Routinen bzw. Gewohnheiten (*habits*) festhält. Dies ist nicht als Funktionsfehler zu sehen, sondern als ein ökonomischer Umgang mit Informationskosten und unvermeidlicher Knappheit zu verstehen (Zintl 1989:53, 63; Esser 1993a:224). Wir wissen ferner, daß Akteure nicht nur zwischen vorgegebenen und eindeutigen Optionen wählen, sondern daß sie dazulernen, neue Alternativen kreieren und Situationen abweichend von den "objektiven" Gegebenheiten definieren können. Die Schlußfolgerung aus den neueren Theorien wirtschaftlicher Rationalität ist, daß eine Entscheidung für die Verwendung von ökonomischen Handlungsannahmen weniger eine Entscheidung für ein bestimmtes Menschenbild ist, als eher eine Einschätzung der Situation, in der Handelnde stehen (Zintl 1989:64). Dies zeigt sich auch in einem vermittelnden Modell des Menschen, das ich jetzt kurz vorstelle.

Tab. 1: *Homo sociologicus, homo oeconomicus* und RREEM-Modell (leicht verändert nach Esser 1993a:239, Tab. 14.1)

Angenommene Eigenschaften des Menschen		Modelle des Menschen		
Der durchschnittliche Akteur ...		*homo sociologicus*	*homo oeconomicus*	Modell des RREEM
... ist findig, kreativ, reflektiert, überlegt (*resourceful*)	R			X
... unterliegt Beschränkungen (*restricted*)	R		X	X
... bewertet bzw. hat Präferenzen, Werte (*evaluating*)	E	X		X
... hat Erwartungen (*expecting*)	E	X		X
... wählt maximierend unter Optionen (*maximizing*)	M		X	X

Lindenberg (1985:100ff.) hat ein Modell vorgeschlagen, daß die Stärken der Modelle des *homo sociologicus* in seinen drei Varianten und des Menschenbilds des *homo oeconomicus* verbindet und die jeweiligen Schwächen dadurch zu vermeiden versucht, daß es alle wichtigen Komponenten der biologischen und anthropologischen Grundlagen menschlicher Existenz berücksichtigt, statt nur einzelne herauszugreifen. Er bezeichnet sein Modell nach den Anfangsbuchstaben der englischen Bezeichnungen für die angenommenen Eigenschaften des prototypischen Akteurs, dem *resourceful, restricted, evaluating, expecting, maximizing man*, als RREEM-Modell (Tab. 1). Trotz der Integration der verschiedenen Aspekte ist dieses Modell nicht eklektisch, sondern im Kern noch ein Rationalitätsmodell. Bezüglich der drei Logiken der Situation, der Selektion und der Aggregation wird nämlich davon ausgegangen, daß bei der Logik der Selektion grundsätzlich die Maximierungsregel (maximiere eigenes Überleben in der Nahumwelt) gilt, während Moral, Emotionen und kreatives Handeln nur in der Situationslogik und bei der Aggregation gesucht werden sollten (Esser 1993a:249). Dies ist wichtig im Hinblick auf in letzter Zeit vermehrte Bemühungen, emotionale Motive in *rational choice*-Modelle zu integrieren (Frank 1990:55-65; Görlich 1992:60-70). Hinsichtlich der Maximierungsregel ist allerdings immer wieder auf die Bedeutung des Aufwandes (der "Kosten") eines Handelns hinzuweisen. Als allgemeine Annahme zur Fundierung von Makrotheorien ist die Maximierungsannahme sinnvoll; bei der Erklärung einzelner Handlungen muß der Aufwand berücksichtigt werden, in den Worten Zintls:

"Es macht einen Unterschied für die Beurteilung von Rationalitätsmodellen, ob man sie als eigenständige Theorien individuellen Verhaltens ansieht oder als Bestandteile von Mehrebenenanalysen. (...). Mikrofundierung mit Hilfe des Rationalitätskonzepts ist immer empirisch gehaltvoll, Mikrotheorie nur nach Höhe des Kostendrucks" (1989:56, 65).

2.2.4 Zusammenfassung der Theorieannahmen

Handeln in sozialen Systemen

Folgende Annahmen aus der modernen individualistischen Sozialtheorie, Folgerungen aus ihren partiellen Defiziten und daraus abgeleiteten Erweiterungen leiten diese Untersuchung:

1. Gesellschaftliche Systeme bestehen aus individuellen und korporativen Akteuren. Akteure verfolgen bestimmte Interessen, Absichten, Ziele bzw. Intentionen. Das absichtsvolle Handeln hat neben beabsichtigten in aller Regel auch unbeabsichtigte Folgen (nichtintendierte Konsequenzen, "paradoxe Folgen"). Die Akteure beeinflussen sich gegenseitig, ihre Handlungen sind interdependent. Außerdem stehen die Handlungen in einer Umwelt, die immer unerwartete Ereignisse aufweist. Demnach sind Prognosen kaum möglich, da sich nicht alle Faktoren in einem Modell "endogenisieren" lassen.

2. Interessen, Absichten, Ziele bzw. Intentionen bestehen jedoch ausschließlich auf der Ebene individueller oder korporativer Akteure; nicht dagegen auf Ebene eines sozialen Systems als ganzem. Erklärungen von Handlungen sollten demnach auf der Ebene von Individuen ansetzen bzw. immer die individuelle Ebene beinhalten und damit der Devise des "strukturtheoretischen Individualismus" bzw. "methodologischen Individualismus" folgen. Wandel kann ebenfalls nicht über eine Rationalität auf Systemebene erklärt werden, sondern

nur über Motive individueller Akteure[18]. Der "individualistische Kurzschluß", daß kollektives Handeln allein aus der Summe individueller Akte entstehe, ist jedoch zu vermeiden. Das Verhalten des sozialen Systems entsteht als kollektiver sozialer Tatbestand emergent aus den Handlungen der Akteure, die interdependent sind und so das soziale System bilden (Coleman 1986:1312). Es ist nicht anzunehmen, daß zwischen Intentionen und Effekten ein lineares Verursachungsverhältnis besteht.

3. Handlungen von Akteuren unterliegen Begrenzungen (*constraints*). Diese können in den Ressourcen der natürlichen Umwelt, in sozialen Normen, in selbst gesetzten Beschränkungen, etwa Selbstverpflichtungen, oder auch in der eingeschränkten kognitiven Kapazität bestehen (zu letzterem Abelson & Levi 1987; Russo & Shoemaker 1989 sowie Simon 1990b und Frank 1990:72-76 als Überblicke). Allgemein ist davon auszugehen, daß die Rationalität begrenzt ist, daß eine genuine Unsicherheit (begrenzte Information) über die Umweltbedingungen besteht und daß Entscheidungen als besonderer Fall des Lösens von Problemen prinzipiell von Ambiguität gekennzeichnet sind (Dörner & Kaminski 1987:93, 104ff.).

4. Die klassischen *rational choice*-Ansätze haben Probleme, substantielle Ziele der Akteure nicht nur zu postulieren, sondern zu erklären. Für die Erklärung von konkreten Handlungen braucht man aber außer (a) dem Theorem zielorientierten interessegeleiteten Handelns als Mikrokern, (b) generellen Handlungsstrategien, wie z.b. Maximierung und (c) situativen Interessen, die im Wort *choice* des Ansatzes betont werden, auch (d) Kenntnisse über die substantiellen Interessen der Akteure, die oft stabiler, selbstverständlicher sind und damit stillschweigend angenommen werden. Erst dann kann man verstehen, worin der Nutzen einer Handlung für den Akteur in einer sozialen Situation besteht. Demnach werden erstens zumindest grobe Informationen über die Sichtweise der Akteure benötigt, also emische Daten und zweitens Kenntnisse über situationsübergreifende Handlungsorientierungen der Akteure, also das, was der kognitive Kulturbegriff in der Ethnologie umfaßt und was in der Ethnologie unter ganz verschiedenen Begriffen, wie "Kulturthemata", "übergreifende Schemata" (*schemas*), "allgemeine Handlungsorientierungen" und "Werte" diskutiert worden ist (D'Andrade 1984, Strauss & Quinn 1994). Wenn solche Daten in *rational choice*- Modelle eingefügt werden, erschließen Handlungserklärungen auch den "Sinn" von Handlungen im Sinne Max Webers' Programm einer verstehenden Sozialwissenschaft. Mit dem RREEM-Handlungsmodell erscheint dies möglich.

---

[18] Oder durch (langsame) bioevolutive Veränderungen, die aber ebenfalls am Individuum ansetzen (Smith 1988:226).

Entscheidung und Entscheiden

Folgende Annahmen und definitorische Festlegungen zu Entscheidungsprozessen liegen dieser Untersuchung zugrunde:
1. Eine Entscheidung wird hier allgemein als die Wahl einer Handlung bzw. eines Handlungsverlaufes aus einer Menge von mindestens zwei alternativen Handlungen bzw. Handlungswegen verstanden. Diese Definition von Entscheidung als Handlungswahl orientiert sich an Handlungen und am Prozeß des Entscheidens, statt nur Optionen oder nur die Ergebnisse zu sehen. Sie setzt Entscheidungen in einen Zusammenhang mit individuellem und sozialem Lernen[19].

"Entscheidungen lassen sich jedenfalls bloß formal als Wahl von Optionen formulieren. Soziologisch und psychologisch ergiebiger ist der Aspekt, daß eine Entscheidung stets auf ein Handlungsproblem antwortet" (Geyer 1995:5).

Nach dieser allgemeinen Definition würde aber fast jede Handlung eine Entscheidung darstellen. Realistischer wird die Definition, wenn man zusätzlich noch die allgegenwärtigen Beschränkungen einführt. Damit wird verhindert, daß Entscheidung mit einer Wahlfreiheit des Individuums gleichgesetzt wird, eine "schmeichelhafte" Freiheitsillusion (Crozier und Friedberg 1990:187), die sich auch in vielen ethnologischen Entscheidungsstudien findet (Decktor Korns Kritik 1975:257). Auch der strategische Aspekt von Entscheidungen, der diese erst von rein adaptivem Handeln abhebt, wird in dieser Definition deutlich: der Akteur vergegenwärtigt sich Nachteile einer Option, bedenkt die Ziele jenseits der gegenwärtigen Optionen[20], seine oder ihre Zukunftsorientierung und Selbstbindung an höhere Ziele bzw. Werte. Unter "Entscheidung" wird demzufolge im folgenden die mehr oder minder bewußte Auswahl (Selektion) eines unter mehreren Handlungswegen durch einen Akteur - und dies unter bestimmten Begrenzungen - verstanden.
2. Jenseits der theoretisch sparsamen Annahme der neueren akteurorientierten Sozialtheorie, daß Akteure Ziele und eigene Interessen teilweise bewußt verfolgen, ist die Rationalität von Entscheidungen abhängig vom zeitlichen Entscheidungshorizont (kurz-, mittel-, langfristig), von dem zugrundegelegten sozialen Maßstab (Ego bis ganze Welt), vom Aufwand der einzelnen Optionen (Materie, Information) und im einzelnen von etlichen physischen und psychischen Bedingungen, die einen Typ von Entscheidung bestimmen. Die so oft di-

---

[19] Vgl. die ähnliche Bestimmung von "Entscheidungshandlungen" bei Langenheder (1975:37), die sich jedoch darin von der hiesigen Definition unterscheidet, als er als Bedingung nur die Wahrnehmung von mindestens zwei Alternativen durch eine Person fordert.

[20] Dies ist so formuliert worden, daß menschliche Akteure im Gegensatz zu Objekten der biologischen Evolution nicht nur situative "lokale Maxima" verfolgen, sondern auch Ziele außerhalb gradueller Verbesserungen setzen, also "globale Maxima" realisieren können, die sie selbst zwar unmittelbar schlechter, langfristig aber besser stellen (Wiesenthal 1987:445; vgl. schon Elster 1978). Bei dieser Dichotomisierung ist aber Vorsicht geboten, denn in der Evolution gibt es, auch wenn es allgemein um kurzfristige Maximierung in der sozialen Nahumwelt geht, ebenfalls unterschiedlich schnelle Strategien (sog. *r*- und *K*-Strategien der sexuellen Reproduktion).

chotom gestellte Frage, ob Akteure egoistische oder altruistische Motive haben, läßt sich nur empirisch angehen und wird keine einfachen, sondern je nach Entscheidungshorizont und -typ differenzierte Antworten zu Tage fördern.

Aus dem bisher analysierten Forschungsstand und seinen Mängeln ziehe ich für meine Untersuchung drei Schlüsse:

(1) In dieser Untersuchung soll es ausdrücklich um Entscheidungen in ihren sozialen und kognitiven Aspekten sowie um Entscheidung als sozialem Prozeß und nicht nur um punktuelle Wahlakte individueller Akteure oder um Resultate von kollektiven Entscheidungen gehen. Um das sprachlich deutlich zu machen, spreche ich meist von "Entscheiden" (*decisioning, decision-making, decisions in the making*) statt von Entscheidung (*decision*).

(2) Aufgrund der obigen Definition von Entscheidung bietet die Erforschung von Entscheidungprozessen einen Rahmen, in dem nicht nur die Wahlfreiheit, sondern gerade auch die Begrenzungen untersucht werden können. Deshalb spreche ich vom "Entscheiden" statt vom "Wählen", wie es durch das in der angloamerikanischen Literatur oft verwendete *choice* bzw. durch *voluntary decision* nahegelegt wird.

(3) Entscheidungen als Wahlen zwischen Alternativen in Bezug auf ein Ziel machen das sozialtheoretisch wichtige, methodisch aber schwer faßbare Verhältnis zwischen individuellem Denken, Interessen und Handeln und dem Kultursystem erschließen und besonders die Problematik der individuell vorgestellten und sozial normierten Handlungsmöglichkeiten zu den tatsächlich in Verhalten umgesetzten Optionen zugänglich. Ethnologisch besonders wichtig ist m.e., daß die Untersuchung von Entscheidungen zur Präzisierung der Frage beitragen kann, welche faktische Bedeutung gegebene kulturelle Normen für das Handeln haben (vgl. Hutchins 1981, Rössler 1990b:349f.). Dies gilt besonders für ihre kausale Bedeutung via der Innensicht, wo zu klären ist, ob die jeweiligen Normen als vom Akteur akzeptierte bzw. gesetzte Handlungsgrenzen wirken oder nur als Kostenfaktoren betrachtet werden (Wiesenthal 1987:444).

Kulturelle Vielfalt und Ambiguität von Entscheidungen

Die Kenntnis der Innensicht kultureller Normen für das Verständnis von Entscheidungen ist vor allem in solchen Situationen bedeutsam, wo man nur von einer teilweise geteilten (*shared*) Kultur ausgehen kann. Angesichts großer kultureller Variation und der damit gegebenen Ambiguität vieler Entscheidungsfragen ist die Kenntnis der Innensicht der Menschen in Form von emischen Modellen besonders wichtig, denn diese halten die Variation in einem "sozialen Feld" (Lesser 1981) innerhalb von Grenzen, die für die Beteiligten tolerierbar sind (Lingenfelter 1977:348).

Kulturelle Vielfalt, kulturelle Synkretismen und die Benutzung verschiedener Sprachebenen durch dieselben Personen in verschiedenen Situationen oder bezüglich verschiedener Themen (Heteroglossie) werden weltweit mehr und mehr zum "Normalfall", ein Phänomen, das in der Ethnologie seit der Postmoderne-Diskussion immer deutlicher als theoretisches Problem gesehen wird. Neben den in den vorigen Abschnitten behandelten theoretischen Überlegungen gibt es damit auch empirische Gründe dafür, individualistische Sozialtheorien heute stärker zu nutzen, nämlich die historische Ausweitung von Handlungssphären. Gesellschaften zur Zeit Durkheims waren so strukturiert, daß das individuelle Handeln in starkem Maße durch die soziale Lage, etwa die Angehörigkeit zu einer Klasse oder Kaste, bestimmt war. Dies gilt jedoch erstens schon immer nicht universal und zweitens sind viele Gesellschaften tatsächlich individualistischer geworden als sie es früher waren. Die normativen Bindungen, normierten Selbstverständlichkeiten und Zwänge lassen nach und die Akteure sind vermehrt gezwungen, zu "wählen" (Schulze 1995:54-58). Einheitliche "sozialmoralische Milieus" lösen sich auf, die Individualisierung nimmt zu und damit erweitert sich die Sphäre "strategischen" Handelns (dazu allgemein Wiesenthal 1987:435, 442; Coleman 1986:1319 und für Industriegesellschaften Beck 1986).

Das aus der Vielfalt der Handlungsmöglichkeiten resultierende, oft widersprüchliche Nebeneinander unterschiedlicher Handlungsweisen scheint in der Ethnologie "... bis heute unbeliebt zu sein, da hier das Durkheimsche Konzept des Kollektivwillens nicht greifen kann" (Streck 1985:570). In der Ethnologie ist das Phänomen seit den frühen stadtethnologischen Untersuchungen im zentralfrikanischen Kupfergürtel empirisch belegt (vgl. Hannertz' Überblick 1980 und Mitchell 1987) und wurde in Bezug auf soziale Beziehungen als "optativ gewordene soziale Umwelt" bezeichnet. Ebendiese pluralistische Tendenz ist heute in vielen Regionen bzw. Sektoren in Ländern der sog. Dritten Welt geradezu typisch (vgl. Hannertz 1992). Charakteristisch sind solche nicht strukturell streng determinierte Situationen in vielen Städten der sog. Dritten Welt, was schon in den genannten frühen Stadtstudien in Afrika deutlich wurde. Die Menschen selbst sehen die zunehmenden Wahlmöglichkeiten und damit widersprüchliche Handlungsorientierungen oft als typisch für ihre Lebensform an, z.B. Bewohner indonesischer Städte.

Bei der komplexen Thematik der Rationalität in einer pluralen Welt, deren Erforschung zudem leicht durch implizit bleibende, aber grundlegende Weltbilder gefärbt wird, besteht immer die Gefahr, auf einem Auge blind zu sein. Während Soziologen kritisieren, die Annahmen der Vertreter der *rational choice* - Ansätze spiegelten Ideale der Rationalität und des Individualismus wider, die gerade in deren Gesellschaft aktuell sind (Eichener 1989:346), laufen umgekehrt Ethnologen in den traditionell ländlichen Forschungsgebieten Gefahr, nicht nutzenmaximierendes und nichtindividuelles Handeln zu idealisieren. Ethnologische Untersuchungen westlicher Kultur wiederum betonen gern die irrationale Seite gegenüber den von liberalen Traditionen gestützten "Illusionen der Rationalität" (z.B. Ouroussoff 1993 anhand eines multinationalen Konzernes). In einer ethnologischen Untersuchung in einer bürokratisch geprägten Stadt der sog. Dritten Welt, wie der vorliegenden zu Ujung Pandang, ist der Fall noch komplexer. Die untersuchten Menschen konfrontieren einen als Ethnologen mit "westlichen" individualistischen Motiven, die sie z.T. explizit vertreten, während diese Haltungen in der Heimat des Ethnologen und in seiner Zunft umstrittener denn je sind.

2.3 Erkenntnisannahmen und methodischer Ansatz

2.3.1 Ethnologische Empirie als Beitrag zur Debatte um Rationalität

Entscheidungen als empirisches "Fenster" zur Handlungsrationalität

In dieser Untersuchung verwende ich Entscheidungsprozesse als inhaltlichen Fokus, um einen Zugang zur lokalen Handlungsrationalität zu gewinnen. Handlungsrationalität soll also über das Studium des Prozesses der Schaffung und Auswahl von Optionen unter kulturellen wie materiellen Beschränkungen untersucht werden. Oben zeigte ich den allgemeinen Vorteil von Entscheidungen als Forschungsfeld, vor allem, daß sie über das Begriffspaar *choices* und *constraints* sowohl relative Freiheiten als auch Begrenzungen des Handelns - seien sie kognitiver, sozialer, oder natürlicher Art - systematisch zugänglich machen und zur Vermittlung von Akteur- und Strukturtheorien beitragen können. Gelegenheiten haben einen Doppelcharakter: sie sind Bedingungen und Schranken des Handelns (Arbeitsgruppe Soziologie 1992:89). Jetzt zeige ich, warum Entscheidungen als eine Art "Fenster" zum Thema Handlungsrationalität gerade in der Ethnologie dienen können und welche Vor- und Nachteile sie gegenüber anderen methodischen Zugängen, etwa dem über Biographien, Netzwerke, Konflikte oder Ereignisse bzw. Szenen haben (vgl. Moore 1987). Kurz gesagt, kann ein Fokus auf Entscheidungen in theoretischer Sicht diverse, sonst disparat behandelte Dimensionen verknüpfen; er bietet einen direkten methodischen Zugang und er erschließt außerdem Forschungsthemen, die auch für die untersuchten Menschen selbst relevant sind.

Erstens sind Entscheidungen geeignet, Kognition und Handeln miteinander verknüpft statt nur das eine oder das andere zu untersuchen. Entscheidungen sind ferner geeignet, die Einbettung lokaler Kognition und Handlungsweisen in externe Umwelteinflüsse zu erfassen und damit die Verknüpfung von Mikro- und Makroebene herzustellen, statt nur Lokales zu untersuchen. Dabei lenken Entscheidungen den Blick gleichermaßen auf kognitive wie materielle Faktoren der Umwelt (Britan & Denich 1976:56). Ferner können Entscheidungen dazu beitragen, Kultur nicht nur als individuelles Wissen zu verstehen, wie man sich kurzfristig kulturadäquat verhält (die klassische kognitionsethnologische Perspektive), sondern zu erkennen, welches Wissen Personen brauchen, um in ihrer Umwelt langfristig angepaßt im Sinn von effektiv zu handeln (die kulturökologische bzw. evolutionäre Perspektive; zur Synthese beider Hunn 1989:144ff., 154).

Zweitens bieten Entscheidungen eine Möglichkeit, die Dialektik von Stabilität, Kontinuität und Wandel in einer Gesellschaft zu ermitteln und dies insbesondere bei Wandel innerhalb veränderter materieller wie sozialer Umwelt (Britan & Denich 1976:69), also einer heutzutage eher "normalen Situation". Besonders bei abruptem Wandel und damit neuen Umständen erschließt ein Blick auf Entscheidungen, welche Versuche die Akteure angesichts ungewohnter Situationen unternehmen, bevor sie sich für bestimmte Optionen entscheiden. Dies erschließt eine Verknüpfung synchroner mit historischen und kulturevolutionistischen Fragen zur Entstehung sog. "kultureller Regeln" im Sinne von Chibnik. Es kann nämlich angenommen werden, daß kulturell normierte Heuristiken in einer Gesellschaft, also etwa "Daumenregeln" des Entscheidens bei gewohnten Fragen (*routine experiments*), auf Erfolge bei früheren kleinmaßstäblichen Versuchen angesichts ehemals neuartiger Probleme (Chibnik 1981, *low-cost experiments*; 1981:265) zurückgehen. Zu einem früheren Zeitpunkt waren solche Handlungen vielleicht bewußte, z.t. individuelle, Versuche, mit geringem Aufwand Informationen zu gewinnen, um falsche Entscheidungen zu verhindern. Später sind daraus sozial normierte, individuell wenig bewußte, kaum kalkulierte Routineregeln geworden. Damit bieten Entscheidungen als Forschungsfokus einen Beitrag zu einer der zentralen Kontroversen der Ethnologie an, der Diskussion um "kulturelle Rationalität" und "kulturelle Autonomie" (Harris 1977 vs. Sahlins 1976). Mit dieser Annahme läßt sich nämlich erklären, warum Akteure ihre Gewohnheiten oft nicht erklären können, diese aber trotzdem funktional sind bzw. warum sie Denk- und Verhaltensweisen folgen, die in Außensicht nicht funktional sind, die es aber früher einmal waren (Chibnik 1981:265).

Entscheidungsstudien ergeben eine Verbindung zu evolutionistischen Sozialtheorien weiterhin über das Thema kultureller Vielfalt; dem oft widersprüchlichen Nebeneinander unterschiedlicher Handlungsweisen. Da vorhandene Optionen und neu geschaffene Alternativen in Entscheidungsprozessen von zentraler Bedeutung sind, können solche Untersuchungen dazu beitragen, die allgemeine Relevanz kultureller Vielfalt zu betonen. Diese Vielfalt wird in vielen ethnologischen Untersuchungen nach wie vor vernachlässigt, obwohl immer deutlicher wird, daß sie von prinzipieller Bedeutung, vor allem für die Art der kulturellen Dynamik, ist. Holy arbeitete in einer Reinterpretation eines klassischen strukturell interpretierten Beispieles, der Nuer, die gedanklich präsenten Wahlmöglichkeiten des *homo manipulator* heraus, die schon in wenig komplexen Gruppen bestehen, das "konzeptionelle Universum" (Holy 1979, nach Streck 1985). Insbesondere könnte die Bedeutung intrakultureller Vielfalt als Innovationspotential deutlich werden (Pelto & Pelto 1975 als Überblick; Antweiler 1988:217-231 über Vielfalt im Rahmen kultureller Selektion).

Drittens hat das Studium von Entscheidungen aber auch ganz praktische Vorteile in der Feldforschung: Entscheidungen sind für Untersucher wie Untersuchte konkret faßbar (Barth 1992, Hannertz 1992). Es geht um "Ja" oder "Nein", um "Mehr" oder "Weniger", um "Wenn x - Dann y" und dabei sowohl um habituelle wie auch um kreative Problemlösungen. Solche Studien haben damit eine lebenspraktische Relevanz für die Menschen und geben dem Forscher einen thematischen Fokus, der die Gesprächspartner auch tatsächlich interessiert. Im Zusammenhang mit dieser praktischen Relevanz weist die Untersuchung von Entscheidungen in ihren Optionen, aber auch in ihren kulturellen wie materiellen Einschränkungen auf machbare Verbesserungsmöglichkeiten hin. Damit bieten Entscheidungen m.E. auch einen Fokus, in dem sich Ethnologen und Entwicklungspraktiker, die lokales Wissen als Entwicklungsressource nutzen wollen, treffen könnten (Antweiler 1998d).

Viertens läßt sich der methodische Zugang über Entscheidungen hervorragend mit der Untersuchung von Szenen und mit Haushalten als konkreteren Untersuchungseinheiten verbinden. Entscheidungen werden nämlich oft in bestimmten Szenen gefällt. Szenen eröffnen als solche einen guten Zugang zu Kulturprozessen (*diagnostic events*; Moore 1987:730). Entscheidungen müssen oft angesichts von Ereignissen in der natürlichen oder sozialen Umwelt schnell getroffen werden (Lees & Bates 1991:254-262). Obwohl Haushalte nicht unbedingt als korporative Akteure entscheiden und sich die Interessen ihrer Mitglieder oft nicht decken, sind Haushalte die Einheiten, in denen bedeutsame Entscheidungen getroffen werden, wie z.B. über Fortpflanzung, Migration, Investitionen, Vererbung von Gütern, wirtschaftliche Unternehmungen und Konsum und es sind Einheiten, auf die sich die Entscheidungsfolgen konkret beziehen lassen (*household decision making*, Wilk 1991, 1993:193-196). Diese Haushalte bzw. ihre Mitglieder lassen sich dann über ihre Netzwerkbeziehungen miteinander verknüpfen. Der Zugang über Haushalte ist besonders in stadtethnologischen Studien bedeutsam, wo es oft große kulturelle Diversität und sozioökonomische Unterschiede gibt - ein klassisches Stadtmerkmal seit Wirths klassischer Arbeit von 1938 (Wirth 1974) - und außerdem kaum andere körperschaftliche Gruppen existieren, die als Untersuchungseinheiten dienen könnten (Kearney 1986; dazu ausführlich 2.3.3).

Die Rationalität von Handlungen kann also durch die Untersuchung von Entscheidungen konkretisiert und empirisch zugänglich gemacht werden. Ein ausdrücklicher Fokus auf Akteure, ihre Handlungen und die Handlungsergebnisse bzw. -produkte hält dazu an, den Zielaspekt und Realitätsbezug von Entscheidungen offenzulegen. Der Forschungsfokus Entscheidung ermöglicht es, in der Sicht auf das Individuum, sowohl Freiheiten als auch Begrenzungen von Handlungen zu erfassen. Es kann also untersucht werden, wo Optionen verfügbar sind und zugleich nicht zu übersehen, welches die Situationen sind, die durch Normen, Ideologien oder sonstige Begrenzungen zu Nichtentscheidungen gemacht werden, oder wo es "nur eine logische" Entscheidung gibt (*obvious choice*, Bentley 1989:73ff.). Ein ausdrücklicher Bezug auf das soziale System, in dem Entscheidungen getroffen werden, bewahrt vor unrealistischen Annahmen zur Wahlfreiheit. Victor Turner zeigt an den oft widersprüchlichen Normen in einer Gesellschaft, wie wichtig die Kombination von systematisch erhobenen kognitiven Daten mit der Untersuchung von konkreten Szenen für eine prozeßorientierte Ethnologie sind:

"Es reicht nicht aus, Taxonomien oder Inventare juristischer Normen und kultureller Werte aufzustellen, die auf den formalen Aussagen von Informanten beruhen. Wir müssen feststellen, wie die Akteure mit widersprüchlichen Normen umgehen. Wie entscheiden sie, ob etwas angemessen ist oder nicht, in welchem Verhältnis gewichten sie explizite und implizite Regeln, wie verleihen sie ihren Transaktionen und Interaktionen Bedeutung?" (Turner 1992:132).

Schließlich kann der Bezug auf konkrete, handlungsbezogene Entscheidungen helfen, der Versuchung zu widerstehen, "fremde" Gesellschaften durch übertriebene Kontextualisierung als im kulturspezifischen Sinn durchgehend rational zu konstruieren ("deren Rationalität"). Dies ist eine Vorgehensweise, die in der kulturrelativistischen Ethnologie Tradition hat und die auch in der - in Bezug auf westliche Gesellschaften - kulturkritischen Ethnologie dominiert. Sie läuft aber Gefahr, letztlich doch wieder überzogen liberalistische Theorien zu untermauern (Ouroussoff 1993:295).

Beschränkungen, Präferenzen und Optionen: der Beitrag der Ethnologie in *rational-choice*-Begriffen

Ich möchte hier den möglichen Beitrag der Ethnologie zum Verständnis von Rationalität skizzieren und besonders im Dialog mit den neueren *rational choice*-Ansätzen verdeutlichen. Der potentielle Beitrag der Ethnologie zum Verständnis menschlichen Entscheidens kann darin gesehen werden,
(a) Entscheidungen in raum-zeitlich realistischem Rahmen und als Prozeß zu untersuchen,
(b) den kulturspezifischen Kontext zu berücksichtigen,
(c) den Zwischenbereich zwischen individuellen und kollektiven Entscheidungen zu behandeln und
(d) zur psychischen Realität des Entscheidens in fremdkulturellen Situationen vorzudringen, soweit das angesichts der methodischen Probleme überhaupt möglich ist.

Durch diese empirische Ausrichtung können allzu unrealistische Annahmen über die Fähigkeiten von Akteuren in Entscheidungserklärungen sowie dualistische und damit unvereinbare Menschenbilder in Rationalitätstheorien korrigiert werden. Kroeber-Riel & Hauschildt heben die Bedeutung solcher empirischer Ansätze hervor:

"Ideal-types of various kinds can be found in the literature on decision making, but there is little *empirical* research concerning the kinds of decisions made by groups of *interacting individuals* nor is it at all clear whether individual or collective decisions are the more efficient" (1989:183; Herv. CA).

In Begriffen der *rational choice*- Theorie formuliert, erlaubt das ethnologische Herangehen insbesondere eine Konkretisierung von drei Themenbereichen, die in rein ökonomischen Handlungstheorien bewußt ausgeschlossen werden oder noch unterbelichtet sind, aber in neueren Theorien der Mikroökonomie immer mehr betont werden (Kirchgässner 1989:116). Dies sind erstens Handlungsbeschränkungen, zweitens die Eigenart und Bildung der Absichten, Ziele bzw. Präferenzen und drittens die Frage der von Akteuren selbst gesehenen Optionen. Zunächst können ethnologische Untersuchungen eine lokale Spezifizierung folgender Einschränkungen des freien Willens bei der Verfolgung eigener Interessen erbringen:

- Beschränkungen durch die Wahrnehmung bzw. Information der Umstände, Grenzen, Optionen und Folgen einer Entscheidung,
- Beschränkungen durch begrenzte Fähigkeiten im Urteilen und Schließen (*judgement*),
- Beschränkungen durch emotionale Tendenzen, insoweit sie rationalen Interessen zuwiderlaufen,
- Beschränkungen durch soziale Normen, die internalisiert wurden, aber dem Eigeninteresse entgegenstehen,
- Beschränkungen dadurch, daß der Akteur bzw. die Akteurin im Gegensatz zur herkömmlichen Entscheidungstheorie in einem Entscheidungsprozeß oft nur die ihm oder ihr relevante Optionen betrachtet, bevor eine Wahl unter diesen getroffen wird,
- Beschränkungen durch vom Akteur selbst gesetzte Normen (sog. "Selbstbindung"), etwa wenn Zukunftsziele eine gegenwärtige Maximierung ausschließen und
- Begrenzungen durch die oben angesprochene "doppelte Kontingenz" sowie die Unsicherheit von Akteuren über ihre eigenen Präferenzen.

In der Klärung der Entstehung und des Wandels von Präferenzen besteht ein zweiter potentieller Nutzen ethnologischer Studien, denn jedes Modell sozialer Praxis muß irgendwo Aussagen zu Zielen und Präferenzen machen. Aus der biologischen Entwicklungsgeschichte des Homo sapiens, insbesondere aus der neueren Evolutionsökologie und der evolutionären Psychologie (*darwinian psychology*), heraus lassen sich gewisse menschlich universale Bedürfnisse ableiten, die auch durch die neuere ethnologisch kulturvergleichende Erforschung von Universalien gestützt werden (Brown 1991 als dichter Überblick mit Bibliographie). Durch soziobiologische Befunde wissen wir um generelle Verhaltenstendenzen, z.B. Nepotismus, die auf die reproduktive Optimierung im Sinne einer inklusiven Fitness zielen. Daraus ableitbare selektionistische Regeln können mit ökonomischen Modellen individueller Wahl verknüpft werden (Ursprung 1988).

Damit kann jedoch nur der Beitrag von allgemeinen Verhaltensneigungen (Inklinationen) auf Präferenzen bestimmt werden. Aufgrund des verbleibenden großen Handlungsspielraumes reichen diese Erkenntnisse nicht aus, um die Präferenzlage bei konkreten Handlungen von Menschen zu verstehen. Wirtschaftswissenschaftliche Arbeiten haben mit Ausnahme einiger Studien zu Konsumentscheidungen meist eine ausschließlich individualistische Perspektive auf Präferenzen und nehmen die Ziele und Präferenzen fast immer als gegeben an: *De gustibus non est disputandum*. Präferenzen werden damit gern der außerwirtschaftlichen, "irrationalen", "traditionalen" oder "kulturellen" Seite des Menschen zugeschrieben. "Good economic analysis explains different human behavior by different constraints and not by different preferences. Analogously, changing human behavior is explained by changing constraints and not by changing preferences" (Ursprung 1988:259)[21]. Da die Präferenzstruktur in ihnen nicht spe-

---

[21] Hefner stellt dar, daß diese Ideen durchaus in den stärker institutionalistischen Ansätzen bei Smith, Ricardo und Marx vorhanden waren, aber seit Mengers rein individualistischer Theorie des ökonomischen Wertes, die zum ersten Mal eine einheitliche Preistheorie darstellte, an den Rand der ökonomi-

zifiziert wird, können rein ökonomische Analysen keine Aussagen über eine vorgefundene Manifestation eines sozialen Phänomenes als Zustand machen, etwa warum zu einer Zeit x eine bestimmte Menge eines Gutes konsumiert wird. Es können nämlich nur Veränderungen oder Unterschiede der Nachfrage ökonomisch analysiert werden; andererseits bleiben Herkunft und Wandel von Präferenzen außer Betracht (Ursprung 1988:259f.).

Durch diese Nichtbehandlung von Präferenzen ist auch ein Rückbezug der Bildung der Bedürfnisse auf die Bedürfnisbefriedigung durch Konsumption, welche ja von den Sozialpartnern sozial bewertet werden, ausgeschlossen. Hefner (1983:673) bringt es auf den Punkt: "Economic man is a consumer solipsist, aware of the presence of others only inasmuch as their consumption affects the price of the goods he desires". Ethnologische Untersuchungen von Entscheidungen können dazu beitragen, den jeweiligen Stand der Absichten einzelner Akteure und sozial geteilte Ziele ("Kulturziele") zu beschreiben sowie die kulturspezifische Genese von Präferenzen zu verstehen. Wenn durch ethnologische Studien die Präferenzen mit der Konsumption in Verbindung gebracht werden können, scheint eine Überwindung der einseitig individualistischen oder aber nur institutionalistischen Analysen ökonomischen Verhaltens möglich. Diese Verquickung von Präferenzen mit Konsum wurde auch in der Wirtschaftsethnologie nicht angegangen, weil sowohl Formalisten, als auch Substantivisten das Thema Präferenz und Konsum zugunsten von Produktion und Distribution vernachlässigten. Für die Formalisten waren die Präferenzen die Bevorzugungen "kulturloser" Individuen, für die Substantivisten erschöpften sie sich im Bedarf und den Normen der jeweiligen Gesellschaft. Die Transaktionalisten in der Ethnologie betonten in sinnvoller Weise die subinstitutionellen Prozesse von Präferenz und Entscheidung, vergaßen aber die weitere Umwelt, die eine Wahl vorbestimmt, indem sie das Feld der Optionen spezifiziert und die Richtung der Ziele angibt. Hefner schließt:

> "An adequate account of economic action under such circumstances requires examination of the interaction between individual preferences, the means available for their satisfaction, and a social world which shapes both. (...) Consumption serves not only to satisfy human wants, but to mould them and give them a focus as well" (Hefner 1983:670, 675).

Schon psychologisch ist ein weiterer Aspekt von Präferenzen weitgehend unerforscht: der Zusammenhang von Präferenzen mit aktivem, individuellem Handlungswissen. Aus der alltäglichen Eigenerfahrung heraus wie auch nach kognitionspsychologischen Hinweisen ist anzunehmen, daß der aktuelle Stand der Präfe-

---

schen Diskussion gedrängt wurden (1983:671ff.). Das Manko der nur gesetzten, nicht aber analysierten Ziele wird auch in der praxisorientierten Literatur zu Entscheidungen in Organisationen und Unternehmen zunehmend gesehen. Man versucht, dem auf Alternativen zentrierten Ansatz der Entscheidungsforschung ein "Werte-fokussiertes Denken" entgegenzustellen, das sich mit der Entwicklung und Abänderung von Zielen befaßt (z.B. Keeney 1992).

renzen die selektiven Aufmerksamkeitsprozesse beeinflußt und eine Rückkopplung zu den Präferenzen besteht:

"Das, wofür eine Präferenz besteht, hat eine größere Wahrscheinlichkeit Aufmerksamkeit auf sich zu ziehen und wahrgenommen zu werden. Was jedoch als positiver Reiz oder in Verbindung mit einem positiven Reiz häufiger und anhaltender wahrgenommen wird - womit man sich vermehrt (mit Befriedigung) beschäftigt - hat die Tendenz ein stärker präferiertes Objekt zu werden" (Witt 1989: 97).

Der wechselseitige Zusammenhang von Erfahrungen und Präferenzen wird besonders im Zeitverlauf bedeutsam; Witt spricht von einer "Koevolution von Wissen und Präferenzen". Dieser Punkt ist besonders deshalb für das Verständnis rationalen Handelns wichtig, weil es nicht einseitig um Nutzenmaximierung, sondern auch um Wissen geht: Wissen *und* Werte steuern die Wahl des Handelns (Esser 1993a:226).

Ein dritter Aspekt, wo ethnologische Untersuchungen einen Beitrag liefern könnten, betrifft die Wahlmöglichkeiten (Optionen). Einen guten Anknüpfungspunkt für ethnologische Studien bieten hier zwei Vorschläge, die aus der internen Kritik der *rational choice*-Theorien, insbesondere der Erwartungsnutzentheorie erwachsen sind: einer aus der Zusammenarbeit von Ökonomen mit Psychologen, der andere aus der Theorie der Bildung von Institutionen im Rahmen kollektiven Verhaltens. Der erste Ansatz besagt, daß man die für den Akteur relevanten Alternativen von den tatsächlichen Optionen unterscheiden müßte (der "objektive" gegenüber dem "ipsativen" Möglichkeitsraum; Frey 1989:183). Es läßt sich nämlich zeigen, daß der Raum persönlich relevanter Optionen sich systematisch vom objektiven Möglichkeitsraum unterscheidet, wobei die Unterschiede sich nicht, wie das in den oben genannten psychologischen Experimenten der Fall war, auf beschränkte Information oder begrenzte Intelligenz beschränkt:
(a) Der Raum persönlich relevanter Möglichkeiten ist "absolut" und nicht marginal: Alternativen werden oft entweder vollständig oder gar nicht in Erwägung gezogen statt kleine Veränderungen nach dem Nutzen und den Kosten zu bewerten,
(b) er ist "asymmetrisch": die Erhöhung oder Senkung des Aufwandes haben nicht die gleiche Wirkung mit umgekehrtem Vorzeichen, sondern einmal als relevant gesehene Optionen werden oft nicht mehr verlassen,
(c) der ipsative Raum ist persönlich und nicht transpersonal: eine andere Person würde evtl., auch wenn sie sich in die Interessenlage eines Akteurs versetzt, andere Handlungen empfehlen oder voraussagen und schließlich
(d) kann ein Individuum nicht wie in der Erwartungswerttheorie angenommen, bei Änderung der Kosten einfach eine andere Option wählen, weil autonome Prozesse eine Entscheidung verhindern (Frey 1989:184).
Die Einschränkungen durch den ipsativen Möglichkeitsraum gehen demnach deutlich über die aus der experimentellen Untersuchungen der ökonomischen Psychologie bekannten kognitiven Beschränkungen (Abelson & Levi 1987 als Überblick) hinaus. Anders als diese sind sie nicht einfach durch mehr Informa-

tionen oder Training zu vermindern, sondern können bezüglich eines Entscheidungsproblemes sogar zunehmen, weshalb sie auch vom "subjektiven Möglichkeitsraum" unterschieden werden (Frey 1989:182). Dies verweist auf soziale und kulturspezifische Komponenten beim Umgang mit Optionen.

Der zweite Anknüpfungspunkt ist der Vorschlag von Heiner, daß die "Richtigkeit" von Optionen berücksichtigt werden müsse, nämlich daß Optionen und Handlungsmuster nur dann einen Sinn haben, wenn sie gesellschaftlich in dem Sinn richtig sind, daß die Situation, für die eine Handlung passend ist, irgendwann tatsächlich einmal eintritt (Heiner 1983). Um wissen zu können, wie solche Situationen strukturiert sind, braucht man Kenntnisse zum kulturellen Kontext einer Entscheidung. Diese kulturelle Richtigkeit von Optionen müßte verknüpft werden mit der individuellen Fähigkeit der Abwägung der Präferenzhierarchie, ein bislang kaum untersuchtes Thema (Sen 1979:103: *reflexivity*). Diese steht ebenfalls im sozialen Rahmen: Normen sagen, welche Präferenzen der Einzelne haben "sollte", um im Sozialverband nicht als *rational fool* dazustehen.

2.3.2 Ethnologische Entscheidungsstudien:
Themen, Ansätze und interne Kritik

Viele Kritiken an experimentellen oder spekulativen Entscheidungsstudien basieren auf der traditionellen "naturalistischen" Feldmethodik der Ethnologie, nämlich der teilnehmenden Erforschung von Menschengruppen in ihrem Lebensraum im allgemeinen und auf solchen ethnologischen Untersuchungen, in denen explizit Entscheidungen in nichtwestlichen Gesellschaften erforscht wurden, im besonderen. Welche Themen wurden bislang in ethnologischen Entscheidungsstudien erforscht und welche Daten wurden dafür verwendet? Es fällt auf, daß explizite Studien zu Entscheidungen in der Ethnologie schwerpunkthaft in die Bereiche Wirtschaft, Medizin und (untergeordnet) soziale Struktur bzw. Sozialorganisation fallen (als Überblick ausgewählter wichtiger Studien Görlich 1992:111-121). Auch viele kulturökologische Untersuchungen sind implizit an Entscheidungen interessiert. Dies gilt besonders für die neueren Arbeiten, die den unausgesprochenen Funktionalismus vieler kulturökologischer Arbeiten und deren Verdinglichung des Konzeptes Ökosystem kritisieren. Statt der Umweltabhängigkeit von Menschen stellen sie die kreativen Lösungen angesichts bestimmter Probleme und Ereignisse ins Zentrum (Lees & Bates 1991). In diese Richtung weisen auch die Untersuchungen im Rahmen von Optimierungstheorien (z.B. Smith 1987; 1988).

Die meisten expliziten Entscheidungsstudien von Ethnologen behandeln die Auswahl von Sorten anzubauender Feldfrüchte und die Wahl von Anbautechnologien sowie Entscheidungen über Heilinstanzen und Therapien. Die Wirtschaftsentscheidungen stehen einerseits im Rahmen der die Wirtschaftsethnologie bis heute prägenden Diskussion zwischen Formalisten und Substantivisten und andererseits im allgemeinwirtschaftlichen Interesse an *microeconomic choices*. Beide Themen, Wirtschafts- wie Medizinentscheidungen, haben einen potentiell hohen praktischen Stellenwert und stehen damit auch im Rahmen der *Applied Anthropology*[22]. Wirtschafts- und Medizinentscheidungen unterliegen aber äußerst unterschiedlichen Bedingungen: alternative Therapien schließen sich z.b. viel weniger aus als verschiedene Anbausorten. Die Studien zu Landwirtschaftsentscheidungen wurden zudem meist in Agrarsystemen moderner Industriegesellschaften, z.B. in Iowa, durchgeführt, während die Studien der Medizinethnologie zum überwiegenden Teil in Jäger-Sammler oder in bäuerlichen Gesellschaften gemacht wurden.

Die Studien zur Sozialstruktur bzw. sozialer Organisation behandeln fast durchweg nicht etwa Entscheidungen als tatsächliche Wahlhandlungen. Stattdessen geht es dabei um die Darstellung sozialer Struktur mittels Entscheidungsmodellen in der Form von Wenn-Dann-Regeln, welche die hinter dem beobachteten Muster liegenden Regeln der Sozialstruktur beschreiben: Wenn bestimmte Merkmale der Person A oder der Situation a gegeben sind, dann hat diese Person eine bestimmte soziale Stellung)[23]. Diese Modelle wurden eingeführt als Alternative einerseits zu klassischen Strukturmodellen, die den Idealtypus bzw. die Normen beschreiben (*institutional orientation*, Garbett 1975:118) und zu Sahlins' "mechanischen Modellen", die auf ideologische Grundmuster abzielen. Andererseits waren sie die Alternative zu sog. "statistischen" Modellen (z.B. Leach 1960:124), welche die Sozialstruktur in Form der tatsächlichen Verteilung der Beziehungen als Resultat individueller teils unbewußter Handlungen darstellen. Diese Entscheidungsmodelle sind als akteurorientierte und emische ethnographische Beschreibungen aufzufassen (*decision model*, Keesing 1967:2) und stellen letztlich eine formalisierte Version individualistischer Theorien von Sozialstruktur dar (Quinn 1975:19). Wenn man jedoch empirisch feststellt, inwieweit sich die emischen Modelle der Akteure decken und dadurch den sozial geteilten Anteil bestimmt, erlaubt ein solcher Ansatz es, eine Brücke zwischen statistischen und mechanischen Modellen zu bauen (Lingenfelter 1977:350).

"Entscheidungsmodelle" von Sozialstruktur bieten eine Darstellung lokaler Normen der Formierung von Verwandtschaftsgruppen *(kin affiliation)* in Form von sog. Entscheidungsregeln, die zumeist mittels Entscheidungsbäumen dargestellt werden. Diese Modelle definieren (a) kulturell bedeutungsvolle Kontexte, sie bestimmen (b) die von Akteuren als angemessen beurteilten Optionen, sie nennen (c) die Regeln für akzeptable Entscheidungen innerhalb lokal möglicher Umstände und beinhalten schließlich (d) Strategien für die Entscheidung zwischen Alternativen (Keesing 1967:2). Wie oben gesagt, wird dabei weniger untersucht, wie Individuen, Haushalte oder Gruppen entscheiden, sondern wie sich die soziale Stellung eines Individuums oder einer Familie nach oft nicht veränderbaren Eigenschaften, lokalen Strukturregeln und wirtschaftlicher Situation "entscheidet" (vgl. die Kritik von Decktor Korn 1975:257). Ziel ist die formale

---

[22] Einige Autoren betonen ausdrücklich dieses praktische Potential von Entscheidungsstudien für viele Bereiche, wie Entwicklungsplanung, Gesundheitsversorgung und Konsumstudien, so. z.B. Boehm (1978:288), Gladwin (1989a:86ff., 1989b:397), Gladwin & Garis (1996:316f.) sowie Mathews & Hill (1990).

[23] Im einzelnen lassen sich darunter "Modelle des Informationsprozesses", "retrodiktive Modelle" und "Modelle kultureller Prinzipien" unterscheiden, wie Quinn (1975) in einer vergleichenden Analyse von neun Entscheidungsmodellen von Sozialstruktur aufzeigt.

Replizierung der Erwartungen, die die Akteure selbst dazu haben. Dies läßt auch überraschende Abweichungen systematisch verstehbar werden (Keesing 1967:14), statt sie einfach als Devianz zu behandeln.

Ein Beispiel, das thematisch meiner Untersuchung nahe liegt, weil es um sog. "Residenzentscheidungen" geht, soll die Eigenart dieser Modelle verdeutlichen. Fjellman (1976b) untersuchte mittels einer sehr einfallsreichen Methodik (siehe dazu unten 5.3.1) Wohnorte und Wohnkategorien in einer Siedlung der Akamba in Kenia. Tatsächlich geht es dabei aber nicht um Entscheidungen als Wahlen unter mehreren Alternativen, sondern um eine Darstellung der kulturell weitgehend vorgegebenen Residenzregeln in Form eines Wenn-Dann-Entscheidungsbaumes. Aus diesen Gründen heraus ist festzustellen: "All these models ... highly predictive of situations in which individual affiliation *is constrained* by social norm or economic necessity" (Quinn 1975:19; Hervorh. CA). Einige frühe Arbeiten der ökologisch orientierten Kognitionsethnologie versuchten aber schon, Regeln für diejenigen unter den Wohnfolgentscheidungen aufzuspüren, die nicht sozial normiert sind, sondern aus individuellen Entscheidungen als Wahlhandlungen angesichts von Umweltgegebenheiten einerseits und bestimmten Präferenzen andererseits resultieren (Goodenough 1956:29-31, Frake 1962:55-58; Geoghegan 1969).

Schließlich gibt es eine Fülle von Studien aus anderen Zweigen der Ethnologie, die Entscheidungen mit unterschiedlichsten theoretischen Annahmen und empirischen Verfahren untersuchen, z.B. in der Politikethnologie und der Konfliktethnologie, in der ethnologischen Bürokratieforschung; in der Rechtsethnologie und in der angewandten Ethnologie (vgl. Freeman 1978). Thematisch eingegrenzte und aktuelle ethnologische Forschungsfelder sind die Untersuchung von Entscheidungsweisen in egalitären Jäger-Sammler Gruppen (z.B. Liberman 1980-82), das Studium bewußter Entscheidungen von Gruppen, egalitär zu bleiben (z.B. Boehm 1991,1993) bzw. die Frage der Entstehung nichtegalitärer Entscheidungsregelungen in modernen Gruppen, etwa Kommunen, die eine egalitäre Programmatik haben (z.B. Newman 1980). In solchen Studien werden Entscheidungen untersucht, die innerhalb bestimmter Instanzen mehr oder minder kollektiv und in zumindest annähernd formaler Weise gefällt werden. Dafür werden etwa öffentliche Dispute aufgezeichnet, private Diskussionen verfolgt, oder man beobachtet Gruppenentscheidungen angesichts rapiden Kulturwandels. Obwohl etliche der Untersuchungen, besonders aus der politischen Ethnologie, individuelle Gesichtspunkte und manipulative Strategien im Sinne einer Aktionstheorie ins Zentrum stellen (Vincent 1978 als Überblick), wurden die Entscheidungen dabei sehr häufig verallgemeinert beschrieben, statt den Prozeß in Einzelentscheidungen, etwa bei der Lösung von Konflikten, genau zu beschreiben (Ausnahmen z.B. Hutchins 1980, Boehm 1983, 1994). Die meisten dieser Studien sind nicht im Rahmen von Entscheidungstheorien entwickelt worden. Ferner stehen in dieser Arbeit eher informelles Entscheiden und vor allem individuelle bzw. auf Haushaltsebene gefällte Entscheidungen im Zentrum. Deshalb wird auf diese Untersuchungen hier nicht näher eingegangen. Ich nutze sie aber für meine Untersuchung an verschiedenen Stellen, weil sie die soziale Relevanz von Entscheidungen besonders deutlich machen.

Die verschiedenen methodischen Zugänge, mit denen Entscheidungen empirisch untersucht werden, zeigt Tab. 2. Es wird deutlich, daß es angezeigt ist, verschiedene Aspekte und Bereiche von Entscheidungen mit je spezifischen Verfahren zu erfassen. Die erste Dimension unterscheidet den Realitätsgrad der untersuchten Entscheidung (waagerecht), die zweite Dimension wird durch die Datenarten aufgespannt (senkrecht). Grundsätzlich sind Untersuchungen in allen 20 Zellen denkbar, wobei einige prinzipiell nur mit Einschränkungen machbar sind (z.B. 16 und 20). Tatsächlich häufen sich die bisherigen Untersuchungen in bestimmten Zellen, während es zu anderen kaum Studien gibt. Die meisten Untersuchungen arbeiten entweder mit Beobachtungen vergangener Entscheidungen in Form ihrer Resultate (Zelle 2) oder mit Befragungen zu realistischen, zukunftsbezogenen oder zu rein hypothetischen Entscheidungen (Zellen 7 und 8). Wenige Studien untersuchen reale und aktuelle Entscheidungen mittels alltäglicher Konversation, durch Teilnahme oder durch Fallstudien (Zellen 9, 13 und 17).

Tab. 2: Methoden zur Erforschung von Entscheidungen

Art der Daten	Realitätsnähe der untersuchten Entscheidung			
	reale aktuelle Entscheidung	reale vergangene Entscheidung	realistische zukunftsbezogene Entscheidung	rein hypothetische Entscheidung
Beobachtung von Verhalten/Handeln/Ergebnis	1	2	3	4
Sprache: systematische Befragung	5	6	7	8
Sprache: Alltagskonversation (*natural discourse*)	9	10	11	12
Teilnahme (*participation*)	13	14	15	(16)
Fallstudie (*case study, case history*)	17	18	19	(20)

2.3.3 Entscheidungen unter realen Bedingungen:
natural decision-making

"Natürliches" Entscheiden

In den letzten zwanzig Jahren sind Umrisse eines Ansatzes entwickelt worden, der die oben besprochenen theoretischen und experimentellen Studien durch das Studium realer Entscheidungen ergänzen will. Die Betonung sollte auf einer Ergänzung liegen, da der zunehmende Realismus immer auf Kosten der Anwendungsbreite und der Prognosefähigkeit erkauft wird, was allgemein für das Verhältnis einfacher zu komplexen Modellen gilt (Smith 1987:230). Dieser Forschungsansatz der *natural decision-making (studies)* schöpft aus den genannten ethnologischen Studien, aus neuen Entwicklungen der Soziologie und Sozialpsychologie, wo es schon länger naturalistische Strömungen, wenn auch untergeordnet, gibt, und aus der *Cognitive Science* als übergreifender Wissenschaft der Kognition. Das Anliegen des naturalistischen Ansatzes bei der Erforschung von Entscheidungen ergibt sich aus der oben angeführten Kritik experimenteller Untersuchungen. Das Ziel ist die Untersuchung von Entscheidungen unter realistischen Umständen, insbesondere in ihrem jeweiligen lokalen und kulturellen Kontext. Sloganartig verkürzt geht es um *real time real world decisions* (Quinn 1975:24; Fjellman 1976a:75,87[24]).

Das Forschungsinteresse ergibt sich aus der Akteurtheorie dieses Ansatzes, die anders als die Laborstudien fragt: Wie verlaufen Entscheidungen, bei denen die Akteure nicht voll informiert sind, nicht vollständig sensitiv sind, nicht völlig rational sind (also nur eingeschränkt maximieren und Nützlichkeiten ordnen) und ihre Entscheidungen nur teilweise verbalisieren? Welcher Art sind Entscheidungen, die weder rein individuell, noch rein kollektiv getroffen werden? Wie man aus der persönlichen Erfahrung weiß, sind viele Entscheidungsfragen des Alltagslebens zu "offensichtlich" und werden zu intuitiv gelöst, um normalerweise darüber zu reden und in einer Befragung einfach sprechen zu können. Dieser Ansatz scheint auch geeignet, die oben wiedergegebene innerethnologische Kritik an bisherigen empirischen Entscheidungsstudien Ernst zu nehmen.

Das Menschenbild der Studien zum *natural decision-making* ist nüchterner als die meisten essentialistischen Konzeptionen, die aufgeführt wurden: der entscheidende Akteur wird als quasi "angewandter Wissenschaftler" gesehen, der vieles versuchsweise ausprobiert, sich seiner Motive und seiner Optionen nur teilweise bewußt ist und etliche Fragen, wenn auch nicht alles, intuitiv entscheidet (allgemein Boehm 1978:287; 1982:177,187; vgl. Campbell 1965)[25]. In der Ethnologie geht diese Vorstellung mindestens bis auf Malinowski (1948) zurück. Viele frühere Kognitionsethnologen aus dieser Forschungstradition stellten sich gegen Maximierungsannahmen:

"Wie auch bei Simon und in zahlreichen kognitiv-psychologischen Ansätzen ist in der kognitiven Anthropologie die methodologische Kritik eng an dem theoretischen Haupteinwand ausgerichtet, daß eine realistischere Betrachtungsweise der Entscheidungsprozesse eine Abwendung von der in der herkömmlichen Ökonomie vertretenen Maximierungsannahme implizieren würde" (Görlich 1992:118).

Die oben diskutierten neueren Arbeiten zur *rational choice* Theorie weisen aber schon in die Richtung einer möglichen Synthese mit Arbeiten in der Tradition des *natural decision-making*-Ansatzes. Dies zeigt sich auch in neueren Varianten dieses Ansatzes selbst.

---

[24] Andere Formulierungen sprechen von actual decision-making processes (Hefner 1983:687), actual decision-making procedures (Jochim 1983:164), real world decision making (Wilk 1993:197), real life decisions (Bilmes 1986:65), naturally occurring decisions (Agar 1975:59), natural decisions (Fjellman 1976a:75) bzw. native decision making (Laboratory on Comparative Human Cognition 1978:63).

[25] Den Aspekt des Probierens und der Schwierigkeiten des Lernens arbeitete schon Linton (1936) in seinem Konzept der Rolle heraus, wie Streck (1985:571) bemerkt.

Varianten des *natural decision-making*-Ansatzes

Wenn man die ethnologischen Untersuchungen von Entscheidungen auf die in ihnen verwendeten Methoden durchgeht, kann man mit Boehm (1978:276) feststellen, daß auch in ihnen oft methodisch kein direkter Zugang zur kognitiven Realität im Entscheiden gesucht wurde. Gerade dieses Manko versucht man aber, in einigen neueren Studien zu beheben. Innerhalb der naturalistisch orientierten Untersuchung von Entscheidungen gibt es verschiedene methodische Strömungen, die neuerdings vor allem im Bereich der Entscheidungen zur Behandlung von Krankheiten, insbesondere in der anwendungsorientierten Medizinethnologie, diskutiert worden sind. Zwei methodische Vorgehensweise stehen sich gegenüber (Mathews & Hill 1990).

Der Ansatz des sog. *Cognitive Decision Modeling* (zuerst Young 1980) geht davon aus, daß (a) Krankheiten immer wiederkehrende Entscheidungsprobleme sind; daß (b) die Ressourcen zur Problemlösung, wie Medikamente, Therapien und Heilungsinstanzen, z.b. traditionelle Heiler oder moderne Mediziner, begrenzt sind und daß (c) die Akteure über geteilte Vorstellungen (*shared standards*; Young 1980:121) zur Problemlösung verfügen. Entsprechend dieser Annahmen werden zunächst diese geteilten Vorstellungen ermittelt, um daraus ein Modell zur Vorhersage zu machen. Dieses wird dann in einem zweiten Schritt anhand der tatsächlich gewählten Lösung getestet. Das Forschungsinteresse liegt also an Entscheidungsmustern ganzer Gruppen. Was solche Untersuchungen unterschlagen, ist die Vielfalt der in einer Gruppe vorhandenen Lösungen (Chibnik 1980). Ferner können sowohl einmalige als auch fortwährende ("chronische") Entscheidungen und die dabei zum Tragen kommenden Strategien mit diesem Ansatz kaum erfaßt werden. Auch das Auftreten neuer bzw. neu wahrgenommener Alternativen, z.B. durch regionalen Wandel, findet keine Berücksichtigung. Schließlich öffnet dieses Vorgehen die Tür für unbemerkte ex-post-facto Rationalisierungen, wenn der Test anhand derselben Personen durchgeführt wird, mit denen die Konstruktion des Modelles erfolgte (Chibnik 1980:87f.; Gross 1983:163; Mathews & Hill 1990:155, 164-167). Eine grundsätzlichere Kritik der kognitiven Untersuchungen kommt aus der neueren Kognitionsethnologie, die davon ausgeht, daß es bei Entscheidungen eher um größere gedankliche Probleme geht als um die in den meisten Untersuchungen angenommenen begrenzten und deutlichen kognitiven Wahlaufgaben (Ja, Nein) und daß es im Normalfall Strategien auf mehreren Ebenen gibt (Kritik der allzu "digitalen Modelle" durch Nardi 1983:697ff.).

Die Alternative zu diesem Ansatz ist der sog. "Erklärende Modellansatz" (*Explanatory Modeling Approach*). Hierbei wird von der Annahme ausgegangen, daß die bisherigen individuelle Erfahrungen mit Krankheiten für weitere krankheitsbezogene Entscheidungen bedeutsam sind. Damit ist per se mit einer intrakulturellen Vielfalt der Lösungen zu rechnen. Ausgangspunkt sind Äußerungen der Informanten zu ihren tatsächlichen Entscheidungen, aus denen beispielsweise ein Modell der Vorstellungen über Symptome, Pathologien, Krankheitsverläufe und Behandlungsformen konstruiert wird. Diese Methode geht mehr ins Detail und ist insgesamt qualitativer als der erste Ansatz. Kritiker stellen aber heraus, diese Methodik würde ein unnötig komplexes Bild der Entscheidung zeichnen, das zumindest für Routineentscheidungen nicht repräsentativ sei[26]. Ferner würden dabei wegen des Aufwands wenige Fälle untersucht, wodurch keine Aussagen über Gruppen gemacht werden könnten.

Mathews & Hill bieten eine methodische Lösung, die die Stärken beider Ansätze kombiniert, aber dem *Cognitive Decision Modeling* näher steht. Das Ziel ist es, die sozioökonomischen und kulturspezifischen Umstände sowie den kulturellen Wandel zu berücksichtigen und insbesondere die Frage anzugehen, inwiefern kulturelle Faktoren die Variabilität des Entscheidens (Young 1982:268) und das regionale Entscheidungsmuster formen. Bei dieser Methodik wird mittels teilnehmender Beobachtung, Tiefeninterviews mit Schlüsselinformanten und strukturierten Befragungen sowie einem Set von systematischen Erhebungstechniken ein Modell der Entscheidung eruiert. Dies besteht aus den gesehenen Optionen, Kriterien und der Ordnung der Kriterien (den sog. "Regeln"). Dieses Modell wird dann mit dem Entscheidungsverhalten in einer anderen Gemeinschaft verglichen, in dem in wiederholten Besuchen die aufgetretenen Krankheiten, die tatsächlich genutzte Behandlungsoption und die wahrgenommenen Effekte aufgenommen werden. Das Modell wird also an einer anderen Auswahl getestet, wodurch verhindert wird, daß unerkannt nachträgliche Rationalisierungen hereinspielen. In einem dritten Schritt werden die "Fehler", also die Fälle, wo tatsächliche Entscheidung und Vorhersage des Modelles auseinanderklaffen, analysiert (Mathews & Hill 1990:160-167).

Wenn man sich die Merkmale von Entscheidungen und die Bandbreite ihrer möglichen Ausprägungen vergegenwärtigt (die weiter unten in Tab. 3 detailliert dargestellt werden), wird deutlich, daß in den Untersuchungen zum *natural decision-making* zumeist Entscheidungen untersucht wurden, die (a) nur selten bis mittelhäufig getroffen werden, (b) deren Optionen sich ausschließen oder zumindest sehr unterschiedlich sind und bei denen (c) die Zahl der Alternativen im Verhältnis zu den Kriterien meist gering ist, sei es aus natürlichen Begrenzungen oder aus Einschränkungen durch kulturelle Normen und Werte. Es gibt aber durchaus auch Entscheidungen, die (ad a) ständig oder zumindest fast täglich fallen, (ad b) deren Alternativen sich nicht ausschließen, es demzufolge nicht um "Ja oder Nein", sondern um "mehr oder weniger" geht und bei denen (ad c) dem Akteur außerdem viele Optionen zur Verfügung stehen, die evtl. noch einander ähneln.

Ein Beispiel sind die von Boster (1984) untersuchten Entscheidungen bei der Pflanzung von Maniokvarietäten der Aguaruna-Jivaro. Die Pflanzerinnen entscheiden fast täglich zwischen über hundert alternativen und einander ähnlichen Varietäten. Diese Entscheidungen werden von den Akteuren kognitiv weniger formal strukturiert, als das bei seltenen Entscheidungen mit bedeutsamen Konsequenzen der Fall wäre (Boster 1984:356). Es ist auch nicht etwa so, daß die Pflanzerinnen in einem frühen, vorbewußten Schritt der kognitiven Vereinfachung etliche Alternativen eliminieren, wie eine der meist zitierten Arbeiten po-

---

[26] Die Konstruktion überkomplexer Modelle ist ein generelles Problem der Ethnologie, insbesondere der Modelle, die Kultur analog zur Sprache konzeptualisieren, wie Bloch (1977, 1991) feststellt und an Fällen darlegt.

stuliert (*pre-attentive stage*, Gladwin & Murtaugh 1980). Die Entscheidung läuft weniger formal, weniger bewußt, weniger schrittweise und damit schlecht verbalisierbar ab, und die Variablen sind kontinuierlich, statt dichotom zu sein. Aus diesen Gründen ist die Analyse über Entscheidungsbäume mit Verzweigungen in diesem Fall unangebracht. Eine derartige Analyse würde mehr Daten erfordern, als man aufnehmen kann und dabei über die Entscheidung weniger aussagen (Boster 1984:356). Die methodische Alternative ist ein black-box-Modell, das nur mit den eruierten Aspekten der Optionen (als Input) und der Verteilung der tatsächlich gewählten Optionen (als Output) arbeitet und damit keinerlei Annahmen über das Denken macht. Post-hoc erfolgte Rationalisierungen seitens der Akteure sind damit ausgeschlossen (Boster 1984:347). Darin ähnelt dieser Ansatz Chibniks *linear model* (1980:86,90f.), allerdings mit dem Unterschied, daß Boster auf der Input-Seite ausschließlich solche Attribute verwendet, die den Informanten selbst bekannt sind. In einem ersten Schritt nimmt Boster einfach die von den Pflanzerinnen benutzten Attribute von einzelnen Manioksorten auf. Er stellt dazu 30 Fragen (z.B.: "Welche Maniokarten sind am leichtesten zu schälen?"), die er aus informellen Gesprächen und seiner ethnographischen Erfahrung vor Ort entwickelte. Diese Fragen können sämtlich mit "Weiß nicht" oder der Nennung von einer oder mehrerer Maniokvarietäten beantwortet werden. In einem zweiten Schritt begeht Boster zusammen mit den Gesprächspartnerinnen Profile (*transsects*) durch ausgewählte Feldbereiche und bittet sie, die tatsächlich gepflanzten Sorten zu bestimmen.

Probleme und Kritik kognitions-
ethnologischer Entscheidungsstudien

Ich habe diese ungewöhnlichen Entscheidungen und Bosters Methodik angeführt, obwohl ich entgegen Boster an der psychologischen Realität, also dem Abwägensprozeß, interessiert bin, weil seine Studie auf wichtige Fehlerquellen in vielen Untersuchungen aufmerksam macht. Trotz der obigen Kritik an Rationalitätsannahmen der experimentellen Studien aus der Sozialpsychologie und Wirtschaftswissenschaft machen viele ethnologische Untersuchungen im Rahmen des *natural decision-making*-Ansatzes nämlich selbst überzogene Annahmen zur kognitiven Kapazität, zur kognitiven Formalisierung und besonders zur Verbalisierbarkeit von Entscheidungen und tradieren damit eine häufig kritisierte Voreingenommenheit der Kognitionsethnologie, ihre Kopf- und Sprachlastigkeit. Ferner wurde Entscheiden unzureichend als Prozeß untersucht. Deshalb diagnostiziert Richard Wilk noch 1993 den Forschungsstand, wenn auch etwas überzogen, aber im Kern zutreffend so:

"... empirical anthropological studies of decision making have been limited, concentrating on discrete choices among defined alternatives or the allocation of a finite quantity (especially labour and land) among a few alternatives" (1993:196; ähnlich schon Nardi 1983 und Mathews 1987).

Viele Entscheidungen bzw. Phasen von Entscheidungsprozessen sind de facto nur wenig bewußt und werden kognitiv kaum deutlich als Wahl zwischen Alternativen strukturiert. Häufig spielen Ähnlichkeiten, die zwischen undeutlichen Optionen gesehen werden, eine größere Rolle, als spezifische Attribute distinkter Alternativen. Außerdem werden grobe Analogien zu Entscheidungssituationen gezogen, die den Akteuren bekannt sind. Diese Annahme entspricht neueren Erkenntnissen zum Problemlösen im allgemeinen (vgl. Nisbett & Ross 1980; Johnson-Laird & Wason 1977 nach Boster 1984:358, Lakoff 1987). Schließlich kann man nicht immer davon ausgehen, daß wichtige Entscheidungen bewußt bzw. zielorientiert (*goal-oriented search and choice*; Lind 1983:7) getroffen werden. Es ist immer zu fragen, wie stark der Anteil unbewußter Variation im Sinne von Versuch-und-Irrtum gegenüber beabsichtigten Verhaltensänderungen ist (*blind variation* vs. *rational/purposive/intentional preselection*; Campbell 1965; Boehm 1978, 1982, 1991, Langton 1979:293, Boster 1984, Antweiler 1988:221ff.). Im Fall der Maniokvarietäten wirkt gerade der unbewußte Anteil der Entscheidungen langfristig adaptiv und damit rational. Die Pflanzerinnen ziehen zwar bewußt einige Sorten vor, und das bestimmt den Hauptanteil der gepflanzten Sorten; sie pflanzen daneben aber ohne Begründung etliche andere Sorten und erhalten so die genetische Vielfalt[27].

Da ethnologische Untersuchungen von Entscheidungsprozessen zumeist in der Tradition der Kognitionsethnologie stehen, wird die emotionale Seite von Entscheidungsprozessen erst in den letzten Jahren verstärkt untersucht (Lutz 1983; Shweder & Levine 1987, D´Andrade & Strauss 1992, Heider 1991 an einem indonesischen Fall). Die enge Verknüpfung von Kognition und Emotion wird auch in der Psychologie und Soziologie immer deutlicher gesehen (Mandl & Huber 1983; Scherer 1986:189ff., Eichener 1989). Der Zusammenhang zeigt sich schon darin, daß Kognitionen emotional bewertet werden. Zudem können Entscheidungen gerade dann, wenn sie nicht schon strukturell, etwa durch materielle Einschränkungen oder durch feste Normen und Werte, "vorentschieden" sind, Konflikte zwischen Werten mit sich bringen. Diese können zu schwer lösbaren und damit für die einzelne Person gefühlsmäßig bedeutsamen Dilemmata führen. Viele Entscheidungsprobleme zeigen die grundsätzliche Ambivalenz menschlichen Lebens auf, wie Boehm kulturvergleichend an Beispielen von Entscheidungen angesichts von Subsistenzkrisen oder Fehden demonstriert (1983:118-129; 1989:931ff.). Gerade sozial bedeutsame Entscheidungen stehen oft im Rahmen von seelischem Druck; andererseits werden Emotionen rational genutzt, weshalb auch schon vom "taktischen Gebrauch der Passion" gesprochen wurde. Angesichts der grundsätzlichen Ambivalenz von Entscheidungen im allgemeinen und der Bedeutung von Emotionen für Entscheidungen im besonderen werden Erkenntnisse zur kulturspezifischen Formung von Emotionen zunehmend wichtig (Überblick in Lutz & White 1986).

---

[27] In diesem Fall ist eine besondere Situation gegeben: die Verfügbarkeit der Optionen hängt von den Entscheidungen selbst ab. Falls eine Sorte nicht mehr gepflanzt wird, ist sie für immer verloren (Boster 1984:355). Da dies ein außergewöhnlicher Umstand ist, habe ich diesen Fall bei der Systematisierung der Merkmale von Entscheidungen nicht angeführt. Im Rahmen weltweit zunehmenden Artensterbens werden solche Fälle irreversibler Optionenverminderung allerdings immer häufiger.

Britan & Denich (1976) haben eine methodische Kritik vorgebracht, die fast alle bislang erschienenen Untersuchungen im Rahmen des *natural decision-making* trifft: diese Studien greifen historisch wie regional zu kurz. Sie beziehen sich fast immer auf aktuelle Entscheidungen und sie berücksichtigen zwar den realistischen Mikrokontext, nicht aber den größeren, oft extern kontrollierten, materiellen Kontext, in dem jeweilige Entscheidungen stehen. Die genannten Autoren setzen dem das Konzept des Umwelt-Entscheidungs-Nexus (*environment-choice framework* bzw. *environment nexus*; 1976:58, 69f.) entgegen. Dazu versuchen sie, Kulturökologie einerseits und bisherige Entscheidungsstudien andererseits zu verknüpfen, um ihre jeweiligen Schwächen zu überwinden. Kulturökologen untersuchen zumeist materielle Bedingungen und kollektive, meist wenig bewußte Problemlösungen in kleinen Gruppen mit langfristiger adaptiver Wirkung (vgl. Smith 1988). Entscheidungsforscher hingegen untersuchen eher kognitive Bedingungen und in erster Linie individuelle zumeist bewußte Entscheidungen in kleinem und kurzfristigem Maßstab. Ein Nexus, der Umwelt und Entscheiden verbindet, erschließt insbesondere Situationen schnellen Kulturwandels im Rahmen veränderter sozialer wie natürlicher Makroumwelt. In solchen Fällen, so zeigt ihr Vergleich von Situationen in Neufundland und Jugoslawien, ergeben sich oft neue Optionen, während die Art und Weise der Entscheidungsfindung und das zugrundeliegende Wertesystem gleich bleiben. Diese Befunde eröffnen wichtige theoretische wie praktische Konsequenzen, weil sie nahelegen, daß theoretisch nicht anzunehmen ist, daß schneller Wandel mit grundlegenden Änderungen der Werte oder Kognitionen einhergeht. Angesichts schnellen Wandels ist es bedeutsam, daß der psychische Streß, der mit abruptem Wandel oft gegeben ist, gering bleiben kann, wenn die Art und Weise der Entscheidungsfindung kontinuierlich bleibt (1976:69). Die methodische Konsequenz aus Britan & Denichs Befunden ist, Arbeitsbiographien (1976:60) und Daten zur Umwelt einzubeziehen.

2.3.4 Der *natural decision-making*-Ansatz als Mittel zur Präzisierung des Themas Handlungsrationalität

Entscheidungstypen: viele Dimensionen

Ein Problem der Untersuchungen zu Entscheidungsprozessen besteht darin, daß die in der Literatur untersuchten Entscheidungen sich in vielerlei Hinsicht unterscheiden. Oben wurde dies anhand der ethnologischen Untersuchungen deutlich. Die Ergebnisse der bisherigen ethnologischen Untersuchungen sind dementsprechend äußerst uneinheitlich und ergeben bislang kein klares Bild. Dies liegt m.E. nicht nur (a) an theoretischen und methodischen Divergenzen und (b) an der Diffusität des Entscheidungsbegriffs, der oft nicht sagt, ob es sich nur um allgemein gesellschaftlich verfügbare oder tatsächlich individuell reale Optionen (Decktor Korn 1975:257) handelt. Auch (c) die strukturelle Unterschiedlichkeit der untersuchten Entscheidungsprobleme selbst führt zu unterschiedlichen Resultaten.

Deutlich wird dies bei einem Blick auf die Dimensionen und Merkmale von Entscheidungen in Tab. 3. Oft werden aus den Resultaten zu einem bestimmten Entscheidungsproblem allzu verallgemeinernde Schlüsse gezogen. Es verwundert nicht, daß z.b. Nardi (1983) aus ihren Resultaten zu seltenen und folgenreichen Reproduktionsentscheidungen und Boehm (1978, 1982, 1985, 1990) aus seinen Daten zu ebenfalls nur sporadischen Fehden und zum Verstoß von Mitgliedern aus Gruppen (Ostrazismus) die Bewußtheit von Entscheidungen ableiten, während Boster (1984) aus seinen Daten zu alltäglichen Mikroentscheidungen, also häufigen Entscheidungen ohne drastische Auswirkungen, heraus argumentiert, daß auch viele unbewußte Entscheidungsakte stattfinden.

Dieser Befund weist auf zwei Probleme hin, erstens die oft überhaupt fehlenden oder nur impliziten theoretischen Annahmen in den Untersuchungen und zweitens auf die Tatsache, daß die teilweise fundamentale Unterschiedlichkeit von Entscheidungsproblemen durch das vermeintlich eindeutige Etikett "Entscheidung" oft verschleiert wurde. Wilk wirft als Ethnologe der Ethnologie vor, konkrete Entscheidungen kaum untersucht zu haben und benennt auch Gründe dafür:

"Ultimately, however, anthropology has failed to engage the issue of decision making, despite the growth of practice theory, because it raises a fundamentally uncomfortable and unresolved issue, one that anthropologists are loath to confront. The issue is simply that of free will, of selfishness versus group interests" (1993:196).

Wilks eigener Lösungsvorschlag geht dahin, konkrete Entscheidungen in Haushalten zu untersuchen (vgl. unten 2.3.3), aber die Grundannahmen völlig offen zu lassen. Ich dagegen bin der Meinung, daß man von folgenden sehr allgemeinen Grundannahmen ausgehen kann, weil sie theoretisch und empirisch gut gestützt sind: Es gibt (a) evolutionär begründete (sehr allgemeine und nicht etwa determinative!) Handlungsneigungen im Sinne inklusiver Fitneß und (b) menschliches Handeln ist weitgegend rational im Sinn von zielorientiert. Der Aspekt von Aufwand und Einschränkungen in beiden Annahmen verweist aber darauf, daß Handlungen und Entscheidungen in jeweils sehr unterschiedlichem Rahmen stehen können. In Abb. 8 wurde das für Handlungen im allgemeinen gezeigt. Jetzt ist dies für Entscheidungen zu spezifizieren, da bislang keine detaillierte Systematik zur Charakterisierung von Entscheidungssituationen existiert, sondern meist nur grob in häufige und seltene oder wichtige und weniger wichtige Entscheidungen unterschieden wird.

Gerade auch in kognitiven ethnologischen Untersuchungen fehlt häufig eine derartige Einordnung des untersuchten Entscheidungsproblemes als solchem (Kokots et al. Kritik 1982:16), obwohl Entscheidungen doch unter so grundlegend verschiedenen Bedingungen ablaufen. Die alltägliche Wahl von Manioksorten ist etwas anderes als die Entscheidung über eine lange, evtl. tödlich endende Fehde. Es stellen sich viele Fragen, wenn man die gefundenen Ergebnisse einzelner Fälle mit anderen Untersuchungen vergleichen will. In welchem Verhältnis steht z.b. die materielle und kognitive Problematik von irreversiblen

Entscheidungen, etwa zur Reproduktion, zu reversiblen, etwa Heirats- oder Wohnortsentscheidungen? In welchem Verhältnis stehen Strategien bei weniger wichtigen Entscheidungen, etwa der Wahl von Fast-Food-Restaurants zu wichtigen oder gar existentiellen Entscheidungen (*crucial decisions, live choices*), z.B. zur Wahl der Anbausorte? Wie groß - und das ist eine ganz bedeutsame und häufig übersehene Frage - ist der tatsächliche Entscheidungsspielraum angesichts gegebener Situationen bzw. Strukturen? Um die hier untersuchten Entscheidungsprozesse im Rahmen von Migration besser in ihren Einzelheiten verstehen und mit anderen Entscheidungsthemen vergleichen zu können, habe ich ein Schema (Tab. 3) konstruiert. Selbstverständlich kann eine solche Aufstellung nicht alle die in der psychologischen, soziologischen, ökonomischen und ethnologischen Literatur aufgezeigten Probleme auflisten. Aber einige wichtige Charakteristika der Bedingungen als auch der Alternativen von Entscheidungen werden deutlich. Außerdem lassen sich mit diesem Entscheidungsprofil sowohl Merkmale des Entscheidungsproblemes in der Außensicht, etwa strukturelle oder materielle Bedingungen der Entscheidung als solcher oder der Grad der Informiertheit der Akteure, als auch solche aus der Innensicht, z.B. die Situationsdefinition seitens der Akteure, erfassen.

In Tab. 3 unterscheide ich zunächst in der linken Spalte als zentrale Dimensionen den Umfang der Entscheidung, den Zeitrahmen, die physische und soziale Umwelt, die Entscheidungsinstanz, die Optionen und die Folgen einer Entscheidung. Innerhalb dieser sieben Grunddimensionen lassen sich Einzelmerkmale unterscheiden (1 bis 26). Deren Ausprägung kann auf einem Gradienten zwischen den jeweiligen zwei Polen (x und z) gekennzeichnet werden. Die Merkmale wurden aus dem Schrifttum zusammengestellt und um Dimensionen ergänzt, die Prattis (1973) zur Bestimmung der unabhängigen Variablen der Situationslogik (*situational logic*) von Akteuren in Entscheidungssituationen konstruierte. Weiterhin habe ich Differenzierungen berücksichtigt, die Fjellman (1976) und Boster (1984) in ihren wichtigen Kritiken bisheriger Untersuchungen treffen.

Etliche der Merkmale, die hier analytisch unterschieden werden, hängen tendenziell zusammen. Ein vom Umfang her "enges" Entscheidungsthema geht oft mit Optionen einher, die für die Akteure deutlich sind, während ein "weites" mit undeutlichen Alternativen verbunden ist. Eine langfristig bedeutsame Entscheidung, wie im eben angeführten Beispiel der Reproduktion oder dem obigen der Fehden, wird wahrscheinlich bewußter gefällt als eine weniger wichtige. Diese Parallelen sind aber tendenziell und nicht prinzipiell, weshalb in einem jeweiligen Fall empirisch ermittelt werden muß, wie die analytisch unterschiedenen Merkmale ausgeprägt sind. Zu jedem Merkmal gebe ich die in der Literatur verwendeten - zumeist englischen - Termini an. Die in diesem Entscheidungsprofil angeführten Dimensionen und Merkmale werden im folgenden Text genutzt, um die Struktur von Entscheidungen zwischen den genannten Polen einzuordnen und so ein "Profil" einer jeweiligen Entscheidungssituation zu geben.

Tab. 3: Dimensionen von Entscheidungen im Gradient zwischen zwei Polen

Dim.	Pol X		Pol Z
Umfang	1x: enges Entscheidungsthema (*narrow domain*; z.B. Produktwahl beim Einkaufen)	...	1z: weites Entscheidungsthema (*wide domain*; z.B. Migration)
	2x: homogenes Auslöseproblem		2z: mehrdimensionales Auslöseproblem
	3x: in Außensicht eher unbedeutende Wahl (*small, petty decision*, z.B. Besuch eines *fast food*-Restaurants)		3z: wichtige Wahl (*crucial decision; critical life choice; big decision; major decision; existential importance; adaptive*; z.B. Anbausorten)
	4x: hohe subjektive Motivation		4z: geringe subjektive Motivation
Zeittiefe	5x: gewohntes Auslöserproblem (*ordinary*)		5z: ungewohntes Problem (*extraordinary*)
	6x: einmaliges bzw. seltenes Entscheiden (*immediate, one-time, linear, simultan, low frequency; infrequent; distinct*)		6z: wiederholtes bis häufiges Entscheiden (*recurrent, ongoing, chronic, contingent chain, routinized, sequen-tial, high frequency dec.*), revidierbare Entscheidung
	7x: erstmalige derartige Entscheidung		7z: schon vorherige Entscheidungen zum selben Thema (*decisioning, prior decision making; routine decisions, contingent*)
	8x: kurzer Entscheidungsprozeß, (Entscheidungsakt, Entscheidung; Wahl, *choice*)		8z: längerer Entscheidungsprozeß (Entscheiden, *decision-making, decisioning*)
Umwelt	9x: sichere Umwelt / hohe Information		9z: unsichere Umwelt / geringe Information
	10x: stabile Umwelt / Risiko gering		10z: labile / riskante Umwelt
	11x: einfache Umwelt (z.B. kulturell einheitliches Umfeld)		11z: komplexe, heterogene Umwelt (z.B. multiethnische Situation)
Entscheidungsinstanz	12x: Individuum, Familie, Haushalt (*individual, household as locus of decision*)		12z: Gruppen (*shared decisions, collective, consensual, group decisions*)
	13x: kulturell wenig normiertes Entscheidungsthema (abwägende Entscheidung; *active decisions*, z.B. meist Konsum, Therapiewahl)		13z: kulturell eingeschränkte Entscheidung (normierte, *determinate decisions, coercive*; *standards*; z.B. häufig Heiratspartner)
	14x: bewußte Entscheidung (*conscious, purposeful, intentional*; z.B. Fehde, Krieg)		14z: unbewußte Entscheidung (z.B. viele alltägliche Entscheidung; *routine*)
Optionen	15x: nur eine Option zu einem Zeitpunkt wählbar (*mutually exclusive*; z.B. Heiratspartner meist)		15z: mehrere Optionen gleichzeitig wählbar (z.B. Heilungsinstanzen)
	16x: Alternativen schließen sich langfristig aus (*incompatible*; z.B. manche Anbausorten)		16z: Alternativen sind auch langfristig verträglich (z.B. mehrere Einkommensquellen)
	17x: Ja-Nein-Optionen (*scalable options*)		17z: Mehr -Weniger - Optionen (kontinu.)
	18x: wenige Optionen (Optionen < Begrenzungen)		18z: viele Optionen (Optionen > Begrenzungen)
	19x: einander ähnelnde Optionen		19z: unterschiedliche Optionen
	20x: nur Handlungsoptionen		20z: auch Optionen zum Nichthandeln ("Geschehen-lassen"; *non-action decision*)
Informiertheit	21x: deutliche Optionen (*well-defined*)		21z: undeutliche Optionen (*fuzzy*)
	22x: hohe Kenntnis des Problems und der Lösungen		22z: geringe Informiertheit zum Problem und den Lösungen
Folgen und Risiken	23x: gewünschte Resultate (*intended*)		23z: nichtintendierte Folgen
	24x: vorhersehbare Folgen (*scenario*)		24z: nicht vorhersehbare Folgen
	25x: kurzfristige Konsequenzen (*short term; microdecision*)		25z: langfristige und/oder reproduktive Konsequenzen (*long term, macrodecision, preselection*)
	26x: vorherige Entscheidung zum Thema subjektiv positiv bewertet		26z: vorherige derartige Entscheidung subjektiv negativ bewertet

Anhand von Tab. 4 möchte ich Migrationsentscheidungen und Entscheidungen zu innerstädtischem Umzug systematisch miteinander vergleichen. Um allgemeine Tendenzen zu zeigen, die sich aus dem oben diskutierten Forschungsstand ergeben, nutze ich die Dimensionen und Merkmale der Tab. 3 zur Charakterisierung von Entscheidungstypen zu Migration und innerstädtischer Residenzmobilität. Die Tabelle führt zunächst deutlich vor Augen, daß abgesehen von den Eigenheiten jedes einzelnen Falles davon ausgegangen werden kann, daß Entscheidungen zu Migration einerseits und zum innerstädtischen Umzugs andererseits teilweise ähnliche Handlungsprobleme darstellen, sich aber auch in etlichen Dimensionen unterscheiden. Generell impliziert die Frage einer Land-Stadt Migration extremere Entscheidungen, was die häufigen polaren Ausprägungen der Merkmale zeigen. Die Entscheidungen zu innerstädtischen Umzügen liegen häufiger zwischen den Polen. Die deutlichsten Unterschiede liegen in der durchschnittlichen Häufigkeit der Entscheidung (Dimension 6), der Deutlichkeit der verfügbaren Optionen für die Akteure (21), in der Vorhersehbarkeit der Folgen der Entscheidung (24) und in der zeitlichen Ausdehnung der Konsequenzen (25).

Tab. 4: Entscheidungsprofile zu Land-Stadt-Migration und innerstädtischem Umzug im Vergleich (O = tendenzielle Einordnung; X = nur empirisch zu ermitteln; zur Erläuterung der Dimensionen und Pole vgl. Tab. 3)

Dimensionen		Entscheidung zur Migration vom Land in die Stadt			Entscheidung zu innerstädtischem Umzug		
(zur genaueren Erläuterung siehe Tab. 3)		Pol X	Gradient	Pol Z	Pol X	Gradient	Pol Z
Breite des Entscheidungsproblems	1			O			O
Homogenität	2	X			X		
Bedeutung des Problems in Außensicht	3			O			O
Motivationsgrad der Akteure	4	O			O		
Normalität, Gewohntheit des Problems	5			O			O
Häufigkeit solchen Entscheidens	6	O					O
Neuheit, Erstmaligkeit	7	X			O	X	
Dauer des Entscheidungsprozesses	8			O			O
Umweltsicherheit, Informationsgrad	9	X			X		
Umweltstabilität, Risiko	10	X			X		
Umweltkomplexität	11	X			X		
Entscheidungsinstanz	12	O			O		
kulturelle Normiertheit der Entscheidung	13	O			O		
Bewußtheit	14	O			O		
Anzahl der Optionen	15	O			O		
gegenseitige Ausschließung der Optionen	16	O			O		
Art der Optionen	17	O			O		
Verhältnis Optionen : Begrenzungen	18	O			O		
Optionenähnlichkeit	19			O			O
Handlungs-/Nichthandlungs-Optionen	20			O			O
Deutlichkeit der Optionen	21			O	O		
Problemkenntnis und Lösungswissen	22			O			O
Intendiertheit der Resultate	23	X			X		
Vorhersehbarkeit der Folgen der Entsch.	24			O	O		
Zeitlicher Umfang der Konsequenzen	25			O	O		
Bewertung vorheriger Entsch. zum Thema	26	X			X		

Weiterhin wird deutlich, daß etliche Dimensionen kaum theoretisch abgeschätzt werden können, sondern empirisch ermittelt werden müssen. Die Entscheidungsprofile weisen noch einmal auf die allgemeine Feststellung hin, daß sich unter dem Forschungsproblem *decision-making* eine Vielfalt von unterschiedlichsten Entscheidungssituationen verbirgt. Dies hat besonderes Gewicht, weil es sich um vorverständlich ähnliche Entscheidungsfragen, Land-Stadt-Migration und innerstädtische Mobilität, handelt. Gerade diese Vielfalt der Aspekte wird in der Literatur oft nicht ausreichend berücksichtigt.

Abschließend zeigt Tab. 5 die wichtigsten Forschungsansätze anhand einer Matrix, die vertikal durch den Raummaßstab zwischen Migration und innerstädtischer Wohnmobilität und horizontal durch die Unterscheidung in Makro-, Meso- und Mikrountersuchungen gebildet wird. Alle sechs Felder spielen in diese Untersuchung herein. Die Felder 1 bis 3 bilden den migrationsbezogenen Kontext. Der Fokus der Arbeit liegt in den Zellen 5 und 6, nämlich bei den Meso- und Mikroumständen von innerstädtischen Umzügen.

Tab. 5: Fokus der Untersuchung im Rahmen von Forschungsansätzen zu räumlicher Mobilität (vgl. Cadwallader 1992:5, Malmberg 1997:27, Faist 1997a:200)

	Makro-Ansätze (strukturelle Bedingungen, aggregiertes Verhalten)	Meso-Ansätze (soziale Beziehungen)	Mikro-Ansätze (individueller Entscheidungsprozeß)
Migration (interregional)	1	2	3
Mobilität (innerstädtisch)	4	5	6

Ein theoriegeleiteter Fragenkatalog für empirische Entscheidungsstudien auf der Meso- und Mikroebene

Die empirischen Untersuchungen der letzten Jahre haben anhand der Beschreibung und Deutung einzelner Fälle bzw. einzelner Entscheidungsthemen eine Fülle von Fragen zu Handlungsrationalität zu Tage gefördert, die in den kognitiven Studien der 1970er noch unberücksichtigt geblieben waren. Sie erscheinen geeignet, die in 2.2 aufgeworfenen theoretischen Fragen zu Handlungsrationalität in Einzelfragen zu überführen, die konkret angegangen werden können. Die bisherigen Untersuchungen haben aber eher ein Spektrum von Fragen und Fällen aufgespannt, als verallgemeinerbare Erkenntnisse erbracht. Dazu kommt, daß im Schrifttum bislang keine Systematisierung des *natural decision making*-Ansatzes vorliegt (am ehesten noch Fjellman 1976a), sondern nur verstreute Forderungen nach einer realistischeren Untersuchung menschlichen Entscheidens zu finden sind. Aus diesem Grund habe ich einige wichtige Forschungsfragen aus den bisherigen empirischen Ergebnissen herausgezogen und aus der Sicht des oben skizzierten Programmes systematisiert. Diese Forschungsfragen ergänzen die Dimensionen und Merkmale von Tab. 3 um Merkmale des kulturellen Kontextes. Sie werden hier nur aufgelistet. In Kap. 6 wird diese Aufstellung bei der Analyse des Entscheidungskomplexes Migration und Wohnen als eine Art Maximalliste dienen:

- Entscheidungsdefinition: Welche Handlungen werden als Entscheidungssituationen bzw. Entscheidungspunkte betrachtet (Situationsdefinition, *framing of decisions*, *discontinuities*)? Existiert eine lokale Typologie von Entscheidungen? Welche Entscheidungen werden in einer Gesellschaft (oder einer bestimmten Subgruppe; vgl. Gatewood 1985) normalerweise verbalisiert, und in welchem Rahmen geschieht das? Gibt es spezielle Formen von Diskursen bezüglich Entscheidungen, die sich von Diskursen über andere Lebensbereiche unterscheiden (Bilmes 1986:191)?

- Entscheidungsinstanzen: Was wird individuell, was in Gruppen oder Gremien entschieden (*corporate decisions;* Boehm 1978:286)? Welche Fragen werden strukturell, welche formell (Debatten) und welche informell entschieden? Welche Einflüsse haben institutionalisierte Entscheidungswege und soziale Obligationen auf informelles Entscheiden? Existieren Vorstellungen über kulturell adäquates Entscheiden, bzw. gibt es spezifische Entscheidungsstile (vgl. *managerial styles*; Ortiz 1983a)?

- Zeitliche Tiefe: Inwiefern beeinflussen vorangegangene Entscheidungen eine aktuelle Entscheidung? Welchen Planungshorizont haben die Entscheider? Welche überdauernden Ziele (Nardi 1973:698) verfolgen die Akteure im sozialen Rahmen? Welche sozial geteilten Kriterien bestimmen die Ordnung von alternativen Werten, Zielen und Wegen, und welche Aspekte der Ziele und Wege werden für eine Bewertung herangezogen? Welche Zielwidersprüche bestehen (Barth 1961), welche Konzepte bestehen zum Umgang mit Entscheidungsdilemmata, und wie hängen sie mit kulturspezifischen Emotionen zusammen (Boehm 1983, 1989)?

- Einfluß von Umwelt-, Gesellschafts- und Haushaltszyklen: Wie entstanden sozialgeschichtlich insbesondere die lokal bzw. regional vorhandenen Präferenzen (Hefner 1990)? Wie manifestieren sich Erfolge mit neuen Experimenten in späteren kulturellen Entscheidungsregeln (Chibnik 1981), und welchen Einfluß hat schneller bzw. abrupter Kulturwandel auf Entscheidungen (Britan & Denich 1976)?

- Faktische Umsetzung: In welchem Ausmaß werden gedankliche Optionen tatsächlich umgesetzt und wie wird aus den Verhaltenseffekten gelernt (Langton 1979:297ff.)? Inwiefern wird bei seltenen Entscheidungen aus Mißerfolgen gelernt? Welche möglichen Konsequenzen von Entscheidungen werden bedacht (Elster 1979:1-18; Bennett 1981), und wie werden sie verglichen? Wie werden imaginierte Lösungen als "inkorrekt" bzw. "fehlerhaft" verworfen und deshalb gar nicht erst in der Wirklichkeit getestet (*rational preselection*, Boehm 1978, 1982; Langton 1979:293; Lind 1983:17)? Wie teilen sich die Akteure Einzelentscheidungen innerhalb langfristiger Entscheidungsprozesse auf (Nardi 1983:709)?

- Aggregierte bzw. kumulative Konsequenzen: Dies ist eine in der Ethnologie schon früh (z.B. von Leach 1960:124 und Frake 1962:56) aufgeworfene Frage. In welchem Verhältnis stehen proximate, individuelle Zielverfolgung und ultimate, sozialsystemische Funktionalität bzw. Struktur? Inwiefern beeinflussen individuelle Entscheidungen die Entscheidungsumwelt von Zeitgenossen, so daß eine Marktsituation vorliegt, oder diejenige späterer Generationen (Lind 1983:17f.)?

- Informationsaufwand: Wie informieren sich die Akteure über ihre Möglichkeiten (Richerson & Boyd 1987:42f.)? Wie lernen bzw. entdecken sie Ziele und wie alternative Handlungsmöglichkeiten durch Erfahrungen bzw. durch Entscheidungen? Wie kommt es also dazu, daß neue Optionen gesehen werden (*psyching out*; Fjellman 1976a)? Führen die Menschen bei ungewohnten bzw. als neuartig empfundenen Entscheidungssituationen bewußt Gedankenexperimente oder kleinere Versuche (*small-scale/low-cost experiments*) durch, bevor sie eine Option wählen, und wie entstehen daraus unbewußte kulturspezifische Daumenregeln der Entscheidungsfindung (Heuristiken, *routine experiments*; Chibnik 1981:256) und neue Abfolgen oder Kombinationen von Optionen, also Strategien? Wie hoch ist der Anteil von "Entscheidungen", die mittels unbewußtem Versuch-und-Irrtum (*blind variation*; Campbell 1965), durch bewußtes Variieren (Johnson 1972:156; Knight 1974, Chibnik 1981:256; Boster 1984), durch bewußtes "Nichtentscheiden" im Sinne von Nichthandeln getroffen werden, und wie hoch ist dagegen das Ausmaß absichtlicher und aktiver Entscheidungen (Boehm 1978:277ff.; Robarchek 1989)? Wie ist das Verhältnis von bewußten, "großen" Entscheidungen für eine Neuerung gegenüber kleinen Variationen vorhandener Alltagsroutinen (Boehm 1978:286; 1982:122; 1994)? Dieser gesamte Fragenkomplex ist besonders im Rahmen der Erforschung kulturellen Wandels relevant (und auch praktisch wichtig), um die Zurückweisung von Innovationen tatsächlich zu erklären, statt sie als "Trägheit", "Automatismus", "Traditionalismus" bzw. "Gewohnheit" abzutun (Britan & Denich 1976:69; Boehm 1982:119, 1991:29ff.).

- Lokale Fähigkeiten und Wege der kognitiven Organisation: Mittels welcher Systeme kulturellen Wissens analysieren die Akteure Informationen und selegieren Mittel (Nardi 1983:702,711)? Welche lokalen Modelle bestehen zur Interaktion mit der Umwelt (Rutz 1977)? Welche Grenzen (*constraints*) sehen die Akteure bzw. ihre Gemeinschaft hinsichtlich Entscheidungen? Wie entdecken sie diese Grenzen, denen ihre Entscheidungen unterliegen (*discovery procedures*; Fjellman 1976:77ff.)? In welchem Verhältnis stehen wahrgenommene zu tatsächlichen Einschränkungen und wird das, was in der Außensicht soziale Begrenzungen sind, seitens der Akteure als eigene Ziele konzeptualisiert (Nardi 1983:708)? Welche Wissensstrukturen sind für die Art und Weise, in der Konsequenzen einer zu treffenden Entscheidung bedacht werden, bedeutsam? Wie werden z.B. sogenannte Szenarios, also persönliche, tentative, speziell problembezogene Zukunftsprojektionen, in denen Ziele, Pläne und Erwartungen kulminieren, kreiert, komponiert, verglichen und verändert (Nardi 1983:703, 709f., Mathews 1987:58)? Sind die einzelnen Lebensziele, die in stabilen Konfigurationen mehrerer solcher aufeinander bezogener Szenarios verbunden sind (*life sketch*, Nardi 1983:706f.) einander thematisch verwandt und achten die Akteure darauf, daß sie miteinander kompatibel sind? Inwieweit werden negative Zielaspekte oder negative Wirkungen nur selektiv wahrgenommen (*perception defense mechanisms*;

Sripraphai & Sripraphai 1985:216)? Welche Formen nachträglicher Rationalisierung existieren, etwa aufgrund kognitiver Dissonanz (Festinger 1962; Frey & Gaska 1993) bzw. dem Bemühen um konsistente Entscheidungen in einem bestimmten Themenbereich (*domain-specific*, Nuckolls 1994), und wie wird die Nützlichkeit einer Option nach einer getroffenen Entscheidung bewertet?

- Rationalität aus Innensicht: Gibt es verschiedene bereichsspezifische Rationalitäten bzw. Heuristiken, etwa im Wirtschaftsbereich andere als im rituellen Handeln (Hefner 1990; Schweizer 1990) oder bei "geschäftlichen" Entscheidungen andere als bei "moralischen" (Boehm 1983)? Existieren geschlechtsspezifische Entscheidungsweisen (Gilligan 1988)? Welche Zielstrategien verfolgen die Akteure: ist es Maximierung, Optimierung oder nur die Befriedigung bestimmter Ziele bzw. das auf befriedigende Weise zurechtkommen? Wie verhält sich dies je nach sozioökonomischer Situation, situativer Logik oder in verschiedenen Entscheidungsbereichen?

- Schließlich stellt sich quer durch diese Themen die Frage, wie groß und welcher Art die intrakulturelle Vielfalt bezüglich all dieser Aspekte ist[28]?

Methodische Schlußfolgerungen

Ein erster Schluß aus dieser Diskussion ist, daß die Wahl der Methode im Detail neben dem Untersuchungsziel sowohl die allgemeine Situation, in der die Untersuchung stattfindet, als auch die Eigenart des Entscheidungsthemas selbst berücksichtigen muß. Hinsichtlich des kulturellen Kontextes ist zu fragen: Findet die Untersuchung in einem kulturell eher homogenen oder einem von Vielfalt gekennzeichneten Feld statt? Handelt es sich um eine große Gruppe oder Siedlung oder um eine kleine? Außerdem ist zu fragen, ob sich die Gesellschaft am Untersuchungsort langsam oder schnell wandelt; handelt es sich also um eine eher stabile, eine labile oder sogar um eine im Umbruch befindliche Gesellschaft? In meinem Fall geht es z.B. um eine große und kulturell wie sozioökonomisch heterogene Gesellschaft, die sich in schnellem Wandel befindet, und um ein weites Entscheidungsfeld, nämlich Wohnen und Wohnortswechsel. Bezüglich der Entscheidungsprobleme selbst sind die jeweils gegebenen Ausprägungen auf den Gradienten zwischen x und z der Grundmerkmale 1 bis 26, die in Tab. 3 dargestellt sind, zu beachten.

Es erscheint angebracht, zu jedem interessierenden Entscheidungsbereich sowohl verbale als auch Verhaltensdaten zu erheben, insbesondere dann, wenn es sich, wie in vorliegender Untersuchung, um eine explorative Studie handelt. Im Zentrum steht das ständige Gespräch mit den Menschen über das Thema; Fjellman ist zuzustimmen, wenn er sagt: "We will probably have to do a lot of talking to people". Angesichts der Probleme verbaler Aussagen gerade zu Entscheidun-

---

[28] Zur theoretischen Bedeutung intrakultureller Vielfalt vgl. Oliver (1965) am Fall der Kamba; Harris (1974); Pelto & Pelto (1975) und Boster (1984, 1991). Vgl. Schwartz (1978) und Rodseth (1998) zu sog. distributiven Modellen von Kultur. Barth (1983) geht angesichts des kulturellen Pluralismus in der omanischen Stadt Sohar soweit, jede Person als Träger und Teilnehmer mehrerer Kulturen zu charakterisieren, ein Befund, der also nicht nur für Bewohner globalisierter Metropolen gilt.

gen ist anzustreben, die verbalen Daten in systematische Verhaltensbeobachtungen einzubetten. Aber auch dies allein reicht nicht aus. Mittels Beobachtung sind z.b. immer nur Entscheidungshandlungen zu erfassen; unterlassenes Handeln dagegen nicht (Fjellman 1976:83). Diese unterlassenen Handlungen werden auch verbal oft nicht erwähnt. Deshalb sollte man, soweit möglich, selbst am Entscheidungsprozeß teilnehmen[29]. In einem programmatischen Entwurf einer prozeßorientierten Ethnologie macht Victor Turner deutlich, welche Bedeutung der Teilnahme als Ergänzung und Korrekturinstanz der anderen Methoden für das Verständnis von Entscheidungen zukommt:

> "Der nicht festgelegte Anteil vieler Situationen besteht nicht nur in der unvollkommenen Entsprechung von symbolischer oder formaler und inhaltlicher Ebene, sondern auch darin, daß auf jeder Ebene eine Vielzahl von Alternativen und Bedeutungen besteht, die einen breiten Raum für Manipulations-, Interpretations- und Wahlmöglichkeiten eröffnen. Es gibt unzählige Gründe, weshalb Individuen oder Gruppen das Ausmaß an Ordnung oder Unbestimmtheit in ihrer jeweiligen Lebenssituation überbetonen. Wie und warum sie dies tun, kann der Forscher nur feststellen, wenn er selbst im Feld lebendiger Beziehungen zu einem Akteur geworden ist" (Turner 1992:144).

Ein weiterer Schluß ist, daß man Daten zu den strukturellen und kontextuellen Bedingungen aufnehmen sollte, um die lokal- oder kulturspezifischen Faktoren nicht per se überzubewerten (Mitchell 1987:7ff.). Schließlich ist es bedeutsam, die vorhandenen Normen und Werte auch unabhängig von einzelnen Entscheidungen zu ermitteln. Sonst könnten konfligierende Werte und intuitiv zurückgewiesene Optionen leicht übersehen und etablierte Ausnahmen von kulturellen Regeln (*rules for breaking rules*; Harris 1974:243-246) vernachlässigt werden. Einige Probleme werden allerdings auch durch breite Datenaufnahme nicht aus der Welt zu schaffen sein, weil sie prinzipieller Natur sind. In fast allen nichteuropäischen Untersuchungsregionen fehlt es z.B. an genauen Beschreibungen einzelner vergangener individueller bzw. haushaltlicher Entscheidungsprozesse.

---

[29] Ein aufschlußreiches Beispiel der Bedeutung teilnehmender Beobachtung zur Klärung kognitiver Fragen ist die Erforschung der polynesischen Navigation. Gladwin nahm in den 1950er Jahren, vor seinen empirischen Studien, an, die dortigen Menschen würden nicht abstrakt denken. Nach extensiven Interviews kam er dann 1964 zum Schluß, daß die Schiffer zwar abstrakt denken, aber nicht planen würden. Nach weiteren Studien meinte Gladwin 1970, die Navigateure würden zwar planen, aber nur soweit unbedingt notwendig: sie navigierten in einem geschlossenen System und würden nicht "heuristisch denken". Erst die teilnehmenden Beobachtungen und Versuchsfahrten durch Lewis machten deutlich, daß die Seefahrer durchaus planen und heuristisch denken (nach Laboratory of Comparative Human Cognition 1978:65f.). Dieses Beispiel macht besonders die Grenzen von direkten Interviews zu solchen Entscheidungen, die in der Vergangenheit gefällt wurden oder erst noch gefällt werden, deutlich.

2.3.5 Haushaltsentscheidungen und eine multiethnische Stadtnachbarschaft als Untersuchungseinheit

Der empirische Ausgangspunkt dieser Untersuchung ist nicht eine ethnische Gruppe, sondern die Gesamtheit der Haushalte einer städtischen ethnisch gemischten Nachbarschaft als kleinster Verwaltungseinheit in indonesischen Städten. Sowohl Haushalte als Untersuchungseinheiten (z.b. Wilk & Mc Netting 1984) als auch räumlich abgegrenzte Untersuchungfelder (z.b. Barth 1992) werden in der Ethnologie aber zunehmend als problematisch angesehen. Deshalb begründe ich hier, aus welchen grundsätzlichen Überlegungen einerseits und praktischen Feldforschungsumständen andererseits ich diese Einheiten gewählt habe.

Haushalte und Haushaltsentscheidungen

In der Ethnologie wurden Haushaltsentscheidungen schon früh untersucht, z.b. in einer klassischen Untersuchung zu postmaritaler Residenz von Goodenough (1955). Aber erst seit einigen Jahren werden sie explizit in einer eigenen Forschungsrichtung unter der Bezeichnung *household decision making* behandelt (Überblick in Wilk 1989:28-31[30]). Die in den Sozialwissenschaften verbreitete Annahme über die handlungsleitenden Motive der Personen in Haushalten ist, einfach gesagt, daß Mitglieder von Familien und Haushalten intern füreinander arbeiten und erst außerhalb des Haushaltes egoistisch oder sozial handeln. Hier zeigen sich deutlich die oben in 2.2.1 kritisierten essentialistischen bzw. binären Menschenbilder. Ausgehend von ihren fremdkulturellen Erfahrungen nehmen Ethnologen meistens an, daß es die Verwandtschaft sei, die haushaltsinternes Handeln in mechanischer Solidarität altruistisch und "moralisch" mache. Jedes Haushaltsmitglied behandele die anderen quasi als Extension seiner selbst (Wilk 1993:195). Untereinander tauscht man ohne genaue Kalkulation aus (Sahlins' "allgemeine Reziprozität") und legt die Arbeitskraft für gemeinsame Ziele zusammen (*pooling*). Dementsprechend wurden interne Entscheidungsprozesse in der Ethnologie kaum untersucht; der Haushalt wird als "black box" behandelt (Wilk 1989:24f. fast gleichlautend Wilk 1990: 325ff.).

Schon in neueren wirtschaftswissenschaftlichen Untersuchungen in Industriegesellschaften wurde aber deutlich, daß die Mitglieder von Haushalten nicht per se gemeinsame Interessen haben, die einfach als gemeinsame Nutzenfunktion in ökonomische Modelle eingebaut werden können, wie noch in der sog. *new home economics* behauptet wird. Haushaltliche Entscheidungen von nordamerikanischen Ehepaaren verlaufen z.B. oft unstrukturiert und wenig abgestimmt. Auch wenn die Personen zum Schluß der Meinung sind, "gemeinsam eine Entscheidung gefällt" zu haben, handelt es sich oft de facto um ein "Durchwursteln" (Park 1982 nach Wilk 1989:29). Wilk faßt neuere wirtschaftswissenschaftliche

---

[30] Implizit stehen Entscheidungen auch in der Erforschung von Haushaltsarbeit und "Hausfrauisierung" im Zentrum, z.B. wenn Haushalte im Rahmen von Theorien der Artikulation von Produktionsweisen oder Modellen des Weltsystems als entscheidende Ebene zwischen Individuen und globalen Strukturen behandelt werden (vgl. Aufsätze in Smith et. al. 1984).

Studien so zusammen: "A good deal of empirical research now shows that intrahousehold relations are often profoundly non-altruistic, riven by inequality and conflicting personal goals ..." (Wilk 1993:194). In der Ethnologie wurde dies erst Mitte der 1980er Jahre aufgenommen. Rutz (1989) stellt z.b. anhand von Haushalten im städtischen Fiji dar, wie diese zum Ort der Spannung zwischen eher moralischer Fiji-Tradition und westlichen Marktprinzipien werden und die Interessen der Individuen entsprechend in ständigem Fluß sind. Es gibt jedoch nur wenige Studien, die das konkret anhand von Haushalten untersuchen. Wie Wilk herausarbeitet, wurden in den Anwendungen von Bourdieus Praxistheorie (1976) eher Beziehungen und Haushaltspolitik, aber nicht tägliche Haushaltsprobleme und entsprechende konkrete Entscheidungen untersucht, da sie unter dem Begriff "Habitus" subsumiert wurden (vgl. aber Bovill 1986 zu Heiratsentscheidungen).

Damit werden anhand von Haushaltsentscheidungen zwei zentrale theoretische Probleme des Konzeptes Haushalt als solchem deutlich (zusammenfassend Wilk 1989:25-28; 1990:325ff.): Zum einen ist umstritten, ob Haushalte körperschaftliche Einheiten darstellen, z.B. als einzelne wirtschaftliche Akteure anzusehen sind. Dies wurde gleichermaßen in der Ethnologie wie in der neueren Haushaltsökonomie angenommen, wobei man in der Ethnologie, wie gesagt, einen internen Altruismus bzw. Moralität annahm und in den ökonomischen Arbeiten sowie auch einigen feministischen Untersuchungen meinte, daß Haushalte aus Personen bestehen, die ihren Eigennutzen maximieren.

Zum zweiten ist es äußerst schwierig, die Grenzen von Haushalten zu bestimmen. Mitglieder verschiedener Haushalte sind miteinander vernetzt, und im Extrem können Personen mehreren Haushalten angehören, wie z.B. häufig in Westafrika (vgl. Sanjek 1978). Die Lösung dieses Problems wird heute durch die Untersuchung der Interna von Entscheidungen in Haushalten gesucht (*intrahousehold decision making*; Bentley 1989; Wilk 1989, 1990; auch *householding* genannt; Barlett 1989). Die methodischen Probleme sind aber in einem solchen Lebensbereich, der in vielen Kulturen gleichzeitig von privaten Bedürfnissen und von kulturell geteilten Idealen geleitet ist, enorm. Wie verhalten sich Aussagen der Akteure (a) zu kulturellen Normen, (b) über wahrgenommenes Verhalten anderer, (c) über eigenes Verhalten, und (d) vom Beobachter selbst aufgenommenes Verhalten und (e) der alltägliche, oft implizite Diskurs über Entscheidungen zueinander. Diese theoretischen und methodischen Probleme sind ungelöst, so daß man sich fragt, ob die Forschungsziele hier nicht unrealistisch hoch sind. Trotz dieser Einschränkungen bleiben Haushalte sinnvolle Untersuchungseinheiten, vor allem weil sie in der Erfahrung der meisten Menschen weltweit eine biographisch bedeutsame Erfahrungseinheit bilden:

"Though mainly seen as a dependent variable from an evolutionary perspective, the household - in all its historical complexity of norms and content in any one place and time - takes a more central and determinative role in the lives of individuals. As we are born, mature and die relationships within and toward household change, but the overall framework remains central to much of each individual's human experience" (Barlett 1989:3).

In Haushalten treffen individuelle Interessen, familiäre Ziele und übergeordnete kulturelle Normen anhand konkreter Entscheidungen aufeinander. Ich schließe aus diesen Überlegungen, daß Haushalte ein guter Ausgangspunkt für die Untersuchung gerade von bedeutenden Entscheidungen (*crucial decisions*) und der Rolle, die das Alltagswissen (*everyday cognition*) dabei spielt, sind. Man darf dabei natürlich nicht naiv annehmen, daß die Interessen der Mitglieder konform sind. Insbesondere sind Haushalte dann ein guter Ausgangspunkt, wenn im konkreten Fall eine deutliche emische Konzeption von Haushalt vorliegt und solche Entscheidungen untersucht werden, die sich in jedem Fall auf Haushalte als Wirtschafts- und Wohneinheiten auswirken, wie das bei Wohn- und Umzugsentscheidungen der Fall ist. In 5.3 und 6.1 werde ich diese Frage bezüglich meines Untersuchungsgebietes behandeln.

Räumliche Untersuchungseinheit

Im folgenden begründe ich die Auswahl der Lokalität der Feldforschung von der Ebene der Stadt als Ganzes bis herunter zur Nachbarschaftseinheit. In 3.2.1 findet sich eine umfassende Begründung der Wahl der Untersuchungs- und Auswahleinheiten.

Warum wurde hier überhaupt eine räumlich und administrativ und nicht etwa eine ethnisch bzw. kulturell oder eine sozial abgegrenzte Einheit einer Stadt untersucht (vgl. Kokot 1987, Welz 1991)? Für die traditionelle in ländlichen Gebieten forschende Ethnologie war meist eine Siedlung die "natürliche" Einheit. Sie stellte als geographisch abgegrenztes Gebilde oft auch eine soziale bzw. kulturelle Einheit dar. Ganze Städte sind aber für empirische Untersuchungen mittels ethnologischer Feldmethoden zu große Untersuchungseinheiten. Also untersuchten Ethnologen oft Stadtteile und dabei wurden diese oft wie kleine, abgeschlossene, einzigartige und monokulturelle Mikrokosmen bzw. als "Dörfer in Städten" behandelt. Fox (1972:226) kritisierte die damit einhergehende Romantisierung und Exotisierung von Stadtvierteln. Außerdem sind physisch oder administrativ begrenzte Stadtviertel oft keine kulturellen oder sozialstrukturellen Einheiten.

Hier ist eine Bemerkung zur zunehmenden Kritik an den herkömmlichen räumlich oder durch eine soziale Ganzheit bestimmten Untersuchungseinheiten der Ethnologie angebracht. Fredrik Barth plädiert für einen größeren "Naturalismus" in der Konzeptualisierung von Gesellschaften. Er sieht sie nämlich als nur teilweise geordnete und offene Systeme. Damit greift er das - zumindest implizit - nach wie vor gängige Konzept von Gesellschaft als geschlossener, ganzer Einheit, das sich ja auch in Begriffen, wie "exogen" und "endogen" zeigt, an. Insbesondere kritisiert er Konzepten von Gesellschaft als reines Aggregat der Sozialbeziehungen, als Menge der Institutionen einer Gruppe, als Gegensatz zu materieller Umwelt oder als homogenes Gebilde (1992:18-21). Hauptsächliches Manko aller dieser Konzepte sei ihr Hang zum Essentialismus. Barths eigener Vorschlag geht dahin, von Verhalten (*events*) einerseits und der intendierten und interpretierten Bedeutung dessen (*acts*) andererseits auszugehen: "An event is an act by virtue of being intended and construable" (1992:21). Solche Handlungen tragen erstens Bedeutungen; sie sind zweitens auch für die Akteure selbst nachträglich uminterpretierbar, und sie sind drittens - das ist besonders wichtig - potentiell bedeutungsvoll und dies über den kulturell geteilten Rahmen hinaus. Konsequenterweise schlägt Barth vor, bei der empirischen Forschung anders als üblich nicht mit einer Untersuchungseinheit und mit der Vorstellung einer Gesellschaft als Ganzer zu beginnen, sondern in einer Entdeckungsprozedur soziale Akteure sowie deren Aktivitäten und Beziehungen durch die Ebenen der Gesellschaft zu verfolgen (1992:24-29). Er zeigt diese Vorgehensweise, die dem *studying up* ähnelt, am Beispiel einer Untersuchung dörflicher Bewohner Afghanistans von Grönhaug.

Am Fall seiner eigenen Untersuchung der multiethnischen Stadt Sohar in Oman (Barth 1983) führt er vor, daß es Situationen gibt, in denen zwischen Menschen, die miteinander interagieren, so wenig kulturell geteilt wird, daß selbst das Konzept des "Verhandelns" bzw. "Aushandelns" (*negotiation*) nicht mehr greift, weil auch dies einen zugrundeliegenden gemeinsamen Rahmen der Akteure voraussetzt. Ferner liegen die ideologischen bzw. religiösen Orientierungspunkte der verschiedenen Bewohner z.T. weit außerhalb der Stadt selbst. Kulturelle Konvergenzen sind also nicht einfach anzunehmen, sondern empirisch aufzuweisen. Anhand von Firths Arbeiten über Tikopia (vgl. Firth 1959) zeigt Barth, daß solche wenig geordneten und intern vielfältigen sozialen Systeme, in denen das kulturelle Geteiltsein sehr begrenzt ist, nicht etwa auf moderne Situationen beschränkt sind. Neben den oben angeführten allgemein methodischen (Feldforschung eines natürlichen Aktvitätensystemes), den thematischen (Wohnen und Umziehen) Gründen und der vorgefundenen Siedlungsstruktur (geringe ethnische Segregation) spricht also auch theoretische Vorsicht für eine räumliche statt einer ethnischen Untersuchungseinheit.

Ich habe mich vor allem für eine räumliche Einheit entschieden, weil diese Untersuchung die Hintergründe von Umzügen in der gesamten Breite darstellen und dazu erste Hypothesen erzeugen soll. Für eine solche explorierende Untersuchung und für ethnologische Feldforschung ist eine Forschungseinheit günstig, die tatsächlich interagierende Menschen als Aktivitätssystem abgrenzt. Ein weiterer Grund liegt im Thema selbst. Da es um Migration und Umzüge geht, die in engem Zusammenhang mit dem Thema Wohnen stehen, ist es naheliegend, eine Wohn- bzw. Residenzeinheit zu untersuchen. Für eine Untersuchung, die im Schwerpunkt Hypothesen testen würde, wäre eine strukturell bestimmte Untersuchungseinheit, etwa nur die Haushalte der Mittelklasse, sicher besser. Ich habe im testenden Teil der Untersuchung solche Einheiten als Auswahlen aus der Gesamtheit der Haushalte des untersuchten Stadtviertels gezogen (dazu 3.1.4).

If the ethnographer's truths are partial,
so are those of the natives.
Lars Rodseth, 1998

3 Methodik und Feldmethoden

3.1 Allgemeine Methodik im ethnisch und sozial gemischten urbanen Feld

3.1.1 Eigene Wohnsituation und eigener Umzug[31]

Ich beschreibe die eigene Wohnsituation bei der ersten von zwei Familien, bei denen wir während der einjährigen Feldforschung von Anfang Februar 1991 bis Ende Januar 1992 gewohnt haben. Wir, d.h. meine Frau Maria, mein zu Beginn der Feldforschung 6 Monate alter Sohn Roman und ich, wohnen zur Miete in Pak und Ibus Familie am Stadtrand von Ujung Pandang im Stadtteil Rappocini. Pak ist ethnisch ein Mandar und 42 Jahre alt. Er stammt aus dem eine Tagesfahrt mit dem Auto oder Bus entfernten Ort Majene im Norden Süd-Sulawesis. Seine Frau ist eine Bugi; sie kommt aus Soppeng in den Bergen nordöstlich von Ujung Pandang. Er trägt den Adelstitel *Aco* (früher *Atjo*), sie den Bugi-Titel *Andi*. Sie haben zusammen vier Kinder: Idi (8 Jahre), Ita (5), Uni (3) und Kikin (1 1/2). Außer den Eltern, den vier Kindern und uns dreien wohnen noch eine Nichte (18) und ein sechzehnjähriges Mädchen, welches hier die Schule besucht und als Gegenleistung für die Familie arbeitet, im Haushalt. Pak arbeitet in einem Büro der Stadtverwaltung als Beamter, Ibu ist Hausfrau und betätigt sich nebenbei im Kleinhandel. Durch einen mir befreundeten Malaiologe, der in früheren Jahren bei einem Studienaufenthalt in Ujung Pandang länger bei dieser Familie gewohnt hat und auch danach mit ihr in Kontakt blieb, hatte die Familie von Ibu und Pak also schon intensive Erfahrungen mit Fremden: Europäern und nicht Islamgläubigen. Das ist eine vorteilhafte Ausgangslage besonders in einer Stadt, in der es kaum Touristen gibt und nur wenige Europäer leben, wo aber der Islam eine zentrale Rolle im Alltagsleben spielt. Ein solcher Mittelstandshaushalt ist typisch für viele Haushalte in dieser Verwaltungsstadt und damit ein guter Ausgangspunkt. Da wir als Familie während des einjährigen Feldaufenthaltes in einer indonesischen Familie und nicht separat wohnen wollten, kommt es uns entgegen, daß diese Familie ebenfalls Kinder hat.

Pak kam 1980 nach Rappocini, um eine höhere Schule zu besuchen. Damals gab es hier nur wenige Häuser und noch keine befestigten Wege. In dieser Nach-

---

[31] Um die Darstellung unmittelbar zu gestalten, habe ich die Abschnitte zur Wohnsituation (3.1.1) und zur Gestaltung meiner Rolle im Feld (3.1.2) tagebuchartig im Präsens abgefaßt. Die Namen von Personen sind Pseudonyme. Es wurden Kürzel von drei Buchstaben verwendet. Das entspricht der indonesischen Praxis, Namen oft zu verkürzen, z.B. Ita für Nurhanita und Idi für Saidikkin. Wenn im Text ohne Bezug auf eine bestimmte Person allgemein von "er" die Rede ist, ist "er bzw. sie" gemeint.

barschaft, wo es bis vor fünfzehn Jahren nur Reisfelder gab, ist Pak einer der älteren Siedler. In der Nähe existierten jedoch schon einige geschlossene *kampung*. Das Haus, das Pak und Ibu besitzen, liegt an einem der schmalen asphaltierten Wege. Es ist ein einstöckiges Steinhaus, das 12 x 24 m mißt und sechs Zimmer umfaßt. Die Familie besitzt ein Motorrad, ein Fernsehgerät, einen kleinen Gasherd, eine Brunnenpumpe, aber keinen Kühlschrank. Ein gußeisernes Tor sichert den kleinen Vorhof gegen den Weg hin ab. Rechts neben dem Haus ist ein freies Feld. Hier spielen Kinder Ball, lassen Drachen steigen, oder es weiden Kühe, die von woanders her durchs Viertel getrieben werden. Hier liegen auch stinkender Unrat, Schlachtabfälle, Lumpen, durchweichte Matratzen und es finden sich Öllachen. Links des Hauses und daneben befinden sich ähnliche Häuser, die alle mit Zäunen umgeben sind. Nach hinten schließt sich ohne Zaun das Grundstück und das Haus von Nachbarn an. Auch hier häuft sich direkt vor dem Küchenausgang verwesender Unrat. Der Weg (*lorong*) bildet am freien Feld mit einem anderen *lorong* eine Kreuzung, wo eine untere (*Sekolah Menengah Pertama, SMP*) und eine obere Sekundarschule (*Sekolah Menengah Atas, SMA*) liegen. Das Feld, die Kreuzung und der Schuleingang sind Treffpunkte vor allem der Kinder und Jugendlichen.

Wir leben in einem drei x fünf Meter großen Zimmer, in dem ein Tisch, ein großes Regal und ein zwei x zwei Meter messendes Bett stehen. Der Raum hat nach innen eine Tür zum Aufenthaltsraum der Familie und außerdem ebenfalls zu diesem Raum hin Lochziegel in der Wand. Sie lassen den Blick auf einen Teil unseres Zimmers zu; nur der Bereich hinter dem Regal und vor oder auf dem Bett ist vor Blicken geschützt. Es gibt ein Fenster und eine Tür, die auf eine Auffahrt zum Weg hinausführt. Das zweite, kleinere Fenster blickt auf ein links neben dem Haus liegendes freies Feld und eine Wegkreuzung. Neben diesem Schlafraum nutzen wir einen kleineren Raum seitlich des Aufenthaltsraumes zum Essen und für die Arbeit am Computer.

Ich gebe im folgenden eine kurzes Profil der erwachsenen Haushaltsmitglieder der ersten gastgebenden Familie, so wie ich und meine Frau sie erlebt haben. Ibu, die Mutter ist enorm lebhaft, zielstrebig und versteht sich als Führerin. Sie wechselt gern zwischen todernster Miene und größter Albernheit. Sie ist stark auf ihre eigenen Interessen und die des Haushalts konzentriert und verfolgt diese zielorientiert, oft geradezu in strategischer Weise. Dieser Strategien ist sie sich auch bewußt und sie legt sie des öfteren von sich aus offen. Nichtsdestotrotz ist *malu-siriq* (Scham und Ehre; vgl. Glossar) ein zentrales Thema für sie. Ihr Mann Pak ist viel ruhiger als Ibu. Er redet leiser, bewegt sich langsamer und wirkt insgesamt gesetzter. Er ist manchmal kritisch oder sarkastisch; in erster Linie aber ein national loyaler Beamter. Wenn er zu Hause ist, kümmert er sich öfters intensiver und mit wesentlich mehr Körperkontakt um die Kinder, als Ibu dies tut. Sowohl Pak als auch Ibu befolgen die islamischen Regeln, sind aber in keiner Weise streng islamisch. Die zentralen Lebensthemen für die Studentin Ber ist "Wissen(schaft)" (*ilmu*) und "künstlerische Fähigkeiten" (*ketrampilan*). Das gilt sowohl für ihr Studium als auch ihre Arbeit in der islamischen Organisation *Nahdlatul Ulama* (bzw. *Nahdatul Ulama; NU*). Sie stellt zu Hause kunstvolle kleine Bilder oder Blumen aus Papier, Holz oder Stoff her und erfreut damit die

Familie oder sie verkauft die kleinen Kunstwerke hin und wieder für einen wohltätigen Zweck. Die Schülerin Nur, die in der Familie lebt, ist ein fröhlicher und dynamischer Mensch, den kaum etwas erschüttern kann. Sie leistet mit Abstand die meiste Arbeit im Haus und singt häufig dabei. Vor allem versorgt sie die Kinder; für den Kleinsten ist sie die eigentliche Mutter. Durch diese Rolle hat sie Profil und Autorität gewonnen. Sie gilt als Mitglied der Familie. Deshalb hat sie trotz der Arbeit eine andere Stellung als es eine Haushilfe (*pembantu*) hätte. In Abwesenheit von Ibu übernimmt sie die Führung des Haushalts.

- Benutze häufig das Bad (körperliche Sauberkeit ist wichtig). Man grüßt sich etwa mit: "Hast Du schon gebadet?" (*anda sudah mandi?*). Schwitzende Weiße riechen für Indonesier schnell unangenehm.
- Gehe nie mit unbedecktem Oberkörper zum Bad, (um keine junge Frau zu beschämen).
- Putze die Zähne im Bad (*kamar mandi* bzw. *mandi*) kniend (um nichts zu bespritzen).
- Setze dich nur in den Gästeraum (*ruang tamu*), wenn du dazu aufgefordert wirst oder wenn du selbst von Gästen besucht wirst (weil du so die Gäste ehrst und die Hauseigner nicht beschämst).
- Setze dich als Mann nicht direkt neben Ibu. Setze dich, wenn mehrere Menschen im Gästeraum zusammensitzen, über die Männer. Vermeide es auch, wenn wenig Platz ist, eine der Frauen an der Schulter zu berühren.
- Schlage die Beine beim Sitzen unter den Körper oder in eine Richtung, in der keine Person auf gleicher Höhe sitzt.
- Wenn du im Haus jemanden rufen willst, beachte, ob diese Person nicht etwa gerade betet.
- Lasse deine Schuhe vor der Veranda oder besser vor dem eigenen Zimmer stehen.
- Ziehe dich nur um, wenn Du wirklich nicht sichtbar bist (trotz der Fenster, Wanddurchbrüche und unangekündigtem Eintreten ins Zimmer).
- Rede Pak und Ibu nur mit "Pak" und "Ibu" und nicht mit ihren persönlichen Namen an (Teknonymie), um sie nicht zu "beschämen" (*malu-siriq*).
- Konsumiere keinen Alkohol im Haus (wegen des islamischen Verbotes).
- Konsumiere teure Nahrungsmittel, wie z.B. Erdnußbutter, möglichst unsichtbar, um keinen Neid zu erzeugen, oder biete der Ibu jedesmal etwas davon an.
- Schenke der Familie des öfteren etwas, besonders dann, wenn du aus der Innenstadt zurückkommst.
- Frühstücke einfach und im eigenen Zimmer (weil Frühstück hier unüblich ist).
- Iß mit Messer und Gabel, auch wenn es mit der Hand besser schmeckt (weil du ein "Westler" bist und kein Fremder denken soll, in diesem Haus gäbe es keine Gabeln).
- Ziehe abends die Gardinen zu (damit dich die Nachbarn nicht sehen können).
- Vergleiche in Gesprächen Indonesien mit Deutschland nur beschreibend (um keine nationalindonesischen Gefühle zu verletzen).
- Gehe immer sauber gekleidet durchs Viertel (weil Kleidung einer der wichtigen sozialen Marker ist und weil du kein Tourist bist).

Abb. 12: Verhaltensregeln im Alltagsleben, zusammengetragen anhand der für mich selbst am Anfang der Feldforschung festgehaltenen Hinweise

Welche Rolle nehmen wir selbst in dieser Familie ein? Von Anfang an bezeichnen uns Pak und Ibu mittels des einschließenden "wir" (*kita keluarga*) als Mitglieder der Familie. Damit werden wir unterschieden von Gästen (*tamu*). Wir haben schon in Briefen aus Deutschland signalisiert, daß wir "etwas über das Alltagsleben lernen möchten". Ibu übernimmt denn auch von Anfang an uns gegenüber eine Rolle der Lehrerin: "Ich bin die Lehrerin, ihr die Schüler" (*saya guru, anda mahasiswa*). Sie sagt ausdrücklich, daß sie sich als unsere "kulturelle Lehrerin" versteht und uns "das Adat von Süd-Sulawesi" (*adat Sulawesi Selatan*) bzw. die "indonesische Lebensart" (*kehidupan/hidup Indonesia*) beibringen will. Die ersten Hinweise und Korrekturen gelten vor allem der Bekleidung und den Normen der Raumnutzung und der Bezeugung von Respekt. Ibu lobt uns z.b. mit den Worten "ja (ihr) könnt es!" (*ya, pintar!*), weil wir lange Hosen und meine Frau einen Büstenhalter trägt, wir die Schuhe vor dem Haus ausziehen und Gegenstände nur mit der rechten (durch die linke nur unterstützten) Hand übergeben. Diese Rolle der Lehrerin nimmt sie auch ausdrücklich gegenüber dem Mädchen ein, das im Haus wohnt. Andersherum ist sie selbst wiederum unsere Schülerin, besonders die meiner Frau, bezüglich der englischen Sprache, die sie lernen will.

Als Beispiel dafür, welche Aufschlüsse das unmittelbare Zusammenleben erbrachte, und als Hinweis darauf, daß das Leben in einer Familie bestimmte Aspekte besonders erschließt, aber auch andere Einsichten ausblendet und die Freiheiten bei der Forschung einschränkt, nenne ich in Abb. 12 Verhaltensregeln, die im Alltag gelten. Da mir von Ibu die Rolle des Schülers zugewiesen wurde, schrieb ich schon bald nach der Ankunft etliche Normen in meinem Tagebuch in Form von Verhaltensmaßregeln auf, die ich berücksichtigen wollte. Die Übersicht zeigt, daß sich die Regeln insbesondere auf den Umgang der Geschlechter und die Nutzung von Räumen beziehen und häufig in Verbindung entweder mit dem Islam oder mit dem Verständnis von Ehre-und-Scham (*malu, siriq*) stehen. Unser Tagesablauf ist durch die Wohnsituation und die Arbeitszeiten der Befragten teilweise vorgegeben und ist in Tab. 6 dargestellt. Die Angaben sind gemittelt und basieren auf vier Zeitbudgets, die ich im Laufe des Jahres aufgenommen habe.

Tab. 6: Tagesablauf während der Feldforschung (gemittelt aus Feldtagebuch)

5.10 bis 7.00 bzw. 8.00 Uhr	Rundgänge, Literaturstudium, Interviewvorbereitung
7.00/8.00 bis 8.00/9.00 Uhr	Frühstück
8.00/9.00 bis 12.00/13.00 Uhr	Interviews, Ämtergänge, Expertengespräche, Kartierung
12.00/13.00 bis 14.00/15.00 Uhr	Mittagessen, Mittagsruhe, Spiel mit Sohn
14.00/15.00 bis 18.00/19.00 Uhr	Interviews, Informantenbesuche, Festbesuche
18.00/19.00 bis 18.30/19.30 Uhr	Abendessen
18.30/19.30 bis 21.00/23.00 Uhr	Fernsehen mit Familie, Festbesuche, Sport, Dateneingabe
22.00/23.00 bis 5.10 Uhr	Schlafen

Ich zog mit meiner Familie selbst einmal in der Nachbarschaft um. Wir zogen ebenfalls in ein angemietetes Zimmer bei einer zweiten Familie, die ca. 300m von der ersten Gastfamilie entfernt wohnte. Dies erlaubte es uns, die erste weiterhin täglich zu besuchen. Ursprünglich waren mehrere eigene Umzüge geplant. Mittels dieses Vorgehens wollte ich eigene Erfahrungen mit der Ortsveränderung in der Stadt machen und solchen Voreingenommenheiten entgegenwirken, die durch stationäre Feldforschung allzu leicht entstehen. Gregory & Altman stellen berechtigterweise fest:

"Research populations are never fixed; ... The very nature of ethnographic research tends to emphasize residence at one location and the ethnographer may sometimes be the least mobile member of a community" (1989:57).

Mehrere eigene Umzüge erwiesen sich aber als nicht machbar, da es in der Nachbarschaft, im Gegensatz zu einzelnen leerstehenden Häusern, nur wenige freie Zimmer in Familienhaushalten gab. Doch auch dieser eine eigene Wohnortswechsel eröffnete wichtige Einsichten, vor allem in die qualitativen Hintergründe und Konsequenzen von Umzügen. Aufschlußreich war der Umzug z.B. hinsichtlich des alltäglichen Diskurses zu räumlicher Mobilität, auch wenn dieser selbstverständlich dadurch besonders gefärbt war, daß wir nicht zur einheimischen Bevölkerung gehörten. Es wurde klar, wie man in Rappocini über Umzüge und Migration normalerweise redet und zwar nicht in einer Befragung über vergangene oder hypothetische Ortswechsel, sondern in der aktuellen Situation. Insbesondere wurden dabei Kriterien der Bewohner für die Wahl von Wohnungen deutlich. Die langwierige Suche und die vielen Tips von vielen Seiten erbrachten wertvolle Einsichten, z.B. wie klein der Kreis der Nachbarschaftsbeziehungen bei vielen Haushalten ist und welche Rolle Images von Nachbarschaften spielen. Vor allem wurde deutlich, wie wichtig Überlegungen zu sozialem Prestige (*social location*) bei der Wohnortswahl in Ujung Pandang ist. In der zweiten Familie lebten wir bei wirtschaftlich etwas besser gestellten Leuten ebenfalls zur Miete. Das Ehepaar war wiederum ethnisch gemischt, aber sie gehörten anderen ethnischen Gruppen an als die Mitglieder der ersten Familie: Sie war eine Makasar aus Süd-Sulawesi, er ein Minangkabau aus Sumatra.

Ich nahm an vielen Umzügen teil, indem ich Möbel und Einrichtungsgegenstände schleppte. Ferner half ich bei der Aufrichtung eines traditionellen Holzstelzenhauses und beim Bau eines Mietshauses. Dies erschloß mir etliche Details der sozialen Unterstützung bei Ortsveränderungen und erleichterte das Verständnis der Rationalität bei der Planung solcher Tätigkeiten. Tab. 7 zeigt, in welchen Zeiträumen die größeren Datenblöcke aufgenommen wurden. Diese Abfolge ergab sich aus den unten in 3.1.4 dargestellten systematischen Erfordernissen in Kombination mit lokalen Gegebenheiten, die ich zu berücksichtigen hatte. Aus diesem Grund sind auch einige andere Tätigkeiten, wie notwendige Behördengänge, verzeichnet. Die qualitativen Daten wurden fortlaufend während des ganzen Jahres aufgenommen.

Tab. 7: Verteilung der Tätigkeiten im Verlauf des Feldforschungsjahrs sowie vorbereitende und nachfolgende Aufenthalte

Zeitraum	Haupttätigkeiten
	Vorbereitender Aufenthalt
Sommer 1989	Besuch der Provinz, Vorerkundungen und Kontakte in der Stadt
	Stationäre Feldforschung
Februar 1991	Ankunft, Einleben, Vorstellen, Entrée, Behördengänge
März 1991	Einführung bei Haushalten im Viertel, Basiskartierung, Behördengänge, Sammlung von Dokumenten
April bis Mitte Mai 1991	Offene Beobachtung, Behördengänge, Photodokumentation
Mitte Mai bis Mitte Juli 1991	Haushaltserhebung und Befragung zur Haushaltsökonomie
Anfang bis Mitte August 1991	Netzwerkbefragung durch Assistentin
Mitte August 1991	Eigener Umzug innerhalb der Nachbarschaft
Mitte August bis Ende September	Matrizen zur Residenzbiographie
Anfang Oktober - Ende November 1991	Erstellung und Validierung von Entscheidungstabellen
November 1991 bis Januar 1992	Kurzbefragungen zu ethnienübergreifenden Überzeugungen *(folk definitions)*
Dezember 1991	Triadenvergleiche und Rankings zur Wohnumweltkognition, Triaden und Sortierungsaufgaben zu Ethnizität, Gespräche mit Hauptinformanten zur Sozialgeschichte, Abfassung des Abschluß-berichtes für LIPI Fragebogenerhebung zum Vergleich und Hypothesentest
Januar 1992	Beobachtungsindices zu wirtschaftlicher Ungleichheit, Befragungen bei Neuumziehern, Sammlung von Dokumenten zur Stadtplanung, Abschied in Nachbarschaft, Abschiedseinladung, Vortrag über erste Ergebnisse in *IKIP*-Universität, Behördengänge, Photos, Rückreisevorbereitung
	Nachherige Aufenthalte
September 1992	1. Wiederbesuch des Stadtteils und der Gastfamilien
September 1996	2. Wiederbesuch des Stadtteils und der Gastfamilien
August 1997	3. Wiederbesuch des Stadtteils und der Gastfamilien
April 1999	4. Wiederbesuch des Stadtteils und der Gastfamilien

3.1.2 Rollengestaltung im heterogenen Untersuchungsfeld

Formen der Einführung (entrée)

Kaum anderswo in Indonesien kann man bezüglich Etikette so viel falsch machen, wie in Süd-Sulawesi, was auch die Erfahrungen von Kollegen zeigen, die sich in der Region auskennen (Rössler, mündl. 1990, Tauchmann, mündl. 1994). Zur sozialen Verortung als dominantem Kulturthema, das eng mit der Vorstellung von *malu-siriq* verknüpft ist, kommt ein Hang, schlecht über andere zu reden, der trotz gegenteiliger Normen verbreitet ist. Besonders bei den Makasar gehört es zum Selbstbild, daß Makasar andere gern erniedrigen, um sich selbst zu erhöhen (vgl. Rössler und Röttger-Rössler 1991:205). Im städtischen Rahmen gewinnt dies durch die hierarchische Dimension in der allgegenwärtigen Bürokratie noch eine verstärkte Bedeutung.

In einem sozial und ethnisch so vielfältigen Feld, wie es Ujung Pandang ist, mußte ich mich bei verschiedenen Personen in unterschiedlicher Weise einführen. Dies betraf Familien unterschiedlicher Lebenslage in der Nachbarschaftseinheit, Schüler und Studenten, spezielle Interviewpartner, Beamte lokaler Instanzen, Beamte in städtischen Behörden und Experten, die außerhalb der Nachbarschaft lebten.

Ich beschreibe die komplizierte Gestaltung des Entrées hier ausführlich, weil diese selbst Aufschluß über die komplexe Lebensform in Rappocini gibt. Obligatorisch ist die Vorstellung bei der Immigrationsbehörde und verschiedenen anderen Ämtern. Sie geben mir Briefe für die jeweils weiter unten stehende Instanz bis herunter zur Gemeinde (*kelurahan*) Rappocini. Ein Vorstellen bei den Vorstehern der Bürgerorganisation des *RW* und der Nachbarschaftsorganisation des *RT* ist nicht vorgeschrieben, aber selbstverständlich. Pak schlägt mir dann auch nach wenigen Tagen vor, daß ich mit ihm den Vorsteher des *RT* besuche, um mich vorzustellen. Er kennt ihn, da dieser Mandar ist und aus der gleichen Gegend wie er selbst stammt. Eines Abends geht Pak mit mir ein paar Häuser weiter zu dessen Haus und dieser empfängt uns freundlich. Pak stellt mich als "Wissenschaftler ("Gelehrter"; *ahli*) aus Deutschland" vor. Ich wolle dieses Viertel erforschen und fragen, ob er damit einverstanden sei. Der Vorsteher ist erfreut über diese Respektsbezeugung und sagt, das sei überhaupt kein Problem. Er erzählt dann gleich einiges über die Struktur und die Geschichte Rappocinis. In der näheren Umgebung war er, der 1977 hierher zog, einer der ersten Bewohner, und er ist stolz darauf.

Bald wird aber klar, daß ich mit dem Besuch bei dem Vorsteher des *RT* zwar formal eingeführt bin, damit aber noch nicht bei den Bewohnern der Nachbarschaft. Der *RT*-Vorsteher spielt hier nämlich offenbar nur eine geringe Rolle im sozialen Leben. Vielen Bewohnern ist er namentlich nicht bekannt. Etliche Familien wohnen noch nicht lange im Gebiet und eine traditionelle Elite, über deren Einverständnis zu meinem Aufenthalt ich mich bei den Bewohnern einführen könnte, ist ebenfalls nicht deutlich auszumachen. Es erscheint mir deshalb, abgesehen von ethischen Überlegungen, angebracht, mich bei jedem Haushalt einzeln vorzustellen, bevor ich mit Befragungen beginne. Ich entscheide mich also, von Haus zu Haus zu gehen, mich vorzustellen und mein Hiersein zu erläutern. Da ich befürchte, ein unangekündigter Besuch könnte für die Menschen unangenehm sein, gehe ich im ersten Monat jeden Morgen nach dem Sonnenaufgang zwischen kurz nach fünf und etwa halb acht Uhr in der weiteren Nachbarschaft spazieren. Dabei habe ich meinen kleinen Sohn Roman auf dem Arm, und da die meisten Türen der Häuser aufstehen, werde ich sehr häufig angesprochen. Man fragt in fast immer gleicher Reihenfolge, woher ich komme, wo ich wohne, warum ich gekommen bin und für wie lange Zeit ich hier sein werde. Diese kurzen Gespräche geben mir schon erste wichtige Hinweise darauf, welche Fragen angemessen sind und wie sie am besten formuliert werden.

Da es in der Region besondere Konzeptionen über Stand, Ansehen und Rang von Personen gibt, steht die Einführung, das Entrée, immer im Rahmen be-

stimmter Erwartungen an mich und erfordert eine Rollengestaltung durch mich. Bald wird mir deutlich, welche Vorannahmen die Menschen über mein Hiersein haben und daß diese nicht einheitlich sind, sondern sich im einzelnen unterscheiden. Dabei spielen folgende Aspekte eine Rolle, die mir durch die morgendlichen Gespräche deutlich werden:
- Die Bewohner haben unterschiedlich intensive Erfahrungen mit Weißen, etliche haben irgendwo im Kreis der Familie jemanden, der mit einem "Westler" (*orang barat*) einmal zusammengearbeitet hat oder sogar mit einem Menschen aus dem Westen verheiratet ist. Viele junge Leute haben schon einmal mit Touristen (*orang turis*, kurz *turis*) gesprochen oder diese zumindest in der Stadt gesehen.
- Sie sind sehr verschieden gebildet; einige haben nie eine Schule besucht, andere haben einen Universitätsabschluß.
- Da die Bewohner in einer Stadt mit vielen Hochschulen leben und eine bekannte Hochschule in Rappocini liegt, wissen sie im allgemeinen, was Wissenschaft ist und daß Wissenschaftler Bücher schreiben.
- Es ist ihnen aber fremd, daß es Sozialwissenschaftler gibt, die das Alltagsleben von Menschen in deren Lebensraum erforschen, ja sogar unter ihnen leben.

"Ich wohne hier/bzw. in Rappocini". Mit dieser Aussage will ich zeigen, daß ich für längere Zeit in der Nachbarschaft bleibe und daß ich kein Tourist (*turis*) bin.

"Ich bin Deutscher". Es wird sehr häufig gefragt, woher man kommt, aber viele Menschen verwechseln Deutschland mit Amerika. Bei vielen hat Deutschland wegen seiner technologischen Leistungen ein sehr gutes Image. Außerdem ist Deutschland wegen der gerade vollzogenen Wiedervereinigung jetzt besonders interessant (vor allem in positivem Kontrast zu Jugoslawien).

"Ich wohne hier in einer indonesischen Familie". Damit will ich zeigen, daß ich, anders als andere Weiße in der Stadt, z.B. Entwicklungsexperten, nicht separat und westlich lebe, sondern unter ganz normalen indonesischen Bedingungen.

"Ich wohne dort zur Miete mit meiner Frau und meinem Kind". Dies sage ich, wenn ich hervorheben will, daß ich nicht allein, sondern mit Frau und Kind hier bin und unter Indonesiern wohne.

"Ich habe Verbindungen zur *UNHAS* und zur *IKIP*". Die Universitas Hasanuddin ist die größte Universität in Ujung Pandang; die *IKIP* ist eine pädagogische Hochschule, die bekannt ist und innerhalb Rappocinis einen Kampus hat, wo viele junge Leute der Nachbarschaft studieren. Damit will ich an Universitäten anknüpfen, weil dann deutlich wird, daß ich Forscher und nicht als Reisender in Ujung Pandang bin. Später wird mir allerdings klar, daß die Leute Forscher fast nur in ihrer Rolle als Hochschullehrer kennen und ich damit eine teilweise falsche Assoziation auslöse.

"Ich möchte hier lernen" bzw. "Ich möchte hier über Ujung Pandang eine Forschung durchführen". Damit verwende ich bewußt eine offizielle Formulierung (*mengadakan riset*), die viele Menschen durch Erfahrungen mit der Bürokratie der hiesigen Hochschulen kennen. Dies sage ich, um ganz klar zu machen, daß ich kein Exporte bin, sondern daß mir die Erfahrungen und Haltungen meiner Gesprächspartner wichtig sind, daß ich etwas lernen will.

"Vor allem möchte ich das Thema/Problem innerstädtischer Umzüge/Mobilität erforschen. Dies ist besonders in Rappocini interessant, weil das eine neue Siedlung ist, wo es früher ja fast nur Reisfelder gab". Hiermit möchte ich zum einen das Thema genau erläutern. Weiterhin möchte ich klar machen, warum Rappocini besonders interessant für die Thematik ist, und schließlich möchte ich verdeutlichen, daß ich schon etwas darüber weiß, aber eben nur sehr wenig.

"Besonders die Entscheidungsfindung bezüglich Umzügen interessiert mich". Die sage ich bei einigen Beamten oder Studenten da *decision-making* bei ihnen ein bekannter Begriff ist.

Abb. 13: Erläuterungen zur Einführung bei Personen unterschiedlichen sozialen Hintergrundes

Ich gebe hier eine Liste derjenigen Phrasen wieder, die ich zur meiner Vorstellung oder zur Erklärung meines Aufenthaltes verwende (Abb. 13). Da ich damit zutreffende Vermutungen der Gesprächspartner bekräftigen und falschen Erwartungen begegnen will, zeigen diese Phrasen mein eigenes Rollenverständnis und die ersten Erfahrungen mit immer denselben Nachfragen nach meiner Person. Die Phrasen sind in der Reihenfolge aufgeschrieben, in der sie meist nacheinander nachgefragt bzw. von mir gesagt wurden.

In meiner eigenen Rolle begreife ich mich im ersten Monat des Aufenthaltes als Sammler von Informationen jeglicher interessanter Aspekte des Lebens in Rappocini. Etwa ab dem zweiten Monat bin ich stärker bemüht, den Fokus der Untersuchung herauszustellen und die potentielle Bedeutung einer solchen Forschung für die Bewohner zu verdeutlichen. Ich sage jetzt öfter: "Ich möchte ein Buch über Rappocini schreiben, besonders über die Umzüge hier" (*saya mau menulis sebuah buku mengenai Rappocini, khususnya mengenai kepindahan rumah*). Dabei weise ich auch auf Probleme hin, von denen ich weiß, daß sie die Menschen hier betreffen und gleichzeitig in Zusammenhang mit der Umzugsdynamik stehen, z.B. das gegenseitige Mißtrauen und die fehlende Müllentsorgung im Viertel.

Der Schulvorsteher fragt mich nach einiger Zeit, ob ich nicht einmal in seiner Schule einen Vortrag halten könne. Ich solle über Deutschland und über mich als Wissenschaftler erzählen, "um die Schüler zum Fleiß zu motivieren", wie er es ausdrückt. Ich nehme die Gelegenheit wahr, um ihn zu erfreuen und um mich bei Schülern, die das gewiß zu Hause ihren Eltern erzählen, bekannter zu machen. Ich unterhalte mich vorher noch mit dem Lehrer in seinem Büro. Dann gehen wir in die überfüllte und lärmende Klasse. Ich bedanke mich für die Einladung und begrüße die Kinder. Ich käme aus Deutschland, erläutere ich und ich zeige an einer Weltkarte, wie weit sie reisen müssen, wenn sie mich einmal besuchen wollen. Dann erläutere ich, daß es in Deutschland sehr kalt ist ("noch viel kälter als im Torajaland") und daß es bei uns vier Jahreszeiten gibt. Dazu zeige ich vier mitgebrachte Photos, die ein und denselben Baum über die Jahreszeiten zeigen. Anschließend erläutere ich anhand eines "typischen" Tagesverlaufes, was man in Deutschland ißt (Brot, aber kaum Reis), daß man oft mit dem Auto zur Arbeit fährt und oft in Verkehrsstaus gerät ("genau wie in Jakarta"), und daß es bei uns sogar Automaten für die Erfassung von Arbeitszeit gibt. Ich will den Lehrer, wie er es will, unterstützen. Deshalb erläutere ich, wie deutsche Schüler leben und sage, wie wichtig die Ausbildung für das spätere Leben, besonders für die Güte eines Arbeitsplatzes, ist. Ich sage, daß sie, falls sie bei ihrem Lehrer gut lernen würden, viel Geld verdienen werden und mich und meine Familie dann in Deutschland besuchen können. Dies löst Gelächter und Begeisterung aus. Schließlich zeige ich eine Tourismusbroschüre des Kölner Verkehrsamtes mit bunten Bildern aus Köln, meiner Heimatstadt.

Interviewsituationen

Nach einigen Monaten der Orientierung, Vertrauensbildung und qualitativer Datenaufnahme führe ich ab Mitte Mai 1991 systematische Interviews über die Haushaltsökonomie in allen Haushalten des *RT* durch. Dabei fange ich mit solchen Haushalten an, die ich schon von meinen morgendlichen Rundgängen kenne. Diese Interviews finden meist im Haus der Interviewten statt, bei ärmeren auch sitzend auf Stühlen auf dem Weg, bei wohlsituierten auch auf der Terrasse oder Veranda vor dem Haus. Oft sind mehrere Familienmitglieder und Nachbarn zugegen. Sie hören zu und machen Einwürfe. Schnell bildet sich ein Schema bei der Begrüßung heraus. Ich begrüße die Hausfrau oder den Hausherrn, entschuldige mich für die Störung (*maaf, saya ngganggu*) und ziehe immer demonstrativ meine Schuhe an der Haustür aus. Das wird fast immer damit beantwortet, daß dies "doch nicht nötig" sei (*tidak usah itu*), worauf ich etwa sage: "Draußen auf den *lorong* ist es dreckig, hier drinnen aber sauber". Ich werde in den Gästeraum gebeten und soll mich setzen, frage aber noch einmal "Darf ich?" (*saya boleh?*) und setze mich.

Meine Unterlagen lege ich immer offen hin, damit sie nicht irgendwie geheimnisvoll erscheinen, aber, ich platziere sie, um keine Distanz zu schaffen, nicht vor mich oder zwischen die Person und mich, sondern etwas seitlich. Ich habe immer Nelkenzigaretten (*kretek*) und einige Photos von Deutschland dabei sowie eine Kopie meines Leitfadenblattes und in einem kleinen Rucksack einen Photoapparat, der die Aufmerksamkeit allzusehr auf sich ziehen würde, wenn er sichtbar wäre. Zunächst erzähle ich, daß ich, wie sie ja schon wissen, von weit her aus Deutschland komme, Ethnologe (*ahli antropologi budaya*) bin und eine Beziehung zu zwei hiesigen Universitäten, *UNHAS* und *IKIP*, habe. Bei offensichtlich wenig Gebildeten sage ich, daß ich ein Buch über Ujung Pandang schreiben werde. Bei gebildeteren Gesprächspartnern, z.B. Studenten, zeige ich anhand einer Karte Rappocinis aus dem Jahre 1988, was sich schon in der kurzen Zeit von drei Jahren alles hier geändert hat, um an ihre eigenen Erfahrungen anzuknüpfen und sie so für mein Thema zu interessieren. Außerdem zeige ich auf der Karte das Haus, in dem wir gerade sitzen. In Haushalten, wo ich noch gar nicht bekannt bin, erläutere ich, wo ich hier wohne und zeige es auf der Karte.

Wie mache ich den Befragten klar, was mich an ihrem Leben interessiert? Mir ist aufgefallen, daß die Menschen hier großes Interesse an Photos zeigen, vor allem wenn Personen darauf abgebildet sind. Ich lege deshalb allen Interviewpartnern vier Photos aus Deutschland vor. Das erste Photo stellt ein traditionelles Fachwerkhaus und eine gepflasterte Straße ohne Autos in der Kölner Altstadt dar. Ich sage dazu, auch bei uns "traditionelle Häuser" aus Holz und *lorong* gibt, um Ähnlichkeiten aufzuzeigen. Photo 2 zeigt große Mehrfamilienhäuser im Schnee. Als Unterschiede zu Indonesien verdeutliche ich daran neben dem kalten Wetter, daß man bei uns oft in Etagen wohnt, ja daß oft mehrere Familien in einer Etage wohnen "... und sich nur reiche Leute ein eigenes Haus leisten können". So will ich über die Verdeutlichung der kulturellen Unterschiede klar machen, warum die Wohnsituation und -dynamik für mich interessant ist und daß in Deutschland nicht etwa alle Menschen reich sind. Auf dem dritten Photo steht meine

Mutter mit Verwandten auf dem Bürgersteig einer Straße in Köln. Damit stelle ich einen Bezug zu meiner Familie her. Photo 4 zeigt das Haus, in dem meine Mutter aufgewachsen ist, inmitten des zerbombten Köln in den frühen 1950er Jahren und ich erzähle, daß dort jetzt meine Mutter lebt. Mit diesem letzten Photo schaffe ich schließlich eine Verbindung zu meiner Rolle als Wissenschaftler und gleichzeitig zum Thema Wohnen und Wohnsituation: ich sage, daß ich während meines Studiums in einem Zimmer dort gewohnt habe, weil die Studentenzimmer in Deutschland so teuer sind. Die Photos führen oft dazu, daß ich zuerst selbst ausgefragt werde und ich so weiß, was die Gesprächspartner am Thema Wohnen und Umziehen jeweils interessiert und oft auch, was sie sich wünschen.

Ujung Pandang ist eine von Verwaltungsinstitutionen geprägte Stadt in einer von Statusdenken geprägten Kulturregion. Ein kleines Indiz dafür ist die Wichtigkeit von Visitenkarten (*kartu nama*) im Umgang von Menschen, die formale Bildung haben, und im Geschäftsleben. Nachdem ich dies weiß, lasse auch ich mir solche Namenskärtchen drucken und bin darauf bedacht, sie immer dabei zu haben. Wie aber kann ich Personen außerhalb meines Stadtteiles erreichen, die ich noch nicht persönlich kenne, die mir aber nützliche Informationen geben oder Dokumente besorgen können? Wie kann ich solche Personen über mich und meine Ziele informieren? Dies ist z.B. mittels eines Briefes, einer Anzeige oder eines Artikels in einer lokalen Zeitung möglich. Im Forschungsgebiet lebt ein Journalist, der für die führende Tageszeitung Ujung Pandangs, *"Pedoman Rakyat"* (etwa "Volksblatt"), arbeitet. In dieser Zeitung, die ich während der Zeit der Feldforschung abonniert habe, gibt es eine Rubrik "Namen und Erfahrungen" (*"Nama dan Pengalaman"*), die kurz über Persönlichkeiten in der Stadt berichtet. Darunter sind Personen öffentlichen Interesses, wie Politiker, Wissenschaftler und Schauspieler aus Süd-Sulawesi, aus anderen Teilen Indonesiens, seltener aber auch Personen aus dem Ausland. In einem Gespräch mit dem Journalisten kommt mir die Idee, daß er mich für diese Rubrik interviewen könne. Er tut dies gern, und der Text, den er aus dem Interview zusammenstellt und der deutlich die Bedeutung von akademischen Titeln in Süd-Sulawesi zeigt, erscheint schließlich in der Zeitung (*Pedoman Rakyat*; 27.9.91). In den folgenden Wochen sprechen mich etliche Leute außerhalb der Nachbarschaft an, ob ich der Mann aus der Zeitung sei. In Ämtern wissen manche Beamte schon, wer ich bin und warum ich mich für längere Zeit in Ujung Pandang aufhalte. Daraufhin fertige ich vergrößerte Fotokopien des kleinen Artikels an, die ich bei Besuchen auf Ämtern als Aufmerksamkeit verteile. Das erweist sich als guter Weg, zunächst ins Gespräch über Deutschland und den Aufenthalt hier zu kommen und dann Anknüpfungspunkte für thematische Gespräche zu haben. So fällt es leichter, zu vermitteln, warum mir Dokumente wichtig sind, die eigentlich eher ungern ausgehändigt werden.

Umgangspartner

Den befragten Personen für Interviews zahle ich kein Geld. Dies wird auch nie gefordert. Eine geldliche Bezahlung wäre schon deshalb schwierig, weil ich sie den sehr unterschiedlichen Wirtschaftsverhältnissen der Haushalte anpassen müßte, um reichere Familien nicht zu beschämen. In jedem Fall würde dies zu Neid und Mißgunst führen, da der soziale Vergleich eines der Hauptthemen des Klatsches in der Nachbarschaft ist. Ich verschenke bei jedem Interviewbesuch eine Postkarte oder einen Abzug eines Photos aus Deutschland und biete gewöhnlich Nelkenzigaretten (*kretek*) an. Außerdem bringe ich für die Gesprächspartner immer eine Photokopie des Artikels über mich aus der lokalen Zeitung mit. In der letzten Woche des Feldaufenthaltes verschenken wir an einige ärmere Haushalte Spielzeug und Kleidung.

Hauptinformanten sind je nach ihrer besonderen Lebenserfahrung oder Position heraus in unterschiedlicher Weise wichtig für diese Untersuchung. Einerseits erklären sie mir größere Zusammenhänge oder erläutern sozialgeschichtliche Verläufe. Zwei Informanten schrieben eigene Sozialgeschichten Rappocinis für mich. Andere schließlich informieren mich hauptsächlich über Ereignisse, z.B. kurzfristig angesetzte Umzüge oder Feste. Wenn ich Personen mit besonderen oder vertieften Kenntnissen außerhalb Rappocinis konsultiere, beabsichtige ich, mit ihnen ein an einem Thema orientiertes, aber offenes Gespräch führen. Um den Themenbezug und diese Offenheit zu signalisieren, sage ich nach der Einführung meiner Person und meines Forschungsinteresses einen Satz, der an offene Fragen und *folk*-Definitionen angelehnt ist, wie sie in Ujung Pandang üblich sind (vgl. Boehm 1980, Werner & Schoepfle (1987, Bd. I:341ff.). Ich benutze dazu folgende Varianten: "Bitte ..."
- "... erläutern Sie mir, wie ..."
- "... erzählen Sie mir alles, was Sie über ... wissen."
- "... sagen Sie mir, was die Bedeutung von ... ist."
- "... erklären Sie mir die Wichtigkeit von ...."
- "... informieren Sie mich, was bezüglich ... interessant ist."
- "... erklären Sie mir, was ich Sie (sinnvollerweise) über ... fragen könnte."

Etwa einmal im Monat besuche ich meinen Betreuer Prof. Idrus Abustam in der *IKIP*-Universität, um ihm über meine Erfahrungen und Probleme zu berichten, ihn spezielle Dinge zur Stadt zu fragen oder um Hilfestellungen für Kontakte zu bitten. Ebenso besuche ich des öfteren die *UNHAS*-Universität, um in verschiedenen Instituten Wissenschaftler zu sprechen oder Material zu suchen. Kurz vor Beendigung der Feldarbeit halte ich vor Wissenschaftlern in indonesischer Sprache einen Vortrag über meine ersten Ergebnisse in der *IKIP*-Hochschule. Die anschließende Diskussion zeigt mir nochmals, daß die Gesprächspartner sehr an meinen Fragestellungen, aber deutlich weniger aber an den Problemen ihrer empirischen Umsetzung interessiert sind.

Ich arbeite zeitweise mit einer Assistentin und zwei Assistenten zusammeng. Sie werden nach längerer Bekanntschaft angestellt und für ihre Arbeit entlohnt. Bei Netzwerkerhebungen assistiert Lae. Sie ist die Schwester von Ibu, 32 Jahre alt und hat gerade ihren Universitätsabschluß gemacht. Sie trägt einen hoch geschätzten Bugis-Titel (*Andi*). Sie macht aber einen bescheidenen, im lokalen Sinne "wohlerzogenen" Eindruck und bevorzugt im Gegensatz zu Ibu, ihrer Schwester, moderne islamische Kleidung. Bevor sie für mich arbeitet, hat sie meiner Frau *Bahasa Indonesia*, die indonesische Sprache, beigebracht und ist zu ihrer besten Freundin in Rappocini geworden. Sie vertritt sehr bewußt die Traditionen Süd-Sulawesis und führte meine Frau in langen Sitzungen darin ein. Ihr Mann, Map, ist der Chef einer wichtigen Nichtregierungsorganisation (in Indonesien *Lembaga Swadaya Masyarakat, LSM*) in Süd-Sulawesi. Mit ihm unterhalte ich mich oft angeregt über die Entwicklung der Stadt. Lae will Erfahrungen mit empirischer Forschung gewinnen und sich etwas Geld dazu verdienen. Ich handele mit ihr Rp. 3.000,- pro Interview aus (vgl. Anhang A.3 zu Lebenshaltungskosten).

Mein erster männlicher Assistent ist Man, ethnisch ein Mandar und Lehrer an der Grundschule (*SMP*) in der Nachbarschaft. Er ist ledig und wohnt in Rappocini zusammen mit einigen Studenten. Nachdem Lae während der Feldforschung schwanger wird, unterrichtet er meine Frau im Indonesischen und sie ihn im Englischen. Man legt Wert auf feines Auftreten, gute Kleidung und Ehre und ist sehr gewissenhaft. Er führt für mich Interviews in Rappocini durch, nicht jedoch in der unmittelbaren Nachbarschaft seiner Schule, da hier viele Kinder wohnen, die er selbst unterrichtet und er Verwirrungen befürchtet. Ich bezahle ihm Rp. 4.000,- pro Interview, da diese Interviews aufwendiger als obige sind. Bevor Man die Arbeit aufnimmt, diskutiere ich den Fragebogenentwurf mit ihm daraufhin durch, ob die Formulierungen der Fragen verständlich und adäquat ("passend"; *cocok*; vgl. Werner & Schoepfle 1987) sind. Mein zweiter Assistent, Zwe, ebenfalls ein Mandar, ist Sozialwissenschaftler und arbeitet in einem kleinen Büro in Rappocini für eine Nichtregierungsorganisation. Er hat Erfahrungen in empirischer Forschung und will diese vertiefen. Er führt für mich dieselben Interviews wie der erste Assistent durch, aber in anderen Teilen Rappocinis. Ich handele mit ihm angesichts seines höheren Abschlusses Rp. 5.000,- pro Interview aus. Der vorhandene Interviewfragebogen wird mit ihm in einigen Punkten sprachlich verändert, da er in Details andere Vorstellungen über "passende" Formulierungen als Man hat. Ich stelle beiden Assistenten am Ende eine Beurteilung aus, die sie später für ihr berufliches Weiterkommen verwenden können.

3.1.3 Datenaufnahme

Sprache

Auch wenn die einzelnen weiter unten beschriebenen systematischen Verfahren der Befragung und Beobachtung zur Klärung spezieller Fragen notwendig waren, hatte das ständige Sprechen und Zuhören, wie in den meisten ethnologischen Untersuchungen, methodisch die größte Bedeutung.

Die sprachlichen Daten wurden in der indonesischen Nationalsprache (*Bahasa Indonesia*) gesammelt. Englisch ist in Ujung Pandang zwar sehr en vogue; vor allem die Jugendlichen wollen Englisch lernen und sprechen Touristen an, aber kaum ein Mensch beherrscht mehr als *"Hallo Mister!"*. Nach der stereotypen Wendung *"I want to practice my English"* geht jedes Gespräch schnell in

Lächeln, Gestik und Mimik über, wenn man kein Indonesisch kann. Nach etlichen vorherigen Aufenthalten in Indonesien habe ich die Sprache in Kursen, per Selbststudium und mit einem indonesischen Freund in Köln gelernt. Meine Frau lernt die Sprache vor Ort durch den täglichen Umgang in der Familie und mit ihr Lehrerin Lae. Die lokalen Sprachen (Makasarisch, Buginesisch, Mandaresisch, Toraja) beherrsche ich nicht. Indonesisch ist die allgemeine Verkehrssprache zwischen den Angehörigen verschiedener Ethnien.

In Ujung Pandang spricht man selbst in ethnisch einheitlichen Haushalten im Alltag meistens *Bahasa Indonesia*, wie das mittlerweile in vielen größeren Orten Süd-Sulawesis der Fall ist. In dieser Region, wo Menschen verschiedener Ethnien jeden Tag nicht nur in der Arbeitswelt, sondern auch in ihrer Wohnumgebung miteinander umgehen, ist Indonesisch das wichtigste Kommunikationsmittel. Viele Menschen kennen andere Lokalsprachen recht gut, aber selten nur beherrschen sie diese wirklich soweit, daß sie sich damit differenziert ausdrücken können. Demzufolge wird Indonesisch im städtischen Kontext nicht etwa als die Sprache der dominierenden Nationalkultur angesehen. Somit kann ich die alltägliche Konversation und Interviews in dieser Sprache selbst durchführen und bin nicht auf Übersetzer angewiesen.

Teilnehmende Beobachtung: Familienleben und Ereignisse

Außer dem alltäglichen Leben in den zwei Familien erlebte ich etliche besondere einzelne Ereignisse und nahm an periodischen Aktivitäten in der Nachbarschaft teil. Ich erlebte während des Jahres als Gast zehn Hochzeiten, zwei Beerdigungen, zwei Geburtsfeiern, sieben Treffen von rotierenden Sparvereinigungen der Frauen (*arisan*), mehrere Feiern zum Ende des Ramadan (*Idul Fitri*) und zu *Idul Adha*, vier Veranstaltungen zur Feier von Mohammeds Geburtstag (*acara maulid*), ein Volksfest zur Unabhängigkeit, eine Sitzung der lokalen Wohlfahrtsorganisation *Pembinaan Keluarga Kesejahteraan* (*PKK*) und einige Feiern im Kindergarten und in der Mittelschule. Etliche Feiern konnte ich bei Wiederbesuchen nach der Feldforschung 1992, 1996 und 1997 nochmals verfolgen. Im engeren Sinn teilnehmend war meine Rolle bei einem Wohltätigkeitsbasar einschließlich der wochenlangen Vorbereitungen und bei der gemeinschaftlichen Säuberung des Viertels (*kerja bakti*) im August. In fast jeder Woche nahm ich mehrmals am Volleyball, am Badminton und Fußball teil. Meine Frau beteiligte sich über mehrere Monate am Badminton einschließlich eines Turniers, welches Frauen vorbehalten war.

Themenorientierte Interviews zur Sozialgeschichte

In Gesprächen bezogen sich die Menschen immer wieder auf die kurze Besiedlungsgeschichte Rappocinis und auf seine ausgeprägte Vergangenheit. Die meisten wohnten aber zu kurz dort, um darüber genaueres zu wissen. Also stellte sich die Frage, wie das Verhältnis des geschichtlichen Ablaufes zu seiner heutigen Konzeptualisierung und dem heute sehr deutlich profilierten Image Rappocinis ist. Mit Schlüsselinformanten führte ich dazu themenorientierte Gespräche. Da die Geschichte Rappocinis konfliktreich ist und diese Konflikte bis heute andauern, befragte ich mehrere Personen unterschiedlicher Position und mit verschieden langer Wohnerfahrung in Rappocini hierzu und versuchte, die Angaben mit unabhängigen Daten abzugleichen (vgl. Jellinek 1991 zu einer ähnlichen Lösung bei ihren Studien in Jakarta). Aus dem gleichen Grunde wartete ich mit diesen Gesprächen, bis ich in etwa die heutige Interessenlage und soziale Position der Interviewten kannte. Üblicherweise übergab ich einige Zeit vor dem verabredeten Gesprächstermin einen Brief, der Informationen über meine Ziele (Photokopie des Zeitungsartikels, vgl. oben) und einige mir wichtige Fragen enthielt. Im Gespräch wartete ich, ob der Informant ein bestimmtes Thema aufgriff. Ansonsten begann ich mit einigen sog. "grand tour"-Fragen (Spradley 1979) und schloß daran Detailfragen an. Ich hatte außerdem immer Photokopien alter und neuer Karten sowie Luftbilder der Nachbarschaft dabei. In geeigneten Augenblicken zog ich diese hervor, um auf ihrer Grundlage Detailfragen zu stellen. Um das heutige Image Rappocinis in der Sicht anderer Bewohner Ujung Pandangs zu verstehen, bat ich des weiteren in kurzen Unterhaltungen immer wieder *becak*- und Taxifahrer, Rappocini mit anderen Stadtteilen zu vergleichen. In langen offenen Gesprächen befragte ich auch verschiedene Personen mit Detailkenntnissen, die in der Innenstadt Ujung Pandangs leben, zu Details der Stadt. Wie bei allen offenen oder wenig strukturierten Gesprächen schrieb ich während der Gespräche mit und gab diese Notizen dann abends in den Computer ein. Eine Aufnahme mittels Recorder oder Tonband wäre für meine Gesprächspartner wie für mich selbst zu ablenkend gewesen (vgl. ähnliche Erfahrungen Bovills bei der Untersuchung von Heiratsentscheidungen in Medan, 1986:57). Sie hätte auch technisch kaum verwendbare Resultate erbracht, weil die Interviews oft in engen Räumen und lauten Situationen stattfanden.

Nichtteilnehmende Beobachtung

Durch das Leben in den Familien erlebte ich den Tagesgang in Beamtenhaushalten. Dabei zeigte sich in Gesprächen immer wieder die Bedeutung der Zeit und ihrer Begrenzung. Zeitmangel erfordert oft Entscheidungen über ihre optimale und normkonforme Nutzung, z.B. dann, wenn die Familie mehrere Einladungen für einen Tag bekommt. Also sammelte ich Daten zum Zeitbudget und zur Raumnutzung in der Nachbarschaft. Diese Beobachtungen stellte ich aus den drei Fenstern des Hauses unserer ersten und von der Terrasse unser zweiten Gastfamilie an. In der Nachbarschaft wohnten jedoch auch viele Studenten, die während des Tages meist nicht zu Hause waren, deren Zeiteinteilung und Netzwerkbeziehungen also im Viertel selbst kaum zu beobachten waren. Um ihren Tagesablauf dennoch zu erfahren, verteilte ich an 30 Studenten je ein Blatt, in dem sie auf einer vorgegebenen Zeitleiste ihre Tätigkeiten in eigenen Worten beschreiben und dabei auch selbst Zeitblöcke bilden konnten. Außerdem bat ich sie (nach einer

Idee aus Werner & Schoepfle 1987), diejenigen Sozialpartner, die mit ihren Aktivitäten typischerweise verbunden sind, kategorial anzugeben. Ich nenne diese Beobachtungen an dieser Stelle und nicht unter den quantitativen Daten, weil das Sample nicht systematisch gezogen war.

Bei den folgenden, eher quantitativen Daten handelt es sich um einige größere und etliche kleinere Datensätze. Ich stelle die einzelnen Blöcke quantitativer Daten in einen systematischen Begründungszusammenhang im sinne einer empirisch begründeten Theoriebildung (*grounded theory* nach Barney Glaser und Anselm Strauss; siehe Strauss 1990). Zur Verdeutlichung des Zusammenhanges verschiedener Verfahren nenne ich jeweils pro Datensatz:
- das Ziel und den Zusammenhang mit anderen Methoden,
- das Erhebungsverfahren und den Umfang der Stichprobe, das ihr zugrunde liegende Universum und schließlich
- die im jeweiligen Schritt gewonnenen Informationen und theoretischen Einblicke.

Strukturierte Befragungen
zur Haushaltsökonomie

Nach der Einführung, einer ersten Sammlung von Dokumenten und nach Erteilung der endgültigen Forschungsgenehmigung sollte ein detaillierter Überblick über die Bevölkerung der Nachbarschaftseinheit (*RT*) gewonnen werden. Dies war vor allem deshalb angezeigt, weil diese schon auf den ersten Blick ethnisch und sozioökonomisch gemischt erschien. Voraussetzung hierfür war eine detaillierte Kartierung aller Häuser des Viertels, weil aufgrund der hohen Fluktuation nicht alle Häuser in offiziellen Dokumenten verzeichnet sind und auch nicht alle dauerhaft hier wohnenden Personen gemeldet waren (vgl. Soemantri 1995). Ich habe sämtliche 117 Haushalte des *RT* als Wirtschaftseinheiten aufgenommen. Offizielle Daten waren nur über die Haushaltsvorstände (Name, Alter) und die Zahl der im Haushalt lebenden Personen verfügbar. In diesen Daten aus lokalen Ämtern waren die Hausnummern unzuverlässig, weshalb manches Mal eine Zuordnung unsicher war. Die Daten zur Zusammensetzung des Haushalts wurden in ein- bis zweistündigen Gesprächen zusammen mit Informationen zur Haushaltsökonomie und zum vorherigen Wohnplatz gesammelt, nachdem mir klar geworden war, daß ein kürzerer Besuch - etwa von einer 1/2 Stunde, um dabei zunächst nur die Personendaten aufzunehmen - nicht zu den lokalen Gewohnheiten gepaßt hätte. Die haushaltsökonomischen Daten wurden erhoben, um einen Überblick über die wirtschaftliche Lage, insbesondere die Zusammensetzung der Einkommen und die materielle Ausstattung aller Haushalte zu bekommen und weil hier in aller Regel viele Grundlagen von Mobilitätsentscheidungen liegen. Für die Sammlung von Daten zur Demographie und Haushaltsökonomie benutzte ich einen Frageleitfaden mit durchnumerierten Fragen. Zur Auflockerung des Gesprächs konnten sie somit in unterschiedlicher Reihenfolge gestellt werden. Die Fragen stellte ich ihnen mündlich und der Frageleitfaden war in indonesischer Sprache gefaßt und so großformatig kopiert, so daß die Befragten Einsicht in die weiteren Punkte nehmen und meine Notierungen ihrer Antworten verfolgen konnten.

Die so erhobenen Daten ergaben ein quantitatives Bild der Demographie, der ethnischen Verteilung im Raum und der materiellen Ausstattung. Es wurde klar, daß in diesem Viertel Angehörige vieler ethnischer Gruppen leben. Die Übertragung der Daten in Karten zeigte leichte räumliche Konzentrationen der Ethnien, aber keine echte Segregation, weder nach ethnischer Zugehörigkeit noch nach sozioökonomischem Status. Ins Auge fiel, daß unter den verschiedenen Berufen Beamte dominierten, daß die wirtschaftliche Ungleichheit in Rappocini erheblich war, und daß es offenbar unterschiedliche Haushaltsorientierungen gab. Weiterhin eröffnete sich ein erster Überblick zu folgenden Aspekten:
- Verteilung der Typen residentieller Mobilität (Land-Stadt-Migration, zeitweiliger Aufenthalt und Rückkehr, Kreismigration, innerstädtischer Umzug, Umzug innerhalb des Stadtviertels),
- Hinzugsmotive sowie
- Einschätzung des jetzigen Wohnstandortes.

Beobachtungen zur materiellen Lebenslage

Die Befragungsdaten zur Haushaltsökonomie machten die faktische Ungleichheit der Haushalte deutlich. Das Miterleben in den beiden Familien zeigte mir, daß wirtschaftliche Ungleichheit in Rappocini ein zentrales Thema von Alltagsgesprächen ist. Ich hatte beobachtet, daß die fehlende sozioökonomische Segregation, das unmittelbare Nebeneinander von reich und arm, den Menschen täglich vielfach Anlaß zum sozialen Vergleich bot. Die Bedeutung sozioökonomischer Ungleichheit war vor allem bei der Teilnahme an Heiratsfesten in der Nachbarschaft deutlich geworden. Die gegenseitige soziale Einschätzung beruhte häufig auf den vorhandenen Konsumgütern eines Haushaltes. Um einen tieferen Einblick in dieser Unterschiede zu gewinnen, habe ich für alle 117 Haushalte aus der Grundbefragung mittels 17 Indikatoren den materiellen Besitz, den Zustand des Hauses und die Verkehrszugänglichkeit durch Beobachtung aufgenommen. Um auch die Überschwemmungsgefahr, ein zentrales Problem vieler Haushalte, zu dokumentieren, habe ich diese Beobachtungen erst in der Regenzeit gemacht. Diese Daten ließen sich zum einen mit den Kartierungen und Photos ergänzen und andererseits mit der eigenen Einschätzung der Gesprächspartner aus den Befragungen vergleichen.

Sammlung von ethnienübergreifenden Überzeugungen
mittels emischer Definitionen (vgl. Anhang A.2)

Wenn man eine Untersuchung in einer ethnisch vielfältigen Stadt wie Ujung Pandang durchführt und die empirischen Daten vorwiegend in einer Nachbarschaft dieser Stadt erhoben sind, stellt sich sofort die Frage, inwieweit diese Daten die Bewohner der Stadt repräsentieren. In 2.3.5 wurde dargelegt, wie das Repräsentationsproblem bezüglich der ethnischen und sozioökonomischen Merkmale angegangen wurde. Das Problem besteht jedoch auch auf der Ebene von Einstellungen, Normen, Werten und ihrem sprachlichen Ausdruck. Im Rahmen dieser Untersuchung sind besonders die handlungsleitenden Überzeugungen wichtig. Hier stehen zwei Fragen im Zentrum. 1. Welche der im lokalen Umfeld der Nachbarschaft gefundenen Überzeugungen gelten in der ganzen Stadt und weitergreifend in der Region Süd-Sulawesi? 2. Welchen semantischen Akzent haben in dieser Stadt bestimmte im Alltagshandeln wichtige Wörter der *Bahasa Indonesia*? Schon in einer Feldforschung in einem kulturell einheitlichen Feld ("eine Kultur") ist semantischer Akzent ein Problem, da indigene Termini oft ungewollt in nichtemischer Weise übersetzt werden (*semantic accent*; Werner 1993:6). Noch problematischer ist dies in einem multiethnischen Kontext wie in Ujung Pandang. Menschen, die teilweise als Muttersprache noch eine der lokalen Sprachen lernten, verständigen sich miteinander in *Bahasa Indonesia*, da die lokalen Sprachen zwar eng verwandt, aber nicht verständlich sind (z.B. Buginesisch mit Makasarisch). Die älteren von ihnen haben das Indonesische erst in der Schule gelernt, während die *Bahasa Indonesia* für ihre Kinder auch in ethnisch ungemischten Haushalten de facto schon die Muttersprache ist. Eine tiefgehende Antwort auf diese Fragen würde angesichts der fehlenden diesbezüglichen Literatur zu Ujung Pandang einen systematischen Survey der Verwendung des Indonesischen in dieser Stadt erfordern[32]. Da ein solcher Survey in der vorliegenden Untersuchung nicht zu leisten war, entschied ich mich für ein einfacheres Verfahren.

Ich nahm emische Bestimmungen von Wörtern (*folk definitions*) auf, ein Verfahren, das in der Kognitionsethnologie benutzt wird, um den semantischen Akzent zu entdecken (vgl. Werner & Schoepfle 1987, Bd. 2:74, 94; Werner 1993). Während längerer Taxifahrten zu weit entfernten Ämtern, die ohnehin notwendig waren, erfragte ich von den Taxifahrern solche Definitionen aus der Innensicht. Es waren 20 Befragte (ca. 10% aller damaligen Taxifahrer der Stadt). Sie gehörten verschiedenen ethnischen Gruppen an und repräsentierten die Mittelschicht dahingehend, daß sie die ganze Stadt kennen, eine gemischte Klientel hatten und einen typischen "modernen" (*maju*) Mittelklasseberuf ausübten, weil er einen Mittelschulabschluß voraussetzt[33]. Ich erfragte die Bedeutungen von solchen Wörtern, von denen ich aus der teilnehmenden Beobachtung über Monate hinweg wußte, daß sie den Menschen ganz allgemein wichtig sind und ergänzte diese um einige Wörter, die bezüglich des Themas Wohnen und Umziehen bedeutsam sind. Ich erklärte den Taxifahrern kurz, warum ich in Ujung Pandang bin. Manche hatten aber schon davon gehört oder wußten zumindest, daß ich in Rappocini wohnte. Dann sagte ich, daß ich gerne mehr über einige indonesische

---

[32] Siehe Heider (1991) als Beispiel einer vergleichenden lexikalischen "Kartierung" emotionsbezogener Wörter des Minangkabau, des Minangkabau-Indonesisch und des javanischen Indonesisch in Relation zum Englischen.

[33] Ich fuhr zwar viel häufiger mit Fahrradrikschas als mit Taxis, aber den Versuch einer derartigen Befragung mit *becak*-Fahrern brach ich aus mehreren Gründen bald ab. Sie haben einen niedrigen Status und verhalten sich entsprechend: Sie geben sich schüchtern, sobald man etwas Konkretes fragt, statt sich nur locker zu unterhalten. Außerdem haben sie wegen ihrer Stammplätze und ihrer traditionelle "Reviere" einen kleineren Einzugskreis und wegen häufiger "Abonnements" mit Kunden (*langganan*) meist einen ethnisch eingegrenzteren Kundenkreis als Taxifahrer.

Wörter wissen würde und begann: "Bitte erklären sie mir doch einmal die Bedeutung von XY". Die Taxifahrer bestätigten oft das Wort, in dem sie es wiederholten und antworteten dann überwiegend spontan und intuitiv. Wenn dies nicht der Fall war, wartete ich oder fragte, was denn "das Wichtig(st)e daran" sei (einer Idee von Bernard folgend, der die Definitionen auf Kärtchen schreiben und das Bedeutendste unterstreichen ließ, um dann nach der Bedeutung der unterstrichenen Worte zu fragen; nach Werner & Schoepfle 1987, Bd.2:95). In aller Regel assoziierten die Taxifahrer frei zum genannten Wort, statt eine Definition im ganzen Satz zu geben. Häufig nannten sie einfach ein Beispiel ("beispielsweise", *contohnya, umpamannya*) und sie schlossen ihre Erläuterung oft mit Wendungen wie "So ist es" (*begitulah, begini*) oder "das reicht" (*sudah*; wörtlich "schon") ab[34].

Offizielle Daten und Dokumente

Während des ganzen Jahres sammelte ich Informationen in Ämtern der verschiedenen Verwaltungsebenen und bei einigen privaten Unternehmen. Dabei ging es vor allem um Daten zu Rappocini mit seinen über 70.000 Einwohnern oder über größere Verwaltungseinheiten bis hin zur Provinz Süd-Sulawesi insgesamt. Thematisch zentral waren Informationen über Wirtschaftsstruktur, Migration und Stadtplanung. Wichtig war auch die Suche nach Karten und Luftbildern aus verschiedenen Zeiten, um damit die sozialhistorischen Angaben aus den Interviews topographisch zu ergänzen. Diese Suche nach Dokumenten war oft langwierig, weil sie in Ujung Pandang fast immer verteilt über verschiedenste Stellen gelagert werden. Ein Problem dieser Nachforschungen bestand darin, daß diese Untersuchung Fragen berührt, die damals im öffentlichen Rahmen weitgehend tabuisiert oder zumindest konflikträchtig waren, z.B. wenn es um Bodenpreise oder Bescheinigungen zur Siedlungserlaubnis geht. Aber außer den wichtigen Dokumenten erschlossen mir die Besuche in den Ämtern und die stundenlangen Aufenthalte viele Aspekte der Lebensbedingungen in dieser Verwaltungsstadt. Diese "teilnehmende" Erfahrung mit der Bürokratie zeigte mir insbesondere einige formale, aber auch informelle Entscheidungsroutinen, die ebenfalls außerhalb der Ämter von Bedeutung waren. Die Gespräche mit den Beamten sowie das Miterleben von deren Umgang miteinander und mit Bittstellern verdeutlichten mir z.B. die Allgegenwart von Patron-Klient-Verhältnissen. Sie vermittelten mir auch die (jedoch keinesfalls einheitliche) "Sicht von oben" und machten mir schließlich klar, welches die "großen Themen" der öffentlichen Diskussion in Ujung Pandang im Jahre 1991/1992 waren.

Um einen Überblick über solche Themen und über stadtweit wichtige Ereignisse zu gewinnen, abonnierte ich eine der zwei großen lokalen Tageszeitungen. Ich sammelte daraus Artikel zu Rappocini, zur Entwicklung Ujung Pandangs im allgemeinen und zur Stadtplanung im besonderen. Außerdem verfolgte ich

---

34 Die Abfolge von Bestätigung, Beispiel und ausdrücklichem Abschluß mag ein allgemeines kognitives Schema sein. Werner z.B. berichtet über ein entsprechendes formalisiertes Antwortschema bei seinen Gesprächspartnern, Papago-Indianern (1993:6f.).

zwei in diesem Jahr besonders virulente Themen, die in bezug auf die Diskussion um eine einheitliche regionale Ethnizität Süd-Sulawesis (vgl. Antweiler 1994b, 1998c, 1998e) aufschlußreich waren: die Fahrt eines traditionellen Segelschiffes von Süd-Sulawesi nach Madagaskar und die vorgeschlagene Rückbenennung der Stadt Ujung Pandang in "Makassar". Ich sammelte ferner ganzjährig Schriftdokumente, die in der Nachbarschaft entstanden oder zirkulierten, wie Einladungskarten, Visitenkarten, Mitgliederlisten informeller Organisationen und Werbezettel.

Photodokumentation und Kartierung

Ich belichtete während des Feldforschungsjahres 1991 und bei den Wiederbesuchen viele Filme, um die komplexe materielle Lebenssituation und vor allem den schnellen Wandel der Infrastruktur und Bausubstanz zu dokumentieren. Dies ergab bisher 2600 Abzüge in Farbe und Schwarz-Weiß sowie über 3000 Diapositive. Die meisten Photos betreffen Wohnsituationen, Nachbarschaften und besondere Ereignisse im Sozialleben. Aufgrund der Bedeutung räumlicher Verteilungen (z.B. von Wegen als Zugang zum Transportnetz) und raumbezogener Konzepte (z.B. Bewertungen von Nachbarschaft) legte ich etliche physische und thematische Karten an. Für den Makroüberblick der Stadt Ujung Pandang besorgte ich mir unveröffentlichte Karten einer Entwicklungsbehörde, die sämtliche Straßen zeigen. Die offiziell verfügbaren Karten erwiesen sich nämlich als veraltet, unvollständig, ungenau, ja oft falsch. Für die Eintragung von Daten im mittleren Maßstab der Nachbarschaft benutzte ich als Basis Karten im Maßstab 1:1000, die im Bodenamt photogrammetrisch aus Luftbildern entwickelt worden waren. Um den Mesobereich der unmittelbaren Nachbarschaft wiederzugeben, fertigte ich mittels Photokopien Vergrößerungen dieser Karten an und trug den Zustand und die Veränderungen während des Forschungsjahres dort ein. Für diesen Bereich der Nachbarschaft sammelte ich auch handgezeichnete Karten, die ich in Ämtern oder Privathäusern der Nachbarschaftsvorsteher fand. Den Mikrobereich von einzelnen Haushalten erfaßte ich anhand von Grundrißplänen, die ich vergrößerte, um darin die soziale Nutzung des Raumes einzutragen. Zur historischen Geographie Rappocinis besorgte ich in Archiven (*Arsip Nasional*) Karten aus der niederländischen Zeit und ließ mir außerdem von Schlüsselinformanten kognitive Karten der historischen Situationen aufzeichnen oder diese in Worten beschreiben.

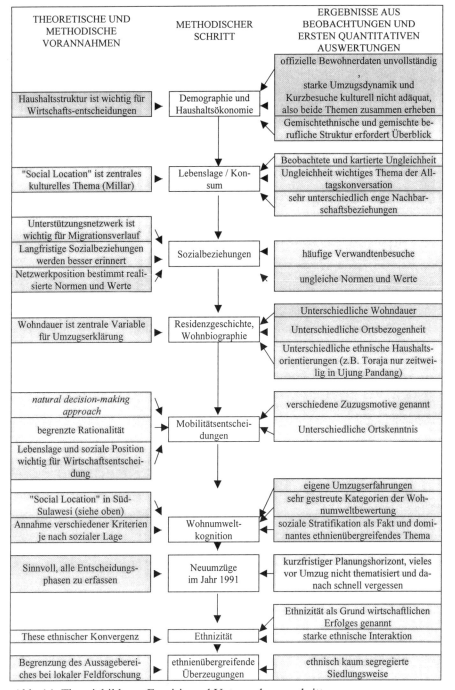

Abb. 14: Theoriebildung, Empirie und Untersuchungsschritte

3.1.4 Wechselseitiger Zusammenhang
von Theorie und Empirie

Die Gesichtspunkte, welche die Abfolge der einzelnen methodischen Schritte bestimmten, zeigt Abb. 14. In der linken Spalte stehen die ins Feld mitgebrachten sowie sich dort bildende theoretischen Annahmen und methodische Einsichten. In der rechten Spalte finden sich qualitative Befunde und Ergebnisse, die sich aus vorläufigen quantitativen Auswertungen im Feld ergaben. Damit folge ich dem erwähnten Konzept der empirisch fundierten Theoriebildung (*grounded theory*); die hier vorgestellte Methodik unterscheidet sich davon aber in einem wichtigen Aspekt. Ich nehme nämlich an, daß man, insbesondere bei problemorientierten Untersuchungen wie dieser, nicht um theoretische Vorannahmen herumkommt und daß diese dann auch explizit gemacht werden sollten.

3.1.5 Besondere regionale Ereignisse
im Feldforschungsjahr

In einer sich extrem schnell wandelnden Stadt, wie es Ujung Pandang ist, wird eine Feldforschung immer auch von einmaligen Ereignissen, zeitweiligen Prozessen und aktuellen Diskursen beeinflußt. Sie färben einen solchen Zeitraum, erschließen manches besonders gut, drängen dafür anderes in den Hintergrund. Aus diesen Überlegungen heraus möchte ich hier einige Besonderheiten des Jahres 1991/92 aufzeigen. Auf außenpolitischer Ebene war bedeutsam, daß Indonesien nach Jahren aktiven Engagements in der Gemeinschaft südostasiatischer Staaten (*Association of Southeast Asian Nations*; *ASEAN*), u.a. bei der Lösung der Probleme um Kambodscha, zum Gastgeber der Konferenz der Bewegung der Blockfreien (*Non-Aligned Movement*, *NAM*) gewählt wurde. Die Aufmerksamkeit innerhalb Asiens für das Land wurde noch dadurch verstärkt, daß das Jahr 1991 zur Förderung des Tourismus zum *"Visit Indonesia Year"* erklärt worden war. Das Interesse der Bevölkerung für Ereignisse außerhalb Indonesiens wurde dadurch gefördert, daß die Presse des Landes nach *glasnost'* und *perestroika* auch den Prozeß der Globalisierung (*globalisasi*) als Thema entdeckte (vgl. Tirtosudarmo 1992:127f.), was in den Zeitungen der Stadt und unter den Beamten intensiv diskutiert wurde.

Auf nationalpolitischer Ebene waren drei Dinge von zentraler Bedeutung. Erstens standen die allgemeinen Wahlen (*Pemilihan Umum*, kurz *Pemilu*) 1992 und die Präsidentschaftswahlen 1993 bevor. Die Vorbereitungen beschäftigten die lokalen Behörden, die bevorstehende Wahl schaffte im Land Spannungen und bewirkte verstärkte Aktivitäten der Sicherheitsorgane. Zweitens etablierte sich um den Führer der islamischen Organisation *Nahdlatul Ulama* (*NU*) eine neue demokratische Bewegung von Intellektuellen, das *Forum Demokrasi*. Die Diskussionen um diese Bewegung berührte das prekäre Verhältnis zwischen dem Militär, Suharto und dem Islam. Für die breite Bevölkerung hatte in diesem Rahmen Suhartos Pilgerreise nach Mekka im Juni 1991 eine hohe symbolische Bedeutung. Das politisch wichtigste Vorkommnis, das diskutiert wurde, war jedoch das sogenannte "Ereignis von Dili" (*Insiden Dili*). Am 12. November wurde in Dili in Ost-Timor (*Timor Timur*) eine große Anzahl von Zivilisten erschossen, als eine friedliche Demonstration am Friedhof der katholischen Santa Cruz-Kirche eintraf und es zu Handgemengen mit Sicherheitskräften kam (vgl. Tirtosudarmo 1992:134-138).

In Ujung Pandang gab es während des Jahres vier große öffentliche Themen, die mir in Alltagsgesprächen und in den Zeitungen auffielen. Erstens ging es um die schon erwähnte Fahrt eines traditionellen Holzschiffes namens *Amanagappa* von Ujung Pandang nach Madagaskar. Dies berührte den Stolz der Bewohner Süd-Sulawesis auf ihre Region und umstrittene Fragen historischer Priorität der einzelnen Ethnien. Zweitens diskutierte man einen Vorschlag, die Stadt wieder in "Makassar" zurückzubenennen, weil dieser Name bei Touristen bekannter sei. Dies ist eine Frage, die angesichts des ethnischen Patts zwischen Bugis und Makasar in dieser Stadt äußerst brisant ist. Drittens gab es eine nicht enden wollende Debatte um die Sauberkeit der Stadt. Sie berührte Ehrgefühle, empfundene politische Abhängigkeiten und bürokratische Aspekte. Schließlich flammte ab und zu die Diskussion darüber auf, ob Ujung Pandang im Wettbewerb mit Surabaya in Ost-Java zum wirtschaftlichen Zentrum Ostindonesiens werden könnte. In Gesprächen bestätigten mir Wissenschaftler und Bürokraten, daß dies die aktuellen Themen "höchster Bedeutung" (*paling atas*) seien. Dies ist damit zu erklären, daß sämtliche Themen ethnische Fragen, die Stadt selbst oder beides zusammen berührten.

Da ich ein *Orang Jerman* ("Deutscher") bin, spielte es auch eine Rolle, daß zur Zeit meiner Feldforschung der Vereinigungsprozeß in Deutschland anlief, während Jugoslawien politisch gerade auseinanderbrach. Dies führte oft dazu, daß meine Gesprächspartner Deutschland bewundernd erwähnten, das "ja schon vereinigt" (*sudah bersatu*) sei; im Gegensatz zum abstoßenden Chaos in Jugoslawien. Diese Fragen interessierten besonders, da in Indonesien immer die latente Furcht besteht, daß das eigene Land politisch auseinanderbrechen könnte. Außerdem interessieren sich die Menschen allgemein sehr für Deutschland. In Ujung Pandang wollten und wollen viele junge Leute sogar Deutsch lernen und versuchen dies in Kursen, selbst wenn sie, wie gesagt, fast immer noch nicht Englisch sprechen können. Deutschland hat ein gutes Image, das durch Fußball, der in Indonesien zunehmend populär wird, sowie durch die deutsche Wirtschaftskraft und Technologie geprägt ist. Außerdem wissen sehr viele Leute, daß der (damalige) Technologieminister Bacharruddin Jusuf Habibie, ein reicher, "erstaunlicher" (*hemat*), "moderner" (*maju*) und "bedeutender Mann" (*orang besar*; wörtl. "großer Mann"), der aus Süd-Sulawesi stammt, in Deutschland (Aachen) studiert hat.

3.2 Spezielle Methodik: Wohn- und Mobilitätsentscheidungen

3.2.1 Auswahl der Stadt und der lokalen Untersuchungseinheit

Warum habe ich mich für Ujung Pandang als Untersuchungsort entschieden? Maßgeblich waren einerseits Charakteristika der Stadt, die für südostasiatische Städte typisch sind, und andererseits Besonderheiten, die für die wissenschaftliche Diskussion und die regionale Forschung eine Ergänzung des Wissens erbringen und Forschungslücken füllen. Diese Besonderheiten waren mir während des vorherigen Aufenthaltes in Ujung Pandang im Jahre 1989 aufgefallen. Zunächst ist Ujung Pandang nicht nur Zentrum der Land-Stadt-Wanderung und der zirkularen Migration in Süd-Sulawesi, sondern auch Anziehungspunkt für Migranten aus dem weiteren ostindonesischen Raum, z.b. von den Inseln Ambon und Flores. Dies ist ein guter Rahmen für das Thema innerstädtischer Mobilität, denn diese steht biographisch oft im Zusammenhang mit Land-Stadt-Wanderung.

Innerhalb Indonesiens behandeln die meisten Studien über Städte zum Thema Migration entweder Land-Stadt-Wanderung oder Gemeinschaften von Migranten einer bestimmten ethnischen Gruppe in Städten. Dazu trugen in den letzten Jahren vermehrt auch indonesische Wissenschaftler bei. Von ethnologischer Warte wurden dabei vor allem solche Gruppen untersucht, die aus einem Herkunftsgebiet stammend, in Städten eigene Kulturmuster und Netzwerkbeziehungen aufrechterhalten oder aufbauen. Das städtische Schicksal von Migranten ist stark von Netzwerkbeziehungen zum Land geprägt (Bruner 1964). Mehrere Untersuchungen von Hugo (1981:187, Hugo et al. 1987) zeigen, daß Richtung und Form der Migrationen von außerökonomischen Umständen beeinflußt sind. Individuen aus ökonomisch wie ökologisch ähnlichen Regionen ergaben unterschiedliche Migrationsmuster. Mantra (1981) stellte anhand von West-Java die überragende Bedeutung zirkulärer Migration dar.

Eine Besonderheit Ujung Pandangs ist, daß die Migranten vor allem wegen der Hochschulen und der Verwaltungsjobs angezogen werden. Die Stadt hatte 1991/92 - im Gegensatz zu Jakarta - kaum industrielle Arbeitsplätze zu bieten[35]. Einen zweiten Forschungsschwerpunkt bildeten Studien zur lokalen politischen Struktur in Städten. Sie wurden vor allem von australischen Geographen und Ethnologen durchgeführt (z.B. Sullivan 1980, 1991, Jellinek 1989; vgl. Fox et al. 1980). Regionaler Schwerpunkt dieser Studien war Yogyakarta auf Java. Als „kulturelle Hauptstadt Indonesiens" zog diese Stadt seit jeher das Interesse von Sozial- und Kulturwissenschaftlern auf sich. Ein dritter Fokus von Stadtstudien in Indonesien waren Untersuchungen zum sog. informellen Sektor. Aber auch diese konzentrierten sich fast ausnahmslos auf Java und insbesondere Jakarta. Es gilt nicht nur für die Ethnologie, sondern quer durch die Disziplinen behandelt die überwiegende Mehrheit der Studien entweder Jakarta oder Yogyakarta (Ebery & Forbes 1985:160). Was Forbes (1985:160) konstatiert, gilt bis heute:

---

[35] Bei meinen Wiederbesuchen in den letzten Jahren zeigte sich, besonders 1997 und 1999, daß sich diese Situation, vor allem in den Außenbezirken und im stadtnahen Umland Ujung Pandangs, stark gewandelt hat.

"It is important to shift the focus away from Jakarta and Java, for they have long dominated western analyses of contemporary Indonesia at the expense of interesting developments in the other parts of the country often labelled as ´Outer Islands´".

Auf den "Außeninseln" Indonesiens (*Outer Islands*) spielen sich in den letzten Jahren besonders interessante Prozesse hinsichtlich ethnischer Identität ab (vgl. Wagner 1992 als Überblick). Ujung Pandang liegt auf solch einer "Außeninsel", gehört also zur indonesischen Peripherie. Es ist eine große Provinzstadt mit 1992 de facto knapp 1 Mio. Einwohnern (de jure ab 1996 eine Millionenstadt). In Bezug auf die Provinz Süd-Sulawesi ist es eine Primatstadt, aber keine Metropole im engeren Sinne. Im Sinne der Weltsystemtheorie Wallersteins handelt es sich um eine Stadt der Semiperipherie, da ihr gegenüber der Rest Ostindonesiens als peripher einzustufen ist.

Die Städte auf Sulawesi wurden ethnologisch bislang fast nicht untersucht. Die wenigen existierenden Untersuchungen über sie stammen von indonesischen Wissenschaftlern und sind als unveröffentlichte Abschlußarbeiten (*skripsi*) schwer zugänglich. Sie sind meist geographisch ausgerichtet und sehr allgemeiner Natur. Sie enthalten weiterhin kaum Daten, die auf bestimmte Stadtteile oder Bevölkerungsgruppen zu beziehen sind. Verglichen mit dem dynamischen, teilweise hypermodernen, aber sozial extrem polarisierten Jakarta ist in Ujung Pandang alles langsamer und ausgeglichener. Im Unterschied zu Yogyakarta ist sie eine große aber "kulturell unbedeutende" Stadt. Es gibt keine ausgesprochenen Slumviertel oder Squattersiedlungen wie in Jakarta, aber auch die Modernisierung ist begrenzt. Wolkenkratzer und Hotels internationaler Ketten existierten 1991/92 noch nicht[36].

In Ujung Pandang wohnen Menschen mehrerer Ethnien räumlich meist kaum segregiert zusammen. Damit ist eine für viele heutige Städte zumindest Südostasiens charakteristische Situation gegeben, die in der ethnologischen Literatur selten thematisiert wird, aber international immer häufiger in Städten anzutreffen ist. Die bisherigen stadtethnologischen Arbeiten, die stark von der Forschung in afrikanischen und südamerikanischen Situationen geprägt waren, betrafen zumeist ethnisch mehr oder minder homogene Stadtteile, die oft als "Dörfer" in Städten aufgefaßt wurden und oft noch werden. In Ujung Pandang wäre es aber kaum möglich, eine über wenige Häuser hinausgehende Raumeinheit zu finden, in der nur Angehörige einer Ethnie wohnen. Weiterhin haben die Ethnien nicht nur einen intensiven Umgang im Berufsleben, wie das in der kolonialen pluralen Gesellschaft der Fall war, sondern es leben in den meisten Gebieten Ujung Pandangs auch Angehörige verschiedener ethnischer Gruppen und unterschiedlichen sozioökonomischen Standes eng zusammen. Angesichts des intensiven interethnischen Umganges, der hier üblich ist, und der Tatsache, daß die Kategorisierung nach Ethnien in dieser Stadt nur in manchen Situationen bedeutsam ist, wäre es meiner Erfahrung nach artifiziell, eine monoethnische Untersuchungseinheit zu bilden, z.B. "die Makasar in Ujung Pandang" oder die

---

[36] Seit 1994/95 gibt es in Ujung Pandang Hotels der Ketten Ramada und Radisson.

"Gemeinschaft der Bugis" (so z.B. ausdrücklich noch Yamashita 1986:419) zu untersuchen.

Warum habe ich eine Nachbarschaft innerhalb einer Stadtgemeinde (*kelurahan*) Rappocini, die außerhalb des dicht besiedelten Stadtgebietes liegt, für diese Untersuchung ausgewählt? Diese Entscheidung ergab sich aus dem Thema und methodischen Ansatz einerseits und praktischen Möglichkeiten sowie Einschränkungen vor Ort andererseits. Ich suchte eine Forschungslokalität, an der ich Haushalte vorfinde, die eigene Erfahrung mit innerstädtischen Wohnortswechseln haben. Insbesondere wollte ich einen Ort, wo es möglich ist, Umzüge als Prozeß zu verfolgen, statt sie nur retro- oder prospektiv zu erfassen. Ich berichte im folgenden zunächst über die vorläufige Auswahl des Forschungsgebiets vor der Ausreise nach Indonesien und erläutere dann Vor- und Nachteile des dann tatsächlich gewählten Forschungsortes. Am Stadtrand gibt es Gebiete, in die Familien aus anderen Teilen der Stadt in größerem Umfang zuziehen. Rappocini ist eine relativ neu besiedelte Region mit bis heute vielen Zuzüglern. Die ethnisch gemischte Struktur mit Familien aller vier großen Ethnien Süd-Sulawesis (Makasar, Bugis, Mandar, Toraja) sowie Menschen aus Ostindonesien und anderen Landesteilen Indonesiens repräsentiert zumindest qualitativ die Situation in Ujung Pandang. Ich wußte von meinem Vorbesuch her und durch meinen Freund Horst Liebner, daß es hier üblich ist, daß Verwandte, die in anderen Stadtteilen oder Regionen Süd-Sulawesis wohnen, oft längere Zeit in den Haushalten ihrer Familienangehörigen in Rappocini wohnen. Daher erhoffte ich mir, die innerstädtischen Umzüge auch in einen diachron langfristigen und räumlich weiter greifenden Rahmen stellen zu können. Dies waren die vorher bekannten Informationen, die zur Auswahl des Forschungsortes führten.

Welche weiteren Merkmale machten Rappocini besonders geeignet für meine Themenstellung und führten damit nach der Ankunft in Ujung Pandang schnell zur endgültigen Entscheidung für diesen Stadtteil? Der Name Rappocini ist in Ujung Pandang sehr bekannt. Es gab einen früheren makasarischen *kampung* gleichen Namens, der in der regionalen Geschichte einige Bedeutung hat. Rappocini stellt diejenige Einheit dar, die fast alle Bewohner des Stadtteils, auch neu zugezogene, auf die Frage nach ihrem Wohnort angeben. Rappocini ist erstens jedoch ziemlich groß (725 ha); zweitens sind seine Verwaltungsgrenzen neu und drittens folgen sie nicht irgendwelchen offensichtlichen physischen Gegebenheiten. Demnach war anzunehmen, daß die administrativen Grenzen des Stadtteiles für die Bewohner kaum im Alltagsleben erfahrbar sind. Wie sich später herausstellte, stimmt der heutige Verwaltungsbezirk weder mit dem früheren *kampung*, noch mit der subjektiven Einheit der heutigen symbolischen Ortsbezogenheit, also der Identität der Bewohner, die kognitiv um den Ortsnamen kreist (Treinen 1965), überein. Anders gesagt, handelt es sich bei Rappocini also um eine Siedlung, deren Name heute wegen ihrer geschichtlichen Bedeutung und wegen des gegenwärtigen wirtschaftlichen Aufschwunges ein klar konturiertes Image hat. Andererseits haben die Bewohner nur ein undeutliches räumliches und organisationsbezogenes Wissen und eine sich erst entwickelnde über den Namen hinausgehende Ortsidentität. So ergab sich die Aussicht, die kulturelle Bedeutung eines Ortes, besonders für neu zugezogene Familien, erfassen zu können.

Schließlich waren in einer der wenigen empirischen Studien über Ujung Pandang unter anderem Daten vor allem über den informellen Wirtschaftssektor in Rappocini aus der Mitte der 1970er Jahre enthalten (Forbes 1979), so daß ich den Wandel der Wirtschaft ermessen konnte. Die Randlage des Untersuchungsgebietes hat auch ein allgemeines methodisches Plus, das mir erst im Laufe des Aufenthalts klar wurde[37]: Chtouris et al. erläutern mit einem archäologischen Bild plastisch, warum Stadtränder oft "Orte maximaler Erkennbarkeit" sind:

"Die Stadtränder erzählen immer von den aktuellsten und noch ungefestigten Prozessen der gesamten Stadt. Hier zeigen sich Brüche und Widersprüche ungeschminkt. Hier treffen auch Stadt und Land unmittelbar aufeinander, nicht nur im räumlich geographischen Sinn, sondern als soziale Klassen und Lebensstile. In der Stadt drinnen wird der Blick abgelenkt und die Einsicht erschwert. Viele Schichten des städtischen Prozesses sind hier abgelagert und häufen sich aufeinander" (1993:13).

Als kleinste Untersuchungseinheit habe ich eine Verwaltungseinheit, eine Bürgerorganisation *Rukun Warga (RW)* mit ihrem Gebiet und darin eine Nachbarschaftseinheit, ein *Rukun Tetangga (RT)*, gewählt. Das *RW* ist diejenige Einheit, die im Bewußtsein der Bewohner stark verankert ist, weil es sie - unter dem früheren Namen *Rukun Warga (RK)* - schon lange gibt. Ein *RT* umfaßt ein Gebiet, das für einen einzelnen Untersucher gerade noch überschaubar ist. Als Ethnologe kann man alle Haushalte innerhalb eines Jahres kennenlernen und zu vielen der Bewohner täglichen Kontakt wahren. Außerdem konnte ich aktuelle Haushaltsdaten nutzen, die auf der Ebene des *RT* für die Vorbereitung der Wahl gesammelt wurden. Dies ermöglichte einen schnellen ersten Überblick der Familiengrößen, sowie des Alters, des Geburtsortes und des Berufes der Haushaltsvorstände. Wegen der oft fehlenden Hausnummern und falscher Adressen hätte ich diese offiziellen Daten kaum auf eine andere Einheit hin disaggregieren können.

Warum habe ich gerade dieses eine *RT*, *RT* X im *RW* Y[38] unter anderen möglichen ausgesucht? Der einfache Grund hierfür war, daß die gastgebende Familie, zu der ich vorher Kontakt hatte, dort wohnte. Also konnte ich täglich die Aktivitäten direkt miterleben und dies ausgehend von einem Haushalt, von dem sich schnell herausstellte, daß er intensive Sozialbeziehungen mit anderen Haushalten in der Nachbarschaft hat^te. In diesem *RT* lassen sich sowohl einer der frühzeitig zugezogene Familien innerhalb des *RW* 13 finden, als auch gerade neu zugezogene. Weiterhin gibt es hier viele Zuzügler nicht nur vom Land, sondern auch aus anderen Stadtteilen Ujung Pandangs. Das *RT* X hat eine mittlere Größe und ist in seiner ethnischen Struktur repräsentativ für das *kelurahan* Rappocini und im weiteren Sinn für die ganze Stadt. Die geographische Lage macht dieses *RT* besonders aufschlußreich. Auf der einen Seite grenzt es an die einzige größere Straße des Gebiets, auf der anderen an noch unbesiedelte und infrastrukturell

---

[37] Vgl. Valjavec (1997) zur allgemeinen methodischen Bedeutung ethnologischer Untersuchungen von Phänomenen in kulturellen Randlagen.
[38] Pseudonyme für die tatsächlichen Nummern der RT.

kaum erschlossene Stadtteile, nämlich Reisfelder, die erst seit den 1970er Jahren aufgegeben wurden. Damit kann ein Profil zwischen zwei Grenzen, der Modernisierungsfront an der Straße und der Siedlungsgrenze an den ehemaligen Reisfeldern, erfaßt werden. Die Bevölkerung des ausgewählten RT ist nicht nur ethnisch, sondern auch von der Berufsstruktur her gemischt. Damit ergibt sich das methodische Problem, Personenkollektive auszuzeichnen, die in bestimmten Merkmalen homogen sind, um methodische Kontrolle zu erlauben. Dies wurde mittels verschiedener Auswahlen innerhalb der Grundgesamtheit der Haushalte dieser Verwaltungseinheit erreicht, die ich nun beschreiben werde.

3.2.2 Methodenzusammenhang und Auswahlverfahren

Die spezifischen Charakteristika der Untersuchungsregion Süd-Sulawesi, die, neben den theoretischen und methodischen Argumenten, für eine Konzentration der Untersuchung auf Entscheidungen sprechen, wurden in 2.3.4 angesprochen und werden in 4.3 regionalhistorisch erläutert. Hier seien sie nur kurz genannt. Die Sozialstruktur der Gesellschaften Süd-Sulawesis ist von sozialer Stratifikation und bilateraler Verwandtschaft gekennzeichnet. Es herrscht ein rigides Schichtungssystem und gleichzeitig existieren individuelle Wege sozialer Mobilität und dafür diverse Optionen und Strategien. Damit ergeben sich für die Menschen faktisch Entscheidungsspielräume und es besteht tatsächlich ein Entscheidungsbedarf. Außerdem ist Rappocini ein Wohngebiet, wo unterschiedliche Ziele, Werte und Optionen aufeinandertreffen, weil es ethnisch stark gemischt ist und sich zudem in rapidem Wandel befindet. Dies läßt zumindest, was kulturelle Begrenzungen betrifft, einen größeren Entscheidungsspielraum und -bedarf erwarten, als eine kulturell geschlossenere ländliche Situation.

Im folgenden stelle ich dar, wie die von mir verwendeten Methoden zur Erhellung der Wohn- und Umzugsentscheidungen miteinander verknüpft sind. Die Methodenwahl und -kombination begründen sich in der Komplexität des Problems Rationalität und dem außereuropäischen Rahmen der Forschung. Im einzelnen ergab sich der Zusammenhang des Methodensets
(a) durch die leitenden Untersuchungsziele, vor allem sowohl sprachliche, als auch Verhaltensdaten zu gewinnen, und weiterhin, möglichst nicht nur Daten zu aktuellen, sondern auch zu vergangenen und zukünftigen Entscheidungen zum Wohnen und Umziehen aufzunehmen,
(b) durch die aus ethnologischen Studien bekannte Schwierigkeit, reale Entscheidungen empirisch zu erfassen und
(c) durch erste Ergebnisse, die sich während der Feldforschung ergaben.

Die Methodenauffassung folgt damit, wie gesagt, einer Variante der Methodik der empirisch begründeten Theoriebildung von Glaser & Strauss (vgl. Strauss 1989; Wiedemann 1991) und ist darin analog der Darstellung der allgemeinethnologischen Methoden zur Erforschung des kulturellen Rahmens und der Lebenssituation im Stadtviertel, wie sie in 3.1 gegeben wurde. Ich stelle kurz die eher qualitativen Zugänge und dann die quantitativen und systematischen Verfahren dar. Die technischen Details der einzelnen Vorgehensweisen beschreibe ich im Zusammenhang mit den durch sie jeweils gewonnenen Resultaten in den einzelnen Kapiteln.

Periodische Ortsbesuche auf Baustellen
und Immobilien

Regelmäßig besuchte ich mir bekannte Baustellen oder potentielle Baugrundstücke bzw. leer stehende Wohnungen. So konnte ich den jeweiligen Stand des oft über einen langen Zeitraum laufenden Hausbaues beobachten und gleichzeitig mit den Bauherren und Arbeitern sprechen. Auch war es so möglich, nach den Zukunftsplänen der beteiligten Personen zu fragen, um daraus typische Handlungsabläufe (*scripts, action plans*) zu konstruieren. Bei solchen Gesprächen ergaben sich erstens wichtige Hinweise auf verschiedene Baustrategien. Zweitens wurden Aspekte begrenzter Rationalität offenbar: nämlich die allgemeine Kurzfristigkeit des Planungshorizontes, der kurzfristig auftretende und ungeplante Einfluß von Familienereignissen und die Relevanz nicht intendierter Folgen von Entscheidungen. Mit potentiellen Einziehern konnte ich so quasi *en route* über die Problematik von Umzügen sprechen und damit auch Konzepte und Präferenzen erfahren, die vor oder nach der Residenzverlagerung weniger thematisiert werden.

Residenzbiographien

Die Befragungen zur Haushaltsökonomie hatten die unterschiedliche sozioökonomische Lage der Haushalte sowie die verschiedenen Herkunftsgebiete und Umzugsmotive ihrer Bewohner ersichtlich gemacht. Außerdem war schon in der Haushaltsbefragung etwas Entscheidendes deutlich geworden: nämlich der mit 60% sehr hohe Anteil von Haushalten, die schon mindestens einmal innerstädtisch umgezogen waren. Die Gespräche und die Netzwerkerhebung hatten andererseits offenbart, wie unterschiedlich stark die Beziehungen zu den ländlichen Herkunftssiedlungen und wie verschieden ausgeprägt die städtische Orientierung unter den Bewohnern war. Gespräche zur Sozialgeschichte Rappocinis zeigten die äußerst verworrene Bodensituation und außerdem, daß es deutliche Vorstellungen seitens der Einwwohner zum Viertel gab, die darauf hindeuteten, daß bestimmte regionalgeschichtliche Ereignisse, welche den innerstädtischen Umzügen vorausgingen, die Land-Stadt-Wanderungen auslösten oder beeinflußten.

Schließlich fungieren lebensgeschichtliche Ereignisse an zentraler Stelle in neueren Erklärungsmodellen der Migrationsforschung (allgemein: DuToit 1975:64; Harbison 1981; bzgl. Indonesien: Hugo 1981:220f.; vgl. auch Felgentreff 1995). Der Lebenszyklus hat sich auch in industrialisierten Ländern als beste einzelne Erklärung für innerstädtische Umzüge erwiesen, wie in 2.1.3 dargelegt wurde. Aus diesen Gesichtspunkten heraus führte ich Befragungen zur Lebensgeschichte mit Schwerpunkt auf der Wohn- bzw. Residenzbiographie bei einer Auswahl von 37 Haushalten (1/3 der Haushalte) durch. Das Sample war nach den bisherigen Befunden ausgerichtet, d.h. theoretisch gewichtet und auf interne Vergleiche hin orientiert (*theoretical sampling* nach Glaser & Strauss; vgl. Strauss 1987:17-21). Die Auswahl enthielt deshalb proportionale Anteile der Haushalte nach ethnischer Zugehörigkeit, Migrationstyp, Beruf, Einnahmen/Ausgaben und nach der Wohndauer in Rappocini. Anhand einer Matrix von Lebensalter und Jahreszahl x Wohnortswechsel erfragte ich jeweils alle bisherigen Umzüge und besonders die Gründe der Umzüge innerhalb der Stadt. Abschließend unterhielt ich mich dann - in Fortsetzung der ersten Nachfragen im früheren Haushaltsinterview - mit den Menschen über ihren Herkunftsort, das Leben in Rappocini und über die jetzige Wohnsituation der Familie im einzelnen. Dabei konnte ich ein dichteres Bild und alltagssprachliche Formulierungen zur Identifikation mit dem Siedlungsnamen ("symbolische Ortsbezogenheit", Treinen 1965) gewinnen.

Entscheidungstabellen

Mit den so gewonnenen Daten über die Grundmuster der Migrationserfahrungen und der ersten Kenntnis der einheimischen Konzepte zu Umzugsmotiven und zu den bisherigen Wohnorten aus den Residenzbiographien konnte ich nun erst zu Details von Umzugsentscheidungen vordringen. Hier ging es insbesondere um die Fragestellung, ob es verschiedene Strategien für Umzüge, Miet- und Bauformen je nach sozioökonomischer Lage und kulturspezifischen bzw. persönlichen Zielen gab. Diese Frage war einerseits theoretisch durch die o.g. neueren Entscheidungsmodelle geleitet; andererseits war mir aufgefallen, daß die Menschen selbst in kategorialer Weise verschiedene Handlungsschemata, etwa solche von Beamten vs. Angestellten, unterschieden. Außerdem werden Residenz- und Umzugsstrategien in dieser Untersuchung als exemplarischer Fall handlungsbezogenen Alltagswissens (*local knowledge, everyday cognition, everyday knowledge*; vgl. Wassmann & Dasen 1993, Antweiler 1998d) verstanden. Also war es notwendig, die residenzbezogenen Entscheidungsmuster in die lokale Form des Entscheidens in anderen Lebensbereichen einzubetten. Anhand von Entscheidungstabellen, die anschließend detailliert dargestellt werden, besprach ich mit Personen, die in verschiedenen Lebenslagen steckten, Voraussetzungen und Alternativen, die sich bei der Frage eines Umzuges stellen. Zunächst erbrachte dies genauere Aufschlüsse über die Bedingungen im Hintergrund von Umzügen und eine Erweiterung des Spektrums von Zielalternativen. Dabei arbeitete ich mit verschiedenen Fragearten, hauptsächlich Kontrastfragen (Spradley 1980:155-172), die sich zur Besprechung von Entscheidungen besonders gut eignen. Erste so gewonnene Entscheidungstabellen wurden dann mit weiteren Informanten in Gruppendiskussionen validiert. Um dies mit den Angaben zu Umzugsentscheidungen vergleichen zu können, besprach ich mit den Informanten solche Entscheidungstabellen auch zu anderen wichtigen Entscheidungsfragen, nämlich zu Alternativen zum Umziehen, wenn ein solcher unmöglich ist (Renovierung, Umbau oder anderweitige Unterbringung), weiterhin zu Mietformen und bezüglich des Kaufs von Boden bzw. Häusern. Weiterhin nutzte ich Entscheidungstabellen, um ein Entscheidungsthema systematisch zu besprechen, das den Alltag fast aller Haushalte prägt: die Suche nach Einkommen und nach Möglichkeiten der Geldinvestition.

Triadenvergleiche und Rankings
zur Raumbewertung

Die allgemein geringe Kenntnis der Stadt insgesamt bei vielen Bewohnern und die geringe Vertrautheit mit dem Stadtviertel selbst bei etlichen ließen die Frage aufkommen, ob die Qualität der unmittelbaren Nachbarschaft eines Wohnplatzes für die Wahl eines Umzugszieles bedeutsam ist und wenn ja, ob ethnien- bzw. regionalspezifische Kriterien dabei zum Zuge kommen. Zu dieser Frage plante ich ursprünglich, Methoden der sog. kognitiven Kartierung (*cognitive mapping* bzw. *mental mapping*; vgl. Ploch 1994 als einfachen Überblick) anzuwenden. Es stellte sich jedoch bald heraus, daß dies wegen der geringen Erfahrung mit Karten zu künstlichen Ergebnissen geführt hätte. Also suchte ich nach alternativen Methoden (z.B. Golledge 1987:157-162) und arbeitete schließlich mit Photos von Wohnsituationen und Namenskärtchen von Stadtteilen. Dafür hatte ich vorher Hunderte von Photos in Ujung Pandang und Rappocini gemacht sowie diejenigen unter den Stadtgebieten eruiert, die allgemeiner bekannt sind. Bei einer echten Zufallsstichprobe (30% der Hausbesitzer der Nachbarschaft) wurde mittels mehrfachem Auswählen von jeweils drei Photos (sog. Triadentest) zunächst Bewertungskategorien für Wohnplätze und Nachbarschaften ermittelt. Diese so gewonnen emischen Kategorien wurden dann zur Bildung einer Rangordnung (*ranking*) von auf Kärtchen vorgegebenen Stadtviertel- und Straßennamen verwendet. Die Ergebnisse dieser Methode (*repertory grid method*) gingen hier nur qualitativ in die Untersuchung ein; eine quantitative Auswertung erfordert spezielle Computerprogramme und ist für eine separate Veröffentlichung in Arbeit.

Befragung von Neueinziehern

Mittels der Daten der Befragungen zur Residenzgeschichte und der Beobachtungen während des Jahres hatte ich alle Neueinzüge und Neubauten im Jahre 1991 kartographisch erfaßt. Ferner waren mir etliche Details aus wiederholten Besuchen auf Baustellen, bei Renovierungen, bei der helfenden Teilnahme an Umzügen und vom eigenen Umzug von der ersten in die zweite Familie her bekannt. Mir fiel jedoch auf, daß viele Einzelheiten des Prozesses der Entscheidungsfindung vor und während des Umzuges schnell vergessen wurden und außerdem mancher Aspekt in der aktuellen Situation des Umzugs oder Hausbaus weniger thematisiert wurden. Also erschien es sinnvoll, die Wohnortwechsel besser retrospektiv, jedoch kurz nach dem Umzugsereignis zu ermitteln. Um die bisherigen Daten zu validieren und qualitativ zu ergänzen, verteilte ich deshalb an alle neu in die Nachbarschaft zugezogenen Haushalte und zusätzlich an einige Neuzuzügler in der weiteren Umgebung insgesamt 31 Kurzfragebögen zu je 4 Seiten. Dieser Fragebogen zu den Erfahrungen mit dem gerade bewerkstelligten Umzug konnte zu Hause oder mit mir zusammen ausgefüllt werden. Tab. 8 gibt einen zusammenfassenden Überblick der Stichproben, der jeweils benutzten Erhebungsmethode, der verwendeten Erhebungsformulare, des Datenformates und der Form der Auswertung.

Tab. 8: Art und Zusammenhang der Daten und Stichproben

Thema	Grundgesamtheit / Art der Stichprobe	Erhebungsmethode	Erhebungsformular	Datenformat	Auswertung
Haushaltszusammensetzung und -ökonomie jetziger Wohnstatus	Gesamtes *RT* / sämtliche Haushalte, n = 117	Interview	Leitfaden mit 64 Fragen; Formular zum Ausfüllen und Ankreuzen	offene und geschlossene Fragen	SPSS PC+
Residenzgeschichte (Wohnbiographie)	*RT* / "theoretisches Sample" nach Glaser: n = 37	Interview	Matrix plus offene Fragen	Matrix: Alter x Wohnort x Haushaltsmerkmale	Auszählung von Lebensalter / Wohnorten/ Anzahl der Wanderungen
Mobilitätsentscheidungen	*RT*/ theoretische Auswahl	Interview und Gruppendiskussion	Entscheidungstabellen	Matrix: Alternativen x Bedingungen	Strategien (Bedingungskombinationen)
Wohnumweltkognition	Hausbesitzer / *random sample*, n = 21	Interview	Formblatt für Konstrukte	*Repertory grid* (persönliche Konstrukte x Wohnsituation)	qualitativ (Kategorien und dominante Konstrukte)
Umzüge 1991	Rappocini / sämtliche in einem *RT*, n =31	schriftliche Befragung	Fragebogen (4 Seiten; 31 Fragen)	offene und geschlossene Fragen plus Entscheidungstabelle	qualitativ, Auszählungen

3.2.3 Entscheidungstabellen als spezielle Erhebungs- und Darstellungsmethode

Vorbereitung, Erhebung und Validierung

Die grundlegenden Verfahrensschritte kognitiver Entscheidungsstudien sind nach Kokot et al. (1982:30f.), einer der wenigen verfügbaren expliziten Methodenanleitungen, folgende: (1) Ermittlung der von den Befragten gesehenen Entscheidungsoptionen, (2) Klassifikation der Optionen nach Kriterien der Informanten, (3) Erhebung der von ihnen gesehenen Bedingungen (z.B. Tatbestände in der Umwelt) und (4) Aufnahme der je angenommener Bedingung bzw. Bedingungskonstellation tatsächlich gewählten Optionen.

Zur Vorbereitung der Erhebung der in der Sicht der Akteure relevanten Rahmenbedingungen der Entscheidungen wurden zunächst Kategorien zu Bedingungen und Optionen bei Entscheidungen im allgemeinen näher erkundet, die mir bis dahin deutlich geworden waren. Dazu bediente ich mich dreierlei Quellen: Zunächst zog ich Aufzeichnungen aus offenen Gesprächen mit umziehenden Familien und mit Bauherren heran, die ich häufiger vor Ort an ihrer Baustelle aufgesucht hatte. Außerdem nutzte ich dafür Optionen, die kategorial unterschieden werden. Diese stellte ich aus Auflistungen (*listings*) der Befragten sowie eigenen Beobachtungen der Alltagskonversation zusammen. Schließlich gingen Gespräche mit einer Angestellten einer Immobilienfirma über das Verhalten der breit gestreuten Kundschaft, in die Formulierung der gesehenen Bedingungen und Optionen ein.

Mit diesen Informationen wurde ein Ausgangsformular erstellt, das dann in den strukturierten Gesprächen benutzt wurde. Ich stellte dabei einleitend eine allgemeine Frage folgender Art: "Wenn man an Geld kommen will, was ist für solche Leute/Familien/Haushalte normalerweise die beste bzw. die "passendste" Möglichkeit?". Ich zeigte dazu eine Liste von emischen Personenkategorien und Eigenschaften (als Bedingungen) und eine Liste von emischen Optionen. Die Leitfrage war bewußt allgemein gehalten und nicht auf die eigenen Erlebnisse des Informanten bezogen, um die Gefahr nachträglicher Rationalisierung eigener Entscheidungen gering zu halten (vgl. Boehm 1982:177). Außerdem verwendete ich absichtlich bei der Frage nach der Zuordnung von Optionen zu Bedingungen in der Eingangsfrage die Wendung "beste Möglichkeit" (*kemungkinan yg. paling baik*) und das Wort "passend" (*cocok*), weil das den Gesprächspartnern offenließ, entweder mit individuellen Begründungen für oder gegen eine Option zu argumentieren oder aber kulturnormative Argumente anzuführen. Das Wort *cocok* ist der allgemeinste Ausdruck, der im Alltag verwendet wird, um die Zufriedenheit mit der Erfüllung eines angestrebten bzw. sozial verträglichen Zieles zu beschreiben, auch wenn es vielleicht nicht die ideale Lösung ist (im Sinne des *satisficing* von Simon 1957). Durch die offene Struktur des Formulars konnte das Gespräch unterschiedliche Richtungen einschlagen, nämlich entweder von den Bedingungen oder von den Alternativen ausgehend. Dies ist besonders deshalb wichtig, weil so ersichtlich wird, inwieweit die Gesprächspartner bei einer gegebenen Bedingungskonstellation eine echte Freiheit der Wahl zwischen verschiedenen Optionen sehen oder nicht.

Thematisch besprach ich mit den Interviewpartnern folgende ökonomische Entscheidungsbereiche: (a) Entscheidungen über Wege zur Gewinnung und Mehrung von Bargeld, (b) Entscheidungen zu Residenzwechsel und Wohnoptionen, (c) Entscheidungen über den Bau und die Nutzung von Häusern und schließlich (d) Entscheidungen zu Alternativen für den Fall, daß ein Umzug trotz Unzufriedenheit mit der bisherigen Wohnsituation nicht möglich. Drei dieser Bereiche (a, b, c) zeigten sich in häufig benutzten Konzepten im Alltagsdiskurs ("Geld suchen"; *cari uang*; "Umziehen"; *pindah rumah* und "ein Haus bauen"; *bangun rumah*); der vierte (d) ergab sich aus Alltagsproblemen und entsprechenden Lösungsstrategien, die ich beobachtet hatte. Ich sprach zunächst mit acht Personen, einzeln oder mit dabei anwesenden Freunden oder Familienmitgliedern, über das

Thema *cari uang*, da es mir vorerst um die Gewinnung von bislang von mir evtl. übersehenen Bedingungs- und Optionskategorien sowie um erste Hypothesen zu Entscheidungsregeln und Strategien ging. Ich befragte Personen mit sehr unterschiedlichen biographischen Hintergründen, um soweit wie möglich das gesamte Spektrum der Bedingungen und Optionen zu erschließen. Das Formular wurde nach jedem Interview um Kategorien, die zusätzlich zu den vorgegebenen auftraten, für das nächste Interview erweitert oder es wurden irrelevante Aspekte gestrichen. So sollte ein zunehmend differenziertes und emisch valides Bild der Kategorien entstehen. Bezüglich der Residenzwahl wurde darauf aufbauend in einem zweiten Schritt der genannten Auswahl von 31 jüngst umgezogenen Personen (zusammen mit dem erwähnten Kurzfragebogen) ein vereinheitlichtes Ankreuzformular über den Zusammenhang von Wohnform und sozialem Stand vorgelegt, um gewonnene Vermutungen zu prüfen.

Tab. 9: Aufbau der Entscheidungstabellen (Erläuterung der Termini im Text)

ENTSCHEIDUNGSAUSLÖSER	
	REGELN 1 2 3 4 5 6 ..
BEDINGUNG (in emischer Wortwahl und deutscher Übersetzung)	BEDINGUNGSERFÜLLUNG: (J = Ja, erfüllt/gegeben; N = Nein, explizit nicht erfüllt/nicht gegeben; leer = nicht relevant, bzw. implizit nicht erfüllt/ nicht gegeben)
HANDLUNGSOPTION (emischer Terminus und deutsche Entsprechung)	HANDLUNGSAUSFÜHRUNG (X = gewählt/ausgeführt; 1.; 2.; ... = aufeinander folgende Schritte bzw. Optionen)
	STRATEGIEN A B C D E F ..
ENTSCHEIDUNGSRESULTAT	

Erläuterung und Begründung
der Entscheidungstabellen

Die Merkmale und Umstände von Entscheidungen werden in dieser Untersuchung mittels Entscheidungstabellen analysiert, die oben schon kurz erläutert wurden. Im folgenden gebe ich eine genauere Darstellung einschließlich der in der Literatur verwendeten Terminologie und begründe die Benutzung dieser Tabellen (vgl. Tab. 9). Solche Tabellen stellen eine der beiden gebräuchlichen Darstellungsformen von Entscheidungsprozessen dar. Die andere Form ist die mittels sogenannter Entscheidungsbäume bzw. Flußdiagramme (Baumdiagramme, *decision trees, flow charts*; Barlett 1977:297, Gladwin 1989, Ortiz 1983, Gladwin & Garis 1996)[39]. Entscheidungstabellen enthalten grundsätzlich die gleichen Informationen wie Entscheidungsbäume, weswegen sie von manchen als gleichwertig eingeschätzt wurden (z.B. Lang 1981:9). Ich habe in dieser Untersuchung Tabellen verwendet, weil diese Form der Darstellung doch einige Vorteile aufweist. Zunächst sind Tabellen ganz einfach platzsparender und übersichtlicher. Zweitens sind sie sparsamer in ihrer Aussage; sie sagen nur etwas über die Kombination von Bedingungen ("Regeln") aus, beinhalten dagegen keine Angabe der zeitlichen Abfolge der Bedingungen, die zu einer gewählten Handlungsoption führen. Gerade hier stecken nämlich in Entscheidungsbäumen oft überzogene Annahmen zur kognitiven Kapazität des Akteurs, insbesondere dann, wenn es sich nicht um kulturell normierte Entscheidungsthemen (sog. determinierte Entscheidungen) handelt. Drittens lassen sich diese Tabellen, je nach Fragestellung, leichter in zwei verschiedene Richtungen lesen, als das bei Flußdiagrammen der Fall ist: entweder fragt man (a) Welche der Handlungserfüllungen resultiert aus welcher Bedingung oder Bedingungskombination (Regel)? Dazu liest man spaltenweise von oben nach unten. Oder man fragt (b), welche Optionen ein Akteur hat bzw. welche Strategien (Optionskombinationen) er verfolgen kann, wenn bestimmte Bedingungen vorliegen. Hierzu liest man die Tabelle spaltenweise von unten nach oben. Viertens lassen sich Entscheidungstabellen anders als Entscheidungsbäume auch als Erhebungsinstrument in Form eines Gesprächsleitfadens bzw. als handliches und sehr flexibles Formular für die Notierung der Daten verwenden. Das ist ein ganz entscheidender Vorteil in der Feldforschung. Die Verwendbarkeit in einer konkreten Feldsituation hängt natürlich sehr vom kulturellen Umfeld ab und bedarf deshalb eines Vorversuches. Hier sollte nur auf diese Möglichkeit der Erhebung von Entscheidungen in der Innensicht hingewiesen werden. Mit meinen Gesprächspartnern erwies sich diese Möglichkeit der Erhebung tatsächlich als realisierbar und erhellend.

Ich definiere zunächst die Bedeutung der einzelnen Felder in den Entscheidungstabellen. Dazu gebe ich die in der Literatur gebräuchlichen synonymen Termini an, da die Terminologie in diesem jungen und interdisziplinär geprägten Untersuchungsfeld sehr uneinheitlich ist. Bei der Darstellung folge ich teilweise Werner & Schoepfle (1987; I:Kap. 4/5), Prattis (1973) und Matthews & Hill (1990).

Der "Entscheidungsauslöser" (obere Zeile) ist die einen Entscheidungsprozeß auslösende Unzufriedenheit bzw. der durch die Entscheidung angestrebte

---

[39] In der ethnologischen Entscheidungsforschung werden unterschiedliche Formen von Entscheidungsbäumen für verschiedene Forschungsziele verwendet. Gladwin benutzt sie, um Vereinfachungen seitens der Akteure in Form dichotomer Urteile darzustellen, während Ortiz die Zeitdimension berücksichtigt, indem sie Äste zwischen den Entscheidungspunkten unterschiedlich lang darstellt. Mit Ortiz (1983:278) kann man feststellen, daß Gladwins Bäume gut für die Wiedergabe ablaufender (*ongoing*) Entscheidungen mit feststehenden Resultaten (*determinate outcomes*) brauchbar ist, während Ortiz' Darstellung geeigneter für langfristige und nicht nur dichotome Entscheidungen ist, wie sie etwa beim Aufbau eines Betriebes oder dem Bau eines Hauses anfallen. Letztere lassen sich aber, sobald sie komplexer werden, übersichtlicher als Aktionsplan (*action plan*) veranschaulichen.

Endzustand, das Ziel. Dies wird im Schrifttum auch Sollzustand bzw. *attempted value, desired end-state* oder *outcome* genannt. Die "Bedingung" (linker oberer Quadrant der Tabelle) ist die unabhängige Variable, die als Ist-Zustand in Form von Merkmalen eine Entscheidung bestimmt bzw. die Optionen begrenzt. Sie wird in der Literatur auch als Ressource, *attribute, condition, condition stub* oder *constraint* bezeichnet. Unter "Bedingungserfüllung" (rechter oberer Quadrant) verstehe ich die jeweils eintretende Bedingung, z.b. der gegebene Ist-Zustand, daß man Arbeit sucht. Die Antwort auf diese Frage wird mit J ("ja, zutreffend/erfüllt") bzw. N ("nein, nicht zutreffend/nicht erfüllt") notiert. Diese Bedingungserfüllung wird in der anglophonen Literatur auch *condition entry* genannt. Eine "Regel" (*rule*, obere Kante) besteht in der rechts spaltenweise senkrecht nach unten abzulesenden Kombination mehrerer erfüllter Bedingungen, also z.B. die Kombination eines Berufes mit einem bestimmten Migrationsstatus. Regeln werden auch als die "eigentliche Entscheidung" bezeichnet (Kokot et al. 1982:30). Zusammengenommen bilden die Bedingungen, ihre Erfüllung und die Regeln die unabhängigen Variablen einer Entscheidung. Es folgen nun die abhängigen Variablen.

Die "Handlungsoptionen" (linker unterer Quadrant) sind die vom Gesprächspartner gesehenen Möglichkeiten an einzelnen Handlungen, die zu einem Ziel führen können. Dieses Spektrum der Möglichkeiten wird im Schrifttum auch als Alternativen, Handlungspotential, im Englischen als *choice possibilities, action stub*, *strategy set* oder als *means* bezeichnet. Eine solche "Option" bedeutet nur eine allgemein verfügbare Alternative, nicht jedoch unbedingt eine für ein Individuum bzw. einen Haushalt tatsächlich gegebene Möglichkeit. Ein Spektrum realer Möglichkeiten (*range of options*; *live option*, Decktor Korn 1975:257) ergibt sich erst, wenn pro gegebenen Bedingungen mehrere Handlungsoptionen gesehen werden. Der Bedingungserfüllung entspricht die "Handlungsausführung" (auch als Entscheidungsergebnis, *action entry* bzw. *actual choice* bezeichnet). Sie bildet die gewählte Möglichkeit im Spektrum der Optionen und wird mit einem X angekreuzt wird. "Strategien" (rechte untere Kante) bilden die Entsprechung zu den Regeln (bei den Bedingungen). Sie werden durch eine simultane Kombination mehrerer Handlungen oder aber eine sukzessive Abfolge verschiedener Tätigkeiten gebildet. Als "Resultat" (untere Zeile) wird hier der tatsächlich durch die Handlung erreichte Endzustand verstanden, für den man auch die Benennungen "Konsequenz", "Ergebnis", *outcome, end-state* und „Resultante" (*resultant*) findet[40].j

---

[40] In den Entscheidungstabellen im folgenden Text sind der Einfachheit halber die erste Zeile (der Entscheidungsauslöser) und die letzte Zeile (das Entscheidungsresultat) weggelassen, da sie sich aus dem Textzusammenhang bzw. der Abbildungsunterschrift ergeben.

Ethnic multiplicity is a fundamental characteristic of the city (of Ujung Pandang).
Shinji Yamashita, 1986

4 Ujung Pandang in Süd-Sulawesi: Migration, Handlungsoptionen und Stadtkultur

4.1 Stadtkultur und neue Stadtformen in Südostasien: *kampungisasi*, *kotadesasi* und *In situ*-Urbanisierung

4.1.1 Urbane Tradition, Kontinuitäten und Verstädterung

Trotz des heute rapiden Wachstums der Stadtbevölkerung ist der Urbanisierungsgrad Südostasiens im Weltvergleich noch gering. Das Stadtwachstum[41] betrug im Zeitraum von 1950 bis 1990 zwischen 3,9 und 4,0% und der Anteil städtischer Bevölkerung lag nach unterschiedlichen Angaben 1985 bei 26,3%, 1987 bei 30% (Roberts 1993:89, Tab 6.1). Außer den Philippinen gehören die Länder der Region heute noch zu den am wenigsten urbanisierten unter den sog. Entwicklungsländern (Forbes 1996:15). Die Verstädterung in Südostasien läßt sich im Vergleich zu anderen Gebieten der sog. Dritten Welt zusammen mit der in Ostasien als eine späte Urbanisierung typisieren, die von Wirtschaften mit einer diversifizierten Exportstruktur und einer vergleichsweise starken Industrialisierung gekennzeichnet ist. Der informelle Sektor ist zwar wichtig, aber weniger dominant als in früheren und wirtschaftlich weniger diversifizierten Formen der Urbanisierung und die Situation der Städte weniger krisenhaft (Roberts 1993:98ff., Tab. 6.1). Südostasien hat aber, mit Ausnahme der Philippinen, eine bedeutende und lange urbane Tradition (Wheatley 1983; Leinbach & Ulack 1993:393, Murphey 1996:19 und 47-55). Städte im Sinne großer Bevölkerungsansammlungen gibt es hier schon lange, nachweislich seit dem Eindringen indischer Zivilisation im ersten Jahrhundert (Murphey 1996:47). Aber erstens weisen die heutigen Städte eine sehr unterschiedliche historische Tiefe auf (Uhlig 1988:200; Hofmeister 1991:113). Zum anderen ist die Innensicht dessen, was "städtisch" ist, in verschiedenen Gebieten Südostasiens unterschiedlich und historisch nur z.T. ähnlich der westlichen Vorstellung von Urbanität (*indigenous urbanism*, Reed 1976[42]). Zusammengenommen mögen diese Umstände zur verbreiteten Vorstellung bei-

---

[41] Stadtwachstum (*urban growth*) bezeichnet das absolute Wachstum städtischer Bevölkerung, während Urbanisierung (*urbanization* bzw. *urbanisation*) das Ergebnis der relativen Zunahme des Anteils städti scher Bevölkerung insgesamt ist, diese also in Relation zur ländlichen Bevölkerung setzt. Da beide Prozesse historisch Hand in Hand gehen, werden sie oft verwechselt (Ammanssari 1994:10).

[42] Dies sollte aber nicht dazu verleiten, mit der Rede von einem "indigenen Urbanismus" in Südostasien, der sensu O'Connor (1983:118f.) durch die Symbiose von gleichzeitig starker Kommunität und Hierarchie gekennzeichnet ist, davon auszugehen, daß es eine allgemein geteilte Bedeutung der Stadt für die Menschen gibt (Korff 1995).

getragen haben, Menschen in Südostasien seien "not genuine urban people" (kritisch dazu Frederick 1983:354, 371).

Eine spezifisch urbane Raumkonzeption im westlichen Sinne, nämlich das dichte Zusammenleben in klar definierten, abgegrenzten Räumen, existiert nur in einigen Teilen Südostasiens, vor allem in vom Theravada-Buddhismus geprägten Städten Festlandsüdostasiens einerseits und in chinesisch beeinflußten Städten oder Stadtteilen in der ganzen Region andererseits (Evers 1984b). In Thailand findet sich ein rituell fundierter Urbanismus, der sich auch räumlich in Form von Stadtmauern, Toren und Mönchen als Kernbewohnern manifestiert. Im malaiischen Raum dagegen ist die Konzeption von Stadt eher die eines lebendigen Marktplatzes, weniger einer abgegrenzten Siedlung. Malaiien leben typischerweise in *kampung*, wobei es in ihrer Innensicht sekundär ist, ob diese auf dem Lande sind oder innerhalb städtischer Verwaltungsgrenzen liegen. Eine präzises Wort für Stadt oder Großstadt gibt es in malaiischen Sprachen nicht. Viele Städte im malaiischen Raum haben als Bestandteil *bandar* oder *kota* im Namen. Beide Wörter haben nicht die Bedeutung "Stadt" i.e.S.: *bandar* bedeutet "Hafen", während *kota*, das heute meistgebrauchte Wort, eigentlich "Fort" heißt. Das Zentrum bildet im Gegensatz zur thailändischen Konzeption weniger die Stadt selbst, sondern früher der ummauerte Palast (*istana* bzw. in Java *kraton*) in zentrifokaler Wahrnehmung und später die duale Struktur von Palast und Moschee (*mesjid agung*). Raumkonzeptionen, die der Urbanität im westlichen Sinne ähneln, sind in Inselsüdostasien durch die Überseechinesen (*nanyang*) und Europäer hineingebracht worden (Evers 1977a, 1977b, 1984b:4ff.).

Die Geschichte der Städte Südostasiens ist von indischen, chinesischen und europäischen Einflüssen geprägt. Für ihre Entwicklung war die Stellung der Region in einem maritimen Handelsnetzwerk entlang der Küsten des indischen Ozeans ab dem 5 Jh. von entscheidender Bedeutung. Bis zum frühen 16. Jh. gab es neben den inländischen religiösen Zentren vor allem handelsorientierte multiethnische Küstenstädte. Entsprechend wird in der Literatur seit McGee (1967:Ch.2) zwischen "heiligen Städten" und "Marktstädten" in Südostasien unterschieden. Schon diese waren kulturell stark durch Außeneinflüsse geprägt (*heterogenetic cities*; Redfield & Singer 1954:55f.). Ab dann dominierten koloniale Einflüsse und Neugründungen von Städten. Die meisten Städte wuchsen merklich erst in der Kolonialzeit und dabei vor allem als Zentren internationalen Handels und waren somit schon damals deutlich von ihrer jeweiligen Stellung im Weltsystem geprägt (Ginsburg 1989:22, McGee 1991:8-14; ähnlich Murphey 1996:51-55). Die besonders für die Großstädte Südostasiens charakteristische fremdkulturelle Bevölkerung bewirkte, daß die Städte zu Zentren interethnischen und religiösen Austausches wurden. Am Ende der Kolonialzeit teilten die großen Städte folgende fünf Charakteristika (Fryer 1953; Ginsburg 1955, McGee 1976, Leinbach & Ulack 1993:394f.):

1. die Lage am Meer oder einem Fluß,
2. die hohe Einwanderungsrate, die Zunahme fremder Bevölkerungsgruppen,
3. die dualistische Sozialstruktur (sensu Boecke) und segregierte Wohnweise,
4. das Schachbrettmuster (außer Bangkok) und schließlich
5. die Multifunktionalität.

Die ererbte koloniale wirtschaftliche Basis und dualistische Struktur der Gesellschaft blieb trotz Wachstums in vielen der großen Städte Südostasiens bis in die 1960er Jahre bestehen, was McGee als "Pseudourbanisierung" bezeichnet (McGee 1976, 1991:5). In nachkolonialer Zeit wuchsen die Städte stark, die fremden Gemeinschaften, besonders die Chinesen, waren weiterhin bedeutsam, der japanische Einfluß nahm (außer in Laos, Kambodscha und Vietnam) zu, und an den Küsten entwickelten sich städtische Konzentrationen. Das Landnutzungsmuster zeigte um den Hafen herum dichte Bereiche gemischter Nutzung, daran anschließend einen Ring mittlerer Dichte mit kommerziellen Zonen und außen ein Band mit neuen Vorstädten und Squattersiedlungen (McGee 1967; 1985:188-191; Leinbach & Ulack 1993:398ff.). Anders als dies in vielen Stadtmodellen für westliche, besonders für amerikanische, Städte postuliert wird, leben die ärmeren Menschen in den Städten Südostasiens bis heute nicht im Stadtzentrum, sondern oft weit außerhalb (Ginsburg 1986:203).

Da sich die Einflüsse verschiedener Perioden oft in unterschiedlichen, z.T. bis heute deutlich getrennten Teilen der Städte manifestiert haben, wurde die Struktur südostasiatischer Städte nach Chandrasekhara als eine "collection of period pieces" bezeichnet (Ginsburg 1986:201; vgl. Korff 1995). Zunächst läßt sich meist klar ein alter und ein neuer Teil der Stadt unterscheiden. Besonders Inder und Chinesen leben in eigenen Gebieten, wobei die Chinesenviertel oft den dicht bebauten Stadtkern im westlichen Sinne darstellen. Dies ist zusammen mit den ehemaligen Europäervierteln die Grundlage der immer wieder genannten Dichotomie zwischen fremden (*alien town*) und indigenen Teilen der Städte. Die wirtschaftliche Dominanz der Chinesen in den Städten und ihr weitgehendes Fehlen auf dem Land trägt dazu bei, daß die Kluft zwischen Großstadt und Land tief erscheint (Uhlig 1988:206). Die Spaltung in das "Fragment der (meist chinesischen) Migranten" und das indigene "folk fragment" wird dafür verantwortlich gemacht, daß die allgemeinen Modernisierungswirkungen der Städte, insbesondere im Hinblick auf politische Partizipation, gering bleiben (Goodman 1971:122ff.).

Heute zeichnen sich die Städte Südostasiens durch eine starke Durchmischung von Wohnen, Gewerbe und Handel aus. Die Wohnsegregation nach Ethnien nimmt ab (Ginsburg 1986:212). Eine klare Gliederung der Wohnviertel wird zunehmend schwierig (Evers 1982:168) und die Anzahl der Verwaltungsbauten im Stadtzentrum nimmt zu. Außerhalb der eng bebauten Stadtviertel lebt ein großer Teil der Bevölkerung in Siedlungen, die aus alten Dörfern hervorgegangen sind und äußerlich einen nichtstädtischen Eindruck machen; z.B. nur dünn mit einstöckigen Holzbauten bebaut sind und Baumhaine sowie Bananenstauden aufweisen. Diese teils auch ethnisch oder sozioökonomisch homogenen städtischen Siedlungen werden als *kampung* (auch *kampong*) bezeichnet[43]. Ein Großteil der Behausungen in südostasiatischen Städten ist weder in den Augen

---

[43] Die Bezeichnung *kampung* wird in der Literatur daneben auch verwendet für 1. ländlich erscheinende, dicht besiedelte Gebiete im Inneren der Städte, 2. für periphere Gebiete in lockerer Bauweise oder auch 3. für Squattersiedlungen (siehe Hofmeister 1991:114f. und hiesiger Glossar). Für diese Untersuchung ist die Definition von Ford (1993:392) nützlich: Er faßt *kampung* als weitgehend ungeplante Wohngegenden mit Bewohnern vorwiegend geringen Einkommens, die langsam aufgebaut wurden und nach und nach mit städtischer Versorgung ausgerüstet wurden.

der Behörden (Yeung 1985:49), noch der Bewohnern selbst als permanente Bauten anzusehen, selbst wenn sie schon lange existieren. Tendenziell werden aber alle Stadtteile zunehmend dichter besiedelt, so daß die visuelle Grenze zwischen Stadt und Umland meist scharf ist. Eine weitere Tendenz ist die Entwicklung von Wachstumskorridoren mit Behausungen und Industrieanlagen entlang der Ausfallstraßen. Gerade die letzten beiden Trends treffen aber vor allem für sehr große Städte zu, während Mittelstädte dahingehend bislang kaum untersucht wurden.

Das Wirtschaftsleben südostasiatischer Städte weist seit der Kolonialzeit eine Trennung in Sektoren der formalen und der informellen Wirtschaft auf, die als Dualismus bezeichnet worden ist (Geertz 1963). Heute weiß man aber, daß diese beiden Sektoren eng miteinander verknüpft sind. Viele, die einen formalen Arbeitsplatz haben, arbeiten daneben auch informell und außerdem unterstützt der informelle Sektor in vieler Hinsicht den formalen Sektor und die unzureichenden städtischen Dienstleistungen. Im informellen Sektor der Städte Südostasiens arbeiten ein Drittel und mehr aller Arbeitskräfte. Der informelle Sektor umfaßt ein breites Spektrum, vom harten täglichen Kampf um ökonomisches Überleben[44] einerseits bis hin zu fast industriellen Kleinbetrieben. In Teilen Indonesiens werden die Beschäftigungsmöglichkeiten im informellen Sektor durch kulturelle Normen gefördert, die vorsehen, mehr Arbeitskräfte einzustellen, als ökonomisch unbedingt erforderlich ist, um vielen eine Existenz zu ermöglichen. Dies wurde zuerst von Geertz (1956:143f.) in einer javanischen Stadt beschrieben.

Die großen Städte in Südostasien, zumindest die der *ASEAN* (*Association of Southeast Asian Nations*) angehörenden Länder, unterscheiden sich in mancher Hinsicht von den weit besser untersuchten Großstädten in Lateinamerika und Afrika (Schmidt-Kallert 1990:6-8). Im ländlichen Hinterland der Städte wurde in den letzten 25 Jahren mehr investiert als in den meisten anderen Gebieten der sog. Dritten Welt. Agrarische Neulanderschließung und die nirgendwo sonst so intensiv geförderte "Grüne Revolution" haben die ländlichen Räume an den Weltmarkt angeschlossen. In den letzten Jahren wurden in den Städten selbst mehr Arbeitsplätze geschaffen als in den umgebenden Stadtregionen. Die städtische Armut ist groß, aber die politische Kultur, in der Klientelismus dominiert, ist derart, daß die politische Selbstorganisation der städtischen Armen nicht zur Massenbewegung führt, was auch Besonderheiten der Stadtpolitik zur Folge hat (Rüland 1988a:22). Anders als bezüglich anderer Kulturregionen konnten Vermutungen dahingehend, daß die großen Städte Südostasiens wegen hoher Verschmutzung, Boden- und Arbeitspreisen wirtschaftlich weniger effizient seien als kleinere Städte (sog. *diseconomies of scale*), bislang empirisch nicht bestätigt werden (Rigg & Stott 1992:107).

---

[44] Siehe als drastische Zeugnisse zu Jakarta Critchfield (1970) über einen Fahrradrikschafahrer und Jellinek (1991) zu einer von der Stadtplanung verdrängten Gemeinschaft sowie Lubis (1990) als literarische Darstellung der sozial polarisierten Lebenswelt.

4.1.2 Urbanisierung, Migration und kulturspezifische Wanderungstraditionen

Drei Merkmale charakterisieren die heutige Verstädterung in Südostasien:
(a) der geringe Urbanisierungsgrad im Vergleich etwa zu Ostasien,
(b) das hohe Städtewachstum und
(c) die ganze Länder dominierenden Primatstädte und ganze Regionen dominierenden regionalen Metropolen.

Die städtische Bevölkerung Südostasiens lebt, außer in Vietnam, Myanmar (Burma) und Malaysia, zur Hälfte bis zu zwei Dritteln in Großstädten (über 100.000 Einwohner). Diese sind es, die den Hauptteil der Migranten anziehen (Dwyer 1990:280). Primatstädte (*primate cities*; Jefferson 1939), also Metropolen, die in Bevölkerungszahl und/oder funktionaler Bedeutung alle weiteren Städte eines Landes um Größenordnungen überragen, gibt es auch in anderen Gegenden der Welt. Für die Urbanisierung in Südostasien sind sie aber geradezu paradigmatisch (McGee 1967), wobei Thailand mit Bangkok den extremsten Fall darstellt (Rigg 1991:130-161), während Indonesien eine vergleichsweise geringe *primacy* aufweist (Geertz 1963:38; Ginsberg 1986:Tab. 10.1, Bronger 1991, Forbes 1996). Eine vielstufige Stadthierarchie, wie sie für westliche Industrieländer typisch ist, findet sich in Südostasien außer in Indonesien nicht (McGee 1985:180). Sekundärstädte bzw. Intermediärstädte, d.h. solche mittelgroßen Städte mit 100.000 bis 2,5 Mio. Einwohnern, wie z.B. regionale Zentren, gibt es weniger. Sie wurden zudem nur in geringem Maße erforscht (z.B. Rondinelli 1983; Costello et al. 1987, Schneider & Vorlaufer 1997), obwohl man sich gerade von ihnen eine Entlastung von urbanen Problemen erhofft, da sie Arbeit schaffen und Armut vermindern können (kritisch dazu Ginsberg 1986:201 und Rüland 1985, 1988b).

Noch ist Südostasien eine der am geringsten verstädterten Regionen der Welt. Im Jahre 1987 lebten etwa 30% der Bevölkerung in Städten, und im Jahre 2000 werden es ca. 37% sein. Innerhalb der Region gibt es allerdings große Unterschiede. Außer Singapore und Brunei sind die Staaten der Region insgesamt immer noch grundsätzlich ländlich geprägt (McGee 1985:182, Tab. 9.1; Leinbach & Ulack 1993, Ginsberg 1985:Tab. 10.1; Eisenstadt & Shachar 1987:9; Riggs 1991:133). In der Kolonialzeit war die Urbanisierung dadurch begrenzt, daß die einzigen städtischen Aktivitäten in Handel und Verwaltung bestanden (Bidani 1985:29). Die heutige Wachstumsrate der städtischen Bevölkerung ist dagegen hoch. Während das Bevölkerungswachstum insgesamt von 2,4% (1965-1980) auf 2,2% (1980-1987) zurückging, stieg die städtische Bevölkerung in den entsprechenden Zeiträumen von 4,5 auf 4,7%. Das Wachstum der Städte beruht (a) auf natürlicher Zunahme, (b) auf Eingemeindungen und (c) auf Zuwanderung. Die natürliche Bevölkerungszunahme fördert zwar das Städtewachstum (*urban growth*), kaum aber den Urbanisierungsgrad (*urbanization*).

Die Zuwanderung hat in erster Linie ökonomische Gründe, aber Migration ist in Südostasien nicht etwa nur eine Überlebensstrategie (Skeldon 1992 als Übersicht der Migrationstypen in der Region). Hinsichtlich der ökonomischen Ursachen zeigen etliche Studien, daß hohe Migrationsraten gerade nicht unter den ärmeren Haushalten auftreten, weil ihnen finanzielle Möglichkeiten oder Netzwerkkontakte fehlen (z.B. Lightfoot et al. 1981). Temporäre Migration in die Städte ist ein recht junges Phänomen und sie tritt in den Zensus nicht in Erscheinung; sie macht aber heute einen erheblichen Anteil der Wanderungen insgesamt aus (Lightfoot 1990:261f.). Die Lebenssituation und die Arbeitsmöglichkeiten in den Städten sind in aller Regel schlecht. Aber das wissen nicht alle Migranten; viele starten trotz ihrer Kontakte zu Bekannten, die schon migriert sind, mit geringen oder falschen Informationen. Dies könnte erklären, warum es z.B. in Nordthailand mehr freie Arbeitsplätze als in Bangkok gibt, die Menschen aber dennoch in die Hauptstadt abwandern. Ein bedeutenderer Faktor besteht jedoch darin, daß das Leben in der Stadt trotz der Arbeitslosigkeit wegen der Vielfalt der Möglichkeiten im informellen Sektor immer noch besser ist als in ländlichen Gegenden. Selbst Programme zur Hebung des Lebensstandards auf dem Lande scheinen das Bewußtsein für die Möglichkeiten in Städten und damit Land-Stadt-Migration letztlich zu fördern (Lightfoot 1990:266). In den Städten haben Migranten durch ihre in früheren Wanderungen etablierten Netzwerkbeziehungen häufig sogar mehr wirtschaftliche Optionen und Wohnmöglichkeiten, als es ansässige Städter haben. Entsprechend ist die Arbeitslosigkeit unter ihnen oft geringer (Lightfoot 1990:265). Die Versuche, den Zuzug zu den großen Städten durch strikte Verbote und drastische Vetreibungsmaßnahmen zu beschränken oder auf kleinere Städte umzuleiten, sind, wie in Südasien, weitgehend fehlgeschlagen (Yeung 1989; Rigg & Stott 1992:105).

Die in Städte gerichtete Migration hat weitere Ursachen, die nicht i.e.S. ökonomisch sind. Die bislang publizierten Überblicke zur landesinternen, insbesondere stadtwärtigen Migration in Südostasien betonen durchgehend erstens die Bedeutung von Netzwerkbeziehungen bzw. allgemeiner der intensiven Verflechtung von Stadt und Land und zweitens nichtökonomische Wanderungsmotive (z.B. Simmons 1977:52f. und 57f., Pryor 1979a:325f., Hugo 1981, Hauser 1985:10, Lightfoot 1990:267). Dazu kommt politische Instabilität in den ländlichen Regionen, die vor allem in den 1950er Jahren eine wichtige Rolle spielte (Evers 1975:778; Simmons 1977:52f.; McGee 1984:184, 205; Rigg 1991:135). Markante Beispiele sind die plötzliche Migration nach Tasikmalaya und nach Bandung in Java und vom ländlichen Süd-Sulawesi nach Ujung Pandang während der *Darul Islam*-Aufstände.

Als besondere Migrationsursache kommt besonders im malaiischen Raum hinzu, daß in manchen ethnischen Gruppen Migration positiv gesehen wird oder sogar, zumindest für junge Männer, als Norm gilt. Dies sollte man zwar nicht als den Kulturen inhärenten Wanderungsdrang apostrophieren, aber es handelt sich bei solchen kulturspezifischen Wanderungsneigungen (gegen Simmons 1977:54) durchaus nicht etwa nur um "speculative commonsense". Migrationstraditionen sind vielfach belegt und historisch im Rahmen des Handelsnetzwerks im malaiischen Archipel oder im Kontext von Arbeitsmöglichkeiten in der Kolonialwirtschaft bzw. Kolonialverwaltung zu erklären (McGee 1978:203). Die jeweiligen

Formen von Migration und die kulturspezifischen Migrationstraditionen hängen mit jeweiligen Besonderheiten und der Geschichte der Regionen zusammen[45]. Wie in Teilen Westafrikas gab es ursprünglich wirtschaftlich notwendige Wanderungen, die sich später in eigenen kulturellen Migrationsidealen kristallisierten.
Einige Ethnien in Südostasien sind besonders für ihre Wanderungstraditionen bekannt. Bei etlichen dieser Gruppen, z.B. bei den Minangkabau, hat die zeitweilige Migration als Wanderung mit Rückkehrwunsch den Charakter eines Passageritus und ist so in der Sozialstruktur verankert, daß man von einer "institutionalisierten Migration" (Metje 1997:232) sprechen kann. In manchen Gruppen spielen spezielle Termini für Wanderungen und Wanderer (jeweils in Klammern Beispiele) eine große Rolle, so in Indonesien
- bei den Minangkabau in West-Sumatra (*merantau*; "in die Ferne gehen", Naim 1979, aber verschiedene Bedeutungsnuancen, Metje 1997:231),
- bei den Batak in Sumatra (*marjajo*, "wandern", Cunningham 1958),
- bei den Iban in Kalimantan (*bejalai*, "aus der Heimat fortgehen", Freeman 1955),
- ferner z.b. bei Banjaresen (Ost-Kalimantan) und Bawean (nördlich von Java)
- und auch im sonstigen Südostasien, z.b. auf den Philippinen bei den Ilongot, in Thailand bei zentralen Thai (*thiaw*) und nördlichen Muang-Thai (*aew*; vgl. Waterson 1990:230; Lightfoot 1990:261).

"Entwicklung" versus "Urbane Involution"

Ein neuerer Trend der Großstädte Südostasiens besteht im Versuch der Stadtverwaltungen, eine "rationale" Stadtplanung nach westlichem Muster und modernes Management einzuführen (allgemein für Südostasien Rigg 1991:137; Rüland 1996, zu Jakarta Abeyasekere 1989:219-246). Fast allen größeren Städten fehlt es aber an ausreichenden Finanzmitteln, um die Probleme mangelnder Arbeitsplätze, fehlenden Wohnraumes, zu geringer Infrastruktur und zunehmender Umweltverschmutzung wirksam anzugehen (Drakakis-Smith & Rimmer 1982:20f.; bzgl. Ujung Pandang Mc Taggart 1976). Andererseits fördert die Stadtplanung und Stadtpolitik oft implizit das Stadtwachstum z.b. durch staatlich unterstützte Maßnahmen oder steuerliche Erleichterungen, die den Zuzug von Migranten erhöhen (Rigg 1991:138, 158). Dies ist auch im größeren nationalen Rahmen zu sehen. Die nationalen Entwicklungspolitiken der meisten südostasiatischen Staaten beruhen in großem Maße auf stadtbezogenen Maßnahmen wie der Schaffung neuer oder der Förderung existierender Städte in abgelegenen Regionen (Dwyer 1990:279).
Eng mit Migration und Stadtpolitik verbunden ist die Frage, ob die Städte Südostasiens als Zentren der Modernisierung fungieren (so die Beiträge in Dwyer 1972) oder ob sie als aktiv unterentwickelte Gebiete (Evers 1982:166) anzusehen

---

[45] Ethnische Konflikte als Wanderungsursache in Nord-Sumatra sind dafür ein Beispiel (Röll 1994:186f.).

sind. Hier ist zwischen technischen und wirtschaftlichen Innovationen und der Einbindung in die Globalisierung einerseits und dem Lebensstandard des Großteils der Bevölkerung andererseits zu unterscheiden. Zum einen sind die Städte eindeutig Motoren der Modernisierung und Zentren der Entscheidungsfindung über nationale und regionale Entwicklung (Ginsburg 1989:22). Der Lebensstandard ist, zumindest in Indonesien, in den Städten trotz aller Arbeitslosigkeit und Überfüllung besser als auf dem Land. Es trifft allerdings zu, daß aufgrund des stetigen Migrantenstromes die städtischen Ressourcen in kollektivem Konsum extrem übergenutzt werden. Subsistenzproduktion und kollektiver Konsum städtischer Leistungen und Infrastruktur sind eng verwoben. Bei fehlenden formalen Arbeitsplätzen und dem geringen Budget der Städte verfeinert und verästelt sich das System vor allem im informellen Sektor immer mehr. Dieser ist kein Überbleibsel der traditionellen Basarökonomie, sondern er wird aktiv erhalten, ohne daß es zu einer Entwicklung im Sinne strukturellen Wandels kommt. Damit kann man von einer "urbanen Involution" (Evers 1982:165,171; vgl. Evers 1974; Armstrong & McGee 1980) sprechen.

kampungisasi, kotadesasi und
In situ-Urbanisierung

Auch wenn eines der hervorstechenden Merkmale besonders der kleineren und mittleren Städte in Südostasien ihr langsamer sozialer und ökonomischer Wandel ist (Evers 1975:778), so haben sich in den letzten Jahren doch einige markante Veränderungen vollzogen. Der fundamentale, wenn auch langsame Wandel der Städte besteht in der Auflösung ethnischer Segregation zugunsten einer Segregation nach sozioökonomischer Lage (Evers 1975:781). Rapide Veränderungen haben sich vor allem in den Lebensformen im Übergangs- und Transformationsbereich von Stadt und Land ergeben. Gerade diese Transformationen wurden nicht nur bei den Megastädten, sondern auch in Sekundärstädten beobachtet. Es handelt sich in erster Linie um die zunehmende Auflösung des Stadt-Land-Gegensatzes, was unter den Termini *kampungisasi, kotadesasi* und *in situ*-Urbanisierung diskutiert wird. Die malaiischen dieser Termini zeigen an, daß etablierte Begriffe aus der Urbanisierungsforschung in westlichen Städten diese komplexen Phänomene nur unzureichend treffen.

Baks (1988) beschreibt die Situation in Java, wo der ländliche Bereich teilweise ebenso dicht besiedelt ist wie die Städte und wo auch die Umweltprobleme und Haustypen ähnlich den Städten sind. Auch viele sog. städtische Wirtschaftsaktivitäten finden de facto in ländlichen Gebieten statt (1988:215, 218). Die Städte wiederum bestehen großenteils aus einer Ansammlung von Siedlungen, die durch Zuzug ländlicher Bewohner in vorhandene *kampung* von ehemals geräumigen Stadtteilen zu sehr dicht besiedelten Vierteln wurden. Der Begriff Urbanisierung kann nach Baks diese Vorgänge nicht adäquat fassen, da er die Teilnahme an städtischen kulturellen Aktivitäten impliziert. Weder "ländlich", noch "städtisch" eignen sich zur Charakterisierung des Phänomens, weil beides zu sehr auf die Ortslage, vor allem den Wohnort, bezogen ist. Da das Wort *desa* im Indonesischen im Unterschied zu *kampung* eindeutig ländliche Konnotationen hat, benennt Baks die zunehmende räumliche und soziale Dichte mit *kampungisasi*, um die Bindungen zur Stadt hervorzuheben. Er kommt zum (etwas übertriebenen) Schluß, daß es in Java keine agrarischen Gemeinschaften mehr gibt (1988:219).

McGee (1989) weist darauf hin, daß ländliche und städtische Aktivitäten seit etwa zwanzig Jahren in Städten Südostasiens (aber auch z.B. in Taiwan) verstärkt am gleichen Ort getätigt werden und einander komplementär sind. Anders als in Städten der Industrieländer ist diese Fusion nicht in einem Ring um die Stadt, sondern an ganz verschiedenen Lokalitäten festzustellen. Sie findet sich im Umland der Metropolen, aber auch entlang von Korridoren an den Straßen, die die größeren Städte verbinden. Er nennt diesen Vorgang *kotadesasi*, womit er das indonesische Wort für Stadt (*kota*) mit dem für Dorf (*desa*) verbindet. Die entstehenden Konurbationen sind charakteristisch für Südostasien und werden auch als *desakota*-Regionen bezeichnet. Der Prozeß der *kotadesasi* ist durch fünf Merkmale charakterisiert (McGee 1988:94f.; Forbes 1996:95-98):

- Erstens nehmen nichtlandwirtschaftliche Aktivitäten in ländlichen Gegenden zu, wobei es charakteristisch ist, daß sich einzelne Haushalte in mehreren verschiedenen Wirtschaftsbereichen engagieren.
- Zweitens gibt es in den Zonen der *kotadesasi* vor allem durch billige Transportmittel eine enorme Mobilität von Gütern und Menschen.
- Drittens konkurrieren verschiedene Nutzungen, wie Landwirtschaft und Kleinindustrie um Land, was zu einer extrem gemischten Landnutzung führt.
- Viertens übernehmen zunehmend Frauen nichtlandwirtschaftliche Arbeit.
- Fünftens stellen die Gebiete der *kotadesasi* aus der Sicht der Behörden unkontrolliertes Terrain dar, in dem die Autorität der Stadtverwaltung nicht greift.

Methodisch sind zur Einordnung eines Gebietes im Rahmen der Stadt-Land-Beziehungen Daten zum relativen Beitrag landwirtschaftlicher Aktivität zum Sozialprodukt und zum Anteil der Arbeitskräfte an den Wirtschaftssektoren wichtiger als zur Bevölkerungsdichte und zum Siedlungsmuster (1988:95). Es werden drei Typen von *desakota*-Konurbationen unterschieden. Der Typ 3 ist für Ujung Pandang relevant, weil er solche *desakota* bezeichnet, die durch langsames Wirtschaftswachstum gekennzeichnet sind und sich oft um Sekundärstädte bzw. Provinzstädte herum entwickeln.

Brookfield et al. (1991) beschreiben am Beispiel des Umlandes von Kuala Lumpur, daß Wirkungen der Stadt stark und weit in das Umland reichen: "When the city comes to the village, ..., no rural way of life can survive" (1991:171). Von entscheidender Bedeutung dafür ist die Entwicklung eines dynamischen Bodenmarkts, der auch in den ländlich erscheinenden Gebieten von den Städtern dominiert wird und dort soziale Ungleichheit fördert. Neben dem Bodenmarkt ist die Entwicklung billiger öffentlicher Transportmittel (vgl. Leinbach & Sien 1989) maßgeblich dafür verantwortlich, daß ländliche Siedlungen schnell zu Vorstädten (*urban suburbs*) werden. Dies gilt auch dann, wenn sie weit von der Stadt entfernt sind, weil der Einzugsbereich der Pendler so groß wird, wie in westlichen Städten. Solche erreichbaren Siedlungen unterscheiden sich, selbst wenn ihr Erscheinungsbild ländlich ist, sehr von abgelegeneren ländlichen Siedlungen, Das gilt auch dann, wenn letztere von zirkulärer oder permanenter Migration betroffen sind. Den Prozeß der *in situ urbanization* beschreiben die Autoren so: "The manner, in which people, remaining where they are, become town dwellers, and in which their land becomes urban rather than agricultural, ..." (1991:2). Sie weisen darauf hin, daß es sich um ein neues Phänomen handelt, auch wenn ähnliche Formen periurbaner Dörfer in Neu-Delhi (Soussan 1980) und in Papua Niugini (Belshaw 1967, Epstein 1969; vgl. auch Rew 1980) beschrieben wurden. Die dabei aufkommenden Ambivalenzen und Wertekonflikte wurden allerdings noch kaum untersucht (vgl. aber Rutz 1987 für Suva/Fiji und in literarischer Form bzgl. etlicher pazifischer Siedlungen Theroux 1993). Die Konsequenz ist, daß die Stadt-Land-Dichotomie, die die wissenschaftliche Literatur nach wie vor prägt (vgl. z.B. Bidani 1985:25) - und die auch in den emischen Vorstellungen der Bevölkerung sehr präsent ist (dazu unten mehr) - die Wirklichkeit nicht adäquat wiedergibt.

Die drei Konzepte der *kampungisasi*, *kotadesasi* und *in situ-urbanization* beanspruchen allgemeinere Gültigkeit, wurden aber an Fallstudien entwickelt und bislang in der Literatur (mit Ausnahme der *kotadesasi* in städtischen agglomerationsräumen) kaum vergleichend diskutiert. Die Begriffe zeigen zwar jweils unterschiedliche Muster der Transformation an, decken sich jedoch in der empirischen Kritik an der Stadt-Land-Dichotomie. Die drei Konzepte sind für eine vergleichende Sicht der Veränderungen auf der Makroebene und insbesondere der Wirtschaft nützlich, obwohl sie nur einen sehr beschränkten Aufschluß über die Veränderungen in der lokal- bzw. kulturspezifischen Lebensform und Denkweise der Menschen geben. Gerade darum geht es aber in dieser Arbeit. Die Denk- und Lebensweise in Städten Südostasiens ist mehr denn je von Ambiguität gekennzeichnet. Die ethnische Interaktion nimmt zu, und über die zunehmende soziale und politische Integration kommt ein geteiltes städtisches Bewußtsein auf. Damit stellen die Städte weniger denn je eine Kombination kleiner geschlossener, aber wenig miteinander integrierter Gemeinschaften dar, was Geertz (1965) als "hohle Stadt" bezeichnete. Dies wird verstärkt durch die zunehmenden modernen nationalen und globalen Einflüsse, die in den Städten in lokal besonderer Weise verarbeitet werden. Ginsburg kommt in einem Überblick zu Geschichte und Stand der Forschung zu Städten in Südostasien zum Schluß:

> "The city is, after all, an artifact of society and it inevitably expresses to a large degree the values of the culture it represents. At the same time, we have come to see in a more discriminating way than in the past how percepts developed within a Western context can be applied to Asian cities. Nonetheless, even in Asia the differences in urban types and systems from country to country, despite great similarities, are striking" (1989:21).

Schon vor zwanzig Jahren charakterisierte Evers die Auswirkungen der Veränderungen im sozialen Umgang auf die Handlungsrationalität der Bewohner und die potentiellen Konflikte. Er verwies dabei auf ein Thema, das heute besonders virulent ist, nämlich die Möglichkeit freier Entscheidungen und den Zusammenhang von allgemeinem sozialem Wandel und Residenzdynamik:

> "Urban dwellers realize that they can move out of the confines of both residential area and occupation to occupy new social and residential positions. As the traditional ethnic monopolization of occupations is breaking down, occupational opportunities are, in theory, opened for all members of all ethnic groups. At the same time, rising unemployment rates may reduce the actual opportunities of upward occupational mobility expected by a large proportion of the workforce. The potential for open conflict is enhanced because competition for jobs between members of different ethnic groups is now combined with competition for living space. Moving into an area that was formerly defined as the territory of one particular group according to the traditional divisions in the plural society, as well as moving into an occupational area that was formerly monopolized by a particular ethnic group is interpreted in the social consciousness as invasion and leeds to defense reaction" (Evers 1975:783f.).

4.1.3 Urbanisierung und Migration in Indonesien

Die Städte Indonesiens zeichnen sich heute durch eine enorme Vielfalt[46] aus, zeigen aber auch einige fast durchgängige Strukturen, die sich aus vor allem javanischen Traditionen herleiten. Idealtypische Elemente, besonders der javanischen Städte, sind der Palast (*kraton*) mit offenem Platz (*alun-alun*), der Marktplatz (*pasar*), der Hafen, das Fort und politisch eine gewisse Autonomie (Wertheim 1958:168-170). Sowohl die Städte im Inneren als auch die Küstenstädte lagen in der Nähe zu Zentren königlicher Herrschaft (Wertheim 1956:168). Obwohl das Leben in Hafenstädten stark von fremden Bewohnern beeinflußt war, war es von javanischen Mustern geprägt. Dies galt besonders für die Viertel der Aristokratie, weniger dagegen für die Händlerviertel (Lehmann 1936).

Im Siedlungsbild indonesischer Städte findet sich oft noch heute eine Dreigliederung in ländlich wirkende *kampung*, weiträumige, ehemals kolonial geprägte Stadtteile, und dichte chinesisch bestimmte Geschäftsviertel (*tripartite*

---

[46] Es gibt verschiedene Vorschläge der Typisierung heutiger und historischer indonesischer Städte, die hier nur genannt seien. Wertheim (1956:168f.) und Keyfitz (1976:126) trennen Städte des Inneren von Küstenstädten, Hildred Geertz unterscheidet große kosmopolitische Städte als "Metropolen" und "kleine urbane Zentren". Diese Provinzstädte leben vom Handel und Verwaltungseinrichtungen und ihre Bewohner haben eine lokale Orientierung (1967:34, 39). Nas et al. (1981) geben eine Typologie von 46 *kotamadya* mittels 17 Indikatoren. Sie unterscheiden "Erziehungsstädte" (z.B. Yogyakarta), "durchschnittliche" Städte, "dichte Städte" (z.B. Ujung Pandang), "christliche Städte" (z.B. Manado), "chinesische Städte" (z.B. Pontianak) und "große Städte" (nur Jakarta). Historisch unterscheidet Nas (1986:3-5) die "frühe indonesische Stadt", die "indische Stadt", die "Kolonialstadt" und die "moderne Stadt". Rutz (1985) bietet Vergleichsdaten zu Städten unterschiedlicher Größe und politischer Bedeutung.

structure; Nas 1986:5). Als viertes räumliches Element kommen Gebiete dazu, die häufig schon seit langer Zeit administrativ zur Stadt gehören und im Rahmen der Suburbanisierung später besiedelt wurden. Ein neues morphologisches Modell von Ford (1993:382; hier Abb. 15) weist neun Zonen aus, die in vielen Städten Indonesiens zu finden sind. Das Modell ist detailliert und basiert auf großen an Küsten gelegenen Provinzhauptstädten; damit ist es für Ujung Pandang besonders relevant.

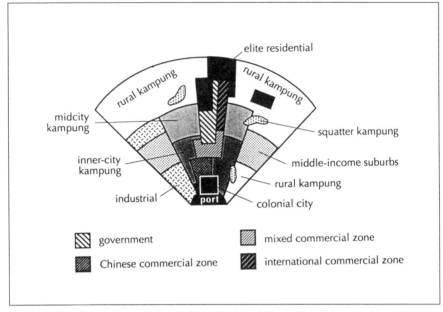

Abb 15: Modell der morphologischen Struktur indonesischer Städte (Ford 1993:382)

Die heute vergleichsweise noch geringe Urbanisierung Südostasiens ist zum großen Teil auf die Verhältnisse in Indonesien zurückzuführen. Indonesien wies lange einen niedrigen Prozentsatz städtischer Bevölkerung auf (vgl. Wertheim 1956:183-191, 1958:1-77, Milone 1976). Heute wohnt aber etwa ein Drittel der Indonesier in Städten und Indonesien stellt einen Großteil der Bevölkerung der Region (Hanisch 1994:54, Tab. 1, Ford 1993, Hugo 1996), im Jahre 1998 über 200 Mio. von ca. 500 Mio. (Stahr 1997:60, Tab. 3). Somit sind die indonesischen Werte maßgeblich für die die Durchschnittszahlen der städtischen Bevölkerung Südostasiens. Von den dreizehn größten Städten Südostasiens sind sechs in Indonesien (Forbes 1996:101, Tab. 7.1). In Indonesien werden manche Bevölkerungskonzentrationen von über 100.000 Menschen noch als Dorfansammlungen (*desa*) bezeichnet und nur wenig mehr als fünfzig Städte haben munizipalen Status. Das führt dazu, daß der Verstädterungsgrad Indonesiens tendenziell unterschätzt wird (Milone 1976:93, Ford 1993:374). Die Rate des Wachstums der städtischen Bevölkerung liegt bei 5% und ist damit eine der höchsten im pazifischen Asien. Wegen des schon hohen Anteils an Stadtbevölkerung ist das Wachstum der Bevölkerung stark auf große Städte konzentriert (1/3 davon sogar auf Millionenstädte). In Jakarta lebten 1990 17% der Stadt- und 5% der gesamten Bevölkerung des Landes. In einigen Gebieten, so um Jakarta, Surabaya und Medan entwickeln sich sogar ganze Stadtkorridore und -regionen (Uhlig 1988:554; Wolfram-Seifert 1992, Frank 1993, Nas 1995, Hugo 1996:152). Neben Jakarta als ausgeweiteter Metropole (*extended metropolis*; Ginsburg et al. 1991: Part I, Hugo 1996:154), sowie Surabaya, Bandung und Semarang auf Java gibt es nur drei Millionenstädte auf den Außeninseln, nämlich Medan und Palembang auf Sumatra und Ujung Pandang auf Sulawesi, das erst 1996 offiziell die Millionengrenze überschritten hat und deshalb in den meisten Karten oder Tabellen noch nicht als Millionenstadt verzeichnet ist.

Für Indonesien insgesamt sind aber andere Entwicklungen entscheidender. Erstens verbringen viele Indonesier, die auf dem Land gemeldet sind, als Pendler oder saisonale Migranten einen Großteil ihres Lebens de facto in Städten, auch wenn ihre Familien auf dem Lande bleiben (Hugo 1996:134,137). Zweitens wachsen neuerdings nicht nur große, sondern auch kleine Städte (Drakakis-Smith 1992:112f.; Wolfram-Seifert 1992, Soegijoko 1993). Dies hängt zum einen damit zusammen, daß die mittleren Städte selbst Durchgangsstationen für Migranten sind. Außerdem neigen die Inseln und Großregionen in einem räumlich zersplitterten Land dazu, eigene Hauptstädte zu haben, die zu regionalen Primatstädten werden. Alle Provinzstädte erleben einen anhaltenden Strom von Migranten (Dürr 1994:12), zumeist aus ihrer eigenen Provinz (Hugo 1986:168). Eben dieser Prozeß ist in Süd-Sulawesi in Ujung Pandang und in Nord-Sulawesi in Manado zu beobachten.

Über die Gründe des hohen Wachstums der städtischen Bevölkerung und besonders der Arbeitskräfte gibt es unterschiedliche Meinungen (Soegijoko 1993 vs. Manning 1993). Die erste Position besagt, es liege an der hohen Nachfrage aufgrund des strukturellen Wandels der indonesischen Wirtschaft und dem deutlich höheren Lebensstandard in den Städten trotz der verbreiteten städtischen Armut (Jellinek et al. 1978). Die Gegenposition argumentiert, die Gründe seien die ländliche Arbeitslosigkeit, die Zurücknahme von Maßnahmen ländlicher Entwicklung und auf den Außeninseln die schwachen wirtschaftlichen Bindungen der Städte zum Hinterland. Entsprechend unterschiedlich ist auch die Einschätzung der möglichen Gegenmaßnahmen: Förderung der städtischen Wirtschaft vs. integrierte Regionalentwicklung. Besondere Anziehungspunkte für Migranten sind neuerdings Batam im Riau als Zentrum des Wachstumsdreiecks zwischen Malaysia, Singapur und Indonesien einige kleinere *Frontier*-Städte der Außeninseln, die wegen Rohstoffvorkommen, die von multinationalen Konzernen ausgebeutet werden, oder wegen des *Transmigrasi*-Programms Arbeitsplätze bieten, z.B. Samarinda, Balikpapan, Jayapura und Sorong (Wood 1989, Manning 1993:90).

Die offizielle Rate der Migration in Indonesien ist gering; der tatsächliche Umfang, vor allem bei temporärer und zirkulärer Migration, dagegen sehr hoch.

Zirkuläre Wanderungen sind besonders für mittelgroße Städte bedeutsam, wie z.B. Costello et al. (1987) zeigten. Für die hohe Migrationsrate spielt die neuere Entwicklung der Kommunikation und des Regionalverkehrs durch Kleinbusse eine entscheidende Rolle (Hugo 1996, Forbes 1996). Ländliche Haushalte, deren Einkommen durch Stadtwanderer ergänzt werden, bilden heute eine Lebensformgruppe, die stark an Bedeutung gewinnt. Migranten bewegen sich in Indonesien oft in weitgespannten Netzwerken regionalen Zuschnitts (Dürr 1994:12). Nichtsdestotrotz ist die Migration innerhalb von Provinzen fünfmal so umfangreich wie die zwischen Provinzen (Hugo 1996:162). Innerhalb der Netzwerke helfen die Verwandten von Migranten nicht nur mit Ratschlägen. Entscheidend ist, daß sie Arbeit geben oder vermitteln. Häufig bestehen spezialisierte Arbeitstraditionen und auch besondere Wohnformen von Stadtmigranten aus bestimmten Ethnien oder Herkunftsdörfern. Bis heute haben sich in einigen Städten Quartiere mit Konzentrationen von Migranten eines Herkunftsgebietes gehalten; oft haben Wanderer aus einer Region oder einem Dorf denselben Beruf (Hugo 1996:147). In den Städten leben zirkuläre Migranten häufig gemeinsam in Wohnheimen, während saisonale Migranten oft bei ihrem städtischen Arbeitgeber leben. Frühere Analysen zeigen, daß die Migranten in aller Regel gebildeter sind als Nichtmigranten; neuere Untersuchungen machten deutlich, daß, vor allem in Ostindonesien, besonders die weniger gut Gebildeten auf der Suche nach Arbeit oder nach Bildung in die Städte ziehen (Manning 1993:90f.).

4.2   Süd-Sulawesi als Wanderungs- und
        interethnisches Begegnungsfeld

4.2.1   Süd-Sulawesi im Überblick

Die Insel Sulawesi[47] liegt am Äquator zwischen Borneo und den Molukken, umfaßt knapp 10% des Staatsgebietes Indonesiens, ist damit etwa so groß wie Deutschland und hat 12,5 Mio. Einwohner. In der Reiseliteratur wird die Insel mit Attributen wie "asiatisch-australisches Märchenland" (Brettschneider 1992:326) und Superlativen, wie "world´s most peculiar shaped island" (Dalton 1991:824) versehen. Wenn auch romantisierend bzw. überspitzt ausgedrückt, stecken tatsächliche Besonderheiten dahinter. Die erste Benennung verweist auf biogeographische, aber auch historisch bedeutsame Kontakte nach Australien, während die zweite Charakterisierung auf wirtschaftlich und politisch wichtige geographische Merkmale der Insel verweist (Kornrumpf 1935). Sulawesi erscheint wie eine Ansammlung von Halbinseln. Es ist die am stärksten zergliederte Insel des Malaiischen Archipels (Helbig 1949:115f.), weist eine lange Küste auf und ist in der Nord-Südachse weit ausgedehnt. Die Stadt Manado im Norden z.B. liegt Manila in den Philippinen näher als der indonesischen Hauptstadt Jakarta und die Distanz zu Davao City, einer Stadt in den südlichen Philippinen, ist geringer als zu Ujung Pandang (Sondakh & Jones 1989:365).

---

[47]   In älterer Literatur auch Celebes, in deutschen Schriften vereinzelt auch Selebes (z.B. Helbig 1949:35,115 und Rutz 1995:306).

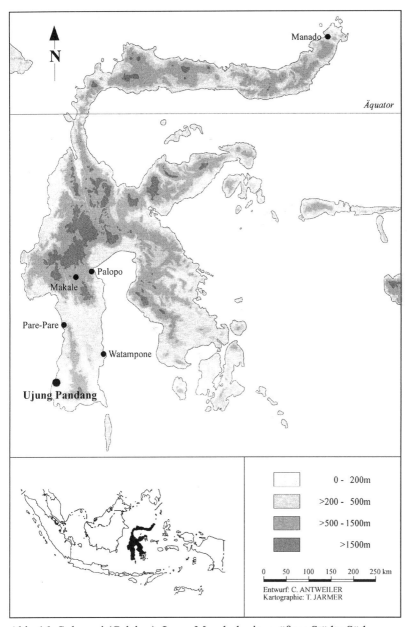

Abb. 16: Sulawesi (Celebes): Lage, Morphologie, größere Städte Süd-Sulawesis und Manado als Hauptstadt Nord-Sulawesis

Süd-Sulawesi (*Sulawesi Selatan*, als Akronym *Sulsel*), eine der vier Provinzen Sulawesis, ist mit einer Fläche von um 70.000 km² knapp halb so groß wie Java[48]. Diese Region wird zwar oft als "Halbinsel" bezeichnet, umfaßt aber nicht nur die südwestliche Halbinsel Sulawesis, sondern auch etwa die Hälfte des Inneren (Abb. 16)[49]. In dieser Provinz, deren Bewohner zu 88% als islamisch registriert sind, wohnen mit knapp 7 Mio. mehr Menschen in einer Provinz als sonst irgendwo auf den Außeninseln, also außerhalb Javas. Deshalb kann Süd-Sulawesi als "settled Outer Island province" gekennzeichnet werden (Hill 1989:xii). In Süd-Sulawesi wohnen über 60% der Bewohner der ganzen Insel (um 11,5 Mio. 1985). Die Besiedlungsdichte liegt bei durchschnittlich 100 bis 200 Personen/km² (1984). Auf den Außeninseln ist nur in Nord-Sumatra eine noch dichtere Besiedlung zu finden. Die bergigen Regionen von Mamuju, Mandar, Polewali, Mamasa, Tana Toraja und Luwu sind jedoch wesentlich dünner besiedelt (31 ersonen/km²), während die flache Naßreisbaulandschaft ("die Reisschale") um Ujung Pandang mit etwa 300 Menschen/km² überdurchschnittlich dicht bewohnt ist.

- Fläche: 62.482.54 km² (Kotamadya Ujung Pandang Dalam Angka 1990; stark differierende Angaben in verschiedenen Quellen)
- Einwohner: 7.229.000 (1992), 6.980.589 (1990); 6.600.000 (1985); 6.096.564 (1980); 5.500.000 (1976); 5.198.000 (1971), 4.500.000 (1961); 3.500.000 (1935)
- Besiedlungsdichte: 99/km²
- Bevölkerungszunahme: 1,55%/Jahr (1971-1992, 1,41% (1980-1990); 1,71% (1971-1980), 1,55% (1971-1992); niedrigste auf den Außeninseln Indonesiens; fünftniedrigste der 27 Provinzen Indonesiens; Gesamtindonesien: 2,01 (1980-1990)
- Urbanisierungsgrad: 24,1% (1990, national 30,9%)
- Verstädterungszunahme: 4,1% (1971-1980); national: 5,4% (1971-1980), 5,37% (1980-1990)
- Schüler und Schülerinnen in höheren Schulen (SMA): 18/1000 Pers.; Indonesien gesamt: 14/1000 Pers.)
- Minimallohn/Tag: Rp. 2300,- (1994, Gesamtindonesien: 2945,-)
- Steigerungsrate des Bruttosozialproduktes: 4.7% / Kopf (1975-1984)
- Religionszugehörigkeit: formal 88,4% Islam; gilt als vergleichsweise streng islamische Region; 8,5 % Protestanten, 1,4% Katholiken, 0,5 % Hindu, 0,3% Buddhisten, 1% andere (gerundet)
- Auswanderungstendenz hoch und Binnenwanderungsrate hoch; Immigartion 3,1 % in Städte, 1,2 % in ländliche Gebiete (1985-1990)
- Süd-Nord-Gefälle des politischen Einflusses innerhalb Süd-Sulawesis
- ethnische Vielfalt
- historische Beziehungen und kulturelle Ähnlichkeiten der vier großen Ethnien (Makasar, Bugis, Mandar, Toraja)
- propagierte Annäherung der Ethnien in einer "Kultur Süd-Sulawesis" (*Kebudayaan Sulawesi Selatan*)

Abb. 17: Grunddaten und Strukturmerkmale Süd-Sulawesis im Überblick (Quellen: Sulawesi Selatan Dalam Angka 1990, 1996, Hugo 1997; Tirtosudarmo 1997 u.a.)

---

[48] Die Angaben differieren erheblich, z.B. 72.781 Quadratkilometer im offiziellen Jahrbuch (Sulawesi Dalam Angka 1996); 82.768 bei Reid & Reid (1988:2); 65.000 bei Pelras (1975:7).

[49] Selbst auf mancher Karte fehlen nördliche Teile der Provinz, nicht nur in vielen Reiseführern, sondern auch in ethnologischer Fachliteratur, z.B. etwa ein Viertel der Fläche in der Karte in Volkman (1985: Map 2 "South Sulawesi").

Administrativ besteht Süd-Sulawesi seit 1960, als nach der späten politischen Konsolidierung die vier Provinzen Sulawesis eingerichtet wurden, aus 21 Regentschaften (*kabupaten*) und zwei Munizipalitäten (*kotamadya*; Ujung Pandang und Pare-Pare), die unseren kreisfreien Städten entsprechen (vgl. Nas et al. 1981). Neunzehn der Regentschaften haben einen Zugang zum Meer und machen damit die maritime Orientierung der gesamten Provinz deutlich. 24,1% der Bewohner der Provinz werden als städtisch eingeordnet (Hugo 1996:158, Tab 5.10); 13% lebten in einer der beiden genannten *kotamadyas*. Die städtischen Zentren Ujung Pandang, Pare-Pare, Watampone (Bone) und Palopo gründen sich sämtlich auf Hafenlage und damit Handel, der oft in starkem Maße in chinesischen Händen lag und liegt. Daneben sind das Kleingewerbe (informeller Sektor) sowie Verwaltungsfunktionen wichtige Säulen der städtischen Wirtschaft.

Tab. 10: Verbreitung der Bugis, Makasar und Mandar in Indonesien; aus Volkstelling 1930 (1931) und Zainal Abidin (1983:71; Tab. I-1)

Region	Bugis	Makasar	Mandar
Celebes ohne Gebiet von Manado	1380334	630144	175271
Manado (Nord-Celebes)	27477	1630	1571
Borneo	95048	3088	5846
Sumatra	10170	1044	11
Residenz von Timor	11652	2718	796
Sumbawa	8232	1975	---
Bali und Lombok	2468	276	2295
Molukken	1293	1622	103
Java und Madura	4593	2198	3293
Britisch Malaya	1951	23	----

Schon um 1930 lebten ca. 10% der in Süd-Sulawesi geborenen Menschen außerhalb der Provinz (Lineton 1975a:180). Die hohe Auswanderungsrate hat in erster Linie wirtschaftliche, daneben jedoch auch andere Gründe (Abustam 1987/88:20, 115, 124). Auswanderungswellen gab es zumeist in Zeiten politischer Unruhe (Millar 1981:18f.; Andaya 1981; Zainal Abidin 1983:82-193). Zum einen suchten traditionelle Führer, die in ihrem Herkunftsgebiet erfolglos blieben, ihre Gefolgschaft in anderen Gebieten. Zum anderen gingen in diesem Jahrhundert viele Bewohner als Bauern nach Sumatra und Borneo oder suchten Arbeitsplätze auf Gummi- bzw. Kopraplantagen in Borneo und Malaysia. Schließlich führte die politisch unsichere Lage Süd-Sulawesis in den 1950er und 1960er Jahren, die ich in 4.4.3 näher schildere, zu verstärkter Auswanderung (darunter vor allem aus Tanah Toraja) nicht nur in die Städte, sondern auch auf andere Inseln (Lineton 1975b:181). Besonders die Bugis, aber auch Makasar und Mandar haben ferner eine bis hin zur Norm gehende Tradition der Auswanderung. Der *pasompeq* ("Seemann" bzw. "Schiffer", heute allgemeiner "Wanderer"; Lineton 1975a; Cunningham 1979:270, Zainal Abidin 1983:87ff., Reid & Reid 1988:24) stellt bei den Bugis das männliche Rollenmodell schlechthin dar. Die Statistik von 1930 (nach dem letzten Zensus mit Ethnienangaben) in Tab. 10 zeigt, daß die Bugis den Löwenanteil der Wanderer nach Orten außerhalb Süd-Sulawesis ausmachen, und daß die weitaus meisten Menschen nach Borneo (ohne den damals britischen Teil; heutiges Kalimantan) wanderten. Um diese Zeit stellten Menschen aus Süd-Sulawesi dort fast ein Fünftel der Bevölkerung, im Umland der Städte Pontianak und Balikpapan sogar die Hälfte der Bewohner (Zainal Abidin 1983:70f. und pers. Mitt. 1991). Im kolonialen Batavia lebten schon 1815 4139 Menschen aus Süd-Sulawesi; in Jakarta bildeten sie 1961 nach den Minangkabau (60.000), Batak (29.000) und Gruppen aus Süd-Sumatra mit 21000 Menschen eine starke Fraktion unter den Migranten von außerhalb Javas (Castles 1967:135, 157).

Etwa ein Fünftel der Fläche Süd-Sulawesis eignet sich zur Landwirtschaft (Hafid 1981:1; Mattulada & Maeda 1982). Sie wird vom Naßreisbau in den Flachländern bestimmt, der sich an den Küsten entlang zieht und sich zwischen Pinrang und Pare Pare im Westen und Bone im Nordosten erstreckt (Abb. 18). Je nach klimatischer Situation wird Naßreis in den Küstenebenen zu verschiedenen Jahreszeiten bis zu zweimal im Jahr geerntet. Obwohl nur geringe Flächen modern bewässert sind, gilt Süd-Sulawesi als eine der "Reisschalen" Südostasiens vgl. Accialioli 1998).

Die Provinz produziert die größte Menge und den höchsten Wert an Fisch unter allen Provinzen Indonesiens. Die Grundnahrung der Bevölkerung, besonders in den küstennahen Gebieten, ist Reis und Fisch. Süd-Sulawesi liefert Reis und Reismehl in große Teile Kalimantans und exportiert außerdem Kaffee, Gewürznelken und Tabak (Kristanto et al. 1989:388ff., 399). Der Landdruck ist in Süd-Sulawesi noch vergleichsweise gering, und es gibt Reisüberschüsse, denn die Wachstumsrate der Bevölkerung liegt unter dem nationalen Durchschnitt, was mit der starken Auswanderung aus der Provinz zusammenhängt (Hafid 1981:1,7).

Abb. 18 : Naßreisbau im ländlichen Süd-Sulawesi

Die Regionalentwicklung Süd-Sulawesis hinkte lange der nationalen Entwicklung hinterher. Grund dafür war in erster Linie eine von Kahar Muzakkar angeführte, z.t. regionalistisch-isolationistische, z.T. dem *Darul Islam* folgende, fundamental-islamistische Bewegung in den 1950er und 1960er Jahren (besonders 1953 bis 1965). Zentrale Figur des langen Aufstandes war Kahar Muzakkar (auch La Deomeng), der 1921 in Luwu im Norden Süd-Sulawesis geborene wurde, aus dem unteren buginesischen Adel stammte und zunächst Lehrer und später hoher Offizier war. Da er wegen mangelnder Ausbildung und fehlender Disziplin, so die offizielle Lesweise, nicht in eine hohe Position aufsteigen konnte, quittierte er aus Protest 1950 seine Stellung in der nationalen Armee. Es begann eine lange, die ganze Region erschütternde Rebellion, die meist nach ihm benannt wird. Das Land war nicht mehr unter der Kontrolle der Regierung, sondern von Muzakkars Guerillatruppen. Die Bewegung hatte eine solide Basis in großen Teilen der Landbevölkerung, aber Tausende von Bauern gerieten zwischen die rivalisierenden Fraktionen der Widerstandskämpfer und viele wurden von den Rebellen zwangsweise umgesiedelt. Viele Menschen flohen in die halbwegs sicheren Städte; Hauptziele waren Ujung Pandang und Pare-Pare. Die Landwirtschaft wurde großteils aufgegeben und der Schulbesuch auch; die Kinder wurden zu Verwandten oder anderen Beschützern nach Ujung Pandang geschickt (Errington 1989:19 bzgl. Luwu).

Nach Dekaden währenden Konflikten war Süd-Sulawesi in den 1960er Jahren eine arme Provinz eines armen Landes. Die Wirtschaft war dadurch gekennzeichnet, daß die landwirtschaftliche Basis eine überragende Stellung hatte und der Handel bedeutsam war. Gering entwickelt waren dagegen das Transport- und Kommunikationsnetz, die Exporte und die finanzielle Ausstattung der Provinzregierung (Makaliwe 1969). War die Entwicklung in den 1970er Jahren durch wirtschaftliches Wachstum geprägt, so ist sie in den 1980er Jahren uneinheitlich und problematisch gewesen. Süd-Sulawesi belieferte die trockenen östlichen Gebiete des Archipels mit Reis und Trockenfisch, aber es blieb eine vergleichsweise arme Provinz. Ein struktureller Wandel in den letzten zwanzig Jahren brachte eine Abnahme der Produktion von Nahrungsmitteln (besonders ab 1980) insgesamt. Der Reisbau wurde und wird dadurch behindert, daß die Felder im Schnitt klein sind; ein Bauer besitzt typischerweise mehrere verstreute Feldstücke in mehreren großen *lompo* genannten Feldern, die mehrere Besitzer haben (Hafid 1981:2, Tab.2, Fig.1). Die Produktivität des Naßreisbaus nahm jedoch nach der Einführung von Hochertragssorten zu, besonders ab 1975 in den Gebieten Sidrap, Pinrang und Maros (Reid & Reid 1988:23). Weiterhin gab es in der Produktion von Nahrungsmitteln eine Verlagerung zu Nichtreis-Nahrungsmitteln (*palawija*) wie Mais, Kassava, Erdnüsse und Soyabohnen, wenn auch weniger als in Java. Vermarktungsfähige Produkte werden weiterhin vor allem in Hochland- oder trockenen Gebieten angebaut. Die Fischerei, der Bergbau (besonders die kanadische INCO im Ort Soroako, vgl. Robinson 1986, 1988, 1993), das Transportwesen (besonders seit 1976 unter Einfluß des Tourismus nach Tana Toraja), das Nachrichtenwesen und der öffentliche Verkehr (spektakuläre Zunahme der Kleinbusse, *pete-pete*; B.,M.) konnten zulegen. Berühmt ist die Seidenherstellung und -verarbeitung (Crystal 1979, Zerner 1982). Insgesamt stagnierte der verarbeitende industrielle Sektor jedoch bei ca. 4 % des Bruttosozialproduktes (Kristanto et al. 1989:387ff.).

Heutzutage behindern die Isolierung und eine "general economic dislocation" (Kristanto et al. 1987:388) die regionale Entwicklung. Im einzelnen haben (1) Veränderungen in der Nachfrage, (2) Verschiebungen der Produktionszentren im Archipel, (3) erleichterter interinsularer Transport und Kommunikation und (4) regionale Wandlungen in den Teilpachtverhältnissen die früher bestehenden wirtschaftlichen Vorteile Süd-Sulawesis abgebaut. Die geographische Zersplitterung in Halbinseln, die geringe Zahl der Häfen und das bergige Binnenland und damit die hohen Transportkosten hemmen die Entwicklung der Provinz. Spezielle Probleme sind der Rückgang der Waldfläche und die jährlich fast 10%ige Abnahme des Viehbestandes (Reid & Reid 1988:25). Der schlechte wirtschaftliche Befund muß erstens im Rahmen der Disparität, die nach wie vor zwischen Java, Madura und Bali einerseits und den Außeninseln andererseits besteht, und zweitens im Kontext des West-Ost-Gefälles innerhalb Indonesiens gesehen werden. Dixon stellt zur ungleichen Entwicklung in Indonesien aus weltwirtschaftlicher Perspektive fest: "The outer islands remain attractive only to concerns linked directly to primary production" (1991:196). Die Außeninseln zeigen jedoch ein differenziertes Bild, wenn man neuere Daten zum innerindonesischen Vergleich der Provinzen heranzieht (Tab. 11).

Tab. 11: Ungleichheit und Armut Süd-Sulawesis im Vergleich mit anderen Provinzen (leicht verändert nach Poot et al. 1990:Tab. 3.18)

Armut	Ungleichheit		
	niedrig	mittel	hoch
niedrig	Jambi		Jakarta
	Süd-Kalimantan		
	Aceh		
	Ost-Kalimantan		
	Nord-Sumatra		
	Bali		
	Zentral-Kalimantan		
mittel	West-Sumatra	Yogyakarta	West-Kalimantan
		West-Java	
		West-Nusa Tenggara	
		Süd-Sumatra	
		Riau	
		Bengkulu	
hoch		Ost-Java	Lampung
		Zentral-Java	Nord-*Sulawesi*
			Ost-Nusa Tenggara
			Zentral-*Sulawesi*
			Maluku (Molukken)
			Südost-*Sulawesi*
			Süd-*Sulawesi*

Nicht nur Süd-Sulawesi, sondern alle vier Provinzen Sulawesis und daneben viele ostindonesische sind sowohl extrem arm als auch wirtschaftlich sehr ungleich, während die prosperierenden Regionen mit Ausnahme Balis sämtlich auf Sumatra und Kalimantan liegen. Im Januar 1990 stellte Suharto selbst fest, daß Ostindonesien hinter der Entwicklung des westlichen Teiles des Archipels zurückhänge und er löste damit viele Aktivitäten aus, die aber kaum sichtbare Folgen hatten (Hardjoeno 1990:13, Chauvel 1996, Azis 1996, Tirtosudarmo 1997:306ff.). Trotz der schnellen nationalen Wirtschaftsentwicklung ist dieses West-Ost-Gefälle in Indonesien nicht reduziert worden. Dies zeigt sich deutlich an den zum 1.4.1994 neu festgesetzten Mindestlöhnen für Industriearbeiter: Mittel- und Süd-Sulawesi: Rp. 2300,- (Steigerung um 31% gegenüber bisherigem Stand), Südost-Sulawesi: Rp. 3200,- (+14%); Bali: Rp. 3300,- (+32%), Ost-Java: Rp. 3200,- (+42%) und Jakarta: Rp. 3800,- (+27%; nach Dürr 1994:11, vgl. Tirtosudarmo 1997:307, Tab. 3). Eine vergleichende Studie zur regionalen Entwicklung in Indonesien kommt zum Schluß, daß trotz der Bedeutung Ujung Pandangs als in Ostindonesien lange kommerziell dominierender Stadt die Rolle der Provinz als Tor nach Ostindonesien tatsächlich geringer geworden ist und daß auch die gegenüber anderen Regionen bestehenden Vorteile in der Landwirtschaft nicht wirksam ausgenutzt worden sind (Hill & Weidemann 1989:52).

Die Gesundheitsversorgung und -situation der Bevölkerung dagegen bewegen sich im nationalen Durchschnitt. Fast alle Besuche auf Krankenstationen (99%) resultieren aus vier Krankheiten: Gastroenteritis, Malaria, Tuberkulose und Lepra. Nur 30% der städtischen und 5% der ländlichen Haushalte haben Zugang zu Latrinen mit antiseptischem Tank und nur 2.5% der Haushalte haben Anschluß an gefiltertes Trinkwasser aus Leitungen (Kristanto et al. 1989:406). Die neueren Entwicklungsbemühungen zielen mittels einer Diversifizierung der Landwirtschaft und einer regionalen Spezialisierung auf die Förderung von Landwirtschaft und von Industrie auf landwirtschaftlicher Basis (*agro-based industries*) ab. Auch die nationalen Entwicklungspläne sind für die Region bedeutsam. Süd-Sulawesi ist eine der fünf sog. "besonderen Entwicklungsregionen", in denen Industrien gefördert werden, die auf Holz und Naturgas aufbauen (Forbes 1986:137). Außerdem wurden besonders in Luwu und Bone im Rahmen des nationalen Umsiedlungsprogrammes (*transmigrasi*) ab Anfang der 1970er Jahre bis heute über 40.000 Transmigranten aus Java und Bali angesiedelt, was z.T. erhebliche soziale Probleme aufgeworfen hat (Guiness 1982). Eine andere Entwicklung, die ökonomisch wichtig, wenn auch fast nur auf Tana Toraja beschränkt ist, ist die des Tourismus. Organisierte Touren und Einzeltouristen kamen ab den 1970er Jahren in diese Region. Die touristische Entwicklung wird zur Zeit sehr forciert, leidet aber weiterhin an der schon vor über 20 Jahren von Pelras (1975b:11) konstatierten mangelnden Infrastruktur, insbesondere an fehlender Hotelkapazität besonders im Torajaland und neuerdings an der asiatischen *krisis moneter*.

4.2.2 Vier dominante Ethnien

Ein in der lokalen Bevölkerung verbreitetes Stereotyp drückt sich darin aus, daß jedem heutigen Besucher allsbald gesagt wird, es gebe in Süd-Sulawesi "vier Ethnien" (*empat suku*; vgl. Sutton 1995:673). Dies deckt sich mit den meisten der neueren Arbeiten, in denen als die vier großen Ethnien Süd-Sulawesis die Makasar, Bugis, Mandar und Toraja unterschieden werden (z.b. Pelras 1975a:6f.,1977, Millar 1981:20ff.; Rössler 1987). In der Literatur gibt es verschiedene Vorschläge zur Systematik der ethnischen Gruppen als kultureller Einheiten (siehe knapp bei Millar 1981:20). In älteren Werken werden die Makasar mit den Bugis meist zusammengefaßt (z.b. Le Bar 1972:143: "Macassarese-Buginese"; Matullada 1975 und Koentjaraningrat 1980: "Bugis-Makassar"; aber auch noch z.b. bei Andaya 1984, Hamid 1985, Mukhlis 1986 und Errington 1989:15). Die jeweiligen Anteile der Gruppen an der Bevölkerung der Provinz sind nicht genau bekannt, da dies seit 1930 (siehe Volkstelling, 1931) nicht mehr im Zensus erhoben wird. Schätzungsweise stellen die Bugis 52%, die Makasar 25%, die Toraja 13% und die Mandar 10%[50] (Abustam 1987/1988:19). Bei der folgenden, steckbriefartig gafaßten Beschreibung vernachlässige ich zunächst die jeweilige interne kulturelle Diversität und die Gemeinsamkeiten[51] zwischen den Gruppen, um die Unterschiede zwischen den vier Gruppen deutlich zu machen. Diese Aspekte werden beide anschließend behandelt.

Am einfachsten lassen sich die Ethnien über ihre Sprachen einteilen[52]. Sprecher des Bugis, des Makasar und der Toraja-Sprache können die jeweils andere Sprache zwar wegen ihrer ähnlichen Grundstruktur schnell lernen und empfinden sie auch als verwandt. Sie können einander aber nicht unmittelbar verstehen. Diachron gesehen behalten die Sprecher ihre eigene Sprache trotz des Zusammenlebens mit anderen im selben Territorium teilweise generationenlang bei (Rössler 1987:18). Das Buginesische kann als eine Dialektgruppe, das Makasarische (Makasar) als eine Subfamilie des *South Sulawesi Stock* innerhalb der sog. südwest-indonesischen Sprachengruppe aufgefaßt werden (Grimes & Grimes 1987, vgl. Noorduyn 1991 und Grimes 1996)[53]. Innerhalb der Sprachen der Bugis

---

[50] Das ergibt zusammen schon 100%, ohne daß die kleineren ethnischen Gruppen berücksichtigt sind. Dies zeigt erstens die Unsicherheit solcher Schätzungen und verweist auf die in der Provinz angesichts der "heißen" Frage ethnischer Anteile verbreitete Tendenz, die Anteile der vier großen Gruppen leicht zu übertreiben.

[51] Röttger-Rössler verweist in einer Fußnote (1989:333, Fn. 2) auf die in etlichen Ethnographien der Bugis oder der Makasar verwendete Methode, Aspekte einer Ethnie durch Rückgriff auf Beschreibungen des analogen Aspektes bei der anderen zu erklären. Trotz der drohenden Gefahren ist dies m.E. in einigen kulturellen Dimensionen, z.B. bezüglich der sozialen Stratifikation, statthaft, da bislang ungeklärt ist, ob diesbezüglich die Unterschiede zwischen Makasar und Bugis größer sind als die jeweilige intrakulturelle Diversität.

[52] In einem neuen Atlas der Sprachen der Welt werden acht Sprachen Süd-Sulawesis aufgelistet: Macassarese (1.600.000 Sprecher), Bugis (3.500.000), Mandar (200.000), Sa´dan (Tae´, Sa´dan Toraja; 500.000), Massenrempulu (202.000), Pitu Ulunna Salo (22.000), Mamuju (60.000) und Seko (5.000; Wurm 1994:121). Vgl. auch Noorduyn (1991:137-227), der Mandar und Mamuju als Sprachen trennt und als weitere Sprache Lemolang unterscheidet.

[53] Neuere Arbeiten bestätigen frühere Vermutungen (Mills 1974), daß die Sprachen Süd-Sulawesis zur selben Subgruppe zählen wie der sog. Cluster der *Tamanic Languages* (Taman, Maloh, Kalis u.a.) im

und des Makasarisch gibt es etliche solcher Dialekte und Untersprachen, die oft grob räumlich abgegrenzt sind (Karten in Grimes & Grimes 1987:29; Rössler 1987:17[54]). Hinsichtlich der Verbreitung bildet das Makasarische eine Dialektkette, während das Verbreitungsgebiet des Buginesischen eher ein Dialektgebiet ist, das in etwa den Grenzen der alten Königstümer folgt (Abb. 19).

Ich stelle im folgenden die wichtigen ethnischen Gruppen in einem im wesentlichen zeitlosen Profil einzeln kurz und querschnittartig vor, um ihre jeweiligen Besonderheiten zu kennzeichnen. Dieses Vorgehen entspricht einerseits eher dem klassischer ethnographischer Monographien und andererseits den bis heute wichtigen gegenseitigen interethnischen Stereotypen zwischen Angehörigen der Gruppen. Außer der schon genannten Tatsache, daß diese Einteilung in vier ethnische Gruppen die z.T. erheblichen intrakulturellen Unterschiede in den einzelnen Ethnien unberücksichtigt läßt, unterschlägt diese Rubrizierung die zahlreichen kleineren Ethnien Süd-Sulawesis, die vorwiegend im Bergland und im Norden der Provinz leben. Trotzdem trifft es nicht die Situation, wenn Errington diese Einteilung als pure wissenschaftliche Konvention hinstellt (1989:14f.). Erstens teilen die Menschen in ihren emischen Kategorien die Ethnien der Provinz gängigerweise so auf und übersehen dabei andere vorhandene Gruppen. Zweitens wird diese Einteilung durch Schulunterricht und Tourismus staatlicherseits bekräftigt und gibt die politisch dominierenden Gruppen wieder. Drittens ist die Konzentration auf diese vier Ethnien auch als Zeichen des Süd-Nord-Gefälles des Entwicklungsgrades innerhalb Süd-Sulawesis, nämlich zwischen der Halbinsel im Süden und den nördlichen Teilen der Provinz, zu sehen. Süd-Sulawesi wird symptomatischerweise häufig einfach als (die südwestliche) "Halbinsel" bezeichnet, wie oben angemerkt wurde.

Im Anschluß an die Einzelvorstellung der Ethnien arbeite ich dann die von den Menschen selbst im Alltag oft betonten, aber wissenschaftlich weit weniger untersuchten Gemeinsamkeiten der vier Ethnien heraus. Dies betrifft vor allem die bei allen vier Ethnien stratifizierte Sozialstruktur, die optionale Form der Verwandtschaftszuordnung sowie die wirtschaftlichen bzw. politischen Interaktionen und Rivalitäten, die sich über die letzten Jahrhunderte ergeben haben. Daran wird sich zeigen, daß wesentliche Charakteristika der Gruppen nicht als den einzelnen Ethnien ursprünglich anhaftend (primordial) anzusehen sind, sondern (a) in der Interaktion untereinander innerhalb der Region, (b) durch den Umgang mit Europäern (und Asiaten anderer Herkunft), vorwiegend in der Stadt Makassar bzw. Ujung Pandang, sowie (c) durch interinsularen Handel im Archipel und letztlich (d) durch die partielle Einbettung der Region in das Welt(wirtschafts)system entstanden sind.

Für die Bezeichnungen, die die Menschen selbst für Mitglieder anderer Gruppen gebrauchen, ist neben den teilweisen Gemeinsamkeiten zwischen den

---

westlichen Zentral-Borneo. Ferner bestanden vor dem 17.Jh. Kontakte mit Sprachen Madagaskars (Adelaar 1995).

[54] Der unterschiedliche Verlauf der Dialektgrenzen in verschiedenen publizierten Verbreitungskarten (z.B. Kaseng 1978:15, abgedruckt in Rössler 1988, Grimes & Grimes 1987) zeigt, daß diese Sprachgrenzen (wie auch die Sprachgrenze zwischen Buginesisch und Makasarisch) wohl auch schon früher nicht scharf gezogen waren, was angesichts der traditionell stark ausgeprägten räumlichen Mobilität nicht überrascht.

großen Ethnien vor allem wichtig, wie die personale Identität der sprechenden Person selbst und wie die Relation seiner Eigengruppe insgesamt zu der bezeichneten Person oder Gruppe ist. Die Sprache wird, im Unterschied zur wissenschaftlichen Sicht, in der Innensicht meist erst dann herangezogen, wenn kulturell nah stehende bzw. benachbarte Gruppen verglichen werden

Die drei in der Bevölkerung meist benutzten Kriterien in Süd-Sulawesi sind der Herkunftsort, der Glaube und die wirtschaftliche Aktivität.:
(1) die Herkunftsregion, z.B. der Distrikt, der Ort oder die nächstgelegene Stadt (vgl. Pelras 1977:61ff.). Man sagt etwa: "Ich bin ein Bugis aus der Gegend Soppeng" (*Saya orang Bugis dari daerah Soppeng*) oder "Ich bin aus Jeneponto (eine Stadt im Süden Ujung Pandangs), Makasar" (*Saya orang Jeneponto, Makasar*);
(2) die Religionszugehörigkeit; einerseits das Bekenntnis zu einer anerkannten Religion (*agama*, dem Islam oder Christentum: *protestan, katolik*), in zweiter Linie der Bezug auf die Gewohnheiten (*adat*) oder spezieller auf den traditionellen Glauben, z.B. dem "Streben nach Rechtschaffenheit und Schlichtheit" (*patuntung*; M.) der Hochland-Makasar oder das "Ritual der Vorfahren" (*Aluk Nene´*; T.) bzw. "Weg der Menschen von früher" (*Aluk to dolo*; T.) oder "unser Glaube" bzw. "Lebensweise" (*Alukta*, T.) der Toraja;
(3) die Wirtschaftsform bzw. die Art der Arbeit (und damit indirekt der Bildungsgrad), mit der die Mehrheit der Mitglieder einer Gruppe ihren Lebensunterhalt bestreitet.

Da die Gruppen bezüglich aller drei Merkmale eine interne Vielfalt, wenn auch unterschiedlich stark ausgeprägt, aufweisen, ergeben sich unterschiedliche Bezeichnungen einer selben Person je nach Position, sozialer Situation und Relation der Sprecher. Von Menschen aus Zentral-Sulawesi (*Sulawesi Tengah*) wird etwa ein christlicher Mamasa-Sprechender als *Toraja* bezeichnet, islamische Mamasa-Sprecher dagegen als *Mandar* oder *Bugis* (Davis 1976 nach Whitten et al. 1987:89). Andererseits werden auch Makasar- oder Mandar-Sprecher, wenn sie zur See fahren, als Bugi(s) benannt. Makasar und Bugis bezeichnen oft nur die Sa´dan Toraja, die südliche Toraja-Gruppe, mit der sie seit langem Beziehungen pflegen, als Toraja (Burch 1984:59). Makasar werden von Außenstehenden, wie auch von der älteren Ethnologie, als den Bugis ähnlich gesehen. Makasar selbst legen aber oft Wert auf ihre Besonderheit, vor allem hinsichtlich vermeintlicher psychischer Gruppencharakteristika. Viele Menschen sehen und bezeichnen sich auch selbst als kulturell gemischt an, so die Duri, die Bugis- und Toraja-Elemente vereinen und die Menschen aus der Region um Mamuju mit einem kulturellen Amalgam aus makasarischen und mandaresischen Charakteristika (Mattuladas *ethnic sub-groups*, 1982:4). In etlichen Grenzregionen zwischen ethnisch einheitlicheren Sprachgebieten, so in Maros und Pangkep nördlich und in Bulukumba südlich von Ujung Pandang, sind viele Menschen zweisprachig.

Ich beschreibe die Gruppen nun kurz, steckbriefartig, nach der Literatur, die in erster Linie die wissenschaftliche Außensicht wiedergibt. Ich beginne mit der bevölkerungsreichsten und räumlich gestreutesten ethnolinguistischen Gruppe, den Bugis.

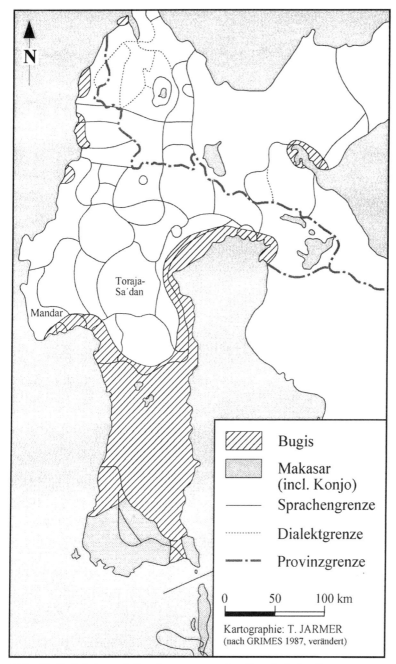

Abb. 19: Süd-Sulawesi: Provinzgrenzen ethnolinguistische Grenzen: ethnische Vielfalt und dominante Ethnien Bugis, Makasar, Mandar und Toraja , stark generalisiert

Bugi/Bugis[55]

Die Bugi bzw. Bugis sind mit heute knapp 4 Mio. Menschen (Acciaioli 1994:48f., Pelras 1996, in 1970er Jahren ca. 2,8 bis 3,2 Mio.)[56] die größte der vier wichtigen ethnischen Gruppen der Halbinsel. Im ganzen malaiischen Archipel sind sie als Seefahrer, Händler, Piraten, Sklavenhändler und besonders als Siedler bekannt (Millar 1981:18). Seeleute werden in Indonesien oft einfach mit den Bugis gleichgesetzt. Ihre Expansion hatte ihren Höhepunkt im 18. und 19. Jh. Nachdem sie Malaien, Javanen und Makasar z.T. aus dem interinsularen Handel verdrängt hatten, beherrschten sie den westlichen Teil des indonesischen Archipels bis fast nach Malakka, dem heutigen Melaka in Malaysia. Die Bugis prägten nicht nur den Binnenhandel im Archipel, sondern spielten auch in der die ganze Region betreffenden Politik eine bedeutsame Rolle (Curtin 1984: Kap. 8, Andaya & Andaya 1982:80ff.). Sie verdingten sich als Soldaten in verschiedensten Armeen außerhalb Sulawesis. In Yogyakarta, wo auch ein Stadtteil *Bugisan* nach ihnen benannt ist, gibt es noch heute eine Bugis-Einheit in der Zeremonialtruppe des Sultans. Im 20. Jh. waren die Bugis insbesondere mit der Erschließung neuen Landes auf anderen Inseln befaßt. In Küstengebieten des Riau (Sumatra) schufen sie z.B. in ehemaligem Sumpfland produktive Farmen, was die dortige lokale Bevölkerung nie tat (Soemarjan 1988:77). Schon Anfang dieses Jahrhunderts gab es größere Siedlungen der Bugis an der Ostküste Malaysias und an der Ost- und Südwestküste Borneos. In diesem Jahrhundert wanderten viele Bugis nach Sumatra, Java, Singapore, Malaysia, Ostborneo sowie nach Ambon und Sumbawa in Ostindonesien aus, wo sie sich jeweils küstennah ansiedelten (Lineton 1975a:173, 178, Maeda 1994). Bekannt sind die Bugis auch für ihren Erfolg als Pioniere der Erschließung neuen Agrarlandes (*pioneer farming*).

In Sulawesi bewohnen sie hauptsächlich das Zentrum der südlichen Halbinsel und sind meist Bauern (Millar 1981:25-29). Bugis finden sich aber, oft mit Mandar und (ehemals seeschweifenden) Bajau zusammenlebend, in ganz Sulawesi. Aufgrund des Umfanges, der Intensität und der langen Tradition ihrer Wanderungen ist es verfehlt, als "Heimat der Bugis" einfach Süd-Sulawesi anzuführen, wie Lineton (1975a:206) berechtigterweise feststellt. Die Bugis sind insgesamt gesehen eine Diaspora-Kultur (Pelras 1977:58). Allein im ostmalaysischen Gebiet Sabah leben über 400.000 Bugis-Sprecher (Grimes 1988:527; vgl.

---

[55] *To ugi´*; B. ; Andere Bezeichnungen in der Literatur sind: `Ugi, To Wugi´, Bughis, Deq, Buginese, Boegineezen* (vgl. Pelras 1977, Grimes & Grimes 1987; Campbell 1991a, Acciaioli 1993:48). In der deutschen Literatur wird meist *Bugi, Bugis*, seltener *Buginesen* verwendet.

[56] Dies umfaßt die vielen Bugis, die außerhalb der Provinz leben. Da die ethnische Zugehörigkeit seit den 1930er Jahren in Indonesien nicht mehr im Zensus erhoben wird, sind die Angaben als grobe Schätzwerte aufgrund älterer Datten und der demographischen Entwicklung aufzufassen. Während Wurm (1994:121) eine Zahl von 3,5 Mio. Bugis nennt (s.o.), gibt Stöhr (1992:73) die Zahl der Bugis sogar mit 5 Mio. an. Die gesamtkulturell den Toraja und Mandar nahestehenden Menschen in den Regionen Luwu und Massenrempulu (Enrekang und Duri) sind wegen ihres islamischen Glaubens in dieser Zählung bei den Bugis enthalten. Dies ist ein gutes Indiz dafür, daß unter den oben genannten Unterscheidungskriterien seitens der Bevölkerung (Herkunftsregion, Glaube, Wirtschaft) der Glaube bei der Unterscheidung der Gruppen in der Innensicht besonders wichtig ist. Zur Problematik der nur schwer möglichen Abgrenzung der Bugis vgl. Pelras 1977 mit seinem Lösungsversuch durch das Konzept des "sozialen Raumes" (*espace social*; 1977:68).

Lineton 1975b). Da sie von den Gruppen Süd-Sulawesis die größte Verbreitung haben (bis nach Thailand) und somit in ganz Südostasien bekannt sind, gelten sie bei Außenstehenden oft als "die Einwohner Süd-Sulawesis" schlechthin (Macknight 1976:146). Ähnliches gilt für die Selbstdarstellung von Menschen verschiedenster Ethnien aus Süd-Sulawesi, wenn sie im Archipel auf Fremde treffen. Der Doyen der Ethnologen Süd-Sulawesis schreibt dazu kurz und bündig:

> "Every person from South Sulawesi feels that he/she is a Buginese when he/she is outside South Sulawesi. They would call themselves Bugis-Makassar, Bugis-Mandar or Bugis-Toraja" (Mattulada 1982:8).

Bugis arbeiten in ganz Indonesien in der Verwaltung, dem Verkehrswesen und dem Handel. Während Chinesen oft die Verteilung kapitalintensiver Güter kontrollieren, sind die Verkäufer von Fisch, Reis, z.B. Stoffen in ländlichen wie auch städtischen Märkten typischerweise Bugis. In vielen abgelegenen Gegenden des Archipels bis nach Irian Jaya, sind es oft Bugis, die den einzigen Laden im Dorf besitzen. (Accoioli 1994:49). In Süd-Sulawesi selbst leben fast 80% der Bugis auf dem Land vom Reisbau und entsprechend kreisen die meisten Riten um Reis (Maeda 1991, Pelras 1995a:3-6). Im Unterschied zu Makasar besitzen sie im allgemeinen genug Land, um ihreFamilien zu ernähren (Pelras 1995:1). Durch ihre Verbreitung sind sie sehr bekannt und haben mehr als die anderen Gruppen Süd-Sulawesis in Indonesien ein klares Image: sie gelten als mutig, tatkräftig und direkt. Die charakteristische räumliche Verbreitung und soziale Mischung der Bugis mit anderen Gruppen hängt - außer mit einer „Tradition der Modernität" (dazu Pelras 1998) - wahrscheinlich damit zusammen, daß sie, anders als Makasar und Mandar, traditionell interethnische Heiraten nicht nur innerhalb der Elite und auch intraethnisch Ehen zwischen ihren Königen und Angehörigen des einfachen Volkes (*anak rakyat*) zuließen (Mattulada 1982:8, zur ökonomischen Bedeutung z.B. Leirissa 1993:78). Viel entscheidender als die Genealogien als solche waren die bei ihnen die Heiraten als solche (Rachman, mündl. Mitt., 12/1991). Angesichts der häufigen interethnischen Heiraten[57], der enormen Verbreitung der Bugis in unterschiedlichsten Lebensräumen und ihrem engen Austausch mit verschiedenartigsten Kulturen erstaunt Ethnologen vor allem ihre kulturelle Homogenität. Pelras, der sich seit vielen Jahren intensiv mit Bugis befaßt, schreibt dazu pointiert folgendes:

> "L'une des caractéristiques les plus notables de la culture bugis aujourd'hui est son homogénéité géographique. Elle possède certes un potential de variabilité non négliable, mais les variations observables paraissent surtout liées à la diversité des milieux sociaux, définissables par une combinaison des plusieurs facteurs (...) Mais du fait de l'imbrication de ces facteurs de l'interdépendance des différents milieux sociaux, les variations culturelles ne constituent jamais

---

57 Maeda zeigt allerdings an einer Bugis-Gemeinde in Johor, die ihre Basis in Süd-Sulawesi hat, daß ihre Mitglieder vorwiegend ethnisch endogam heiraten und dabei oft Partner aus der gleichen Heimatregion nehmen, was in diesem Fall zu einer Endogamie der Bugis aus Wajo führt (1994:214).

d'ensembles cohérents tels qu'on puisse parler des sous-cultures; à puis forte raison n'a-t-il pas de sous-cultures locales, d'autant que les Bugis sont une population extrèmement mobile, constamment brassée par les phénomènes des migrations internes, ou d'intermariages à grande distance" (Pelras 1975c:61; ähnlich Pelras 1996).

Bugis gelten als besonders streng islamisch; heute gehen viele Menschen in Süd-Sulawesi, auch viele Bugis selbst, sogar soweit, sie mit einem deutlich positiven Unterton als "fanatisch islamisch" *(fanatik Islam)* zu nennen (vgl. Mochtar 1988)[58]. Tatsächlich verquicken sie jedoch den Islam mit nichtislamischen religiösen Vorstellungen und Praktiken (Millar 1981:20; s.u.). In den Worten ihres prominentesten Ethnographen sind die Bugis "komplett islamisch plus komplett nichtislamisch" (Pelras, mündl. 1995). Es scheint sogar gerade die Form ihres synkretistischen Islams, vor allem die modulare Form der Sequenzen ihrer Ritualen zu sein, die es den Bugis leicht macht, Mitglieder anderer Gruppen, sogar Christen, zu integrieren. Auf diese Weise gewinnen sie z.B. in multiethnischen Siedlungen eine Gefolgschaft und können einen gewissen politischen Einfluß und über diesen Weg auch eine gewisse kulturelle Hegemonie aufbauen (Accaioli 1991/92:208, 216ff.). Gleichzeitig ermöglichte Ihnen ihr extrem enges Verwandtschaftsnetzwerk, die Kohärenz als ethnische Einheit zu wahren (Mattulada 1982:11). Dies zusammengenommen erklärt am ehesten, warum Bugis im Unterschied zu Makasar so verbreitet sind, was sich in einer neuen Karte deutlich zeigt, in der sich 26 Gebiete in Sulawesi finden lassen, wo Bugis außerhalb ihres Kernsiedlungsgebietes leben. Diese Siedlungen liegen sämtlich an der Küste (Wurm 1994: Map 42).

In Ujung Pandang spielen besonders die Bugis aus dem *kabupaten* Enrekang, genannt *Bugis-Enrekang* oder oft einfach *Enrekang*, eine heute besonders prominente Rolle, da sie neben den Chinesen die einzige größere im Handel aktive Gruppe sind. Außerdem bekleiden sie wichtige Posten in der Verwaltung und spielen die führende Rolle in der islamischen Bewegung *Muhammadiyah* und in etlichen Moscheen mit deutlich regional-ethnischer Ausrichtung (Cunningham 1979:273f., 277).

---

[58] In Indonesien gelten aber nicht nur die Bugis, sondern auch die Makasar und Mandar als "fanatisch(st)e" Anhänger des Islam im indonesischen Archipel (Pelras 1993:133).

Makasar[59]

Die etwa 1,8 Mio. zählenden Makasar (inklusive der Konjo-Sprecher) siedeln als zweitgrößte Gruppe vorwiegend im Süden der Halbinsel zwischen Maros und Selayar; ein Saum mit starker Vermischung mit den Bugis verläuft etwa auf der Höhe von Maros. Außer der Gegend um Maros ist ihr Siedlungsgebiet für die Landwirtschaft weniger geeignet als das der Bugis. Das Siedlungsgebiet ist z.T. so trocken, z.b. um Jeneponto, daß kein Reis mehr angebaut werden kann. So verwundert es nicht, daß die Makasar sowohl auf dem Land als auch in der Stadt deutlich ärmer als die Bugis sind. In den Städten dominieren sie den Kleinhandel mit Fisch und Agrarprodukten und verrichten ansonsten die Arbeiten, die mit dem niedrigsten Ansehen verbunden sind. In Ujung Pandang sind z.b. die Mehrheit der Fahrer von mehreren Tausend Fahrradrikschas (*becak*) Makasar[60], die meist aus der Gegend um Jeneponto stammen.

Die Lebensform der Makasar ist ähnlich der der Bugis auf das Meer ausgerichtet, aber sie haben eine deutlich geringer ausgeprägte Tendenz zur Auswanderung als jene. Makasar gelten bei Angehörigen anderer ethnischer Gruppen als streng bis fanatisch islamisch, wenig gebildet und arm. Man hält sie für ungehobelt (*kasar*), reizbar bzw. heißblütig, für stolz, prahlerisch, ja eifersüchtig und vor allem für rachsüchtig. Im Fremd- wie auch im Eigenstereotyp wird, mehr als bei anderen Gruppen, bei den Makasar der "ganz besondere Charakter" (*watak, rasa khusus, karakter khusus*) betont. Joseph Conrad beschrieb sie in seinen Romanen "Almeyers Wahn" (bzw. "Almayers Luftschloß", 1997) und "Der Verlorene der Inseln" (1991) als freiheitsliebende Menschen, die bedingungslos ihren Führern folgen. Sie selbst sehen sich oft als schlecht erzogen, marginalisiert und zudem auch noch als untereinander neidisch und mißgünstig. Dieses Bild der Makasar besteht nicht nur im interethnischen Kontaktfeld in der Stadt, sondern gleichermaßen im Hinterland (Rössler 1987:19f.). Solche Vorstellungen über die Makasar gab es schon in der frühen Kolonialzeit. Bei den Niederländern galten die Makasar als die "Kampfhähne des Ostens" (Boxer 1967, nach Villiers 1990:156). Verstärkt wurden diese Tendenzen durch jahrhundertelange Konflikte (Zainal 1975 und mündl. Mitt. 1991). Auch heutige Reiseführer warnen den Touristen noch vor unbedachten Handlungen gegenüber den Makasar (Pelras 1975b:12, Dalton 1991; Reid & Reid 1988).

---

[59] *To Makassa'* oder *To Mangkasa* (M. „weiß gekleidete Menschen auf den Wellen", Mattulada 1982:7) bzw. *Tu Mankassaraq* (M. "aufrechte Menschen, die tapfer und unbeirrbar geradeaus handeln", Ngewa (1972:2 nach Rössler 1987:19). Andere Bezeichnungen für die Ethnie bzw. die Sprache sind z.b. *Makassaren, Makassaris, Makassaresen, Makassarese, Macassarese, Makassa, Mangkasara, Mangkasaren, Makassaarsche, Taena, Tena, Goa*, und seltener *Macassans* (vgl. Grimes 1988:530, Campbell 1991b, Rössler 1993:171).

[60] Aufschlußreich hinsichtlich der Beziehung ethnischer Gruppen zu bestimmten Berufen bzw. Arbeiten ist, daß fast alle von mir daraufhin befragten Personen in Ujung Pandang der Meinung waren, die Fahrer der Fahrradrikschas (*becak*) seien fast sämtlich Makasar; so wie auch die Auffassung verbreitet ist, daß fast alle Hausangestellten (*pembantu*) in der Stadt Toraja seien.

Mandar[61]

Die Mandar sind die am wenigsten bekannte der vier großen ethnischen Gruppen der Provinz. Die etwas weniger als eine halbe Mio.[62] Menschen zählenden Mandar leben vorwiegend im westwärts vorspringenden Teil Süd-Sulawesis. Im Gegensatz zu Bugis bewohnen sie für die Landwirtschaft ungünstige Gebiete, vor allem im trockenen Nordwesten der Halbinsel (Mamasa, Polewali). Die Wirtschaft basiert vor allem auf Fischfang, daneben ist die Seidenweberei bedeutend. Mandar betreiben, besonders um den Hafen Majene konzentriert, Fischfang mit ihren großen Doppelauslegerbooten (*prahu sandeq*) und mit festen Plattformen aus Bambus und Rattan. Mandar gelten bei anderen und sehen sich selbst als besonders fähige Seeleute. Sie sind seit langer Zeit als Seefahrer und Händler von Baumwolle und Seide im ganzen Archipel bekannt und mandaresische *sarong*-Händler hatten über lange Zeit sogar eine Handelsbasis in Westsumatra. Die maritime Orientierung der Mandar ist in ihrer Identität und in der Zuschreibung durch andere noch deutlicher als die der Makasar.

Anders als es das heute deutliche Wir-Bewußtsein der meisten Mandar zunächst vermuten läßt, war ihre kollektive Identität nicht immer klar umrissen. Ihre Kultur ähnelt in vielem der der Toraja und derjenigen der Bugis, da es in der Geschichte immer enge Verbindungen gab. Die Konzeption einer einheitlichen Mandar-Kultur geht auf die vorkoloniale Zeit zurück, in der seit der Wende vom 15. zum 16. Jh. bis zur holländischen Eroberung Ende des 19. Jhs. eine Föderation von sieben kleinen Königreichen bestand. Dieser lockere Verband der "Sieben Flußmündungen" (*Pitu Ba'bana Binanga*; Man.) hatte enge Handels-, aber auch symbolische Beziehungen zu Bewohnern eines Berggebiets, das "Sieben Quellen" (*Pitu Ulunna Salo*[63]) genannt wurde. Dies zeigt die enge Verknüpfung der Mandar an der Küste mit Hochlandbevölkerungen. Die Tieflandsiedlungen lieferten Salz, Trockenfisch, Waffen, Keramik und Stoffe und erhielten Berg- und Waldprodukte wie Rattan (*rotang*), duftende Hölzer, aber auch Sklaven (George 1991:547f.). Die Bedeutung des Austausches zwischen Tiefland und Hochland in Süd-Sulawesi geht aber über die rein ökonomische weit hinaus in die rituelle Sphäre (vgl. Schrauwers 1997:378). Trotz dieser historischen Beziehungen zum Hochland sind die Bindungen zu den Makasar und Bugis im Tiefland noch enger und die kulturellen Parallelen größer (Volkman 1994:570). Dies gilt in erster Linie für die maritime Orientierung, die sozialen Hierarchien und den Islam. Das Wertesystem der Mandar, z.B. die Betonung von Rang und Ansehen (vgl. Rachman 1987), ähnelt in vielen Details dem der Bugis und Makasar. In ihrem starken Ehrbegriff und ihrem Überlegenheitsgefühl gegenüber anderen werden sie oft mit den Makasar gleichgestellt (Mattulada 1982:8). In bezug auf Sprache, Genealogien und ihrer kollektiven Identität stehen sie aber den Bugis näher als den Makasar. Es bestehen enge Verbindungen zu den Bugis von Luwu, Enrekang bzw.

---

[61] Auch Mandaresen, Mandarese.
[62] Wurm (1994:121; s.o.) zählt sogar nur 200.000 Mandar. Die verschiedenen Zahlenangaben beruhen vor allem auf unterschiedlichen Einteilungen der Sprachen.
[63] Einige Sprachwissenschaftler trennen Pitu Ulunna Salo heute als eigene Sprachgruppe mit ca. 22.000 Sprechern ab (Noorduyn 1991:223f.; Wurm 1994:121).

Duri, die ihrerseits historisch eng mit den Toraja verknüpft sind. Seitens Mitgliedern anderer Gruppen in Indonesien werden die Mandar meist gar nicht von den Bugis unterschieden.

Auch wenn die Mandar vor allem durch ihre Seidenweberei (Zerner 1982) und den weiträumigen Handel bekannt sind, bildet der Fischfang heute mehr denn je die ökonomische Basis. In den letzten Jahren gab es in der Fischwirtschaft um den Hafen Majene schnelle, z.T. nur kurze Zeit während Veränderungen. So verließen Ende der 1980er Jahre viele Frauen ihre Webstühle und gingen in den Fischhandel. Dieser abrupte Wandel der Mandar-Ökonomie, den Volkman (1994) verfolgte, macht m.E. drei für Süd-Sulawesi typische Dinge exemplarisch deutlich. Erstens ermöglicht die flexible Gesellschaftsstruktur Entscheidungen für eine andere Rolle oder gar Lebensweise, so daß "Kontingenz und Improvisation", wie Volkman es nennt, bedeutende Elemente des Lebens darstellen. Zweitens stehen solche wirtschaftlichen Entscheidungen oft in engem Zusammenhang mit räumlicher Mobilität. Drittens ist die Mobilität, die als Tradition in Süd-Sulawesi (sowohl in Innen- als auch in Außensicht) gängigerweise mit Männern assoziiert wird, de facto nicht auf diese beschränkt[64]. Die Frauen von Majene wechselten von ihrer traditionellen Frauenrolle in der statischen und aufs Land bezogenen Seidenweberei zu einer mobilen und meerorientierten Aktivität, die früher nur Männer ausübten. Sie wurden "beweglich", was sich auch in der Bezeichnung der Fischhändler (*pappalele*, Man.; von *lele*, "sich bewegen") ausdrückt (Volkman 1994:565ff.).

Toraja[65]

Im Unterschied zu den eher kaum bekannten Mandar sind die Toraja heute die allgemein bekannteste und mit Abstand am besten erforschte ethnische Gruppe Süd-Sulawesis. Die Bezeichnung Toraja als ethnische Kategorie wurde bis in dieses Jahrhundert fast nur von Nicht-Toraja verwendet. Man benannte in Süd-Sulawesi sämtliche Menschen des Hochlands, bzw. alle nicht islamisierten Menschen im Bergland als Toraja. Heute meint man im allgemeinen nur die südlichen Toraja (Sa'dan) damit, die sprachlich den Bugis näher stehen, als die Ost- und West-Toraja. Sie besiedeln den bergigen Norden Süd-Sulawesis, das "Torajaland", *Tana Toraja* (auch *Tanah Toraja*, als Akronym *Tator*). Es sind etwa 350.000 Menschen im *Kabupaten* Tana Toraja (im Jahr 1980 330.000; 1975

---

64   Dies hat im weiteren Bedeutung für die Migrationsliteratur, in der trotz gegenteiliger Daten immer noch räumliche Mobilität häufig pauschal eher Männern als Frauen zugeschrieben wird. Waterson (1990:231) verweist auf die wichtige Tatsache, daß bei vielen Wanderungen in Südostasien zunehmend Frauen beteiligt sind.

65   Von *to raja* M.; (*to* = Mensch), *raja* = Norden) bzw. *to ri-aja* B., "Menschen der Berge/des Hochlands/des Inneren" (Nooy-Palm 1979:6; Volkman 1985:1; Reid 1988:4; Adams 1993), auch *Toradja*, *Toradjas* bzw. *Tae* genannt. Im 17.Jh. meinten Makasar und Bugis mit dem Terminus alle Hochlandbewohner Süd- wie auch Zentral-Sulawesis (Bigalke 1981:14f.). Die weitgehende Akzeptanz einer Fremdbezeichnung seitens der Toraja könnte damit zusammenhängen, daß *raya* bzw. *raja* im Indonesischen "König/königlich" heißt (Nooy-Palm 1979:6).

313.000, Nooy-Palm 1979:20[66]). Klassischerweise werden die Toraja in West-, Ost- und Süd-Toraja und in sehr viele Untergruppen eingeteilt. Sie finden sich aber bis nach Zentral-Sulawesi (*Sulawesi Tengah*; *Sulteng*) hinein und migrierten in diesem Jahrhundert in großem Umfang nach Luwu, wo sie 1980 ein Fünftel der Bevölkerung stellten. Ferner wanderten viele Toraja nach Pare-Pare sowie seit den 1920er Jahren und besonders seit Mitte der 1960er Jahre nach Ujung Pandang. Heute leben hier etwa 30.000 Toraja (Yamashita 1986:419, Adams 1993:281), während ihre Zahl in den 1970er Jahren noch mit 60. bis 70.000 angegeben wurde (Cunningham 1979:275). Tana Toraja, die gebirgige Heimat der Toraja, ist nicht nur für Toraja selbst, sondern auch für Mitglieder der anderen ethnischen Gruppen von besonderer Bedeutung, weil hier der angenommene Ursprungsort der mythischen Heroen aller frühen Königreiche der Halbinsel liegt (Millar 1981:22).

Primär leben die Toraja vom Naßreisbau. Da es in Tana Toraja aufgrund dichter Bevölkerung aber an Reisland mangelt, bauen die Bewohner teils anstatt, teils neben dem Naßreis, Marktprodukte wie Kaffee, Trockenreis, Süßkartoffeln, Kassava, Sago und Gewürznelken an. Seit dem zweiten Weltkrieg wandern viele Toraja für einige Zeit ihres Lebens aus Tana Toraja aus; sie pflegen aber eine äußerst enge Bindung an die Heimatregion. Aus diesem Grund sind die Remissen heutzutage ein entscheidender Entwicklungsfaktor der Region (Waterson 1990:231). Tana Toraja mit den Städtchen Rantepao und Makale bildet das touristische Zentrum Süd-Sulawesis, die "Touristic Primadona of South Sulawesi", wie es seit 1984 in offiziellen Stellungnahmen formuliert wird. Der Tourismus hat wichtige wirtschaftliche Impulse gebracht und - neben der Migration in Städte - die kollektive Identität der Toraja als distinkte Gruppe und ihren heute verbreiteten Stolz gefördert (Volkman 1984, 1990, Adams 1997a[67]). Da die indonesischen Touristen die fremden Gäste deutlich überwiegen (174.542 gegenüber 40.695 im Jahr 1991, Adams 1997b:160) ergeben sich auch viele Kontakte zu Tieflandbewohnern, vor allem Bugis. Der Tourismus hat aber auch zur Kommodifizierung der Kultur und zu verstärkten interethnischen Antagonismen in der Provinz, zu Auto- und Fremdstereotypen (vor allem seitens der Bugis) beigetragen, sowie Konflikte und Kriminalität in die Gemeinschaften der Toraja hineingetragen (Crystal 1994, Yamashita 1994, Adams 1997a, 1997b:160ff.).

Kulturell trennt die Toraja mehr von den anderen drei großen Ethnien als diese untereinander. Dies ist vor allem aus ihrer bis in dieses Jahrhundert isolierten Lebensweise heraus zu verstehen, die den islamischen Einfluß gering hielt

---

[66] Stöhr (1992:384) gibt mit 2 Mio. eine sehr hohe Zahl von Toraja an; eine Zahl, die nur unter Einbeziehung etlicher anderer, kulturell oder sprachlich verwandter, Gruppen zustande kommen kann.

[67] Jeder Tourist in Süd-Sulawesi wird alsbald gefragt, ob er schon in Tana Toraja gewesen sei (vgl. Barley 1994). Touristen halten entsprechend die Toraja für "die" Bevölkerung Süd-Sulawesis oder gar ganz Sulawesis schlechthin. Ebenso repräsentieren die Toraja, sowohl in Broschüren für indonesische Schüler, als auch im Volkspark *Taman Mini Indonesia Indah* in Jakarta, wo die wichtigen Ethnien der Provinzen vorgestellt werden, die Ethnien Süd-Sulawesis. In der Tourismuspolitik der Provinz werden erst in den letzten Jahren zögerlich auch andere Destinationen herausgestrichen, wozu ein großes neues Projekt *"Taman Miniatur Sulawesi"* (jetzt: *"Taman Budaya Sulawesi"*), einem Kulturpark 7 km südlich der Stadt beitragen soll. Dies ist sehr umstrittenes Projekt, weil z.B. in Tanah Toraja viele befürchten, daß der Park die herausragende Stellung der Toraja im Tourismus zugunsten der Bugis mindern wird (vgl. Adams 1997b:168-172).

und auch wirtschaftliche Kontakte zu Europäern begrenzte (vgl. jedoch den Handel mit Kaffee und Sklaven, den ich unter 4.2.4 schildere). Unter den Ethnien Süd-Sulawesis wurden die Toraja als einzige intensiv missioniert (Bigalke 1981, de Jong 1995). Dies begann kurz nach der holländischen Machtübernahme 1906. In den 1920er Jahren waren schon viele Toraja christianisiert, aber die Masse der Konversionen fanden erst zwischen 1950 und 1960 statt. Die zwei entscheidenden Kräfte dabei waren die Missionsschulen und die Politik der Nationalregierung, Anhänger traditionaler Glaubensformen zur Konversion zu einer der Weltreligionen zu bewegen (Adams 1997a:311). Neben der christlichen Glaubenspraxis werden nichtchristliche Rituale praktiziert. Laut Koubi (1982:22) bekennen sich 50% der Toraja zum Christentum; 9% folgen dem Islam und 41% der *Agama Bali*, der balinesischen Religion[68]. Tatsächlich verbirgt sich hinter dieser letzten Kategorie die früher nicht gebilligte Glaubensform (*Aluk Nene'/Alukta/Aluk to Dolo*)[69]. In ihrem Mittelpunkt stehen Rituale, die verschiedene Geister und Gottheiten (*deata*; T.) und Vorfahren (*nene'*; T.) ehren und günstig stimmen sollen, deren Durchführung sich aber für viele Menschen mit der Befolgung eines formalen Christentums durchaus verträgt.

Die Sozialstruktur der Toraja ist im Unterschied zu den "zentrifugalen" (Geertz 1963:69) Bugis und Makasar eher "zentripetal" (Volkman 1984). Wichtige Rituale binden die Toraja an die Häuser ihrer Großfamilien (*tongkonan*; T.) und besondere Arbeitsverhältnisse halten den Einzelnen in seiner Siedlung. Entsprechend gering war bis zum Zweiten Weltkrieg die Auswanderungstendenz. Zusammen mit der hohen Besiedlungsdichte (etwa 200 bis 300 Personen/km^2 in breiten Hochlandtälern) ergaben sich im Unterschied zu den Bugis und Makasar im Tiefland keine Probleme, Arbeitskräfte zu gewinnen. Deshalb gab es auch nur wenig Sklaverei, solange Tana Toraja isoliert blieb, zwischen etwa 1700 und 1875 (Bigalke 1983:353). Erst Ende des 19. Jh. wurden sie von niederländischen Missionaren kontaktiert und weitgehend protestantisch missioniert, so daß heute nur eine Minderheit dem Islam anhängt. Das Spannungsfeld zwischen überliefertem Glauben und "rationalem" Christentum (Coville 1989:103, 107f.) sowie der schnelle wirtschaftliche Wandel, vor allem durch Tourismus, machen die Kultur der Toraja zu derjenigen in der Region, die den meisten Konsensproblemen und sozialen Konflikten ausgesetzt ist und die für die Individuen oft harte Entscheidungsprobleme bringen. Diesen Aspekt des Lebens der Toraja illustriert Nigel Barley anhand vieler Beispiele in seinem Reisebericht (1994).

Innerhalb Süd-Sulawesis nehmen die Toraja eine ähnliche Stellung ein, wie die Batak in West-Sumatra: Heute bilden sie eine große, nicht nur kulturelle, son-

---

[68] Nach dem Zensus von 1980 sind 76% Christen (64% Protestanten, 12% Katholiken), 7% Islam und 17% *Aluk to Dolo* (vgl. Reid & Reid 1988:4 sowie die folgende Fußnote).

[69] *Aluk To Dolo* ist seit 1969 (als Unterkategorie innerhalb des sog. *Hindu Dharma*) offiziell als Religion anerkannt. Angesichts der Zwänge und formalen Konstruktionen, die sich für Minderheitenreligionen im Rahmen der indonesischen Religionspolitik ergeben, sind sämtliche Zahlen selbstverständlich mit äußerster Vorsicht zu behandeln, bisweilen völlig irreführend, z.B. bezüglich der Hochland-Makasar (Rössler 1997b:279-287). Die Prozentangaben verschleiern die komplexe Amalgamierung verschiedener Glaubensinhalte und -praktiken sowie ihre ständige Neuinterpretation im Kontext offiziell akzeptierter Religion (*agama*) (vgl. Atkinson 1983 und Aragon 1991/2 zu Zentral-Sulawesi).

dern als Christen auch eine religiöse Minderheit. Die strukturelle Ähnlichkeit zu den Batak gilt für ihre dezentrale politische Struktur und lange Isolierung im Hochland, für ihre späte Missionierung und, wenn sie außerhalb Tana Torajas leben, für ihren besonderen Minderheitenstatus. In Ujung Pandang ist ihre Einwanderung seit der Nachkriegszeit und ihre heutige Position dementsprechend in etwa vergleichbar mit der der Toba Batak in Medan (vgl. Cunningham 1982:274, Bovill 1986:75-96). So wie für die städtischen Toba Batak die Beziehungen zu ihrer Heimatregion Tapanuli als Teil der urbanen Umwelt anzusehen sind (Bruner 1972:212; 1974; Bovill 1986:70), so ist Tana Toraja für die Toraja in Ujung Pandang der entscheidende Bezugspunkt des Handelns und Denkens. In diesem Punkt deckt sich ihre eigene Einschätzung mit der anderer Ethnien über sie. Die Toraja werden zudem von Mitgliedern dieser anderen Gruppen oft herabgestuft, u.a. weil viele von ihnen früher versklavt waren (siehe unten) und weil sie heute, etwa in Ujung Pandang, oft niedrig bewertete Arbeiten ausführen, wie z.B. als Haushilfe (*pembantu*) bei Bugis oder Chinesen. Mit dieser Arbeit, die Härte, Schmutz und Unterordnung impliziert, geht die Fremdzuschreibung einher, Toraja hätten ein niedriges Selbstwertgefühl (*harga diri*; Millar 1981:23).

Chinesen[70]

Gegenwärtig stellen Chinesen etwa 1% der Gesamtbevölkerung der Provinz, also etwa 70.000 Menschen. Die Mehrheit von ihnen lebt in Ujung Pandang (39.285 im Jahre 1986; Kaharuddin 1988:47, vgl. Gani 1990). Sie stammen je etwa zur Hälfte aus Hokkien und Kwangtung in Südchina, sprechen aber großteils als Muttersprache Makasarisch oder Buginesisch. Auf dem Lande sind bis heute kaum Chinesen zu finden, was vor allem mit Ansiedlungsbeschränkungen bzw. Landbesitzverbot seit dem Agrargesetz von 1870 zusammenhängt.

In den größeren Städten Südsulawesis gehören Chinesen aber schon seit dem 17. Jh. zu den gewohnten Bewohnern und sind wesentliche Träger des Wirtschaftslebens. Sie waren und sind oft Händler, Unternehmer, Goldschmiede oder Schreiner. Die Kaufleute hatten als Großhändler Beziehungen zu großen Handelsgesellschaften, z.B. in Singapur oder es waren kleine Geschäftsleute sowie fahrende Händler. Traditionell standen chinesische und europäische Händler in Makassar in einer komplementären Beziehung zueinander. Europäische Handelsgesellschaften kontrollierten mittels Personal, das nur zeitweilig im Jahr in der Stadt anwesend war, den Im- und Export, während die Firmen den Zwischenhandel den Chinesen überließen (vgl. dazu Heersink 1995:127ff. zum Koprahandel). Diese dominierten weite Bereiche des Exports als auch des Imports (Textilien, Yams, Alkohol). Der Import von Reis aus Saigon und Singapur, von Zigaretten aus China, von Streichhölzern und Keramik aus Japan lag ausschließlich in ihren Händen. Als Kaufleute spielen die Chinesen eine Schlüsselrolle in Ujung Pandang seit den Zeiten der Handelsbeziehungen mit dem "großen Osten" (Siebert 1998:197).

---

[70] Tionghoa, Orang Cina, Etnis Cina; oft auch einfach Cina.

Viele der Chinesen sind Christen (in Ujung Pandang 1985 20%, fast sämtlich Katholiken) und 1980 hatten immerhin noch 29.000 von ihnen nicht den Status eines indonesischen Staatsangehörigen (*Warga Negara Indonesien, WNI*). In Ujung Pandang stehen den knapp 16.000 *WNI* aber 23.500 *Warga Negara Asing* (*WNA*, 1986) gegenüber. Im 19. Jahrhundert und Anfang dieses Jahrhunderts stellten die Chinesen noch einen bedeutenden Teil der Bevölkerung der Stadt, nämlich 7000 von knapp 40.000 Einwohnern (Lombard-Salmond 1969a:161). Heute sind die Chinesen in Ujung Pandang wirtschaftlich noch bedeutend, spielen aber im Stadtbild, außer im kleinen *Kelurahan Melayu* in der Innenstadt, wo sie fast die Hälfte der Bewohner stellen, eine untergeordnete Rolle. Ihre Häuser sind zwar an der Bauweise als kombiniertes Wohn-und-Geschäftshaus (*rumah toko, ruko*) und, falls ein Einblick möglich ist, an den roten Opferaltärchen zu erkennen. Wegen eines entsprechenden Gesetzes tragen die Bauten jedoch, wie allgemein in Indonesien, keine chinesischen Schriftzeichen mehr. Bis in die Gegenwart ist das Verhältnis der Chinesen zur indonesischen Bevölkerung in Ujung Pandang gespannt. Immer wieder kommt es zu Konflikten und Ausschreitungen gegen die Chinesen, so vor einigen Jahren, als ein Chinese eine von ihm geschwängerte indonesische Haushilfe (*pembantu*) umbrachte. Aus diesem Grund sind fast alle Häuser der Chinesen in der Innenstadt vergittert und daran leicht erkennbar. Die Wahrnehmung der Chinesen durch andere, auch in Studien lokaler Wissenschaftler (z.B. Kaharuddin 1988), kreist um ihren wirtschaftlichen Erfolg bzw. ihre "wirtschaftliche Dominanz" (*dominasi ekonomi*), um ihre vermeintlich fehlende soziale Integration oder um ihre offiziell forcierte Vermischung (*pembauran*) mit Indonesiern. Die jüngste Wirtschaftskrise Indonesiens, im Volksmund *krismon* (Akronym für *krisis moneter*), offenbarte wieder einmal die prekäre Stellung der Chinesen in Ujung Pandang. Häuser chinesischstämmiger Ladenbesitzer, Restaurantinhaber, und Nachtclubchefs wurden selektiv geplündert, gebrandschatzt und zerstört. Der Journalist Siebert beschreibt die Ereignisse, die sich bis 1998 hinzogen:

"Im September 1997 waren in der Hafenstadt Ujung Pandang (Südsulawesi) die aufgebrachten Menschen gegen Geschäfte, Nachtclubs und religiöse Stätten der Bevölkerungsgruppe vorgegangen, die in Indonesien eine zentrale Rolle im Geschäfts- und Bankwesen spielt: die chinesisch-stämmigen Familien. Tagelang wüteten die Randalierer. Es waren Tote zu beklagen. Die ausgebrannten Ruinen und der in Schutt und Asche gelegte älteste Tempel der Stadt geben noch heute ein stummes Zeugnis jenes Aufruhrs. Die Leute von Ujung Pandang reden nicht gern darüber" (Siebert 1998a:328; vgl. 1998b:196ff.).

4.2.3 Ethnienübergreifende Strukturen und interethnische Beziehungen

Regionale ethnische Gemeinsamkeiten

Bugis, Makasar und Mandar sind durch ihre Handelsorientierung und den islamischen Glauben den Küstenkulturen der Malaien und anderen marin orientierten Bevölkerungsgruppen ähnlich, auch wenn sie sich nicht einfach ins dichotome Schema landorientierter Agrar- vs. maritimer Handelskulturen einordnen lassen (Cunningham 1979:269). Im Einzelnen teilen sie mit Küstenkulturen (*pasisir/pesisir*, "Küste") im Malaiischen Archipel etliche Charakteristika: 1. die Handelsorientierung, 2. den Islam als einem Glauben, der verbindende Identität gibt, 3. die bedeutende Rolle der Schrift, 4. die politische Organisation in überlokalen Königreichen, 5. Loyalität und tatsächliche Herrschaft als Basis von Macht, 6. ökologisch eine geringe Spezialisierung, 7. einen ökonomischen Opportunismus sowie die Kombination mehrerer Einkommen in Haushalten und 8. eine Konzentration der Bevölkerung in sonst eher dünn besiedelten Gebieten (verändert nach H. Geertz 1963:58f.). Diese Ähnlichkeiten führen dazu, daß die Küstengruppen verschiedener Inseln einander oft näher stehen als den Gruppen in ihrem eigenen Hinterland (Kennedy 1991:59).

Bugis, Makasar und Mandar weisen aber untereinander zusätzlich spezifische kulturelle Parallelen auf, die sie einerseits von anderen *pasisir*-Kulturen absetzen und die sie andererseits mit den Toraja, einer Inlandkultur, teilen. Sie liegen in einer teilweise gemeinsamen Geschichte, insbesondere in politischen und verwandtschaftlichen Bindungen zwischen den Aristokratien der jeweiligen Gruppen begründet. Die Reiche erkannten die Existenz der jeweils anderen in Verträgen an und Mitglieder ihrer Eliten heirateten untereinander. Die kulturellen Ähnlichkeiten und Verbindungen sind deutlich größer als mit Gruppen in anderen Teilen Sulawesis, so daß man zumindest den südlichen und mittleren Teil Süd-Sulawesis als Kulturregion, als "kulturelle Einheit" (Millar 1981:18; vgl. Macknight 1975:128, 132), auffassen kann. Pelras (1975c:61) spricht von einer "communauté culturelle supra-ethnique". Zudem sprechen viele Menschen der Provinz neben der eigenen ethnischen Sprache und dem Indonesischen noch eine oder mehrere der anderen lokalen Sprachen. Die sich heute herausbildende Bi- und Multikulturalität baut also auf einer Tradition der Zwei- und Mehrsprachigkeit auf.

Gemeinsam sind den vier großen ethnischen Gruppen auch Elemente ihrer Kosmologie und Genealogie. Alle Königtümer Süd-Sulawesis außer Wajo' kannten die Legende von *tomanurung*, "die (vom Himmel) Abgestiegene", als mystischer früher Herrscherin und die Geschichte vom mystischen Ursprung des Adels (vgl. Andaya 1975:115). Weiterhin gab es ähnliche Rituale des Lebenszyklus, gemeinsame landwirtschaftsbezogene Rituale (Reisanbau, Hausbau; beim Bootsbau mit dem *Sawerigading*-Mythos eng verknüpft; vgl. Mukhlis & Darmawan 1991:73). Dazu kommen die in allen vier Gruppen geteilte Bedeutung von Hierarchien, sozialem Status und schließlich damit zusammenhängend der Komplex der Vorstellungen um Ehre-Scham und Selbstrespekt (*siriq*). Hierin ist Süd-

Sulawesi der mediterranen Kulturregion in mancher Hinsicht vergleichbar (vgl. Heersink 1995:27). Insbesondere Bugis und Makasar kennzeichnet das Rollenideal des stolzen, ambitionierten und kompetitiven bis agressiven Mannes (Chabot 1967:187; Millar 1981:42ff.) und dem dazu komplementären Ideal der Frau, die die Familienehre nicht verletzten darf. Angehörige aller vier Gruppen, vor allem die der Makasar und Bugis, gelten deshalb in Indonesien allgemein als ehrgeizig, aufbrausend, direkt, leicht verletzlich und oft sogar als gefährlich.

Spezifische Gemeinsamkeiten und Beziehungen:
Bugis und Makasar

Wie die bisherigen Ausführungen zeigten, stehen sich Bugis und Makasar unter den vier großen Gruppen sowohl in der Außensicht, als auch in der Innenssicht ihrer Mitglieder, also ihrer ethnischen Identität (Ethnizität), besonders nahe. Für Indonesier von außerhalb Sulawesis erscheinen sie oft als eine Ethnie, die dann aber meist Bugis genannt wird. Allgemein gelten Bugis und Makasar, wie gesagt, als "maritime Händler" (*niagawan bahari*) und man spricht von ihnen als "fähigen/exzellenten/überlegenen Seeleuten" (*pelaut pelaut ulung*; Abustam 1987/88:20, 115).

Im Alltagsdiskurs in Rappocini wird über Bugis und Makasar allgemein gesagt, "ihr adat ist ähnlich" bzw. "gleich" (*adatnya mirip* bzw. *adatnya sama*). Als verbindende Merkmale werden von Gesprächspartnern ähnliche Genealogien und Verwandtschaftssysteme und ihre Feierlichkeiten, sowie ihre "gleiche Sprache" (*bahasanya sama*) genannt. Im letzten Punkt kontrastiert die ethnische Identität deutlich mit der durch Ethnologen und Orientalisten heutzutage gemachten Trennung der Bugis von den Makasar, die in erster Linie auf die doch sehr unterschiedliche Sprache abhebt. Dieses Kriterium wurde mir seitens der Gesprächspartner kaum je spontan genannt (vgl. ähnliche Erfahrungen von Rössler 1987:17f.)[71].

Die zunächst kleinen Fürstentümer der Bugis und Makasar bildeten ab dem 16. Jh. zentralisierte, mächtige und expansiv ausgreifende Handelsreiche bzw. Handelsstaaten, nämlich Gowa, Bone und Soppeng. Die Mandar und die Toraja dagegen lebten meist in autonomen Siedlungen, die sich nur ad hoc zu größeren Einheiten zusammenfanden (Andaya 1981:362); die Toraja wurden erst durch die Holländer zu einer politischen Einheit vereint. Außerdem haben sowohl die Bugis als auch die Makasar mindestens seit dem 16. Jh. eine eigene Schrifttradition (*lontaraq*, Zainal Abidin 1971; vgl. auch Hilgers-Hesse 1967). Diese manifestiert sich in aufgeschriebenen Epen, moralischen und rechtlichen Regeln, historischen Chroniken und in einer Schrift, deren Benutzung unter den besser Gebildeten im Alltag etabliert war. Zwei bis drei Jahrhunderte vor der Einführung des Islams und damit der arabischen Schrift war Süd-Sulawesi (mit dem abhängigen Sumbawa) neben Sumatra und den Philippinen eines der Gebiete in Südostasien, wo es eine etablierte Schrifttradition gab (*ka-ga-nga*, "A-B-C", wohl ursprünglich

---

[71] Die Sprache wird als Unterscheidungsmerkmal dagegen sehr wichtig, wenn Befragte nicht nur Makasar mit Bugis, sondern mehrere Ethnien miteinander vergleichen.

aus Sumatra). Diese Schrift wurde nicht formal unterrichtet, sondern in den Haushalten im alltäglichen Gebrauch verwendet (*domestic pattern of literacy*, Reid 1988:222). Deshalb war die Schriftlichkeit nicht auf Männer bzw. religiöse Funktionsträger oder Beamte beschränkt, was in vorkolonialen Gesellschaften weltweit eine Seltenheit war. Wohl aus diesem Grunde konnte diese, neben den stärker sanskritisierten Javas und Balis, umfangreichste Literatur im malaiischen Raum auch nicht durch die arabische Schrift verdrängt werden, besonders wenig bei den darin besonders gebildeten Frauen (Reid 1988:219).

Die langen und komplexen Genealogien der Bugis und Makasar verzeichnen nicht nur die Namen und Beziehungen wichtiger Personen, sondern auch deren Heiratsorte genau und stellen damit wohl die detailliertesten Dokumente vorkolonialer Heiratspolitik indonesischer Gesellschaften dar (Caldwell 1990:2f.) Die Qualität der Chroniken läßt Historiker schwärmen: Reid & Reid (1988:15) attestieren ihnen "a matter-of-fact style and a sense of proportion". Zentrale Konzeptionen, die den Bugis und Makasar gemeinsam sind, offenbaren sich deutlich im sog. *Latoa*, einer *lontaraq*, die in den buginesischen und makasarischen Königtümern als Leitlinie in bezug auf Rechte und Pflichten der Autoritäten fungierte. In einem Teil werden dort (1) die Gewohnheiten, (2) die Gesetze, (3) leitende Handlungsbeispiele, (4) Verwandtschaftsregeln und (5), in den Versionen seit Anfang des 17. Jh., das islamische Recht als Basis des Staates beschrieben. *Siriq* wird dort als das Prinzip interpretiert, welches die Handlungen des Individuums motiviert und damit soziale Dynamik erzeugt. Anhand des *Latoa* lassen sich somit bis heute gültige Prinzipien etwa der Spontaneität des Handelns, der sozialen Schichtung und des Lebenszyklus rekonstruieren (Mattulada 1975).

Historisch sind Makasar und Bugis unter anderem dadurch verbunden, daß der Islam im frühem 17. Jahrhundert die Basis einer gemeinsamen Identität gegen die Europäer bot (Rössler 1997b:276). Aber Bugis und Makasar teilen miteinander auch nichtislamische[72], z.T. mystische, religiöse Vorstellungen (*tau malotong*; B.; *patuntung*; M.; vgl. Rössler 1987:315-341, Harmonic 1987). Diese sind eng mit einem (besonders bei den Bugis) für indonesische Verhältnisse "strengen" islamischen Glauben verknüpft. Die *Muhammadiyah* als eine Reinigungsbewegung des Islam hat nach ihrer Einführung in Süd-Sulawesi 1926 viele Anhänger unter Bugis und Makasar, vor allem unter Frauen, gefunden, zumal seit sie ab 1950 nicht mehr durch die *raja* klein gehalten wird. Sogar einige Einflüsse der *sha'ria* zeigen sich in Ritualen, beispielsweise in den ausgiebigen Feierlichkeiten zu Mohammeds Geburtstag (*maulid*, Harmonic 1987, vgl. Chabot 1950: Photo 7 und 8, zu Ritualen Rössler 1987:328ff.). Auf dem Lande, aber auch in Städten, erfüllen nichtislamische Glaubensformen, etwa Ahnenverehrung, Erdgotthuldigung und die Verehrung der Reisgöttin (*Sangyang Serre*; M.) und nichtislamische Funktionsträger eine wichtige Rolle für die Islamgläubigen. Hier sind vor allem die *bissu* (B.) und die *pinati* (M.) zu nennen, die beide überwiegend aus

---

[72] Ich vermeide den dafür meist gebrauchten Ausdruck "*pre*-Islamic rituals" bzw. "*pre*-Islamic faith" (z.B. Hamonic 1987, Reid & Reid 1988:2, Rössler & Röttger-Rössler 1991:204; Rössler 1997b), der zwar richtigerweise auf den vor der Ankunft des Islam im 17. Jh. vorhandenen Glauben verweist, aber ungewollt eine historische Ablösung des nichtislamischen Glaubens durch den Islam suggeriert, statt von einer komplexen Verquickung auszugehen.

der Schicht der Gemeinen stammen. Die *bissu* (früher meist Transvestiten) kontrollieren die höchst bewerteten sakralen Gegenstände (Regalia; *kalompoang*; M.) und führen die wichtigsten die Herrscher legitimierenden Rituale aus. Sie sind es, die die "Sprache der Götter" (*basa bissu*; B.) beherrschen. Die *pinati* sind für den Ahnenkult, für weniger hoch eingeschätzte Rituale und für medizinische Behandlungen zuständig (vgl. Chabot 1967:203, 208). Die Verquickung von Islam und nichtislamischen Vorstellungen wird auch darin deutlich, daß *pinati* gleichzeitig i.e.S. islamische Funktionen ausfüllen. Wie ich feststellen konnte, gilt dies ebenso im urbanen Leben, in Ujung Pandang etwa bei den islamischen Feierlichkeiten zu Mohammeds Geburtstag und bei Ritualen anläßlich von Hausbauten oder Umzügen.

Eine für diese Untersuchung besonders wichtige Gemeinsamkeit der Bugis und Makasar ist die Neigung, den Wohnort häufig und oft kurzfristig zu wechseln. Dies hängt mit der fluiden Haushaltsstruktur zusammen. Es ist nicht ungewöhnlich, daß Teile einer Familie zeitweise bei Verwandten oder Freunden in anderen Orten leben. Ein schwieriges oder chronisch krankes Kind wächst zeitweise etwa bei Verwandten auf, weil man auf den guten Einfluß einer anderen sozialen Umwelt baut. Alte Menschen werden zumeist dadurch versorgt, daß sie abwechselnd bei den Familien der verheirateten Kinder leben. Oder eine Frau eines Seemannes läßt eine Schwester oder eine andere weibliche Verwandte bei sich wohnen, wenn ihr Mann länger abwesend ist. Diese und viele andere Gründe, wie der Wunsch neues zu erleben, "Erfahrungen zu sammeln" (*cari pengalaman*), können zu häufigem Wohnortswechsel zumindest einzelner Personen führen (Soemarjan 1988:47).

Außer dem islamischen Glauben sind es vor allem bestimmte psychische Eigenschaften, die den Makasar und Bugis von Mitgliedern anderer Ethnien, wie auch von eigenen, z.B. von lokalen buginesischen oder makasarischen Wissenschaftlern, zugeschrieben werden. Allgemein gelten sie als "furchtlose Seeleute" und "harte Kämpfer". Lokale Historiker und Ethnologen nennen als besondere Eigenschaft ferner die geringe Ortsbindung beider Gruppen (Rachman; mündl. Mitt. 12/1991)[73]. Diese hängt aber mit der oben genannten fluiden Haushaltsstruktur zusammen. Weiterhin werden oft prinzipielle Vorbehalte beider Gruppen gegenüber Innovationen und ihre Ablehnung von allem, was ihrem Judiz widerspricht, angeführt sowie die Tendenz, angesichts von Ehrverletzungen schnell zu entscheiden (Mattulada 1975). Einige lokale Ethnologen sehen in der *Latoa* und anderen Schriften ein Potential zum Verständnis dieser Haltungen und zugleich eine Basis zur "Höherentwicklung" der Bugis und Makasar. Implizit wird darin auch das Problem der nationalen Integration der Bugis und Makasar und zugleich dessen Lösung gesehen: "It all depends on the approach to be made by the national leaders to harness and to control the potentials inherent in the Buginese and Makassarese communities" (Mattulada 1975:514).

Die Vorstellung der Höherentwicklung ist bezüglich der Bugis und Makasar nicht nur im Rahmen Süd-Sulawesis bedeutsam, sondern verweist auf die offizi-

---

[73] In populären Reisehandbüchern werden Makasar und Bugis sogar als "Meerzigeuner" (Brettschneider 1992:328) bzw. als *sea gypsies* (Dalton 1991:835) geführt und damit fälschlicherweise mit seeschweifenden Gruppen, *Orang Laut* ("Menschen des Meeres"), gleichgesetzt.

elle Konzeption einer "nationalen Kultur" im Kontext des *nation-building* in Zusammenhang mit der Nationalphilosophie *Pancasila*. Bugis und Makasar haben nämlich innerhalb des Nationalstaates gegenüber den anderen Ethnien Süd-Sulawesi dadurch eine besondere Position, daß die "buginesisch-makasarische Kultur", neben der javanischen, sundanesischen und der malaiischen Kultur, zu den sog. "höher stehenden Kulturen" zählt. Dies bezieht sich auf § 32 der indonesischen Verfassung (*Undang Undang Dasar 1945*), wo von "hochstehenden (bzw. Gipfeln der) Regionalkulturen" (*puncak-puncak di kebudayaan daerah*) gesprochen wird. Hier spielen die in Indonesien bei Laien wie auch unter Politikern und Wissenschaftlern sehr verbreiteten (alt-)evolutionistischen Vorstellungen eine bedeutende Rolle, in denen soziale Evolution unilinear gesehen wird und komplexe Gesellschaften höher bewertet werden als einfachere (zur Kritik vgl. allgemein Antweiler 1988:Kap. 2). In diesem Vorstellungsrahmen der Höherentwicklung streben die Regierung und einige indonesische Sozialwissenschaftler derzeit eine Synthese aus Bausteinen der genannten "höherstehenden Kulturen" in einer indonesischen Nationalkultur an (vgl. dazu Lenhart 1989:90, 1994).

4.2.4 Wirtschaftsbeziehungen als Motor
 interethnischen Umgangs

In der Geschichte des malaiischen Archipels waren es besonders die wirtschaftlichen Beziehungen zwischen den Inseln, die die Mitglieder verschiedener ethnischer Gruppen in dauerhaften Kontakt brachten, wie z.B. Leirissa (1993) für die vormodernen Molukken zeigt. Aber auch in einzelnen Regionen größerer Inseln gab es ähnlich intensiven Austausch. Anhand der Toraja möchte ich jetzt exemplarisch aufzeigen, wie kulturell offensichtlich verschiedene Gruppen durch wirtschaftliche und politische Aktivitäten, die über lange Zeiträume existierten, interkulturelle Beziehungen untereinander begründeten und wie sich auf diesem Wege kulturelle Ähnlichkeiten zwischen verschiedenen ethnischen Gruppen in der Region etablierten. Die Toraja unterscheiden sich vor allem aufgrund ihres Glaubens und ihres bergigen Lebensraums von den anderen drei ethnischen Gruppen. Im Gegensatz zu Makasar und Bugis hatten sie außerdem auch keine Schrifttradition. Aber es gab schon immer Kontakte zwischen den Gruppen. Elemente des buginesischen Epos *I La Galigo*, z.B. die Person Sawerigading, sind in der formalisierten mündlichen Überlieferung der Toraja bekannt. Auch anderweitig hatten die Toraja intensive Verbindungen zum Tiefland. Diese kamen früher durch Heiraten unter den Adligen verschiedener Gruppen und ab dem späten 19. Jh. durch den Handel mit Kaffee und Sklaven zustande. Der Sklavenhandel entstand vor allem durch eine komplementäre demographische und ökologische Situation von Tana Toraja und dem Tiefland. Im Tiefland, also dem Lebensraum der Bugis und Makasar, gab es einen chronischen Mangel an Arbeitskräften, aber ausreichend Land. Im Tana Toraja dagegen bestand wegen geringer Ausdehnung nutzbaren Landes und hoher Bevölkerungsdichte einen Arbeitskräfteüberschuß.

Somit existierten nicht nur der für südostasiatische Naßreisgebiete typische Mangel an Arbeitskräften, sondern auch eine nahe gelegene Quelle für Arbeitskraft, nämlich Tana Toraja. Bis zum Eingreifen der niederländischen Herrschaft war der Sklavenhandel in der Hand von Bugis, Makasar, Arabern und einzelnen Niederländern. Ab etwa 1860, als die Sklaverei im Tiefland zunehmend eingeschränkt wurde, wurden die Toraja, vor allem die Sa'dan, in den Handel mit Sklaven und Schuldabhängigen einbezogen (Bigalke 1983:60).

In den 1860er Jahren entwickelten sich nach dem Anstieg des Weltkaffeepreises zwei Transportnetze, die für den Handel mit Kaffee und mit Sklaven bedeutsam und deshalb umkämpft waren. Eines verknüpfte Kaffeeanbaugebiete über größere Marktorte mit dem Hafen des Reiches Luwu, Palopo (vgl. Schrauwers 1997:363). Das zweite verband dieses über rivalisierende Marktplätze im Hochland mit dem Hafen des Königreiches Sidenreng, Pare-Pare. Diese Netzwerke wurden von Mestizen (Mischlingen zwischen Indonesiern und Europäern) in Zusammenarbeit mit lokalen Herrschern und kleinen Gruppen von Sklavenhändlern aufgebaut (Bigalke 1983:345). Speziell die Kaffeehandelsnetzwerke hatten viele Unterdrückungsmaßnahmen und Kriege im Land der Toraja zur Folge. Im Gegensatz zum Handel mit Kaffee, der auf bestimmte Gebiete beschränkt war, konnte jeder Sklaven jagen und verhandeln, wenn er genug Machtmittel hatte. Sklaven- und Kaffeehandel kompensierten sich gegenseitig in Flauten. Der Sklavenhandel im 19. Jh. beruhte auf der Kooperation der Toraja-Eliten mit denen der Makasar und vor allem der Bugis. Dies führte zu einer zunehmenden Öffnung und "Bugisierung" der eigentlich zentripetal ausgerichteten Toraja. Diese Entwicklung betraf selbst die weit entfernten nördlichen Höfe, so daß um 1890 fast alle bedeutenderen Führer der Toraja Buginesisch beherrschten (Bigalke 1983:347). Hier sollte man sich noch einmal die politische Zersplitterung der Toraja vergegenwärtigen. Die Märkte waren der praktische wie auch symbolische Nexus zwischen den Toraja und den Bugis. Lokale Toraja-Herrscher konkurrierten um deren Kontrolle und errichteten an Marktorten Residenzen. Marktorte und Transporte bekamen hohen strategischen Wert. Dies und die neue Verfügbarkeit von Feuerwaffen machten einige Herrscher und Siedlungen stark; andere mußten weichen, Tribute zahlen oder litten unter Sklavenjagden. Auf den Märkten wurde gespielt und gewettet, wobei es häufig zu Konflikten zwischen Bugis und Toraja kam; viele Toraja verschuldeten sich und gingen in die Schuldknechtschaft zu Bugis und Makasar ins Tiefland.

Die entscheidende, weil lange andauernde und bis in die einzelnen Haushalte reichende Interaktion von Toraja mit den Gruppen im Tiefland kam aber dadurch zustande, daß viele ehemalige Sklaven, die ab 1909 nach Tana Toraja hätten zurückkehren können, freiwillig im Tiefland blieben. Dort war der Landdruck geringer und außerdem wurden sie leicht in die dort ansässige Gesellschaft integriert. Diese Integration wurde durch die besondere Form der Stratifikation dieser Gesellschaften befördert. Die unterste Schicht der Bugis und Makasar, *ata*, beinhaltete nämlich nicht nur Sklaven i.e.S., sondern auch Diener, abhängige Gefolgsleute oder Klienten. Außerdem bedeutete *ata* nicht nur einen Status, sondern die Relation der Unterordnung, z.B. in einem Patron-Klient-Verhältnis. Die Toraja wurden also oft assimiliert; sie wurden kulturell zu Bugis; Bigalke schlußfolgert: "... the *ata* were ensconced in a rather open system of slavery, one that de facto favoured digesting outsiders into Bugis-Makassarese society" (1983:357). Ein weiterer Faktor der Integration und Assimilation der Toraja-Sklaven war die Stratifikation unter den Toraja selbst, die eine weniger strikte Version des Bugis-Makasar-Modelles darstellte. Es gab außer der Aristokratie (*to makaka*; T.) und den Gemeinen (*to biasa/to buda*; T.) unterschiedliche Grade von "Sklaven" (*kaunan*; T.) von rechtlosen, Zwangsarbeit leistenden und verkäuflichen Sklaven i.e.S, Sklaven anderer Sklaven ("Hühnerdreck"; *kaunan tai manuk*, T.); bis hin zu als Familienmitgliedern angesehenen, erblichen und unverkäuflichen "goldenen Sklaven" (*kaunan bulaan*; T.). Sie stellten Diener dar, die an die Haushalte gebunden waren. Das Sklavensystem der Toraja war weniger "offen" als das der Bugis und Makasar, indem es die Sklaven fester einband; es bot aber dafür die Möglichkeit, ausgelöst zu werden (Bigalke 1983:357ff.).

4.3 Regionalhistorische Kontinuitäten in Süd-Sulawesi: Sozialstatus und Option als Kulturthemen

Häufig beziehen sich die Menschen in Ujung Pandang nicht auf die kollektive Identität einer Ethnie, sondern auf regionale Identität als "Mensch von Süd-Sulawesi" (*orang Sulawesi Selatan*) bzw. auf die "Kultur Süd-Sulawesis" *(budaya Sulawesi Selatan)*. Dies wird im Verlauf dieser Untersuchung öfters eine Rolle spielen. Es ist bislang unklar, inwieweit das von einigen Politikern, Intellektuellen und Künstlern postulierte Konzept einer regionalen Kultur Süd-Sulawesis von der breiten Bevölkerung getragen wird. Meine Erfahrungen zeigen, daß es zumindest in der Stadt im Alltagsdiskurs eine große Rolle spielt (für Details siehe Antweiler 1997a); andere Autoren berichten hingegen, daß eine panprovinziale Identität nur schwach ausgebildet sei (Rössler, mündl. Mitt. 1993, Sutton 1995:674). Sicherere Informationen gibt es zu den faktischen Ähnlichkeiten und Beziehungen zwischen den ethnischen Gruppen, die ich im folgenden skizziere.

4.3.1 Instabile Herrschaft, Arbeitskräftemangel und Klientelbeziehungen

Wenn man die Gesellschaften Süd-Sulawesis in langfristiger Perspektive sieht, durchliefen sie in den letzten 800 Jahren eine sehr schnelle Entwicklung, die zu einem regional eigenständigen Muster führte. Erst in den letzten ca. 500 Jahren wurden sie in den Hauptstrom der Entwicklung des malaiischen Raumes einbezogen (Reid & Reid 1988:5). Vor der europäischen Beeinflussung war Süd-Sulawesi auf mehrere kleine Königtümer (*kerajaan*) aufgeteilt, die historisch bis ins 13. bis 14. Jh. zurückverfolgt werden können. Es gilt immer noch die Feststellung Macknights (1976:126, 134), daß wir über die frühe Entstehung dieser Staaten wenig wissen. Archäologisch läßt sich aber heute durch einige neuere Grabungskampagnen schon mehr sagen (zusf. Macknight 1993); z.B. läßt sich das Reich Soppeng bis etwa 1200 zurückverfolgen (Caldwell 1992a). Ab etwa 1200 setzten unvermittelt Außenkontakte ein, die durch Keramik belegt sind, welche in den letzten Jahren mehr und mehr vor allem in den südlichen makasarisch dominierten Distrikten der Provinz gefunden wird[74]. Seit etwa 1400, als in Süd-Sulawesi (wahrscheinlich von Süd-Sumatra beeinflußt, Caldwell 1990:3) Schriftzeichen entwickelt wurden und detaillierte Genealogien entstanden, kann die Geschichte dieser Herrschaftsgebilde genauer verfolgt werden. Unter den etwa fünfzig Reichen waren drei historisch von Bedeutung:

1. das um die heutige Stadt Palopo gelegene Luwu mit einer Tae sprechenden Bevölkerung, das als erstes ein Königtum entwickelte und eine historisch prominente Rolle spielte (das buginesische Epos *I La Galigo* spielt im östlichen Luwu; vgl. Zainal Abidin 1974, Reid & Reid 1988:15);
2. das buginesische Reich Bone mit seinem Zentrum in der heutigen Stadt Watampone (später dominierte Wajo) und
3. das Reich Gowa (bzw. Goa) mit einer vorwiegend Makasar sprechenden Bevölkerung und seinem Zentrum nahe dem heutigen Ujung Pandang.

Diese Zentren komplexer sozialer und politischer Organisation waren auf die Küste und den Handel ausgerichtet. Da aber alle Orte in Süd-Sulawesi der Küste recht nahe liegen, wurde fast die gesamte Bevölkerung des südwestlichen Armes Sulawesis von diesen Königreichen beeinflußt.

Einheimische Historiker setzen die Periode vor der Schriftlichkeit (*sure galigo*; B., "Galigo-Epoche") nach der genannten berühmten Ursprungslegende mit einer Zeit der Schicksalsergebenheit gleich. In der folgenden "*Lontaraq*-Periode" sei dann das Individuum ins Zentrum des Weltbildes gerückt; die Menschen hätten ihr Schicksal nun selbst in die Hand genommen (Mattulada 1975:514), die Beziehungen der Ethnien zur Außenwelt hätten zugenommen und allgemein der kuturelle Austausch (Mattulada 1982:19). Interessanterweise kam es im 15. Jh., also etwa zeitgleich mit dem verstärkten Aufkommen der *lontaraq*, zu einer für die Struktur der Landwirtschaft bedeutsamen politischen Veränderung: Die Basis politischer Macht war nun nicht mehr allein der Handel, sondern der Naßreisanbau auf Sumpffeldern (*sawah*). Nur in Luwu (heute Palopo) wurde weiter Sago als Grundnahrungsmittel benutzt. Von regionaler Bedeutung war die Islamisierung Anfang des 17. Jahrhunderts, die auf einer langen Bekanntschaft mit dem Islam durch malaiische Händler in der Stadt aufbauen konnte. Außer in *Tana Toraja* war bis zum Jahre 1611 zumindest die Elite gesamt Süd-Sulawesis islamisiert.

Die Grenzen der Reiche entsprachen im 16. und 17. Jahrhundert in etwa den heutigen Grenzen der Regentschaften (*kabupaten*), die auch ähnliche Namen wie die früheren Herrschaftsgebilde tragen. Die Königtümer waren segmentäre Staaten und bestanden jeweils aus mehreren (oft Dutzenden) Häuptlingstümern. Sie umfaßten Territorien, die in der Kolonialzeit von den Niederländern als *landschap* bezeichnet wurden. Diese waren genau umgrenzt, wurden von einem bei

---

[74] Neben den Philippinen ist die Region Süd-Sulawesi Hauptquelle chinesischer (Ming, Yuan, Sung), vietnamesischer (Annam) und thailändischer (Sawankhalok) Keramik auf dem Antiquitätenmarkt der Welt (Reid & Reid 1988:5).

Bugis *arung* und bei Makasar *gallarang* genannten Anführer geleitet und waren nur teilabhängig. Eines der Häuptlingstümer war jeweils führend und für das Reich namengebend. Unterhalb der Ebene der Häuptlingstümer standen die von Vorstehern geleiteten einzelnen Siedlungen. Die vorkoloniale Verwaltung ist gut bekannt, weil *arungs* und Dorfvorsteher in detaillierten Listen festgehalten wurden (Caldwell 1990). Die Könige führten jeweils nur eines der Häuptlingstümer, was ihre Macht wohl begrenzt hat (Reid 1992c). Die Regierungsfunktionen in diesen politischen Gebilden waren auf eine kleine Elite beschränkt. Für die politische Legitimation spielte die Reinheit der Abstammung eine zentrale Rolle. Es wurden genaue Genealogien geführt und verhindert, daß Frauen Männer von geringerem Status heirateten.

Die politische Struktur der Bugis und Makasar in vorislamischer Zeit, also bis 1600, war von einer funktionalen Verquickung von zugeschriebenem Status einerseits und Macht andererseits gekennzeichnet. Von der historischen Genese gesehen ist die damalige Gesellschaft als eine "spätaustronesische" beschrieben worden, weil sie sich aus der regionalen prähistorischen Kultur unter nur geringen Einflüssen indischer Konzepte herausbildete (Caldwell 1990:4; vgl. dagegen Anderson 1972 für Java und die unten referierte Diskussion Errington 1989 vs. Caldwell 1991 bzgl. Luwu). Die grundlegenden sozial und politisch wirksamen Einheiten waren korporative (Opfer-)Gemeinschaften, die sich auf sakrale Objekte und Orte bezogen. Eine idealtypische[75] Dorfgemeinschaft bestand bis etwa Anfang des 20. Jhs. aus der adligen Elite und mehreren Verbänden der anderen Schichten. Dörfer wurden früher im Normalfall von einer Verwandtschaftsgruppe bewohnt; in der ersten Hälfte dieses Jhs. waren es oft endogame, lokalisierte Segmente von großen Verwandtschaftsgruppen. Adlige besaßen in den Dörfern meist mehr Land und Geld und waren wirtschaftlich mit den niedrigeren Familien über Generationen hinweg verknüpft. Der Dorfvorsteher vergab Landstücke zur Nutzung an die Bewohner. Zumindest in einigen Dörfern gab es auch Land, das gemeinsam bebaut wurde und den wirtschaftlich nicht produktiven Dorfvorsteher versorgte. Dieser hatte die volle Souveränität in seinem Gebiet, zahlte aber selbst Tribute an einen höheren Herrscher im Tiefland (Friedericy 1933).

4.3.2 Indigene Konzeptionen von Herrschaft

Über den Charakter der Herrschaft in Süd-Sulawesi und die sie leitenden politischen Konzeptionen gibt es eine neuere Kontroverse. Waren die Herrschaftsgebilde von hinduistischen Konzepten geprägt (Errington 1989:15) oder waren eher andere politische Ideen leitend (Caldwell 1991)? Innerhalb Südostasiens grenzt Errington (1989:207ff., Karte) Süd-Sulawesi zusammen mit Luzon, Bali, den Molukken und der malaiischen Halbinsel als "zentristisches Archipel" (*centerist*

---

[75] Röttger-Rössler (1989:32ff.) stellt - Mukhlis 1975 zusammenfassend - die wichtigsten Institutionen der administrativen Struktur vor der holländischen Unterwerfung am Beispiel Gowas dar: *somba* (Herrscher in direkter Linie des Reichsbegründers; *tomanurung*), *tumabiccara* (Stellvertreter des *somba* und erster Ratgeber), *tumabiccara butta* (Reichsrat bzw. Kanzler), *alakaya* (Transvestit als Vermittler der übernatürlichen Macht), *daengta kaliya* (Kadi), *gallarang* (Vorsteher der sehr kleinen Teilreiche).

archipelago) ab. Dem steht Ostindonesien (Seram, Ambon und Kleine Sundainseln) entgegen, das sie als "Austauscharchipel" *exchange archipelago* bezeichnet. Die Gesellschaften des zentristischen Archipels seien typischerweise kognatisch und stratifiziert bzw. tendierten zu feststehenden Machtzentren und Machtakkumulation sowie zur Fusion von Kategorien des sozialen Geschlechts (*gender*). Die Austausch-Gesellschaften seien dagegen durch unilineale Deszendenz, verteilte Macht, politische Dualität zwischen frauengebenden und -nehmenden Gruppen sowie durch klare Segmentierung der *gender*-Kategorien gekennzeichnet. Erringtons paradigmatisches Beispiel für die zentristischen Gesellschaften ist das präkoloniale Luwu, die "ältere Schwester der anderen Königreiche Süd-Sulawesis" (vgl. Schrauwers 1997:356-360). Dort sei politische Autorität instrumental für die Religion bzw. das Ritual gewesen. Caldwell (1991) hält dies für eine elitistische Sicht, die von der wirtschaftlichen und politischen Basis abgelöst ist. Erringtons einseitige Perspektive gründe sich in ihren adligen Informanten einerseits und ihrer fehlenden Quellenkenntnis andererseits[76]. Der Darstellung Luwus als indisiertem "exemplarischem Zentrum" (*exemplary center* sensu Geertz) würden etliche historische Dokumente widersprechen, die zeigen, daß es sich bei den Reichen Süd-Sulawesis um aggressive, auf die Eroberung und Sicherung von Territorien ausgerichtete Herrschaftsgebilde handelte. Königreiche wurden erobert, ihre territoriale Integrität aber respektiert; es war üblich, den Herrschern oder anderen Personen der Elite als Vasallen weiterhin Macht zu belassen. Für einen "Mandalastaat" (Wolters 1981) bzw. einen "Theaterstaat" (Geertz) nach indischem Vorbild, in dem die Idee der sozialen und kosmischen Einheit zentral ist, gebe es keinen Hinweis. Am Rand der Einflußsphäre indischer Modelle seien eher "indigenous, 'Austronesian' categories of social and political thought ...", also Konzepte der westaustronesische Sprachen sprechenden Gesellschaften, maßgebend gewesen (Caldwell 1991:115, vgl. 111ff. und Macknight 1975:129)[77]. In einer neueren Untersuchung kommt Schrauwers zum Schluß, daß Luwu weder ein ursprüngliches indisches Staatswesen, noch ein schnell zusammenfallender, von anarchischer Despotie geprägter, Staat gewesen sei, sondern ein politisches Gebilde, das maßgeblich auf Handel und Austausch beruhte und deshalb im Schatten der Niederländer aufblühte (1997:378).

Die Herrschaftsform in Gowa war in mancher Hinsicht den hinduisierten (indisierten) Königreichen Javas (und anderen Gebieten Südostasiens i.S. Wolters' "Mandalamodell") ähnlich. Die Herrschaftsbeziehungen waren personalistisch und charismatisch gefärbt und von religiösen Konzepten getragen. Aber es waren Kontrakte, die das Verhältnis zwischen Herrschern und Untergebenen, wie auch zwischen Staaten, regelten. "Despite the supernatural nature of kingship, therefore, South Sulawesi enjoyed a *more pluralistic* and *contractual* political system than the more Indianized parts of Southeast Asia" (Reid & Reid 1988:7;

---

[76] Andaya arbeitete zehn Jahre vor Erringtons Buch (1979; vgl. 1981) am Beispiel der Rolle Arung Palakkas im Krieg von Makassar 1666-69 die unterschiedliche Wahrnehmung der Situation und der Ereignisse zwischen Noblen und der gewöhnlichen Bevölkerung heraus.

[77] Es ist sicherlich kein Zufall, daß das in Südostasien marginal gelegene Sulawesi als ein "Testfall für die Untersuchung südostasiatischer Traditionen" (Macknight 1975:129) bezeichnet wurde. Im weiteren Sinne gilt das für ganz Ostindonesien, aber auch für Bali. In neuerer Zeit mehren sich die Hinweise für starke kulturelle Ähnlichkeiten mit pazifischen Gesellschaften.

Herv. CA). Die spezifische Konzeption von sozialer Schichtung einerseits und sozialem Aufstieg andererseits sowie die konstante Rivalität der Herrscher um Loyalität und Arbeitskraft schufen eine besondere Dynamik. Verwandtschaftsbeziehungen, aber auch persönliches Charisma und der Besitz von Macht (durch sakrale Objekte und das Wissen im Umgang mit ihnen) banden Menschen an ihre jeweiligen Herrscher. Die Ambiguität der Heiratsallianzen und die sich ändernde Anhängerschaft führten zur Instabilität als einem Strukturmerkmal der Kleinstaaten der Bugis und Makasar (Lebar 1972:144). Sämtliche politische Einheiten über der Ebene der einzelnen Siedlungsgemeinschaft bestanden in Föderationen, die strukturell zum Zerfall neigten.

Bezüglich des fehlenden Konzeptes sozialer Einheit repräsentiert Caldwells Ansicht m.E. Süd-Sulawesi deutlich besser als Erringtons. Die Herrschaftsform war zwar personalistisch-charismatisch geprägt und religiös legitimiert, aber durch die Betonung sozialer Unterschiede zuungunsten der sozialen Einheit weicht das Bild vom indischen Modell ab[78]. Außerdem führten die lokalen Herrschafts-konzeptionen in Zusammenhang mit Leitbildern (zumindest des Mannes) zu Widersprüchen in der Praxis: Aufstiegsmotive und Individualität standen gegen den Respekt vor sozialem Status und den Gemeinschaftsgeist (vor allem bei Makasar; s.u. für den besonderen Fall der Bugis). Diese Widersprüche und die entsprechend der Schichtung unterschiedliche emische Sicht laden zu einer selektiven Lesung der historischen Wirklichkeit geradezu ein[79].

Schwieriger zu beantworten ist die Frage der Bedeutung der Herrschaftsterritorien und ihrer Grenzen. Daß es territoriale Konzepte gab, zeigt ein Ausspruch Sultan Alauddins im Jahre 1615, als er auf holländische Monopolansprüche auf den Seehandel antwortete: "Gott schuf Land und Meer; das Land teilte er unter den Menschen auf und das Meer gab er allen gemeinsam" (Reid & Reid 1988:7; Übers. CA). Caldwells Argument gegen Erringtons pauschale Annahme fehlender territorialer Grenzen in Süd-Sulawesi ist im Kern ein ökonomisch rationales. Inländische, auf Reisbau ausgerichtete, Gesellschaften haben, so argumentiert er, aufgrund hoher nichtmobiler Investitionen (z.B. Reisterrassen) strukturell eher ein Interesse an der Sicherung ihres Territoriums und der Grenzen, als Küstengruppen mit ihren mobilen Siedlungen und ihrem mobilen Kapital (Caldwell 1991:115; vgl. Reid 1988:132). Die entscheidende Frage ist also, so meine ich, wie die Relation von Handel zur Landwirtschaft in Süd-Sulawesi historisch gelagert war. Sie war regional sehr unterschiedlich, sowohl zwischen verschiedenen Reichen, als auch in der Geschichte einzelner Reiche. Die Kontroverse kann nur mittels weiterer historischer Dokumente aus den einzelnen Regionen und Phasen entschieden werden. Das allgemeine historische Bild der komplexen Beziehun-

---

78   Ein anderes, vom indisierten Konzept der Herrschaft abweichendes, eher austronesisches Merkmal in Sulawesi ist die Möglichkeit von Frauen, in höchste wirtschaftliche und politische Positionen aufzusteigen, weil der Geburtsstatus prinzipiell wichtiger ist als das Geschlecht. Dies belegen z.B die sechs Frauen unter den 32 Herrschern Bones oder die wirtschaftlich prominente Rolle von Lomo´ Tombo, der Frau Sultan Hasnuddins (Reid 1988:164, 170).

79   Umstritten ist auch die Bedeutung der Regalia der Herrscher. Waren sie eher "Brennpunkte" bzw. "Nabel" der Macht im Sinne des indischen Herrschaftsmodelles (so Errington 1989) oder "Zeichen von Status" im Sinne Andersons (1972:12ff.), die den regierenden Eliten (Luwus) von den Herrschern der drei kosmischen Bereiche dargeboten wurden (so Caldwell 1991:118)?

gen, welches ich im folgenden entfalte, deutet aber darauf hin, daß - über die jeweiligen kulturellen Werte im einzelnen hinausgehend - drei Faktoren eine Rolle für die Territorialität spielten, die zudem untereinander verknüpft sind: (a) die demographische Situation (dicht vs. dünn bevölkert), (b) die jeweilige ökonomische Basis (Handel oder Naßreisbau) und (c) die Umweltsituation (Tiefland vs. Hochland, damit verfügbares Reisland oder nicht). Dazu müßte ergänzend untersucht werden, wie hoch (d) das interne Konfliktpotential einer Region ist[80]. Demnach kann nur eine kombinierte politökonomische und geographische Analyse der Situation die jeweilige Territorialität verständlich machen.

Das Tiefland war tendenziell dünner bevölkert als das Hochland; der Handel war hier bedeutender (besonders in den küstennahen Gebieten) und aufgrund der Morphologie sowie dünnen Besiedlung gab es mehr verfügbares Nutzland. Zumindest für das Tiefland läßt sich verallgemeinern, daß Territorien oft nur als ein Mittel zur Sicherung von Arbeitskräften gewonnen und verteidigt wurden. Dies zeigen neuere historische Untersuchungen immer deutlicher[81]. Das zentrale Problem der Herrschaftsgebilde im Tiefland Süd-Sulawesis (im Gegensatz zum Hochland) war nämlich der Mangel an kontrollierbaren Arbeitskräften. Diese brauchte man sowohl, um Herrschaft zu sichern, da ein stehendes Heer fehlte, als auch, um das Land wirtschaftlich zu nutzen. Besonders letzteres galt ebenso für die niederländische Ostindiengesellschaft, die das Problem durch Sklavenarbeit und Schuldknechtschaft löste. Kontrolle über Arbeitskraft war der Schlüssel zu politischer Macht, Produktion und Reichtum; es ging also eher um Arbeitskraftressourcen, als um Besitz an Territorium oder Bodenschätzen (vgl. allgemein Reid 1980:248). Kleine Führer versuchten genauso wie bedeutende *rajas*, Bauern, Händler und Soldaten an sich zu binden. Solche Bindungen erreichten sie mit Macht, z.B. durch erzwungene Umsiedlung in den eigenen Rechtsbereich oder aber durch das Angebot von Sicherheit für Leben und Besitz, die etwa andere Herrscher nicht bieten konnten (Sutherland 1983:280).

Im relativ dünn besiedelten Süd-Sulawesi waren Formen gebundener Arbeit, Schuldknechtschaft und die soziale Beziehung Führer-Gefolgsleute quer durch die Geschichte und über in vieler Hinsicht unterschiedliche Gesellschaften hinweg von struktureller Bedeutung. "Kontrollierte Menschen" waren immer eine bekannte soziale Kategorie. Im Wirtschaftsleben zeigt sich das speziell insbesondere in einer besonderen Patron-Klient-Beziehung (*punggawa-sawi*), die ich weiter unten im Rahmen hierarchischer sozialer Prinzipien detaillierter behandeln werde. Aus diesen strukturellen Gründen hingen der indigene und der europäische Sklavenhandel eng zusammen, unabhängig davon, ob er durch die Vereinigte Oostindische Compagnie (VOC) oder von Europäern und Mestizen als Privatleuten durchgeführt wurde. Dieser Handel hatte Konsequenzen für die Produktion

---

[80] Im historischen Längsschnitt Südostasiens im "kommerziellen Zeitalter" von 1450 bis 1680 zeigt sich, das z.B. Sklavenexport mit internen Konflikten eng assoziiert war, z.B. exportierte Süd-Sulawesi die meisten Sklaven in Zeiten innerer Unruhen im 16. und 18. Jh. nicht aber in einer Zeit größeren inneren Friedens von 1500 bis 1668 (Reid 1988:133).

[81] Reid stellt für die Zeit zwischen 1450 und 1680 bzgl. Südostasien verallgemeinernd fest, daß die Kontrolle über Menschen bzw. Arbeitskräfte ein zentraler Punkt des Wettbewerbes war: "In this part of the world, where land was abundant, buildings impermanent, and property insecure, it was in followers that power and wealth was primarily expressed" (1988:120; vgl. 122).

von Nahrungsmitteln und demographische Effekte auf die indigenen Gesellschaften, z.B. dadurch, daß bei Rechtsbrüchen zunehmend Versklavung als Strafe drohte. Inzest, Ehebruch, uneheliche Geschlechtsbeziehungen und Verschuldung konnten genauso in die Sklaverei führen, wie Gefangennahme im Krieg oder Entführung durch konkurrierende Herrscher. Sklaven waren demnach ein zentrales Element des ökonomischen Gesamtsystems der Region und besonders dem der Stadt (Sutherland 1983:271).

Zu politischen Instabilität der Region und wirtschaftlichem Dynamismus der Bewohner kam in der Stadt Makassar ein kosmopolitisches und multiethnisches soziales Fundament hinzu (vgl. Geertz 1963:60). Die Niederländer betraten eine extrem instabile politische Arena und stärkten die bis dahin immer gefährdete monarchische Struktur. Unter den Holländern wurde die im wesentlichen auf Verwandtschaft basierende politische Ordnung langsam in den Verwaltungsapparat der Kolonialregierung integriert. Mitglieder der königlichen Familie wurden zu Beamten; ein Prozeß, der mit der Unabhängigkeit, zumindest formal, sein Ende hatte. Die traditionelle Elite und das Muster der Patron-Klient-Beziehungen spielen aber auch noch heute eingeschränkt in der Politik und maßgeblich in der Landwirtschaft eine bedeutende Rolle. So wird der hohe Anteil an Teilpacht im Reisbau auf den erheblichen Landbesitz der Nobilität der Makasar und Bugis zurückgeführt (Makaliwe 1969, Kustanto et al. 1989:387).

4.3.3 Statuswettbewerb und strategisches Handeln

Die Gesellschaft der Bugis und die der Makasar zeichnen sich durch eine stark formalisierte Schichtung aufgrund von Deszendenz in Adelige (*anakaraeng*; "Fürstenkinder"), Freie bzw. Gemeine (*tu maradeka*; M. "freie Menschen") und "Sklaven" (*ata*; M.) aus (allgemein Chabot 1950 und Mukhlis et al. 1984/85:68-75, Maeda 1982, für das Fürstentum Gowa Röttger-Rössler 1989:28-34, 317ff., Kap. 7). Normativ war ausschließlich die Abstammung ausschlaggebend für die Stellung eines Individuums. Faktisch war (und ist) es so, daß zum einen die Kriterien in Grenzen manipuliert werden können und zum anderen auch die personale Identität eine Rolle bei der Wertschätzung eines Menschen spielt. Die Aristokratie und auch die Freien waren intern weiter in Deszendenzränge stratifiziert, wobei jedoch große lokale Unterschiede bestanden[82]. In jedem einzelnen Herrschaftsbereich gab es eine dreistufige soziale Pyramide. Oben standen der König (*somba*) bzw. Prinz, sein Rat und die Noblen seiner Verwandtschaftsgruppe. In der Mitte waren die Vorsteher der traditionellen Verwaltungseinheiten (ursprünglich neun sog. "Bannergemeinschaften", später "*adat*–Gemeinschaften" genannte Siedlungen) und ihre extensiven Verwandtschaftsgruppen angesiedelt. Am unteren Ende der sozialen Rangskala stand die Masse der Bauern (Chabot

---

[82] Im *kerajaan* Gowa z.B. gab es den Hochadel allerreinsten Blutes (*anakaraeng ri Gowa* bzw. *berdarah murni*, "reinen Blutes"), dessen Angehörige noch heute *karaeng* heißen, und den niederen Adel (*anakaraeng palili´*), der sich aus unterworfenen Fürstentümern rekrutierte und dessen Angehörige *daeng* genannt werden. Intern gab es genaue aber auch unspezifische Untergliederungen (Mukhlis et al. 1984/85:68ff.; Rössler 1987:25).

1967:191). Man nahm allgemein an - und dies wurde in Mythen bekräftigt -, daß sich die adligen Familien direkt von aus dem Himmel herabgestiegenen Urahnen (*tomanurung*; vgl. Andaya 1975 am Bsp. der Bugis von Bone) ableiteten.

Während die Gemeinen und Sklaven die Verwandtschaftszugehörigkeit und den Landbesitz zweiseitig weitergaben, vererbten die Adligen meist patrilinear. Um das Land zusammenzuhalten, heiratete man mit Vorliebe endogam innerhalb der Verwandtschaftsgruppen. Die führenden Familien legten aber auch auf einige exogame Heiraten Wert, da sie so Verbindungen zu höher gestellten Abstammungsgruppen etablieren und damit politischen Einfluß gewinnen konnten (vgl. Caldwell 1990:3 am Bsp. Luwus). Adlige, nicht jedoch Gemeine und Sklaven, heirateten oft zwischen Cousins ersten Grades, höher gestellte Männer häufig eine niedriger gestellte Frau. Die Mitglieder der bilateralen Verwandtschaftsgruppen (*verwandtengroep*; H.) lebten im allgemeinen verteilt über verschiedene politische Einheiten, was ein Ausdruck der strukturell angelegten Spaltungstendenzen war. Nichtsdestotrotz hatten diese Gruppen jeweils ein Kernterritorium. Endogame Heiraten[83] und Rituale für die Vorfahren waren es, die der Spaltungstendenz entgegenwirkten und allgemein den sozialen Zusammenhalt, z.B. zwischen zwei oder drei Dörfern, bewirkten (Chabot 1967:194, 196).

Es gab jedoch eine weitergehende Mobilität zwischen den Schichten, die Personen wie auch Konzepte umfaßte und erstmals von Chabot (1950:94-101; 1967:191) herausgearbeitet wurde. Für fähig gehaltene junge Männer werden durch Einheirat von der Schicht der Gemeinen in die Aristokratie rekrutiert. Die emische Sicht der Sozialstruktur ist folgendermaßen zu fassen: Jede (!) Person befindet sich innerhalb eines Kontinuums (!) von unterschiedlichem Prestige. Innerhalb dieses Kontinuums der Ränge besteht aber eine Mobilität nach oben und unten, die jegliche Position nur als zeitweilig erscheinen läßt (Geertz 1963:62; Soemarjan 1988:76; Heersink 1995:26). Statusorientierte Handlungen, Symbole und Interpretationen, in denen es um soziale Positionen und persönliches Ansehen geht, spielen eine zentrale Rolle im täglichen Leben eines jeden Einzelnen. Der Kampf um Macht im interpersonellen Bereich und um die Hegemonie auf der Ebene politischer Einheiten "... is the game that interests every individual in South Sulawesi,..." (Chabot 1967:191), zumindest aber alle Männer (Chabot 1967:207). Durch Vater oder Mutter gehört jede Person lokalisierten, nicht-unilinearen korporaten Abstammungsgruppen (*ramages* bzw. *non-unilineal descent groups*; Goodenough 1955) an, die durch ihren Besitz an sakralen Objekten auch örtliche Zentren des Ritus sind. Tatsächlich waren es aber wohl weniger geschlossene Gruppen als eher Gebilde, die ich als "diachrone Netzwerke" von Verwandten bezeichnen würde[84]. Aufgrund der durch das bilaterale System gegebenen potentiell mehrfachen Mitgliedschaft ergeben sich in dieser ego-

---

[83] Rössler und Röttger-Rössler (in Chabot 1996:33f.) stellen allerdings heraus, daß es sich kaum um echte Endogamie handelt, sondern eher um eine Bevorzugung von Heirat zwischen nahen Verwandten, besonders solchen mit gemeinsamen Urgroßeltern. Ebenso unklar ist, wer genau zu einer solchen bilateralen Kingruppe gehörte (Rössler & Röttger-Rössler a.a.O:36).

[84] Eine Neuinterpretation zentraler Stellen bei Chabot weist darauf hin, daß die prinzipiellen Verwandtschaftseinheiten der makasarischen Gesellschaft tatsächlich kaum in solchen postulierten korporaten, lokalisierten Verwandtschaftsgruppen bestanden, sondern daß es es eher eine Vielfalt von genealogischen Verbindungen von Individuen gab (Rössler & Röttger-Rössler in Chabot 1996:31ff.).

zentrierten Struktur Wahlmöglichkeiten für das Individuum dahingehend, welche der alternativen Verbindungen aktiviert wird. Man kann sich der väterlichen, der mütterlichen oder einer anderen kin-Gruppe anschließen, was jeweils unterschiedliche Strategien ergibt.

Die Gesellschaften der Bugis und Makasar sind dafür bekannt, daß in ihnen die Stellung der Frau besonders stark ist. Dies gilt auch im Rahmen Südostasiens, das insgesamt im Vergleich etwa zum indischen und ostasiatischen Kulturraum als wenig patriarchal geprägte Region gilt (Macknight 1988:212; vgl. Fälle in Atkinson & Errington 1988[85]). Innerhalb der Gesellschaften des malaiischen Archipels können hinsichtlich der Auffassung von sozialem Geschlecht (*gender*), wie oben schon angesprochen, grob zwei Typen unterschieden werden. Die ostindonesischen Systeme betonen das dualistische Verhältnis der sozialen Geschlechter, während die Gesellschaften des *centrist archipelago*, zu dem Süd-Sulawesi gehört, eher die Einheit betonen (Errington 1989; Atkinson & Errington 1989). Status ist hier wichtiger als *gender*-Unterschiede. Der Status eines Mannes wurde zunächst durch die seiner Eltern bestimmt. Der eigentliche, weil öffentlich sichtbare, Indikator des Status ist aber in erster Linie die Höhe des Brautpreises (vgl. Chabot 1950:86-94), der für seine Schwestern, Töchter und Cousinen gezahlt wird. Dieser Brautpreis folgt etwa dem Status der Familie, läßt aber einen Spielraum, der ausgehandelt werden kann und auch von persönlichen Fähigkeiten und dem Mann zugeschriebenen Eigenschaften abhängt. Im Brautpreis drückt sich zwar vor allem der Status der Familie der Braut aus, doch ein hoher Brautpreis nützt auch der Gruppe des Bräutigams, weswegen die Brautpreise tendenziell inflationieren. Eine Heirat bestimmt über den Brautpreis den sozialen Status gleich mehrerer Männer. Makasar und Bugis erachten die Verhandlungen um den Brautpreis besonders deshalb für so wichtig, weil Heiraten für sie "politische Angelegenheiten" sind.

Die allgemeine Statusorientiertheit hat Konsequenzen für das alltägliche Verhalten, die Rollen und die Motive der Akteure: "The drive to improve status seems to be an important stimulus for action in the average Macassarese male" (Chabot 1967:203). Der jeweilige Status einer Person, widergespiegelt in Form von Wertschätzung durch die Sozialpartner, hat jedoch zwei unterschiedliche Komponenten mit je verschiedenen Kriterien und entsprechend ungleicher Dynamik, was Röttger-Rössler (1989: insbes. Kap.7; zusfsd. 317-332) anhand von Makasar im Hochland aufgezeigt hat. Der soziale Rang bzw. die soziale Identität ist relativ stabil; ihn erhält ein Individuum aufgrund seiner Position in der Gesellschaft. Die personale Identität bzw. das Ansehen ist dagegen eher flexibel und verhandelbar und noch umstrittener als es häufig schon die Ränge sind. Obwohl Klatsch als schlechtes Benehmen gilt, sind Gespräche über Fehlverhalten nicht anwesender Personen in ländlichen makasarischen Gegenden (vgl. Rössler & Röttger-Rössler 1991:205) und ebenso, wie ich vielfach es selbst erlebte, im städtischen Süd-Sulawesi sehr verbreitet.

---

[85] In einem neueren Überblick Südostasiens hebt Hockings als Typusform der Sozialorganisation in Südostasien die Kleinfamilie und die *kindred* hervor, die beide meist bilateral sind. *Kindred* verwendet er im Sinn einer ego-zentrierten "Gruppierung", da sie keine Verwandtschaftsgruppe und keine korporate Gruppe darstellt (1994:xxviii).

Die Akteure stehen im Spannungsfeld eines ständigen Wettbewerbs, der auch immer potentiellen Mißerfolg beinhaltet. Dieser bringt Beschämung - individuell, aber auch für die Familie und die Verwandtschaftsgruppe. Hier liegt der zentrale Nexus zwischen emischen Konzepten der Sozialstruktur einerseits und Handlungsweisen andererseits. Diese Verbindung zwischen Kognition und Handlung ist für die meisten Menschen in Süd-Sulawesi maßgeblich. Sie manifestiert sich im Alltag in der allgegenwärtigen Benutzung von ehrebezogenen Konzepten (*malu-siriq*). Gegenüber Höherstehenden sollte man sich unterordnen und Respekt zeigen, während sozial Gleichgestellte grundsätzlich im Wettbewerb miteinander stehen:

"An der Basis dieses Systems steht die Einstellung, daß eine Autoritätsbeziehung zwischen oben und unten besteht, die von unten akzeptiert wird und die Vorstellung, daß hoch und niedrig Stehende einander in ihrem Streben nach höherem Status brauchen. Diese Beziehung beruht auf Zusammenarbeit. Die Beziehung zwischen (fast) gleichen Gruppen dagegen, kann am besten als Opposition charakterisiert werden" (Chabot 1950:102; Übers. CA).

Dies gilt analog für Individuen. Menschen, die einen gleichen Status innehaben, gelten also prinzipiell als potentielle Rivalen, was ihren Umgang prägt und "zentrifugale" Tendenzen (Errington 1989:139) in die soziale Ordnung trägt. Brüder werden bspw. grundsätzlich als Rivalen angesehen, weil ihr Status gleich ist, sie also um höhere Positionen konkurrieren (Geertz 1963:63; Sutherland 1983a, 1987:51, Millar 1981, 1983; Caldwell 1992). Die Rivalität, die grundsätzlich zwischen vielen Männern innerhalb einer Verwandtschaftsgruppe besteht, führt dazu, daß sich solche Gruppen leicht aufspalten. Ebenfalls mit den Kriterien der Statuszuweisung des Mannes hängen die Konflikte zusammen, die bei der Entdeckung unehelicher sexueller Beziehungen bzw. bei "Fluchthochzeiten" (*silariang*) entstehen.

Schließlich fördert materieller Besitz den Status. Ein Mann wird etwa durch Herkunft, vorteilhafte Heirat und wirtschaftlichen Erfolg reich und in der Folge hoch angesehen. Beides läßt ihn dann z.B. zum Führer einer Verwandtschaftsgruppe bzw. zu einem lokalen Prinzen aufsteigen, wenn er auch noch im Besitz prestigeträchtiger und zu einer starken Wirkung mächtiger sakraler Objekte ist. Die Verwandtschaftsgruppen bildeten früher auch die religiösen Einheiten; etliche Rituale sind eng mit Status verbunden. Die Vorfahren wurden nämlich in Form von sakralen und als wirkmächtig konzipierten Objekten geehrt, die den Angehörigen des Adels unterstanden. Die Wirksamkeit dieser Gegenstände hängt von der Macht und dem Status der Gruppe ab. Je wichtiger die Gruppe und ihre sakralen Objekte sind, desto mehr Familien, die nicht zu ihr gehören, nehmen an den von ihr durchgeführten Ritualen teil. So können bzw. konnten hochgestellte Familien und Verwandtschaftsgruppen über ihre Siedlung hinausgehend regionale Bedeutung gewinnen. Die jeweilige Macht war jedoch auch hier, wie beim *raja*, vom tatsächlichen politischen Einfluß abhängig, der wiederum die den sakralen Objekten zugeschriebene Wirkkraft bestimmte. Gefolgschaft und ihre Aufkündigung, Abspaltung und Affiliation, beeinflußten das politische Geschehen auf allen Ebenen. Die geschilderten Verhältnisse gelten mit Einschränkungen im ländlichen Süd-Sulawesi bis heute.

Die enge Verbundenheit von Ritual und Sozialstatus betrifft nicht nur Makasar und Bugis, sondern alle vier großen ethnischen Gruppen Süd-Sulawesis. In den Totenfesten der Toraja konkurriert man um die meisten und größten Opferbüffel und die Zahl der Gäste. Status und rituelle Potenz zeigen sich als eng miteinander verknüpft. Ein Ritual z.b. (*Maro*; T.) demonstriert den Rang der gastgebenden Familie, gibt aber gleichzeitig Raum für Trance und Besessenheit. Solche Rituale sind nicht als bloße Manifestationen neuen Traditionalismus zu werten, sondern als sehr aktuelle politische Dramen zu sehen, in denen Statusansprüche angemeldet und Spannungen zwischen Christen und Nichtchristen ausgefochten werden (Volkman & Muller 1992; vgl. Coville 1989). Außerdem stehen die Rituale in ökonomischem Rahmen (Tourismus) und im Kontext des Wir-Bewußtseins von Gruppen in einem extrem multikulturellen Land, in dem die Ethnizität immer im Spannungsfeld zum patrimonialen Nationalstaat steht.

4.3.4 Wahlmöglichkeiten im Wirtschaftsverhalten
und in räumlicher Mobilität

Bugis und Makasar sind aufgrund dominanter Normen und Werte im allgemeinen statusorientiert und aufstiegsmotiviert. Sie streben deshalb hoch bewertete berufliche Positionen an. Im modernen Nationalstaat ist das vor allem die Stellung als Staatsbeamter (*pegawai negeri*), die ohnehin in Indonesien allgemein erstrebt wird. Aber auch Handelstätigkeiten werden, anders als z.B. bei vielen Javanen, hoch bewertet. Dazu kommt als ökologische Voraussetzung, daß in weiten Teilen Süd-Sulawesis viel Land vorhanden ist, das noch für die Nutzung offensteht. Im Gesamteffekt gab und gibt es ein breites Alternativenfeld der Berufswahl und der Kombination von Haushaltseinkommen und damit einen tatsächlichen Entscheidungsbedarf in Verwandtschaftsgruppen, aber auch beim Einzelnen.

Auf der anderen Seite ist die Freiheit des Entscheidens für ein Individuum stark beschränkt. Persönliche Freiheit und egozentrisches Streben werden zwar hoch bewertet, aber man soll auch sozial handeln und "Erbarmen" (*pacce*´; M.) mit anderen zeigen (Röttger-Rössler 1989:321ff. über Makasar, Acciaioli 1989:28, 36 zu Bugis). Weiterhin gibt es einen sozialstrukturell angelegten Widerspruch, den Lineton am Beispiel der Bugis beleuchtet. Einerseits fördern die Rollenkonzepte - vor allem des Mannes - Mut, Unternehmensgeist und Risikofreudigkeit. Auf der anderen Seite sanktioniert das rigide Rangsystem individuelle Initiative in den mittleren und unteren Rängen negativ. Die Auswanderung stellt dafür die einzige Lösung dar. Bei den Makasar sind die Möglichkeiten des sozialen Aufstieges im Heimatgebiet größer (vgl. Chabot 1950); entsprechend geringer ist bei ihnen die Auswanderungstendenz (Lineton 1975a:193f., 205f.). Chabot schreibt zu den Sozialbeziehungen in makasarischen ländlichen Siedlungen:

"Within the large kin groups, people favor strong ties with the leading members. Despite the general conception that all members of a kin group are equals, people are clearly aware of the fact that several relatives are economically, socially and politically more successful than others" (Chabot 1967:197).

Das allgemeine Handlungsmuster ist es, sich an den einflußreichen Mitgliedern der eigenen Verwandtschaftsgruppe zu orientieren. Ein Mann, der nach Macht und Einfluß strebt, versucht, Klienten um sich zu scharen, die seine Überlegenheit akzeptieren und ihm helfen, höheren Status zu erlangen und die er dann selbst in ihrer Suche nach Prestige unterstützt. Je mehr Klienten ein Patron hat, desto mächtiger ist er, was wiederum das Prestige der Klienten steigert. Außer Status hat der Patron durch dieses Führersystem auch die Möglichkeit, über nichtverwandtschaftliche Beziehungen Arbeitskräfte zu mobilisieren. Den Klienten nützt der physische und ökonomische Schutz durch einen Patron vor allem in Zeiten politischer Unsicherheit und wirtschaftlicher Krise. Führer sollten freigebig, mutig, risikofreudig und eloquent sein; sie sollten Aktivitäten anderer stimulieren und außerdem Feiern und Rituale organisieren können. Die Klienten sollten vor allem gehorchen, aber auch bei ihnen ist Mut gefordert, nämlich dann, wenn eine Verletzung der Ehre des Patrons eine prompte Reaktion erfordert. In Friedenszeiten haben am ehesten diejenigen Patrone Chancen, viele Klienten zu gewinnen, die außer den genannten Führungsqualitäten sakrale Objekte kontrollieren, viel Land besitzen und einen hohen Status innehaben (Chabot 1967:204).

Es muß betont werden, daß einige der hier beschriebenen Merkmale bei Bugis und Makasar sicherlich besonders ausgeprägt waren und sind, ohne diese jedoch damit zu Ausnahmekulturen in der Region zu machen. Historische Analysen (z.B. Reid 1988:120, 129-136) zeigen, daß etliche dieser Charakteristika im Handelszeitalter zwischen Mitte des 15. und Ende des 17. Jhs. auch in anderen traditionellen Herrschaftsgebilden Südostasiens verbreitet waren. Diese historische Kontinuität manifestiert sich insbesondere in drei strukturellen Mustern, die ich hier kurz zusammenfasse, weil sie für das Verständnis von Handlungen in Südostasien bedeutsam sind. Darauf aufbauend gehe ich dann zu der in Süd-Sulawesi und insbesondere bei den Makasar und Bugis spezifischen Ausformung dieser Prinzipien im Schnittbereich von Norm, Kognition und Handlung im Falle von Entscheidungen über. Die drei Strukturmuster sind:
1. Hierarchieebenen, die verschiedene gesellschaftliche Status strikt voneinander trennen, sind mit einer mehr oder minder losen und ungesicherten politischen Struktur kombiniert.
2. Die Herrschaftsnachfolge wird als bedeutsam, ja durch den Bezug zu besonders geehrten Vorfahren, als sakral angesehen. Aber eine bilaterale Verwandtschaftsrechnung fördert Unsicherheiten und schafft Freiheitsgrade bezüglich sozialer Beziehungen. Genealogische Lineage ist also kein zentraler Bestandteil der Sozialstruktur: der Wettbewerb um die Herrschaftsnachfolge ist etwas normales. Die Heiratsrichtung ist zudem flexibel und auch Scheidungen sind häufig.

3. Die typische dyadische Sozialbeziehung ist die vertikale Beziehung gegenseitiger Obligation (*vertical bonding*, Reid 1988:129) zwischen zwei Individuen, in der Schuldabhängigkeit meist ein wichtiger Bestandteil ihres Umganges ist.

Diese drei Strukturmerkmale hängen dadurch zusammen, daß (a) Kontrolle über Arbeitskräfte ein zentraler Indikator von Macht war, daß (b) Transaktionen zwischen Menschen aufgrund der Handelstradition in Geldwerten konzipiert wurden und darin, daß (c) die Herrscher ihren Untertanen nur eine geringe Rechts- und Finanzsicherheit boten. Dieses System von Abhängigkeit war offener, persönlicher, geldbezogener und mehr an informeller Loyalität als an Gesetzen orientiert als andere vergleichbare Systeme (Reid 1988:136; vgl. Reid 1983: *open bondage*). Aus dieser Faktorenkombination heraus entstanden Patron-Klient-Systeme sehr spezifischer Natur: sie basierten häufig auf Schulden; die Loyalitäten waren persönlich gefärbt und oft stark, und diese Loyalitäten waren trotz der persönlichen Komponente transferierbar, ja sogar verkäuflich.

Die an der Dyade Führer-Abhängiger orientierte Struktur, die historisch kontinuierlich ist, zeigt sich auch im heutigen Wirtschaftsleben in Ujung Pandang. Hier im städtischen Kontext finden sich analoge Strukturen der Abhängigkeit, wie sie sich in den Königreichen des Hinterlandes und in der urbanen Kolonialgesellschaft herausgebildet hatten. Besonders im Wirtschaftsleben gibt es heute typische Patron-Klient-Beziehungen (*punggawa-sawi*; M., B.). Diese Beziehungen sind vor allem innerhalb des Handwerks und des informellen Sektors (Forbes 1979) beschrieben worden[86]. Heute bestehen sie meist zwischen Kreditgebern und Kreditnehmern oder zwischen Arbeitsvermittlern (*mandor*) bzw. -organisatoren und Ausführenden. Besonders in kapitalintensiven Erwerbszweigen, wie der Fischerei, der Fischzucht, dem Handel, dem Bootsbau (als "Meisterhandwerker", Reid & Reid 1988:17) und dem großflächigen Reisanbau, aber auch verbreitet im Baugewerbe finden sich diese paternalistischen Sozialbeziehungen. Obligationen binden dabei den Arbeitgeber an den Arbeitnehmer. Es sind eher die Vorschüsse und Kredite und damit die Schulden des Arbeitnehmers, die ihn an den Arbeitgeber binden, als die Löhne. Dieses System hat in verschiedenen Varianten eine lange Tradition in Südostasien (Reid 1988:131). Liebner (1990:10) stellt den Zusammenhang zum interinsularen Handel heraus:

---

[86] Der *punggawa* ähnelt in seiner Rolle dem *tauke* (etwa in Jakarta). Letzterer Terminus bezieht sich jedoch häufig auf Menschen chinesischer Herkunft und ist auf die Handelssphäre beschränkt. Außerdem betreiben *punggawa* anders als die meisten *tauke* keine Unterkünfte für ihre Angestellten (*pondok*) und sind von deren Arbeitsprozessen isolierter (vgl. Ebery & Forbes 1985:168). Vom javanischen *kawulo-gusti*-Konzept (Mataram) unterscheiden sich die *punggawa-sawi*-Beziehungen darin, daß hier das Verhältnis von Diener und Meister nicht wie dort als mystische Einheit konzipiert wurde. Das Wort *punggawa* stammt aus dem Sanskrit, wo es "Bulle", "Held", "eminente Person" bzw. "Häuptling von" bedeutet. Im Javanischen bedeutet das Wort "Häuptling", "Führer" oder "hochrangiger Beamter"; im *Negarakertagama* von 1365 übersetzt Pigeaud es als "höhergestellter Diener". Im Makasarischen schließlich ist *punggawa* ab Mitte des 19. Jhs. "der Armeeführer", "Hauptkommandeur" und "Schiffskapitän". In nordaustralischen Sprachen wurde es zu "Autoritätsträger" oder meinte einfach "die Regierung" (Macknight 1976:90; 1986:219f.). Dies alles verweist m.E. deutlich auf die hohe Bedeutung und allgemeine Verbreitung der durch dieses Wort gemeinten Sozialbeziehung, die durch Dominanz einer über eine andere Person bei gegenseitiger Obligation und Abhängigkeit gekennzeichnet ist.

"In Süd-Sulawesi scheint schon früh die Notwendigkeit eines die aus Kapitalverschiebungen - hier hauptsächlich durch Handel - entstehenden Probleme lösenden Regelsystems aufgetreten zu sein, ein Umstand, der Geldverkehr und Handelsbeziehungen, die sich in Geld ausdrücken lassen, und (im Sinne der Notwendigkeit einer Codifizierung) einen ausreichend strukturierten Fernhandel voraussetzt"[87].

Die Entscheidungsmöglichkeiten aufgrund der Sozialorganisation[88] und die sozialen Begrenzungen durch die Hierarchien und Rivalitäten führten seit Jahrhunderten auch zu einer enormen räumlichen Mobilität in Süd-Sulawesi. Nicht nur Migration in die Städte oder auf andere Inseln, sondern auch Wanderungen zwischen einzelnen Siedlungen auf dem Lande waren ein normaler Bestandteil des Lebens. Leider verfügen wir fast nur über Daten zur jüngeren Vergangenheit (z.B. Zainal Abidin 1983:82-103) bzw. über heutige Vergleichsbeispiele früherer Zustände. Die hohe Fluktuation hängt damit zusammen, daß Haushalte in Süd-Sulawesi, wie in vielen Teilen Indonesiens, oft Knotenpunkte großer Netzwerke sind, zwischen denen sich konstant Mitglieder von Familien bewegen. Dies gilt besonders für Bugis und Makasar, aber heutzutage auch für die Mandar und Toraja. Burch schreibt etwa zu den heutigen Siedlungseinheiten der To Maki Toraja in einem ländlichen Raum Zentral-Sulawesis folgendes:

"The important thing to notice is that while these units appear fixed -- for example, a 'village', a 'house' -- more realistically they are seen as reference points for arranging a continual flow of people. This links back to the subject of migration, but with a focus shifting from macro- to micro-moves" (1984:58).

Neben dieser flexiblen bis fluiden Haushaltsform förderten sozialstrukturell bestimmte Muster von Entscheidung und Konfliktlösung die räumliche Mobilität. Sowohl wirtschaftliche Entscheidungen allgemein als auch Entscheidungen über Wanderungen wurden meist im Rahmen von Verwandtschaftsgruppen als Einheiten vollzogen (Chabot 1950). In makasarischen Siedlungen kam es, wie oben gesagt wurde, oft zu Spaltungen von kin-Gruppen. Abgespaltene Segmente solcher Gruppen, aber auch einzelne Familien migrierten dann in andere Gegenden, um dort neues Reisland zu erschließen. In einem untersuchten Dorf der Tiefland-Makasar in Gowa (Bontoramba, Chabot 1967:192ff.) hatte innerhalb eines Jahres ein Fünftel der Bewohner ihren Wohnort gewechselt! Hohe räumliche Beweglichkeit war also schon früher ein normaler Bestandteil des Lebens. Diese allge-

---

87 Siehe die in Liebner (1990:11) referierte Literatur zu *punggawa-sawi*-Verhältnissen in der Fischerei und Seefahrt Süd-Sulawesis, in der die sozialen Verpflichtungen und die Verantwortung des *punggawa* gegenüber dem *sawi* betont wird.

88 Es liegt sicher nicht nur an einer theoretischen Umorientierung weg von rein auf Gruppennormen bezogenen Interpretationen, daß in neueren Monographien zu Süd- und Zentral-Sulawesi immer häufiger auf individuelle Freiheiten, die Findigkeit und Strategien der einzelnen Akteure, auf Improvisation und Kontingenz verwiesen wird (z.B. Acciaioli 1990, Hollan 1994, Volkman 1994, Heersink 1995:345-351); vgl. auch Prager (1992:552f.) zum Thema individueller Entscheidung vs. sozialer Einschränkung in Ost-Indonesien.

mein hohe Mobilität führte dazu, daß nicht nur städtische, sondern auch viele ländliche Siedlungen in Süd-Sulawesi schon seit langem ethnisch gemischt sind. So lebten in den "traditionellen makasarischen" Dörfern oft auch Familien der Bugis, die ihrerseits ihre Heimatsiedlungen verlassen hatten. Der interethnische Umgang war also nicht auf die Stadt Makassar beschränkt, und Hildred Geertz (1963:64) schreibt kurz und treffend: "Such shifting about appears to be characteristic of both Buginese and Makassarese ...".

4.3.5 "Wahlverwandtschaft" und informelle interethnische Netzwerke

Die Gesellschaften der Bugis und Makasar sind dafür bekannt, daß Konkurrenz zwischen Subgruppen und der ständige Wettbewerb zwischen Personen um Positionen in einer Statushierarchie das Leben bestimmen. Verwandtschaft ist dabei eine wichtige Ressource für die Eröffnung wirtschaftlicher und politischer Möglichkeiten. Die Makasar und Bugis rechnen ihre Verwandtschaft in bilateraler Weise. Aus diesem Grunde haben Individuen ein breites Spektrum an Wahlmöglichkeiten, welche der vielen kinship-Beziehungen sie jeweils aktualisieren bzw. reklamieren, um ein Ziel zu erreichen. Sutherland (1986:51) nennt das treffend *"kinship-by-choice"*; Geertz (1963:65) spricht von einer *"optional basis of kingroup formation"*. Wie das bei Entscheidungen immer der Fall ist, sollte der im Terminus *choice* anklingende Wahlaspekt jedoch auch hier nicht dazu verführen, die strukturellen oder situativen Begrenzungen (*constraints*) zu vergessen oder die Entscheidungen gar für gänzlich frei zu halten.

Im Fall der *kinship-by-choice* ergeben sich zwar durch das bilaterale System echte Alternativen, aber die Individuen haben je nach Situation und Stellung mehr oder weniger Möglichkeiten, diese Optionen tatsächlich zu nutzen. Es hängt z.B. sehr von der personalen Identität eines Einzelnen ab, wie frei er oder sie in der Betonung mehr der patri- oder mehr der matrilinearen Seite seiner bzw. ihrer Verwandtschaft ist. Es gibt persönliche Grenzen dafür, welche Verwandtschaftsbeziehungen ein Individuum für sich reklamieren kann und welche ihm von den Sozialpartnern auch tatsächlich zugestanden werden. Dies gilt verstärkt bei Zugezogenen, deren Deszendenzposition schwerer zu überprüfen ist. Die durch persönliches Ansehen eingeschränkte Entscheidungsfreiheit bezüglich der Bestimmung des Status gilt nicht nur für die Präsentation des Ego gegenüber anderen, sondern auch umgekehrt für die Einschätzung des Ego durch andere, wie Röttger-Rössler (1989:318f.) am Fall von Hochland-Makasar verdeutlicht. Bei wenig geschätzten Personen werden von anderen die rangniedrigsten ihrer konsanguinalen und affinalen Verwandten hervorgehoben, während bei hoch angesehenen Personen stets deren ranghöchste Verwandte betont werden. Im ländlichen Bereich spielen für die erstrebte Aufwärtsmobilität solche Verwandtschaftsbeziehungen und daneben die Übernahme von rituellen Privilegien und Symbolen die zentrale Rolle (Röttger-Rössler 1989:320). In späteren Abschnitten zeige ich, wie im städtischen Kontext durch Berufe, moderne Statussymbole und durch die Übernahme von Lebensstilen höherer Gruppen sozialer Aufstieg versucht wird.

Die vorangegangenen Abschnitte machten deutlich, daß ein Grundmechanismus der Etablierung von Macht und Einfluß in Süd-Sulawesi über persönliche Beziehungen und verwandtschaftliche Verbindungen läuft. Die zentrale, immer wiederkehrende soziopolitische Struktur ist die von Führern und persönlich an diese gebundenen Gefolgsleuten. Es existieren jedoch verschiedene Beziehungen, die politisch und wirtschaftlich nutzbar sind; jede hat ihre strategischen Vor- und Nachteile (Tab. 12). Die wirtschaftlichen Potentiale durch die Möglichkeit, unterschiedliche Verwandtschaftsbeziehungen zu aktivieren, werden ergänzt durch weitere Beziehungen außerhalb der Verwandtschaft. Als zweite Option können Freundschaften strategisch genutzt werden. Interethnische Freundschaften mit Personen, die etwa den gleichen Status haben, sind aber bei Makasar und Bugis immer voller Spannungen und damit unsicher. Denn zwischen solchen Personen herrscht grundsätzlich Wettbewerb um höheres Prestige oder höheren Status und damit immer Rivalität. Es bleibt als dritte Möglichkeit die Nutzung von Beziehungen zu Personen anderer Ethnien, aber mit ähnlichem Status. Ein Beispiel ist die Beziehung zwischen noblen Familien der Makasar mit solchen der Bugis oder Mandar. Ein anderes Beispiel ist die Heirat eines Mandar-Mannes mit einer Buginesin, die einen Titel von vergleichbarem Status trägt, wie im Fall unserer Gastfamilie (*Aco* als Mandar-Titel des Mannes und *Andi* als Bugis-Titel der Frau). Viertens schließlich können Beziehungen zu Personen genutzt werden, die weder zur gleichen Ethnie gehören, noch in das gleiche Rangsystem passen. Ein modernes Beispiel wäre die Beziehung eines jungen Makasar zu einem Touristen.

Tab. 12: Beziehungsformen mit ihren Relationen und ihr Potential als politökonomische Ressourcen während der Kolonialzeit

Beziehung	Beispiele je zwei Beispiele Mak, Bug, Man, Tor = Ethnie A < B < C = Status- bzw. Rangniveaux	Ethnische Identität oder zugeschriebene Ethnizität	Rang / Ansehen / sozioökonomischer Status	emisches Konzept / System der Ungleichheit	ökonomisches und politisches Potential der Beziehung
Verwandtschaft	z.B. Mak A - Mak B, z.B. Bug B - Bug C	gleich	verschieden	Gleich bzw. geteilt	gut
Freundschaft (Typ 1)	z.B. Mak A - Mak A, z.B. Man B - Man B	gleich	gleich	gleich bzw. geteilt	problematisch
Freundschaft (Typ 2)	z.B. Mak A - Bug A, z.B. Tor A - Mak A	verschieden	gleich	gleich bzw. geteilt	gut
Freundschaft (Typ 3)	z.B. Mak A - *Burgher*, z.B. Bug B - Chinese	verschieden	gleich	verschieden, nicht geteilt	gut
Freundschaft (Typ 4)	z.B. Tor A - westlicher Tourist; z.B. Mak C - Entwicklungsexperte	verschieden	verschieden	verschieden, nicht geteilt	problematisch

Es können also unterschiedliche Beziehungen, einzeln oder in Kombination miteinander, genutzt werden, um wirtschaftliche und politische Ziele zu erreichen. Tab. 12 zeigt, angeregt durch Daten in Sutherland (1986:51), verschiedene Konstellationen von Personen und deren jeweiliges Potential. Grundsätzlich eröffnet die bilaterale lockere Verwandtschaftskonzeption aller vier großen Ethnien viele Wahlmöglichkeiten. Diese sind aber für eine Person durch Herkunftsort, Rang und Ansehen und durch deren Wissen begrenzt. Außerdem werden die Optionen einerseits durch die Stärke der ethnischen Identität einer Person, andererseits durch die Aspekte der Ethnizität, die der Gruppe, der man sich zugehörig fühlt, von anderen zugeschrieben werden, eingeschränkt. Die Tabelle zeigt, daß charakteristischerweise genau die Beziehungen problematisch sind, in denen die Partner in mehreren Eigenschaften übereinstimmen. In der Geschichte der Stadt Makassar hatten die *Burgher*-Mischlinge die beste Position, um mehrere Möglichkeiten von wirtschaftlichen oder politischen Beziehungen zu nutzen. Sie beherrschten oft die lokalen Sprachen; hatten Verwandtschaftsbeziehungen zu lokalen Familien und kannten sich mit den Strukturen und Intentionen der VOC aus, wie oben gezeigt wurde. Die genannten interethnischen Handelsbeziehungen in Süd-Sulawesi bestanden in erster Linie zwischen einzelnen Personen und weniger zwischen ganzen Gruppen. Dies paßt zu allgemeinen Erkenntnissen zur sozialen Einbettung von Handelsaktivitäten:

> "... the need for trust and regularity is sufficiently acute beyond group boundaries that most trade is conducted not at random but by pairs of individuals, one from each group, who have ongoing trade partnerships" (Granovetter 1992:25).

4.4 Urbane Kontinuitäten

4.4.1 "Company Town": Formale Segregation
        versus informeller Austausch

Seit Ende des 17. Jhs. war die Leitlinie der niederländischen Politik in Süd-Sulawesi, daß die Kolonialsiedlungen allgemein nicht wie die portugiesischen assimilativ aufgebaut, sondern nach Ethnien segregiert sein sollten. Dahinter standen in den Niederlanden verbreitete Vorstellungen "natürlicher Ordnung" und außerdem Sicherheitsüberlegungen (Sutherland 1989:108, 111, siehe auch Raben 1995). Die explizit nach ihrer Kultur (und implizit oft auch nach ihrer Physis) unterschiedenen Gruppen sollten räumlich getrennt in ethnisch homogenen Stadtteilen siedeln. Die loyalsten Gruppen, die Javanen, Ambonesen und Malaiien, sollten nahe dem Fort wohnen, so daß sie die Europäer vor den "heißblütigen" und "feindlichen" Bugis und Makasar schützen könnten. Dieses Muster baute auf der ethnischen Segregierung in der vorkolonialen Stadt (Reid 1983) auf, hatte nun aber eine besondere Begründung und schuf eine neue bis in den heutigen interethnischen Umgang nachwirkende Dynamik, die Jäckel prägnant zusammenfaßt:

"The difference between the meaning of the traditional spatial pattern and that of the company town is that the former was a method of organizing an open, decentralized international 'urban society' whereas the latter was a method of better controlling that society by dividing it up" (1993:397).

Schon in Batavia konnte sich jedoch die europäische Gemeinschaft als autonome soziale Einheit nicht selbst tragen. Es kamen nämlich nur wenige verheiratete Paare aus den Niederlanden und damit fehlten Frauen. Die Siedler standen zudem ökonomisch zwischen der monopolistischen VOC auf der einen und den asiatischen Händlern und Bauern auf der anderen Seite (Sutherland 1989:109, Poelinggomang 1993). Sozial war die weiße, calvinistische Männergesellschaft mit einer indonesisch-portugiesischen Frauengesellschaft verflochten. Im peripher gelegenen Makassar galt das in noch stärkerem Maße als in Batavia (vgl. Blussé 1988) oder in Surabaya (vgl. Frederick 1983). Die um die VOC organisierte Gesellschaft unterschied sich auch politisch in wichtigen Belangen von der in Batavia. Makassar war ein Außenposten (*buitenpost*) auf einer Außeninsel, wenn auch ein bedeutender. Hier lebten weniger als ein Viertel der in Batavia stationierten VOC-Angestellten und für sie war die Stadt nur ein Schritt in ihrer Karriere. Sie blieben nur einige Jahre und versuchten während dieser Zeit, durch private, oft illegale, aber geduldete Geschäfte reich zu werden. Der Blick der Elite war nach Batavia (oder den Niederlanden) gerichtet, und man interessierte sich wenig für die lokale Politik in Makassar. Gerade hierin war der nur sehr begrenzte Erfolg der VOC in der Stadt begründet. Dazu kam, daß die Verwaltung der Kolonialstadt äußerst aufwendig war. Es war schwierig, genügend Personal zu finden und die Verwaltung war teuer. In Makassar zeigte sich ein von Jäckel (1993:397) analysiertes allgemeines Problem der VOC besonders scharf. In den Company Towns nahm der Verbrauch unproduktiven Kapitals immer mehr zu; in die Infrastruktur gesteckte Gelder erforderten immer größere Folgeinvestitionen.

Außerdem bewegten sich die Kolonialisten hier in einer Region, in der es, anders als in Westjava, durchaus noch mächtige Reiche und *rajas* gab. Ferner bot die koloniale Stadt ein Kaleidoskop ethnischer Gruppen; die Bevölkerungssituation war durch hohe Sterblichkeit, einen deutlichen Männerüberschuß und verbreitete Sklaverei geprägt (Sutherland 1989:117). Diese Faktoren führten zusammen mit der Verknüpfung mit lokalen Personen und Gruppen dazu, daß Cornelius Speelmans Ideal der Segregation der Wirtschaft, der sozialen Gruppen sowie der Residenz und die tatsächliche Situation weit auseinanderfielen. Sutherland beschreibt die Stadt als quasi postmodernes Gespinst:

"Accomodation to local ways led to ambiguities and deviations. Indeed, trying to write an account of the town is accompanied by a sense that reality is elusive: each attempt to focus upon structure blurs the picture; each effort to pin down categories makes them shift" (1989:109; vgl. 1986:52).

Nichtsdestotrotz wurden die Bewohner strikt nach Kategorien eingeteilt (Tab. 13). Formell waren ab Mitte des 18. Jhs. in Makassar vier Einteilungsprinzipien von zentraler Bedeutung, von denen die ersten drei polar konzipiert waren:
1. nach der Beziehung zur Kompanie: VOC-Angestellte versus Andere,
2. nach der Religion: Christen versus Heiden,
3. nach rechtlicher Freiheit: Sklaven versus Freie (*Vrije*; N.), und
4. nach der Zugehörigkeit zu ethnischen Gruppen bzw. sog. "Nationen".

Tab. 13: Übersicht der im 18. und 19. Jahrhundert zeitweise verwendeten expliziten und impliziten (Xi.) Kategorien sozialer Ungleichheit, stark vereinfacht

Kategorie	Freiheit	Nationalität	Religion	Beruf	Physis	Sprache	Mischung allgem.	Kultur allgem.	Geschlecht	andere	Gegenkategorie
VOC-Personal		X	X				X		X	X	alle Anderen
Christen			X					X			Heiden
Vrije	X					X i.					Unfreie, Sklaven
Asiatische Christen	X		X			X i.		X			europäische Christen
Mardijkers	X		X			X i.	X	X	X		nichtportugisische, asiatische Christen
Händler				X						X i.	
Mixtiesen, Mestzos					X		X	X			Reinrassige
Moors	X				X						
Burgher	X			X i.	X		X	X			Reinrassige
Kodjas		X			X			X			
Araber				X	X i.	X	X				
Chinesen					X i.	X	X				
Peranakan		(X)			X	X	X	X			reinrassige Chinesen
Malaien						X i.	X	X			
Bugis						X	X	X			
Makasar						X	X	X			
Butonesen						X	X	X			
Minangkabau						X	X	X			
Javanen						X	X	X			
Balinesen						X	X	X			

Die wichtigste Aufteilung der Wohnbevölkerung unterschied zunächst "VOC-Angehörige, Burgher und Familien" und beinhaltete auch deren Sklaven. Ihr entgegengesetzt war eine sehr heterogene Kategorie, die "Makas(s)aren, Buginesen, Chinesen, Ambonesen, Bandaresen, Moors, Peranakan und ihre Sklaven und andere" hieß. Diese grobe Zweiteilung entsprach der zwischen "Christen" und "Heiden". Sklaven wurden ungeachtet ihrer Herkunft und ihres Glaubens unter die jeweilige Kategorie ihrer Besitzer subsumiert. Im einzelnen spielten bei der Einteilung der Bevölkerung aber daneben verschiedene andere Kriterien eine

Rolle, die sich z.T. gegenseitig ergänzten, z.T. aber auch quer zueinander stehende Ordnungen schufen. Außerdem änderten sich die Grenzen der Kategorien im Lauf der Zeit; weiterhin ersetzten neue Kategorien teilweise alte oder der Bedeutungsgehalt einzelner Einteilungen veränderte sich. In der Tabelle 13 versuche ich, einen groben Überblick der zeitweise verwendeten Gruppierungen zu geben (genaue Angaben bei Sutherland 1986:41ff., 48; 1989; vgl. auch Schweizer 1985 zur sozialen Schichtung im kolonialen Java). Ich habe auch die Kriterien angeführt, die hinter den Kategorien stehen, seien es ausdrückliche, etwa im Zensus verwendete, oder solche, die implizit eine Rolle spielten. Die Aufstellung macht deutlich, daß in erster Linie die Religionszugehörigkeit und in zweiter Linie die kulturelle Einordnung das offizielle System der Einteilung und Rangfolge bestimmten. Etliche der aufgeführten sozialen Kategorien waren durch mehrere Merkmale determiniert. Die Aufstellung macht aber auch klar, daß hinter den einfachen Vorstellungen kultureller Unterschiede spezielle Annahmen über die psychischen Eigenschaften ganzer Gruppen standen, wie sie in ähnlicher Weise noch heute in Ujung Pandang benutzt werden.

Unter den Niederländern, aber wahrscheinlich nicht nur bei ihnen, gab es klare Vorstellungen darüber, welche Gruppen welche Eigenschaften hatten. Das polare Profil der Vertrauenswürdigkeit und damit der gegebenen Sicherheit reichte von den VOC-Angehörigen über die Mestizen, die asiatischen Christen, Malaien und Chinesen bis zu den Bugis und Makasar am anderen Ende. So fungierte der *Kampung Melayu* direkt nördlich der Mauern des Forts als Sicherheitspuffer zwischen dem Stadtteil *Vlaardingen* mit seinen Chinesen und Burghern und dem wegen Schmuggel und Unsicherheit gefürchteten *kampung* der Bugis. Die Bugis wurden neben den Makasar als besonders gewalttätig und für politische Subversion anfällig eingestuft.

Die territoriale Einteilung Makassars folgte dem für Hafenstädte im Archipel üblichen Schema von Fort, Stadt und *kampung*. Offiziell teilte man ein in das Fort (*Kasteeel Rotterdam*; N., VOC-Angestellte), die Händlersiedlung (*Negory Vlaardingen*; H.) und die Siedlungen der Einheimischen (*kampung*). Das Fort als Zentrum der VOC bildete eine Stadt für sich und enthielt Wohnhäuser, Lagerhäuser, Büros und eine Kirche. Im frühen 18. Jahrhundert kam als neuer Stadtteil *Kampung Baru* ("Neuer *kampung*") dazu, der in seiner Bewohnerstruktur der Händlersiedlung Vlaardingen ähnelte. Die Grenzen der Viertel wurden symbolisch durch Mauern (Fort), Zäune (Vlaardingen) und bewachte Tore markiert und damit die Gesellschaft deutlich räumlich segregiert. Im Fort lebte man wie in den damaligen Niederlanden, nämlich als Kleinfamilie in einzelnen Steinhäusern. In Vlaardingen dagegen wohnten die meisten Bewohner in Holzhäusern zusammen mit Bediensteten, Schuldabhängigen oder Sklaven in umzäunten Gehöften, die durchschnittlich acht Häuser mit je acht Personen umfaßten (Sutherland 1989:109).

Im Stadtbild war die territoriale Dreiteilung über 200 Jahre deutlich sichtbar. Alfred Wallace besuchte 1856 und 1857 Makassar und beschrieb die Stadt als segregiert: an den Straßen die Geschäfte der Chinesen und Niederländer und eingestreut die malaiischen Basare. Das Siedlungsgebiet der Holländer parallel der Küste war kompakt, deutlich abgegrenzt und die Straßen konnten mit Toren geschlossen werden. Hinter dem Fort Rotterdam wohnten Beamte und der Gouverneur. Am Rand der Stadt gab es im Gebiet der Siedlungen der Einheimischen verstreut einige Residenzen von Händlern. Die Etablierung der VOC und vor allem das Fort als Nukleus der Europäer brachte Sicherheit und Einkommen für Händler, Kaufleute, Künstler, Seeleute, Fischer, Gartenbauern, Kleinhändler sowie für *Toddy* (Palmschnaps)-Verkäufer und Bordelle. Nur das Fort war tatsächlich ausschließlich von Niederländern bewohnt. Wegen der klaren Kontrolle war hier das Problem weniger, anderen den Zugang zu verwehren, sondern vielmehr, die VOC-Angehörigen an das Fort zu binden. Sie verließen das Fort nämlich oft wegen privater wirtschaftlicher Kontakte nach außen, oder um sich beim Spiel oder mit Prostituierten zu vergnügen.

Vlaardingen war im Kern eine Siedlung der Chinesen und europäischen Händler. Aber sowohl hier, als auch im Kampung Baru (meist einfach *kampung* genannt) lebten Angehörige etlicher Bevölkerungskategorien vermischt. Durch Mestizos und Chinesen war dieser Stadtteil in erster Linie in ein asiatisches Handelsnetz eingebunden (Sutherland 1986:45; 1989:115). Einheimische besuchten nachts Europäer und Chinesen in Vlaardingen, arme Burgher lebten in malaiischen *kampung* statt in Vlaardingen, arme asiatische Christen und ehemalige Sklaven wohnten am Rand dieses Stadtteils. Von fast 1400 Bewohnern Vlaardingens im Jahre 1676 waren 55% Sklaven, 10% *Mardijkers* (N.: portugiesisch-indonesische Mischlinge). 1688 bildeten Sklaven zusammen mit Schuldknechten 58% der Bewohner und 1730 waren sogar 71% der Bewohner der ganzen Stadt Sklaven (Sutherland 1983:269). Reiche Europäer hatten Privatsitze am holländischen Markt zwischen Vlaardingen und dem Fort oder verstreut in den umliegenden *kampung*. Die Bevölkerung in diesen drei Stadtteilen, die eine gemischte Bewohnerschaft hatten, aber noch unter dem direkten Zugriff der VOC standen, betrug in der zweiten Hälfte des 18. Jhs. ca. 5000 bis 6000 Menschen. Der Anteil der Chinesen in Vlaardingen nahm konstant zu und hier war bis zur Unabhängigkeit 1945 das kommerzielle Zentrum Makassars. Außerhalb dieser Ballung gemischter Siedlungen lag das formal unter holländischer Suzeränität stehende, tatsächlich aber von lokalen, makasarisch *karaeng* genannten, Machthabern beherrschte Gebiet, nämlich Galesong, Bulukumba, Bantaeng (*Bonthain*; N.), Polombankeng, Maros und die Insel Selayar. Davon hat nur Polombankeng keine Entsprechung in der heutigen Verwaltungsstruktur. Auch hier lebten in den stadtnahen Bereichen nicht nur Einheimische, sondern ebenso Europäer in ihren Privathäusern.

Insgesamt bestand die Stadt also entgegen der formalen räumlichen Segregation tatsächlich aus einer Art Patchwork von Gemeinschaften, die in enger Interaktion standen, aber begrenzt auch eigene Lebenssphären und Handelsnetze hatten.

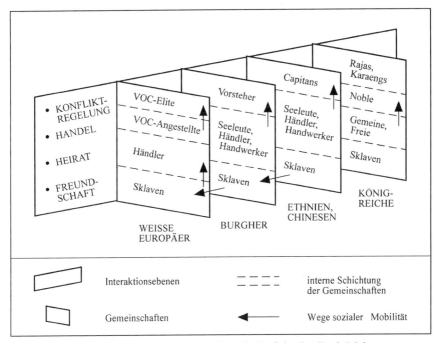

Abb. 20: Strukturmodell der kolonialen Gesellschaft in der Stadt Makassar

So handelten reiche Chinesen und Mestizos miteinander und mit buginesischen und makasarischen Geschäftsleuten sowie mit Angehörigen der VOC als Privatmännern. So wie die Stadt nicht einfach eine Kolonialstadt war, war die Gesellschaft nicht eine *plural society* mit deutlich getrennten und nach Hautfarbe und Geschlecht hierarchisierten sozialen Schichten, sondern eher eine vielfältige Gemeinschaft mit zunehmd gemischten Gruppen im Stil portugiesischer Kolonien (Sutherland 1986:45, 48; 1989). Die Interaktion zwischen den Segmenten der Gesellschaft wurde dadurch gefördert, daß die Segmente jeweils intern geschichtet waren, was Kontakte auf der Ebene etwa gleich hoher Schichten verschiedener Segmente sowie eine begrenzte soziale Mobilität ermöglichte (Abb. 20). Nicht nur die Stadtteile waren weniger segregiert als formal vorgesehen und als es die Listen, auf denen nur die Hausbesitzer verzeichnet waren, nahelegen. Auch auf der Ebene der Haushalte dominierte die Mischung verschiedener Bewohner: Viele von ihnen waren ethnisch wie auch sozialökonomisch gemischt. Ganz im Gegensatz zum calvinistischen, puritanischen Ideal der Kernfamilie lebte man in erweiterten Haushalten zusammen mit Verwandten, Gefolgsleuten, Mietern und Sklaven. Häufig hatten die Hausbesitzer Konkubinen; sie selbst waren oft auf Handelsreisen und ihre Frauen hatten wiederum außereheliche Verhältnisse. Aus den geduldeten Übertretungen ehelicher Regeln entstanden häufig Kinder, die in die Familie eingegliedert wurden. Kinder aus Verbindungen mit Sklavinnen wurden oft angemeldet und folgten damit dem christlichen Status ihrer Väter. Falls das nicht geschah, erbten sie den Status der Mutter. Da Sklavinnen, die ein Kind mit einem Europäer bekamen, des öfteren selbst *Vrije* wurden, waren auch deren Kinder Freie. In der Regierung und in der Elite der Burgher befürchtete man jedoch, daß die Kinder aus solchen Verbindungen "im *kampung* versinken" und dem Islam anheimfallen würden (Nachweise bei Sutherland 1989:121). Große Haushalte, in denen jede Person irgendeine Form von Obligation zu einer anderen hatte, waren in dieser Zeit typisch für Südostasien. Demzufolge waren es Großhaushalte (*compounds* im Sinne von Reid 1988:121), die einander loyale Personen umgrenzten und von Fremden trennten, nicht etwa einzelne Häuser oder ganze mit Mauern umgebene Städte.

Tab. 14: Vergleich dreier Haushaltsinventare aus der zweiten Hälfte des 18. Jhs. (rds. = *rijksdaalders*; zusammengestellt nach Daten aus Sutherland 1989:119f.)

Haushalt A: Chinesische Geschäftsmann (Inventar von 1767)	Haushalt B: Europäischer Sklavenhändler (Inventar von 1768, keine Wertangaben verfügbar)	Haushalt C: indonesischer Kleinhändler (Inventar vom Ende des 18. Jhs., ohne Wertangaben)
früher Bauer und Halter eines Monopols, in das er 12.000 rds. investiert hatte	Mitarbeiter eines Schmiedes, im VOC-Dienst stehend	*karaeng*, im Hof eines anderen *karaeng* wohnend
- Steinhaus (Wert 5000 rds.) - Bambushaus (240 rds.) - großes Boot (150 rds.) - kleines Boot (100 rds.) - kleines Boot (40 rds.) - Gold, Silber, Seide (fast 1000 rds.) - chinesische Möbel, Haushaltsgegenstände und Waffen (1800 rds.) - Handelsware im Lager (2000 rds.) - Bargeld (1500 rds.) Insgesamt: 8800 rds. Schulden: 4678 rds.	- 2 Steinhäuser - 1 Bambushaus - komfortable Wohnungseinrichtung (z.B. viele Stühle, Bilder, Spiegel) - 5 Haus-Sklavinnen (1 Makasarin, 2 Manggarai, 2 Buginesinnen) - 3 Haus-Sklaven (davon einer mit Frau und 3 Kindern) - 10 Handels-Sklavinnen und 13 Handels-Sklaven, meist aus Süd-Sulawesi oder Nusa Tenggara - VOC-Gehalt: etwa 20 rds./Monat	- Bambusstelzenhaus innerhalb eines Gehöftes - einfache Einrichtung - 4 Stühle - Schränke mit makasarischen Waffen und Stoffen, Matten, Kissen, chinesischem Porzellan, Silber - 3 Haus-Sklavinnen (2 Balinesinnen, 1 Makasarin) - 2 Haus-Sklaven - 1 Haus-Sklave z.Zt. auf Handelsreise in Bali

Der Vielfalt und Flexibilität der Haushalte entsprechend waren die Bauform (meist auf Stelzen) und der Grundriß der Häuser lokalen Bedürfnissen angepaßt. Innerhalb eines Gehöftes gab es in aller Regel eine Vorterrasse, dann den Hauptwohnraum und einen rückwärtigen Bereich, wo sich die Küche, Lagerräume, Sklavenunterkünfte und Werkstätten befanden. Hier wurden auch Waren hergestellt, die auf der Straße oder in gemieteten Hütten verkauft wurden (Sutherland 1989:119). Zur Veranschaulichung der Haushaltsorganisation zeigt Tab. 14 eine Aufstellung der Besitztümer je eines Haushaltes eines reichen Chinesen, eines europäischen Sklavenhändlers und eines indonesischen Kleinhändlers. Die Listen entstanden anläßlich von Erbkonflikten, bei denen die VOC einschreiten und ein Inventar erstellen mußte, geben also wahrscheinlich untypisch

wohlhabende Haushalte wieder. Sie zeigen aber deutlich einige charakteristische Strukturmerkmale von Haushalten im damaligen Makassar:
- die Bedeutung des Handels,
- die Unterschiede der Lebensform zwischen Menschen verschiedener Gruppen,
- die Verflechtung von Menschen verschiedener Kategorie in Haushalten sowie
- den tiefgehenden Einfluß der Sklaverei.

Die ökonomische Bedeutung der Sklaven kann kaum überschätzt werden. Besonders für die Mestizo-Haushalte, die sich im 18 Jh. zunehmend auf den Handel mit Sklaven spezialisierten, waren sie wichtig. Im Jahre 1730 gab es pro erwachsenem männlichen Mestizo durchschnittlich 10 Sklaven. Chinesen besaßen im Schnitt 5.30, Europäer 5.33; makasarische bzw. Bugis-Haushalte dagegen nur 2.37 Sklaven. Einzelne dokumentierte Wohngemeinschaften (vgl. Sutherland 1983:269f.) zeigen äußerst vielfältige und komplizierte Funktionen und differenzierte Statusverhältnisse der freien und abhängigen Personen in damaligen Haushalten.

Die Vielfalt der Haushaltsstruktur und ihre Flexibilität waren oft Ergebnis verwickelter Familiengeschichten und komplexer Residenzbiographien. Sutherland gibt einige Beispiele und sagt treffend: "Such family histories make a mokkery of the official emphasis on ethnic segregation and Calvinist morality" (1989:121). Trotz der Unterschiede dieser drei Haushalte im einzelnen besteht der eigentliche Kontrast zwischen solchen komplexen Haushalten zu denen der weißen VOC-Elite. Diese hatten weit weniger informelle Kontakte und außerdem war ihre Einbettung in das Hinterland viel geringer ausgeprägt (Sutherland 1986:49).

Die calvinistischen Moralprinzipien konnten sich auch in den Lebensbereichen außer Haus nicht durchsetzen. So gab es verbreitet Probleme wegen Alkohol, Opium und anderen Drogen sowie Gewaltkriminalität. Der *Predikant* und der *Fiskaal*, die für die Ordnung verantwortlich waren, hatten viel Arbeit. Harte Strafen einerseits und Rechtsbeugungen andererseits zeigen, daß sie oft hilflos waren angesichts der komplexen wie konfliktgeladenen Situation und daß sie die Durchsetzung der offiziellen Vorstellungen de facto nicht förderten (Fallbeispiele bei Sutherland 1989:121f.). In erster Linie ging es um Handelsprofite. So kam es zu Kompromissen im engeren Zuständigkeitsbereich der VOC, dem Handel und der Sicherheit. So erreichten einige Mestizen entgegen den offiziellen Maßgaben hohe Posten in der VOC; lokale Herrscher wurden in Sicherheitsfragen konsultiert; traditionelle Führer ließ man gewähren, und ein Abgesandter des Herrschers von Bone assistierte dem *Pachter* in der Hafenverwaltung. Nur bei der formalen Organisation der Stadt, dem Status der Christen und der wirtschaftlichen Dominanz der VOC kamen solche Arrangements an ihre Grenzen. Das lokale Problem der Weißen in Makassar, im Unterschied zu Batavia, war nach Sutherland, daß weder die VOC noch die christlichen Privatleute mit den asiatischen Händlern wirksam konkurrieren konnten. Dies führte zu Konflikten der Burgher mit der VOC, der Weißen mit den nichteuropäischen Händlern und zu Streitigkeiten unter letzteren: lokalen Makasar, Bugis aus Wajo, Chinesen und Malaien.

4.4.2 Wirtschaftliche Konkurrenz und Konflikte: Ethnizität und Verwandtschaft als soziales Kapital

In der Kolonialzeit hatten die einzelnen ethnischen Gruppen jeweils eigene Vorsteher. Sie waren für die internen Belange und für die Obligationen ihrer Gemeinschaft gegenüber der VOC verantwortlich. Die VOC kümmerte sich kaum um die inneren Angelegenheiten der einzelnen Gemeinschaften in der Stadt. Nur bei echten Kriminalfällen schritten die Rechtsinstitutionen der VOC, die für Europäer wie Asiaten gleichermaßen galten, ein. Die Vorsteher der Chinesen und der Malaien wurden nach militärischen Rängen als *Capitans* (N.) und *Lieutenants* (N.) benannt; die Vorsteher anderer ethnischer Gruppen hatten lokale Bezeichnungen, wie z.B. *galearang* (bzw. *gallarang*; vgl. Mukhlis 1975:62; Mukhlis et al. 1984/85:73f.). Die Regelung von Konflikten im kolonialen Makassar läßt sich besonders an den Burgher, den Chinesen und den Malaien verdeutlichen.

Die Burgher gewannen durch ihren wirtschaftlichen Vermittler-Status, der zur sozialen Vermittlung zwischen verschiedensten Gruppen beitrug, im kolonialen Makassar eine besondere Bedeutung. Ihre Anzahl betrug im 18. und 19. Jh. etwa 800. Sie waren Abkömmlinge von ausgeschiedenen VOC-Angestellten, meist Soldaten und Seeleuten, und deren asiatischen Frauen oder Konkubinen. Aufgrund ihrer Sozialisation und ihrer Tätigkeit als Geschäftsleute hatten sie Beziehungen zu Niederländern wie auch zu den asiatischen Gruppen. Diese Beziehungen waren nicht nur individueller Art, sondern bestanden auch zwischen den Burghern als Gruppe und anderen Gemeinschaften.

In Makassar hatte die Gemeinschaft der Burgher eine viel stärkere Position als in Batavia: hier waren sie nicht unter-, sondern nebengeordnete Partner der VOC. Sie lieferten die notwendige lokale Expertise und konnten dadurch in VOC-Ränge aufsteigen und Entscheidungen beeinflussen. Lokale Händler und die Vorsteher (*Capitans*) brachten der VOC wichtige Hinweise zur Sicherheitssituation im Hinterland der Stadt. Den Angestellten selbst gaben sie nützliche Informationen über Märkte, Preise und Produktionsstätten für ihre Privatgeschäfte. Als Händlergemeinschaft waren die Burgher militärisch von der holländischen Garnison abhängig, weil sie ohne diese in einer instabilen, unsicheren Region mit hoher Gewalttätigkeit, die das Hinterland Süd-Sulawesis im 18. und 19. Jahrhundert darstellte, ihrem Handel nicht hätten nachgehen können. Summa summarum war die Beziehung zwischen Niederländern und den Burgher in Makassar im Unterschied zu Batavia insgesamt zwar formal hierarchisch, de facto jedoch symbiotisch. Die Burgher bildeten jedoch eine zu kleine Gemeinschaft, um die städtischen Institutionen zu stützen. Immer wieder gab es Probleme, weil sie ihre kommunalen Pflichten, wie etwa die Nachtwache, nicht erfüllten. Das führte sogar zu Versuchen, ihre Bewegungsfreiheit gesetzlich einzuschränken. Solche Konflikte wurden immer dann virulent, wenn wirtschaftliche Interessen bedroht waren, sich die Burgher etwa benachteiligt fühlten. Im Jahre 1792 protestierten z.B. Angehörige der Elite der Burgher, weil VOC-Angehörige sie aus dem für die Burgher lukrativsten Geschäft, dem Sklavenhandel, zu verdrängen schienen (Sutherland 1989:123).

Während die Gemeinschaft der Burgher im ausgehenden 18. Jh. zunehmend Schwierigkeiten hatte, stiegen die malaiischen, chinesischen und die lokalen Händler auf. Die illegalen Privatgeschäfte der VOC-Angestellten florierten ebenfalls, obwohl sie quantitativ nur einen geringen Anteil ausmachten. Die asiatischen Händler überboten die Europäer bei dem Erwerb von Monopolen, trotz der Versuche der Kompanie, diese einzuschränken. Der lebhafte Handel zu dieser Zeit wird darin deutlich, daß jährlich etwa 500 asiatische Schiffe in den Hafen kamen. Das Monopol der Erhebung der Zollgebühren und damit das Amt des *pachter* war damals der Hauptpunkt des Wettbewerbs und der hauptsächliche Anlaß von Konflikten. Hierbei konkurrierten vor allem Chinesen mit Malaien. Beide Gemeinschaften fühlten sich wechselseitig benachteiligt. Seitens der Niederländer wurde von den Malaien eine größere Gefahr für die Sicherheit befürchtet als von den Chinesen. In den meisten Fällen griff die Kolonialverwaltung jedoch zugunsten der Malaien mit dem zutreffenden Argument ein, diese hätten mehr Erfahrungen mit den lokalen Machthabern. Trotz dieser Konkurrenz zwischen Malaien und Chinesen war die Grenze auch zwischen diesen Gemeinschaften durchlässig. Hierbei spielte erstens eine wichtige Rolle, daß zeitweise der *Capitan China* auch die malaiische Gemeinschaft mitverwaltete. Zweitens gab es islamische Chinesen (*peranakan*) und auch malaiische Mischlinge, die sich ebenfalls *peranakan* nannten. Drittens bestanden besondere Probleme durch die allgemein häufigen Mischheiraten, wobei anläßlich eines Disputes entschieden wurde, daß Frauen der Nationalität ihrer Ehemänner folgen sollten.

Sprachliche, kulturelle, religiöse und somatische Kategorien deckten sich nicht immer (siehe Tab. 13). Deshalb war genügend Raum für Bewegungen zwischen ihnen und für strategische Nutzung, die zusammen mit der VOC-Politik auch zur Verschärfung ethnischer Grenzen geführt hat. Wegen der Arbeitsleistungen, die die einzelnen Gemeinschaften sowohl für ihre Vorsteher, als auch für die VOC zu erbringen hatten, stand die Rekrutierung von Arbeit und Geld im Mittelpunkt. Es ging um Arbeitskräfte und Abgaben für den Bau und die Erhaltung von Tempeln und Moscheen. Die Frage, "wer meine Leute sind", war also nicht nur eine des Status von Gruppen und ihren Anführern, sondern eine eminent ökonomische (Sutherland 1989:124). Ab dem ausgehenden 18. Jahrhundert verschärften sich durch die Politik der VOC die Grenzen zwischen den Kategorien. Dadurch wurde die Flexibilität der Identität, z.B. bei den Peranakan, die als islamische und lokal akkulturierte Chinesen oft Makasarisch sprachen, eingeengt. War der Wechsel der Gemeinschaft oder der Religion in den lokalen Gemeinschaften relativ einfach gewesen, so griff die Formalisierung der Ethnizität durch die VOC immer weiter ins Alltagsleben ein. Schon im ausgehenden 17. und im 18. Jh. wurde z.B. der Terminus Burgher zunehmend als formale Kategorie gebraucht, indem man nicht mehr von Mestizen sprach, und dies trotz der Tatsache, daß sich tatsächlich eine Akkulturation einerseits und soziale Ungleichheit andererseits abzeichnete (Sutherland 1989:115).

Die ökonomische Basis der Stadt war fast durch die ganze Geschichte hindurch der regionale maritime Handel. In Makassar wurden aber nicht etwa nur Produkte anderer Gebiete weiterverhandelt, wie Sandelholz und die molukkischen Gewürze, indische Tuche und chinesisches Porzellan, sondern auch lokale Produkte des Küstengebietes und des Hinterlandes. Die Hauptquellen von Macht in Süd-Sulawesi bestanden (1) in persönlichen Beziehungen und (2) dem Zugang zu Arbeitskraft. Dies galt für Europäer wie für die einheimischen Königreiche gleichermaßen. Die Handelsbeziehungen der VOC und einzelner Händler zum Hinterland etablierten vielfältige, meist informelle Netzwerke zu Machtträgern in den traditionellen Königreichen. Sutherland schreibt über die damalige Stadt:

> "The town can only be understood if we can trace the connections by sea and land with its hinterland and archipelago, and if we realize that the social actors in Makassar´s life placed themselves in different settings and categories depending on their identity and given situation" (1986:53).

Ein Mann konnte in einer Situation ein weißer VOC-Offizier sein, in einer anderen als angeheirateter Verwandter eines Mestizo-Clans auftreten und in einer dritten die Rolle eines Partners eines chinesischen Händlers übernehmen. Für solche Beziehungen war der Handel mit Sklaven, Meeresfrüchten und Waldprodukten sowie mit Reis und Fleisch zur Versorgung der Schiffe von zentraler Bedeutung. Vor allem über den Handel mit Sklaven und Waldprodukten etablierten sich enge Kontakte städtischer Händler zu Einzelpersonen und ganzen ethnischen Gruppen im Hinterland der Stadt. Diese ethnischen Gruppen, etwa Toraja und Mandar, lebten geographisch und kulturell zwar weitgehend isoliert; sie waren aber schon damals durch An- und Verkauf von Sklaven und landwirtschaftlichen Produkten ökonomisch mit der Stadt verbunden (Sutherland 1989:102). Dieser Handel innerhalb Süd-Sulawesis und mit der Stadt Makassar wurde über verschiedene Formen von Beziehungen zwischen Angehörigen kulturell wie sozial unterschiedlicher Gruppen bewerkstelligt, wofür Abb. 21 Beispiele gibt.

---

1. Angehörige von Küstengruppen nutzen ihre Siedlungsposition zwischen Ethnien im Hinterland, indem sie mit solchen Händlern tauschen, die zeitweilig die Stadt besuchen.
2. Händler, die die Stadt saisonal besuchen, nutzen ihre durch Heirat oder einen Agenten etablierten lokalen Kontakte, indem sie schon vor ihrer Ankunft Waren ansammeln und einlagern lassen.
3. Kaufleute leben zeitweilig als Individuen oder gemeinsam in saisonalen Siedlungen an der Küste und handeln während mehrerer Monate, um dann entsprechend dem Monsun weiterzuziehen.
4. Städtische Händler sammeln Mengen von Produkten und warten auf indische oder chinesische Käufer, die ihre eigenen Produkte in Makassar verkaufen und den Händlern ihre Ware abnehmen.
5. Städtische Händler häufen Waren an und transportieren sie selbst per Schiff zu den überseeischen Kunden.

Abb. 21: Typische Konstellationen und Positionen im Handelsnetzwerk zwischen Stadt Makassar und dem Hinterland in der Kolonialzeit

Insbesondere waren interethnische und sehr locker definierte Verwandtschaftsbeziehungen (*kinship-by-choice*) wichtig. Vor allem solche Positionen von Individuen wie ganzen Gruppen waren von Bedeutung, die zwischen Angehörigen formal verschiedener Gruppen quasi als *broker* vermittelten. Diese Situation zeigt, daß Makassar trotz kolonialem Status immer noch insoweit eine "fremde Stadt" (*foreign city, alien city*, Cunningham 1979:273) war, da sie von einem mächtigen, aber ländlich ausgerichteten Reich, nämlich Gowa, umgeben war, welches das Leben in der Stadt indirekt, aber dennoch stark beeinflußte.

4.4.3 Politisierung des Verhältnisses Stadt-Region-Nation im 19. und 20. Jahrhundert

Im Laufe des 19. Jhs. übernahm die Stadt wieder ihre frühere Entrepôt-Funktion: Die auf das Fort und den Sklavenhandel konzentrierte Wirtschaft wurde abgelöst vom Handel und der Lagerung von Gütern aus dem ganzen Archipel. Perlen, Rattan, Sandelholz, Kopra und das berühmte "Makassaröl" standen wieder im Mittelpunkt (Reid 1992a). Bis zum Jahr 1800 war die Stadt offiziell von der VOC gehalten worden. Das kurze britische Interregnum von 1811 bis 1816 (infolge der Napoleonischen Kriege und der Übernahme der niederländischen Besitzungen durch Großbritannien) hatte keine nennenswerten Auswirkungen auf die Stadt. Allerdings förderte die britische Herrschaft die Diskussion über die Abschaffung der Sklaverei, die in Den Haag seit einiger Zeit virulent war, jedoch zunächst nur als Problem Westindiens, also des karibischen Kolonialbesitzes, und nicht Ostindiens gesehen wurde. Angesichts des Arbeitskräftemangels in Süd-Sulawesi kam es jedoch nur sehr zögerlich zu Regulationen. Nach dem offiziellen Verbot ging der VOC-Handel mit Sklaven drastisch zurück, während sich der indigene Handel nach Palopo und Pare-Pare verlagerte und die Sklaven nun verstärkt nach Kalimantan verkauft wurden. Sklavenarbeit wurde in den *Noorderdistrikten* und den Reichen weiterhin genutzt. Problematisch war vor allem der Status der von Indigenen besessenen Sklaven. In den formell direkt beherrschten Gebieten war der Sklavenhandel illegal; aber große Bereiche um die Stadt waren unter einer de facto-Kontrolle lokaler *karaeng*, die die Sklaverei weiterhin zuließen und davon profitierten. Es war insbesondere die Furcht der Niederländer vor Aufständen seitens der lokalen Herrscher, welche die Abschaffung der Sklaverei bis 1860 hinauszögerte (Sutherland 1983:274ff.).

Ab 1820 verschlechterte sich die wirtschaftliche Situation in der Stadt erheblich. Zwei Faktoren spielten dafür wahrscheinlich eine wichtige Rolle: erstens die aufkommende Konkurrenz von Singapur als effizientem Freihafen und zweitens, daß Makassar die führende Rolle im Handel zwischen Ostindonesien und China verlor. Erst mit den Kriegen 1858 bis 1860 konnten die Holländer die Bugis als stärkste Macht der Region verdrängen. Aber auch jetzt beherrschten sie eigentlich nur die Stadt Makassar. Sutherland (1983:278) zeigt jedoch, daß eher die Abschaffung der Sklaverei (Zwang zur Registrierung 1875, effektiv ab etwa 1878) für Makassars wirtschaftlichen Abstieg entscheidend war. Trotz der Öffnung für den Handel im Jahre 1848 wuchs die Stadt auch in der zweiten Hälfte des 19. Jhs. nur langsam. Sie war aber immer noch der Haupthafen des "großen Ostens" (*Groote Oost*, N.) und der drittgrößte Hafen in ganz Niederländisch-Indien (Pelras 1975b:14).

Die zunehmend starke Kontrolle des Hinterlandes durch die Holländer schlug sich auch in der Stadtentwicklung nieder. Im Jahre 1865 gab es in Makassar einen Eisenpier, ein Hotel, einen "Harmonie" genannten Club und der Gouverneur war von Fort Rotterdam in ein elegantes Haus mit Stuckpfeilern gezogen (vgl. Drakakis-Smith 1987). Die europäischen Dampfschiffahrtsgesellschaften sandten ab 1887 regelmäßig Schiffe nach Makassar. Auch wenn die Stadt als wirtschaftliches Zentrum schwach blieb, war Makassar bis um 1890 der wichtigste Hafen in Ostindonesien. Die zentrale Rolle bei der Verschiffung von Rattan und Dammar (*Agatha dammaria*) lag bei den Chinesen, die enge Verbindungen nach Singapur hatten (Heersink 1995:125). Die Stadt hatte jetzt eine elegante Kolonialatmosphäre entwickelt, wie sie in Romanen von Joseph Conrad und Somerset Maugham wiedergegeben wird. Conrad hielt Makassar für "die schönste, und vielleicht am saubersten wirkende aller Städte der Inseln". Fast gleichlautend äußerte sich der Naturforscher Alfred Russell Wallace (Wallace 1989). In seinem Roman "Almayers Luftschloß" beschreibt Joseph Conrad, wie an- und aufregend er die Atmosphäre der Stadt Mitte des 19. Jahrhunderts empfand:

> "Um jene Zeit war Makassar voller Leben und Geschäftigkeit. Hierher zog es alle jenen kühnen Geister, die ihre Schoner in Australien ausrüsteten und auf der Suche nach Geld und Abenteuern in den malaiischen Archipel vordrangen. Diese Männer waren mutig und bedenkenlos und überdies geriebene Geschäftsleute. Sie schreckten nicht vor einem Gefecht mit den Piraten zurück, die noch an vielen Küsten zu finden waren, und kamen schnell zu Geld. Und alle trafen sie sich in der Bucht von Makassar, um Geschäfte zu machen und sich zu amüsieren. Die holländischen Kaufleute nannten jene Männer englische Hausierer; es gab darunter aber zweifellos Herren, für die diese Art des Lebens einen besonderen Reiz besaß. Die meisten waren Seeleute, und der erste unter ihnen war Tom Lingard, er, den die Malaien - Ehrenmänner oder Betrüger, friedliche Fischer oder Desperados - als den 'Raja Laut', den König der See anerkannten" (Conrad 1972: 11f.).

Aber erst mit Beginn des 20. Jhs. kam es zu strukturellem Wandel in der Stadt, als die Niederländer die indirekte Herrschaft auf den Außeninseln mittels einer fünfjährigen Militärkampagne 1905-1910 durch direkte Kontrolle ersetzen wollten. Unter Generalgouverneur van Heutsz wurden kleine Militäreinheiten ins Land geschickt, wo im Unterschied zur Stadt bis zu dieser Zeit die lokalen Herrscher die Autorität fast uneingeschränkt innehatten. Diesen lokalen Herrschern wurde 1906 ihre Unterschrift unter eine "kurze Erklärung" (*Korte Verklaring*; N.) abgepreßt, in der diese ihr Einverständnis gaben, jegliche Instruktion der Niederländer zu akzeptieren. Als Gegenleistung für diese Loyalitätserklärung wurde ihnen die Macht in religiösen Belangen und Fragen des *adat* belassen. Dies und ihr großer Landbesitz garantierte ihnen weiterhin eine, wenn auch eingeschränkte, Machtstellung. Eine wichtige Grundlage ihrer bisherigen Macht wurde ihnen jedoch genommen, nämlich das Recht der Steuereintreibung und der Einforderung von Arbeitsleistungen ihrer Untergebenen. Auch die tieferen Ebenen der traditionellen Schichtung blieben weitgehend intakt: Auf dörflicher Ebene konkurrierten weiterhin rivalisierende Verwandtschaftsgruppen (Geertz 1963:65).

Bone wurde im Juli 1905 angegriffen und der *raja* nach langen Guerrillakämpfen festgenommen; erst im Oktober des Jahres folgte der Angriff auf Gowa. Erbitterten Widerstand gab es in Luwu und im Norden des Torajalandes, wo starke Interessen im Handel mit Kaffee und Sklaven bestanden (Reid & Reid 1988:11f.). Erst nach dem dieser Widerstand niedergeschlagen worden war, konnten die Niederländer das gesamte Süd-Sulawesi unter ihre Kontrolle bringen und damit die Region überhaupt zum ersten Male in ihrer Geschichte politisch vereinen. Selbst Tana Toraja, das politisch immer unabhängig geblieben war, gehörte ab 1907 zu Niederländisch-Indien. Christliche Missionare begannen ihre Arbeit dort im Jahre 1913. Am 1. April 1906 erhielt die Stadt Makassar eine eingeschränkte Selbstverwaltung als eigenständige *gemeente* (N.); ein Tag, der bis heute offiziell als "Geburtstag" der Stadt gefeiert wird.

Die alten Herrscher Süd-Sulawesis waren nun teilweise zu Kolonialbeamten geworden. Unter der zentralen Ebene der Verwaltung durch "Assistenten-Residents", die in Pare-Pare, Palopo, Watampone (Bone), Majene und Bantaeng residierten, führten weiterhin die *karaeng* und *aru(ng)* die kleineren Staaten der Makasar und Bugis. Die symbolisch und politisch bedeutenden Throne in Bone und Gowa aber wurden nicht besetzt, und die als Herrschaftssymbole entscheidenden Regalia (*kalompoang*; M.) wurden nach Batavia und in die Niederlande gebracht. Nachdem die Herrschaft ab Mitte der 1920er Jahre weniger direkt ausgeübt worden war, wurde 1931 der Thron in Gowa mit Andi Mappanyuki, dem Sohn des letzten Sultan, wiederbesetzt. 1936 folgte mit der Inauguration des 35. *Karaeng Ri Gowa* die - eher symbolische - Restauration der Dynastie in Sungguminasa nahe Ujung Pandang. Die politische Struktur war also reorganisiert worden. Bislang nur eingeschränkt territorial ausgerichtete politische Herrschaftsgebilde wurden in territoriale Hierarchien transformiert. Größere Reiche wurden zu Distrikten; kleinere zu Subdistrikten. In einer komplexen Mischung indirekter mit direkter Herrschaft koexistierten formal anerkannte Reiche mit der kolonialen Verwaltung (Harvey 1985:208). Durch dieses komplizierte Arrangement konnte die traditionelle Elite in den Augen ihrer Untergebenen unkompromittiert bleiben. Wegen der mangelnden Bildung der Aristokraten der Bugis und Makasar wurden vorwiegend Javaner und Minahasa (aus Nordsulawesi) als Beamte der Kolonialverwaltung rekrutiert. Die fehlende Bildung der Landbevölkerung war auch ein wichtiger Grund für die damals noch vergleichsweise schwache Widerstandsbewegung in der Region (Harvey 1985:209, 223ff.).

Die 35 Jahre von 1910 bis zur formalen Unabhängigkeit waren die längste (relativ) friedliche Phase in der Geschichte der Region (Reid 1992) und auch in der Stadt selbst. Mit der flächendeckenden direkten Herrschaft und politischen Reorganisation war der Grundstein für Ujung Pandangs heutige Rolle als modernem Verwaltungszentrum gelegt. Die Einwohnerzahl der Stadt stieg sprunghaft an; es wurden etliche neue Verwaltungsbauten südlich des Forts errichtet. 1922 eröffnete man eine Eisenbahn, die Makassar mit dem 46 km entfernten Ort Takalar verband, die aber 1930 wieder eingestellt wurde (Mc Taggart 1972:60). Während die Stadt noch am Anfang des 18. Jhs. nur 16.999 Einwohner hatte, zählte sie 1930 schon knapp 85.000 und überschritt die Zahl 700.000 im Jahre 1980. 1938 wurde Makassar die Hauptstadt der Superprovinz des erwähnten "Großen Ostens".

Bis zum Zweiten Weltkrieg war Makassar eine weiträumige und elegante Stadt mit einer europäischen Bevölkerung von einigen Tausend. Den Palast (Jl. Sudirman) des Gouverneurs übernahmen dann zuerst die Japaner und später 1947 bis 1950 der Präsident des Staates von Indonesien. Die japanische Okkupation ab 1942 (8.3.42 bis 15.8.45) hinterließ deutliche negative Erinnerungen in der Bevölkerung (dazu mehr in 5.1), hatte aber kaum Auswirkungen auf die Entwicklung der Stadt. Die Japaner unterstützten die Unabhängigkeitsbewegung nicht, da sie die Region selbst unter ihrem Flottenkommando als Kolonie verwalten wollten. Sie verboten sämtliche politische Parteien und vereinten alle islamischen Organisationen als *Jamiyah Islamiyah* (*Masyumi*; vgl. Dahm 1990:73). Mit Teilen der alten Aristokratie arbeiteten sie zusammen und bildeten Räte, in denen jedoch keine Repräsentanten des Islam waren. Erst 1945, als sich die Niederlage der Japaner abzeichnete, wurden Einheimische von den Japanern stärker an der Herrschaft beteiligt. Jedoch konnten sich wiederum besser gebildete Politiker aus anderen Teilen der Kolonie (vor allem aus Java und den Molukken) gegenüber Regionalvertretern durchsetzen. So wurde zwar der *raja* von Bone, Andi Mappanyuki, formell Führer der *Sudara* (Akronym für *Sumber Darah Rakyat*; "Quelle des Volksblutes"), der ersten protonationalistischen Propagandaorganisation. Deren entscheidender Kopf war ab Dezember 1943 Sam Ratulangie, ein Intellektueller aus Manado (Harvey 1985:209). Die Verbindung Ratulangies mit dem bedeutenden Vertreter der Aristokratie erleichterte die Zusammenarbeit der kosmopolitisch ausgerichteten Nationalisten der Stadt mit den tradionellen Führern im Hinterland und deren Einbindung in die Unterstützung der Republik. Diese Zusammenarbeit sicherte auch die Unterstützung der Jugendbewegung und glich die im Vergleich zu Java völlig unzureichende Vorbereitung auf eine unabhängige Regierung aus (Harvey 1985:211f.; Reid & Reid 1988:12).

Süd-Sulawesi spielte während der nationalen Revolution in den Jahren 1945 bis 1949 eine widersprüchliche Rolle, die bis heute in der regionalen Identität der Bewohner (vgl. 5.6.1) nachwirkt. Süd-Sulawesi war eine Region erbitterten Widerstandes gegen die Rückkehr der Niederländer und gleichzeitig das Zentrum des propagierten "Ost-Indonesischen Staates" (*Negara Indonesia Timur*, NIT) innerhalb einer von den Niederländern geplanten Föderation (vgl. Karte in Helbig 1949). Diese hatten 1946 während einer Pause der langen Verhandlungen zwischen ihrer Delegation und einer Vertretung der Republik in Malino damit begonnen, als Gegengewicht gegen die Republik neue Staaten zu schaffen. Diese sog. "Malino-Politik" der Niederländer schuf bis 1949 nicht weniger als 16 Staaten (Dahm 1990:80, 85). Schließlich landeten die im Zweiten Weltkrieg Alliierten mit einem australischen Bataillon im September 1945 in Makassar. Ihre Ankunft wurde von Japanern wie von Nationalisten gleichermaßen begrüßt, da beide sich Vorteile erhofften. Die Aristokraten glaubten, mit den Australiern gegen die Holländer arbeiten zu können und unterzeichneten im Oktober 1945 eine Ratulangie unterstützende prorepublikanische Deklaration. Die Aliierten befreiten aber nicht nur ihre Gefangenen, sondern ermöglichten es auch, daß sich 3000 bis dahin internierte Holländer wieder in der Stadt ansiedelten. Das Hauptziel der Australier war die Etablierung einer funktionierenden Verwaltung, um die Ordnung und die Versorgung der Stadt mit Reis sicherzustellen. Dazu setzten sie nun aber wieder holländische Beamte der Vorkriegszeit ein.

Als die Australier die Herrschaft an die Niederländer, die auf ihrem Beobachterposten in Australien gewartet hatten, im Januar 1946 zurückgaben, gab es in Süd-Sulawesi nur wenig Unterstützung für diese. Sie kam von Christen und Teilen der Aristokratie der Bugis. Etliche Jugendliche ließen sich in Java mit Waffen versorgen und militärisch ausbilden und kehrten Ende 1946 zurück in den Guerrillakampf gegen die Kolonialherren. Die nationalistischen Jugendverbände (*pemuda*) und große Teile der Landbevölkerung kämpften gewaltsam gegen die Holländer und trugen offen die Farben der Republik: rot und weiß. Nach Abzug der Australier wurde das Hauptquartier der niederländischen Zivilverwaltung im Februar 1946 von Morotai nach Makassar verlegt. Im April des Jahres wurden Ratulangie, seine Offiziere und auch die *rajas* von Bone und Luwu inhaftiert. Nach einem kurzen britischen Interregnum herrschten die Niederlande am 14. Juli 1946 wieder in Makassar. Ratulangie und Andi Mappanyukki wurden ins Exil geschickt, und zwischen einem Viertel und der Hälfte aller traditionellen Herrscher wurden ausgewechselt. Bis 1949 fanden etwa 50% der Amtsenthobenen auf unterschiedliche Art den Tod, 40% wanderten in Gefangenschaft oder gingen ins Exil und die verbleibenden ca. 10% betätigten sich in der Landwirtschaft oder im Handel. Oft wurden die entmachteten Herrscher durch Rivalen aus den eigenen Reihen ersetzt (Harvey 1985:215f.). Zeitweise griffen die Widerstandskämpfer auch Einrichtungen der Regierung und Polizei in der Stadt an und besetzten Radiostationen, was jedoch keinen Erfolg brachte. Dieser gewaltsame Widerstand, der besonders auf dem Land (und in Java) intensiv war, diente den Niederländern als Rechtfertigung der Wiedereinführung alter militärischer Einheiten, wie der niederländischen Kolonialarmee (*KNIL*). Außerdem übten sie wirtschaftlichen Druck aus, indem sie z.B. den privaten Reishandel verboten (Harvey 1985:212ff.).

Der vehemente Widerstand 1945 und 1946 veranlaßte die Holländer zu neuen Maßnahmen. Im Februar 1946 wurde ein Föderativer Vereinigter Staat von Indonesien vorgeschlagen, der in einer Art Commonwealth-Beziehung zu den Niederlanden stehen sollte. Ostindonesien sollte das erste Gebiet dieses Staates werden. Die Niederländer waren in Ostindonesien besonders stark, hatten dort Kollaborateure und wußten um die Furcht der Bevölkerung vor javanischer Dominanz. Zur Etablierung der *NIT*-Regierung führten sie von Dezember 1946 bis Februar 1947 eine "Pazifizierungskampagne" durch, die die eigentliche Erfahrung der Revolution bei der Landbevölkerung formte und auch in der Erinnerung der Bürger Ujung Pandangs heute eine sehr prominente Stellung einnimmt. Bei dieser von Terror geprägten Militäraktion töteten "Spezialtruppen" unter Captain "Turk" Westerling mindestens 3000 Menschen und brachen den bewaffneten Widerstand damit weitgehend. In geschickter Weise verstanden es die Niederländer, Indonesier aus anderen Landesteilen und Menschen aus Süd-Sulawesi in die Entscheidungen und auch in die Exekutionsmaßnahmen mit einzubeziehen. Dabei wurden unter den lokalen Beteiligten alte "Rechnungen" beglichen und neue Rivalitäten zwischen Personen, Gruppen und Dörfern geschürt.

Der Restaurationsversuch der Niederländer, die *NIT*, stieß trotz der Etablierung eines makasarischen Premierministers, Nadjamoeddin, auf erheblichen Widerstand in der Region. Die politische Situation war extrem unübersichtlich, u.a. weil sich auch innerhalb der *NIT*-Verwaltung prorepublikanische Stimmen fanden. 1948 wurde eine "Föderation von Süd-Sulawesi" gegründet, die eine Wiederbelebung traditioneller Herrschaft darstellte und unter der Autorität der Fürsten stand. Der Widerstand der Bevölkerung war aber trotzdem ungebrochen. Gegen Ende 1948 wurde den Holländern klar, daß sie ihr Projekt eines föderativen Staats nicht erfolgreich umsetzen konnten, und sie der entstehenden Republik schadeten. Diese Einsicht leitete schließlich die Übergabe der Souveränität im Dezember 1949 ein (Harvey 1985:222).

Der Kampf um die Herrschaft im Rahmen der nationalen Revolution prägte die Stadt Makassar und das Verhältnis zum Umland in entscheidender, bis heute nachwirkender Weise. Makassar war die Hauptstadt des nur von Dezember 1946 bis August 1950 bestehenden Gebildes *NIT* und Sitz des Kabinetts und Parlamentes; hier saß der Verwaltungsrat (*hadat tinggi*) von Süd-Celebes. Ende April 1950 bestanden nur noch drei Gebiete als selbständige Staaten in der Föderation: die Republik, Ost-Sumatra und Ost-Indonesien mit dem Zentrum in Süd-Sulawesi. 1950 verließ Süd-Sulawesi zwar als Verwaltungseinheit das *NIT* und wurde Provinz (*propinsi*) der Republik Indonesien und die ehemalige *afdeeling* Makassar wurde zu einem autonomen Distrikt (*kabupaten*). Die Stadt Makassar war durch die führende Rolle im *NIT* aber zu einem Zentrum für Politiker und Verwaltungsfachleute aus ganz Ostindonesien geworden, vor allem weil hier Aufstiegsmöglichkeiten für Verwaltungsbeamte bestanden (vgl. Details in Mukhlis et al. 1984/85:82ff.). Dies verstärkte den kosmopolitischen, multiethnischen und von sozialer Mobilität gekennzeichneten Charakter der Stadt und legte den Grundstein für die heutigen auf Beamtenkarrieren gerichteten Berufshoffnungen vieler Bewohner.

Gleichzeitig intensivierte diese Entwicklung aber den Kontrast der Stadt zu ihrem Hinterland. Das Verhältnis der Städter in Makassar zur Landbevölkerung war in dieser Zeit vor allem deshalb äußerst prekär, weil die Einwohner der Stadt für die des Hinterlandes "Kollaborateure" der Niederländer darstellten. Für die Landbewohner, die am meisten unter den grausamen Kampagnen gelitten hatten, kamen die Helden des Widerstandes, die Partisanen, die wahrhaften Patrioten (*pejuang*), vom Land. Was für die Bevölkerung Makassars vorsichtige "Nichtkooperation" (z.B. der Einsatz für lokale Ziele innerhalb der *NIT*) war, bedeutete in der Sicht der Landbevölkerung eine de facto-Kollaboration. Für sie hatten die Städter nur die Rolle von "Marionetten" gespielt. Demzufolge erschien der Nationalismus der gebildeten und ethnisch gemischten Städter schwächer als der der wenig gebildeten Jugendlichen und der, teils aristokratischeren und teils stärker islamischen, Patrioten im Hinterland ("puppets and patriots"; Harvey

1985:208, 223ff.). Demgegenüber saßen die kollaborierenden traditionellen Eliten vor allem auf dem Lande. Tatsächlich verlief der politische Graben zwischen einer eher vom Adel und islamischen Führern getragenen Haltung für einen orthodoxen Islam und für den *NIT*-Staat einerseits und einer eher von Beamten, Kaufleuten und der reformistischen *Muhammadiyah* gebildeten antifeudalen Position für die Unabhängigkeit andererseits (Rössler 1987:36). Dieser reformistische Islam stand in der Sicht vieler für Ausgleich und Zivilisation (Gibson 1994:71 contra Harvey). Damit gingen die politischen Brüche nicht nur durch die Region als Ganzer, sondern in komplexer Weise quer durch die Stadt selbst.

Im Gegensatz zu ihrem selbstbewußten Auftreten war die nationale Bewegung in Süd-Sulawesi eigentlich insgesamt relativ schwach. Es gab viele Kollaborateure quer durch die Schichten und ethnischen Gruppen und ein starkes pro-republikanisches Bewußtsein. Die wirklich führenden Köpfe des Widerstandes kamen gerade nicht aus der Region selbst, sondern aus Nord-Sulawesi und Java. Die vier Märtyrer der Revolution in Süd-Sulawesi selbst waren ein Minahasa, Wolter Mongisiddi, eine Javanin, Emmy Salean, sowie aus der Provinz selbst ein Bugis, Andi Abdullah Bau Massape und ein Makasar, Ranggong Daeng Romu (Harvey 1985:226). Auch in der republikanischen Regierung in Java waren keine Bugis oder Makasar. Innerhalb der Region hatte die nationale Revolution die soziale Revolution sogar verzögert. Harvey resümiert die angesichts der Umwälzungen erstaunlichen Kontinuitäten der traditionellen Herrschaft in diesem Jahrhundert:

> "In any case, the ruling aristocracy had not only retained its traditional prestige and influence but also was little compromised during the colonial period. Few of its members were sufficiently educated to be effective officials, and they neither were, nor were seen to be, mere instruments of the colonial power. Indeed, the rulers of the most powerful and prestigeous kingdoms had led the fight against the Dutch in 1905 to 1910 and did so again in 1945 to 1948" (1985:225).

Impulse zu einer sozialen Umwälzung betrafen aus diesen Gründen weniger die Aristokratie als herrschende Schicht bzw. Klasse, sondern nur einzelne Herrscher, die ihre Stellung den Holländern verdankten. Süd-Sulawesi war immer noch eine rigide geschichtete Gesellschaft. Die politisch entscheidende Linie verlief aber jetzt zwischen denen, die mit der Kolonialmacht kooperiert hatten, und denen, die das nicht getan hatten. Diese Trennung ging auch quer durch verschiedene ethnische Gruppen.

Einen bis heute nachwirkenden Einfluß auf die Geschicke der Provinz hatten die der Unabhängigkeit folgenden Aufstände zwischen 1950 und 1964, die 1957/58 ihren Höhepunkt erreichten. Ihr Hintergründe waren die Diskrepanz zwischen Sulawesi und "dem Zentrum" in Java und insbesondere eine von der Zentrale angestrebte Professionalisierung und Entregionalisierung innerhalb der Armee in der Nachfolge der Unabhängigkeit. In der Sicht von außen war Süd-Sulawesi eine Region von ehemaligen Kollaborateuren. In Süd-Sulawesi selbst wiederum hatte man das Gefühl, nicht gebührend für den Widerstandskampf geehrt und entsprechend in den Herrschaftsapparat einbezogen zu werden. Nur die wenigen gebildeten Mitglieder der *pemuda*, die an den entscheidenden Kämpfen in Java beteiligt waren, wurden geehrt. Der Stadt-Land-Gegensatz im Bildungsstand und die entsprechende Marginalisierung des Hinterlandes gegenüber der Stadt Makassar hatte eine Entsprechung in der Beziehung der ganzen Provinz Süd-Sulawesi zu Java.

Muzakkar war Aktivist der *Muhammadiyah*-Bewegung, die zwar ursprünglich nicht politisch ausgerichtet war. Durch das Eintreten gegen das aus ihrer Sicht synkretistische *adat* und besonders gegen die "abergläubische" Verehrung der traditionell hoch bewerteten sakralen Regalia (*kalompoang*) wurde sie aber zur politischen Kraft, weil sie mit ihren Vorstellungen gegen die traditionelle Aristokratie arbeitete (vgl. Rössler 1987:34ff.). Muzakkar hatte deshalb eine starke Unterstützung bei der neuen jungen Elite. Er war es auch gewesen, der die politisch aktive Jugend Sulawesis in Java koordiniert hatte. Der Aufstand kämpfte gegen die "feudalen Strukturen" (*feódal*) der alten Elite; er nahm aber zunehmend einen "locals first flavour" an, indem die Aufständischen vor allem gegen die javanische Dominanz kämpften. Zeitweise bzw. teilweise motivierte sie auch die Idee eines islamischen Staates im Sinne der javanischen *Darul-Islam* Bewegung Kartosuwirdjos (vgl. Robinson 1983 am Bsp. eines Dorfes im nördlichen Süd-Sulawesi). Im Verlauf dieser langen Rebellion kam es immer wieder zu Verhandlungen, die aber letztlich zu keinen Ergebnissen führten. Muzakkar war lediglich der mächtigste unter etlichen "Warlords" auf dem Lande. Die Regierung hatte in den 1950er Jahren nur über die größeren Städte sowie über Tana Toraja und die Insel Selayar eine tatsächlich effektive Kontrolle.

Am 2.3.1957 unterzeichneten in Makassar fünfzig leitende Militärs und prominente Bürger die sog. *Permesta* Proklamation (*Perjuangan Semesta*; etwa "totaler Krieg"). In dieser Bewegung kulminierten die überhöhten Erwartungen an die Zeit nach der Unabhängigkeit, die Schwäche der Zentralregierung und ein aufkeimender Regionalismus. Gleichzeitig wurde über ganz Ostindonesien das Kriegsrecht verhängt. Die Zentralregierung unterminierte die neue Bewegung aber schnell, indem sie das regionalistische Moment dadurch schwächte, daß sie ein militärisches Kommando für Süd- und Südost-Sulawesi unter makasarisch-buginesische Kontrolle stellte: "Kinder der Region" (*anak daerah*) wurden nun gegen ihre eigenen Landsleute eingesetzt. Colonel Andi Mohammed Jusuf, ein Bugis-Militär, der später sogar Verteidigungsminister der Republik wurde, stellte als lokaler Kommandeur ab 1959 die Ordnung wieder her. Er machte die Armee disziplinierter, stärkte ihr regionales Fundament und konnte dadurch die Autorität der Regierung in Süd-Sulawesi neu etablieren. 1961 wurde das javanische System der Verwaltung der *kecamatan* eingeführt. In diesen Verwaltungseinheiten gingen die alten Distrikte und Adatgemeinschaften (*Adatgemeenschap*; N.) auf[89]. Kahar Muzakkar wurde schließlich erst 1965 von Jusuf und der *Siliwangi*-Division aus Sunda (West-Java) zur Strecke gebracht, eine endgültige Demütigung für den regionalistischen Widerstand.

---

[89] In einigen Gebieten wurde die traditionelle Verwaltungsstruktur also de facto erst vor 30 Jahren durch die moderne Verwaltung abgelöst (vgl. Rössler 1987:29 am Bsp. Kasepang im Hochland Gowas).

Diese Periode der Geschichte ist noch heute in lebendiger Erinnerung, wenn angstvoll oder auch bewundernd von den unberechenbaren *gerombolan* ("Terroristen") gesprochen wird. Diese instabile Phase ist neben den konkreten Auswirkungen auch für das Selbstbewußtsein vieler Menschen in Süd-Sulawesi wichtig, weil Beschämung (*siriq*) eine zentrale Rolle als Auslöser der Revolte spielte. Die Kämpfer der Region, die sich für die nationale Unabhängigkeit eingesetzt hatten, waren von der Zentrale in Java entehrt, ja "tief beschämt" worden, vor allem dadurch, daß Muzakkar und anderen der Zugang zur nationalen Armee verweigert wurde. In Süd-Sulawesi kommentiert man das bis heute mit einer bekannten Wendung folgendermaßen: "Die Kämpfer wurden weggeworfen, wie die Schale einer *langsat* (eine kleine Frucht des Lansium-Baumes), nachdem man den süßen Inhalt ausgelutscht hat" (Errington 1989:17; vgl. analog: *habis manis, sepah dibuang,* etwa: "Das süße (Zuckerrohr) ist ausgelutscht und schon weggeworfen"; Harvey 1985:228). Regionale Entwicklungsmaßnahmen setzten erst nach Niederschlagung des Aufstandes 1964/65 und dann auch nur schleppend ein. Unter der *Orde Baru,* der "Neuen Ordnung" Suhartos ab 1965, begann eine friedlichere Phase. In der Sicht der Landbewohner bestand jedoch immer noch keine wirklich konsolidierte Situation dahingehend, daß die physische Sicherheit des Einzelnen gesichert (*aman*) war.

Die permanente politische Unsicherheit in Teilen der ländlichen Gebiete - in manchen Gebieten waren politisch nicht aktive Bauern allerdings durchaus sicher - führte zu einem Strom armer Migranten in die Stadt Makassar (und nach Pare-Pare, Millar 1981:24). Außer den Städten waren nämlich nur Tana Toraja und Selayar tatsächlich unter Kontrolle der Nationalregierung, während in den restlichen Gebieten weiterhin ein unübersichtlicher Machtkampf fortdauerte. In Makassar entstanden durch den Zustrom von Flüchtlingen große Gebiete mit slumartiger Bebauung, fehlender Infrastruktur und, wie McTaggart (1972:69) es formuliert, "(squatters) taking over whatever land they could find vacant".

In dieser Migrationswelle der 1950er und 1960er Jahre wurzeln die hauptsächlichen heutigen Charakteristika der Stadt, die mangelnde Infrastruktur und die räumliche Dynamik ihrer Bewohner. Dies gilt insbesondere für die jung besiedelten "Randgebiete" (*lingkungan lingkungan di pinggiran*) der Stadt, wo einheimische Soziologen das Problem sehen, daß die Bevölkerung "im Denken immer noch stark an ihre ländliche Herkunft gebunden ist" (Walinono et al. 1974:V-5). Dieser enge Stadt-Land-Bezug prägte bis in die 1980er Jahre auch die Dynamik in der jungen Sozialgeschichte des untersuchten Stadtviertels, was sich deutlich in der Herkunft der Elterngeneration der Bewohner niederschlägt: während die Bewohner der gesamten Stadt schon in den frühen 1970er Jahren zu über 40% in Ujung Pandang selbst geboren wurden (Walinono et al. 1974:Tab. 2.1), stammten die Eltern der heutigen Viertelbewohner in Rappocini zum größten Teil aus dem Hinterland (Tab. 15).

Im Jahre 1956 wurde die Universität (Universitas Hasanuddin) gegründet und damit war ein Grundstein für die bis heute enorme Bildungsmigration in die Stadt gelegt. In den 1960er und 1970er Jahren wurden große Flächen der Stadt trockengelegt und viele Straßen gebaut. Unter Daeng Patompo als Bürgermeister (*walikota*) wurde das Stadtgebiet dann 1971 wesentlich erweitert (von 2100 ha/24,27km² auf 11600 ha/119,14km² [90]) und die Stadt in *Ujung Pandang* umbenannt, womit man dem ursprünglichen Namen nahekam. Die Stadt war jetzt fast sechs Mal so groß wie vorher und hatte 80.000 Einwohner mehr, während die Bewohnerdichte von durchschnittlich 179/km² auf 46/km² abnahm (Walinono et al. 1974:I-5). Ujung Pandang unterlag nun einer Stadtplanung nach westlichen Konzepten (vgl. *Kampung Improvement Program* o.J.:4f.). Insbesondere trieb man mit japanischer Hilfe den Straßenbau und die Erweiterung viel benutzter Straßen voran (vgl. Ujung Pandang Area Highway Development Study o.J.). Etliche alte Quartiere riß man ab und Verwaltungen wurden vom alten Zentrum in ein als "Neues Ujung Pandang" (*Ujung Pandang Baru*) geplantes Gebiet verlagert, das in Rappocini, dem untersuchten Stadtteil, liegt. Eine wichtige Errungenschaft war der Bau des zentralen Marktes (*Pasar Sentral*) unter der Ägide eines Visionärs von Ujung Pandang als moderner Stadt: dem genannten H. M. Daeng Patompo. Seine Konzeption von Urbanität prägte und prägt diese Stadt. Ich werde sie im Anschluß an ein Profil der heutigen Stadt erläutern.

Tab. 15: Herkunft der Elterngeneration der jetzigen Bewohner der untersuchten Nachbarschaft Rappocinis

Region des Geburtsorts	Vater des Manns		Mutter des Manns		Vater der Frau		Mutter der Frau	
	%	kum.%	%	kum.%	%	kum.%	%	kum.%
Keine Angabe	2,6	2,6	2,6	2,6	0,9	0,9	1,7	1,7
Ujung Pandang	6,8	9,4	7,7	10,8	13,7	14,5	10,3	12,0
Süd-Sulawesi	78,6	88,0	77,8	88,0	70,9	85,5	73,5	85,5
restliches Sulawesi	2,6	90,6	2,6	90,6	4,8	89,7	3,4	88,9
restl. Indon. außer Java	2,6	93,2	2,6	93,2	22,6	92,3	3,4	92,3
Java	6,0	99,1	6,0	99,1	6,8	99,1	7,7	100,0
Außerhalb Indonesiens	0,9	100,0	0,9	100,0	0,9	100,0	0,0	

4.5   Ujung Pandang als periphere Großstadt heute

4.5.1   Lebensform, Stadttyp und Wirtschaft

Ujung Pandang, das bis 1971 „Makassar" hieß, liegt in einer flachen Küstenebene im Südwesten Sulawesis. Dem westlichen Besucher erscheint sie zunächst als eine niedrig bebaute ausladende und zum Meer offene Flächenstadt, die kein deutliches Zentrum hat und deren Straßen in der Innenstadt ein in Indonesien seltenes Schachbrettmuster aufweisen. In Indonesien ist Ujung Pandang als islamische Stadt (Nas 1986:2), als Ort des Grabes des Nationalhelden Diponegoro und als Hafen der berühmten *pinisi*-Schoner der Bugis bekannt. Reiseführer charakterisieren Ujung Pandang als typische „moderne indonesische Stadt". Ihr Lebensrhythmus sei, etwa im Vergleich zu Jakarta, eher "entspannt", aber die heuti-

---

[90] Die Angaben verschiedener offizieller Quellen zu Flächen wie auch zu Bewohnerzahlen stimmen nicht überein.

ge Modernisierung und die triste Farblosigkeit der Verwaltungsgebäude sei zu beklagen. Der durchschnittliche indonesische oder fremde Tourist trifft, über Bali oder Jakarta kommend, mit dem Flugzeug ein und bleibt nur für eine Nacht in der Stadt, um am nächsten Morgen direkt die Busreise ins Torajaland anzutreten: die Stadt gilt als "Eintrittstor nach Tana Toraja".

In Ujung Pandang leben heute über eine Million Menschen, die die Stadt zur siebtgrößten Stadt Indonesiens machen. Wegen ihrer Bedeutung kann Ujung Pandang unter die sechs Regionalmetropolen (Rutz 1995:306) eingeordnet werden, von denen drei auf Java (Bandung, Semarang, Surabaya) und drei auf den Außeninseln liegen (neben Ujung Pandang Medan und Palembang, beide auf Sumatra). Ujung Pandang ist das Verwaltungszentrum der Provinz Süd-Sulawesi (*Propinsi Sulawesi Selatan*) sowie die größte Stadt und das bedeutendste Geschäftszentrum östlich von Surabaya (Ost-Java). Hildred Geertz ordnete die Stadt vor über zwanzig Jahren schon zusammen mit Jakarta, Surabaya, Bandung, Medan und Palembang unter die "Metropolen" Indonesiens ein. Weniger ihre Größe, als ihre strukturelle Stellung in der Nation und zur Außenwelt setze sie von den "Provinzstädten" ab (1967:34). Diese Untersuchung wird allerdings zeigen, daß die Stadt zwar im Rahmen Süd-Sulawesis eine Metropole darstellt, aber im nationalen Rahmen in vieler Hinsicht eine eher periphere Rolle spielt und einen teilweise provinziellen Charakter hat (Abb. 22). Ujung Pandang ist eine Verwaltungsstadt sowie Hauptsitz der regionalen Armee und des Flottenkommandos.
Ujung Pandangs Rolle ist heute stark auf das regionale Hinterland, die Provinz Süd-Sulawesi, beschränkt. Hier leben nur ca. 9% der Bevölkerung der Provinz Süd-Sulawesi, aber innerhalb der Provinz ist sie die alles dominierende *primate city*, eine Regionalmetropole mit 65% der städtischen Bevölkerung Süd-Sulawesis (Ebery & Forbes 1985:160; Kristanto et al. 1989[91]): Pare-Pare als zweitgrößte Stadt hat nur knapp 85.000 Einwohner (1976, auch noch 1990; Sulawesi Selatan dalam Angka 1991:35; Tab. 3.1.1) und eine Geschichte, die nur bis in die 1920er Jahre zurückreicht. Nach ihrem Abstieg Ende des 18. Jh. konnte Ujung Pandang aber bis Mitte der 1970er Jahre nicht zum regionalen Wirtschaftszentrum Ostindonesiens werden; diese Stellung hält Surabaya in Ostjava inne. In bezug auf Ostindonesien sind besonders die Hochschulen und Universitäten der Stadt wichtig. Die Universitas Hasanuddin (UNHAS) bietet seit Dezember 1986, als einzige Universität außerhalb Javas ein Graduiertstudium an (Harjoeno 1990). Neben Jakarta, Surabaya, Medan und Ambon ist die Stadt regionales Zentrum einer der fünf von der Regierung ausgewiesenen "besonderen Entwicklungsregionen" (Forbes 1986, Dixon 1991:196, Map 5.1).

---

[91] Vgl. Franks (1993) Untersuchung der Urbanisierung in Ost-Java, deren Resultat ist, daß der eigentliche Dualismus im regionalen Netzwerk der Siedlung und Wirtschaft nicht zwischen Stadt und Land, sondern zwischen Metropole (Surabaya, in geringerem Umfang Malang) einerseits und Sekundärstädten andererseits besteht.

Demographie
- Einwohnerzahl: 1.107.267 (1996)
- Fläche: 19 km² (*Kotamadya* Ujung Pandang 175.77 km²)
- Bevölkerungsdichte: 4.259 Personen / km² (1984)
- Haushalte: Anzahl 118284; durchschnittlich 5,41 Personen/Haushalt
- Bevölkerungszunahme: 5.5% (1971 - 1980), 1.5% (1980-1984); 2.92% (1980-1990), damit heute stärkere Zunahme als in javanischen Städten

Stadttyp
- Sekundärstadt, Regionalstadt, große Provinzstadt
- metropolitan geprägte multiethnische Stadt
- innerhalb Indonesiens: große Provinzstadt auf einer "Außeninsel" *(Outer Islands, Outer Indonesia)*

Heutige Funktionen
- Hafenstadt, Handelsstadt
- Regionalmetropole, Primatstadt (*primate city*) für die Provinz Süd-Sulawesi; Bewohner stellen 65% der urbanen Bevölkerung der Provinz (1971: 57%); Verwaltungs, Wirtschafts- und Ausbildungszentrum; auch für die Provinz Südost-Sulawesi (*Sulawesi Tenggarah*)
- Verkehrsknotenpunkt nach Ostindonesien (Hafen, Flughafen)
- Zentrum höherer Bildung für ganz Ostindonesien (Hochschulen und Universitäten)

Historische Funktionen sowie regionale und internationale Einbettung
- vorkolonial zu kleinem maritimem Handelsstaat (*maritime petty state*) Gowa-Talloq innerhalb einer politisch instabilen Region gehörig
- Entrepot-Hafen im interinsularen und internationalen Handel
- periphere niederländische *Company Town* der VOC in kolonial nur teils durchdrungener Region
- späte Integration in die indonesische Nation; Region mit früher latenter Neigung zur Sezession

Potentielle und angestrebte zukünftige Funktionen
- wirtschaftliches Zentrum Ostindonesiens (in Konkurrenz mit Surabaya in Ost-Java)
- Tourismuszentrum Sulawesis (in Konkurrenz zu *Tana Toraja* in Süd-Sulawesi und Manado in Nord-Sulawesi)

Interethnischer Umgang und Ethnizität
- Dominanz der vier großen Ethnien Süd-Sulawesis (Bugis, Makasar, Mandar, Toraja)
- ethnisch kaum segregierte Siedlungsweise
- teils ethnisch bzw. regional segregierter informeller Sektor
- Zentrum einer propagierten "Kultur Süd-Sulawesis" (*Kebudayaan Sulawesi Selatan*)
- sporadisch aufflammende als interethnisch wahrgenommene Konflikte

Wirtschaft
- Informeller Sektor dominant für die Grundversorgung
- Dienstleistungssektor dominiert im informellen wie im formellen Bereich
- Regierung als größter Arbeitgeber, Beamter (*pegawai negeri*) als verbreitetes Berufsideal

Modernisierung
- entstehende Mittelschicht
- Stadtplanung gegen informellen Sektor (*upgrading*)
- internationale Hotels
- Entwicklungsprojekte (z.T. mit Unterstützung der Weltbank)

Quellen: Kristanto et al. (1987: Tab. 16.10); Ujung Pandang Dalam Angka, 1991, 1996, Statistik Penduduk Ujung Pandang Akhir 1996 u.a.

Abb. 22: Ujung Pandang: Strukturdaten und qualitative Besonderheiten

Der bedeutende Hafen dieser großen Provinzstadt öffnet sich nach Westen und liegt der Ostküste Kalimantans, seit den 1980er Jahren das Hauptziel der Auswanderung von Sulawesi (Abustam 1987/88:35; Tab. 3.6) gegenüber. Ujung Pandang ist neben den Häfen Tanjung Priok (Jakarta) und Tanjung Perak (Surabaya) Hauptknotenpunkt der seit den 1980er Jahren neu organisierten und stark zunehmenden interinsularen Fahrgastschiffahrt). Die Stadt verbindet als Verkehrsknotenpunkt den westlichen und den östlichen Teil des Archipels. Sie fungiert als Tor zum ostindonesischen Raum und behauptet ihre Rolle als Verteilerhafen für den Osten Indonesiens (Rutz 1995:304ff.,320f.: Karten 1,2). Irian Jaya bezieht z.B. seit Mitte der 1970er Jahre fast sämtliche Konsumgüter, u.a. Nahrung in Dosen und Bier, über Ujung Pandang (oder über Surabaya in Ost-Java; Manning & Rumbiak 1989:87). Diese strategische Stellung bezüglich Ostindonesien hat die Stadt schon seit etwa 500 Jahren inne, was ihr Attribute wie "Gateway to the Eastern Islands", "Eastern Emporium", "merkantile Drehscheibe" und "Tor zu den Gewürzinseln" eingetragen hat. Seitdem jedoch ab Ende der 1970er Jahre direkte Schiffahrtslinien nach Ambon, Irian Jaya, Kendari, Palu und Manado eingerichtet wurden, verlor der Hafen seine Bedeutung zugunsten des Hafens von Surabaya (Kristanto et al. 1989:401, Rutz 1995). Dick schreibt zwar: "Ujung Pandang, which retains some role as a local distribution centre for South and South-East Sulawesi, Maluku and Irian, also draws a good deal of trade from Jakarta" (1993:338), kommt aber trotzdem zu dem Schluß, daß Surabaya im Rahmen einer Entwicklung, in der sich eine funktionale Zweiteilung des Archipels zwischen Jakarta und dem Industriezentrum Surabaya herausbildet, bevorteilt ist. In Ostindonesien sind heute nur noch Irian Jaya und Osttimor eindeutig nicht auf Surabaya konzentriert. Das Konkurrenzverhältnis zwischen Ujung Pandang und Surabaya prägt auch die Wahrnehmung vieler Entscheidungsträger in der Stadt. Rüdiger Siebert resümiert: "Die Hafenstadt ist ein umstrittener, spannungsvoller Schauplatz der Geschichte geblieben" (1998:192).

1971 gab es in Ujung Pandang nur 107.594 Lohnarbeitsplätze, von denen allein 75% im Dienstleistungsbereich angesiedelt waren und nur 8% in der verarbeitenden Industrie. Dies bedeutet, daß den Absolventen der vielen Schulen wie den vom Lande Zuziehenden fast nur Arbeit im tertiären Sektor oder im informellen Bereich offensteht. Besonders der Kleinhandel ist aufgeblüht, da er aufgrund seiner Flexibilität Migranten erlaubt, weiterhin Verbindungen zum Heimatort aufrechtzuerhalten und den Arbeitsverpflichtungen auf den dortigen Naßreisfeldern (*sawah*) nachzukommen (Forbes 1979:2). Die Bedeutung des informellen Sektors zeigt sich daran, daß in den 1970er Jahren knapp 40% der Arbeitskraft untergenutzt war: 7,6% waren arbeitslos, 7,2% arbeiteten wider Willen weniger als 35 Wochenstunden und 23,8% erarbeiteten wöchentlich nicht einmal Rp. 1.500,- (Jones & Supratilah 1975:35-40; vgl. Anhang A.3). Heute ist der interne informelle Handel viel bedeutender als der Import oder Export von Gütern. Die Kleinbetriebe des informellen Sektors haben vielen Migranten Arbeit gegeben (Forbes 1979:1).

Ujung Pandang ist ein Fallbeispiel für einen Urbanisierungsprozeß, der nicht von Industrialisierung begleitet wird. Die Stadt hat trotz der großen Bevölkerung und ihrer bedeutenden Lage bis heute kaum nennenswerte Industrie. Der

Dienstleistungssektor dominiert (neben den Beamten) nicht nur die formalen Arbeitsplätze, sondern auch den informellen Sektor gegenüber industriellen oder verarbeitenden Aktivitäten. Fahrende Händler, kleine mobile Geschäfte (*warung*) bzw. kleine Restaurants, 10- bis 20-tausend Fahrradrikschas (*becak*) und eine breite Palette von Kleinbussen füllen die Straßen. Dichte kampungartige Bebauung prägt die traditionelleren Viertel, während in erster Linie zweigeschossige kombinierte Geschäfts- und Wohnhäuser chinesischen Typs (*rumah toko*, abgekürzt *ruko*[92]), Verwaltungsbauten und Bankgebäude das moderne Ujung Pandang repräsentieren, vor allem an den Straßenfronten.

Drei Merkmale dieser Stadt, nämlich attraktive, aber zu wenige Arbeits- und Ausbildungsplätze, Infrastrukturmängel und die weiter unten behandelten Bodenkonflikte bestimmen bis heute die Dynamik und die Probleme Ujung Pandangs und bilden den strukturellen Hintergrund der Handlungsrationalität der Bewohner, die hier am Fall des Themas Wohnen und Umziehen untersucht wird. Hinzu kommen aber zwei Besonderheiten der Stadt, die eine spezifische Form von Urbanität zur Folge haben. Die erste ist die besondere ethnische Situation, die zweite die überregionale Bedeutung der Migration.

4.5.2 Besonderheiten der interethnischen Situation und Migration: Vielfalt und Dominanz

Wie ist die ethnische Situation in Ujung Pandang in Relation zur Provinz (vgl. 4.2.2)? Im Hinblick auf ethnische Selbst- und Fremdidentifikation sind die Bewohner der Stadt zum überwiegenden Teil Makasar und Bugis[93]. Weitere markante Gruppen sind die Toraja (seit den 1930er Jahren; Heeren 1952, Abustam 1975, Yamashita 1986) und die Chinesen (vgl. Lombard-Salmon 1969a, 1969b, Saaduddin 1972, Kaharruddin 1988). Hier leben aber auch Angehörige fast aller anderen ethnischen Gruppen Indonesiens, z.B. aus Gebieten, zu denen enge historische Beziehungen bestehen, wie Minangkabau aus West-Sumatra (Naim 1970, Darwis 1980) und Menschen verschiedener Ethnizität aus Ost-Kalimantan. Aus ganz Ostindonesien, besonders von den Inseln Flores und Timor, kommen meist junge Menschen nach Ujung Pandang, um hier zu handeln, zu studieren, zu arbeiten oder Einkäufe zu tätigen (Kapong 1986). Für manchen Ostindonesier ist die Ankunft in Ujung Pandang ein Schritt vom Dorf in die "weite Welt" (Reid 1992d:68). Für Indonesier aus anderen Regionen und für Touristen macht dies die Stadt wiederum zu einem ethnischen "Mikrokosmos der östlichen Meere".

---

[92] In anderen Städten Indonesiens wird das Akronym als *rumah kotak* ("Schachtelhaus") aufgelöst (z.B. in Padang; Liebner, mündl. Mitt. 1994)

[93] Genaue Prozentangaben sind nicht möglich, weil sie nicht statistisch erhoben werden (zuletzt im Zensus von 1930) und zudem politisch brisant sind, was an etlichen Stellen dieser Untersuchung deutlich werden wird. In Ujung Pandang leben keinesfalls die von Kaseng (1978:15) für 1974 angegebenen 72% Makasar (gleiche Zahl bei Rössler 1994:171); sie stellen heute laut vielen von mir befragten Beamten unter 50% der Gesamtbevölkerung der Stadt.

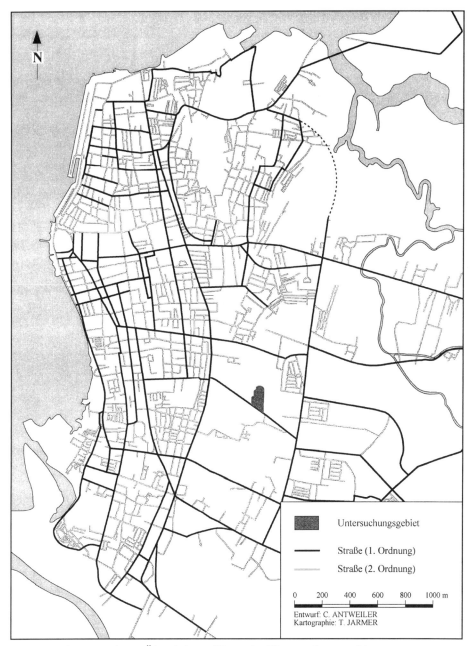

Abb. 23: Ujung Pandang: Übersicht und Lage des Untersuchungsgebiets

Unter den ohnehin ethnisch vielfältigen Städten Indonesiens ist Ujung Pandang eine Stadt mit besonders starker ethnischer Mannigfaltigkeit (Cunningham 1979:273ff.). Die in der Literatur immer wieder hervorgehobene Vielfalt der in der Stadt lebenden Gruppen sollte aber nicht darüber hinwegtäuschen, daß die in der Provinz ansässigen ethnischen Gruppen die Stadt deutlich dominieren. Dies unterscheidet Ujung Pandang zusammen mit anderen Provinzstädten deutlich von Jakarta[94]. Wegen dieser Dominanz, vor allem der Makasar und Bugis und eingeschränkter der Toraja und Mandar, ist Ujung Pandang kaum eine "Stadt der Minoritäten", wie das etwa für Medan in West-Sumatra gilt (vgl. Bovill 1986:87 und hiesige Tab. 4, vgl. dagegen Hugo 1996:168). Es gibt einige Stadtviertel, in denen eine ethnische Gruppe die Mehrheit bildet (z.B. in Melayu die Chinesen), jedoch nur wenige, in denen eine Gruppe über die Hälfte der Einwohner stellt und es existiert kein einziger monoethnischer *kampung*. Eine Ethnie stellt maximal um 80% der Einwohner eines Viertels (Tantu 1982). Allgemein ist die ethnische Segregation im Bereich des Wohnens in Ujung Pandang gering und im Abnehmen begriffen, was ähnlich z.b. für Medan gilt (Bovill 1986:87).

Die Dominanz der großen in Süd-Sulawesi beheimateten Ethnien in der Stadt hat Konsequenzen für den interethnischen Umgang. Anders als in Medan, wo die Mehrheit von einer Gruppe von außerhalb der Insel gestellt wird und diese im Abnehmen begriffen ist (Javanen: 1930 46%; 1981 knapp 30%, Bovill 1986:86,88), gilt das Gewohnheitsrecht (*adat*) in Ujung Pandang nicht nur für die jeweilige ethnische Gruppe (Bruner 1973, 1974). In Ujung Pandang bestehen über das jeweilige *adat* der einzelnen Ethnien hinaus allgemeine Verhaltensregeln. Sie werden erstens durch den Teil der *adat*-Regeln, der von den ethnischen Gruppen Süd-Sulawesis geteilt wird, und zweitens durch moderne bzw. nationalindonesische Umgangsformen gestützt. Die Dominanz der Bugis und Makasar in der Stadt schafft eine für indonesische Städte besondere soziale Umwelt. Normalerweise können indonesische Städter als "bikulturell" gelten, indem sie ihre "regionale Kultur" (*kebudayaan daerah*) und "die indonesische Kultur" (*kebudayaan Indonesia*) verknüpfen. In Ujung Pandang ist es aber so, daß für Bürger, die weder Bugis noch Makasar sind, die Kultur dieser beiden Gruppen als dritter Orientierungsrahmen bzw. als einschränkender Handlungsrahmen hinzukommt. Dieser durch Bugis und Makasar bestimmte Orientierungsrahmen kann als regionalspezifische Variante dessen bezeichnet werden, was Suparlan (1985:B13f., nach Lenhart 1989:92) als "öffentlich-lokale Kultur" von der nationalen und der ethnischen Kultur unterscheidet. Die geschilderte ethnische Dynamik war und ist immer noch stark von Migrationsprozessen beeinflußt. Die Stadt wuchs ab Anfang diesen Jahrhunderts vor allem durch die Zuwanderung aus dem Hinterland. Die erste Einwanderungswelle setzte mit der niederländischen Expansion ins Umland der Stadt ab 1910 ein. Durch die niederländische Präsenz in der Stadt entstanden zusätzliche wirtschaftliche Möglichkeiten, die diese Entwicklung noch förderten.

Die zweite Periode wird durch das Jahr 1950 markiert, als viele Menschen begannen, in die Stadt zu ziehen, um den unsicheren Verhältnissen auf dem Land

---

[94] Die Migration innerhalb von Provinzen ist unter anderem dafür verantwortlich, daß Bandung vorwiegend eine sundanesisch geprägte Stadt ist, Yogyakarta von den Javanen dominiert wird, Surabaya von Javanen und Maduresen und Medan von den Batak bestimmt ist (Hugo 1996:168).

zu entgehen, die durch Kahar Muzzakars regionale Rebellion ausgelöst wurden (vgl. Harvey 1985, Cunningham 1979:271). Überwiegend kamen zwischen 1957 und 1960 viele Migranten in die Stadt und ließen die Bewohnerschaft stark anwachsen, danach wuchs die Stadt vor allem durch natürlichen Zuwachs.

Tab. 16: Einwohnerzahl Ujung Pandangs, Zu- und Wegzüge (Quellen: anon., Kotamadya Ujung Pandang Dalam Angka 1991:39, Tab. III,1.1.1, Hugo 1996:143, Tab 5.4 und 158,Tab. 5.10; Statistik Penduduk Kotamadya Ujung Pandang Akhir 1996)

Jahr	Einwohnerzahl	Migration		Geburten	Sterbefälle
		Zuzügler	Wegzügler		
1905	26000				
1920	56718				
1930	84855				
1961	384159				
1971	423560				
1981	699945	9350	15164	3616	4253
1982	700027	11274	15837	4330	4441
1983	726901	26192	14702	4201	4687
1984	726788	14030	18852	4020	4144
1985	741719	15729	18761	5661	4249
1986	786494	15798	18761	5225	4181
1987	798667	18560	16908	5751	4021
1988	812951	19569	17788	5697	4288
1989	816980	21817	20592	5395	4449
1990	829223	45995	25832	5860	4205
1991	944372	47513	keine Daten	keine Daten	keine Daten
1992	1.000328	keine Daten	keine Daten	keine Daten	keine Daten
1993	1.019948	keine Daten	keine Daten	keine Daten	keine Daten
1994	1.048201	keine Daten	keine Daten	keine Daten	keine Daten
1995	1.077445	keine Daten	keine Daten	keine Daten	keine Daten
1996	1.107.267	keine Daten	keine Daten	keine Daten	keine Daten

Mc Taggart (1976:69f.) beschreibt anschaulich die Konsequenzen des schnellen Wachstums der Stadt: Die meisten Zuwanderer waren arm, schlecht ausgebildet, und es gab kaum Arbeitsplätze. Sie hatten nicht die Ressourcen, um Häuser zu bauen. Der Stadtverwaltung wiederum fehlte es an Mitteln, Wasserleitungen und Straßen zu bauen sowie eine Müllentsorgung aufzubauen. Entsprechend dieser Situation kam es zu ungeplanten Entwicklungen durch individuelle oder von einzelnen Bevölkerungsgruppen bewerkstelligte Anpassungen. Durch die starke Zuwanderung wurden also viele Gebiete der Stadt besiedelt, ohne eine adäquate Infrastruktur zu besitzen und oft ohne daß die Bodenbesitzverhältnisse rechtlich eindeutig geregelt worden wären. Die Wohnsituation richtete sich in erster Linie nach der Arbeitsplatzsicherheit und der Höhe des Einkommens. Da es bei geringem Industriebesatz in Ujung Pandang konstant zu wenige Arbeitsplätze im Bereich der formalen Lohnarbeit gibt, kennzeichnet bis heute eine ländliche Bausubstanz weite Teile der Stadt (*kampung housing;* Forbes 1979:2). Mc Taggart beschreibt den aus den genannten Umständen entstandenen besonderen Charakter vieler Gebiete der Stadt so:

> "In-migrants seeking to establish themselves in the city, had to face the problem of securing land for living space. They could either attempt to enter the market for property, or side-step the issue by becoming `squatters`. The evolution of land tenure in Ujung Pandang has, in the event, led to *squatters having legitimate rights to land*, and to the emergence of a land tenure situation *very* different from that prevailing in most western cities" (1976:69f; Herv. CA).

Tab. 16 gibt einen Überblick der demographischen Dynamik in Ujung Pandang. Die Daten sind allerdings mit Unsicherheiten behaftet. Selbst die Einwohnerzahl der Stadt ist in verschiedenen offiziellen Dokumenten unterschiedlich hoch beziffert. Viele Zuzügler melden sich nicht oder verspätet bei den Behörden und viele Migranten sind zeitlich begrenzt, wenn auch für lange Zeit in der Stadt. Die Zahlen machen aber trotz der Unsicherheiten einerseits den Geburtenüberschuß deutlich und sie zeigen zweitens, daß die Zahl der Zuzügler ab dem Jahr 1987 die der Wegzügler übertrifft, ab 1990 deutlich.

4.5.3 Lokalisierung des globalen Urbanismus: Westliche Planung in kulturspezifischer Ausformung

"Modern und bewußt werden": Patompo als Visionär

In Gesprächen mit Bewohnern Rappocinis fiel immer wieder der Name des oben schon erwähnten Patompo. Als Bürgermeister (*walikota*) Ujung Pandangs führte Patompo in seiner Amtszeit eine moderne Stadtplanung westlichen Musters ein, die von der Weltbank unterstützt wurde[95]. In Gesprächen (aus denen die folgenden Formulierungen stammen; 21./23.12. 1991) zeigt er sich dessen sehr bewußt und sagt stolz zu mir: "Ich habe die Stadtplanung gemacht" (*saya bikin city planning*) und "Ich habe eine Revolution gemacht" (*saya membikin revolusi*; vgl. den Titel von Patompo 1976). Patompos Philosophie war es nach seinen eigenen Worten, "die Stadt sicher, die Menschen froh und wohlhabend zu mache". Seine Idee war, Ujung Pandang zu einer "modernen Stadt" im Sinne einer rationalen Stadtplanung zu entwickeln. Er sagt zu mir darüber: "Die Stadt Ujung Pandang mußte den Lebensstandard erhöhen; (sie) mußte bewußt werden" (*Ujung Pandang musti berobah kehidupan ini lebih maju, musti menjadi maklum*).

---

[95] Mc Taggart & Stormont (1975) beziehen die Urbanisierungskonzepte in Indonesien auf die Umstrukturierung Indonesiens unter der Neuen Ordnung (*Orde Baru*). Forbes hebt in seiner neuen Übersicht mehrfach die Bedeutung der Einbindung der Städte ganz Südostasiens in das kapitalistische Weltsystem hervor (1996). Drakakis-Smith (1987: Kap. 2) stellt die Restrukturierung der Städte der Dritten Welt nach westlichem Muster in den Rahmen der neuen internationalen Arbeitsteilung seit den 1970er Jahren und hebt die Rolle der Weltbank bei dieser Restrukturierung hervor, während Chatterjee (1989) die Rolle der transnationalen Konzerne herausstellt.

In seinem Credo firmieren Erziehung und Bewußtseinsarbeit an prominenter Stelle: "1. nach vorne kämpfen, 2. die Melancholie bekämpfen, 3. die Dummheit bekämpfen: dies (alles) muß bekämpft werden" (*1. memberantas ke muka, 2. memberantas kemeleratan, 3. memberantas kebodohan: itu musti diperangi!*). Moderne Bildung ist ein Thema, das in der Sozialgeschichte der Region immer wieder wichtig war, wie die Ereignisse um Kahar Muzakkar zeigten, und das deshalb häufig in Diskussionen unter lokalen Entscheidungsträgern erwähnt wird. Mit der Betonung des "Bewußtseins" benutzt Patompo eine bürokratische Formel, die als *kesadaran* für Beamte, Lehrer und Geschäftsleute unabhängig von ethnischer und regionaler Herkunft im ganzen städtischen Indonesien wichtig ist. "Schon zu wissen" (*sudah tahu*) bzw. "schon Erziehung zu haben" (*sudah punya pendidikan*) und "bewußt" (*sadar*) zu sein, ist ein Angelpunkt dessen, was Hildred Geertz (1967:35) die "indonesische metropolitane Superkultur" nannte.

Patompos Ziel im einzelnen war, der Bevölkerung "genug" von allen wichtigen Dingen zu geben: "1. genug Häuser, 2. genug Arbeitsplätze, 3. genug Erziehung, 4. genug Ablenkung, 5. genug Transportverbindungen, 6. genug Trinkwasser und 7. genug Elektrizität". Was waren die wesentlichen Maßnahmen (*basic operasi*), wie wurden sie umgesetzt und welche Probleme ergaben sich? Erstens wurden, wie eben erwähnt, die Stadtgrenzen enorm ausgeweitet. Diese Eingemeindung von Randgebieten bildet den strukturellen Rahmen, der zu den in 5.1.3 beschriebenen Konsequenzen für die Besiedlung Rappocinis führte. Zweitens arbeitete Patompo auf der konzeptionellen Ebene; er ersann das Konzept der "Stadt der fünf Dimensionen" (*kota lima dimensi*). Diese sollte aus der Kulturstadt, der Industriestadt, der Handelsstadt, der Tourismusstadt und der Erziehungsstadt bestehen. Der wichtigste Ansatzpunkt war, die Bürger "zu mobilisieren" (*secara mobilisasi*). Daneben aquirierte Patompo in geschickter Weise Entwicklungshilfegelder aus Großbritannien (für Elektrizität), Frankreich (Trinkwasser), Kanada (Kanalbau), und aus der Bundesrepublik Deutschland (Bibliotheksbau).

Die verschiedenen Maßnahmen zur Verbesserung der Infrastruktur zahlten sich aus. Im Jahre 1974 wurde Ujung Pandang von der Presse als sauberste Stadt (*kota terbersih*) Indonesiens gekürt und außerdem mit einem Preis ("Stern des Aufbaus/der Entwicklung"; *bintang pembangunan*) ausgezeichnet. Patompo trat der Internationalen Städtevereinigung (*World City Association*) bei. Er unterhielt außerdem persönliche Kontakte mit US-amerikanischen Bürgermeistern und "orientierte sich an deren Erfolgen", wie er es ausdrückt. Weiterhin etablierte er Städtefreundschaften mit Amsterdam und einer Stadt in Malaysia. Im Jahr 1977 wurde der erste *Masterplan* für die Stadt legalisiert. Ein spezielles *site-planning* wurde für das Gebiet Pannakukang, in dem Rappocini liegt, ausgearbeitet. Charakteristische Komponenten dieser Pläne waren der Bau einer inneren (heute Jl. A. P. Petterani) und einer äußeren Ringstraße sowie eine ampelfreie Zufahrt (*free way*) zum Flughafen.

Diese groß angelegte Stadtplanung traf auf etliche Hemmnisse, die laut Patompo bis heute nicht überwunden sind. Er sieht vor allem das Problem allgemein mangelnden Bewußtseins: "Die Bevölkerung weiß nichts von Stadtplanung" (*rakyat tidak tahu city planning*). Dies würde durch die fehlende Autorität (*wi-

bawa) der Instanzen noch verstärkt. Viele Menschen würden zunächst ohne Erlaubnis Bauten errichten. Später erhielten sie dann doch auf irgendeinem Weg eine Genehmigung und verhinderten so die Verwirklichung einer geordneten Planung. Auch der Mindestabstand von Häusern zur Mitte größerer Straßen (75 m) wäre oft nicht eingehalten worden, so daß es heute enorme praktische Probleme beim Bau der großen Straßen gäbe. Immer wieder betont er das allgemeine Problem, daß "keine Fachkenntnisse da sind" (*know-how tidak ada*). Angesichts der heutigen Situation, so schlußfolgert Patompo, reiche es nicht, die Stadt zu rehabilitieren; eine wirklich "brilliante Idee" (*idee berlian*) müsse her.

Ein in Rappocini wichtiger Mann sagte mir dagegen, daß "der Masterplan nicht die Situation der Bewohner widerspiegele". Wenn die Bevölkerung z.B. in einem Gebiet Geschäftshäuser errichten wolle, müsse die Stadtverwaltung eben nachgeben, statt sich dagegenzustellen (Har, pers. Mitt. 26.12.91). Vor allem bleiben die im informellen Sektor arbeitenden Menschen von der Stadtplanung unberücksichtigt. Diese modernistische Ausrichtung der Stadtplanung ist in Ujung Pandang zwar noch nicht voll zum Zuge gekommen, aber eine Tendenz dahin ist unverkennbar. Im Gegensatz etwa zu Jakarta mit seiner Politik der "geschlossenen Stadt" sind zwar noch fast alle Straßen frei für Fahrradrikschafahrer, aber es existieren schon seit längerem Pläne zur stärkeren Begrenzung. Nicht registrierte "wilde" Märkte (*pasar liar*) am Straßenrand werden vielfach geduldet, aber es kommt auch vor, daß sie plötzlich abgeräumt werden. Forbes charakterisiert schon für die 1970er Jahre treffend die Ziele der Stadtplanung, wie sie noch heute dominieren:

> "Under the guidance of an active urban government the emphasis of policy-making is upon modernity; roads are being widened; markets built and upgraded; expansion is planned (...) Not unexpectedly, the informal sector has almost no role in such a grand design" (Forbes 1979:6).

Besonders die zunehmende Auffüllung von Baulücken und das *upgrading* von Häusern verdrängen die im informellen Sektor Tätigen, weil sie die höheren Mieten nicht mehr zahlen können. Der informelle Sektor ist gezwungen, zum Stadtrand hin auszuweichen. Dort ist Wohnraum im Rahmen eines Umsiedlungsprogrammes verfügbar, und es gibt weniger Luftverschmutzung. Aber dieser Standort hat auch erhebliche Nachteile, die für den informellen Sektor existentiell sind. Erstens sind die Anbieter von Diensten oder Gütern weiter von den Kunden entfernt. Es gibt dort z.B. weniger Schulen und dementsprechend für Fahrer von *becak* kaum feste "Abonnements" (*langganan*) für das Bringen und Holen von Schulkindern. Zweitens sind die peripheren Gebiete verkehrsmäßig wesentlich weniger gut erschlossen und somit schwer zugänglich. Drittens schließlich ist der informelle Sektor am Stadtrand weiter von den Quellen für die Rohstoffe entfernt, die für die Produktion benötigt werden.

Die in Ujung Pandang gängige Redeweise, daß ein Stadtrandviertel "schon ein geöffnetes Gebiet" (*daerah sudah buka*) sei, stellt ein gutes Indiz für die positive Wertung der Modernisierung seitens der Bewohner dar. "Geöffnet" wird ein Gebiet vor allem durch einen Straßenanschluß. Wenn jedoch die Modernisierung platzgreift und die Bodenpreise sowie Mieten ansteigen, "schließt" sich - ähnlich wie beim Prozeß der *gentrification* in westlichen Städten - das entsprechende Gebiet wieder für die ärmere, meist informell arbeitende, Bevölkerung. Ein strukturell ähnlicher Prozeß spielt sich zur Zeit im Fall des zentralen Marktes der Stadt (*Pasar Sentral*) ab. Dort wollen finanzkräftige Kreise sanieren, während kleine Händler das Interesse haben, ihre billigen Standplätze zu behalten. Ein Teil des Marktes brannte 1991 ab, was lange Diskussionen in der lokalen Presse auslöste. ES wurde allgemein vermutet, daß die Modernisierung mit dieser durchaus gängigen Methode ("dies ist schon üblich", *sudah biasa itu*) durchgesetzt werden sollte. Der Journalist Rüdiger Siebert beschreibt mit deutlichen Worten die heutigen Effekte dieser Stadtpolitik im Hafenviertel der Stadt:

"Dem Fortschritt wird eine Schneise geschlagen. Radikal. Hinter dem Hafen von Ujung Pandang, das früher Makassar hieß, sieht es aus wie nach einem Bombenangriff. Bulldozer schieben den Schutt abgerissener Häuser zur Seite. (...). Die Fahrradriksha holpert über die noch unbefestigte Trasse, der ganze Viertel weichen mußten. Hier standen die bescheidenen Häuser kleiner Leute. 'Alle vertrieben, irgendwo an den Stadtrand', ergänzt der *becak*-Fahrer ..." (Siebert 1995:11).

Veränderungen 1992 bis 1996 in Ujung Pandang
- neue große Moschee auf dem ehemaligen Universitätskampus (*Kampus Lama*) im Bau
- neues Riesenmonument *Monumen Mandala* zur Erinnerung an die Einnahme Irian Jayas
- neue Regelung, die *becak* je nach blauer oder gelber Farbgebung nur an bestimmten Tagen erlaubt
- neue Luxushotels internationaler Ketten
- mehrere neue und renovierte Supermärkte
- Einkaufszentrum *Pasar Baru* abgerissen und neues 4-stöckiges Einkaufszentrum in der Innenstadt
- erneuerte Abflughalle des Flughafens *Hasanuddin Airport*
- neue Direktverbindung Singapore-Ujung Pandang 3 x wöchentlich
- Anzahl der Taxis über 1000 (1991 noch um 200)

Veränderungen 1996 bis 1997 in Ujung Pandang
- große Moschee fertiggstellt und weitere kleinere neue Moscheen
- etliche neue Banken
- großes Einkaufszentrum fertiggstellt
- viele neue private Telefonstände (*warung telpon*, *WARTEL*)
- neue Straße mit Mautgebühr (*Jalan Tol*) zum Hafen im Bau
- viele neue Firmen und Großbaustellen an Verbindungsstraße zum Flughafen

Veränderungen 1996 bis 1999 im Ortsteil Rappocini
- viele neue kleine Wohnsiedlungen
- enorme Erweiterung der Elite-Wohnsiedlung *Pannakukang Emas*
- viele neue Wohn-Geschäftshäuser (*ruko*)
- sehr starke Zunahme der Verkehrsdichte
- Hauptstraße Jl. Rappocini Raya neu asphaltiert
- Jl. Andi Panggerang Petterani jetzt 2x2-spurig

Abb. 24: Rapider Wandel in Ujung Pandang (Beobachtungen bei Aufenthalten 1992, 1996, 1997 und 1999)

Abb. 24 zeigt anhand von Beobachtungen während meiner Wiederbesuche der Stadt nach Abschluß der Feldforschung, wie sich moderne Stadtplanung, wirtschaftliche Entwicklung und Globalisierung in den letzten Jahren in schnellen Veränderungen im Stadtbild niederschlugen. Die lokale Umsetzung und Modifizierung westlicher Stadtplanungskonzepte weist noch einmal auf ein Thema hin, daß sich wie ein roter Faden durch die Geschichte der Stadt zieht. Über verschiedene historische Phasen veränderte sich die Einbindung der Stadt in regionale, nationale und globale Systeme und auch die lokale Verarbeitung dieser Außeneinflüsse. Die Hauptlinien der Geschichte der Stadt zeigten, daß sie abwechselnd eine zentrale und eine periphere Stellung einnahm. Die Herausbildung der interethnischen Wirtschaftsbeziehungen einerseits und der Kategorien sozialer Ungleichheit andererseits war maßgeblich durch die besondere Stellung der Stadt im Rahmen Niederländisch-Ostindiens geprägt. In Abb. 25 habe ich versucht, die unterschiedliche Einbettung der Stadt in umfassendere wirtschaftliche und politische Systeme schematisch zusammenzufassen. Dies zeigt, in welcher Hinsicht die Stadt peripher war und ist und in Bezug auf welche Regionen zentral.

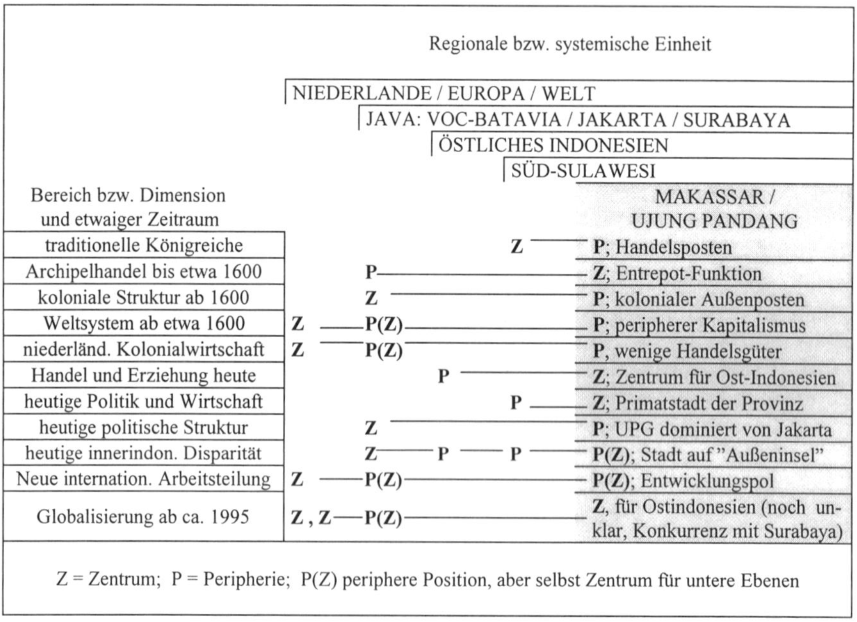

Bereich bzw. Dimension und etwaiger Zeitraum	Regionale bzw. systemische Einheit				MAKASSAR / UJUNG PANDANG
	NIEDERLANDE / EUROPA / WELT	JAVA: VOC-BATAVIA / JAKARTA / SURABAYA	ÖSTLICHES INDONESIEN	SÜD-SULAWESI	
traditionelle Königreiche				Z	P; Handelsposten
Archipelhandel bis etwa 1600		P			Z; Entrepot-Funktion
koloniale Struktur ab 1600		Z			P; kolonialer Außenposten
Weltsystem ab etwa 1600	Z	P(Z)			P; peripherer Kapitalismus
niederländ. Kolonialwirtschaft	Z	P(Z)			P, wenige Handelsgüter
Handel und Erziehung heute		P			Z; Zentrum für Ost-Indonesien
heutige Politik und Wirtschaft			P		Z; Primatstadt der Provinz
heutige politische Struktur		Z			P; UPG dominiert von Jakarta
heutige innerindon. Disparität		Z	P	P	P(Z); Stadt auf "Außeninsel"
Neue internation. Arbeitsteilung	Z	P(Z)			P(Z); Entwicklungspol
Globalisierung ab ca. 1995	Z, Z	P(Z)			Z, für Ostindonesien (noch unklar, Konkurrenz mit Surabaya)

Z = Zentrum; P = Peripherie; P(Z) periphere Position, aber selbst Zentrum für untere Ebenen

Abb. 25: Einbettung Ujung Pandangs in größere Systeme in verschiedenen Zeiten und bezüglich unterschiedlicher Aspekte

"Strahlende Stadt" und täglicher Schmutz:
malu-siriq im öffentlichen Rahmen

"Ujung Pandang - kota bersinar": Dieser Slogan begleitete die Bürger Ujung Pandangs im Feldforschungsjahr auf Schritt und Tritt. Fast täglich berichteten die Zeitungen und das Fernsehen über Diskussionen und Maßnahmen rund um das Programm[96]. *Bersinar* bedeutet als ganzes Wort "strahlend"[97], steht aber gleichzeitig als Akronym für *bersih* (sauber), *aman* (sicher) und *rapi* (geordnet). Charakteristischerweise kennen nur wenige Bürger vollständig den langen Wortlaut des Slogans, der hinter dem Akronym steht. Das Konzept um *bersinar* ist seitens der Behörden so weit gefaßt, daß ohne weiteres auch die Familienplanung darin Platz hat.

Im Jahr 1991 bekam dieses Programm eine besonders virulente Bedeutung. Nicht nur das koloniale Makassar galt europäischen Reisenden als besonders sauber. Ujung Pandang war nach der Unabhängigkeit mehrmals als "sauberste Stadt Indonesiens" gekürt worden (s.o.). Weiterhin wurde die Stadt nach Jakarta (vgl. Abeyasekere 1989:222-226) und Surabaya (vgl. Multhaup & Santoso 1984:145f.) auch in das Programm der basisorientierten Verbesserung der Infrastruktur (*site-and-services*) einbezogen (Tuaruns & Kurnia 1991). Jetzt aber, 1991, wurde sie von einer Kommission als die zweitschmutzigste indonesische Stadt gebranntmarkt! Dies löste Ärger, Betroffenheit und etliche Aktivitäten auf verschiedensten politischen Ebenen aus; die Ehre (*siriq*) war verletzt. Sogleich wurde eine Säuberung und Verschönerung der Stadt in Angriff genommen. So wurden z.B. im Sommer 1991 einige Straßen der Stadt von der Bevölkerung in Zusammenarbeit mit dem Militär (*ABRI*) gesäubert und durch neue Straßenbegrenzungen verschönert. Diese Maßnahme lief in Form einer fast generalstabsmäßigen Aktion ab.

Diese und weitere Maßnahmen wurden über Monate hinweg fast täglich in den Zeitungen dokumentiert und z.T. sehr kritisch diskutiert. Das allgemeine Interesse und die Heftigkeit der Diskussion um das Thema der Sauberkeit der Stadt ist nur im Rahmen der Regionalgeschichte Süd-Sulawesis und regional- bzw. kulturspezifischer Werte verständlich: der Abhängigkeit vom nationalen Zentrum und der in dieser Region so zentralen Befürchtung, öffentlich beschämt zu werden.

---

[96] Vgl. den ähnlichen visionär-futuristischen Slogan, der für Jakarta ersonnen wurde: "sauber, menschlich und mächtig" (*Bersih, Manusiawi, dan Wibawa*; Spreitzhofer & Heintel 1995:165). Für den Gouverneur Wiyogyo, der ihn aufbrachte, war zeitweise in der Bevölkerung die Benennung *BMW* populär (Forbes 1996:61)!

[97] *Bersinar* ist ein Wort, das häufig in Koranübersetzungen vorkommt, aber gleichzeitig modernistische Konnotationen hat, die etwa das meinen, was man in der Literatur über Migrationsmotive als die Anziehung der Stadt durch ihre "bright lights" bezeichnet.

*Der Fremde ist der Prototyp des Städters,
und Fremdheit ist das Fundament von Urbanität.*
Walter Siebel, 1998

5 Rappocini: Mobilität und ethnische Interaktion im Stadtviertel

5.1 Lokale historische Kontinuitäten in Rappocini

5.1.1 Methodische Vorbemerkung: Verschiedene Sichten einer konfliktreichen Sozialgeschichte

In der Sicht älterer Bewohner ist Rappocini ein besonders "geschichtsträchtiges" Stadtviertel (*punya paling banyak sejarah*; *daerah bersejarah sekali*). Die meisten Gebiete Rappocinis sind zwar erst in den 1970er Jahren besiedelt worden, aber es existierten verstreut auch schon lange einzelne *kampung*. Rappocini wird in Ujung Pandang von vielen sogar als eine Gegend mit einer "außerordentlichen Geschichte" (*daerah sejarah luar biasa*) bewundert. Entsprechend hoch ist das Interesse an lokaler Historie (Hadjimuljono & Muttalib 1979). Das Bild, das die Bewohner selbst von der Geschichte ihrer eigenen Siedlung haben, ist nicht nur als solches aufschlußreich, sondern in mehrfacher Hinsicht für die heutige soziale Dynamik wichtig. Vor allem bestimmt das - sehr unterschiedliche - Wissen über die Geschichte maßgeblich das heutige Image Rappocinis, die auf den Ortsnamen bezogene Identität (Treinens "symbolische Ortsbezogenheit" 1965; vgl. Weichhart 1990; 6.6.1), die Perspektiven auf die zukünftige Entwicklung und schließlich die Wahrnehmung und Bewertung der heutigen Wohnsituation (6.4).

Ich versuche in der folgenden Darstellung, die Binnensicht der Geschichte mit Daten aus davon unabhängigen Quellen zu verbinden, um ein Gesamtbild der Sozialgeschichte Rappocinis zu geben. Ich hebe vor allem solche Ereignisse und Trends hervor, die noch heute als wichtig angesehen werden und die sich auf das heutige Handeln auswirken. Dabei wird sich zeigen, in welch engem historischen Zusammenhang viele Aspekte der wohnbezogenen Handlungsrationalität stehen. Die Darstellung der Sozialgeschichte Rappocinis im Rahmen Süd-Sulawesis beruht in erster Linie auf Gesprächen und offenen themenorientierten Interviews mit langzeitigen Bewohnern (*orang asli*), mit heute in Rappocini formell oder informell "wichtigen Personen" (*tokoh masyarakat*) sowie auf etlichen Gesprächen mit "gewöhnlichen Bewohnern" (*orang biasa*). Ich habe Ansässige verschiedenen kulturellen Hintergrundes, unterschiedlich langer Wohndauer und sehr unterschiedlicher sozialer Stellung befragt, um die Geschichte aus verschiedenen Erfahrungshintergründen heraus geschildert zu bekommen (vgl. Caldwells 1991 in 4.3.2 diskutierte diesbezügliche Kritik an Errington 1989). Außer mit Makasar sprach ich mit Bugis, Mandar, Toraja und Vertretern anderer eingewanderter ethnischer Gruppen inklusive Chinesen über die lokale Geschichte. Es waren sozioökonomisch marginale bis dominante Personen darunter; einige hatten eine starke Netzwerkinvolvierung, bei anderen war sie kaum vorhanden; das politische Engagement rangierte von stark bis schwach. Viele gehörten zu den ersten Bewohnern von Gebieten, die bis dahin Reisland gewesen waren, andere waren dagegen gerade erst zugezogen. Einige gehörten zur respektierten Generation der "Kämpfer" für die Unabhängigkeit (*pejuang, Generasi' 45*). In Fällen, wo sich die Darstellungen der Befragten nicht decken oder ergänzen, sondern sich unterschiedliche Ansichten ergeben, weise ich darauf hin.

Einige Schwierigkeiten, die sich bei der Aufnahme von Daten zur Sozialgeschichte Rappocinis ergaben, seien hier erwähnt, weil sie als solche Aufschlüsse für die Binnenperspektive auf die Geschichte geben. Zunächst ist die Besiedlungsgeschichte dieses Stadtteiles einfach sehr kurz und außerdem haben viele Gesprächspartner nur Teilausschnitte davon miterlebt. Die Befragten periodisierten sie meist einfach nur dichotom in die Vergangenheit ("damals", *dulu, dahulu*) und die Gegenwart ("jetzt", *sekarang*). Das machte es oft schwierig, von ihnen berichtete Ereignisse zu datieren. Die Geschichte Rappocinis wird außerdem, wie das in diesem städtischen und von Mittelklasseidealen geprägten Gebiet hinsichtlich geschichtlicher Vorgänge allgemein der Fall ist, als deutlich gerichtet konzeptualisiert[98], wobei wieder die Dichotomie in Vergangenheit und Gegenwart zum Tragen kommt. Die Menschen sprechen über Geschichte in Wendungen wie "früher war es noch nicht x" (*dulu belum x*) oder "früher war es noch x" bzw. "jetzt ist es schon y" (*dulu masih x* bzw. *sekarang sudah y*; siehe 5.6.1).

Das teleologische Geschichtsbild und die verbreitete Neigung zum Dichotomisieren führte meine Gesprächspartner in ihren Erzählungen manchmal dazu, die geschichtliche Abfolge auf nur wenige Ereignisse bzw. Wendepunkte ("vorher/nachher") zu komprimieren. Wenn einzelne Perioden von den Gesprächspartner genauer bestimmt werden, werden sie oft als Ganze mit spezifischen Ereignissen oder Personen in der Weise verknüpft, daß von der "Zeit des X" gesprochen und dies mit bestimmten Formen von Erfahrung verbunden wird. Das ähnelt inhaltlich dem Zeitkonzept der politisch bestimmten und biographisch angebundenen Perioden (*masa*[99]), auch wenn man in Rappocini allgemein von *waktu* ("Zeit") spricht und *masa* nur für die Zukunft (*masa depan*) verwendet. Die Periode der Unruhen zwischen 1950 und 1965 wird z.B. als die "Zeit der Terroristen" (*waktu gerombolan*) oder die "Zeit Kahar Muzakkars" (*waktu Kahar Muzakkar*) bezeichnet. Einzelne Personen oder Ereignisse kennzeichnen also metonymisch, pars-pro-toto, eine ganze geschichtliche Phase als besonderen Erfahrungszusammenhang. Diese emischen Phasenkonzepte sind heute noch bedeutsam, indem sie die Einstellungen dahingehend beeinflussen, was von den Akteuren im sozialen Leben für möglich und unmöglich gehalten wird (McKinleys *epistemological ages*, 1979:306). Damit haben sie eine Relevanz für Entscheidungen im allgemeinen und die Sicht der Zukunft im besonderen.

---

[98] Vgl. dagegen Jellinek (1991:181) zu einem armen *kampung* in Jakarta, wo die Geschichte eher als Auf-und-Ab von Wellen (*turun ombak, naik ombak*) oder in Form eines rotierendes Rades (*roda yang berputar*) gesehen wird.

[99] *Masa* im Gegensatz zu den eher religiös aufgefaßten Ären (*zaman*; vgl. McKinley 1979 zu Kuala Lumpur).

Ich habe die Beschreibung der Geschichte chronologisch geordnet und in Perioden eingeteilt. Wichtige Ereignisse und Wendemarken tauchen besonders in den Geschichten, die die länger ansässigen Bewohner erzählen, immer wieder auf. Die über die lokale Geschichte i.e.S. hinausgehenden Angaben zur Einbettung der Entwicklung Rappocinis in die Stadtgeschichte Ujung Pandangs und in die Regionalgeschichte Süd-Sulawesis beruhen vorwiegend auf themenorientierten, offenen Interviews mit Personen, die außerhalb der Nachbarschaft in anderen Stadtteilen wohnen. Außer der Datierung ist die Lokalisierung von Ereignissen teils schwierig. Das liegt besonders daran, daß Rappocini erstens früher ein makasarischer *kampung* war, zweitens in früherer Zeit daneben auch das Gebiet um diesen *kampung* herum (also inklusive der anderen darin gelegenen Siedlungen) in weiterem Sinn als "Rappocini" bezeichnet wurde, und drittens, daß Rappocini heute der Name einer viel größeren administrativen Einheit, einer ganzen Gemeinde (*kelurahan*) ist. Schließlich bezeichnen die Bewohner viertens auch ihre engste Nachbarschaft als "dieses Rappocini" (*Rappocini ini*). Ohne spezifisches Nachfragen ist demnach nicht immer klar festzulegen, wo ein berichtetes Ereignis genau stattfand. Aus diesen Umständen heraus habe ich zusätzlich zu den Gesprächen kolonialzeitliche Karten und ältere Luftbilder zur besseren Lokalisierung ausgewertet. Diese Materialien waren in den Interviews außerdem dafür hilfreich, auf neue Fragen zu kommen, da ich mich mit denjenigen Gesprächspartnern, die Erfahrung hatten und Karten gewohnt waren bzw. Luftbilder "lesen" konnten, anhand der Karten und Photos viel unmittelbarer über die Geschichte unterhalten konnte. Schwer erkennbare oder zunächst unerklärliche Dinge auf den Photos brachten meine Gesprächspartner des öfteren dazu, sich an bestimmte Ereignisse zu erinnern.

Ein weiteres Problem ergibt sich dadurch, daß die Geschichte in Rappocini sehr konflikträchtig ist. Viele der Konflikte sind noch immer virulent. Entsprechend mußte ich damit rechnen, daß mir besonders Personen, die in die Konflikte verwickelt waren oder es heute noch sind, nur bestimmte Informationen geben würden und andere nicht. Außerdem mußte ich den Befragten glaubwürdig machen, daß ich ihre Angaben erstens keinen anderen Personen im Ort weitererzähle und daß ich zweitens ihre Identität in der Publikation verbergen werde, zumindest aber dafür sorge, daß bestimmte Einzelinformationen nicht auf sie als Quelle zurückführbar sind. Drei gesammelte indigene Texte zur Geschichte Rappocinis ergänzten die Daten aus den Gesprächen, Interviews und Luftbildern. Erstens handelt es sich um eine kurze offizielle Darstellung der Geschichte, die im Auftrage des *lurahs* für einen Lagebericht angefertigt wurde. Daneben verwende ich zwei Darstellungen der Geschichte Rappocinis, die - ohne meine Bitte oder Aufforderung - von befreundeten Personen für mich geschrieben wurden, was ich als große Ehre empfand. Eine davon stammt vom Chef des *RW* (*Rukun Warga*) als Vertreter der formalen Instanzen, der aber noch zur "Innensphäre" gehört (vgl. 5.2, 5.5.2). Die andere Schilderung schrieb ein älterer Bewohner, der zweisprachig aufwuchs und heute zwar in das Nachbarschaftsleben sozial eingebunden ist, jedoch kulturell eher eine Außenseiterposition einnimmt.

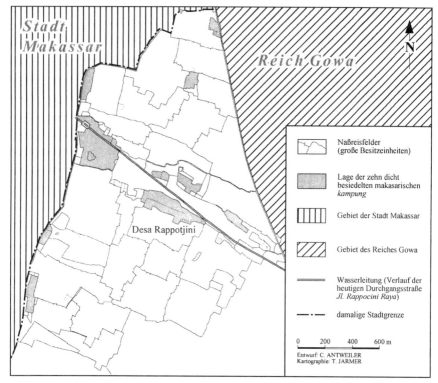

Abb. 26: Makasarische *kampung* in Reisfeldern um 1940
(nach einer undatierten kolonialzeitlichen Karte)

5.1.2   *Daerah Texas*: Rappocini als ethnisch homogener *kampung*
        an der Stadtgrenze bis in die 1960er Jahre

Diejenigen Gebiete Rappocinis, die früher Reisland waren, haben eine sehr kurze Besiedlungsgeschichte: sie umfaßt nur gut 20 Jahre. Durch die wenigen, aber in sich kompakten makasarischen *kampung* aber hat Rappocini, wie schon angedeutet, auch eine lange und heroische Geschichte (Abb. 26, nach einer Karte von ca. 1940), an die sich ältere Bewohner erinnern. Sie wird von lokalen Bürokraten gern beschworen und ist den jüngeren Einwohnern in Umrissen bekannt. Vor allem weiß ein jeder Ortsansässiger, daß Rappocini früher eine Siedlung war, wo Schlägereien, Morde und Terroranschläge an der Tagesordnung waren. Die Siedler seien früher hier "ungehobelt" (*keras*) gewesen; noch nicht modern bzw. bewußt (*belum sadar*) gewesen; "die Leute liebten es früher, sich zu schlagen" (*dulu orang suka berkelai*). Am häufigsten sagen die Bewohner, daß Rappocini früher eine "Texas-Gegend" (*daerah Texas*) war. Einer meiner Gesprächspartner nannte dafür ein Beispiel: früher hätten die Bewohner Eisenbahngleise zerstört, wenn diese über ihr Grundstück gingen; heute dagegen lehne sich keiner auf, wenn der Straßenbau sein Land beschneide.

Rappo (M.) hat zwei Bedeutungen, zum einen heißt *rappo* "Gewächs" (*buah*), zum anderen bezeichnet das Wort eine Palme (*buah pinang*). Letztere ist mit der Ehrvorstellung verbunden (*makan sirih*) und für die Geschichte Rappocinis bedeutsam, weil sich in diesen Bäumen früher oft Angehörige der Banden, die die Gegend bis in die Mitte der 1960er Jahre unsicher machten, versteckten. *Cini* (M.) bedeutet "sehen". Die Bedeutung von Rappocini als "Pflanzen (bzw. Bäume) sehen" kennen fast alle Bewohner, auch diejenigen, die erst seit kurzem hier leben. Das heutige *kelurahan* Rappocini liegt in einem Gebiet, das bis 1971, als die Stadt Ujung Pandang erweitert wurde, zum Königreich Gowa (*kerajaan Gowa*) gehörte. Rappocini hatte regionalpolitisch eine bedeutsame Lage. Die verstreuten *kampung* gehörten zwar zum Königreich Gowa, sie lagen aber an der Grenze zu der von den Niederländern kontrollierten Zone, der Stadt Makassar. Wenn also z.B. Personen von den Holländern gesucht wurden, konnten sie in Rappocini vor weiterer Verfolgung sicher sein. Ebenso konnten Menschen vor Konflikten im Königreich Gowa dadurch ausweichen, daß sie sich in die Stadt Makassar begaben.

In den 1930er bis 1940er Jahren bestand Rappocini aus den genannten einzelnen kompakten *kampung*, die je eigene Friedhöfe und eine Befestigung (*benteng*) hatten. In diesen Siedlungen mit den damaligen Namen Rappotjini, Cilallang, Buahkanah, Banta-Bantaeng, Bontolandra, Balaparang und Bontocinde lebten jeweils unter einhundert Familien; in Rappocini selbst waren es etwa fünfzig bis sechzig. Die Namen werden heute noch benutzt oder sind den heutigen Bewohnern der entsprechenden Areale des Bezirks zumindets noch bekannt. Laut holländischen Dokumenten lebten in der Adatrechtgemeinschaft (*Adatrechtgmeenschap*; N.) namens Rappocini/Karuwisi 755 Menschen, davon 196 Männer, 200 Frauen und 309 Kinder. Dabei fällt die geringe Zahl der Kinder auf. Bewohner sagen dazu, daß vor dem Zweiten Weltkrieg "der Lebensstandard niedrig und der Geisteszustand bescheiden" gewesen seien (*standar hidup rendah ... sifatnya sederhana*). Die, die sich daran erinnern, sagen etwa: "Wir waren ganz unten" (*kita orang di bawah*), aber es habe ein "Kampfesgefühl" (*sifat perjuangan*; Mob., 4.1.92) gegeben. Das Gebiet war bis zum Zweiten Weltkrieg rein bäuerliches Land, geprägt von Reisfeldern, Büffeln und von der Armut seiner Bewohner. Im Jahresablauf war man bis in den Mai mit Gemüsebau beschäftigt. Zwischen Mai und Juli wurde eine Reisernte eingebracht, was zirka einen Monat in Anspruch nahm. Danach bearbeitete man die Landstücke, auf denen Erdnüsse (*kacang*) im Gartenbau (*kerja kebun*) gezogen wurden und bereitete die Felder für die Zwischensaat (*kerja bumi*) vor. Außer den Reisbauern lebten hier *becak*-Fahrer, Gemüsehändler, Fischverkäufer und saisonal auch Wanderarbeiter (*musiman temporer*) aus der Nähe Gowas, die meist als Tagelöhner arbeiteten.

Die Menschen wohnten in Häusern, die vollständig aus Bambusholz hergestellt waren (*rumah kayu*) und auf Stelzen standen, weswegen sie auch heute noch "hohe Häuser" (*rumah panggung* bzw. *rumah atas*) genannt werden. Einzelne Häuser hatten schon damals Aluminiumdächer. Diese Bauten wie auch die Wasserleitungen wurden in Gemeinschaftsarbeit gebaut. Dazu kamen die Bewohner auf den Ruf einer Holztrommel (*kentongan*; *kato-kato*, M.) zusammen, die gleichzeitig für den Alarm diente, etwa beim Ausbruch von Feuer. Wenn ältere Menschen über diese Zeit berichten, betonen sie die soziale Gleichheit: Außer dem Dorfvorsteher seien alle arm gewesen, und es habe keinen Neid auf Reichtum und keine "Herausforderung wegen unterschiedlichem Lebensstandard" (*pertantangan antara kehidupan*) gegeben. Die Grenzen der Grundstücke waren allenfalls durch Mangobäume, kleine Zäune oder Hecken markiert, nicht jedoch mit hohen Zäunen oder Mauern: "Grenzen gab es noch nicht" (*batas belum pernah*)[100]. Trotzdem gab es Konflikte, etwa aus nachbarschaftlichem Neid und um Grundstücke sowie Erbstreitigkeiten. Wenn diese Konflikte nicht unter den Beteiligten selbst beigelegt werden konnten, entschied der Imam als höchste Autorität. Für die Sicherheit sorgten nächtliche Rundgänge und ein mit einer Holztrommel ausgestatteter Sicherheitsposten (*rumah ronda*). Schnelle Schläge signalisierten Diebstahl, langsamere bedeuteten einen Ruf seitens der Polizei; ebenso wurden Uhrzeiten getrommelt.

Die Angehörigen des makasarischen Königshauses von Gowa waren die "Herren des Bodens" (*tuan tanah*). Dem Königshaus gehörte das gesamte Land; "der König hatte die Macht" (*raja membentuk kuasa*). Die Herrscher aus Gowa hatten ihre lokalen "Büros" in Privathäusern in Rappocini und Cilallang. Diese Orte werden deshalb noch heute als "starke Orte" (*kuat tempat*) bezeichnet und immer noch liegt das Büro des *lurah* nicht etwa im Mittelpunkt der Verwaltungseinheit der Gemeinde (*kelurahan*) Rappocini, sondern in Cilallang[101], in einem der alten *kampung*. Es gab zwei Klassen von Landbesitzern, "Eigentümer" (*pemilik*) und "Bearbeiter" (*pengarap*). Nur ein geringer Teil des Bodens war Staatsland (*tanah negara*). Aber schon in den 1940er Jahren gab es einige, die viel Land in Rappocini gekauft hatten. Unter der Herrschaft der Holländer gab es auch in der Stadt Makassar Großgrundbesitzer, z.B. einen Deutschen namens Weber, den Engländer jüdischen Glaubens Marrow und einen jüdischen Portugiesen namens Crosscamp (Bal, 30.12.91). Ein Teil des Großgrundbesitzes entstand dadurch, daß Pächter, die ein Landstück 30 Jahre gepachtet (*hak pakai*) hatten, den Boden kaufen konnten, so daß dieser in ihren Besitz (*hak milik*) überging. Bearbeitet wurde der Boden im Pachtverhältnis, in einer heutigen Formulierung gesagt, "mit der Arbeitskraft des Volkes" (*tenaga buruh rakyat*).

Die eingebrachte Ernte gehörte grundsätzlich zur Hälfte dem Bauern und zur Hälfte den Eignern des Bodens. Die Aufteilung der Ernteerträge war de jure wie folgt präzise geregelt: 10% gingen als Steuern in Form von Reis ans Königshaus in Gowa; von den verbleibenden 90% ging die Hälfte an die bearbeitende Familie und die andere an den Landeigner, der ebenfalls meist das Königshaus war. Tatsächlich behielten die Herrscher aus Gowa jedoch im Schnitt oft weniger als die Hälfte, nämlich etwa 40%, ein, so daß dem bearbeitenden Bauern ein größerer Rest 60% blieb. Die Ernte wurde entweder zum *raja* gebracht oder gestapelt und dann erst später von Bediensteten des Königshauses abgeholt. Das Kö-

---

[100] Die Erwähnung von sozialem Neid, sozioökonomischen Unterschieden und Zäunen spielt deutlich auf heutige Umstände an (siehe 4.1.2 und 4.3.2).
[101] In Majene, der von Mandar geprägten Hafenstadt im Nordwesten der Provinz, gibt es ein Stadtviertel mit demselben Namen (Volkman 1994:570).

nigshaus in Gowa verkaufte den Reis dann weiter. Es gab mehrere Systeme: (a) *gadai-gantung*, wobei der Reisertrag in Hälften aufgeteilt wurde (*sawah bagi hasil*; vgl. *tesang*; M.; Mustara 1993) und (b) das sog. *sistem pinyam uang*, wobei der Boden beliehen wurde. Die Ernte wurde in *basse*-Einheiten (M.; zwei Reisbündel, entspricht ca. 8 Liter) gemessen. Erntearbeiter bekamen 1/8 *basse* (= 2 *ikat*) plus Mahlzeiten als Lohn. Für den Gartenbau mußten die Steuern in Geld gezahlt werden.

Das Rechtssystem war wenig geordnet und das allgemein verbreitete Rechtsempfinden war stark von kulturspezifischen Normen der Ehre (*siriq*) und der sozialen Schichtung bestimmt. Zustehende Rechte wurden oft nicht durchgesetzt, um sich nicht zu entehren. Man wollte "nicht bitten, weil man stolz war" (*tidak mau minta, kalau malu/siriq*); man "schwieg (stattdessen) einfach" (*diam-diam saja*) und wartete. Hier zeigt sich einmal mehr der Einfluß der in 4.5 dargestellten Beschämungsvorstellung von *malu-siriq*, der z.B. auch dazu führt, nicht immer die individuell optimale Option anzustreben. Die traditionelle Elite bestimmte das Geschehen auf Nachbarschaftsebene, insbesondere auch die Zuzüge fremder Familien. Bis in die 1970er Jahre war es bei den makasarischen Bewohnern Rappocinis üblich, daß innerhalb der "Familien" geheiratet wurde. Dieses "Heiraten nach innen" (*kawin dalam*) war das zentrale Mittel, um die Gemeinschaft solidarisch und nach außen geschlossen zu halten. Auch die traditionellen Friedhöfe waren bestimmten Familien vorbehalten. Diese "geheiligte Ordnung" (*tata kerama*) durfte nicht gebrochen werden, wie sich ein Gesprächspartner ausdrückte. Noch heute gibt es einen Friedhof, dessen Name im Volksmund "Friedhof der Familien Rappocinis" (*Kuburan Keluarga Rappocini*) ist. Ältere Bewohner sagen über diesen Friedhof stolz "Wir sind es, die ihn besitzen" (*kita yang punya*). Er liegt in jenem Gebiet, das früher das Ortszentrum war, wo die traditionelle Elite kompakt zusammen wohnte. Hier stehen bis heute sog. „traditionelle Häuser" (*rumah tradisional*) makasarischer Bewohner besonders dicht zusammen. Noch 1968 soll es eine große Versammlung der traditionellen Familienvorstände, der "Großen Familie Rappocini" (*Keluarga Besar Rappocini*) gegeben haben. In einigen Ortsteilen wurden, nachdem viele nichtmakasarische Siedler dort dauerhaft wohnten, zusätzlich zu den Familienfriedhöfen einige für alle offene Friedhöfe (*kuburan umum*) eingerichtet. Die führenden Familien bildeten das entscheidende Element der für Zugezogene neuen sozialen Umwelt. Neu hinzuziehende Bewohner brauchten nämlich die informelle Erlaubnis dieser wichtigen Familien (*izin orang tua*; "Erlaubnis der Alten"). In manchen Gebieten gab es keine Polizei; in anderen mußte man, z.T. täglich, Schutzgelder an Polizisten abführen, wenn man gewaltsame Aktionen gegen sich vermeiden wollte, aber keine Beziehungen hatte. Viele Vorläufer der Häuser, die heute stehen, wurden zunächst, um das Bauverbot zu umgehen, über Nacht errichtet. Wenn die Familie dann eingezogen war, wurde das Haus nicht mehr eingerissen.

Entscheidende Figuren waren Großgrundbesitzer und politische Führer. Zwischen ihnen gab es immer enge, meist familiäre, Verbindungen. Der erste Dorfvorsteher (*kepala desa*) hieß Pangalua, sein ihm im Amt folgender Sohn war Tandra Dg. Magassing. Dessen Bruder Hasan Dg. Beta war bis etwa 1959 Dorfvorsteher; dazwischen hatte Mardan Dg. Nompo, Sohn von Dg. Beta, die

Führung inne. Sein Sohn Fahruddin Dg. Lurang übernahm dann bis zum Jahr 1975 das Amt des *lurahs* von Rappocini. Er ist heute Großgrundbesitzer und informell heute noch eine politisch wichtige Person. Nach der Amtszeit von H. Abdhul Dg. Bani war der H. Jussuf Nawani als ein Bugi der erste Amtsträger, der nicht ein Makasar war. Ihm folgte Mansur Dg. Tutu, der - aus nicht zu eruierenden Gründen - schon nach einem Jahr von Abdullah Gani abgelöst wurde. Auch dieser stammt nicht aus der Gegend, sondern ist ein "Zugewanderter" (*orang masuk*[102]) bzw. "Neuer" (*orang baru*). Es ist kein Zufall, daß dieser heute amtierende *lurah* den Titel eines *Doktorandus* (*Drs.*) trägt. Es zeigt die langsame, aber stetige Umgewichtung der Eigenschaften, die im Statussystem hoch bewertet werden, von traditionellen Adelstiteln hin zu modernen Qualifikationen. Früher war es wichtig, daß der *lurah* ein *orang asli*, also ethnisch ein Makasar war, daß er zur "Familie" gehörte und eine "Blutsverbindung" (*hubungan darah*) hatte; außerdem gab es bis 1980 die formale Anweisung, daß der Amtsträger aus der Region stammen müsse, also ein "Kind der Region" (*anak daerah*), bspw. nicht etwa ein Javane, zu sein habe. Ab 1980 besagte eine neue Vorschrift, es müsse ein Indonesier sein. De facto bedeutete das oft, daß der Bevölkerung ein Beamter aus einer anderen Gegend vorgesetzt wurde. Heutzutage ist ein Universitätsabschluß (*sarjana*) innerhalb der hierarchischen Struktur von großer Bedeutung für die Stellenbesetzung.

Die Bewohner Rappocinis lebten zwar in einer kulturell nach "innen" ausgerichteten Gemeinschaft. Aber sie hatten Beziehungen zur städtischen Kolonialgesellschaft Makassars, einerseits über Heiraten mit Städtern und andererseits durch von den Holländern geforderte Arbeitsleistungen, z.B. beim Bau von Wasserleitungen (*kerja rodi*). Das Gebiet von Rappocini war insgesamt während der Kolonialzeit und bis in die frühen 1970er Jahre kaum modern überformt, ganz einfach weil es zu arm war. Wie es ein Gesprächspartner ausdrückte: "Gowa ist von den Niederländern nicht tatsächlich beherrscht worden" (*Gowa tidak diakui kepada orang belanda*; Abi, 29.5.91; vgl. 3.2.3). Außerdem erschwerten die harten Umweltbedingungen das Leben, etwa durch häufige Einbrüche von Salzwasser, die die Ernte schädigten. Als positiven Aspekt der Kolonialzeit sieht mancher ältere Bewohner die "Zusammenarbeit" (*kerja sama*) der Holländer mit den makasarischen Herrschern von Gowa. Überhaupt haben die alteingesessenen bewohner die holländische Kolonialzeit in eher guter Erinnerung. Dies liegt vorwiegend daran, daß in dieser Phase die physische Sicherheit vergleichsweise gegeben war, was danach nicht mehr der Fall war. Als ein Indiz für die damalige Sicherheit wird von ihnen angeführt, daß Patrouillen zu dieser Zeit keine Waffen trugen.

Die holländische Kolonialverwaltung hatte 1931 eine Eisenbahnstrecke (*Sporstaatsweg*; N.) von Takalar bis zur heutigen Arterie Jl.[103] Veteran (damals

---

[102] Diese Unterscheidung entspricht weitgehend den von Rössler (1987:125f.) und Röttger-Rössler (1989:318f.) beschriebenen Kategorien von Zugezogenen und Ansässigen bei Hochland-Makasar. *Tu palili'* (M.; "Zugezogene") sind dort Personen, die keine genealogischen Verbindungen zu den Landbesitzern (*tu pa'butta*; M.) haben, und insbesondere solche, die nicht in den betreffenden Ort eingeheiratet haben. Die Einordnung wird allerdings nicht schematisch getroffen, sondern hängt auch vom persönlichen Ansehen ab.

[103] *Jl.* Steht im Indonesischen für *jalan* (Straße).

Jl. Harimau) bauen lassen. Diese wurde jedoch "aus Furcht vor Ehrverletzung", wie es einer meiner gesprächspartner ausdrückte, von der makasarischen Bevölkerung nicht angenommen und ab 1941 nicht mehr benutzt, wobei die Gründe im einzelnen unklar sind. Die 1940er Jahre in Rappocini sind in der Erinnerung von der, wenn auch kurzen, Anwesenheit der Japaner gekennzeichnet. In der Sicht vieler Befragter war das Leben unter der japanischen Kolonialherrschaft härter und die politische Situation ungeordneter als unter den Holländern, ja geradezu aufgewühlt. Es war eine "Zeit der Not" (*darurat*), in der die Japaner Zwang als Mittel der Politik einsetzten[104]. Die Bewohner erinnern sich lebhaft an Zwangsarbeit (*kerja paksa*), an von Japanern entwendete Ernteerträge, an häufige Morde und sprechen allgemein von dieser Periode als Zeit der "Folter" (*siksa*). Dazu trug zusätzlich die Bombardierung von einigen zentralen Stadtteilen Ujung Pandangs, z.B. Bereichen der Straßen Jl. Nusantara und Jl. Sulawesi, durch die Japaner bei. Während solcher Bombenangriffe suchten die Städter im dünn besiedelten Rappocini Schutz, aber 1946 wurde auch Rappocini von Bomben getroffen.

Die Japaner schufen jedoch jedoch auch wichtige Infrastruktur. So bauten sie 1942 eine Wasserleitung von Makassar zur Stadt Gowa, die mitten durch Rappocini verlief. Der an ihr verlaufende Weg hieß "Wasserleitungsstraße" (*Jl. Saluran Air*) und war der Vorläufer der heutigen Hauptstraße Jl. Rappocini Raya, an die die untersuchte Nachbarschaft grenzt. Zwischen 1945 und 1948 (und dann intensiver 1950 bis 1965) waren weite Teile Süd-Sulawesis von der Widerstandsbewegung betroffen. Die Bewohner sprechen von politischem Aufruhr (*kekacauan*), "Banditenwesen" und "Terrorismus" (*gerombolan, terrorisme*). In der Sicht der Bevölkerung gab es damals einerseits politisch motivierte Terroristen und auf der anderen Seite "rein kriminelle Terroristen" (*gerombolan perampok*). Der Kopf der ersteren war der oben genannte Kahar Muzzakar, der in sezessionistischer Absicht gegen die Republik Indonesien kämpfte. Seine Lebensgeschichte kennt jeder Bewohner; viele bewundern ihn, und man hört des öfteren eine Mutter ihren kleinen Sohn "Kahar" rufen. In der Stadt selbst, in der die Zahl der Kollaborateure mit den Niederländern die der Unterstützer Muzakkars überwog, hatte dieser besonders in der Hafengegend, die schon im Gefolge der japanischen Herrschaft unsicher geworden war (Mukhlis 1984/85:81f.), viele Anhänger. Die andere, rein auf Raubüberfälle orientierte Gruppe wurde von einem Usman Balok angeführt. Deren Überfälle, Diebstähle, Morde und Brandschatzungen haben sich manchem tief ins Gedächtnis geprägt. In Rappocini gab es (offenbar) nur wenige Unterstützer der einen wie der anderen Terroristengruppe. Einige ältere Bewohner erinnern sich daran, daß Wolter Mongisiddi, eine berühmte Figur der Zeit der Umwälzungen nach dem Zweiten Weltkrieg in Süd-Sulawesi, neben einem Haus in der Stadt im Jahre 1945 auch eine Basis in Rappocini hatte.

Wegen der in weiten Teilen des ländlichen Süd-Sulawesi unsicheren Situation flohen viele Menschen vom Land nicht nur nach Pare-Pare und Makassar, sondern auch in die Gegenden am Rand von Städten, wie das an Makassar grenzende Rappocini. Da Überlandtransporte häufig überfallen wurden, reisten die Bewohner, wenn sie Verwandte auf dem Land besuchen wollten, im Konvoi. Das

---

104 Vgl. Niessen 1995 zur Entdemokratisierung der Stadtverwaltung in Indonesien unter den Japanern.

von den Terroristen heimgesuchte Gebiet reichte vom makasarischen Kernland im Südosten Süd-Sulawesis bis zur damaligen Stadtgrenze. Diese Linie wird durch die heutige Jl. Veteran (bis 1949 Jl. Harimau und dann bis 1960 Jl. Pahlawan genannt) markiert, die die westliche Grenze Rappocinis darstellt und noch heute das dicht besiedelte Gebiet der Stadt umgrenzt. Die Terroristen waren zwar auch in der Stadt selbst aktiv, zogen sich aber immer wieder in Gebiete außerhalb der Stadtgrenzen zurück. In solchen Gegenden wie Rappocini konnten sie mit Hilfe einiger dortiger Anhänger (laut heutigen Bewunderern) bzw. wegen der Angst der Bevölkerung (so die Version ihrer Kritiker) sicheren Unterschlupf finden. Noch 1948, als die Niederländer zurückkehrten und versuchten, die Szene wieder zu beherrschen, war die politische Situation in Rappocini weiter denn je davon entfernt, stabil zu sein. Dies war eine Hochphase terroristischer Aktionen vom Lande her, an die sich viele Bewohner erinnern (Tal, 11.12.91). In der damals äußerst unübersichtlichen politischen Landschaft Süd-Sulawesis gab es etliche Gruppierungen, von denen die Befragten als Jugendbanden bzw. Bewegungen und "Verschwörungen" (*pengkhianat*) sprechen. Sie hatten gut klingende Namen wie "Kris", "Laptur" und "Harimau Indonesia".

Die 1950er Jahre brachten dann in der Stadt selbst, im Gegensatz zur Region, eine langsame Beruhigung der politischen Situation. Durch einige höhere Schulen wurde Makassar ein Anziehungspunkt für Schüler aus ganz Ostindonesien. Es kamen Menschen aus Bali, Nusa Tenggara, Ambon und Ternate, um eine pädagogische Hochschule für sportliche Ertüchtigung (*Sekolah Guru Pendidikan Jasmani*) im Stadtteil Mariso in Makassar zu besuchen. Rappocini bestand damals noch aus kleinen verstreuten *kampung*. In den 1950er Jahren bis etwa 1960 hatte das heutige *RW* 1, das das damalige *kampung Rappocini* umfaßt, nur etwa 26 Familienoberhäupter in 27 Häusern und eine Wasserstation (*Perusahaan Air Minum, PAM*; Nim, 27.6./1.11.91). Zu dieser Zeit wurde Kahar Muzakkar weiterhin durch die Regierung mit Maßnahmen, die von den Militärs Yussuf und Sulihin geführt wurden, scharf bekämpft. Der schon erwähnte spätere Bürgermeister (*Walikota*) Patompo z.B. kämpfte wie andere, die noch heute darauf stolz sind, ebenfalls gegen die Terroristen. Durch das Ende der Aktivitäten Muzakkars nach dessen Ermordung 1965 kehrte wieder etwas mehr Sicherheit in Rappocini ein. Es etablierten sich die ersten kleinen Geschäfte (*warung*), um den Bedarf der Bewohner, der über die Grundversorgung hinausging, zu decken. Es gab eine Vielfalt von Händlern, die auch heute noch begrifflich unterschieden werden. Die einen trugen ihre Ware auf der Schulter (*paqlembara*; M.), andere führten die Ware auf einem von Büffeln gezogenen Holzkarren (*gerobak*) mit sich (*paqgaroba*; M.) und es gab auch erste Handeltreibende, die sich mit dem Fahrrad bewegten (*paqgandeng*; M.; vgl. Tachya 1983). Um 1965, als die Kommunisten in Makassar und in Gowa (z.B. *Barisan Tani Indah, BTI*) in organisierter Weise agierten, soll es in Rappocini wenig Unterstützung für sie gegeben haben. Einige Gebiete Rappocinis waren wegen häufiger Diebstähle berüchtigt, so Kelapa Tiga, Borombong und das Gebiet, auf dem heute eine Wohnsiedlung für Mitarbeiter der nationalen Ölgesellschaft *PERTAMINA* (*Perusahan Pertambangan Minyak dan Gas Bumi Negara*) steht.

In dieser von den heutigen Bewohnern als immer noch instabil eingestuften politischen Arena konnten neue Siedler nur von lang ansässigen Bewohnern wirksam vor Gewalt, Mord und Diebstahl geschützt werden. Ein Hauseigner erzählte mir z.B., daß er, um Konflikten aus dem Wege zu gehen, bewußt ein Grundstück in der Nähe von Erstsiedlern kaufte, obwohl diese im Gegensatz zu ihm dem Alkohol frönten. Noch heute spielt in einer Nachbarschaft ein 1931 in Rappocini geborener Mann eine besondere Rolle, der bis in die 1960er Jahre die absolute Macht innehatte. Er ist hoch angesehen, wird aber gleichzeitig immer noch gefürchtet. Er erfüllte früher die Rolle, das Gebiet zu sichern (*orang pengamanan,* scherzhaft auch "*FBI*" genannt); er sorgte für physische Sicherheit (*bodyguard*), indem er gegen Eindringlinge vorging, z.B. "Terroristen mit der Waffe bekämpfte". Von ihm sagen die Bewohner, er sei "ein mutiger Mensch" (*orang berani*), er sei "innen wie außen stark". Er verfüge über "Heldenkraft"; ihn hätten Gewehrkugeln nicht verwunden können, er sei eben ein *iron man*. Damit wird auf geheimes "Wissen der körperlichen Unverwundbarkeit" (*ilmu kebal*) Bezug genommen, die in der Region ein populäres Thema ist und in verschiedensten Zusammenhängen Erwähnung findet. Er hatte diese Position außer durch Charisma dadurch erreicht, daß er Mitglied der Nationalarmee *Tentara Nasional Indonesia* (*TNI*) war, gleichzeitig aber Kontakte zu Terroristen unterhielt. Außerdem baute er seine eigene kleine Truppe auf und kontrollierte das Gebiet offensichtlich auch nach der von Terror geprägten Periode fast absolut. Dies tat er vor allem dadurch, daß er als Kontraktor (*pemborong*) und Besitzer einer Baustoffhandlung seine schützende Hand über den Bau von Häusern hielt. Heute werden seine damaligen Spekulationsgeschäfte meist negativ gesehen, da sie "nicht integer" (*tidak jujur*) gewesen seien. Seit einem großen geschäftlichen Mißerfolg durch Fehlspekulationen gilt dieser Mann, obwohl er immer noch eine wichtige Stellung hat, vielen als ökonomischer Absteiger (*orang jatuh*; wörtl. "gefallener Mensch"). Schließlich wandte er sich sogar von Spekulationsgeschäften und gewaltsamen Methoden ab, seit er nach seinem Besuch Mekkas *Haji* war. Der Fall dieses Mannes zeigt ein weiteres Mal, welche Handlungsrelevanz der Vorstellungskomplex der "Unsicherheit" hat, dessen Basis in der Geschichte der Region liegt, und weiterhin, daß traditionelle Herrschaftsstrukturen sich auch im städtischen Kontext durchprägen.

5.1.3 Freier Bodenmarkt und multiethnische Struktur: Ein "Quasi-Experiment" ab 1971

Ein entscheidendes Jahr für die Geschichte Rappocinis war 1971. Die Stadt wurde von Makassar in "Ujung Pandang" umbenannt und das Stadtgebiet erweitert, so daß die Stadt plötzlich 114.549 zusätzliche Bewohner hatte. Als ehemaliger Teil Gowas gehörte Rappocini jetzt zusammen mit dem Gebiet Karuwisi zur Stadt. Zur Zeit der Eingemeindung hatte Rappocini nur 7.051 Einwohner (Walinono et al. 1974/75:Tab. I.1). Das ganze Gebiet wurde in die Stadtplanung Ujung Pandangs einbezogen, deren Ziel eine Dezentralisierung war (*Pannakukang Plan*). Fast gleichzeitig erfolgte die "Freigabe des Bodens" zum Verkauf (*mem-

bebaskan tanah). Damit entstand erstmals ein freier Bodenmarkt in einem ringförmigen Gebiet um die ehemaligen Stadtgrenzen. Diese für die kurze, aber ereignisreiche Geschichte Rappocinis entscheidenden Maßnahmen wurden durch den charismatischen Hamza Dg. Patompo, der von 1960 bis 1978 Bürgermeister war und dessen Visionen der Stadt in 4.5.3 vorgestellt wurden, in Gang gesetzt. Während der Amtszeit Patompos wurde das eingemeindete Land Stück für Stück an Privatpersonen verkauft, was vor allem ehemaliges Reisland betraf. Etwa ab 1970 gab es die ersten Wohnhäuser in den ehemaligen Reisfeldern (Abb. 27).

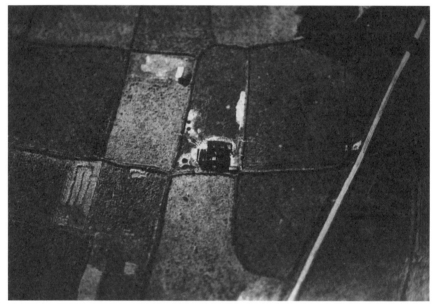

Abb. 27: Erste permanente Häuser des untersuchten *RT*, umgeben von noch genutztem Reisland (abphotographiertes Luftbild von ca. 1974)

Mit diesen plötzlichen strukturellen Veränderungen setzte der Wandel Rappocinis von einer monoethnischen Siedlung, in der fast ausschließlich Makasar und einige Makasar-Bugis wohnten, zu einer Siedlung ein, für die das Zusammenleben von Menschen unterschiedlichen Wir-Bewußtseins (kollektiver Identität; Ethnizität) charakteristisch ist. Ältere makasarische Bewohner bezeugen, daß die Problematik interethnischer Konkurrenz für sie neu war. Die damals einsetzenden Veränderungen liefen letztlich auf die zunehmende "Verdrängung" (*pergeseran*) der Makasar hinaus. Diese Bewohner sagen etwa zur damaligen Situation: "Wir waren gezwungen, sie (die Nicht-Makasar; Erg. CA) aufzunehmen" (*kita terpaksa, terima mereka*; Bom, 4.1.92). Vor allem die nichtmakasarischen unter den heutigen Bewohnern sehen Rappocini als gefährliche Gegend bis in die 1970er Jahre hinein. Dieses Bild der unsicheren Siedlung wird durch die allgemeine Zuschreibung aggressiver Eigenschaften auf die Makasar bestärkt. Die meisten heutigen Bewohner wissen nämlich, daß bis zu jener Zeit fast nur Makasar hier lebten. Da die Makasar als Menschen gelten, die viel Alkohol trinken, werden sie per se mit Konflikten assoziiert. Rappocini war für viele folglich so lange eine mit dem Begriff *daerah Texas* charakterisierte, konfliktreiche und "ungeordnete Gegend" (*daerah belum teratur*), wie hier ausschließlich Makasar wohnten. Erst 1972 zogen die ersten Toraja als nichtislamische Bewohner in dieses Stadtgebiet.

Noch Mitte der 1970er Jahre gab es in Rappocini kaum befestigte Wege. Die wenigen, die vorhanden waren, wurden in Gemeinschaftsarbeit errichtet oder von einzelnen Hausbesitzern gebaut. Mancher Weg hört noch heute abrupt auf, weil sich bei seinem Bau vor 20 Jahren nicht alle Nachbarn zusammenraufen konnten, um sich am Wegebau zu beteiligen. Innerhalb eines Entwicklungsplanes für Süd-Sulawesi wurde damals mit dem Slogan "Strom kommt ins Dorf" (*listrik masuk desa*[105]) Elektrizität in stadtnahe und einige ländliche Gebiete gebracht, so auch in Teile Rappocinis. Bis in die 1970er Jahre gab es sehr viel Boden; der Preis betrug nur etwa Rp. 50,- bis 100,-/m² je nach der Nähe zu Wegen. Die Käufer errichteten auf den Grundstücken Häuser, die sie selbst bezogen oder vermieteten. Spätere Konflikte um den Besitz des Bodens waren aber schon vorprogrammiert. Es gab zwar ein Komitee (*panitia*), das die Verkäufe regeln sollte und das mit dem *camat*, dem *lurah*, Angehörigen der Stadtverwaltung sowie islamischen Vertretern und Angestellten der Planungsinstanz (*BAPPEDA*) besetzt war. Tatsächlich war aber die Ausgabe der Zertifikate (*persil*) nicht eindeutig geregelt. So kam es vor, daß der *lurah* Zertifikate für Landstücke vergab, die gar nicht zum Verkauf seitens der absentistischen Eigner in Gowa freigegeben worden waren. Die Situation war nach Aussagen von Stadtbediensteten damals äußerst "durcheinander" (*bingung*[106]).

Im Prozeß des Verkaufs des ehemals von Herrschern in Gowa besessenen Landes wurde auch kräftig spekuliert. Die Angehörigen Gowas verkauften den Boden nämlich zunächst "direkt ans Volk". Daraufhin kaufte die Stadtregierung (*pemerintah*) selbst Land. Ursprünglich sollte eine Firma, die bis heute vom damaligen *walikota* Patompo besessen wird, sämtliches Land in Rappocini westlich der Jl. Petterani kaufen und im Rahmen der Stadtplanung bebauen. Der Firma wie der Stadt fehlte aber das Geld, um genügend große Flächen anzukaufen. Hier ist ein Punkt, wo die Entwicklung in der Nachbarschaft von der anderer Städte Südostasiens abweicht (vgl. Evers 1984, 1988). Es kam nämlich dazu, daß einzelne Käufer Stück-für-Stück das Land, das eigentlich mit Wohneinheiten regelmäßig bebaut werden sollte, aufkauften. Nur ein kleines Gebiet, das von der Firma frühzeitig genug aufgekauft worden war, wurde parzelliert und an Privateigner weiterverkauft. Das sieht man heute noch deutlich in der Anordnung der Gebäude, die allerdings, anders als in der Planung vorgesehen, viele freie Grundstücke und eine fehlende Infrastruktur aufweist.

---

[105] In Anspielung auf den Slogan *ABRI masuk desa* ("Das Militär kommt ins Dorf")
[106] Laut einer Umfrage wußten im Jahre 1977 nur 56% der Bewohner im Rappocini benachbarten Pannakkukang überhaupt von der Existenz von Landbesitzzertifikaten und nur 34% hatten sie verstanden; bei den Bauern waren es nur 37% bzw. 21% (Hafid 1981:Tab.4). Auch wenn die Vermutung nahe liegt, daß Schutzbehauptungen der Befragten dahinter stehen, zeigt sich doch die Unklarheit der damaligen Rechtslage.

In den Jahren 1971 bis etwa 1977 gab es Bestrebungen, das Gebiet trotz der verstreuten privaten Ansiedlung flächendeckend mit Wohneinheiten zu bebauen. Zu diesem Zweck versuchte man, Familien, die schon gebaut hatten, zum Wegzug zu bewegen oder gar dazu zu zwingen. Schon 1971 bildete sich jedoch eine Protestgruppe, in der einige Personen mit Universitätsabschluß mitwirkten. Die Mitglieder lehnten sich gegen die Pläne auf. Die Bürger wollten "sich verteidigen" und das auch "durchhalten" (*kita bertahan*). Kurzerhand kopierten sie alle ihre Besitzurkunden und wurden als Gruppe im Büro der Baufirma vorstellig. Patompo war zwar selbst Besitzer dieser Firma, wollte aber als Bürgermeister "seine Bevölkerung" (*warga dia*) nicht knebeln. Das ist einer der Gründe, warum er heute noch bei der Bevölkerung allgemein "(hoch) geschätzt" (*dihargai*) ist. Die Stadt verkaufte das Land dann wieder "ans Volk", was von manchen Gesprächspartnern als *spekulasi* gesehen wurde. Andere Teile des Bodens wurden von der Stadtverwaltung an Grundstücksunternehmen verkauft. Diese ihrerseits verkauften den Boden dann weiter an private Bauherren. Ab 1977 wurden in Rappocini die ersten Reihenhaussiedlungen mit finanzieller Unterstützung der Regierung durch die 1974 gegründete nationale Wohnungsbaugesellschaft *Perusahaan Umum Pembangunan Perumahan Nasional* (kurz auch *Perumahan Nasional*, PERUMNAS; vgl. Rosser 1983 als Überblick) erbaut. Man nennt diese Siedlungen heute einfach *BTN* nach der *Bank Tabungan Negara*, einer staatlichen Sparkasse, die die Finanzierung der Bauten organisiert. Zu dieser Zeit hatte das damalige *lingkungan* Rappocini (als Verwaltungseinheit dem heutigen *kelurahan* entsprechend) 12.520 Einwohner. Von der Landnutzung her gehörte das Areal zur Peripherie der Stadt bzw. zum Übergangsgebiet zwischen Land und Stadt. In einem von lokalen Wissenschaftlern durchgeführten Survey wurde Rappocini noch 1974 als "weit vom Stadtzentrum entfernt", noch nicht als "stadtrandlich" eingestuft (z.B. Walinono et al. 1974/75:Tab. L14). Die an Rappocini angrenzenden, bereits vor der Stadterweiterung zu Ujung Pandang gehörenden Gebiete, wie z.B. Maricaya, waren dagegen schon damals Mittelklassevororte (*suburbs*; Forbes 1979:13) mit starkem Kleinhandel in einer "Übergangszone" (*zone-zone transisi*).

Bis etwa Mitte der 1970er Jahre waren fast alle Einwohner Rappocinis arm. Forbes beschreibt Rappocini zu dieser Zeit als lokales und regionales Auffanggebiet für Arme: "The suburb now houses the poor from the city and the poor from the periphery" (Forbes 1979:16). In unmittelbarer Nachbarschaft Rappocinis vollzogen sich aber wichtige Wandlungen: Vom Westen her näherte sich eine Siedlungs-*frontier* durch zunehmenden privaten Kauf von kleinen Landstücken; von Norden rückten die Bauarbeiten im Rahmen des *Proyek Pannakukang* vor, das die östlichen Stadtrandgebiete erschließen sollte. Der Kernbereich Rappocinis entsprach damals zumindest äußerlich noch dem, was für das ländliche Süd-Sulawesi charakteristisch ist, nämlich aus *kampung* und Reisfeldern. Fast alle damaligen Einwohner stammten aus Süd-Sulawesi, etwa 3/4 waren sogar in Makassar/Ujung Pandang geboren (Forbes 1979:16 und Tab. 4). Aber das Gebiet Rappocinis war zu dieser Zeit auch im Inneren schon im Umbruch. Der Reisbau wurde nämlich schnell mehr und mehr aufgegeben. Die ersten Siedler außerhalb der alten kompakten *kampung* kombinierten den Reisbau schon mit dem Anbau von Gemüse in ihren Gärten, das sie auf den Hauptstraßen der Stadt verkauften. Das Land wurde in die urbane Wirtschaft eingegliedert, wobei 1976 noch offen war, ob der informelle Sektor hier in breitem Maße Fuß fassen würde. Es gab nämlich erst 99 mobile und nichtmobile Betriebe im informellen Bereich, im nahegelegenen Maricaya mit nur etwas mehr Einwohnern (15.624 gegenüber 12.520) dagegen schon 632 (Forbes 1979:16,Tab. 4). Damals überwogen kleine feststehende *warung* sowie umherziehende Kleinhändler, die ihre Waren auf der Schulter tragend zu Fuß umherzogen oder sie von Körben an ihrem Fahrrad aus verkauften. Für weitergehenden Bedarf an Gütern und Dienstleistungen mußten die Bewohner die Siedlung verlassen und andere Stadtteile aufsuchen.

Unter den Menschen, die in Rappocini wohnten und im informellen Sektor beschäftigt waren, waren besonders viele Fahrer von Fahrradikschas (*tukang becak*). Aufschlußreich ist aber, daß von diesen fast alle in anderen Stadtteilen arbeiteten. Das lag daran, daß dort die zahlungskräftige Kundschaft wohnte, nämlich die Mittel- und Oberschicht. Wie in ländlichen Regionen war der informelle Sektor eine wichtige Einkommensquelle. Er hatte aber noch keine zentrale Rolle als Versorgungsinstanz der städtischen Bevölkerung (Forbes 1979:19). Die Verbreitung des informellen Sektors, insbesondere von Fahrradrikschafahrern kann also als ein Indikator für den anfänglichen Übergang des Viertels vom ländlich geprägten Armenviertel zum städtischen Gebiet mit Bewohnern mittlerer Schicht gewertet werden. Die später folgende Ansiedlung von chinesischen Geschäftshäusern ist dagegen schon ein Anzeichen dafür, daß sich Angehörige der Mittelschicht im Gebiet schon stärker etabliert hatten.

Im Jahre 1976 wurde der Ausbau der Hauptstraße, der Jl. Rappocini Raya begonnen; sie wurde erweitert und asphaltiert. Die gesamten Vorarbeiten führten die Bewohner in gemeinschaftlicher Arbeit (*gotong royong*) aus. Da es sich um eine Straße der Kategorie "Landstraße" (*jalan daerah*) handelte, übernahm die Stadtverwaltung selbst nur die abschließende Asphaltierung. Außerdem wurden zwei Schulen gebaut (*Nahdyat, AISIA* mit Kindergarten), beide jedoch als private Stiftungen. Mit neuen Wegen und Straßen wurde Rappocini für die allgemeine Besiedlung und besonders für die Ansiedlung von Geschäften zu einer "geöffneten Gegend" (*daerah buka*), wie eine verbreitete Formulierung es ausdrückt. Man sagt, daß der Stadtteil von den Bewohnern und den Zugezogenen ab dann "ins Geschäft genommen werden konnte" (*bisa berbisnis*).

Der wirtschaftliche Aufschwung hatte aber über differenziellen Zuzug auch Konsequenzen für die ethnische Zusammensetzung der Bewohner und damit für die soziale Umwelt der später hinzuziehenden Familien[107]. Um 1976 begann der verstärkte Zuzug von Familien aus anderen Gebieten und z.T. anderer ethnischer Herkunft. Jetzt waren es Bugis, Mandar und Toraja, die sich in immer größer werdendem Umfang hier niederließen. In der Wahrnehmung der Bewohner ist es ein entscheidender Punkt, ob eine ethnische Gruppe (*suku, etnis*) die Mehrheit (*majoritas*) unter den Bewohnern eines Stadtteiles stellt; ab wann sie "gewinnt" oder aber "verliert". Dieser ethnische "Wechsel" (*pengantian*) war in Rappocini

---

[107] In Anbetracht häufiger Konflikte ist das Problem der Integration von Neuzuzüglern im indonesischen Kontext, abgesehen von klar unterschiedenen Migrantengruppen in Städten, bislang eindeutig zu wenig untersucht worden (vgl. Tarnutzer 1993b:29ff. zu Denpasar in Bali).

um 1976 erreicht, als die Makasar ihre Majorität verloren. Um diese Zeit entstanden die ersten mehrstöckigen Häuser (*rumah susun*, Leo, 14.7.91; Har, 26.12.91). Dies ist ein deutlicher Hinweis darauf, daß in dieser Phase Kapital, meist chinesisches, aber auch buginesisches, in Rappocini Fuß faßte. Im Jahre 1977 gab es im Gebiet des heutigen *RT* nur neun Häuser, um die herum noch Reisfelder lagen.

Ende der 1970er Jahre wurden Veränderungen in der lokalen Verwaltung vorgenommen. Einige *RW* wurden anders numeriert und als neuere kleinste administrative Struktur unter dem *RW* wurde die Nachbarschaftsassoziation, das *Rukun Tetangga* (*RT*), eingeführt. Der erste Vorsteher des untersuchten *RT* war ethnisch ein Mandar. Seine damalige Wahl führt er heute darauf zurück, daß er ein junger enthusiastischer Mann war, daß er unbestechlich war (*tidak minta uang rokok*; wörtl. "kein Zigarettengeld/Trinkgeld forderte"), daß er aktiv bei der Gemeinschaftsarbeit mitmachte und der Allgemeinheit viel spendete. Damals stellten Makasar noch etwa 80 % der Bevölkerung; ein Fünftel waren Zuzügler (*pendatang*; wörtl. "Angekommene"). Die Hauptstraße reichte bis zur Moschee. Bis etwa 1976 soll es im Gebiet religiöse Treffen (*Natul Bersama*) gegeben haben, die wahrscheinlich im Freien veranstaltet wurden. Befragte meinen, es gebe sie heute "aus Platzmangel" nicht mehr. Das Leben war damals von Diebstählen, Morden und Konflikten um Grundstücke gekennzeichnet. Es gab neben *becak*-Fahrern, Bauarbeitern und Schreinern nur noch wenige Bauern. Auf den Arealen, auf denen Reis angebaut wurde, durfte immer noch die bearbeitende Person (*pengarap*) die Ernte, z.T. ganz, an sich nehmen (*tidak dimanfaat*). Der Boden war nach wie vor zwar billig (Rp. 1.000,-/m^2), aber wegen der vertrackten, ja teilweise fast anarchischen Rechtssituation gab es weiterhin beim Bau von Häusern etliche Konflikte. Ein Bauwilliger mußte zunächst den Besitzer des Grundstückes um Bauerlaubnis fragen. Dann brauchte er die offizielle schriftliche Genehmigung seitens der lokalen Stadtteilbehörde. Schließlich mußte auch noch die Bausektion der Stadtverwaltung (*Seksi Pembangunan*) zustimmen (vgl. Leaf 1993 zu kolonialen Ursprüngen "parallelen Rechts" in Jakarta). Daneben war aber immer noch die Zustimmung seitens des o.g. mächtigen Mannes notwendig, der, wie es heutige Bewohner formulieren, "für die Alteingesessenen und Angesehenen" (*sebagai orang tua dan tokoh masyarakat*) sprach.

Durch "interne" Regelungen konnte die offizielle Genehmigung umgangen werden, was in der Bevölkerung als "zeitweiliges Bauen" (*bangun sementara*) umschrieben wird[108]. Wenn man keine Beziehungen und Beschützer hatte, kam es durchaus dazu, daß illegal gebaute Häuser durch Angestellte der Stadt (*Persatuan Tugas*, *SATGAS*) und der Stadtwerke abgerissen wurden, wofür zeichenhaft bis heute der gefürchtete "rote Wagen" (*mobil merah*) steht. In dieser unübersichtlichen Situation entwickelte sich das Makeln und Vermitteln als Nebentätigkeit. Dies betraf und betrifft bis heute auch die Besorgung von Erlaubnisscheinen (*izin*) für die Errichtung von Gebäuden. Noch 1980 schützte der oben beschriebene mächtige Mann Bauherren vor der Polizei, preßte ihnen aber dafür Geld, Unterordnung und die Garantie ab, die Baumaterialien ausschließlich bei

---

[108] Dies ist eine Kategorie, die auch in Landnutzungsplänen auftaucht, dort allerdings für legale zeitweilige Bauten. Noch heute tragen fast alle Häuser der Gegend, auch die Steinbauten, in den Katasterplänen die Signatur "zeitweilig" (*sementara*).

ihm zu kaufen. Selbst heute noch versucht er, z.T. erfolgreich, zu verhindern, daß Lieferwagen Material anderer Baugeschäfte durch den Weg transportieren, an den sein Haus grenzt! Er erklärt dann einfach, die kleine Brücke am Anfang des Weges würde die Belastung nicht aushalten und versucht damit, Geld zu erpressen.

Tab. 17: Wohndauer in der untersuchten Nachbarschaft: Ein junges Stadtviertel

Jahr der Ansiedlung / des Einzuges	Wohndauer (Referenzjahr: 1991)	Anzahl der Haushalte	%	kumulative %
bis 1970	20 Jahre und mehr	1	0,9	0,9
1971 bis 1976	15 bis 19 Jahre	8	6,9	7,8
1977 bis 1980	11 bis 14 Jahre	21	17,9	25,9
1981 bis 1985	6 bis 10 Jahre	24	19,7	45,7
1986 bis 1990	2 bis 5 Jahre	35	30,2	75,9
nach 1990	bis zu 1 Jahr	28	24,2	100,0
	Summe	117	100,0	100,0

Tab. 18: Perioden des Aufbaus der Siedlungsstruktur nach Baugeschichtsdaten (kumulierte %; insgesamt für alle 117 Häuser erhoben)

	Ansiedlungsjahr des Haushalts	Baujahr des ersten nicht permanenten Hauses (meist aus Bambus)	Bau des jetzigen Hauses (meist ein Steinhaus)
bis 1970	0,9	2,9	1,1
1971 bis 1980	25,9	52,9	37,0
1981 bis 1990	90,5	100,0	98,9
1991 und 1992	100,0		100,0
valide Fallanzahl	116	34	92
k.Angabe bzw. nicht zutreffend	1	83	25

Bis etwa 1980 betrafen die interethnischen Auseinandersetzungen, die in Makassar/Ujung Pandang immer virulent waren, in starkem Maß auch Rappocini. Diese ethnischen Konflikte spielten sich oft zwischen Makasar, häufig aus dem Ort Jeneponto, einerseits und Gruppen aus Flores, Enrekang, Palopo und Mandar andererseits ab und stehen in Beziehung zur Geschichte der Konflikte in früheren Zeiten. Rappocini war bis in diese Zeit ein Rückzugs- und Fluchtort, wo sich Makasar sicher fühlen konnten. Die Angehörigen der anderen Gruppen betraten das Gebiet aus Furcht kaum. Noch heute sind einige Konflikte in der Nachbarschaft einerseits ethnisch geprägt und andererseits von dem Gefühl einiger *orang asli* gefärbt, sie seien der "Hausherr" (*tuan tanah*) dieses Gebiets. Die Tabellen 17 und 18 zeigen, daß das Untersuchungsgebiet eine junge Nachbarschaft ist und daß die Besiedlung zwischen 1971 und 1980 sprunghaft stieg.

5.1.4 Wirtschaft und Ethnizität: Verdrängung
der Makasar seit den 1980er Jahren

Wie oben dargestellt wurde, bestand Rappocini bis 1971 aus dicht besiedelten, ethnisch fast rein makasarischen *kampung*, zwischen denen unbesiedelte Reisfelder lagen. Diese strukturelle Zweiteilung, die sich räumlich in einem Flickenteppich-Muster äußerte (Abb. 27), hatte soziale Konsequenzen und macht sich bis heute im ethnischen Proporz bemerkbar. In solchen *RW*s, deren Grenzen den alten makasarischen *kampung* entsprechen, stellen die Makasar immer noch die Mehrheit der Bewohner (z.B. 70 % in *RW* 1, etwa 80% in Banta-Bantaeng). In denjenigen Gebieten, die bis in die 1970er Jahre noch unbesiedeltes Reisland waren, sind die Makasar dagegen schon in der Minderheit: Heute leben z.B. in der untersuchten Nachbarschaft knapp 30% Bugis, dagegen nur knapp 15% Makasar.

Dieser Unterschied zwischen ehemaligen makasarischen *kampung*, die immer noch von Makasar dominiert sind, einerseits und anderen, die ebenfalls früher monoethnisch waren, aber daneben erst jüngst besiedelte Flächen umfassen und damit ethnisch gemischter sind, ist vermutlich der Grund dafür, daß einige Gebiete ihre alten Namen behalten haben (z.B. Banta-Bantaeng). Andere alte *kampung*-Namen sind dagegen in Vergessenheit geraten und die entsprechenden Gebiete werden heute nur mit einer *RW*-Nummer angesprochen (z.B. das frühere Tandrang und Latundrung). In einigen schon lange bewohnten Gebieten ist das Leben noch heute eine Grenzerfahrung, "... betwixt and between a village and an urban world", so wie es Volkman (1994:570) in Anspielung auf Victor Turner zu einem Viertel in Majene im nordwestlichen Süd-Sulawesi schreibt.

Die genannten Zahlen der ethnischen Zusammensetzung machen die Umschichtung deutlich, die in den 1970er und vor allem ab den 1980er Jahren erfolgt ist und die als "Ablösung" oder "Verdrängung" wahrgenommen wird. Zuerst kamen vor allem Mandar, dann Bugis und Toraja und schließlich zuletzt Chinesen in diesen ursprünglich rein makasarischen Ort. Rappocini wurde zu einer ethnisch "heterogenen Siedlung" (*kampung heterogen*), wie die Bewohner es ausdrücken (vgl. auch 5.6.1).

Ab dem Jahre 1985 waren Bugi in dieser multiethnischen Siedlung dominant (*dominan*). Wenn die Bewohner auf das Thema des Umganges von ethnisch verschiedenen Menschen in dieser Gegend zu sprechen kommen, betonen sie vielfach deren friedliches Miteinander. Es gebe eben hier eine "Moral zwischen den Ethnien, anders als in Jugoslawien" (*ada etis antara suku, tidak sama Jugoslavia*). Das allgemeine Verständnis geht dahin, daß heute das "Nachbarschaftsleben" (*secara tetangga*) die alten, nach ethnischen Maximen geprägten Verhältnisse verdrängt habe. Heutzutage, so die Formulierung eines Informanten, sei das "System Familie verschwunden" (*sistem keluarga hilang*; Tal, 11.12.91). Das ist ein weiteres Beispiel für die Auffassung einer deutlich gerichteten Geschichte und deckt sich kaum mit der Existenz ethnisch gefärbter Konflikte in der Nachbarschaft, die sich neben anderen durchaus feststellen lassen.

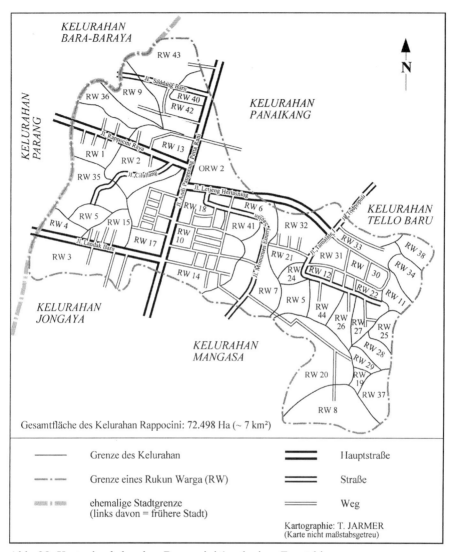

Abb. 28: Karte des *kelurahan* Rappocini (nach einer Faustskizze des Kantor Kelurahan Rappocini, 1991)

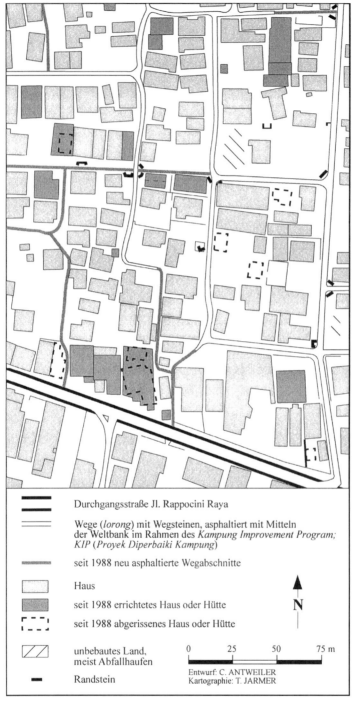

Abb. 29: Bauliche und infrastrukturelle Veränderungen in untersuchter Nachbarschaft und Umgebung zwischen 1988 und 1991

In Rappocini gab es bis in die Mitte der 1980er Jahre keine chinesischen Bürger (*orang cina*). Die allgemeine Erklärung besagt, "sie hatten Angst" (*takut mereka*) um ihre Sicherheit und siedelten nur in den traditionellen Chinesenvierteln der Innenstadt (vor allem im *Kampung Melayu*). Der in den letzten Jahren verstärkte Zuzug von Chinesen ins Gebiet wird von Angehörigen anderer ethnischer Gruppen als deutliches Zeichen gewertet, daß dieses Gebiet jetzt "schon sicher" (*sudah aman*) ist. Man sagt, daß "es anfängt, daß (sogar) schon Chinesen hereinziehen" (*mulai cina sudah masuk*). Auch im Vergleich von Stadtteilen in emischer Sicht dient als ein Maßstab für deren jeweilige Sicherheit, ob dort Chinesen wohnen. Es wird z.B. gesagt, daß die Chinesen zwar eigentlich lieber unter sich seien, aber "ökonomisch denken und die jetzt schon hohen Bodenpreise zahlen, weil sie wissen, daß der Straßenbau die Bodenpreise in die Höhe treibt" (Bal; 2.9.91). Der verstärkte Zuzug der Chinesen ist primär wirtschaftlich motiviert, begann 1987 und hält unvermindert an. Die Gegend ist wegen des guten Verkehrsanschlusses sowohl zur Innenstadt als auch zum Umland nach Gowa-Sungguminasa (über die Jl. Rappocini Raya) sowie angesichts der vergleichsweise noch geringen Bodenpreise geeignet als "strategischer Ort" (*tempat strategis*). Die Chinesen siedeln jedoch, wie in vielen Städten Südostasiens, ausschließlich in einer einzigen Hauszeile unmittelbar an der Hauptstraße[109]. An dieser Hauptstraße bestimmen die meist chinesische Wohn-Geschäftshäuser (*rumah toko*; kurz *ruko*) heute schon so deutlich das Bild. Es handelt sich dabei um Häuser auf schmalen, aber langen Grundstücken, in denen ein Geschäftsbereich im unteren Geschoß mit der Nutzung als Wohnung im oberen kombiniert ist. Wegen der zunehmenden Zahl dieser *ruko* nennen manche Bewohner den Ortsteil spaßeshalber *Rappocina*.

Ein wichtiger Motor der ethnischen Umschichtung waren die schon oben angeführten Maßnahmen der Stadtplanungsbehörden. Unter Patompo als Bürgermeister wurde eine Bestimmung erlassen, in der die Jl. Rappocini Raya als Gebiet für Wohnsiedlungen (*perumahan*) ausgewiesen wurde. Tatsächlich gab es jedoch in diesem Teil Rappocinis 1991 nur eine einzige Wohnsiedlung[110]. Sie wurde von einer Stiftung für Gesundheit erbaut, dann aber 1990 an die staatliche Ölgesellschaft *PERTAMINA* verkauft. Hier leben heute deren Mitarbeiter, die früher über das Stadtgebiet Ujung Pandangs verstreut wohnten und bis heute kaum in die Siedlung integriert sind. Bei der Planung anderer Wohnsiedlungen ist es allerdings zu krassen Fehlschlägen gekommen. So stehen am großen Entwässerungskanal in Rappocini seit Jahren über zwanzig Wohneinheiten völlig leer. Sie haben keine Türen und Fenster, und ihr Zustand ist schon so heruntergekommen, daß sie kaum mehr beziehbar sind und der davor liegende Weg ist nicht befestigt[111]. Die gegenüber auf der anderen Seite des Kanals liegenden, zur Stadt gewandten Einheiten dagegen sind bewohnt und haben Anschluß an eine asphaltierte Straße. Die Gründe dafür, daß der eine Komplex nie bezogen wurde und

---

[109] Aufschlußreich ist ein letztlich gescheiterter Versuch einer chinesischen Familie, sich "im Inneren", d.h. abseits der Straße im Gebiet der *lorongs*, anzusiedeln, unter den Bewohnern des öfteren erzählt wird.
[110] Bei Wiederbesuchen in den Jahren 1996 und 1997 stellte ich dann fest, daß innerhalb kürzester Zeit neue Wohnsiedlungen nahe der Jl. Rappocini Raya errichtet worden sind.
[111] Zur Zeit eines Wiederbesuchs (1997) waren die Einheiten renoviert und bezogen.

jetzt ungenutzt dasteht, sind unklar. Einige Befragte meinten, der Kanal stinke; Nachbarn sagten, in den Brunnen sei das Wasser salzig, was sich schnell herumgesprochen habe. Wieder andere führten den Fehlschlag darauf zurück, daß der Straßenanschluß fehle. Ursprünglich war die Hauptstraße nicht für Geschäftshäuser geplant; ja sogar bis heute ist der Bau von Geschäftshäusern de jure verboten. Faktisch aber wird es nicht verhindert. In den Ämtern sagten mir Beamte lakonisch, daß "das Volk nicht aufgehalten wird" (*masyarakat tidak dapat dihalang*).

Im Jahre 1983 wurde die Hauptstraße nochmals ausgebaut und jetzt bis zur Umgehungsstraße asphaltiert, 1986 noch einmal asphaltiert und 1987 mit einem *Hotmix* genannten Belag versehen. In den Jahren 1990 und 1991 während meiner Feldforschung wurde die Straße wiederum asphaltiert. 1991 und 1992 wurden die an der Straße liegenden Häuser an eine Trinkwasserleitung angeschlossen. Hier spielten und spielen die politisch wichtigen Bodenbesitzer, die z.T. an dieser Straße wohnen, eine entscheidende Rolle. Etwa 40% der Grundstücke an der Straße gehören einem reichen Bugi, der auf dem Bodenbesitz aufbaute, den er von seinem Vater, einem bekannten islamischen Lehrer (*kiai*) geerbt hatte. Weitere 30% des Bodens sind im Besitz von Mitgliedern seiner weiteren Familie. 10% gehören einem chinesischen Geschäftsmann und 10% der Stadt. Schon heute sind 40% der Gebäude Wohn-cum-Geschäftshäuser. 1991 wurden 70 bis 80 dieser *ruko* von Chinesen besessen, davon 15 von einer einzigen Person, 13 von Bugis und nur jeweils eines von einem Mandar und einem Makasar (Har, 26.12.91). Hier zeigt sich also eine deutlich ethnisch vom restlichen Gebiet abgetrennte und derzeit noch sehr schmale *frontier* wirtschaftlicher Aktivität und Kapitalakkumulation, die maßgeblich von Chinesen und Bugis getragen wird.

5.2   Knotenpunkte des Alltagslebens

5.2.1   Haushalt, Nachbarschaft und Arbeitsplatz

Die Haushalte und ihr unmittelbares Umfeld einerseits und der meist in der Innenstadt liegende Arbeitsplatz andererseits bilden die zwei wichtigen Pole des Alltagslebens. In Rappocini leben Angehörige vieler ethnischer Gruppen, die vor allem aus Süd-Sulawesi, aber auch aus anderen Teilen Indonesiens kommen (Tab. 19). Zu den aus Süd-Sulawesi stammenden zählen Angehörige der Makasar, der Bugis, der Mandar und der Toraja. Daneben wohnen hier Familien aus Zentral- und Nord-Sulawesi, aus Java, aus Kalimantan, aus Timor und Flores in Ostindonesien und in geringerem Maß aus anderen Regionen Indonesiens. Heute ist aber schon fast die Hälfte der Bewohner in Ujung Pandang selbst geboren worden (vgl. dagegen die Daten zur Elterngeneration in Tab. 15). Die meisten Familien sind von anderen Stadtteilen Ujung Pandangs hierher gezogen, nachdem sie früher auf der Suche nach physischer Sicherheit (wegen der politischen Auseinandersetzungen auf dem Lande) sowie nach Arbeitsplätzen oder höheren Schulen in die Stadt migriert waren.

Tab. 19: Regionale Herkunft in der untersuchten Nachbarschaftseinheit

Region des Geburtsorts	Anzahl	%	kumulative %
Ujung Pandang (bzw. früheres Makassar)	302	46,2	46,2
Süd-Sulawesi außerhalb Ujung Pandangs/Makassars	275	42,1	88,3
Nord-, Zentral- und Südost-Sulawesi	13	2,0	90,3
Ostindonesien außerhalb Sulawesis	10	1,5	91,8
restliche Außeninseln (*Outer Indonesia*)	9	1,4	93,2
Java	38	5,8	99,0
außerhalb Indonesiens	1	0,2	99,2
keine Angabe	5	0,8	100,0
Summe	653	100,0	

Tab. 20: Ethnische Zusammensetzung der Nachbarschaftseinheit

Ethnische Zugehörigkeit der Haushaltsmitglieder (ohne die zeitweiligen Bewohner)	Anzahl der Haushalte	%	kumulative %
sämtlich Bugis	33	28,2	28,2
sämtlich Makasar	16	13,7	41,9
sämtlich Mandar	13	11,1	53,0
sämtlich Toraja	6	5,1	58,1
gemischt, sämtlich aus Süd-Sulawesi	18	15,4	73,5
gemischt, mindestes eine Person von außerhalb Süd-Sulawesi	31	26,5	100,0
Summe	117	100,0	

Angesichts der vielen verschiedenen Menschen, die hier wohnen, verwundert es nicht, daß den Bewohnern Rappocini, wie schon erwähnt, als "gemischte" Siedlung (*kampung campuran, kampung heterogen*[112]) erscheint. Dies gilt auch für die Anordnung der Haushalte: nur einige Häuser von Toraja stehen dicht beieinander, weil ihre Grundstücke aus einem ursprünglich größeren, von einem torajanischen Makler gekauften Grundstück abgeteilt wurden (Abb. 30). Sogar die Haushalte selbst sind zum großen Teil ethnisch gemischt (Tab. 20). Die Tabellen 21 und 22 zeigen, daß in der untersuchten Nachbarschaft viele junge und gut ausgebildete Menschen wohnen und daß viele von ihnen Beamte (*pegawai negeri*) sind. Es sind verschiedene Berufe und Einkommensgruppen vertreten, so daß man im rein ökonomischen Sinn nicht von einer homogenen Mittelschichtnachbarschaft sprechen kann. Im städtischen Indonesien läßt sich die Mittelschicht aber, wie in weiten Teilen Südostasiens, eher durch die Art des Gelderwerbs als über das gegenwärtige Einkommen, den Typ der Behausung, den Bildungsgrad und durch die Konsummuster bestimmen (Bovill 1986:54f. für Medan, Hollnsteiner-Racelis 1988 bzgl. Manila). Nach diesen Kriterien handelt es sich bei dieser Nachbarschaft um einen von der Mittelschicht dominierten Stadtteil.

---

[112] Einige Bewohner benutzten auch den offiziellen Terminus "Vermischung" (*pembauran*); dieser wird jedoch in erster Linie für (offiziell angestrebte) Heiraten von Chinesen mit Indonesiern verwendet.

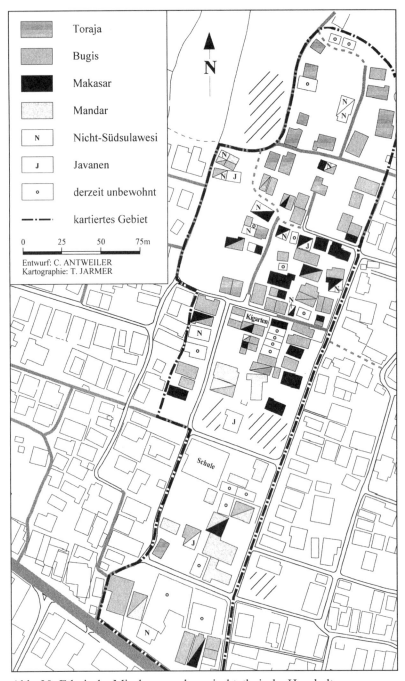

Abb. 30: Ethnische Mischung und gemischtethnische Haushalte in der untersuchten Nachbarschaft

Das Siedlungsbild und Alltagsleben in dieser Nachbarschaft läßt sich wie folgt charakterisieren. Abseits der Autostraßen ist Rappocini eine sehr unübersichtliche Siedlung. Das Gebiet besteht vorwiegend aus einfachen, oft ärmlichen, einstöckigen Häusern. Sie stehen einmal sehr dicht aneinander, ein anderes Mal liegen zwischen einzeln stehenden Häusern größere freie Flächen, auf denen Gras wächst, Unrat liegt oder Fundamente für geplante Häuser stehen. Außer an der großen Straße finden sich nur wenige mehrstöckige Häuser. Es gibt auch kaum Gebäude, in denen mehrere Mietparteien wohnen. Fast alle Häuser sind über schmale, meist asphaltierte, miteinander verbundene Wege (*lorong*); einige jedoch nur über Feldwege und das auch nur außerhalb der Regenzeit erreichbar. Das Straßenbild wird tagsüber bis in den Nachmittag vor allem von Kindern, Schülern, Hausfrauen, durchziehenden Händlern und Fahrradrikschas bestimmt. Von den erwachsenen Einwohnern sind besonders die Männer bis zum frühen Nachmittag kaum zu sehen. Sie arbeiten in den Büros in der Stadt oder sind zwecks Handel unterwegs. Mit der Fahrradriksha lassen sich Hausfrauen zum nahe gelegenen Markt und auch die Kinder zur Schule fahren, wenn diese nicht zu Fuß zu erreichen ist. Die Angestellten fahren meist mit dem Motorrad oder einem Motorroller zu ihren Arbeitsstellen in der Innenstadt. Oder sie gehen zur nächsten größeren Straße und halten eines der Sammeltaxis an.

Tab. 21: Altersaufbau des untersuchten *RT*: eine junge Bevölkerung

	Personenanzahl	%	kumulative %
keine Angabe	1	0,2	0,2
1 bis 10 Jahre	152	23,3	23,4
11 bis 20 Jahre	160	24,5	47,9
21 bis 30 Jahre	161	24,7	72,6
31 bis 40 Jahre	77	11,8	84,4
41 bis 50 Jahre	57	8,7	93,1
51 bis 60 Jahre	33	5,1	98,2
61 bis 70 Jahre	9	1,4	99,5
71 bis 80 Jahre	2	0,3	99,8
81 bis 90 Jahre	1	0,2	100,0
Summe	653	100,0	

Tab. 22: Einkommen der Haushalte in der untersuchten Nachbarschaft

monatliches Geldeinkommen in indonesischen *Rupiah* (Rp.; 1.000 Rp. entsprachen 1991/1992 etwa 1 DM)	Fallanzahl	%	kumulative %
0 bis 150.000,-	36	32,7	32,7
über 150.000,- bis 300.000,-	36	32,7	65,5
über 300.000,-	38	34,5	100,0
Summe	110 (von 117)	100,0	
davon Rp. bis 72.000,- (offizielle städtische Armutsgrenze)	11	10,0	10,0

Das Leben in Rappocini ist laut. Morgens krähen ab etwa 5 Uhr die Hähne; ab ca. 5.30 Uhr werden Radios angeschaltet, die bis in den späten Nachmittag in der ganzen Nachbarschaft Schlagermusik erklingen lassen. Geschirrklappern, das Ausklopfen der Matratzen, lärmende Kinder und Mütter, die ihnen laute Anweisungen geben, sind immer zu hören. Aus den Badezimmern hört man laut das Wasser, wenn es auf den Körper geschüttet wird und auf die Bodenkacheln aufklatscht. Auch die ersten Motorräder und Motorroller werden gestartet und mehrere Minuten lang laut warmlaufen gelassen. Eisentore öffnen sich quietschend. Javanische Händler werfen ihre Brenner an, um Beilagen für das Speiseeis herzustellen, das sie dann tagsüber verkaufen werden. Früh morgens treffen die ersten fahrenden Händler von außerhalb mit ihren Wägelchen ein. Sie ziehen durch die Wege und verkaufen ihr jeweils sehr spezielles Angebot. Bis nach Sonnenuntergang erschallt ihr Rufen, Hupen, Pfeifen, Klingeln und das Schlagen von Gongs oder andere Geräusche, mit denen sie auf ihre besondere Ware aufmerksam machen. Diese Laute bestimmen, neben dem Motorradlärm und den Geräuschen aus den Häusern selbst, vormittags und nachmittags die Geräuschkulisse. Aus den Häusern dringen immer wieder die gleichen Bemerkungen, die das Alltagsleben prägen, etwa *bagus, pintar!* ("gut, (er/sie/es) kann es"), *yangan nakal* ("sei nicht ungezogen"), *dia sakit* ("er/sie ist krank"), *sayang!* ("Du Armes!"), *ambillah itu!* ("nimm das!"), *simpan dulu* ("erstmal wegtun, aufbewahren"), *minta* ("etwas erbitten"), *carilah!* ("such!") oder *minumlah* ("trink!").

Um die Mittagszeit, nachdem die Schulkinder lärmend von der Schule nach Hause gekommen sind, ist es bis zum Nachmittag etwas ruhiger. Später am Nachmittag, wenn es nicht mehr ganz so heiß ist, lassen sich bis zum Sonnenuntergang spielende Kinder und begeisterte Rufe von Aktiven und Zuschauern beim Volleyball oder beim *takraw* (in Indonesien auch *sepak raga* genannt), dem Spiel mit einem Ball aus Rattangeflecht, vernehmen. Abends ist es allgemein ruhiger, weil die meisten Menschen zu Hause sind und Spazierengehen in der Nachbarschaft kaum üblich ist. Nur das allgegenwärtige Fernsehen, etwa mit melodramatischen Stimmen aus indonesischen Filmen oder mit Angstschreie aus amerikanischen Horrorstreifen, unterbricht das Gezirpe der Grillen oder die romantischen Lieder und Gitarrenklänge von jungen Männern, die an den Kreuzungen auf Wegsteinen zusammensitzen. Spät abends setzt dann das ohrenbetäubende Quaken von Fröschen ein, die in den teils feuchten Wiesen zwischen den Häusern sitzen. Beim Einschlafen hört man vielleicht Ratten, die im Dachstuhl aktiv sind. In der Nacht erschallt das Rufen der Muezzims von der nahen und verschiedenen weiter weg gelegenen Moscheen her über die Nachbarschaft. Einige Male in der Woche läßt sich in der ganzen Stadt ein dumpfes Hupen vernehmen. Alle wissen dann, daß ein großes Schiff eingetroffen ist, und mancher erwartet Familienmitglieder oder Bekannte, die mit Neuigkeiten über die Familie und kleinen Geschenken, z.B. aus Java oder etwa vom Arbeitsaufenthalt von der Gegenküste aus Ost-Kalimantan, zurückkehren.

Der zweite Pol, der neben dem Haushalt mit der Nachbarschaft den Alltag der meisten Bewohner bestimmt, ist die Arbeit. Vor allem unter Beamten unterscheidet man emisch z.B. eine "soziale Umwelt" bzw. "sozialen Kreis" (*lingkungan sosial*) von einer "Arbeitsumwelt" (*lingkungan kerja*). Die Arbeitswelt manifestiert sich am ehesten im formalen Arbeitsplatz, der fast immer außerhalb der Nachbarschaft liegt^, meist im Zentrum der Stadt, "in der Stadt" (*di kota*), wie man sagt. In der Nachbarschaft selbst gibt es nur begrenzte Möglichkeiten der Beschäftigung im informellen Sektor. Oft ist der Arbeitsplatz ein Büro einer Behörde in zentraler gelegenen Stadtteilen, seltener in einem Unternehmen, da es in Ujung Pandang nur wenig Industriebetriebe gibt. Solche Arbeitsplätze werden üblicherweise einfach als "Büro" bezeichnet. "Ins Büro gehen" (*pergi kantor*) ist die allgemeine Wendung, um zu sagen, daß man zur Arbeit geht. Büroarbeit ist angesehen und damit für junge Leute erstrebenswert. Dafür ist aber in aller Regel eine höhere Bildung Voraussetzung, was sich in einer Verwaltungsstadt, wie Ujung Pandang es ist, auch in der Verbreitung höherer Schulabschlüsse in der untersuchten Nachbarschaft niederschlägt (Tab. 23). Mit dem Büro ist eine komplexe Welt sozialer und politischer Beziehungen verbunden. Diese verknüpfen die Familien mit der bürokratisch geprägten *Indonesian national superculture*, die sich vor allem, aber nicht nur, in Städten ausbreitet. Der Titel einer beliebten täglichen Rubrik in der meistgelesenen Tageszeitung Ujung Pandangs unterstreicht die Polarität zwischen Haus-mit-Nachbarschaft einerseits und Büro andererseits. In ihr werden Alltagsthemen und -probleme mittels untertitelten Karikaturen aufs Korn genommen, und sie heißt bezeichnenderweise: *"Dari Rumah ke Kantor"* ("Vom Haus ins Büro").

Tab. 23 : Formale Bildung in der untersuchten Nachbarschaft

höchster erreichter Abschluß	Anzahl der Personen	%	kumulative %
ohne Schulbildung	34	5,2	5,2
Grundschule und untere Sekundarschule (*SD*, *SMP*)	233	35,7	40,9
obere Sekundarschule (*SMA*)	86	13,2	54,0
Hochschule (*sekolah tinggi*), Universität (*universitas*)	201	30,8	84,9
nicht zutreffend, da noch nicht schulpflichtig	90	13,8	98,7
keine Angabe	9	1,4	100,0
Summe	653	100,0	

Tab. 24 : Berufe und Tätigkeiten in der untersuchten Nachbarschaft

Beruf/Arbeit des Mannes ("Kopf der Familie"; *kepala keluarga*) / der Frau ("Hausfrau"; *ibu rumah tangga*), bzw. einzelner Bewohner	Anzahl der Haushalte	%	kumulative %
Bewohner ausschließlich Schüler(in; innen), Student (in; innen)	4	3,4	3,4
Arbeitsloser / Hausfrau	12	10,3	13,7
Tagelöhner / Hausfrau	11	9,4	23,1
Kleinhändler bzw. Kleinunternehmer / Hausfrau	16	13,7	36,8
Beamter (*pegawai negeri*) bzw. Pensionär / Hausfrau	22	18,8	55,6
Angestellter / Hausfrau	11	9,4	65,0
Doppelverdiener (meist beides Beamter / Beamtin)	38	32,5	97,4
ausschließlich Hausfrau(en)	3	2,6	100,0
Summe	117	100,0	

Abb. 31: Ein Weg (*lorong*) in der untersuchten Nachbarschaft

5.2.2 Die Nachbarschaft *Rukun Tetangga* (*RT*) als Verwaltungseinheit

Die kleinste Verwaltungseinheit in Indonesien ist die Nachbarschaft bzw. die entsprechende Bezirksassoziation *Rukun*[113] *Tetangga* (*RT*), seltener auch *Organisasi Rukun Tetangga* (*ORT*) genannt (Abb. 32). Es handelt sich hierbei um eine in Ujung Pandang relativ neue Einheit, die informell ein gemeinschaftliches Miteinander und eine Kontrolle auf bevölkerungsnaher Ebene gewährleisten soll. Oft umfaßt ein solches *RT* einen Block von Häusern oder die beidseitig an eine Straße angrenzenden Häuser in einer Siedlung. Mehrere *RT*, zumeist mehrere Straßenblocks, bilden in Städten ein größeres *Rukun Warga* (*RW*, bzw. *Organisasi Rukun Warga, ORW*. Ein *RW* entspricht dem früheren *Rukun Kampung* (*RK*), welches nach den Vorstellungen der Regierung eine gewachsene städtische oder dörfliche Gemeinschaft, die durch gegenseitige Hilfeleistungen verbunden ist, bilden soll[114]. Die *RW* und *RT* gehen auf eine von den Japanern in den 1940er Jahren eingeführte Organisationsform *tonari gumi* (Jap.) zurück (Malo & Nas 1995:7). Beides sind heute Einheiten der formalen territorialen Struktur, aber

---

[113] *rukun;* Jav., etwa : "Harmonie"; "in Übereinstimmung sein", "harmonische Einheit", "in sozialem Frieden durch gemeinsames Teilen leben"; vgl. Magnis-Suseno (1981:209); zur ideologischen Basis und politischen Funktion Sullivan (1980, 1986); Siegel (1986) und Guiness (1986, 1989).

[114] Auf die Probleme bei der Verwirklichung der Ideale auf der Ebene lokaler Politik gehe ich in 5.4 ein.

keine Einheiten der Verwaltung, sondern Gemeinschaftsorganisationen mit freiwilliger Führerschaft. Mehrere solcher *Rukun Warga* bilden eine Gemeinde (*kelurahan*), deren Vorsteher den Titel eines *lurah* trägt. Die Anführer der *RT* und *RW* werden von den Mitgliedern nominiert und gewählt, das Ergebnis dem *lurah* mitgeteilt, der es dann formal absegnet. Dem *kelurahan* ist schließlich ein Subdistrikt (*kecamatan*) mit einem *camat* als Vorstand übergeordnet. Dies sind die Einheiten, die im Alltagsleben der Bewohner von Rappocini von Bedeutung sind.

In der Munizipalität Ujung Pandang (*Kotamadya* bzw. *Kodya* Ujung Pandang) gibt es 11 *kecamatan* und 62 *kelurahan* (Sulawesi Selatan dalam Angka, 1990:22). Rappocini ist mit knapp 725 ha und 73.763 Einwohnern im Jahre 1991 (Monografi 1991; im Jahre 1989: 67.560) eines dieser *kelurahan*. In Rappocini gibt es zur Zeit 44 *RW*, die 1989 neu geordnet wurden, und insgesamt 300 *RT*. Die Größe der *RW*-Nachbarschaftseinheiten in Rappocini reicht von 150 bis zu 2000 Familien. Diese Zahlen spiegeln grob das Alter der Einrichtung dieser *RT* in der noch jungen Siedlung wider. Das untersuchte *RW 13* umfaßt heute 600 Familien und etwa 2400 Menschen, davon viele unverheiratete Studenten, und ist damit ein mittelgroßes *RW*. In politischen Belangen spricht man von den Bewohnern oft als *"Warga RW X"*. Das javanische Wort *warga* hat dabei eine Konnotation von dörflicher Verbundenheit. *RW*-Vorsteher sprechen z.B. gern von ihrem *"warga saya"*, was in etwa "meine Gemeinde/ mein Volk" bedeutet (vgl. die emische Definition in Anhang A.2). Die Haushalte eines *RW* werden offiziell per Familienvorstand (*kepala keluarga, KK*; bei vollständiger Familie der Mann) gezählt. Im Jahr 1974 wohnten im *RW*, in dem die untersuchte Nachbarschaft liegt, nur 80 Familien, die als ortsansässige Bewohner angesehen wurden (*penduduk asli*). Schnell stieg die Einwohnerzahl auf 102 (1977), 200 (1983), 500 (1988/89) bis zu den 600 heute hier wohnenden Familien (Leo; mündl., 4,1991). Die für diese Untersuchung von elf Nachbarschaften des *RW* ausgewählte Einheit, das *RT X*, umfaßt einen asphaltierten Weg mit seinen Nebenwegen und sie wird heute von 98 Familien gebildet.

Die Vorsteher der *RW* müssen seit einigen Jahren Regierungsbeamte, pensionierte Beamte oder ehemalige Militärs (nach dem Akronym kurz *ABRI* genannt) sein. Was ist die Funktion und was sind die Pflichten der *RW*- und *RT*-Vorsteher (*ketua RW*; *ketua RT*)? Grundsätzlich geht es in beiden Verwaltungseinheiten darum, zwischen der Bevölkerung und der höheren Verwaltung zu vermitteln. Beide Ämter sind ehrenamtlich. De jure werden sie von der Bevölkerung gewählt, de facto "von oben" (*dari atas*) eingesetzt. Trotzdem wird versucht, angesehene und wirtschaftlich etablierte Leute auszuwählen. In Rappocini sind die meisten *RW*-Vorsteher Bewohner, die schon länger im Gebiet leben oder sogar *orang asli*, also Makasar, sind. Von den zwölf Vorstehern der *RT*s im *RW* 13 sind z.B. sieben Makasar, zwei Bugis, zwei Mandar und einer Javane, eine Zusammensetzung, die angesichts der Zunahme der Bugis heute schon nicht mehr den ethnischen Proporz wiedergibt. Eine Hauptaufgabe der *RW* als Organisation (*ORW*) ist die Durchführung von und die Information über Maßnahmen, die "von oben" entschieden worden sind. In einem späteren Abschnitt (5.4.1) gebe ich ein Beispiel für die Probleme, die sich dabei ergeben. Für diese Aufgaben hat der *kepala RW* die *Organisasi Rukun Warga* zu koordinieren.

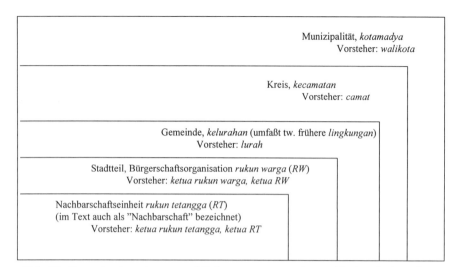

Abb. 32: Organisationsebenen und Führungspersonen im städtischen Indonesien (vereinfacht)

Im *RW* 13 arbeitet der Vorsteher mit einem *sekretaris*, einem Vertreter, einem Sicherheitsbeauftragten, einem Zuständigen für die Teenager, einer Vorsteherin der unten erläuterten Frauenwohlfahrtsgruppe *PKK* (der Frau des *RW*-Chefs) und deren Vertreterin sowie einer Sekretärin zusammen (Leo, 14.1.92). Er lädt z.B. die Vorsteher (*kepala*) der *RT*s ein, um Maßnahmen zu ergreifen und Beschlüsse zu fassen. Es gibt ein Sicherheitsgremium, zu dem neben dem Vorsteher, seinem *sekretaris* und den *RT*-Vorstehern hier auch ein Angehöriger der zivilen Polizei (*Brigade Mobil, BRIMOB*) gehört. Die Versammlungen für diese Absprachen finden einmal im Monat im Haus des *RW*-Vorstehers statt. Außerdem organisiert der Vorsteher des *RW* 13 in Absprache mit den *RT*-Vorstehern die täglichen Nachtwachen in seinem Gebiet. Für jede Nacht werden auf Versammlungen einige Jugendliche eingeteilt, um am jeweiligen Sicherheitsposten (*pos ronda*), einem kleinen Häuschen oder Unterstand, zu wachen und nächtliche Runden zu gehen. Damit soll die Sicherheit in der Nachbarschaft gewährleistet werden. Heutzutage wird dies zwar durchgeführt, aber sehr unregelmäßig. Es gibt unter den Bewohnern unterschiedliche Ansichten darüber, ob das daran liegt, weil es nicht mehr notwendig ist, oder daran, daß diese junge Gemeinschaft noch nicht straff genug organisiert ist (*belum terbentuk*), um solche Gemeinschaftsaufgaben durchzuführen.

Eine weitere Aufgabe der Nachbarschaftsassoziation ist die Organisation von Gemeinschaftsarbeiten (*gotong royong*). *Gotong royong* diente in Indonesien seit der Kolonialzeit, vor allem in Dörfern, meist dem Aufbau oder der Erhaltung der Infrastruktur und bestand häufig in Zwangsarbeit. Obwohl der lokale *ketua RW* das Säubern der Wege und Abwasserkanäle noch als wöchentliche Aufgabe im Viertel betrachtet, wird die Gemeinschaftsarbeit heute nur noch selten durchgeführt. Dies mag daran liegen, daß die Straße Jl. Rappocini Raya vorhanden ist, die meisten Wege schon befestigt sind und die Bevölkerung die Reinigung nicht als ihre Sache betrachtet. So meinen zumindest einige. Andere wiederum sehen den Grund für den geringen Einsatz darin, daß die Männer immer weniger Zeit haben. Nur für die Woche vor dem Nationalfeiertag am 17. August wird diese, hier seltener *gotong royong*, sondern eher *kerja bakti* genannte Zusammenarbeit als wirklich wichtig angesehen. Die Verantwortlichen des *RW* kooperieren auch mit den Lehrern und Lehrerinnen der Schule bei der Organisation von gemeinschaftlicher Arbeit. Im August machen die Schulkinder morgens mit bei der Säuberung des Viertels. Sie ziehen dann in Gruppen durch die Nachbarschaft. Die Jungen hantieren mehr spielerisch als effektiv mit Schaufeln, die Mädchen mit Besen. Bevor sich die Gruppe zum nächsten Wegabschnitt aufmacht, stellen sie sich in Reih und Glied auf. Eine weitere Aufgabe auf der Ebene des *RW* ist die Gesundheitsversorgung. In unmittelbarer Nachbarschaft des Hauses des *RW*-Vorstehers liegt ein kleiner Gesundheitshilfsposten (*Pusat Kesehatan Masyarakat, PUSKESMAS Pembantu*), der trotz minimaler Ausstattung auch andere *RW* mitbetreut. Einmal im Monat kommen Angestellte eines Krankenhauses aus einem anderen Teil Rappocinis und untersuchen bzw. versorgen Kranke.

Unterhalb der *RW*-Ebene gibt es im *RW* 13 mehrere Organisationen mit speziellen Aufgaben. Am deutlichsten treten zwei Frauenorganisationen in Erscheinung. Im *RW* 13 existiert eine rotierende Spargemeinschaft der Frauen (*arisan*), genannt *Koperasi Wanita Sejati*. Die Mitgliederzahl schwankt wegen der fluktuierenden Wohnsituation zwischen 35 und 50 Frauen. Außerdem gibt es, wie überall in Indonesien das eben erwähnte von Frauen geleitete Gremium für Aktivitäten der Erziehung zur Familienwohlfahrt (*Pembinaan Kesejahteraan Keluarga, PKK*). Einige sehr aktive Frauen dieser Organisation versuchen, wie sie sagen, im Gebiet des *RW* die "Beziehungen in der Nachbarschaft gut zu gestalten", Diskussionen wichtiger lokaler Themen zu ermöglichen und etwa religiöse Lesungen (*ceramah*) zu organisieren[115]. Eine weitere, eher informelle Organisation von Frauen ist ein islamischer Gebetskreis (*Pengajian Khairnuissa*). Die Frauen dieser Gruppe tagen wöchentlich einmal reihum in einem der Wohnhäuser der Mitglieder. In erster Linie lesen und diskutieren sie dabei Koransuren. Eine Jugendorganisation (*Karang Taruna Permata*) veranstaltet schwerpunktmäßig Sportwettbewerbe, z.B. im Badminton oder im Volleyball (vgl. Karamoy & Dias 1986:202, 205). Viele Mitglieder dieser Jugendorganisation sind auch beteiligt an einer Organisation der Besitzer von Funkgeräten (*Organisasi Remaja Intercom Rappocini; OROR*), die seit 1988 besteht. Viele der 50 Besitzer der Funkgeräte, unter denen eine Frau ist, machen besonders abends davon regen Gebrauch. Den Nutzen der Geräte, die eine Reichweite von etwa 2 km haben, sehen sie vor allem darin, bei Bränden schnell Hilfe rufen oder Diebstähle melden zu können. Wirklich wichtig sind die Geräte aber zum Spaß, zur "Entspannung" (*hiburan*). Diese Organisation verfügt über eine detaillierte Satzung sowie eine Mitgliederliste,

---

[115] Die *PKK* steht zusammen mit der Organisation *Dharma Wanita* im Rahmen einer staatlichen Ideologie der Hausfrau, die islamische Ideen und Elitentraditionen nutzt. Sie kulminiert in den fünf Prinzipien der weiblichen Bestimmung im *Dharma Wanita*-Ideal *Kodrat Wanita*, in dem die Frau als folgsame Ehefrau, Managerin des Haushalts, Produzentin der nächsten Generation der Nation, Mutter und Erzieherin und schließlich als Bürgerin gesehen wird (vgl. Murray 1991:4f.; zu *PKK* Sullivan 1983).

und einmal im Monat treffen sich die Funkamateure im Haus des *RW*-Vorstehers. Neue Mitglieder zahlen eine Aufnahmegebühr von Rp. 2.000,- und suchen sich den Namen eines Tieres als Decknamen aus. Es gibt zwei Kanäle, wie sie mir sagten, einen "für die Alten, die *RW*-Funktionäre bzw. die bedeutenden Personen" (*jalur orang tua, jalur staff RW, tokoh masyarakat*) und einen für die Jugendlichen (*jalur remaja*). Außerdem werden die Mitglieder nach der Lage ihrer Häuser im Viertel in die vier Himmelsrichtungen eingeteilt.

In Zusammenarbeit mit dem Imam beteiligt sich der *RW*-Vorstand auch an Aktivitäten der islamischen Gruppe "Jugendliche der Moschee" (*Remaja Mesjid*). Hier sind etwa 150 Jugendliche aktive Mitglieder. Sie halten wöchentlich Koranlesungen ab, sammeln Geld für wohltätige Zwecke und treffen sich samstagnachmittag "unter Freunden". Einmal im Jahr fahren sie zusammen "aufs Land", um dort eine Koranschule, einen *pesantren*, oder befreundete Gruppen zu besuchen. In der Woche des Nationalfeiertages beteiligen sie sich an der Säuberung des Viertels. An den islamischen Feiertagen *Idul Fitri* und *Idul Adha* treffen sie sich mit der Jugendgruppe der großen neuen Moschee (*Mesjid Asyik*), die an der Einmündung der Hauptstraße zur breiten Umgehungsstraße liegt.

Abb. 33: Hauptstraße mit neuen Geschäftshäusern chinesischen Typs (*rumah toko; ruko*)

5.2.3 Städtische "Frontier" und selektive Modernisierung (*modernisasi*)

Rappocini vereint Merkmale eines geschlossenen *kampung* im traditionell malaiischen Sinn, eines städtischen *kampung* als Gebiet ärmerer Bevölkerung, die in einfachen Behausungen lebt, und denen eines "neuen Stadtviertels". Man spricht von "diesem *kampung* hier", aber die Siedlung wird als städtisch wahrgenommen und ist infrastrukturell an das Zentrum der Stadt angeschlossen. Im neuen Modell indonesischer Städte von Ford wäre Rappocini aufgrund der teilweise guten Struktur der Häuser und der Infrastruktur am ehesten als *midcity kampung* (1993:393f.) einzuordnen. Die Hauptverbindung wird durch die genannte zweispurige, asphaltierte Straße (*Jl. Rappocini Raya*) gebildet. Sie verbindet die "Veteranenstraße" (*Jl. Veteran*), die früher die Stadtgrenze bildete, mit einer großen Umgehungsstraße (*Jl. Andi Pangeran Petterani*). Damit stellt sie einen der Verbindungswege von Ujung Pandang ins Umland dar.

Abb. 34: Die *frontier* der Hauptstraße zum Wohnbereich (Ansicht "von hinten", *dari belakang*)

Die Jl. Rappocini Raya als "Arterie" Rappocinis wird seit 1985 zunehmend von einer Zeile der schon genannten modernen zwei- bis dreistöckiger "Geschäftshäuser" (*rumah toko*, abgekürzt *ruko*[116]) gesäumt (Abb. 33). An dieser Straße spielt sich das moderne Leben ab; hier ist es "lebhaft" (*ramai*; auch "geschäftig", "dicht bewohnt"), was ein in Indonesien allgemein (vgl. Nothofer u.a. 1987:78f.) und hier in Rappocini am Rand der Stadt ein ganz besonders hoch eingeschätzter Wert ist. An der Straße finden sich neonbeleuchtete Geschäfte, deren Namen die alltäglichen Hoffnungen der Menschen spiegeln: *"Sumber Rejeki"* ("Quelle des Erfolgs/Glücks"), *"Harapan"* ("Hoffnung"), *"Indah"* ("schön") oder *"Jaya"* ("Erfolg"; "Sieg"). Der lokale Supermarkt trägt als Namen das Akronym *"Toserba"*, das für *toko serba ada* (bzw. *toko serba guna*; "das Geschäft, das alles hat") steht. Unmittelbar hinter dieser einen Zeile von mehrstöckigen, fast nur von Chinesen bewohnten Geschäftshäusern beginnt das Gebiet der schon genannten schmalen Wege (*lorong*), in dem fast nur einstöckige Häuser stehen und das damit einen deutlichen Kontrast zum Bild an der Hauptstraße steht. Der Kontrast von fassadenhafter Modernisierung an der Straße und *kampung*-Siedlung dahinter entspricht der Siedlungssituation, wie sie vor ca. 20 Jahren am Rand der damaligen Stadt (im Stadtteil Maricaya) oder sogar in zentralen Stadtteilen (in Gaddong) vorzufinden war. In dieser Zeit, in der Rappocini noch ein durchgehend armes Gebiet war, gab es in den genannten, etwas zentraler liegenden Stadtteilen schon Bewohner mit unterschiedlichen Einkommen und eine Reihe moderner Steinhäuser an den Straßenfronten (Forbes 1979:16).

Die beschriebene Grenze ist jedoch nicht nur eine wirtschaftliche und bauliche. Da die Chinesen, die, wie in 5.1.3 gezeigt wurde, für den Einzug von Modernität und Sicherheit stehen, hier erst seit kurzer Zeit siedeln, handelt es sich um eine *frontier* im engeren, sozialen, hier auch in ethnischem und religiösem Sinn. Den Bewohnern ist allgemein sehr bewußt, daß die Chinesen erst seit wenigen Jahren hierher nach Rappocini ziehen. Die durch die chinesischen Ladenhäuser gebildete moderne "Fassade" wird besonders bei einem Blick von hinten, von den Wegen auf die meist fensterlosen Rückseiten der Geschäftshäuser deutlich (Abb. 34). Eine zweite, sozusagen innere, *frontier* verläuft abseits der Straße innerhalb der einzelnen Nachbarschaften, dort wo die Besiedlung und die asphaltierten *lorongs* in die ehemaligen Reisfelder vordringen. Dies ist eine Situation, die Frank bezüglich des urbanen Ost-Java treffend beschrieb: "Wo das Reisfeld den Asphalt trifft" (1993, vgl. hier Abb. 35).

Diese Grenzen im Sinne von *frontiers* werden in der Alltagskonversation oft erwähnt und stehen bei den Bewohnern in Zusammenhang mit dem Bild der Zukunft der Siedlung, das in der Vorstellung besteht, daß Rappocini sich notwendigerweise gerichtet und schnell zu einem modernen Ort entwickeln wird. Diese quasimodernistische bzw. sozialevolutionistische Alltagstheorie ist sehr verbreitet und prägt die lokale Identität (vgl. einen ähnlichen Fall in Minahasa, Weber 1994:199ff.). Oft haben solche Äußerungen die Form, Rappocini sei "schon nicht mehr X" (*sudah tidak X lagi*), sondern "schon fast Y" (*sudah hampir Y*) und "ganz sicher bald Z" (*pasti tidak lama lagi sudah Z*). Es wird etwa gesagt, daß

---

[116] Hofmeister (1991:116) spricht vom "Toko-Haus".

Rappocini früher ein Verbrechernest gewesen sei (*Daerah Texas*), jetzt aber schon sicher sei, was ja auch die zunehmende Niederlassung von Chinesen zeige. Manche schließen daraus sogar, daß Rappocini sicher bald einer der modernsten Stadtteile Ujung Pandangs sein werde.

Summa summarum paßt Rappocini mit Abstrichen in eine neuere Bestimmung des Terminus *kampung*, wie sie von Ford in seinem morphologischen Modell indonesischer Städte wegen der Diversität solcher Wohngegenden bewußt sehr allgemein definiert wurde. Bezüglich des Lebensstandards ergeben sich jedoch Abweichungen, die ich im folgenden behandele.

"I define a kampung as a mostly unplanned, primarily low-income residential area that has gradually been built and serviced" (1993:392).

Abb. 35: Die zweite *frontier*: die hintere Besiedlungsgrenze

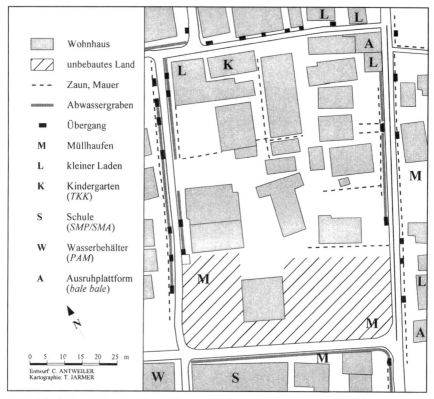

Abb. 36 : Infrastruktur, öffentlicher und privater Raum in der Nachbarschaft

5.3 Haushaltsökonomie: Dynamische Kombination von Einkommen

5.3.1 Methodische Vorbemerkung: Haushalte und Haushaltsarbeit

Haushalt ist als analytische Kategorie in den Sozialwissenschaften umstrittener denn je. Durch Arbeiten von Sozialhistorikern und Ethnologen mehren sich in den letzten Jahren im historischen Längsschnitt oder im rezenten interkulturellen Vergleich die empirischen Belege dafür, daß wichtige soziale Aktivitäten, wie z.B. die Erziehung der Kinder oder die Nahrungsaufnahme oft nicht innerhalb der Wohngemeinschaft oder Verwandtengruppe erfolgen. Die Kritik an den traditionellen Haushaltskonzepten, die das Zusammenwohnen, die Verwandtschaft und die Kommensalität betonen, ging sogar so weit, ganz von Haushaltsdefinitionen Abstand zu nehmen. Statt dessen wurde vorgeschlagen, nur noch Aktivitäten statt Gruppen zu untersuchen und dann zu fragen, welche Aktivitäten welche Gruppen erzeugen (Hein 1988:16). Für die hiesige Themenstellung und angesichts meiner Daten gibt es jedoch Gründe, dem Zusammenwohnen eine besondere Bedeutung Stellung zuzuweisen und deshalb Haushalt primär als eine Wohngemeinschaft zu verstehen.

Wegen der im Untersuchungsfeld vorherrschenden *folk*-Definition von Haushalt, aufgrund einer klaren territorialen Trennung der Häuser durch Zäune und wegen geringer anderer Gruppenbeziehungen erscheinen Haushalte als Zugang zum Verständnis des Lebens, insbesondere des Wirtschaftens, in Rappocini heuristisch geeignet. Eine zweite Kritik am Haushaltskonzept kommt vorwiegend aus feministischer Richtung. Es wird bemängelt, daß Haushalte, gleichermaßen in neoklassischen wie in marxistischen Arbeiten als einheitliche Akteure aufgefaßt werden. Dies vernachlässige die Beziehungen im Haushalt, die geschlechtliche Arbeitsteilung sowie die Interessenunterschiede und die damit gegebenen Konflikte. Statt "den Haushalt" als isolierte und intern gleiche Einheit oder als Kollektiv von Akteuren mit individuellen Interessen aufzufassen, sollte man Haushalte als "politische Arenen" sehen, die mit "gendered power struggles" in anderen Ebenen der Gesellschaft verknüpft sind (Hart 1992:125,1995:57-61). Dem ist zuzustimmen, aber dennoch spricht dafür, in dieser Untersuchung Haushalte als Akteure zu betrachten, die Wohn- und Umzugsentscheidungen treffen.

Erstens decken sich in Rappocini die Wohn-, die Eß- und die Sexualgemeinschaft weitestgehend. Die Menschen, die unter einem Dach wohnen, beinhalten meist eine Kernfamilie (*keluarga, famili*), und sie essen zumeist auch die Nahrung, die in der Küche dieses Hauses gekocht wird. Demzufolge benutze ich Sanjeks (1982) Definition des Haushaltes als "residential and domestic unit ... living under the same roof and eating food cooked in a single kitchen". Bezüglich dieser Einheiten untersuche ich dann, welche Aktivitäten der Produktion, Konsumption, sozialen Reproduktion innerhalb und welche außerhalb dieser Gruppe getätigt werden. Haushalt wird in Rappocini im emischen Konzept eng mit Familie und Verwandtschaft assoziiert und ist damit auch nach Beobachtungen eng verquickt. Die meisten Haushalte werden von Kernfamilien oder von miteinander verwandten Jugendlichen (oft Studenten) gebildet, wobei einer als Familienvorstand (*kepala keluarga*) fungiert. Tatsächlich finden sich aber auch Haushalte, die von nicht miteinander verwandten Personen gebildet werden (Tab. 25) und in manchen Haushalten gibt es zusätzlich zur Familie nichtverwandte Personen (Tab. 26). In Rappocini leben, wie das typisch für Süd-Sulawesi ist, einerseits oft Nichtverwandte in dieser Einheit, und andererseits wohnen Familienmitglieder häufig für immer oder zeitweise außerhalb dieser Einheit. Aus diesen Gründen ist Verwandtschaft bewußt kein Bestandteil der hier benutzten Haushaltsdefinition (vgl. Households and their Ressources 1982:4). In Rappocini gibt es außer in Fällen, wo mehrere Studenten in einem Haus zusammen wohnen, aber getrennt wirtschaften, kaum Häuser, in denen mehr als ein Haushalt im Sinn einer Wirtschaftseinheit besteht. Damit sind Häuser auch die physischen Einheiten, innerhalb derer die wesentlichen Wirtschaftentscheidungen getroffen werden.

Zweitens wird der Haushalt als *folk*-Konzept, also in der Innensicht, ebenfalls als die Gruppe definiert, die unter einem Dach, in einem Haus, zusammen lebt (*rumah tangga*).

Tab. 25: Kernbestand an Bewohnern der Haushalte in der untersuchten Nachbarschaft

dauerhafter Kernbestand des Haushaltes	Anzahl	%	kumulative %
eine Kernfamilie (*sudah beranak*: Mutter, Vater, Kinder) plus inkomplette Kernfamilien (noch kinderlos; 3 Fälle; 2,6 %)	94	80,3	80,3
ausschließlich Verwandte (z.b. Geschwister)	20	17,1	97,4
zwei Kernfamilien	1	0,9	98,3
ausschließlich nicht miteinander verwandte Personen	2	1,7	100,0
Gesamt	117	100,0	

Entsprechend der malaiischen Konzeption von Haushalt ist die Idee einer Hauseinheit mit einem gemeinsamen Herd tendenziell mit der Vorstellung kombiniert, daß die Kernmitglieder verheiratet sind (Li 1989:13; 29ff.[117]). Für die Mitglieder eines Haushalts wird oft ein erweiterter Familienbegriff (*keluarga*) verwendet, der auch nichtverwandte Bewohner einschließt. Hinzu kommt, daß in Ostindonesien der Begriff *rumah* als fundamentale soziale Kategorie benutzt wird, um im Bereich der Filiation bestimmte soziale Einheiten abzugrenzen (Fox 1980:11f.,331)[118]. Weiterhin wird die Vorstellung des Haushalts von Konzepten zum sozialen Geschlecht (*gender*) gestützt. Unserer "Hausfrau" entspricht die *ibu rumah tangga* (wörtl. "Haushaltsmutter"), die die inneren Angelegenheiten weitgehend regelt. Der *kepala keluarga* (Familienvorstand) ist die Person, die diese Einheit inklusive der Nichtverwandten, also nicht nur die Familie i.e.S., nach außen repräsentiert und in offiziellen Dokumenten, z.B. in den Wahllisten, genannt wird (mit dem Kürzel *KK*). Außer bei allein lebenden Frauen ist es der Mann. Dieses Haushaltskonzept wird seitens der indonesischen Regierung besonders in städtischen *kampung* tendenziell dadurch gefördert, daß über Wohlfahrtsorganisationen ein Ideal der Hausfrau propagiert wird, die ihren berufstätigen Mann ergänzt (Sullivan 1983). Schließlich ist das Haus mit meist einem Haushalt neben der Arbeitsstätte einer der sozialen Pole der alltäglichen Existenz (vgl. 5.2.1).

Drittens werden viele Aktivitäten im Zusammenspiel von kulturspezifischen Regeln und physischer Struktur eines Hauses gebündelt, was daran liegt, daß etliche normative Regeln mit räumlichen Konzepten verknüpft sind. Dies zeigt sich in der häufig getroffenen Unterscheidung von "innerhalb" vs. "außerhalb des Hauses" (*di dalam rumah* vs. *di luar rumah*) oder daran, daß etwa Gebete nur privat im Haus oder öffentlich in der Moschee vollzogen werden können. Ich behandele diese raumspezifischen Normen im Mikrobereich des Hauses zusammengefaßt in 5.6.3[119].

---

[117] Die Phrase *berumahtangga* bedeutet soviel wie Heiraten und einen Haushalt eröffnen (Li 1989:13).

[118] Vgl. auch die weitergehende Diskussion, inwieweit Levi-Strauss' Konzept der *sociétés à maison*, Gesellschaften, in denen ein verheiratetes Paar den Nukleus einer Verwandtschaftsgruppe bildet, welche durch die Vorstellung des "Hauses" konzeptionell immobilisiert wird, für eine vergleichende Sicht der Gesellschaften des insularen Südostasien genutzt werden kann (Macdonald 1987). Blust (1980:211) gibt eine Übersicht der Geschichte des Wortes *rumah/rumaq* in austronesischen Sprachen und betont die häufig metaphorische Bedeutung, welche Kontinuität und Lokalisierung hervorhebe.

[119] Neben diesen lokalspezifischen Gegebenheiten sprechen auch allgemein anthropologische Erkenntnisse aus der Humanethologie und evolutionären Psychologie bezüglich der (allerdings sehr besonderen) Territorialität beim Menschen für die besondere funktionale Bedeutung des Zusammenwohnens in einer physischen Einheit (vgl. z.B. Taylor 1988).

Tab. 26: Zusätzliche Bewohner zum Kernbestand des Haushalts

zusätzliche Haushaltsmitglieder zum Kernbestand	Anzahl der Haushalte	%	kumulative %
Zusätzliche Mitglieder vorhanden	52	44,4	44,4
- davon andere erwachsene Verwandte	41	78,8	78,8
- davon Elter(n) des Mannes	3	5,8	84,6
- davon Elter(n) der Frau	2	3,8	88,4
- davon verwandte Kinder oder eigene Enkel	2	3,8	92,2
- davon nichtverwandte Erwachsene	4	7,7	100,0
keine zusätzlichen Personen	65	55,6	
Summe	117	100,0	

Tab. 27: Altersspanne der Haushaltsmitglieder

Anzahl der Generationen im Haushalt	Anzahl der Haushalte	%	kumulative %
eine Generation	20	17,1	17,1
zwei Generationen	86	73,5	90,6
drei Generationen	11	9,4	100,0
Summe	117	100,0	

In der Diskussion um städtische Wirtschaft in armen Ländern wurde in den letzten Jahren zunehmend klar, wie komplex das Wirtschaftsgefüge, die verschiedenen Formen der Arbeit und der Einkommen und wie dynamisch deren Kombination in städtischen Haushalten insbesondere in armen Ländern oft sind. Verschiedene Klassifikationen zur Unterscheidung der Arbeits-, Einkommens- und Konsumptionsformen wurden vorgeschlagen (z.B. Sanjek 1982; Evers 1988). Eine Durchsicht solcher Ordnungsvorschläge erbringt eine verwirrende Vielfalt von Kriterien bezüglich der wirtschaftlichen Aktivitäten, nach denen man sinnvoll Typen erstellen kann. Fast alle der in den genannten Typologien genannten Formen sind in der untersuchten Nachbarschaft vertreten, aber der Hauptanteil wird von wenigen Kategorien bestimmt, unter denen formale Lohnarbeit zentral ist.

Das erste Problem der meisten vorgeschlagenen Klassifikationen von Arbeit und Einkommen ist, daß jeweils mehrere dieser Kriterien einen Typ bilden sollen, in der Wirklichkeit aber auch andere Vergesellschaftungen vorkommen, die die vorgeschlagenen Einteilungen, wie z.B. formell vs. informell oder Geldarbeit vs. nichtgeldliche Arbeit, schneiden. Die zweite Schwierigkeit ist, daß die kausal so wichtige Innensicht der Akteure über die Arten von Arbeit und Einkommen nicht in solchen allgemeinen Klassifikationen abgebildet werden kann. Im folgenden stelle ich die verschiedenen Formen und Kombinationen von Quellen geldlichen und nichtgeldlichen Einkommens in Rappocini deshalb in einer Systematik dar, die sowohl die Bedeutung im Haushalt als auch teilweise die Klassifikation in der Innensicht der Betroffenen wiedergibt. So unterscheidet man in Rappocini allgemein zwischen der Arbeit im Büro (*kerja kantor*), meist als Beamter (*pegawai negeri*), dem abhängigen Privatangestellten (*pegawai swasta*) und der Selbstbeschäftigung (*bisnis kecil*, "kleines Geschäft"; *cari uang*, "Geld suchen"; vgl. Ebery & Forbes 1985:160-167). Mit der folgenden Anordnung sollen sowohl das kulturspezifische Haushaltsprofil als auch die Varianten innerhalb dieses Grundmusters deutlich werden. Beides bildet die Grundlage für Haushaltsstrategien als routinemäßiger Problemlösungen, also haushaltliche Wirtschaftsstrategien im allgemeinen sowie Migrations- und Umzugsstrategien im besonderen.

5.3.2 Arbeit für Geldeinkommen

"In der Stadt mußt Du Geld haben" bzw. "In der Stadt muß Geld da sein" (*di kota engkau harus punya uang*; *di kota harus ada uang*). Diese häufigen Aussagen zeigen, von welch eminenter Bedeutung Geld in der städtischen Lebenswelt ist. In der Wahrnehmung der vom Lande zugewanderten Menschen ist Geld sogar eines der typischen Merkmale städtischer Existenz überhaupt. Auf die Frage, was das Leben in der Stadt von dem auf dem Land vor allem unterscheide, antworten Bewohner Rappocinis typischerweise entweder: "In der Stadt ist es lebendig" oder sie sagen: "In der Stadt brauchst Du für alles Geld". Auf dem Land dagegen gibt es noch etliche nichtgeldliche Transaktionen. Der Versuch, irgendeine Arbeit zu finden, die geldliches Einkommen bringt, wird unabhängig von anderen Kriterien als "Suche nach Geld" (*cari uang*) bezeichnet. Wenn es um das Minimum dessen geht, was man an Geld zum Überleben der Familie braucht und sich vielleicht durch eine zeitweilige, etwa saisonale oder durch Teilzeitarbeit sichern kann, spricht man eher von der "Suche nach dem Lebensunterhalt" (*cari nafkah*)[120].

Lebenshaltungskosten und Einnahmen

Was kostet das Lebensnotwendige, welches Geldeinkommen haben die Haushalte? Der Anhang A.3 gibt einen Einblick in die Preise verschiedenster Güter und Dienstleistungen während der Zeit der Feldforschung, wobei bewußt sowohl lebensnotwendige Dinge als auch solche des höheren Bedarfes und Prestigegüter aufgeführt sind. Tab. 28 gibt die Grundgehälter von Beamten (*gaji pokok*) als besonders typischer Bewohner Rappocinis an. Zu bedenken ist, daß in Rappocini einige Haushalte weniger als Rp. 70.000,- monatlich zur Verfügung haben[121]. Die Differenz zwischen den Grundgehältern für Beamte laut Verordnung und dem erklärten durchschnittlichen Einkommen der Bewohner (Tab. 29, Tab. 30) offenbart, wie bedeutsam erstens Zuschläge vom Arbeitgeber zum Grundgehalt und zweitens die Geldeinnahme aus Nebentätigkeiten für die Haushalte auch der Beamten sind[122]. Selbst die Fahrer der Fahrradrikschas nehmen täglich trotz der

---

[120] *Nafkah* bezeichnet in Indonesien allgemein auch das Haushaltsgeld, das der Hausfrau (oder geschiedenen Frau) gegeben wird.
[121] 1991 lag die Armutsgrenze in Indonesien bei einem Einkommen von Rp. 54.000,- für ländliche und 72.000,- für städtische Haushalte.
[122] Conkling (1979:544ff.) gibt ein drastisches Beispiel dafür, daß Beamte in Ujung Pandang sich sogar nicht immer erfolgreich dagegen wehren können, daß ihnen selbst das zugesicherte Grundgehalt nicht voll ausgezahlt wird! Da Protest ihnen nutzlos und gefährlich erscheint, bleibt ihnen nur die Möglichkeit, Aufträge nicht auszuführen bzw. weniger oder langsamer zu arbeiten.

Tatsache, daß die wenigen Kunden im Sinne verteilter Armut (*shared poverty*) gleichmäßig unter den Fahrern aufgeteilt werden, zwischen Rp. 3.000,- und Rp. 5.000,- ein, was schon ein höheres Einkommen als das kleinste von Beamten ergibt. Dementsprechend haben besonders Beamte im allgemeinen einen Bedarf an zusätzlichem Geld oder Naturalien. Da dies strukturell bedingt ist und als ganz normal empfunden wird, erklärt und rechtfertigt man Korruption in kleinem Rahmen mit "dem sozialen Faktor" (*faktor masyarakat*; vgl. Conkling 1979:547). Als "kleiner Beamter" (*pegawai kecil*) "spielt man etwas herum" (*main main*); man versucht, an etwas "Zigarettengeld" (*uang rokok*) zu kommen. Nur Betrug in großem Stile, wie er vor allem hohen Amtsträgern (*pejabat*) möglich ist, wird als "Korruption" (*korrupsi*) bezeichnet und allgemein abgelehnt[123].

Tab. 28: Grundgehälter von Beamten in Ujung Pandang (lt. Verordnung; ohne Zuschläge; Rp. 1.000,- = ca. DM 1,-; zum Vergleich: Durchschnittsgehalt 1972/73: $ 20,-/Monat; Conkling 1984:260)

"Gruppe" (*golongan*)	"Raum" (*ruang*)	minimales Gehalt je Alter	maximales Gehalt je Alter	"Gruppe" (*golongan*)	"Raum" (*ruang*)	minimales Gehalt je Alter	maximales Gehalt je Alter
I	A	33.200	67.900	III	A	81.000	171.000
I	B	43.400	84.000	III	B	84.400	180.000
I	C	43.600	92.200	III	C	87.600	190.300
I	D	48.100	100.200	III	D	90.800	200.200
II	A	55.500	120.800	IV	A	93.200	220.000
II	B	66.900	138.400	IV	B	98.700	231.000
II	C	70.100	147.600	IV	C	104.500	242.300
II	D	73.600	157.000	IV	D	110.400	253.500
				IV	E	116.800	265.600

Tab. 29: Monatliche Ausgaben und Geldeinkommen der Haushalte im untersuchten *RT* (Rp. 1000,- entsprach 1991/1992 etwa DM 1,-)

	Ausgaben			Einkommen		
	Fälle	%	kum. %	Fälle	%	kum.%
bis Rp. 50.000,-	5	4,7	4,7	3	2,7	2,7
Rp. 51.000,- bis 100.000,-	20	18,7	23,4	12	10,9	13,6
Rp. 101.000,- bis 300.000,-	60	56,1	79,4	57	41,8	65,5
Rp. 301.000,- bis 500.000,-	18	16,8	96,3	22	20,0	85,5
Rp. 501.000,- bis 900.000,-	3	2,8	99,1	14	12,7	98,2
über Rp. 900.000,-	1	0,9	100,0	2	1,8	100,0
Zwischensumme	107	100,0		110	100	
keine Angabe	10			7		
Summe	117			117		

---

[123] Wie Conkling an zwei Fällen unter Verwaltungsbeamten Ujung Pandangs zeigt, beruht diese Ablehnung vor allem auf der Ansicht, daß eine Person, die in großem Umfang korrupt ist ("in großer Art herumspielen"), offenbart, daß sie ihren niederen Begierden (*nafsu*) "nach immer mehr" verfallen ist, was dem Ideal des "bewußten Menschen" (*orang sadar*), der sich kontrollieren kann, diametral entgegensteht (Conkling 1979:547f.; 1984:267ff.).

Tab. 30: Derzeitige wirtschaftliche Lage der Haushalte (Basis: separate Aufnahme von monatlichen Einkommen und Ausgaben)

Geldeinkommen zu Ausgaben	Fälle	%	kumulative %
keine Daten (meist deshalb, weil eine der Angaben fehlt)	20	17,1	17,1
Einkommen höher als Ausgaben	64	54,7	71,8
Einkommen entspricht Ausgaben	22	18,8	90,6
Einkommen niedriger als Ausgaben	11	9,4	100,0
	117	100,0	

Formale Gehalts- und Lohnarbeit: *kerja*

Für einen indonesischen Stadt*kampung* ist der Anteil an Beamten und Lohnarbeitern in der Nachbarschaft hoch. Aber eine solche Mischung der Berufe zeigt sich auch in *kampung* von Städten Südostasiens, die sozial polarisierter als Ujung Pandang sind. Murray schreibt zu Jakarta: "Informal employment is characteristic of, but not commensurate with, the *kampung* areas, which are also the home of waged workers" (1991:21). In der Verwaltungsstadt Ujung Pandang ist die Arbeit in einem Büro (*kerja kantor*) der prototypische Beruf. Der Hauptarbeitgeber ist der Staat mit seinen vielen Verwaltungsbüros. Einkünfte aus Büroarbeit sind in der Hälfte der Haushalte im untersuchten *RT* vertreten, entweder durch den Mann oder die Frau. In 11% der Haushalte bezieht ein Mitglied eine Pension (*pensiun*), deren Höhe hier zwischen Rp. 60.000,- und 245.000,-, überwiegend aber unter Rp. 100.000,-/Monat liegt.

Außerdem ist die Arbeit im Büro ein Ideal fast aller Jugendlicher, die eine Beschäftigung suchen. Auf die Frage nach dem Wunschberuf antworten Schüler fast unisono: "ins Büro gehen" (*pergi kantor*) bzw. "in einem Büro arbeiten" (*kerja di kantor*). Ein immer wieder genannter Grund ist die Sicherheit des Arbeitsplatzes und damit des Einkommens, eben das Gegenteil eines "Geschäfts" oder "kleinen Geschäfts" (*bisnis, bisnis kecil*), das immer riskant ist. Vor allem das mit Büroarbeit verbundene Prestige ist wichtig: Bei der Anstellung in einem Büro wird man nicht von Bekannten und Verwandten beim Arbeiten gesehen. Außerdem ist Büroarbeit eine "feine" und saubere Arbeit (*halus*, im Ggs. zu *kotor*, "schmutzig"). Büroarbeit ist also eine Arbeit, derer man sich nicht schämt, eine Beschäftigung, die nicht *malu* macht. Das extreme Gegenteil davon ist die Arbeit als Haushaltshilfe[124] und noch mehr als Bauarbeiter oder als *becak*-Fahrer, weil man dort körperlich hart arbeitet (*kerja kras*), schmutzig wird und bei der Arbeit auch noch gesehen werden kann.

---

[124] In 4.5.2 wurde erwähnt, daß der Status der Toraja als Ethnie insgesamt in Ujung Pandang dadurch niedrig ist, daß sie mit der Arbeit als Haushaltshilfe (*pembantu*) assoziiert werden.

Tab. 31: Bedeutung der Selbstversorgung für Haushalte

	Fälle	%	kumulative %
keine Selbstversorgung	70	59,8	59,8
Selbstversorgung vorhanden	47	40,2	100,0
- durch Gartenbau	12		
- durch Haltung von Kleinvieh (vor allem Hühner)	19		
- durch eigene Anfertigung von Kleidungsstücken	17		
- durch Herstellung von Gütern	7		
- durch sonstige Aktivitäten der Hausfrau	6		

Eine Anstellung in einem Büro, besonders als Regierungsbeamter, bringt zwar Sicherheit und ist hoch angesehen, erbringt aber nicht genug Bargeld, um eine Familie zu ernähren. Noch weniger reicht dies für besondere Ausgaben, etwa die Anschaffung eines Motorrades, wie es für die Fahrt zum oft weit entfernten Büro gebraucht wird. Deshalb verwundert es nicht, daß die überwiegende Mehrheit der Hausfrauen Mitglied in einem rotierenden Sparklub für Frauen (*arisan*; Tab. 32) ist. Hier treffen sich wöchentlich die Frauen und zahlen im untersuchten *RT* im Schnitt Rp. 5.000,- bis 10.000,- ein. Die gesamte Summe wird dann jeweils an eine der Frauen ausgezahlt, die per Los bestimmt wird. Dies wird genau notiert und darauf geachtet, daß jede der Frauen einmal drankommt. Danach beginnt der nächste Zyklus[125]. Die einmalige Auszahlung ermöglicht es der Gewinnerin, eine relativ große Investition zu tätigen. Diese *arisan* haben wichtige außerökonomische Funktionen, werden differentiell genutzt (vgl. als eine der wenigen konkreten Beschreibungen von arisan Hospes 1995) und stehen außerdem in der untersuchten Nachbarschaft deutlich im Rahmen von Prestige, da es verschieden teure Nachbarschafts-*arisan* gibt. Auch wegen dieses Prestiges sind fast alle Frauen Mitglied. Die Haushalte, die es nicht sind, gaben an, daß sie den Beitrag, der ja immerhin rund ein Viertel des Monatseinkommens der schlecht verdienenden ausmacht, nicht aufbringen könnten.

Tab. 32: Mitgliedschaft der Hausfrauen des untersuchten *RT* in rotierenden Sparklubs (*arisan*)

	Fälle	%	kumulative %
Mitglied in einem nachbarschaftlichen Sparklub (*arisan tetangga*)	78	69,1	69,1
Mitglied in einem betrieblichen Sparklub (*arisan di kantor*)	18	15,9	85,0
kein Mitglied in irgendeinem Sparklub	17	15,0	100,0
Summe	113	100,0	

---

[125] Arisan gehören zu Kredit- und Sparvereinigungen, die es in vielen Ländern gibt. Sie haben in Südostasien und Westafrika einelange Tradition und werden international als *ROSCAs* (Akronym für *Rotating Savings and Credit Associations*) bezeichnet (als kurze Übersicht Antweiler 1994; vgl. den neueren Sammelband Ardener & Burman 1995).

Selbstbeschäftigung und informelle
Lohnarbeit: *kegiatan ekonomi*

Da es in Rappocini keinen größeren Markt gibt, spielen die vielen mobilen Verkäufer, die selbst meist nicht in Rappocini leben, für die Versorgung der Haushalte eine große Rolle. Die Haupttypen dieser informellen Kleinhändler werden ebenso im Makasarischen unterschieden (*paqlembara, paqgandeng* und *paqgaroba*; Forbes 1979:17, Tab. 4; Ebery & Forbes 1985:162, s.o. 5.1.2). Im untersuchten *RT* gibt es zudem einige wenige Haushalte, die als Haupteinkommensquelle selbst Verkaufsgüter herstellen[126], so z.B. Soyaprodukte (*tempe*) und Rattanmöbel. In einigen Haushalten wird zusätzlich zur Lohnarbeit zeitweilig oder dauernd selbst produziert, um durch Verkauf Geldeinkommen zu erwirtschaften. Diese Aktivitäten sind meist durch Mangel an Zeit oder/und Investionsmitteln begrenzt und außerdem nicht langfristig planbar. So nimmt Ibu in unserer ersten Gastfamilie beispielsweise des öfteren kleinere Aufträge kurzfristig an, die sie über ihre intensiven Beziehungen mit Nachbarn akquiriert. Sie produziert etwa gefüllte Teigtaschen (*jalan kote*) für einen Laden in einem benachbarten Weg oder sie stellt unter Mithilfe weiterer Haushaltsmitglieder Kuchen her, die bei einer Feier in der Schule gegessen werden. Da die Aufträge kurzfristig sind und viele Lebensmittel schnell verderben, fertigt Ibu diese Kuchen durchaus auch nachts an. Solche Tätigkeiten waren früher, als die Bewohner im Schnitt noch ärmer waren, viel verbreiteter als heute (vgl. Forbes 1976:17). Manche Hausfrau ermuntert schon ihre Kinder zur Selbstbeschäftigung mit Profitziel. So schlägt Ibu ihrer dreijährigen Tochter halb im Ernst vor, meine Frau zu massieren und dafür einen Geldbetrag einzufordern. Auch in vielen Witzen wird auf geldlichen Ausgleich für Leistungen angespielt. Die Schülerin in unserer Familie macht einmal gebratene Bananen, als gerade einmal wieder der Strom ausfällt. Als Maria und Ibu vom Schneider zurückkommen und welche essen, fragt sie meine Frau, wieviele sie nehme; eine jede koste Rp. 100,-. Als Maria sagt, in Deutschland spreche man nicht so viel über Geld, kontert Ibu: "Leute, die keines (sic!) haben, sprechen auch hier nicht über Geld". Das trifft zwar nicht die Wirklichkeit in Rappocini, zeigt jedoch Ibus Stolz auf ihren Mittelstandshaushalt.

Tab. 33: Nebentätigkeiten (*kerja sampingan*) in der untersuchten Nachbarschaft

Nebentätigkeit zumindest eines Haushaltsmitgliedes	Fälle	%	kumulative %
derzeit Nebentätigkeit bestehend	30	26,5	26,5
derzeit keine Nebentätigkeit	83	73,5	100,0
keine Angabe	4	3,4	
Summe	117	100,0	

---

[126] Solche Güterproduktion und der Verkauf von Nahrung oder Utensilien als Hauptberuf werden in der Literatur meist als *own account labour, petty capitalist labour* oder auch *petty commodity production* (z.B. bei Sanjek 1982:60ff.) bezeichnet.

Tab. 34: Informelle unregelmäßige und regelmäßige Einnahmequellen

	Fälle	%	kumulative %
keine informellen Einnahmequellen	49	41,9	41,9
informelle Einnahmen vorhanden	68	58,1	100,0
- durch Kleinhandel (*dagang*)	11		
- durch Verkauf selbsterzeugter Waren (*menjual*)	25		
- durch Arbeit als Haushaltshilfe (*pembantu*)	5		
- aus Vermietung von Wohnraum (10.000,- bis 750.000,-)	17		
- aus dem Verleih von Gegenständen	3		
- aus Verkauf von Land	3		
- aus der Rückzahlung von Schulden anderer	5		

Handel auf kleiner Ebene (*dagang, jual barang, bisnis kecil*) ist eine häufige aber meist nur zeitweilige bzw. unregelmäßige Nebeneinnahmequelle in Rappocini (Tab. 33 und 34). Haushalte handeln etwa mit Stoffen, Textilien und mit dem besonders bei Bugis als Geldanlage hoch geschätzten Gold (*cari uang*: vgl. 6.1.3). Solche Handelsgeschäfte werden häufig mit Leihgeschäften bzw. Ratenkäufen (*cicil*) verbunden. Direkter Profit aus Geldverleih dagegen kommt zwar vor, ist aber wegen moralischer Bedenken und des islamischen Verbotes solcher Aktivitäten selten, ebenso wie das Verleihen von Gegenständen gegen Geld (vgl. dagegen Soegiarto 1993:31ff., Kap. 5 und 6 für Yogyakarta). In Einzelfällen kommt aber auch dies durchaus vor. Ein Haushalt der untersuchten Nachbarschaft besitzt z.B. eine vollständige Ausstattung von Porzellan für Hochzeitsfeiern, die gegen Gebühren verliehen wird.

5.3.3 Arbeit für den Eigenbedarf: Subsistenzeinkommen

Als Subsistenzarbeit oder Haushaltsarbeit kann diejenige Arbeit bezeichnet werden, die nicht in Geld bezahlt wird, keinen Marktpreis hat und nicht am Arbeitsmarkt vermittelt wird. Sie wird meist innerhalb des Hauses geleistet und die produzierten Dienste und Güter werden im Haushalt selbst verbraucht (Evers 1989:160). Diese Arbeit kann Opportunitätskosten haben; sie muß es aber nicht, weil sie z.T. gleichzeitig mit anderen notwendigen Tätigkeiten ausgeführt werden kann. Wenn in solcher Subsistenzarbeit kostenlose oder selbst besessene Produktionsmittel verwendet werden, kann man sinnvoll von Subsistenzproduktion sprechen.

Die Masse der Arbeit für das Subsistenzeinkommen der Haushalte in Rappocini wird, wie in den meisten Städten Südostasiens (vgl. Fawcett et al. 1984), von Frauen geleistet. Das zeigten mir Beobachtungen im Untersuchungsgebiet und Aufzeichnungen zur Zeitnutzung in den beiden Gastfamilien deutlich. Diejenigen Aktivitäten, die täglich oder jedenfalls häufig erledigt werden müssen und die im Haus oder in der nahen Nachbarschaft angesiedelt sind, werden zumeist von Frauen erledigt (vgl. Sanjeks *domestic functions*; 1982:81). Männer führen eher die seltenen und die außer Haus bzw. weiter von diesem weg liegenden Subsistenzaktivitäten durch. Diese Aufteilung der Arbeit spiegelt die Zuständigkeitsbereiche von Männern und Frauen wider, die weiter unten in Bezug auf Entscheidungen genauer dargestellt werden.

Soziale Reproduktion und
Subsistenz-Produktion

Hier stellt sich zunächst die Frage, wer die Kinder in Rappocini erzieht. Obwohl die Erziehung in der Innensicht der Hausmutter (*ibu rumah tangga*) zugeordnet wird, zeigten mir meine Beobachtungen eine Vielzahl von Instanzen, Agenten und Orten der Sozialisation. Neben der Mutter, die tatsächlich den Großteil der Erziehung bestreitet, werden die Kinder im oder vor dem Haus oft von Nachbarn, zeitweilig im Haushalt wohnenden Großmüttern, älteren Geschwistern (meist Mädchen) oder auch von Gästen erzogen bzw. wenigstens bewacht. Auf den Wegen und freien Grundstücken sind sie häufig mit ihren Peers oder älteren Geschwistern zusammen. Nur wenige der besser gestellten Familien haben Hausangestellte (*pembantu*), die sich um die Kinder kümmern, was auch als Statussymbol fungiert. Eine im städtischen Kontext nicht zu vernachlässigende Sozialisationsinstanz ist das Fernsehen. Die meisten Familien sehen den einen indonesischen Sender (*TVRI*[127]); reichere Familien dagegen empfangen mit ihren Satellitenantennen (*parabola*), ebenfalls ein Statussymbol, auch die im Schnitt wesentlich moderneren Sendungen aus Malaysia.

Als nichtgeldliches Subsistenzeinkommen kann man das Essen bei Einladungen (*pesta, undangan*) rechnen. Dies wird auch von den Akteuren selbst so gesehen und gilt insbesondere deshalb, weil solche Anlässe oft mehrmals wöchentlich stattfinden und man meist nur so lange auf einer Feier bleibt, wie die Einnahme des Essens dauert (vgl. Blechmann-Antweiler 1994). Allerdings ist der Gast zu einer in etwa dem Konsum entsprechenden Gegengabe verpflichtet. Vieles wird in Rappocini mit kostenlosen oder selbst beschafften Mitteln für den eigenen Bedarf hergestellt. In den Bereich der Subsistenzproduktion gehört auch das Improvisieren, ein allgemeines Merkmal des Haushaltens in Rappocini. Darauf sind besonders die ärmeren Haushalte angewiesen. Wenn ein Werkzeug nicht in der Nachbarschaft entliehen werden kann, wird ein anderer Gegenstand zweccentfremdet. Dazu einige beobachtete Beispiele: Bei der Verzierung eines Kuchens dienen eine Pinzette und ein Stück tütenförmig gerolltes Papier als Hilfsmittel. Die Kuchenstücke werden danach in eigentlich für Kinderdrachen gedachtes Buntpapier verpackt. Dann werden sie in Plastikbehältern, die von einer befreundeten Familie geliehen wurden, zum Markt transportiert. Oder die Rückseite einer Axt wird als Hammer benutzt, während ein selbst gebastelter Ständer aus Holzresten die nicht vorhandene Leiter ersetzt. Vor allem Spielzeug wird aus vorhandenem Material gefertigt. Halma-Spielpläne oder Schachbretter werden selbst hergestellt, Topfdeckel dienen den Kleinsten als Badmintonschläger, Tischtennisschläger werden aus dünnen Holzbrettern gesägt, Zigarettenschach-

---

[127] Hier ist die Situation 1991 bis 1992 dargestellt; inzwischen gibt es mehrere Fernsehkanäle.

teln und Gummistücke werden zu einem Spielzeugauto verarbeitet oder ein Stück eines Autoreifens wird zum Handkorb am Schwert eines jungen "Makasar-Kriegers".

5.3.4 Konsumption: Ungleichheit der Lebenslagen und Lebensstile

Wie wirken sich die verschiedenen Quellen des Einkommens und die verschiedenen Distributionskanäle auf die Konsumptionsmuster und die Ausgabenseite der Haushalte aus (Evers 1980:145)? Sie resultieren in unterschiedlichen materiellen Lebenslagen und zeigen sich in qualitativ divergierenden Lebensstilen, was auch innerhalb derjenigen Haushalte gilt, die aufgrund ihrer Verdienstquellen am ehesten der Mittelklasse zugeordnet werden können.

In Tab. 35 versuche ich, die erhebliche Variation in Lebensstandard und Lebensstil quantitativ zu verdeutlichen. Es zeigt sich, daß die Versorgung mit Wasser und Strom in den meisten Haushalten gewährleistet ist. Die Mehrheit der Haushalte verfügt über Cassettenrecorder, Fernsehgerät und ein Motorrad. Allgemein schlecht steht es dagegen um die Entsorgung des Mülls. Die sozialen Unterschiede zeigen sich besonders deutlich bei der Sicherheit vor Überschwemmungen in der Monsunzeit, dem Besitz eines Kühlschrankes und eines PKW und dem Vorhandensein eines Vorhofes. Als sichtbare soziale Markierungen des Wohlstandes sind unter den genannten Dimensionen vor allem der Typus des Hauses und der Autobesitz wichtig. Die unterschiedlichen Lebensstile spiegeln sich nicht nur in der Art der materiellen Ausstattung der Haushalte, sondern auch in der Orientierung und Selektion der Netzwerkbeziehungen. Dies wird deutlich an Familien mit intensiven Nachbarschaftskontakten, die unmittelbar neben solchen wohnen, die fast nur Kontakte zu Personen in der Innenstadt haben und deshalb meist nicht zu Hause sind. In 5.6 werde ich genauer zeigen, wie sich diese unterschiedlichen Lebensstandards und Lebensstile in den Nachbarschaftsbeziehungen und der Verwendung der Zeit manifestieren und welche Auswirkungen das auf den sozialen Zusammenhalt der Nachbarschaft hat.

Tab. 35: Dimensionen des Lebensstandards und Konsumindikatoren des Lebensstils (beachte unterschiedliche Grundgesamtheiten)

Dimensionen des Lebensstandards und Lebensstils des Haushalts	Ausprägungen	Anzahl	%	kumulative %
Wasserversorgung	keine Angabe	2	1,7	1,7
	Brunnen	2	1,1	2,8
	Wasserleitung oder *PAM*	102	97,2	100,0
Stromanschluß	keine Angabe	4	3,4	3,4
	vorhanden	108	92,3	95,7
	nicht vorhanden	5	4,3	100,0
Badezimmer (*kamar mandi*)	keine Angabe	2	1,7	1,7
	innerhalb der Wohneinheit	65	55,6	57,3
	außerhalb der Wohneinheit	40	34,2	91,5
	kein Badezimmer	10	8,5	100,0
	öfftl. Bad (*MCK*)	im Gebiet nicht vorhanden		
Zimmeranzahl	1 Zimmer	9	7,6	7,6
	2 bis 4 Zimmer	81	69,4	77,0
	5 und mehr Zimmer (max. 9)	27	23,0	100,0
Müllentsorgung	keine Angabe	18	15,4	15,4
	Abladen auf freiem Land	88	75,2	90,6
	Müllhalde	5	4,3	94,9
	städtische Abholung	6	5,1	100,0
Überschwemmung in Monsunzeit	nicht beobachtet	8	5,1	5,1
	nicht überschwemmt	73	62,4	67,5
	überschwemmt	38	32,5	100,0
Wandmaterial des Hauses	gemischt (Holz, Aluminium)	5	4,3	4,3
	Holz	64	54,7	59,0
	Stein	48	41,0	100,0
Hof vor dem Haus	keine Beobachtung	5	4,3	4,3
	keinerlei Vorhof	25	21,4	25,7
	Vorhof bzw. Terrasse	87	74,3	100,0
Fortbewegungsmittel	kein Motorrad oder Auto	46		
	Motorrad	59		
	Auto	12		100,0
Hobbies (*hobi*)	mindestens eines genannt	47 von 117	40,2	
Cassettenrecorder	vorhanden	96 von 117	82,1	
Fernsehgerät	vorhanden	79 von 117	67,5	
Zeitungs-/Zeitschriftenabonnement	vorhanden	53 von 117	45,3	
Kühlschrank	vorhanden	23 von 117	19,7	
Telefon	vorhanden	3 (1991)	Netz im Aufbau	

5.4 Lokale Politik: "von oben und außen" oder "von unten und innen"

5.4.1 Die Bedeutung der unteren Verwaltungseinheiten *Rukun Tetangga* (*RT*) und *Rukun Warga* (*RW*) für die Bewohner

Nach offizieller Lesart sind die unteren Ebenen politischer Organisation, die javanisch benannten *Rukun Warga* (*RW*) und *Rukun Tetangga* (*RT*) keine Einheiten der Regierung, sondern Gemeinschaftsorganisationen mit freiwilligen Führern, die von den Bewohnern nach Kriterien wie Verantwortung, Glauben und Schreib-

und Lesefähigkeit gewählt werden. Das System der *RW* (früher *RK*), das in dieser Form unter Sukarno eingeführt wurde, soll formale und informelle Politik zusammenbringen. Die indonesische Regierung ist bemüht, diese Einheiten als Instrument der lokalen Verwaltung und Kontrolle, welches überschaubare und sozial kohäsive Einheiten schafft, auf ganz Indonesien auszudehnen. In Java kann sie dabei auch in Städten auf eine Tradition der Arbeitsteilung und generalisierter Reziprozität bauen, die sich im Rahmen des Naßreisbaues herausbildete (Sullivan 1991). In Süd-Sulawesi ist diese Tradition weniger stark ausgeprägt. Das Verwaltungssystem erscheint eher oktroyiert und wird als ein Element der in Süd-Sulawesi aufgrund der geschichtlichen Erfahrungen besonders deutlich empfundenen Javanisierung (*Javanisasi*) wahrgenommen. Hieraus ergeben sich in der Praxis deutliche Abweichungen vom javanischen Ideal des *gotong-royong* (Jav., "gegenseitige Hilfe"; i.w.S. aber auch "Geist/Inspiration guter Nachbarschaft"), die bislang in der Literatur kaum beschrieben worden sind (vgl. neuerdings aber Tarnutzer 1993 und Warren 1993 für Bali).

Im untersuchten Viertel, wie allgemein in Ujung Pandang, ist die kleinere Einheit des Bezirkes, *Rukun Tetangga*, im Bewußtsein der Bevölkerung wesentlich weniger präsent als die der größeren Nachbarschaft *Rukun Warga*. Viele Bewohner kennen weder den Namen ihres *RT* Vorstehers, noch wissen sie, wo er wohnt. Fast alle kennen dagegen den Chef des *RW*. Beim Besuch bei einem Vorsteher eines anderen *RT* erlebte ich mit, daß dieser einige Bürger seines eigenen *RT*s, die im Büro erschienen, nicht kannte. Mancher Bewohner möchte auch nicht zu einem bestimmten *RT* gezählt werden; man sagt, sie wollen nicht "vereinnahmt" werden. Eine häufige Formulierung auf niederer Verwaltungsebene für diese mangelnde Akzeptanz seitens Teilen der Bewohner ist: "Einige wollen nicht besessen werden" (*ada yang tidak mau dimiliki*; Sij, 11.12.91). Die faktische Rolle, die ein Vorsteher eines *RT* spielt, hängt stark von seinem persönlichen Engagement für örtliche Angelegenheiten, seiner Durchsetzungskraft und oft auch einfach davon ab, ob er genügend Zeit für seine ehrenamtliche und informelle Arbeit investieren kann und will. Dies gilt besonders angesichts häufig mehrerer Berufe und wird durch das moderne Konzept des "zu beschäftigt Seins" (*sibuk*; vgl. 5.6.5) unterstützt.

Diese ehrenamtliche Tätigkeit des *RT*-Vorstehers spielt für die Bewohner häufig nur eine geringe Rolle. Dazu kommt das allen bekannte Gefühl der Ohnmacht der lokalen Vorsteher gegenüber Entscheidungen "von oben". Offiziell sind diese Amtsträger von den Bewohnern gewählt und stehen damit außerhalb der staatlichen Kontrolle (vgl. Sullivan 1980,1991 und Guiness 1989 zu Yogyakarta). De facto werden sie jedoch von der Stadtverwaltung eingesetzt und sie kommen ferner oft durch persönliche Verbindungen an ihre Ämter. In Rappocini gibt es sogar einen *RT*-Vorsteher, der sich nach allgemeiner Meinung selbst eingesetzt hat. Er ist in der Bevölkerung nicht beliebt, "weil unter seiner Führung nichts wirklich geschieht" und weil er darüber hinaus schon für kleinere Amtsdienste Geld verlangt. Gegen diesen lang ansässigen Makasar (*orang asli*), der außerdem als "mutiger Mann" (*orang berani*) bekannt ist, setzt sich niemand zur Wehr, weil seine Gewalttätigkeit gefürchtet wird. Man versucht ihn zu umgehen, indem man etwa für notwendige Bescheinigungen oder Erlaubnisse (*izin*) direkt zum Büro des *lurah* geht (Kap, 26.9.91). Dieser *RT*-Vorsteher scheint sogar in höheren städtischen Verwaltungsstellen berüchtigt zu sein, was mir klar wurde, als ein Polizeibeamter in der Stadt mir in einem Gespräch erregt sagte: "Wenn Sie Probleme mit ihm haben, rufen Sie mich, und ich schlage ihm die Zähne ein!"

5.4.2 Legitimitätsprobleme in dynamischen Nachbarschaften

Gemeinschaftsarbeit und Müllentsorgung
als Beispiele geringer sozialer Kohäsion

Eine ungeschriebene Regel unter den Bewohnern der untersuchten Nachbarschaft ist, daß jeder Haushalt etwa einmal in der Woche den offenen Kanal vor seinem Haus säubert. Das machen die Männer; es ist eine dreckige Arbeit, die außerdem für alle Nachbarn sichtbar ist, also *malu* (beschämt) machen kann. Mancher bezeichnet diese Arbeit drastisch als "Folter" (*siksa*). Es gibt keine Absprachen, wer wann an der Reihe ist; Konflikte entstehen dadurch, daß einige Männer nur ganz selten sauber machen. Wenn Nachbarn dies dann für sie tun, laufen diese wiederum Gefahr, sich selbst oder den anderen zu beschämen.

Am Problem der Müllentsorgung zeigt sich deutlich der geringe Zusammenhalt der Bewohner dieses Viertels. An vielen Stellen in der Nachbarschaft sind wilde Mülldeponien zu finden. Dies wird von den Bewohnern einmütig als Problem gesehen, weil der Müll zum einen unschön ist und dazu die Gesundheit der Kinder, die oft im Abfall spielen, gefährdet. Immer wieder malen Besitzer von Häusern kleine Schilder, auf denen sie darum bitten, keinen Müll vor ihren Häusern abzuladen. Leute, die Grundstücke kaufen, zäunen diese ein, um zu verhindern, daß darauf Abfall abgeladen wird (Abb. 37). Die Stadt holt den Müll nicht ab, "weil die Armada (der Fahrzeuge) nicht ausreicht". Vor mehreren Jahren gab es deshalb eine Initiative im Viertel, diesen Mißstand in eigener Regie zu beheben. Die Müllabfuhr sollte selbst organisiert und dazu ein Fahrzeug angemietet werden. Für das Projekt wurde geworben und auch schon Geld gesammelt. Letztlich kam die Abfuhr aber nicht zustande. Als Begründung wurde mir gesagt, einige hätten kein Geld beitragen wollen. Manche Familien, etwa von *becak*-Fahrern, könnten nichts bezahlen, weil sie keinerlei Ersparnisse hätten. Andere wiederum meinten, daß "manche Familien geführt werden wollen, andere aber gerade nicht" (*ada yg. mau dipimpin, da yg. tidak mau*). Eine andere Formulierung besagt, "es (gebe) hier einige, die nicht bei-/zusammen sind" (*ada yg. tidak compak di sini*) oder ganz einfach "die Menschen hier sind noch dumm" (*masyarakat di sini masih bodoh*). Einige vertraten die Meinung, es gebe hier einfach "keine Führung" (*tidak ada dukun*). Auch auf die allgemeine Erfahrung, daß Geld, welches zentral gesammelt wird, allzu leicht mißbraucht werde, wurde öfters angespielt. Das sei ja auch der Grund, warum die Stadt den Müll nicht entsorge: Das Steuergeld verschwinde, so daß es nicht für den Ankauf von genug Fahrzeugen für die Müllabfuhr reiche.

Abb. 37: Ein ungelöstes Problem: unkontrolliert abgeladener Abfall

Das bislang Gesagte zeigte schon die Probleme einer Einbindung der Bewohner in die vom Staat konzipierte lokale politische Struktur der Nachbarschaftsorganisation. Welche Rolle spielen *RW* und *RT* im Hinblick auf das Verhältnis von Regierungspolitik zur Basis der Bevölkerung? Sind sie als Organisationen nur abgehobene Instrumente der Regierung, oder haben sie auch eine Verankerung in der Bevölkerung (vgl. Bestor 1990:121f.,129f. für Nachbarschaften in Tokyo)? Ein entscheidender Indikator ist, inwieweit sie als die Instanzen, die die Konflikte unter den Bewohnern lösen können, akzeptiert sind. Oben wurde festgestellt, daß die *RW* als Vierteltassoziationen und Verwaltungseinheiten durchaus im Bewußtsein der Bevölkerung präsent sind; daß dies für die kleinere Einheit *RT* aber nur in weit geringerem Maß gilt. Die Akzeptanz der *RT* ist viel mehr von der Persönlichkeit und den Aktivitäten des Vorstehers abhängig. Tatsächlich ist es auch der Vorsteher des *RW*, der zwischen den sehr weit auseinander klaffenden Welten der Regierungsziele einerseits und der lokalen Bedürfnisse andererseits vermittelt.

Die Politikvermittlung "nach unten" (*ke bawah*), zur Bevölkerung, ist ein allgemeines Problem in Indonesien. Ein Symptom dafür sind die vielen quasi erzieherischen Schrifttafeln mit Motti, Ermahnungen und Informationen, die in einer Stadt wie Ujung Pandang von den verschiedenen Instanzen aufgestellt werden. Eine Schild in Rappocini verkündet etwa, daß "Rappocini im Prozeß der Verteilung neuer Hausnummern (ist)"; ein anderes fragt den Bürger: "Haben Sie schon ihre Grundstückssteuer bezahlt?" Die mangelnde Bindung der Bevölkerung an die Verwaltung und die fehlende Akzeptanz der Verwaltungseinheiten im

Volk werden oft damit erklärt, daß die Bewohner die Ziele der Verwaltung nicht als die ihrigen ansehen. Andere nennen den einseitigen Weg der Entscheidungen von oben nach unten, auch hier als *top-down* bezeichnet, als Grund. Dahinter stehen die fast täglichen Erfahrungen der Bewohner mit der Bürokratie und mit nationalen Parolen.

An großer Politik haben nur wenige Bewohner Interesse. Daran hat die Vermittlung von Politik, die in Indonesien einseitig von oben nach unten erfolgt, maßgeblichen Anteil. Eine stehende Redewendung besagt, es habe sich eine neue Kultur entwickelt, die "Kultur der Taubheit" (*budaya bisu*). Man mag den langen und langweiligen Reden, die die Berichterstattung in den Medien und öffentliche Ereignisse prägen, nicht mehr zuhören und schaltet ab: Sie "ermüden einen und machen Kopfschmerzen". Dazu kommt, daß wirklich brisante Themen sehr schnell als "politisch" (*itu politis*) gelten und damit in die Nähe von Kommunismus rücken, was zur Folge hat, daß sie nur unter vier Augen besprochen werden. Die gewaltsamen Auseinandersetzungen 1991 in Timor z.B. wurden zwar in der indonesischen Presse (als "Vorfall in Dili"; *insiden Dili*; vgl. 3.1.5) diskutiert. Dozenten der *UNHAS*-Universität etwa würden ein solches Thema jedoch nicht in Gegenwart ihrer Studenten oder gar mit diesen diskutieren, weil sie dann befürchten müßten, daß dies von Studenten anderer Einstellung weitererzählt und damit gefährlich für sie würde.

Wie wird seitens der Instanzen auf lokaler Ebene versucht, die Struktur von *RW* und *RT* in der Bevölkerung zu verankern und zu deren Beeinflussung zu nutzen und wie gehen die Bewohner damit um? Ich beschreibe dies anhand zweier Ereignisse, die zu den wenigen in Rappocini gehören, die im Sinne von Handelman *public events* darstellen, indem sie (1) im Raum, in der Zeit und in den Verhaltensregeln formalisiert sind, (2) lokale Kultur symbolisch und in öffentlicher Weise mit der Außenwelt verknüpfen und (3) soziale Ordnung konstruieren (Handelman 1990:11f., 16). Ich stelle zwei Fälle dar:
- eine öffentliche Veranstaltung, in der zwei *RT* vereinigt werden sollten und
- ein offiziell organisiertes Volksfest, bei dem es zu einem Konflikt kam.

Die Installation einer Verwaltungseinheit

Mur ist der Vorsteher eines *kelurahan in* Rappokaling, einem anderen Stadtteil. Mur wohnt am gleichen *lorong* wie wir in Rappocini und eines Tages fragt er mich, ob ich ihn zu einer dortigen Veranstaltung begleiten wolle. Er ist der dortige *lurah*, wohnt aber in Rappocini. Es ist häufig der Fall, daß lokale Politiker selbst nicht in den Gebieten wohnen, denen sie vorstehen, was als solches bezüglich ihrer Ortsbindung aufschlußreich ist. Rappokaling gehört wie Rappocini erst seit 1971 zu Ujung Pandang und wird von den Bewohnern der Stadt ebenfalls zum "Stadtrand" (*pinggiran kota*) gerechnet. Dort leben seit vier Generationen vor allem Makasar und Bugis, die zusammen derzeit etwa 50% der Bewohner bilden. Mur nimmt mich mit seinem Motorroller mit. Wegen der oft schlechten und wenig beleuchteten Straßen dauert die Fahrt etwa eine halbe Stunde. Schließlich halten wir vor einem kleinen unbeleuchteten Haus; das ist das Gebäude des *kelurahan* Rappokaling, und wir gehen hinein. Mur macht Licht und ruft mit einem Funkgerät die offiziellen Gäste zu der heutigen Feier. Zusammen mit dem *ketua* eines *RT* und drei weiteren Leuten, die inzwischen eingetroffen sind, machen wir uns zu Fuß auf zum Ort der Veranstaltung. Wir gehen über enge, nur durch die Lampen in den angrenzenden Häusern und Hütten schwach beleuchtete schmale Wege und passieren dunkle Plätze. Als *lurah* wird Mur des öfteren gegrüßt und er stellt mich einigen Personen, denen wir begegnen, kurz vor.

Schließlich sind wir am Veranstaltungsort angelangt. Im Untergeschoß eines Stelzenhauses und auf dem Vorplatz sind Stühle für das Publikum und Sessel mit Tischen für die Ehrengäste aufgereiht. Viele Gäste sind schon da; sie begrüßen den *lurah* respektvoll und freundschaftlich. Er stellt mich einigen Ehrengästen vor und ich soll bei ihnen Platz nehmen. Ein Spruchband hinter den Ehrengästen, die dem Publikum zugewandt sitzen, verkündet mit goldenen Lettern, worum es bei dieser festlichen Veranstaltung geht: um die "offiziell-feierliche Vereinigung von Nachbarschaften innerhalb einer Volksorganisation". Zwei *RT*; die beide bislang in der Struktur Rappokalings "isoliert" gewesen sind (so ein benachbarter Ehrengast zu mir), sollen in die politische Struktur integriert werden. Etwa siebzig Gäste haben auf den Stühlen Platz genommen, als das Programm beginnt. Hunderte von Zaungästen lagern direkt daneben an den Nachbarhäusern. Die dann folgenden Ansprachen werden über Lautsprecher übertragen. Diejenigen Personen, die eine Rede halten, stehen dabei auf. Von den offiziellen Gästen tragen zwei das schwarze samtene Nationalkäppchen (*songko*k; M.; *topi*).

Nun beginnt das eigentliche Programm. Um zu verdeutlichen, wie straff die Programmabfolge ist, vermerke ich die Zeitpunkte des Beginns der einzelnen Programmteile. Um 19.55 Uhr begrüßt ein besonders schön gekleidetes Mädchen, das durch das Programm führt und alle Redner vorstellt, die Anwesenden. Um 20.05 Uhr singt ein Mann aus dem Koran. Während die Ehrengäste, z.T. mit geschlossenen Augen, zuhören, macht ein beauftragter Mann Photos der Redner, Ehrengäste und Zuhörer. Daraufhin spricht eine junge Frau kurz allgemein über den Islam, wobei weiter photographiert wird. Ab 20.13 Uhr hält ein junger Mann, der aus Irian Jaya stammt, eine Rede. Zunächst begrüßt er nacheinander den *lurah*, mich und die Frauen, die den Gesundheitsposten (*POSYANDU*) führen. Er schätze sich glücklich, daß so viele Leute gekommen seien. Es folgen arabische und indonesischsprachige religiöse Formeln. Dann sagt er die bei Eröffnungsreden häufige Formel, daß "wir uns hier an diesem einfachen Ort versammelt haben" (*kita berkumpul di tempat sederhana ini*) und führt die heutige Veranstaltung als offizielle Einweihung (*acara peresmian*) ein. Es gehe heute um die Zusammenarbeit (*bakti*), bzw. Loyalität zweier *RT*. Nach der dreimaligen Wiederholung einer arabischen Formel zum Geburtstag Mohammeds stellt er die Ehrengäste vor. Er weist darauf hin, daß viele Menschen hier besorgt seien (*merasa bimbang*), weil sie den Vorsteher des *RT* gar nicht kennen würden. Dies sei eine "eindeutige Angelegenheit" (*secara definitif*). Hier lebe die "Bevölkerung einer geordneten und sicheren Gegend" (*masyarakat satu lingkungan tertip dan aman*).

Er schließt damit, daß, wenn man "antizipiere" (*untuk mengantisipasi*), das wichtigste Ziel die Behebung des "Unglücks" (*musibah*) im Viertel sei.

Daraufhin bittet der Redner Mur als *lurah* von Rappokaling, den er zugleich formell und freundschaftlich anredet, nämlich als *Bapak lurah Rappokaling*, darum, für eine Verbesserung der Lebensbedingungen in dieser Nachbarschaft (*perbaikan lingkungan*) zu sorgen. Die Bürger bräuchten seine Hilfe. Vorwiegend benötigten die 71 fest ansässigen (*tinggal tetap*) Familien Trinkwasser. Er weist aber auch darauf hin, daß es ebenso Familien gebe, die nur zeitweilig hier wohnten (*berdomisili sementara*). Mit einer arabischen Formel bedankt sich der Redner und tritt ab. Um 20.25 Uhr redet kurz ein älterer Herr mit *Daeng*-Titel und beschwört die Vereinigung der Bewohner und deren "Partizipation" (*partisipasi*) an Aufgaben im Viertel. Es ist 20.30 Uhr, als Drs. Hamza Mustafa mit einem Dank an alle und mit *Salam Alleikum* das Wort ergreift. Er begrüßt die Ehrengäste und benennt diese Feier nochmals als offizielle Einweihung. In seinen Worten erwähnt er die geographisch periphere Lage des Stadtteiles, um dann auf die Sicherheit (*keamanan*) und die Harmonie (*rukun*) in der Nachbarschaft zu kommen. Er weist auf die Sicherheitssektion (*Lembaga Ketahanan Mas0yarakat Desa, LKMD*) hin und ruft die Anwesenden auf, Konfliktfälle dem *RT*-Vorsteher oder der Polizei zu melden und den Rechtsweg einzuhalten, statt sie unter sich selbst auszumachen. Es gebe schon vorbildliche Fälle, wo dies erfolgt sei und solche Konfliktfälle weitergeleitet worden wären. Sein abschließendes *Salaam* wird vom Publikum im Refrain beantwortet.

Um 20.37 beginnt Mur, der *lurah*, mit dem ich gekommen bin, als Hauptredner seine Ansprache. Er dankt allen Anwesenden, besonders den Ehrengästen. Auch mich stellt er namentlich vor und hebt dabei heraus, ich sei *Doktor* (*Dr.*), nicht etwa nur *Doktorandus* (*Drs.*, ein sehr verbreiteter Titel in dieser Stadt). Er hatte sich vorher von mir noch meine Namenskarte (*kartu nama*, ein im formellen Umgang in der Stadt immer wichtiges Utensil), erbeten, damit er meinen Namen richtig wiedergibt. Er nennt noch einmal den offiziellen Titel dieser Veranstaltung (*"Rangka peresmian dua RT dalam RW 1 di lurah Rappokaling"*). Er beschwört zunächst die psychologische Bedeutung guter Beziehungen (*hubungan*) und der Gemeinsamkeiten der Bewohner (*kita masyarakat bersama*) in der Nachbarschaft. Weiterhin lobt er die eigenen Aktivitäten der Bewohner, die, da "von unten animiert, sehr gut" (*animo dari bawah, bagus sekali*) seien. Bevor er die offizielle Einweihung durchführen werde, wolle er die Anwesenden jedoch über verschiedenes "informieren". Er nennt daraufhin verschiedene Ämter und Stellen in Form ihrer Abkürzungen, jedoch ohne diese zu erläutern, und betont immer wieder die "Pflichten der lokalen Regierung" (*tugas pemerintah*). Er kommt auf die Probleme der Stadtverwaltung zu sprechen und animiert die Anwesenden, doch ihre Steuern zu zahlen, weil die Regierung kein Geld habe, aber sie Geld hätten (*..., karena pemerintah tidak punya uang, tetapi bapak/ibu punya uang*).

Außerdem spricht er im weiteren Verlauf eine Problematik an, die für die fluktuierende Situation in den Randgebieten Ujung Pandangs charakteristisch ist und die mit den häufigen Umzügen und der geringen Ortsbindung vieler Bewohner zusammenhängt. Er fordert die neu zugezogenen Bewohner, sich doch bitte bis zum 20. Juli in die Wahllisten für die Wahl im nächsten Jahr einzutragen. Es gebe in Rappokaling als "Gebiet am (Stadt)rand" (*wilayah pinggiran*) wegen der vielen neu zugezogenen Familien (*pindah penduduk baru*) in dieser Hinsicht Probleme. Er betont, daß man ohne Umzugsdokument ("Umzugsschein"; *surat pindah*) keine "Familienkarte" (*kartu keluarga*) erhielte. Wer diese nicht besitze, bekomme wiederum kein Dokument, welches ihn als echten Bewohner ausweise (*kartu penduduk asli*). Weil viele das nicht wüßten, gebe es Probleme mit doppelten Eintragungen. Die Konsequenz dessen sei, daß die Regierung weniger für diese Nachbarschaft tun würde, z.B. für die Gesundheitsversorgung. Er hoffe, die Bewohner zu gemeinsamen Anstrengungen vor allem im Bereich der Gesundheit anspornen zu können. Dabei hebt er noch einmal die Initiativen von unten, also aus dem *RT* heraus, hervor. Die Ausbesserung von *lorongs* z.B. könne doch in "eigener Regie" (*mengurus sendiri*) erfolgen, trotz der vielen Einwohner, die von außerhalb der Stadt kämen. Auch kleinere Konfliktfälle könne man selber regeln. Wenn es z.B. "nur um Probleme unter Jugendlichen" (*kalau hanya masalah anak anak*) gehe, müsse man nicht gleich zur Polizei gehen; die dortigen Beamten seien sonst "halbtot" (*setengah mati*) vor Belastungen. Und noch einmal sagt er eine beschwörende Formel und vertieft damit die Kenntnis der Bezeichnungen der Ebenen der städtischen Verwaltung: "Partizipation innerhalb zweier *RT* innerhalb eines *RW* des *kelurahan* Rappokaling" (*partisipasi di dalam dua RT di dalam RW di dalam kelurahan Rappokaling*).

Die Schwierigkeiten des Ausbaues der Infrastruktur macht er dann am Beispiel der Versorgung mit sauberem Wasser deutlich, auf welche die Bewohner schon seit langem warten. Das Hauptproblem sei, daß die Regierung kein Geld habe, den Boden für die Wasserleitung und eine Trinkwasserstation zu kaufen. Insbesondere gehe es um ein größeres Stück Land, das wegen seiner Lage für die Baumaßnahme benötigt werde. Also bittet er um "Partizipation" und meint damit die Hergabe von Boden ohne staatliche Entschädigung (*ganti rugi tanah*), eine den Bewohnern nur allzu bekannte Forderung. Auch erwähnt er eine neu zu bauende Anlage innerhalb des "Projektes zur Verbesserung der *kampung*", nennt aber wiederum nur dessen Abkürzung *KIP* (*Kampung Improvement Project*, ind. *Proyek Diperbaiki Kampung*, seit 1971). Bei entsprechendem Engagement der Bewohner stellt er die Fertigstellung dieser Anlage in Aussicht. Dann kommt er auf einen Plan der Stadtverwaltung zu sprechen, der im Rahmen der Verlegung des Stadtzentrums beinhaltet, eine größere Straße auszubauen, die dann durch dieses *RW* laufen würde. Im Hintergrund reden und zischen einige der Zuhörer. Er sagt, auch dabei sei es nicht sicher, wieviel Entschädigung es für das benötigte Land gebe. Als nächstes kommt er zu dem Punkt, daß zehn Frauen für soziale Hilfeleistungen gesucht würden: sie sollten Herde, Stühle etc. spenden, und es gebe dafür ein "Buch der Aktivitäten" (*buku kegiatan*). Weiterhin ruft er zur sonntäglichen Gemeinschaftsarbeit zur Verbrennung von Unkraut und zur "gemeinsamen Säuberung der Stadt" (*kebersihan kota bersama*) auf. Damit spielt er auf die große, gerade auf Hochtouren laufende Kampagne für ein "Strahlende Stadt Ujung Pandang" (*"Ujung Pandang Kota Bersinar"*; vgl. 4.5.3) an.

Um 21.00 Uhr schließlich eröffnet der *lurah* mit einem einzigen Satz offiziell diese neue Institution der vereinigten *RT* und erntet Beifall. Er enthüllt ein selbstgemaltes Schild mit einer Aufschrift und Symbolen sich reichender Hände.

Er fordert mich auf, mich dazu zu stellen und so werde ich mitphotographiert. Sieben junge Männer stellen sich daraufhin mit dem Gesicht zu den Ehrengästen gewandt auf, d.h. mit dem Rücken zu den Zuschauern. Sie werden feierlich zur Mitarbeit eingeschworen; der *lurah* spricht dazu kurz und gibt jedem die Hand. Jetzt werden den offiziellen Gästen Kuchen und Eisgetränke gereicht. Diese bieten sich diese Gaben wechselseitig respektvoll an und unterhalten sich dann ungezwungen. Gegen 21.30 Uhr ist die Veranstaltung beendet und es gibt einen schnellen Aufbruch. Wir geben einigen Leuten die Hand und gehen in einer kleinen Gruppe zurück zum Büro des *lurah*. Auf dem Weg spricht Pak Mur per Funkgerät mit einigen Männern, die nicht gekommen sind und erklärt, daß ein Gast aus Deutschland dabei war.

Ein zweiter Fall soll weitere Facetten der *local-level politics* verdeutlichen, die sich ergeben, wenn politische Vorstellungen, die von oben und außen kommen, mit lokalen politischen Konzepten zusammentreffen.

Ein öffentlicher Konflikt und
seine "interne" Regelung

Kurz nach dem Nationalfeiertag am 17. August findet am 25. August 1991 ein "Abend zur Volksunterhaltung" bzw. "-erheiterung" (*Malam Hiburan Rakyat*) statt. Für diese Veranstaltung ist in Rappocini nicht schriftlich geworben, aber solche Ereignisse sind als seltene und zudem kostenlose Ablenkungen beliebt und sprechen sich herum, so daß viele Zuschauer erscheinen. Abends nach Sonnenuntergang strömen viele Menschen, vor allem Jugendliche, zu einem leeren Feld in der Nähe des Hauses des *RW*-Vorstehers. Am Veranstaltungsort erwartet die Besucher eine mit Blumenkübeln geschmückte Bühne. Davor steht eine Reihe besonderer Stühlen für die Ehrengäste und Tische, auf denen Teller mit Kuchenstücken und Gläser mit Getränken vorbereitet sind. Hinter der Bühne hängt ein großes Spruchband mit der Aufschrift: "Mit Hochachtung für die Proklamation der Republik Indonesien erhöhen wir die Einheit und Integrität in Richtung auf eine strahlende Stadt" (*Dengan Memperingati Proklamasi RI kita tingkatkan Persatuan kesatuan Menuju Kota Bersinar*). Dieses Fest ist von einem Festkomitee (*Panitia Pelaksana Proklamasi RI*) organisiert worden. Ich sehe die Vertreterin der Frauenorganisation *Pembinaan Keluarga dan Kesejahteraan* (*PKK*) und eine Freundin tatkräftig mit aufbauen und koordinieren. Als wichtige Gäste erscheinen nach und nach der *lurah*, der Vorsteher des *RW*, dessen Frau, der Vorsteher einer Schule und etliche Lehrer.

Das dichte Programm enthält Teile, die in allen national gefärbten Veranstaltungen in Indonesien unvermeidlich sind, wie Begrüßungsformeln und Reden (*pidato*); aber lokale Ideen kommen durchaus zur Geltung. Nach einer Begrüßung beginnt das Programm mit der Rede des *lurah*. Er werde nur kurz bleiben, weil er heute abend noch fünf weitere derartige Termine in anderen *RW* wahrnehmen müsse. Sehr engagiert und kurz motiviert er die Bevölkerung zu einer stärkeren Beteiligung am Gemeindeleben. Kritisch gegen wenig engagierte *RT*-Vorsteher sagt er: "einige *RT*-Vorsteher schlafen noch". Daraufhin ergreift der Vorsteher des hiesigen *RW* das Wort. Er beginnt sehr ruhig und formelhaft und bedankt sich bei der Bevölkerung für gute Zusammenarbeit und für dieses Fest. Dann wird er lebendig und bezeichnet die Kooperation innerhalb der Nachbarschaft als "nationale Aufgabe", schließt aber nach diesem Aufruf schnell ab. Als Dritter hält ein Angestellter der Sicherheitspolizei (*Polisi Sekuritas, POLSEK*) eine kurze Rede.

Nach diesem formellen Teil folgen die eher informellen, unterhaltenden Programmpunkte. Zunächst gibt es Tänze, für die Mädchen und junge Frauen in den vorangegangenen Tagen im Haus des *RW*-Vorstehers intensiv geprobt haben. Dann trägt eine junge Frau eigene *puisi* vor. Ihre Poesie ähnelt dem, was in den abendlichen Gedichtlesungen im Fernsehen dargeboten wird. Gedichte sind unter Jugendlichen derzeit sehr beliebt. Wie häufig bei solchen Veranstaltungen nimmt die Aufmerksamkeit beim Publikum schon jetzt merklich ab. Man schwatzt und guckt nur ab und zu zur Bühne. Auch ein kleiner Junge trägt im feinen Anzug ein Gedicht vor. Dann führen junge Mädchen eine Art modernen "Balletts" auf, wie es in Indonesien zur Zeit sehr beliebt und häufig im Fernsehen zu sehen ist. Nach diesen kurzen künstlerischen Einlagen folgt die sehr langwierige Preisverleihung für die siegreichen Teams der verschiedenen Nachbarschaften während der Sportwettbewerbe in der Feierwoche zur Unabhängigkeit. Zur Übergabe der Preise werden für jede Sportart, nämlich Volleyball, Fußball, *Takraw* und Domino, "passende" Gäste auf die Bühne gerufen. Diese überreichen die Geschenke ohne viel Aufhebens, ja geradezu lässig. Der *RW*-Chef übergibt das Präsent für die jungen Männer, seine Frau das für die Mädchen; ich schließlich übergebe den Preis für die Dominospieler.

Außer mir selbst ("Wir rufen Pak Christoph auf"; *Kami panggil Pak Kristop*) werden alle anderen nicht etwa mit Namen, sondern in ihrer Funktion auf die Bühne gerufen. Des öfteren müssen die *RT*-Vertreter mehrmals gebeten werden, doch bitte stellvertretend für eine Sportgruppe, die selbst nicht erschienen ist, die Auszeichnungen in Empfang zu nehmen. Dies alles dauert sehr lang und die Aufmerksamkeit des Publikums wird immer geringer; ja das Fest droht geradezu zu zerfasern. Neuen Schwung bringen Mädchen und Jungen, die einen "kreativen Tanz" (*tarian kreatif*) aufführen. Diese Mischung aus Elementen des Pop und des modernen westlichen Balletts ist für alle noch etwas ungewohnt und belustigt die Zuschauer sichtlich. Nach weiteren Tänzen tritt eine *vocal group* auf, die viel Aufmerksamkeit auf sich zieht. Während langsam schon das Aufräumen beginnt, spielt auf einer zweiten kleineren Bühne dann noch eine Band Popmusik. Die Ehrengäste holen sich jetzt etwas zu essen. Die Popgruppe ist kaum hörbar, weil sie mit den Mikrophonen und Lautsprechern zu kämpfen hat. Ein in langer Vorbereitung einstudiertes *drama*, das dann auf der Hauptbühne aufgeführt wird, geht völlig im Lärm der Lautsprecher unter. Mehr und mehr Zuschauer verlassen nun die Veranstaltung.

Plötzlich gibt es im Rücken der Zuschauer, wo sich ein freies Feld befindet, einen kleinen Menschenauflauf. Alle fragen sich, was passiert ist, aber die meisten Besucher begeben sich nach Hause, ohne der Sache nachzugehen. Als das Fest sich dem Ende nähert; wird klar, was geschehen ist: Der Sitz eines Motorrades, das am Rande des freien Feldes abgestellt war, auf dem das Fest stattfand, ist mit zwei Schnitten aufgeschlitzt worden. Brisant wird es, als sich herausstellt, daß der Besitzer des Motorrades ausgerechnet der junge Beamte der Sicherheitspolizei ist, der gerade vorher noch eine Rede gehalten hatte. Er ist extrem aufgebracht und sagt: "Das war mit Sicherheit ein *PKI*-Mensch" (*Pasti itu orang PKI*; Abk. für die verbotene kommunistische *Partai Komunis Indonesia*). Dann bezieht er sich auf seine Rede, wo er gesagt habe, dieses *RW* sei schon sicher (*saya bilang, RW ini sudah termasuk aman; itu salah*), und schreit erregt: "Alle Leute hier wissen, wem dieses Motorrad gehört; ich habe es schon oft an der Straße geparkt" (*semua orang di sini tahu, siapa punya sepeda motor ini; sudah banyak kali parkir di jalan*). Der *RW*-Vorsteher bemerkt dagegen ruhig: "Wer weiß es, wer das war; es ist unfreundlich". Nachdem der Sicherheitsbeamte wutentbrannt (und sicher sehr *malu*) abgedampft ist, sagt die *PKK*-Vorsteherin nur lakonisch: "Er kann es jetzt allein analysieren ..." (*Dia bisa sekarang analisi sendiri ...*). Beim Volleyballspiel drei Tage später frage ich den *RW*-Vorsteher nebenbei nach der Affäre. Er sagt, daß es "nichts politisches" sei. Es sei schon offensichtlich, wer das getan habe; er als *RW*-Ältester wäre schon informiert worden. Er habe für solche Angelegenheiten einen "sechsten Sinn" und er deutet an, daß der Anschlag vom Täter schon zugegeben worden sei. Man solle so etwas jedenfalls lieber "unter den Bewohnern" bzw. "im Volk" (*di dalam masyarakat*), d.h. ohne die Polizei, regeln. Ich bemerke aber, daß ihm das Thema peinlich ist und verzichte auf ein detailliertes Nachfragen nach Täter und Motiv (179/181, 25.8.91).

Allgemein werden Konflikte in der Nachbarschaft, solange es dabei nicht zu Mord oder Totschlag kommt, ohne die Polizei geregelt (vgl. Guiness 1989). Verbreitet ist die Meinung, daß es erstens hier kaum Probleme gebe und zweitens, daß falls welche auftreten, diese "intern" zu lösen seien, weil die Maßnahmen der Regierung einfach "nicht passend sind" (*kurang cocok*). Die Polizei führt keine Streifengänge im Viertel durch, was viele Bewohner mit deren "Angst" (*karena takut*) begründen. Es gibt in der Sicht der Bewohner gute Gründe, die Polizei nicht zu rufen, auch wenn sich ein größerer Konflikt ereignet hat. Die Polizisten kämen erstens nicht oder nicht sofort; sie stellten zweitens, wenn sie dann doch kämen, unbequeme Fragen und neigten dazu, pauschal einige Bewohner zu verhaften, die dann oft nur unter Schwierigkeiten wieder frei kämen. Drittens schließlich drohe die Rache der Nachbarn, wenn die Polizei alarmiert und der Konflikt damit nach außen getragen würde (Pal, 27.8.91).

Der Fall eines Konfliktes der jüngeren Vergangenheit zeigt, daß diese Befürchtungen begründet sind: Ein makasarischer *becak*-Fahrer wurde 1980 in der Nachbarschaft ermordet. Er war abends, von einer Nebentätigkeit kommend, auf dem Weg nach Hause. In der Nähe seines Hauses angekommen, stieg er aus dem *pete-pete*-Sammeltaxi und sah eine Gruppe von Jugendlichen beim Diebstahl von Hühnern. Er ging aber weiter und meldete den Vorfall beim Polizeiposten. Daraufhin gab es am nächsten Tag abends Auseinandersetzungen in der Nachbarschaft der Wohnung des *becak*-Fahrers. Nachbarn fanden ihn schließlich früh morgens gegen fünf Uhr tot auf. Der *RT*-Vorsteher, der am Abend spät nach Hause gekommen war und fest schlief, wurde erst gegen sieben Uhr benachrichtigt. Über ein Telefon bei Nachbarn rief er dann die Polizei. Die Beamten trafen nach einer weiteren Stunde ein, sicherten den Tatort und fragten den Vorsteher als erstes, wer in der Nachbarschaft nicht ordnungsgemäß gemeldet sei. Dieser nannte ein Haus, in dem ein Mann lebe, der unangemeldet sei, weil er krank wäre. Die Polizisten trafen in diesem Haus zwei unangemeldete Personen an und verhafteten sie sofort. Der *RT*-Vorsteher versicherte den Polizisten, daß diese Männer "nicht zu seinen Leuten" gehörten (*bukan warga saya*). Der tatsächliche Mörder, so sagten mir andere Informanten, "sei bald von der Bevölkerung identifiziert worden". Er wäre aber so schnell weggezogen, daß er bis heute nicht gefaßt werden konnte: "die Bevölkerung ist der Dumme" (*masyarakat kasihan laku*). Der Fall ist zur Zeit ausschließlich in Händen der Polizei; der Vorsteher des *RT* selbst weiß nicht, wie der Stand der Ermittlungen ist und die Verhafteten sind immer noch in Haft (Dju, 15.9.91).

Diese zwei Fälle verdeutlichen vor allem folgendes:

1. Die offensichtliche Absicht der Kontrolle der Bevölkerung mittels der lokalen Verwaltungseinheiten sowie die bürokratische Sprache der Offiziellen wie der Verwaltungsdokumente behindert die Umsetzung von Verwaltungszielen vor Ort.
2. Viele Konflikte werden weiterhin nach dem hergebrachten Muster "intern", d.h. außerhalb des offiziellen Rechtsweges, gelöst, was in Einklang mit der sozialen Organisation des Raumes steht (vgl. 5.6.1). Es besteht eine verbreitete Diskrepanz zwischen den formalen Wegen der Entscheidungs- und Rechtsfindung, die offiziell propagiert werden, und eher informellen Formen der Konfliktregelung.
3. Die tatsächliche Akzeptanz der Verwaltung auf der lokalen Ebene ist gering. Dies gilt besonders in dynamischen Stadtvierteln, wo viele Bewohner erst seit kurzem oder überhaupt nur für kurze Zeit wohnen. Hier kommt eine mangelnde Zusammenarbeit unter Bewohnern, die sich noch nicht gut kennen, hinzu. Dieses Problem geringer nachbarschaftlicher Kohäsion betrifft auch Maßnahmen, die auf traditionelle Werte bauen, aber mehr oder minder "von oben" (*dari atas*) verordnet.

5.5 Überzeugungen im Schnittpunkt von Religion, Ethnizität und Nationalismus

5.5.1 Theoretische Vorbemerkung: Überzeugungssysteme als plurale Gebilde

Die neuere Kognitionsethnologie hat gezeigt, daß Überzeugungssysteme (*belief systems, meaning systems*) zwar systemischer Natur, im allgemeinen aber intern nicht einheitlich sind. Sie enthalten sehr verschiedene Einstellungen und Haltungen je nach Bedeutung, Handlungsorientiertheit, Verbindlichkeit und Anwendungsbereich. Außerdem sind die Inhalte in sehr unterschiedlichem Maße sozial geteilt. Innerhalb von Überzeugungssystemen lassen sich konstitutive Regeln von regulativen Ideen unterscheiden. Konstitutive Regeln stellen das grundlegende Weltbild dar und beinhalten daher allgemeine Werte, die "Wirklichkeit schaffen".

Sie konstituieren die Welt und ihre Beschaffenheit in der Innensicht der Akteure. Sie sind abstrakt und werden regional akzeptiert. Dadurch, daß sie von den meisten Personen geteilt werden, wirken sie im Sozialverband koordinierend und schränken das Handeln ein. Regulative Ideen dagegen sind handlungsleitende Normen. Sie gelten situationsspezifisch, sind auf konkrete Handlungen hin gemünzt und oft nur im lokalen Umfeld gültig (D´Andrade 1984:92f.; 1990). Dieses Verständnis von Überzeugungssystemen als uneinheitlichen Gebilden leitet die folgende Darstellung der Überzeugungen in Rappocini. Außer der theoretischen Nützlichkeit, die das Modell in anderen Fällen gezeigt hat (vgl. Schweizer 1989c), erscheint es besonders für die Darstellung der Lebenswelt in einer Region wie Süd-Sulawesi geeignet, in der nicht nur die kulturelle Vielfalt im allgemeinen, sondern gerade auch die intraethnische kulturelle Variabilität hoch ist. Wie stark Normen und Werte variieren können, sehen wir daran, daß es immer wieder zu Konflikten kommt, wenn einige Menschen Regeln verletzen, die andere für wichtig halten. Häufig findet man sogar eine generelle Unsicherheit bezüglich Normen und Werten.

Ich stelle im folgenden nur allgemeine Vorstellungen des Überzeugungssystems dar. Konzepte, Haltungen und Einstellungen, die nur situationsbezogen gelten oder nur bestimmte Lebensbereiche betreffen, sind in den einzelnen Themenzusammenhängen abgehandelt. Dies gilt z.B. für die für meine Themenstellung besonders wichtigen Vorstellungen zur sozialen Organisation von Zeit und Raum (vgl. 5.6).

5.5.2 Überzeugungen im Alltagszusammenhang

Bevor ich die in Rappocini vorherrschenden Überzeugungen systematisch darstelle, möchte ich anhand einiger Beispiele verdeutlichen, wie sie im Alltag in ihrem Zusammenhang zum Tragen kommen. Die Fallbeispiele stammen entweder aus Gesprächen, in denen meine Gesprächspartner explizit Überzeugungen ansprachen oder aus erlebten Situationen, in denen es zu interkulturellen Mißverständnissen, aber auch zu intrakulturellen Abstimmungsproblemen zwischen den Beteiligten kam.

Im Alltagsleben, also außerhalb besonderer Anlässe oder Situationen, spielen islamische Vorschriften zusammen mit lokalspezifischen Überzeugungen eine gewichtige Rolle. Anders als beispielsweise in Hochlandgemeinschaften der Makasar (vgl. Rössler 1997b:280f.) unterscheiden die Menschen in Rappocini in Gesprächen häufig zwischen Regeln, die auf den Islam zurückgehen (*aturan Islam*; "islamische Ordnung") und solchen des Gewohnheitsrechtes (*adat* bzw. *adat-istiadat*). Im Alltagsleben sind besonders Normen zum Umgang der Geschlechter miteinander und Regeln der Nutzung von Räumen bedeutsam und den Menschen sehr bewußt. Eines der häufigsten Worte, mit denen Normenübertretungen kommentiert werden, ist *nakal*, was die Bedeutung von "ungezogen" bzw. "undiszipliniert" hat. Im folgenden gebe ich eine Liste, die mir Pak und Ibu zusammen auf die Frage hin gaben, welche Handlungen als (*nakal*) einzuschätzen seien. Sie unterschieden dabei nach Kindern und Erwachsenen (Abb. 38).

"Ungezogen" sind Kinder,
wenn sie ...
- "Leute stören" (*mengganggu orang*)
- "Spielzeug (von meinem Sohn; CA) wegnehmen" (*ambil permainan Roman*)
- "Christoph stören und seine Bücher wegnehmen" (*mengganggu dan ambil buku buku Christoph*)
- "(mit) Wasser spielen" (*bermain (dengan)air*)
- "immer hinauslaufen wollen" (*selalu mau keluar*)
- "immerzu nach Reis fragen und (dann) nichts essen" (*selalu minta nasi dan tidak makan*)
- "Milch auskippen/wegwerfen!" (*susu dibuang*)
- "mit Feuer spielen" (*main api*)

"Unerzogen" sind Erwachsene,
- "wenn Leute sich einfach etwas nehmen, ohne zu fragen, z.B. Schuhe (*orang yang suka menggambil barang barang tanpa minta, contoh sepatu*)
- "die Mädchen anmachen"; wörtlich "stören" (*mengganggu cewek*)
- "wenn Jugendliche rauchen (noch bevor sie einer Arbeit nachgehen)" (*remaja suka merokok*)
- "wenn (Jugendliche) nichts lernen wollen" (*remaja tidak mau belajar*)
- "Leute, die gerne woanders (als in ihrer Familie) essen gehen" (*orang yang suka makan jualan orang lain*)
- "die andere Leute stoßen/kneifen/treten" (*melempar orang, mencubat, atau menendang*)
- "Leute, die andere, z.B. Taube, Krüppel, auslachen" (*orang yang mengejek-ejek orang catat, tubu*)
- "überhöhte Preisforderungen von *tukang becak*, wenn die Fahrtstrecke weit ist
    oder wenn es weiße Fahrgäste sind"
- "junge Männer, die gegenüber Mädchen unverschämt sind" (*laki-laki nakal dengan perempuan*),
    bzw. "die immer nur Vergnügen suchen" (*happy happy terlalu*; sic!)
- "spielen" bzw. "um Geld spielen" (*menjudi, main uang*)

Abb. 38: Normenübertretung in Beispielen (Auflistung)

Ein Beispiel mag verdeutlichen, wie *adat*-Regeln und islamische Prinzipien im Alltag zusammenspielen. In diesem Fall geht es um das islamische Gerechtigkeitsprinzip einerseits und die lokale Vorstellung von Scham und Ehre andererseits.

Ich bin im Büro des Vorstehers des *kecamatan* Tamalate (242.812 Einwohner 1996), weil ich dort Dokumente über die demographische Entwicklung in diesem Ortsteil einsehen möchte. Nachdem, wie so oft, der entscheidende Mann nicht anwesend ist, unterhalte ich mich mit den Beamten über Deutschland, Indonesien und Ujung Pandang. Als ich mich schließlich verabschiede, weil ich merke, daß die Mittagspause der Beamten naht und sie sich ebenfalls entschuldigen, vermittelt mir einer von ihnen den Eindruck, daß er weiter mit mir reden möchte. Eher beiläufig frage ich, was denn eigentlich Bugis und Makasar voneinander und diese beiden von den anderen Ethnien in Ujung Pandang unterscheide, weil im Gespräch gerade diese Ethnien erwähnt wurden. Er faßt das wohl als Frage nach den Grundsätzen des Lebens überhaupt auf und beginnt sehr dezidiert folgendes auszuführen. Das wichtigste sei zunächst *"social justice"* (vgl. ähnliche Erfahrungen von Conkling 1979); erst danach käme das Geld. Zentral im Leben sei das "Ehrgefühl" (*harga diri*; vgl. Marzuki 1995:120-131). Wenn eine Frau z.B. unverheiratet geschwängert würde, würde der Mann "direkt erstochen" (*langsung ditusuk*), und dies müsse wegen des unausbleiblichen Gefühles (*rasa malu-siriq*) so sein. Auch wenn die Frau gar nicht schwanger würde, müsse man so handeln. Er zählt weitere Lebensregeln auf. Man solle niemals die Beine gegen andere Personen richten, man solle sich außerdem bücken, wenn man an Sitzenden vorbeigeht. Zwischendurch erklärt er mir, daß er für Bücher von Arnold Toynbee schwärme, um dann direkt damit fortzufahren, daß Touristen oft *amoral* seien, indem sie ihre Beine und Arme unbekleidet zeigten und sich öffentlich küßten. Hier in der Stadt sei das unmöglich, selbst für verheiratete Paare: "So ist (eben) die Kultur Ujung Pandangs" *(Itu budaya Ujung Pandang)*. Ich frage noch nach Bali und er sagt, dort herrsche die *dekadensi*. Er meint, wir müßten einmal über Islam und *adat* diskutieren, er spreche auch jetzt schon "nicht offiziell" *(tidak resmi)* und zeigt dabei auf sein Uniformhemd (Tag, 18.5.91).

Das Beispiel zeigt einige der Normen, die im Alltag immer wieder bemüht werden, vor allem zu Ehre, Selbstwertgefühl und Scham. Es wird deutlich, daß neben den lokalspezifischen westliche Normen von den Menschen häufig mitreflektiert oder kontrastiv erwähnt werden, was sicher besonders stark, aber nicht ausschließlich, gegenüber mir als Ethnologen gilt. Schließlich macht das Beispiel klar, daß die Menschen den Geltungsbereich von Überzeugungen und das Reden darüber auf bestimmte soziale Situationen (oder Räume) hin relativieren.

5.5.3 Konstitutive Verhaltensregeln

Scham und Beschämungsmeidung *(malu-siriq)*

Süd-Sulawesi ist bekannt für die hohe Bedeutung, die tradierten Normen und Werten zugemessen werden; Kennedy spricht in seinem Feldforschungstagebuch von der Region als "the adat land" (1963:62). Die Wörter *malu* bzw. *siriq (siri'*; M.) zeigen einen in ganz Süd-Sulawesi verbreiteten Vorstellungskomplex an, der die wichtigsten, die "edlen" Wertvorstellungen *(nilai utama, nilai-nilai luhur*, Marzuki 1995) bestimmt. Es geht um Stolz, Selbstwertgefühl und Ehre, und um Scham und Beschämung (Chabot 1967:147, 203; Reid & Reid 1988:26; Errington 1989:Kap.2) im Verhältnis zwischen Personen und Gruppen. Weitergehend manifestiert sich in *siriq* aber auch das Verhältnis zwischen Individuum und der Macht, die darin liegt, soziale und historische Beziehungen aufzuheben und damit Chaos zu schaffen, weshalb *siriq* als Konzept und Gewalt als Handlung eng zusammenhängen (Brawn 1993:129-132, 246-252). Sowohl nach der ethnologischen Literatur als auch im Selbst- und Fremdbild ist *siriq* als kulturelles Thema besonders stark bei den Makasar verankert. Das Zusammenleben mit zwei unterschiedlichen Familien, in denen drei ethnische Gruppen Süd-Sulawesis, nämlich Makasar, Bugis und Mandar, vertreten waren, zeigte mir aber, daß das Thema bei den Angehörigen der anderen Gruppen ebenfalls fast täglich erwähnt wird (vgl. Marzuki 1995). Der Einzelne achtet immer auf seinen Selbstwert; *malu* bzw. *siriq* ist ein integraler Bestandteil der Bildung der persönlichen Identität, die immer im Rahmen der Familie gesehen wird. Unabhängig der Empfindlichkeit des Einzelnen schreibt das Konzept eindeutige Verhaltensweisen bei Ehrverletzungen vor, z.B. oft die Tötung eines jungen Mannes als Kompensation für eine illegitime Liebesbeziehung. Solange eine Ehrverletzung der Familie nicht gerächt ist, gilt das verursachende Individuum als Nicht-Person. Die Reaktion hat genau entsprechend der Stellung der eigenen Person und der sozialen Situation zu erfolgen (Röttger-Rössler 1989:324.ff.,329). Im sozialen Umgang ist *malu-siriq* deshalb so bedeutsam, weil der in diesem Konzept ausgedrückte Aspekt der Identität die Person als soziales Wesen definiert und dabei einerseits stark formalisiert ist, andererseits eng mit Entscheidungen des Individuums, z.B. bezüglich Allianzen, zusammenhängt (Brawn 1993:252).

Malu-siriq spielt insbesondere in bezug auf die Geschlechterrollen und den Status der Familie eine zentrale Rolle. Ein Mädchen wird bei Bugis und Makasar als das Symbol der Ehre der Familie erachtet. Also müssen die jungen unverheirateten Frauen von unerlaubtem Geschlechtsverkehr abgehalten werden. Als Beschützer eines Mädchens hat vor allem ihr Bruder zu fungieren. Zwischen Bruder und Schwester besteht das engste Vertrauensverhältnis, weil es nicht durch mögliche Rivalität gefährdet ist. Früher hatten schon zufällige Begegnungen unverheirateter Mädchen mit Männern, die nicht aus dem Familienkreis stammten, manches Mal fatale Konsequenzen. Wenn solch ein Vorfall bekannt wurde, besagte die Norm nämlich, daß sich die Brüder des Mädchens rächen müßten, indem sie den Mann mit einem Messer ermordeten, um die Beschämung (*rasa malu*) von der Familie des Mädchens zu nehmen. Die Bedeutung des engen Verhältnisses zwischen Bruder und Schwester und die Konsequenzen für Ehre und Schande bilden auch ein zentrales Thema im Epos *I La Galigo* (Tol 1989).

Was sind im einzelnen Auslöser für das Gefühl der Beschämung? Das traditionelle Standardbeispiel, das in der Literatur auf diese Frage hin gegeben wird, ist das der unverheiratet geschwängerten Frau. Auch heute assoziieren die Bewohner Ujung Pandangs eine nicht legitimierte Liebesaffäre und die konsequent folgende Rache der Familie der Frau als prototypisches Beispiel für das Konzept (vgl. die emische Definition von *malu-siriq* in Anhang A.2). Im Alltag geht es aber eher um kleinere, dafür um so häufigere Ursachen. *Malu-siriq* ist ein für verschiedenartigste Situationen relevantes Konzept. Auslöser für die Beschämung kann eigenes wie fremdes Fehlverhalten oder Unfähigkeit sein. Häufig fühlt sich gerade diejenige Person *malu*, die bei fremdem Fehlverhalten gegenwärtig ist, während Dritte zusehen. Ibu erklärte dies am Beispiel von westlichen Touristen. Diese kämen häufig aus Bali hier nach Ujung Pandang und flanierten dann nur wenig bekleidet an der Uferpromenade. Sie sei dann z.B. *malu*, wenn sie mit mir oder meiner Frau so einem Touristen entgegenkäme, weil sie selbst dabei zugegen sei. Dies gilt auch bei der o.g. Regel, sich im Haus nicht unbedeckt zu zeigen. Wenn sich ein Mann gegenüber Frauen auch nur teilweise nackt zeige, beschäme das nicht ihn, sondern "alle Frauen als Frauen".

Ursachen für Beschämung im sozialen Umgang sind 1. Wohlstandsunterschiede (als Hauptursache), daneben 2. Bildungsunterschiede, 3. Abstammung und 4. Schüchternheit gegenüber Amtsträgern. Anlässe speziell im Dorf sind nach Aussagen von Informanten "der Faktor niedriger Abstammung", z.B. gegenüber dem *lurah* oder dem Dorfvorsteher". In Abb. 39 gebe ich das Ergebnis zweier Auflistungen zur Frage, was Situationen seien, die "beschämt" machen würden (Ibu, Pak, Jum, 14.6.91, 6.12.91). Es wird deutlich, daß sehr viele und äußerst verschiedene Umstände Anlaß für eine empfundene Beschämung sein können.

- "Küssen und dabei von anderen Leuten gesehen werden"
- "Spazierengehen ohne bzw. in kurzer Hose"
- "wenn die Ehefrau (bei einer Einladung) fünf Teller Reis verspeist"
- "wenn meine Ehefrau mit anderen Männern anbändelt"
- "als ich (Ibu) gestern abend neben Christoph im Taxi saß"
- "um Geld bitten (müssen)"
- "Sitzenbleiben (in der Schule)"
- "das ist noch nicht alles ..., es gibt so viele Ursachen, beschämt zu sein ..., einfach alles..."
- "in Unterhosen gesehen werden"
- "wenn der Penis gesehen wird"
- "wenn das Essen bei einer Einladung ausgeht"
- "an Gästen vorbeigehen, ohne um Erlaubnis zu bitten"
- "wenn Leute hungrig sind"
- "wenn die Geliebte von einem anderen genommen wird"
- "wenn Leute bei einem Fest nicht mit dem Löffel umzugehen wissen"
- "wenn der Sarong herunterfällt, man nackt ist"
- (als ich spaßeshalber den Zweijährigen frage, sagt Ibu): "Kinder wissen noch nichts davon"
- "wenn man ausgelacht wird"
- "wenn man eine schlechte Note in der Schule hat"
- "wenn man um etwas bittet und es nicht bekommt"
- "wenn eine Einladung ohne Umschlag überbracht wird"
- "wenn man hohe Schulden hat"
- "wenn eine Familie des Hofes bzw. Königs von einer anderen Familie immer um Hilfe gebeten wird"
- "wenn ich eine Tochter habe, die verführt wird ... muß der Mann ermordet werden"
- "wenn ein Mädchen ohne Einverständnis der Eltern eine Beziehung eingeht"
- "wenn die Hausfrau hier reich und die Nachbarn arm sind; ... dann werden sie selten hierher kommen"

Abb. 39: Mögliche Ursachen für das Gefühl der Beschämung oder Schüchternheit (*rasa malu*): eine beispielhafte Auflistung

Malu-siriq ist ein derartig durchgreifendes Prinzip, daß es außer den allgemein verbreiteten Anlässen je nach Ethnizität, Bildungsstand und Persönlichkeit der betreffenden Person durchaus unterschiedliche Auslöser und Schwellen für das Gefühl, *malu* zu sein, geben kann. So ist beispielsweise Ibu ganz allgemein streng in ihrer Auffassung von Regeln und entsprechend auch schneller selbst *malu* als andere. Einzelne Personen verletzen durchaus in vollem Wissen *malu-siriq*-bezogene Vorschriften. So gab es in unserer Gastfamilie nahezu täglich Konflikte, weil einer der Nachbarjungen fast immer, wenn er im Haus von Pak und Ibu war, kein Oberhemd trug. Daraufhin war Ibu fast immer beschämt, aber wiederum zu sehr, um ihm selbst dies zu zeigen. Außerdem wäre es ja, so sagte sie, die Aufgabe des Vaters des Jungen, ihn zur Disziplin zu erziehen, und schließlich will Ibu die engen Beziehungen zur Nachbarsfamilie nicht belasten.

Wie oben bei der Beschreibung der Konzepte von Arbeit und Beruf dargestellt, gibt es unterschiedlich geschätzte und geehrte Tätigkeiten. Ibu ist z.B. verärgert, als ich sie zusammen mit Ina in der Küche photographiere, während sie die Herstellung von Kuchen zum Verkauf vorbereitet. Ibu sagt: "Ich bin beschämt, weil ich arbeite" (*saya malu, kalau kerja*). Dies steht in Zusammenhang mit *gengsi*, Prestige, wobei Arbeit, insbesondere harte oder dreckige Arbeit (*kerja keras*) als beschämend gilt. Ibu achtet auch peinlich darauf, niemals Wäsche aufzuhängen, denn sie könnte von Nachbarn gesehen werden. Ebenso ist es, wie oben dargestellt, peinlich, die Abflußgräben zu säubern, weil dies eine sehr drekkige Arbeit ist, die zu einem Gefühl der Minderwertigkeit (*rasa minder*) führen kann. Das gilt allerdings, wie des öfteren betont wird, nur für jene Menschen, die auf Prestige bedacht sind.

Islamische Regeln

Der Islam in Rappocini ist so unauffällig wie allgegenwärtig. Dies verwundert in der Kulturregion Süd-Sulawesi, die sowohl in ethnologischer Literatur, als auch in der Innensicht vieler Informanten als stark islamisch, ja manchem als *fanatik Islam* gilt. Die alltägliche Umsetzung verschiedener islamischer Regeln ist mir besonders durch die Unterweisung von Pak und vor allem von Ibu deutlich geworden. Sie haben dezidierte Vorstellungen über richtiges Verhalten, und sie wollten uns diese auch beibringen. Schon am Anfang unseres Feldaufenthaltes sagten sie, daß meine Frau und ich "die indonesische Tradition" (*tradisi Indonesia*) lernen müßten. Wenn wir etwas besonders richtig machten, meinten sie: "So ist es freundlich gegenüber Älteren" (*begini itu sopan kepada orang tua*) oder sie stellten fest: "Das ist die muslimische Regel bzw. Ordnung" (*itu aturan muslim*) und "Dies ist das *adat* von Sulawesi" (*itu adat Sulawesi*) oder einfach "So muß es sein" bzw. "Das muß so gemacht werden" (*harus begini, harus dilakukan*). In seltenen Fällen wurde uns von selbst eine tiefere Erläuterung für diese Regeln gegeben. So z.B. als Pak mir einmal spontan den kausalen Zusammenhang zwischen verschiedenen Lebenszielen erklärte, die zum Glücklichsein (*kesenangan*) wichtig seien. Glück (*kebahagian*) bewirke Zufriedenheit (*kesenangan* bzw. *social life*), dies wiederum führe zu Wohlstand, Wohlergehen und Sicherheit.

Im Tagesablauf zeigen sich islamische Verhaltensregeln neben den fünf täglichen Gebeten, die den Tag zusammen mit der Arbeit maßgeblich strukturieren (vgl. 5.6.4), vor allem in den Bereichen der Ernährung, der Geschlechterbeziehungen, in der Kleidung und im Wirtschaftsleben. Im Jahreslauf wird der Islam vor allem im Fastenmonat (*puasa*), bei verschiedenen islamischen Feiertagen und bei Beschneidungsfeiern deutlich. Eine islamische Vorschrift, die in Rappocini weitgehend beachtet wird, ist das Verbot des Genusses von Alkohol, insbesondere in der Öffentlichkeit. Wenn man doch Alkohol trinken will, geht man in eines der Lokale in der Innenstadt. Trotzdem kann es, wenn auch selten, vorkommen, daß Jugendliche am Wochenende zusammen auf einer Pritsche (*bale-bale*) ausruhen und Schnaps trinken. Damit ernten sie aber sofort Mißfallen bei Nachbarn, so daß dies eher außerhalb der Nachbarschaft vorkommt. Über Familien, die spät abends noch Gäste empfangen und mit diesen trinken, verbreiten sich sehr schnell Gerüchte, sie seien oft betrunken (*mabuk*). Trunkenheit ist besonders deshalb allgemein gefürchtet, weil es im Zusammenhang mit Alkohol häufig zu Gewalttätigkeiten kommt. In der Alltagstheorie vieler Menschen sind die - meist sozioökonomisch bedingten und ethnisch gefärbten - Krawalle, zu denen es im Jahr 1991 in Ujung Pandang öfter kam, auf Alkohol in Verbindung mit abgebrochener Schulbildung (*putus sekolah*) zurückzuführen. Die Furcht vor Alkohol wird in Süd-Sulawesi dadurch verstärkt, daß sich die Menschen ohnehin für heißblütig halten und dies nach Alkoholeinfluß für um so gefährlicher erachten. Eine allgemeine und immer wieder betonte Regel ist, daß Frauen nicht rauchen sollten. Tatsächlich rauchen fast nur ältere Frauen, bei denen es für normal gehalten wird. Junge Männer sollten erst dann rauchen, wenn sie selbst Geld verdienen ("schon arbeiten"; *sudah kerja*). Zur Fastenzeit (*puasa*) sollte gar nicht geraucht werden; es würde die Person beschämen, wenn ein Nachbar dies sähe. Als Entschuldigung für einen Verstoß gilt es z.B., wenn man raucht, weil "man sich krank fühlt".

Der Umgang zwischen Mann und Frau ist deutlich von der islamischen Regel der Trennung beider bestimmt. Dies zeigt sich besonders klar bei Einladungen, wo Frauen und Männer in getrennten Gruppen sitzen. In 5.6.3 stelle ich dar, wie sich diese Trennung der Geschlechter in Verbindung mit anderen Regeln bei familiären und öffentlichen Anlässen zeigt. Sexuelle Andeutungen im Gespräch sind durchaus häufig, erfolgen jedoch nur unter Mitgliedern des gleichen Geschlechtes und nicht öffentlich. Ich habe diese Regel einmal unfreiwillig folgendermaßen verletzt: Ibu und Pak wollen abends mit dem Motorroller in die Stadt fahren. Pak wartet auf der Einfahrt und hat den Motor schon angelassen. Als Ibu gerade aufgestiegen ist, sage ich aus Spaß, ich wolle auch noch mitfahren und mache lachend eine Intentionsbewegung zum Aufsteigen auf den Rücksitz hinter Ibu. Daraufhin ist Ibu so beschämt, daß sie mich erst zwei Tage später auf mein Fehlverhalten, das als sexuelle Provokation wirkte, hinweist. Männer sollten Frauen außerhalb ihrer Kernfamilie nicht berühren. Ich machte z.B. einmal den Fehler, Ibu ganz leicht anzustupsen, um sie auf etwas aufmerksam zu machen. Sie quittierte das mit einem deutlichen *Jangan!* ("Nein!" bzw. "Nicht!").

Der Körper ist weitestgehend bedeckt zu halten. Dies gilt insbesondere in der öffentlichen oder halböffentlichen Sphäre. Als ich mich noch nicht daran gewöhnt hatte, wiesen mich Ibu und Pak des öfteren zurecht, wenn ich im Haus auch nur für einen Augenblick kein Oberhemd trug und evtl. durch eine Luke von Nachbarn hätte gesehen werden können ("Da sind Leute!"). Auch wenn ich mein Batiktuch nicht sehr fest um mich gewickelt hatte, fielen Bemerkungen, es könne doch herunterfallen. Wir mußten lernen, selbst auf der nur drei Meter messenden und von außen nicht einsehbaren Strecke zwischen unserem Wohnraum und der winzigen Toilette nicht nur eine Batik umzuhängen, sondern auch noch ein Handtuch um die Schulter zu tragen. Sonst würden es evtl. junge Mädchen sehen, auf sexuelle Gedanken kommen und damit die Ehe des Mannes gefährden (Ibu: "Sonst ist Pak oder Christoph ruiniert", *rugi*). Vor allem wegen der Gefahren für Mädchen bzw. junge Frauen oder Haushaltshilfen (*pembantu*) sollten Eltern (und selbstverständlich auch ich und meine Frau) nie offen Liebesbezeugungen austauschen. Dies sei ein "Geheimnis zwischen Ehemann und Ehefrau" (*rahasia swamisteri*). Besonders befürchtete Ibu, daß eigene oder Nachbarskinder, besonders junge Mädchen, etwas aus ihrem Intimleben in der Nachbarschaft weitererzählen könnten. Die Furcht vor Tratsch ist ohnehin weit verbreitet. Frauen sollten unbedingt einen Büstenhalter tragen und auf keinen Fall sollten Teile der Unterwäsche sichtbar sein (ein Punkt, der an Touristinnen immer wieder bemängelt wird). Wenn kein Mann zugegen ist, wird unter Frauen der Körper oft frei gezeigt oder berührt. Sehr betont werden einige Regeln der Sauberkeit eingehalten. Täglich solle man seinen Körper dreimal im Bad (*mandi*) ganz säubern. Dabei seien, so wird gesagt, die im Koran detailliert gegebenen Regeln zu befolgen, z.B. sich nach dem Toillettengang mindestens zehnmal mit Wasser zu übergießen. Weiterhin sollte man sich beim Zähneputzen bücken, um nicht zu viel zu verspritzen.

5.5.4 Regulative Ideen

Reziprozität: *bantu-membantu*

Bantu-membantu ("einander unterstützen") oder *tolong-menolong* ("sich gegenseitig helfen") bezeichnet die sehr häufig genannte, aber in sehr unterschiedlichem Maß verwirklichte Idee des reflexiven Helfens oder Aushelfens. In der Haushaltssphäre sind dies Erledigungen, Transporte, das "Borgen und Leihen" (*pinjam-meminjam*) von Gegenständen und die gemeinsame Nutzung von Raum, etwa das kostenfreie Unterstellen eines *becak*. Insbesondere Gegenstände, die nur wenige Familien besitzen, zirkulieren unter den engsten Nachbarn, darunter beispielsweise Schreibmaschinen, Fahrräder, Motorräder und Badmintonschläger. Dies kann soweit gehen, daß das Familienleben stark durch Nachbarn beeinflußt wird. So sah die Nachbarsfamilie ein halbes Jahr lang fast jeden Abend mit im Haus von Ibu und Pak fern, weil der eigene Fernseher kaputt und eine Reparatur zu teuer war. Das hatte neben oft guter Stimmung auch störende Auswirkungen, aber Pak und Ibu akzeptierten das, "um die Beziehungen gut zu halten".

Im Rahmen einer positiv bewerteten sozialen Einstellung (*rasa bzw. rasaan sosial* oder *solidaritas persaudaraan / perkeluargaan*) bezieht sich das Helfen auch auf die Vergabe bezahlter Arbeit an Bekannte oder die Vermittlung von Arbeit bei Dritten. Da solche Hilfeleistungen zu Gegenleistungen verpflichten, gibt es einen gleitenden Übergang von Verhältnissen, in denen man sich gegenseitig hilft, zu Patron-Klient-Beziehungen, besonders dem in Süd-Sulawesi besonders wichtigen *punggawa-sawi*-Verhältnis (vgl. 4.3.4).

Nationale *Pancasila*-Werte und deren Vermittlung

Die nationalen Werte der *Pancasila*, der indonesischen Nationalideologie, sollen für das Alltagsleben konstitutiv sein und in der ganzen Nation gelten. Die *Pancasila* ist entsprechend ihres Namens in "Fünf Prinzipien" ("*Lima Dasar*") niedergelegt und wird in der Schule durch die "Erziehung in der *Pancasila*-Moral" (*pendidikan moral pancasila*) gelehrt. In den Abteilungen für Schulbücher in Buchhandlungen Ujung Pandangs nehmen die Abhandlungen über die *Pancasila* immer einen großen Raum ein. Im städtischen Leben dieser von Verwaltung geprägten Stadt sind Symbole und Verlautbarungen zur *Pancasila* allgegenwärtig. Im abendlichen Programm des indonesischen Fernsehens TVRI werden ihre Prinzipien täglich anhand eingeblendeter Symbole und Motti verbreitet. Der Nationalfeiertag im August wird intensiv vorbereitet und ausgiebig gefeiert und die Straßen und Wege werden von den Bewohnern selbst mit Fähnchen überspannt;

Hauswände und Zäune werden weiß gestrichen. Die Einmündungen der schmalen Wege (*lorongs*) auf die Straßen werden mit bunten Toren geschmückt. Jugendliche erbauen diese Tore mit Enthusiasmus und schmücken sie mit modernistischen oder martialischen Motiven. Der Einfallsreichtum ist groß und kein Tor gleicht dem anderen (Abb. 40). Die Umsetzung der Prinzipien der *Pancasila* ist in Indonesien lokal sehr unterschiedlich stark und sie werden verschieden interpretiert. Im alltäglichen Leben erlebte ich sie eher als regulative Ideen, die oft untergeordnet sind oder nur zeitweilig zum Zuge kommen. Dies gilt selbst für die Familie Paks, der ein bewußter Staatsangestellter und in vielem sehr national eingestellt ist. Er bastelt beispielsweise abends beim Fernsehen einen Halma-Spielplan und schreibt dann als Zeile darüber: "Spielt mit nationaler Sportlichkeit!" (*bermainlah dengan sportivitas nasional!*). Oder er sitzt mit seinen Kindern vor dem Fernsehgerät, singt die Nationalhymne laut mit und ermutigt seine Kinder dazu, dies auch zu tun.

Das im Alltagsleben wirksamste Prinzip der *Pancasila* ist das der gemeinsamen Entscheidungsfindung ohne Abstimmung (*musyawarah-muafakat*). An einem Fall möchte ich verdeutlichen, mit welchen Methoden politische Konzepte vermittelt werden und welche Probleme sich bei der Umsetzung in einer Nachbarschaft stellen, die politisch nur schwach integriert ist. Es geht um einen Versuch der Regionalbehörden, den Vertretern der lokalen Verwaltung in den *RW* Prinzipien der Bürgerbeteiligung (*partisipasi*) nahezubringen. Das Mittel dazu ist ein Spiel, wie es in der Entwicklungszusammenarbeit verwendet wird.

Abb. 40: Tor zu einem Weg mit nationalen und regionalen Symbolen (Woche des Nationalfeiertags, August 1991)

Anfang 1992 findet eine Versammlung der Frauenorganisation *PKK* statt, die im Haus des *RW*-Vorstehers abgehalten wird. Bei diesem Treffen soll es darum gehen, ein "Simulationsspiel" (*Permainan Simulasi*) zum Thema *koperasi* unter den führenden Frauen des *RW* bekannt zu machen. Es sind 27 Frauen anwesend und ich bin dazu eingeladen. Die anwesenden Frauen sitzen im Kreis auf dem Boden und in ihrer Mitte liegt ein großer Spielplan, der unter anderen Symbolen die Embleme der *Pancasila* enthält. Die Veranstaltung beginnt um 16.30 Uhr zunächst damit, daß rote und weiße Glasschüsseln verteilt werden, die mit dem Geld aus einer sog. "Unterhaltungskasse" des Sparklubs, des *arisan*, des *RW* bezahlt wurden. Es gibt dabei ein langes Hin-und-Her bei der Verteilung und viele Frauen tun kund, daß sie nicht wissen, um was es eigentlich geht. Erst um 17.20 Uhr ergreift die Vorsitzende das Wort und sagt zunächst, daß dies eine "besondere Veranstaltung" (*acara khusus*) sei; und bevor das Spiel offiziell eingeführt werde, "müsse man sich treffen und üben". Dazu stellt sie einen Herrn vor, der "uns Informationen gibt" und sagt, alle sollten aufmerksam sein und es gebe in der heutigen Versammlung auch keine weiteren Themen.

Der Mann führt sich betont als ein "Hiesiger" (*warga di sini*; *saya warga RW 13*) ein und sagt, das Spiel bedürfe eigentlich keines weiteren Kommentars: Es handele sich um eine "direkte Angelegenheit" (*secara langsung*[128]), und außerdem sei man ohnehin "zu spät dran". Es gehe bei diesem Spiel um die "Haltung der Bevölkerung der Nachbarschaft" (*sikap masyarakat-tetangga*). Das Spiel stehe im Rahmen der von den Instanzen vorgeschriebenen "Pflicht, Gruppen zu bilden" (*tugas bermasyarakat*), aber die Teilnahme sei "freiwillig" (*sukarela*). Daß man in diesem *RW* verspätet sei, liege daran, daß er selbst viel zu tun und diese Nachbarschaft vergessen habe. Er "fühle sich gerufen" (*saya merasa dipanggil*) und er werde die Frauen "führen". Das Spiel "müsse durchgeführt werden" (*harus dilaksanakan*); es handele sich um ein Programm der Regierung, es gehe um "Probleme der Bevölkerung" (*permasalahan masyarakat*) und das Ziel sei es, methodische Fähigkeiten zu lernen. Das Spiel berücksichtige besonders diejenigen, die noch nicht lesen könnten, auch wenn man ja einwenden könne, daß dies ja unter den hier Anwesenden nicht der Fall sei. Er erklärt, daß bei diesem Spiel einige Mitspieler als *fasilitator* fungieren, und daß er dies zunächst selbst übernehme.

Schließlich treffen um 17.30 Uhr drei uniformierte Frauen des *PKK* einer nahe gelegenen Neubausiedlung ein. Der Herr sagt, diese hätten schon Erfahrungen mit dem Spiel gesammelt und "heute können wir ja nicht spielen, aber morgen und übermorgen". Eine der führenden *PKK*-Frauen begleitet die Gäste, setzt sich mit ihnen zusammen und es wird ihnen Tee gereicht. Der Mann fährt fort und sagt, jetzt müßten ein *sekretaris* und zehn Spieler gewählt werden und er erklärt den Spielplan, der das Modernste und "Allerbeste" (*paling bagus*) sei, und daß es besonders auf die Kärtchen ankomme. Er erläutert den Titel des Spiels und sagt, daß das Ziel hier sei, die "Anordnung von oben" (*pesan dari atas*) auszuführen. "Wenn wir es nicht können und nicht helfen, wird es kein Ergebnis geben". Er gibt zu bedenken, daß dieses Spiel im Rahmen des Sauberkeitsprogrammes

---

[128] Das ist eine im Alltag häufig gebrauchte Formulierung, die andeutet, es gebe keine bürokratischen Hürden, bzw. Zwischenebenen, zu überwinden.

der Stadt (entsprechend dem Slogan *"Ujung Pandang Kota Bersinar";* siehe 4.5.3) zu sehen sei. Dann schlägt er vor, zunächst fünfzehn Minuten zu spielen. Die hiesige *PKK*-Führerin möchte etwas fragen, er sagt aber, sie solle das später tun.

Daraufhin steht eine der drei eingeladenen Frauen des *PKK* der anderen Siedlung auf und sagt: "Entschuldigung; ich bin eine Frau, stehe aber gewöhnlich auf (wenn ich spreche). Ich komme leider zu spät, weil mein Boss nicht erschienen ist". Sie sagt, daß sie in ihrer Siedlung zwischen 1984 und 1989 Erfahrungen mit diesem Simulationsspiel gesammelt hätten und auch ein *fasilitator* hierhin gesandt worden wäre, der aber wohl nie hier hingekommen sei. Es gebe aber Vorsteher und *fasilitators*. Sie sagt: "Wir sind durch die Regeln gebunden" (*kita terikat oleh aturannya*) und erläutert Spielplan, Spielkarten und Spielsteine. Es gebe Leerkärtchen, wo man "Einigungspflichten" (*tugas sesuai muafakat*; wörtl. "Aufgaben zu gemeinsamer Aussprache") hätte; weiterhin rot-weiße Kärtchen (die Nationalfarben Indonesiens) und verschiedene Spielsteine. Es könne im "Zeitsystem" oder im "Rundensystem" gespielt werden, je nachdem, ob die Spielzeit oder die Anzahl der Spielrunden festgesetzt werde. Wenn man z.B. wegen des Gebets nur eine Stunde Spielzeit habe. Der *sekretaris* würde die Zahl der Karte, die gerade diskutiert wird, notieren. Jetzt sollten die Kärtchen gemischt werden, "und dann machen wir weiter, bis wir dumm sind" (*sampai kita bodoh*). Die Aufgabe des *fasilitator*s sei schwer; man müsse *to the point* kommen, aber jetzt könne man ja wohl schon spielen. Der hiesige *RW*-Vorsteher schlägt vor, erst einmal zu spielen, um ein Beispiel zu geben. Seine Frau möchte etwas sagen, wird aber von der Frau des anderen *PKK* gestoppt, die meint, erst müsse der *fasilitator* gewählt werden. Eine führende Frau des hiesigen *PKK* übernimmt die Initiative und sagt, daß "das System der Simulation jetzt beginnt"; man sei "gezwungen"; es wäre nicht nötig, daß sie die Ziele des Spieles noch einmal wiederhole, und sie frage deshalb jetzt die Teilnehmerinnen, wer mitspielen könne; zwei Mitspielerinnen würden genügen. Daraufhin schlägt der Mann vor, daß zwei Frauen aus dem hiesigen *RW* und eine von den Gästen spielen. Aber die führende Frau aus der anderen Siedlung sagt: "Ich bin nicht hergekommen, um zu unterrichten .... außerdem ist es schon fast sechs Uhr" (die Zeit des Gebets). Darauf entschuldigt man sich pauschal und der *RW*-Vorsteher rezitiert einige Formeln der *Pancasila*, die von allen nachgesprochen werden. Schließlich wird gefragt, wer die Protokollantin und wer der Schiedsrichter (*juru penerang*; als Akronym *jupen*) sein solle und per Akklamation werden die *PKK*-Vorsteherin und eine andere Frau gewählt. Zur eigentlichen Durchführng des Spiels kommt es nicht mehr.

Der beschriebene Versuch der Umsetzung des von offiziellen Stellen propagierten Simulationsspiels verdeutlicht, wie man anstrebt, die Norm der gemeinsamen Entscheidungsfindung praktisch zu befolgen. Es wurde aber auch klar, wie stark hierarchische und durch Bürokratie eingeübte Entscheidungsprinzipien einerseits und *malu* andererseits mit dieser Absicht kollidieren. Auffällig an diesem Versuch politischer Erziehung ist die klare Wahrnehmung des Simulationsspiels als einer von höheren Stellen angeordneten und zu befolgenden Maßnahme ("von oben", "von den Instanzen" "wir müssen"). Das Spiel wird als moderne partizipative Methode apostrophiert, aber das Idiom, in dem es präsentiert wird, ist bürokratisch geprägt. Die Art und Weise der Vermittlung der Methode offenbart das, was in kritischen Schriften in Indonesien und in Ujung Pandang auch im Alltag häufig mit dem Begriff *top-down* benannt wird (vgl. Karamoy & Diaz 1982 sowie 1986 zu Ujung Pandang im Vergleich zu Jakarta). Mangelnde Partizipation zeigt sich, wie in anderen Städten Südostasiens, als Effekt einer allgemeinen Depolitisierung der Stadtpolitik auf lokaler Ebene (Rüland 1988b:73f.). Entsprechend beteiligen sich an der Diskussion trotz aller angestrebten *partisipasi* fast nur die formal zuständigen Personen. Weiterhin fällt auf, daß sich die Beauftragten selbst häufiger von der Maßnahme distanzieren, indem sie darauf verweisen, daß diese "von oben" komme. Konsequenterweise wird es als ganz normal hingenommen, daß tatsächlich gar nicht gespielt wird: Selbst die *simulasi* wird nur simuliert.

5.6 Soziale Organisation von Raum und Zeit

5.6.1 Verortung Rappocinis in der Bewohnersicht: der Makrokontext als Abhängigkeitsbeziehung

Die räumliche Welt wird von den Bewohnern Rappocinis unterschiedlich konzeptualisiert, je nachdem, ob es sich um die lokale, die regionale oder die nationale bis globale Ebene handelt. Dies hat Auswirkungen auf ihre alltäglichen Handlungen wie auch auf ihre Entscheidungen bezüglich räumlicher Mobilität, wie in Kapitel 6 gezeigt wird. Auf der Makroebene wird Rappocini in erster Linie als Stadtteil in einer Beziehung, einer Relation, zur Stadt Ujung Pandang und zu anderen Orten und Gegenden Süd-Sulawesis sowie anderen Regionen Indonesiens gesehen. Auf der mittleren Ebene der Nachbarschaft besteht der Raum konzeptuell aus einem "Netz" mit Knoten einerseits und Leerräumen andererseits. Die Knoten werden von Familien, Personen oder Örtlichkeiten, die man persönlich kennt, gebildet. Zwischen den Knoten liegen z.T. große eher unbekannte Bereiche. Der engere Lebensbereich wird zumeist als eine "Sphäre" innerhalb anderer Sphären gedacht. Auf dieser Mikroebene wird der Haushalt als kleinste Einheit innerhalb anderer Lebenskreise angesehen. Innerhalb des Haushaltes selbst werden dann noch Sphären verschiedener Bedeutung und Nutzung unterschieden.

Quer zu diesen drei Mustern der Relation, des Netzes und der Sphären, die im folgenden genauer erläutert werden, stehen zwei polare Einteilungen, die bedeutsam sind, weil sie zumeist bewertende Nebenbedeutungen vermitteln: "innen vs. außen" (*di dalam vs. di luar*) und "vorne/davor vs. hinten/dahinter" (*di muka vs. di belakang*[129]). Dabei werden "innen" sowie "vorne" tendenziell positiver bewertet als "außen" und "hinten" (vgl. 5.6.3). Entsprechend dieser kognitiven und sprachlichen Organisation des Raumes auf der Makro-, Meso- und Mikro-

---

[129] Formen des Wortes *belakang* werden in verschiedenen Teilen Ostindonesiens in unterschiedlicher Bedeutung benutzt, z.B. im ambonesischen Malaiisch: *belakang*: "hinter", *di belakang*: "draußen" im Sinn von *outback* im australischen Englisch, sowie *ada di belakang*, "draußen hinter uns", letzteres unabhängig von der Entfernung (Ellen 1987:43f.).

zeigt die Darstellung in Abb. 41 verschiedene Formen der Abhängigkeitsrelation, des Netzes und der Sphäre, innerhalb derer polar unterschieden wird. Wie in 4.2 erläutert, ist Sulawesi strukturell eine der sog. "Außeninseln" Indonesiens; sie bildet einen Teil der Peripherie Indonesiens gegenüber Java (mit Madura) und Bali (mit Lombok) als dem Zentrum (vgl. Geertz 1963a). Geographisch liegt Rappocini am Stadtrand Ujung Pandangs und ist damit selbst peripher. Einige dieser geographischen und strukturellen Attribute finden sich auch in der emischen Verortung Rappocinis, also in der Innensicht der Bewohner, wieder. Hierbei fällt auf, daß bestimmte räumliche Gebiete oft mit angenommenen Charakteristika ihrer früheren oder heutigen Bewohner assoziiert werden, wobei einige der räumlichen Bezeichnungen bewertende Konnotationen haben. Dies gilt für Landschaften gleichermaßen wie für Viertel der Stadt. Diese emotiven und evaluativen Beibedeutungen (Nasar 1998:5ff.) verleihen den Images von Wohngebieten eine Relevanz für die Entscheidungen der Akteure über den Residenzort. Das gedankliche Bild der räumlichen Welt wird - außer durch traditionelle Raumkategorien - durch moderne Konzepte, wie Verwaltungsgrenzen und mehr und mehr auch durch Karten geprägt, die den Bewohnern im öffentlichen Raum, vor allem auf Schildern in der Innenstadt und im Fernsehen häufig begegnen[130].

Rappocini wird im Alltag auch *Rappocini ini, daerah ini* ("diese Gegend"), seltener *kampung, kampung ini, kampungan ini* genannt und als ein Stadtteil (*bagian kota*) bezeichnet, der am Stadtrand (*pinggiran kota*) Ujung Pandangs liegt. Die Bewohner identifizieren die Siedlung über den Namen Rappocini mit einer bestimmten sozialen Kategorie im Sinne "symbolischer Ortsbezogenheit" (Treinen 1965:238; vgl. Hutter 1990, bes. 25-28, 37-80 als Überblick und Schweizer et al. o.J.). Obwohl Rappocini trotz der gerade im Vollzug befindlichen Verlagerung des Verwaltungszentrums der Stadt in diese Gegend immer noch marginal liegt und großenteils ärmlich ist, sprechen Bürger Ujung Pandangs und der untersuchten Nachbarschaft selbst von Rappocini in aller Regel als einer Siedlung, wo Menschen der Mittelschicht (*orang menengah*) leben. In ihrer oben erläuterten quasievolutionistischen Sicht kennzeichnen sie Rappocini gern als "(schon) dynamischen", "(schon) modernen" Stadtteil (*sudah berkembang/maju*). "Moderne" Stadtteile werden traditionellen Vierteln, die "(noch) nicht modern" (*belum berkembang*) sind und solchen Vierteln gegenübergestellt, die räumlich zerstreut besiedelt sind (z.B. *Rappokaling*).

Da Rappocini erst kürzlich in größerem Maße besiedelt wurde, wird der Stadtteil von den Bewohnern zu den "neuen (Stadt)vierteln" (*daerah baru*) gerechnet. Andererseits wird Rappocini nicht mehr insgesamt als neues Siedlungsgebiet (*pemukiman baru*) bezeichnet, weil die stadtnahen Teile schon länger dicht besiedelt und mit Straßen versorgt sind. Mancher Bewohner übernimmt angesichts der rasanten Entwicklung schon die programmatische Sprache der Stadtplanungsbehörden und spricht von Rappocini als "neuem Zentrum Ujung Pandangs" (*pusat baru Ujung Pandang*). Andere hingegen bezeichnen das Gebiet noch als eine *daerah adat*, etwa "Gegend der traditionellen Lebensordnung".

---

[130] In Nachrichtensendungen des TVRI wird beispielsweise eine physische Karte Indonesiens gezeigt, allerdings sind die Farben für Hoch- und Tieflandbereiche nicht korrekt, z.B. ist Kalimantan auf der Nachrichtenkarte südlich des Äquators grün, nördlich davon braun.

Damit sind hier in erster Linie solche Viertel gemeint, in denen vorwiegend Menschen mit einer (makasarischen) "Abstammung aus Gowa" (*turunan Gowa*) wohnen. Alle Bewohner Ujung Pandangs aber, auch die der traditionelleren Viertel, werden als "Städter" (*orang kota*) angesehen, im Gegensatz zu "Dörflern" (*orang kampungan*). Diese Unterscheidung tritt auch zutage, wenn man in der eigenen Verwandtschaft zwischen "Stadtkindern" (*anak kota*) und "Landkindern" (*anak daerah*) unterscheidet.

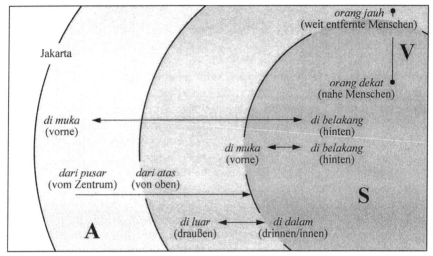

Abb. 41: Verräumlichte emische Konzepte von politischer Abhängigkeit (A), sozialer Vernetzung (V) und häuslicher Sphäre (S); schematisch

Nur wenige der Viertel Ujung Pandangs tragen heute noch Bezeichnungen, die auf eine frühere ethnisch einheitlichere Bewohnerschaft hindeuten, wie das *Kampung Melayu*, die "Malaiensiedlung". Ethnisch homogene Viertel gab es nur bis in die 1960er Jahre, z.B. das stark von Mandar bewohnte *Lette* sowie die von Bugis dominierten Stadtviertel *Ujung Tanah* und *Bontoala* sowie *Kampung Pisang* und *Maricaya* mit fast rein makasarischer Bewohnerschaft. Bis in die 1950er Jahre gab es Stadtteile, die jeweils informell von Rikschafahrern einer bestimmten Ethnie kontrolliert wurden. Fahrer von *becak*, die den jeweils anderen Ethnien angehörten, durften nicht passieren oder jedenfalls nicht ihren Stammplatz im Gebiet haben. Diese Bereiche wurden *kapling nafkah* (etwa "Landstück zum Überleben") genannt. Wenn diese Regeln mißachtet wurden, drohten Bestrafungen, Schläge bis hin zum Mord (Dar, 9.9.91). Noch heute fällt auf, daß mancher Taxifahrer bestimmte Stadtviertel meidet. Auch der Konflikt zwischen Fahrern öffentlicher Busse und Fahrern privater Kleinbusse (*pete-pete*) im Sommer 1991 wurde unter dem Topos des "Eindringens" (*masuk*) der öffentlichen Busse in die Reviere der privaten diskutiert.

Einige Bewohner trennen das *Kelurahan Rappocini* in ein Gebiet westlich und eines östlich der großen o.g. Umgehungsstraße (Jl. Andi Panggeran Petterani), ohne daß sie dies erläutern können *in Rappocini Barat* vs. *Rappocini Timor*. Dahinter steht wahrscheinlich die jüngere Besiedlung des östlichen Gebietes. Diese Unterscheidung wird auch in ironischer Form verwendet. Wenn etwa Volleyballmannschaften aus diesen Gebieten aufeinandertreffen, tut man so, als wären sie zwei politische Lager. Verschiedene Nachbarschaften innerhalb Rappocinis haben heute noch Namen früher bestehender (und etwa am selben Ort gelegener) *kampung*. Dazu gehören *Banta-Bantaeng* und *Cilalang* und auch Rappocini, was früher ebenfalls nur für einen der *kampung* stand. Als sich Frauen aus der untersuchten Nachbarschaft zum Besuch einer Hochzeitsfeier mit zwei Autos zu einem etwa einen halben Kilometer entfernten Haus begeben, sagt Ibu, die beiden Wagen sollten zusammen ankommen, "... damit alle von Rappocini zusammen ankommen; die von der Hochzeit gehören ja schon zu Cilalang" (Ibu, 10.12.91).

Auf der Ebene der Nachbarschaften innerhalb des Stadtteiles Rappocinis unterscheiden die Bewohner eine nachbarschaftliche "Innen"-Sphäre (*di dalam*) von einer "Außen"-Sphäre (*di luar*). Diese Unterscheidung hat räumliche, soziale und lokalpolitische Bedeutung. Man sagt etwa, daß es "innerhalb der *lorong* noch Solidarität gebe, weniger am Rand der (großen) Straße" (*solidaritas masih ada di dalam lorong, kurang di pinggir jalan*; Ari, 13.11.91). Besonders deutlich wird das Konzept der Innensphäre beim Umgang mit Konflikten in der Nachbarschaft. Diese werden, insoweit es dabei nicht zu Mord oder Totschlag kommt, ausschließlich "innerhalb der Bevölkerung" (*di dalam masyarakat*), also informell unter den Bewohnern, ausgehandelt, wie ich in 5.4 schon anmerkte. Die Führer der Nachbarschaftsgebiete *Rukun Warga* (*RW*) und *Rukun Tetangga* (*RT*) sowie Angehörige der mobilen Brigaden (*Brimob, Brigade Mobil*, die fast immer in Zivilkleidung auftreten) gehören dabei noch zur Innensphäre. Die Polizei (deren Posten auch geographisch außerhalb der Nachbarschaft liegt) oder formale Rechtsinstanzen (vgl. den Konfliktfall in 5.4.2) zählen dagegen schon zur Außensphäre. Von einer Hinzuziehung der Polizei erwartet man aber allenfalls Komplikationen. Häufig spricht man auch von "Innengebiet der Wege" (*di dalam lorong*; wörtl.: "in den Wegen"). Wenn die Nachbarschaft als örtliche und enge Gemeinschaft herausgestellt werden soll, redet man von "Gesellschaft" oder "Volk" (*masyarakat* bzw. *warga*), von der "hiesigen Familie" (*keluarga di sini*) oder "den Kindern hier" (*anak di sini*). Die Außensphäre beginnt örtlich an der Straße; genauer gesagt, umfaßt sie nur diese Straße (Jl. Rappocini Raya als Verbindung zur Stadt) und ihre unmittelbare Umgebung. Dieses Gebiet mit guter Verkehrsanbindung wird als "vorne" liegend (*di muka*) bezeichnet. Auch dies ist sowohl örtlich als auch bewertend (etwa "vorn in der Entwicklung", "an der Front") zu verstehen. Hier "am Rand der (großen) Straße" (*pinggir jalan*) wohnen idealtypisch die geschäftlich aktiven Chinesen. Davon werden "Randgebiete" unterschieden, wo die befestigten Wege aufhören und auch öfter ärmere Leute, typischerweise *becak*-Fahrer, wohnen. Sie werden als "hinten (gelegen)" (*di belakang*; vgl. unten Ujung Pandang in Relation zu Jakarta) wahrgenommen. Dazwischen liegen "mittlere Gebiete" (*di tengah*). Die Gegend an der Straße ist ökonomisch gesehen der "strategisch beste Ort" (*tempat paling strategis*), weil die Straße das Gebiet sowohl mit der Stadt verbindet, als auch schnell ins Umland herausführt. Insbesondere liegt sie nahe "am Mund der *Perumnas*-Siedlung" (*dekat mulut Perumnas*), wo kaufkräftige Kunden wohnen.

Die Bewohner Rappocinis kategorisieren einander außer nach sozialen auch nach ortsbezogenen Kriterien, die im Zusammenhang mit Migration bzw. der Siedlungsgeschichte stehen. Die Bewohner unterscheiden, wie allgemein in Ujung Pandang üblich, in "ursprüngliche Einwohner" (*orang asli*, seltener *Makasar*) einerseits und Migranten aus anderen Regionen (*orang pendatang* bzw. einfach *pendatang*; "Angekommene") oder "Neue", "Neuankömmlinge" (*orang baru, baru datang*) andererseits. Mit ersteren sind meist Makasar gemeint, obwohl das tatsächlich nur auf die südlichen und westlichen Stadtteile, das alte *Makassar,* zutrifft. Bei den Zugezogenen nimmt man unausgesprochen an, daß sie "vom Land" (*dari daerah*) bzw. "aus dem Hinterland" (*dari pedalaman* oder "aus dem Inneren", *dari dalam*) kommen. Tatsächlich sind es oft Menschen, die zwar Land-Stadt-Wanderer sind, aber schon lange in der Stadt leben und häufig sogar schon mehrmals innerhalb der Stadt umgezogen sind. In Ujung Pandang wissen ältere Bewohner, daß der Norden der Stadt, der dem Hauptsiedlungsgebiet der Bugis zugewandt ist, stärker von Bugis frequentiert war, während im Süden fast nur Makasar wohnten, was zu erheblichen ethnischen Konflikten führte.

Süd-Sulawesi ist als Provinz und in Form des Akronyms *Sulsel* (aus *Sulawesi Selatan*) sehr bekannt und wird bewußt als eine Region empfunden. Dies kommt auch in einer sehr verbreiteten Ansicht zum Ausdruck, daß sich die Kulturen der vier großen Ethnien der Region zunehmend auf eine "Kultur Süd-Sulawesis" (*budaya/kebudayaan Sulsel*) zubewegen würden. Süd-Sulawesi insgesamt gilt als "heiße Region" (*daerah panas*), weil die Bewohner von sich selbst wie von anderen für emotional gehalten werden. Weiterhin gilt die Region als "Gegend geheimen Wissens", nämlich des Wissens darüber, wie man körperlich unverwundbar wird (*daerah ilmu kebal*).

Innerhalb Süd-Sulawesis unterscheidet man "südliche Leute" (*orang selatan*), etwa Bewohner Biras an der Südküste, von "mittleren/zentralen Menschen" (*orang tengah*), z.B. den Bewohnern von Soppeng. Diese Unterscheidung spiegelt die frühere Herrschaftsgrenze zwischen Makasar und Bugis wider. Die Stadtregion wird aber auch als "niedrig/tief gelegene Gegend" (*daerah bawah*) eingestuft in Relation etwa zur Stadt Jeneponto, einem Zentrum der makasarischen Kultur, die eine "hohe Region" (*daerah atas*) darstellt. Im Verhältnis zu Maros im Norden liegt Ujung Pandang dagegen "hoch": Man sagt: "Ich steige (nach Maros) ab", "ich gehe runter (nach Maros)" (*saya turun ke bawah*). Ein Informant vermutete, dies sei auf die ehemalige niederländische Dominanz zurückzuführen. Nach Wajo wiederum steigt man weder hinauf noch hinunter; nach Wajo "tritt (man) ein" (*masuk Wajo*). Kein Informant konnte mir eine über Vermutungen hinausgehende Erklärung für diese Bezeichnungen geben. Am ehesten zeigen sich darin wohl Vorstellungen von zentralisierter Macht ähnlich dem javanischen Machtkonzept (Anderson 1972). Dies zeigt sich auch darin, daß das makasarische Kerngebiet als "Machtgebiet" (*daerah kuasa*) dem Randbereich um Enrekang, der "Grenzregion" (*daerah perbatasan*), entgegengestellt wird (Darmawan, pers. Mitt. 12/1991).

Wie bei der Politik auf lokaler Ebene schon offensichtlich wurde, werden Süd-Sulawesi insgesamt und Ujung Pandang selbst allgemein als abhängig von den Entscheidungen in der Metropole Jakarta angesehen: Entscheidungen kommen "vom Zentrum" (*dari pusat*). Gegenüber Jakarta wird Ujung Pandang als "hinten" (*di belakang*) im Sinne von zurückgesetzt oder majorisiert wahrgenommen. Nicht nur für Süd-Sulawesi, sondern für ganz Ostindonesien ist Ujung Pandang hingegen die zentrale Stadt, das "Zentrum Ostindonesiens" (*pusat Indonesia Timur, INTIM*, bzw. *Bagian Indonesia Timor, BIT*[131]). De facto konkurriert Ujung Pandang zur Zeit mit Surabaya in Ostjava um diese Position, und städtische Beamte sagen etwa: "Ujung Pandang ist für die führende Rolle in Ostindonesien bereit" oder auch, Ujung Pandang wolle "unbedingt" die Spitzenposition gegen Surabaya erkämpfen; wenn man das Rennen jedoch "verliere" (*kalau Ujung Pandang kalah*), würde man eben mit Surabaya zusammenarbeiten.

5.6.2 Meso-Raum als soziales "Netz": Die Nachbarschaft (*kampung ini*)

Physische Grenzen und ihre sozialen Auswirkungen

Ein auffälliges Charakteristikum in der Nachbarschaft sind die vielen Zäune und sonstigen physischen Grenzen. In dieser Hinsicht unterscheidet sich das Viertel stark vom Bild des malaiischen *kampung* (z.B. Evers 1977:220-221), wo Grenzen und Territorialität eine geringe Rolle spielen. Jedes Haus ist gegenüber dem öffentlichen Weg durch Zäune oder Mauern abgegrenzt (Abb. 42). Im Gegensatz zu einigen javanischen städtischen *kampung* gibt es hier keine größeren Vorhöfe oder Terrassen, die zu den Wegen hin offen sind. Auch die Türen der Häuser stehen nicht wie dort den ganzen Tag geöffnet (vgl. Bremm 1989:61), sondern nur zeit- und fallweise. Nur in Fällen, wo aneinandergrenzende Grundstücke von direkten Verwandten bewohnt werden, fehlen manchmal solche Abgrenzungen. Die kategorial als "Zaun" (*pagar*) bezeichneten Begrenzungen bestehen aus Steinmauern, die oft mit Glassplittern besetzt sind, oder aus Holz-, Bambus- und Drahtzäunen. Zäune ärmerer Hauseigner oder vor Mietshäusern bestehen häufig aus halbierten aufgenagelten Bambuslatten. Diese Begrenzungen werden von Mietern meist selbst errichtet, nachdem sie eingezogen sind. Es kann deshalb geschehen, daß Mieter, wenn sie wieder ausziehen, den von ihnen errichteten Zaun abnehmen, um ihn am neuen Haus wieder anzubringen. Dies konnte ich sogar bei einem Umzug, der nur über eine Distanz von 25m erfolgte, beobachten (16.7.91).

Die Bewohner verweisen als Begründung für diese oft teuren Begrenzungen der bewohnten Grundstücke spontan und unisono auf "Sicherheit" (*keamanan*).

---

[131] Ellen (1987:43) berichtet über eine ähnliche Innensicht aus dem Banda-Archipel. Obwohl faktisch ein Netzwerk von größeren und kleineren Handelszentren besteht, das Lücken und unterschiedliche Entfernungen aufweist, ist das Gebiet in der Innensicht konzentrisch-dichotom in Zentrum und Peripherie gegliedert. Einzelne Orte stehen dabei z.B. für die gesamte (wahrgenommene) Peripherie. Die Herkunft von Waren wird in eine Zone eingeordnet, obwohl sie tatsächlich gar nicht mehr dort herkommen.

Auf Nachfragen hin betonen sie, daß diese Maßnahme wegen der Diebstahlsgefahr besonders in der Stadt wichtig sei. An mehreren Stellen dieser Untersuchung wurde aber schon deutlich, daß das Konzept der "Sicherheit" (erstens) ein zentrales Alltagsthema und auch ein Motto nationaler Politik darstellt, daß es sich dabei (zweitens) um ein Konzept mit extrem weitem Bedeutungsumfang handelt, daß "Sicherheit" (drittens) in der Stadtpolitik und insbesondere der Kontrolle der lokalen Ebene eine wichtige Rolle spielt und daß dieser Vorstellungskomplex (viertens) zusätzliche spezifische Hintergründe in der regionalen Geschichte Süd-Sulawesis hat. Besonders auf dem Lande war das Leben bis in die 1960er Jahre unsicher. Wie oben ausgeführt wurde, stellte diese Bedrohung durch Terroristen (*gerombolan*) früher ein zentrales Motiv dar, vom Land in die Stadt zu ziehen.

In längeren Gesprächen wurde aber deutlich, daß hinter diesen Grenzen auch noch andere Ursachen als Sicherheitsüberlegungen stecken. Zunächst verweisen die Bewohner darauf, daß die Häuser besonders durch Mauern schöner würden. Gerade besser gestellte Familien sind stolz auf die "Schönheit" (*keindahan*) ihres Hauses. Das deutet darauf hin, daß neben der sozialen Reproduktion als Haushaltsfunktion zusätzliche moderne Haushaltsorientierungen eine Rolle spielen. Dazu gehört auch eine gewisse Privatheit, die im Zusammenhang mit dem Sicherheitsempfinden steht. So sagte mir eine Frau, die gerade einen Zaun errichten ließ, sie tue das, "damit Leute (wörtl. Kinder) nicht direkt hereinkommen können". In reicheren Vierteln der Stadt ist mir aufgefallen, daß oft fast die Hälfte der bebauten Fläche der Grundstücke für ungenutzte Balkons und Vorbauten verwendet wird. Angesichts des hohen Stellenwertes der Demonstration sozialer Ungleichheit in Süd-Sulawesi (*social location*, Millar 1981, 1985) liegt die Annahme nahe, daß demonstrativer Konsum eine wesentliche Rolle bei diesen Abgrenzungen spielt. Dies wurde mir auch vielfach bestätigt und mit Prestigesuche (*cari gengsi/prestise*) erklärt. Häuser wohlhabenderer Familien haben auch schon in dieser Nachbarschaft charakteristischerweise große, teilweise steinerne Vorhöfe und 42% aller Häuser verfügen über Terrassen. Etliche Häuser haben schon die in der Innenstadt Ujung Pandangs häufigen, schwarz getönten Scheiben, die den Blick nach innen verwehren: ja fast jedes siebte Haus hat einen Teil, der als Garage (*garasi*) nutzbar ist, auch, wenn für manche gar kein Auto vorhanden ist. Darauf angesprochen, sagen Bewohner: "Sicherlich, Ansehen, Prestige ... ist diesbezüglich wichtig" (*pasti, gengsi, prestise ... penting untuk itu*).

Die materiellen Grenzen haben auch soziale Auswirkungen, die nicht beabsichtigt, aber etlichen Bewohnern durchaus bewußt sind. So ist es wegen der Zäune und Mauern oft nicht möglich, sich mit Nachbarn direkt von Haus zu Haus zu unterhalten. Dazu kommt, daß fast alle Grundstücke mit ihren Mauern oder Zäunen unmittelbar an die Wege angrenzen. Diese Begrenzungen sind zwar durchbrochen und erlauben eine Sicht auf das Haus, aber sie sind oft so hoch, daß ein Gespräch vom Grundstück aus mit einer Person, die auf dem Weg steht, kaum möglich ist. Die Türen selbst - zumindest der weniger wohlhabenden Häuser - stehen häufig offen. Die Tore der Grundstücke hin zu den *lorong* aber sind im allgemeinen geschlossen. Man befürchtet allseits Diebe und will außerdem verhindern, daß die Kleinkinder unbeaufsichtigt auf die Wege laufen, wo sie sich im Verkehr verletzen oder in die Abwassergräben fallen könnten, welche die Wege beidseitig säumen. Man muß sich also auf die Wege selbst begeben, um sich mit den Nachbarn unterhalten zu können. Manche Nachbarn bringen kleine Stühlchen mit und stellen sie an den Wegesrand oder über das schmale Abwasserkanälchen, das den Weg säumt. Die Wege sind aber nur etwas breiter als ein Auto und werden außerdem von Fußgängern, fliegenden und fahrenden Händlern (*paqgandeng, paqgaroba*) und Motorrädern genutzt, was die Gesprächsmöglichkeiten stark einschränkt. Eine andere Möglichkeit besteht darin, sich selbst in den Vorhof der Nachbarn zu begeben. Dann ist man aber diesem Haushalt gleich als "Gast" (*tamu*) zugeordnet, was für diesen Obligationen impliziert. Die Nachbarsfamilie wäre dann nämlich schon quasi in der Rolle des Gastgebers und müßte zumindest zum Sitzen auf der Terrasse auffordern. Außerdem könnten dies alle Passanten von der Straße aus, etwa durch den Eingang oder durch den Zaun, sehen, was den allseits gefürchteten Tratsch herausfordert.

Abb. 42: Zäune als soziale Grenzen

Diese unbeabsichtigten sozialen Folgen der physischen Grenzen stehen in Widerspruch zum hoch bewerteten Nachbarschaftsgeist, wie er etwa in islamischen Reden, z.B. häufig bei Reden während der Treffen der Sparklubs der Frauen (*arisan*) immer wieder beschworen wird. Dies möchte ich an einem Fall aus unserer unmittelbaren Nachbarschaft illustrieren. Fünf Parteien bewohnen als Mieter ein ärmliches, zweistöckiges Haus aus Aluminium und Holz. Zwischen dem Haus und dem Weg liegt ein Streifen von ca. acht Metern Breite. Er wird benutzt, um Wäsche aufzuhängen, zu spielen oder zum gemeinsamen Sport. Außerdem befindet sich auf diesem Streifen ein durch einen Zaun abgetrennter Brunnen, an dem sich einige der Bewohner auch waschen. Eines Tages beginnen die Mieter, diesen Streifen durch einen Bambuszaun gegen den Weg abzugrenzen. Ein Motiv dafür ist die Einbeziehung eines neuen kleinen Verkaufsstandes, den die Verwandte einer Mieterin gerade am Rand des Streifens zum Weg hin errichtet hat. Der Zaun ist so hoch, daß man nur gerade darüber schauen kann. Der Bereich dahinter ist also durch den Zaun vor Blicken weitgehend abgeschirmt[132]. Eine Folge ist aber auch, daß die Mieter, wenn sie sich vor ihrem Haus vergnügen, auf dem Weg vorbeigehende Personen jetzt nicht mehr grüßen können. Die Besitzerin des Lädchens räumt die gesamten Verkaufsgüter aus der vom Haus getrennten Ladenhütte jeden Abend ins Haus, damit nichts gestohlen wird.

Auch für die Kinder ergeben diese errichteten physischen Grenzen etliche Einschränkungen. Sie haben nur wenig Raum, wo sie unter Aufsicht, aber öffentlich, spielen können. Sie spielen deshalb auf den Wegen und behindern den Verkehr. Dies wird auch von Bewohnern häufig bemängelt. Beliebt sind daher bei den jüngeren Kindern kleine unbebaute oder nur mit Fundamenten versehene Grundstücke und wilde Müllkippen, von denen es etliche in der Nachbarschaft gibt. Größere Kinder nutzen die wenigen größeren, flachen und ungenutzten Grundstücke als Spielwiese, solange diese trocken liegen. Die Zäune werden im allgemeinen erst dann errichtet, wenn die Grundstücke mit einem Haus bebaut sind. Unbebaute Grundstücke sind oft nicht abgezäunt; sie werden vor unbefugter Nutzung dadurch gesichert, daß das Fundament eines Hauses darauf gesetzt wird. Zusätzlich errichtet die Familie des dort arbeitenden Bauarbeiters auf dem Grundstück eine provisorische Hütte, wohnt dort und "bewacht den Boden" (*jaga tanah*), was eine emisch unterschiedene Wohn- und Lebensform ist (vgl. 6.4). Wenn das Geld für Fundamente fehlt, kann auch einen Zaun um das Grundstück den Zweck erfüllen. So baute in einem Fall ein Käufer sogleich einen Zaun aus Bambuslatten um sein neu gekauftes Grundstück, da er noch nicht genügend Geld hatte, um ein Grundstück oder gar das Haus auf das Grundstück zu setzen. Er wollte verhindern, daß darauf Unrat geschmissen wird, was aber mißlang. Wegen der fehlenden ·Müllentsorgung kommt es nachts häufig vor, daß Müll auch in größeren Mengen einfach abgeladen wird. Da er nicht verbrannt wird, wenn er hinter einem Zaun liegt, bleibt er lange dort liegen.

Zäune eignen sich wie Mauern neben der oben beschriebenen Zurschaustellung von Reichtum auch zur Demonstration persönlicher Vorlieben oder der Betonung ethnischer Identität. Die ethnische Eigenbezeichnung der Bewohner, etwa "*Toraja*" und "*Mangkassaraq*" (als alte Bezeichnung für die Makasar) oder der Name ihres Herkunftsorts oder -gebiets, z.B. "*Sengkang*" oder "*Timor*", findet sich häufig auf dem Zaun aufgemalt. Vor dem Nationalfeiertag am 17. August werden die Zäune und Mauern, auch bei sehr armen Bewohnern, gesäubert und neu geweißt.

---

[132] Bei meinem ersten Wiederbesuch im September 1992 riefen mich Jugendliche, die innerhalb des jetzt umzäunten Grundstückes saßen und die ich vom Weg aus nicht gesehen hatte, zu sich. Sie saßen mittags dort zusammen mit einem älteren Mann und tranken Alkohol. Ohne einen Zaun, also bei größerer Öffentlichkeit, wäre das fast undenkbar. Während des ganzen Feldforschungsjahres beobachtete ich nur ein einziges Mal Jugendliche, die öffentlich Alkohol zu sich nahmen. Sie saßen mittags auf einer Pritsche in einer Sackgasse und tranken Schnaps.

Brennpunkte des informellen Austauschs
im öffentlichen Raum

Die Besonderheit der Urbanität in Rappocini besteht darin, daß sie zeitlich wie räumlich nur eine partielle ist. Konkret zeigt sich das in der Konstruktion und Funktion öffentlicher Räume, verstanden als Interaktionssphären, in denen man mit Menschen zusammentrifft, die man nicht mit Namen, sondern nur kategorial (Ethnienzugehörigkeit, Beruf) kennt (*public realm* i.S. v. Lofland 1989). Diesen öffentlichen Raum bildet vor allem die Hauptstraße. Daneben fungieren auch freie und mit Wiese bewachsene Grundstücke als öffentliche Sphäre. In Form der asphaltierten Wege reicht der öffentliche Raum aber auch bis direkt vor die Haustür. Wegen der hohen Fluktuation der Bewohner begegnet man hier, anders als in geschlossenen *kampung*, vorwiegend Menschen, die einem nur allgemein bekannt sind.

Abb. 43: Begegnungsgelegenheiten im öffentlichen Raum: ein Schulfest

Der informelle Austausch zwischen Personen, die sich persönlich kennen, konzentriert sich dagegen, angesichts der durch Zäune und Mauern begrenzten Möglichkeiten, auf wenige Knotenpunkte der Nachbarschaft. Die Schule ist schon 1974 eingerichtet worden, bestand also bereits, als hier erst wenige Familien wohnten. Diese Schule und der Kindergarten sind die Hauptzentren sozialer Begegnung. Hier sind tagsüber fast immer die Türen offen. Da die Schule und der Kindergarten der gleichen privaten Stiftung (*Yayasan Nahdyat*) angehören, sind oft dieselben Lehrer und Lehrerinnen einmal hier und einmal dort zu finden. Wenn kein Unterricht ist, wird in der Schule z.B. Tischtennis gespielt. Vor dem

Kindergarten steht auf einem sehr schmalen Geländestreifen eine einfache Rutschbahn aus Holz, die bei den Kindern beliebt ist. Sowohl in der Schule als auch im Kindergarten finden häufig Feste statt. Außer den Feierlichkeiten zum Nationalfeiertag im August gibt es viele Anlässe für Feste und Wettbewerbe (Abb. 43). Beide Institutionen sind besonders wichtig, weil die Lehrer und vor allem die Lehrerinnen eine zentrale Rolle im Leben der Nachbarschaft spielen. Auch z.B. Hochzeiten, an denen Lehrer(innen) oder Kindergärtnerinnen selbst beteiligt sind, werden durchaus aus Platzmangel und um der Ehre willen im Gebäude des Kindergartens abgehalten. Ein wichtiges Zentrum der Kommunikation für Nachbarn aller Altersstufen außer den sehr alten Bewohnern ist ein ungenutztes und nicht eingezäuntes Grundstück an der Kreuzung zweier Wege. Hier kann man, solange nicht der Regen das Feld unter Wasser setzt, Volleyball, Badminton, *Takraw* oder Fangen spielen. Die Zuschauer stehen oder sitzen am Rande des Weges und Feldes. Auch von etlichen Häusern aus kann man zusehen. Außer diesen Orten und den Wegen gibt es nur kleine Bereiche, wo ein informeller Austausch möglich ist.

Soziale Knotenpunkte des Austauschs sind die rechteckigen Ruheplattformen (*bale-bale, balai-balai*), die meist aus Bambus gebaut sind und keine Lehne haben. Sie befinden sich hinter den Häusern, seltener an den Wegen oder im Bereich vor den Häusern. Daneben gibt es noch die Stammplätze der Fahrer der Fahrradrikschas. Sie sammeln sich an Einmündungen von Wegen, in der Nähe ihres Wohnplatzes, wo sie oft zusammen wohnen, oder sie stehen an Häusern von Familien, die ein Abonnement (*langganan*) bei ihnen haben, um ihre Kinder zu entfernteren Schulen fahren zu lassen. Neben den *becak*-Fahrern sind hier oft deren Freunde zu finden, die auf Gelegenheitsarbeiten hoffen. Hier warten sie auf Kundschaft, hier wird sich unterhalten, gespielt, gelesen und geschlafen.

5.6.3 Der Haushalt (*rumah tangga*) als Mikrosphäre

Regional tradierte versus importierte Raumkategorien

Die einzelnen Bereiche eines Wohnhauses (*rumah tangga*) bzw. einer Wohnung (*petak*) oder eines Mietshauses haben besondere Bezeichnungen, die in der Alltagskonversation (dann meist *kamar*, seltener *ruang* genannt) und in Grundrißplänen (darin eher als *ruangan* bezeichnet) deutlich werden. Fast alle Häuser haben vor dem Haus eine, wenn oft auch kleine, Terrasse (*teras*). Der sozial wichtigste Raum ist das Gästezimmer (*kamar tamu* bzw. *ruang tamu*), das oft, auch bei kleinen Häusern armer Familien, die Hälfte der gesamten Baufläche umfaßt. Hier stehen einige der Wertgegenstände der Familie, wie z.B. wertvolles Porzellan, Souvenirs und bei Platzmangel das Fernsehgerät. An der Wand hängt fast immer ein Teppich oder ein großes Bild mit einem islamischen Motiv oder ein grell-expressives Landschaftsbild aus Java, auf dem meist Reisterrassen und Vulkane dargestellt sind. Im Mittelbereich des Hauses befinden sich der Schlafraum (*kamar tidur*) sowie der Aufenthaltsraum der Familie (*kamar* bzw. *ruang makan*, "Eßraum", seltener *ruangan belakang*, "hinteres Zimmer"). Hier wird gegessen, sieht man fern und unterhält sich. Oft halten sich hier auch bis in den späten Abend Nachbarn auf. Im hinteren Bereich des Hauses ist die Küche (*dapur*), öfter als "Frauenbereich" (*bagi* bzw. *bagian wanita*) bezeichnet, und die Toilette ("kleines Zimmer", *kamar kecil* bzw. modern auch *WC*). In größeren und moderneren Häusern ist auf Hausplänen meistens noch ein "Waschraum" (*kamar cuci*) ausgewiesen, der aber häufig anders genutzt wird, z.B. als Lagerraum.

Viele dieser Konzepte zur Unterscheidung und Nutzung der Bereiche eines Hauses hängen mit dem überlieferten Modell des Hauses (*rumah adat*, *rumah tradisional*) zusammen. Insbesondere reflektieren sie zentrale Normen und Werte und das kosmologische Weltbild der Bugis und Makasar (vgl. dazu Errington 1979 bzgl. der Bugis). Diese Kontinuität möchte ich an den Erklärungen zu zwei Plänen des "traditionellen Hauses im Dorf", die mir Pak aus dem Kopf aufgezeichnet und dabei erläutert hat, deutlich machen. Beim ersten Modell handelte es sich um ein Stelzenhaus, beim zweiten um ein Haus ohne Stelzen. Im Grundriß beider Haustypen fällt vor allem auf, wieviel Platz den Gästen eingeräumt wird, was Pak gar nicht eines Kommentars für Wert befand. Pak selbst hob die folgenden Aspekte in seiner Erläuterung hervor (Pak, 22.4.91): Ein erstes Anliegen sei es, die Anordnung der Zimmer so zu gestalten, daß "Gäste die jungen Mädchen nicht stören können". Er witzelte, alle würden darüber wachen, daß es zu keinem "Überlandverkehr" käme. Als Beamter spielte er in seiner Erläuterung charakteristischerweise auf eine moderne Institution an, nämlich die Leute, die nachbarschaftliche Überwachungsaufgaben wahrnehmen (*hansip*, Akronym für *Pertahanan Sipil*). Zweitens würden Hygieneüberlegungen eine Rolle spielen. Beispielsweise müßte der Brunnen und die Waschstelle, wenn sie außerhalb vom Haus gebaut seien, weit vom Fluß entfernt sein, um Verschmutzungen zu vermeiden. Schließlich verwies er drittens auf die nach der Tradition "korrekten" Richtungen für Aktivitäten im Haus. Müll solle z.B. wegen der Gebetsrichtung südlich vom Haus abgelagert werden, Tote seien nach Norden und Kranke nach Süden auszurichten.

Zimmernutzung: Multifunktionalität
und kulturspezifische Normen

Die Zimmer werden tatsächlich vielfältiger genutzt, als ihre Bezeichnungen zunächst vermuten lassen. Deshalb stelle ich die Nutzung der Zimmer hier nach Tätigkeitsbereichen und nicht nach Zimmern gegliedert dar (Abb. 44). Eine Grunderfahrung des Lebens indonesischer Familien, die in der Stadt leben und nicht der Oberschicht angehören, ist die Enge. Große Familien leben in kleinen Räumen und die meisten Menschen haben nur einen winzigen wirklich privaten Lebensbereich, der oft nur zeitweilig am Tag abgetrennt wird. Dies führt zusammen mit der geringen Isolierung auch zu einem hohen Lärmpegel, dem die Bewohner meist ausgesetzt sind. Enge und Lärm waren für mich und meine Frau außergewöhnliche Erfahrungen während des Wohnens in den beiden Familien (vgl. 3.1.1).

Nur der "Gästeraum" hat de facto eine spezielle Funktion. Er bildet den Mittelpunkt aller Familienfeste und formaler Einladungen, wie z.B., wenn die Frauen des rotierenden Sparclubs (*arisan*) oder der Gebetskreis in diesem Haus tagt. Seltener kommt es vor, daß die Kinder hier spielen oder die Eltern hier für sich im Koran lesen bzw. daraus rezitieren. Abends schlafen die Kinder beim Fernsehen auf dem Boden auf Matten oder in den Armen einer der Erwachsenen ein und werden dann zu ihren Schlafplätzen in anderen Zimmern getragen. Die Eltern schlafen zusammen mit dem kleinsten Kind in ihrem Schlafzimmer, wobei sie selbst in Betten und das Kleine in einem an einer Feder hängenden Stofftuch (*ayunan*) liegen.

Gebete (*sembahyang*) werden im allgemeinen dort verrichtet, wo man auch schläft. Wenn sich aber gerade jemand anders dort aufhält, weicht man in ein anderes Schlafzimmer aus. Wenn das gemeinsame Gebet als besonders wichtig angesehen wird, etwa wenn man sich lange nicht gesehen hat, beten auch alle zusammen im Aufenthaltsraum. Gelernt und gelesen wird im allgemeinen ebenfalls im jeweiligen Schlafzimmer. Die Kinder spielen auf der Terrasse und in allen Räumen. Im Gästezimmer spielen sie, wenn keiner sie bewacht oder verscheucht und manches Mal auch gemeinsam mit den Eltern. Männer spielen abends Domino oder Karten auf der Terrasse vor dem Haus zum Weg hin oder auf der Ausruhplattform (*bale-bale*) hinter dem Haus, seltener auch im Aufenthaltsraum. Unterhaltungen mit Besuchern finden allgemein auf der Terrasse oder im Gästezimmer statt. Ein Empfang im Gästezimmer erweist dem Gast besonderen Respekt. Andererseits ist es hier aber öffentlicher als im Innenbereich, da das Zimmer teilweise von draußen einzusehen ist, und zudem formeller, da man auf Stühlen oder Sesseln sitzt und nicht auf dem Boden. Schließlich ist es im Gästezimmer meist auch heißer, weil es große Fenster hat. Mit Nachbarn unterhält man sich häufig nicht im Gästezimmer, sondern im familiäreren Aufenthaltsraum beim Fernsehen,. Alte Leute, die vom Lande zu Besuch in der Stadt sind, z.B. in unserer Familie die Großmutter, setzen sich gerne in die Küche auf die Schwelle der nach außen führenden Hintertür. Dort sind sie im Zentrum des alltäglichen Geschehens und können gleichzeitig mit den Nachbarn Kontakt aufnehmen, die auch gern hier sitzen bzw. die man von hier aus sehen kann.

Die Mahlzeiten werden gewöhnlich in der Küche, im Seitenraum zubereitet. Wenn größere Mengen herzustellen sind, etwa bei Einladungen, wird auch der Aufenthaltsraum benutzt. Die Familie ißt kaum einmal gemeinsam; jeder Erwachsene nimmt sich etwas zu essen, wenn er oder sie Bedarf hat. Bei der Einnahme des Essens gibt es aber feste Plätze. Pak z.B. sitzt fast immer auf einem bestimmten Stuhl, Ibu oft auf dem Sofa (vgl. Taylors *microlevel territorial strategies*, 1988:143,148f.). Die größeren Kinder sitzen ebenfalls am Tisch, die mittleren sitzen gern auf dem Boden. Den Kleinkindern läuft man quer durchs Haus mit dem Eßnapf hinterher. Die Schülerin ißt meist hockend in der Küche und sitzt im Aufenthaltsraum auf dem Boden oder sie hockt bzw. kauert am Rand des Sofas. Keinesfalls sitzt sie am Tisch oder auf dem Sofa, wenn die Eltern dort sitzen. Im Gästeraum oder auf der Terrasse wird nur selten gegessen. Dies alles ist jedoch kaum normiert und muß manches Mal ausgehandelt werden.

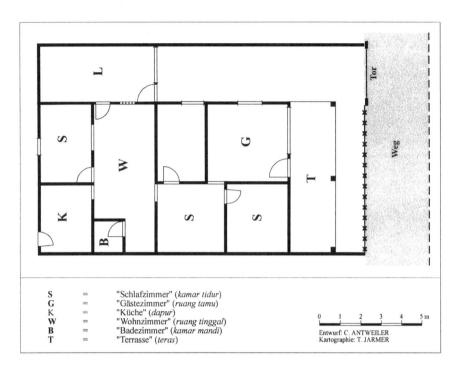

Abb. 44: Moderne Zimmerkategorien (oben) und tatsächliche Zimmernutzung (unten)

Am islamischen Feiertag *Idul Fitri* deckt die Schülerin z.B. für Pak auf der Terrasse; es stellt sich aber dann heraus, daß er das Mahl im Gästezimmer einnehmen will. Außer den kleinsten Kindern, die auch in der Küche oder draußen auf der seitlichen Einfahrt hinter einem Baum urinieren, benutzen alle Personen das Bad (*kamar mandi*), über das die meisten Haushalte in der Nachbarschaft verfügen (Tab. 35). Es mißt nur etwa 1m^2, umfaßt eine Stehtoilette und einen Wasserbehälter (*mandi*) und wird von einer 25-Watt-Birne erleuchtet. Dieser Raum ist so eng, daß man sich mit der üblichen Plastikschöpfkelle über der Stehtoilette das Wasser übergießen muß, um den Körper zu reinigen. Die Wände sind vor Feuchtigkeit teilweise mit Schimmel belegt; an der Decke hängen Spinnweben; über den Boden laufen des öfteren Insekten (beim Wiederbesuch 1996 war das Bad dann schon gekachelt). Hier waschen sich die Erwachsenen und älteren Kinder; hier putzt man sich auch die Zähne. Oft wäscht man sich auch hinter dem Haus an einem Brunnen, der nur von den unmittelbaren Nachbarn eingesehen werden kann. Die Wäsche wird grundsätzlich nur "hinter dem Haus" (*di belakang rumah*) oder in der Küche gewaschen. Sie wird auf der garagenartigen Einfahrt auf gespannte Drähte gehangen oder hinter dem Haus auf hinausgestellten Möbeln getrocknet. Die Einfahrt seitlich des Hauses dient als Spielplatz, zum Abstellen des Motorrollers und als Ort, wo Geräte instandgesetzt werden. Solche Einfahrten ersetzen die Funktion, die bei traditionellen Stelzenhäusern das nicht ummauerte untere Stockwerk hat. Dieser Bereich ist vom Weg aus einzusehen und damit öffentlich und "außen". Das wird deutlich, als ich eines Tages ein Photo von Ibu und meiner Frau machen soll und Ibu spontan sagt: "Lieber im Haus!", auch wenn sie dann doch einverstanden ist. Als Handwerker aus der Nachbarschaft das Dach ausbessern, werden wir von Ibu angewiesen, die Tür unseres Zimmers nach draußen immer geschlossen zu halten, "damit die Leute nichts stehlen und nicht ins Haus sehen".

Soziale Grenzen: Besuchen und Eintreten

In Rappocini existieren klare Vorstellungen darüber, wie man als Besucher den Kontakt zu den Bewohnern aufnimmt, sowie ob und wenn ja, wo und wie man ins Haus eintritt. In der Innensicht entscheidet der Status der ankommenden Person über diejenige Variante der stereotypen Verhaltensabfolge (Skript), die sie zu befolgen hat. Straßenverkäufer (*penjual*), Bittsteller (*peminta-minta*) und allgemein nicht zur Familie Gehörige, aber auch männliche Nachbarn, gehen nur bis zu einer der Türen und rufen nach der Person, die sie sprechen wollen. Allenfalls dürfen sie sich auf der Terrasse auf einen Sessel setzen. Ob sie das tatsächlich tun oder nicht, hängt von ihrem Alter, sozialen Status und ihrem Schamgefühl ab (*malu*). Angehörige der näheren Familie, z.B. der Schwager oder entfernte Freundinnen der Hausfrau (*teman di luar*) gehen ruhig durch die fast immer offene Haustür und setzen sich in den Gästeraum und warten. "Nahe Nachbarn" (*tetangga akrab*) können sogar bis zur Verbindung von Gästeraum zu anderen Räumen gehen und dort nach Familienmitgliedern rufen. "Nahe/enge Freunde" (*teman akrab*) und die unmittelbar angrenzenden Nachbarn gehen ungefragt in den Aufenthaltsraum der Familie und setzen sich dort beispielsweise vor das Fernsehgerät. Sie dürfen das Haus auch durch den Hintereingang, oft durch die Küche, betreten. Unmittelbare Nachbarn benutzen außerdem gemeinsam die genannte Sitzplattform (*bale-bale*), um sich darauf auszuruhen, zu schwatzen oder zu spielen. Nur die Schwester der Hausfrau darf unaufgefordert die Schlafräume des Hauses betreten und sich etwa dort ausruhen. Auch sie wird aber kaum von selbst das Schlafzimmer der Eheleute betreten. Abbildung 45 zeigt diese Regeln des Eintretens am Beispiel des Haushaltes, in dem wir das erste halbe Jahr lebten. Die Daten entstammen mehrmonatigen Beobachtungen und wurden zusätzlich in Gesprächen überprüft.

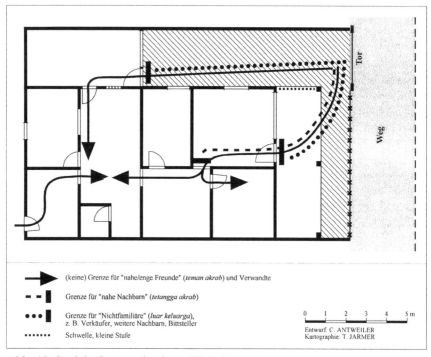

Abb. 45: Soziale Grenzen in einem Wohnhaus

In welcher Weise galten diese Regeln auch für mich und meine Frau, die wir Gäste sind, aber als Familienmitglieder (*keluarga kita;* "unsere Familie"; inklusives "wir") angesehen werden? Unsere Erfahrungen zeigen hier vor allem die Bedeutung einiger unten in 5.5 beschriebenen Überzeugungen im Alltagsleben auf, wie der Furcht vor Beschämung durch Nachbarn und der Bedeutung von sozialem Status. Ibu machte uns klar, daß sie als Hausherrin (*ibu rumah tangga*) als einzige in der Familie das Recht habe, unser Zimmer zu betreten, ohne anzuklopfen. Dies tat sie häufiger, besonders um sich auf den Tisch zu setzen und sich mit meiner

Frau zu unterhalten oder gemeinsam Photos zu betrachten, um unsere Habe zu betrachten und uns evtl. etwas abzuschwatzen. Der Familienvater setzte sich nur nach besonderer Aufforderung in unser Zimmer. Die Kinder hielten sich dagagen oft bei uns im Zimmer auf, wurden aber von Ibu immer wieder hinausgeschickt. Wir durften das Haus jederzeit von jedem Eingang aus betreten, benutzten aber als "Familienmitglieder" und aus Bequemlichkeit meist den direkten seitlichen Eingang zu unserem Zimmer. Kleinigkeiten konnten wir zusammen mit der Familie in ihrem kleinen Aufenthaltsraum essen. Das abendliche Hauptgericht sollten wir in einem daran angrenzenden Zimmer getrennt einnehmen, wobei jedoch des öfteren jemand aus der Familie, meist die Mutter, seltener der Vater oder familiäre Gäste, hereinkamen und zum Essen aufforderten ("iß!", "guten Appetit!"; *mari makan!*). Sie setzten sich kaum je dazu. Sobald Nachbarn zugegen waren, während wir aßen, sollten wir die Tür schließen oder eine Gardine vorziehen, "weil es keinen etwas angeht, was ihr hier eßt". Ich setzte mich öfter mit an den Eßtisch der Familie, um zusammen mit dem Familienvater etwas zu essen. Dies war "passend" (*cocok*); es wurde dagegen nicht gern gesehen, wenn ich mich als Mann in der Küche aufhielt und mir dort etwa selbst Tee zubereitete.

Obwohl wir als Familienmitglieder betrachtet wurden, war es aus Statusgründen und weil wir inklusive Mahlzeiten (*in-de-kos*) hier wohnten, unpassend (*kurang cocok*), selbst in der Küche zu kochen. Außerdem sollten wir, obwohl die Familie im allgemeinen mit den Händen ißt, mit Besteck essen, "weil sich das für Weiße gehört" und "weil sonst die Nachbarn denken, hier im Haus gebe es kein Besteck" (Ibu, 25.5.91). Wenn wir selbst besucht wurden, sollten wir die Gäste keinesfalls in unserem Zimmer oder im Aufenthaltsraum der Familie empfangen, sondern auf der Terrasse oder, besonders wenn es sich um höhergestellte Personen handelte, im Gästeraum. Dort wurde dann uns und den Gästen im allgemeinen bald Tee und Plätzchen gebracht. Begründet wurde dies damit, daß unsere Gäste, da wir doch zur Familie gehörten, ebenfalls Gäste der Familie seien. Außerdem ginge es fremde Gäste nichts an, wie es in den hinteren Zimmern aussehe. Eines Tages besuchten mich z.B. zwei Lehrer der nahegelegenen Schule. Sie kamen, da sie mich gut kannten, direkt an die Tür unseres Zimmers. Da ich gerade nur Shorts anhatte, bat ich sie in unser Zimmer. Die Hausmutter brachte uns Stühle und wir setzen uns. Nach einigen Minuten kam aber Nur (wohl von Ibu angewiesen) und bedeutete mir durch den Wanddurchbruch vom Aufenthaltsraum her, ich solle die Gäste doch in den Gästeraum bitten. Als wir schließlich dort hinüber gingen, standen dort schon Tee und Gebäck bereit.

Die beschriebenen physischen Grenzen, die den sozialen Umgang strukturieren, beschränken sich aber nicht auf den nachbarschaftlichen Umgang. In einer Verwaltungsstadt wie Ujung Pandang spielen sie auch bei etlichen Behörden eine wichtige Rolle. Dies ist in Zusammenhang mit der großen Bedeutung, die sozialer Schichtung beigemessen wird, und im Kontext der Beschämungsvorstellungen (*malu*) zu sehen. Fahrer von Fahrradrikschas z.B. halten grundsätzlich vor der Einfahrt zum Vorhof einer Behörde an, während Taxifahrer ihre Kunden innen vor dem Eingang absetzen. Behördengänger, die ärmlich aussehen oder den Eindruck machen, sich nicht auszukennen, werden von Beamten im Eingang mit der Frage abgefangen: "Was suchen Sie?" (*cari apa?*). Vor den Büros der höheren

Beamten sind mehrfache Schranken, wie Tische und Geländer aufgebaut, und man wird vom Personal sogleich gefragt, "in welcher Angelegenheit" (*dalam rangka apa*) man denn vorsprechen wolle.

Tab. 36: Zimmeranzahl der Häuser und Wohnungen in der untersuchten Nachbarschaft (117 Haushalte)

Anzahl der Zimmer (inklusive Gästeraum, aber ohne Küche)	Anzahl	%	kumulative %
Ein Zimmer	9	7,6	7,6
Zwei bis vier Zimmer	81	69,4	77,0
Fünf und mehr Zimmer (maximal 9)	27	23,0	100,0
Summe	117	100,0	

Tab. 37: Anzahl ständiger und zeitweiliger Bewohner in den Haushalten der untersuchten Nachbarschaft (117 Haushalte)

	Anzahl	%	kumulative %
ständige Bewohner (*penduduk tetap*)			
1 Person	3	2,6	2,6
2 Personen	10	8,5	11,1
3 Personen	10	8,5	19,7
4 Personen	20	17,1	36,8
5 Personen	18	15,4	52,1
6 Personen	16	13,7	65,8
7 Personen	18	15,4	81,2
8 Personen	8	6,8	88,0
9 Personen	4	3,4	91,5
10 und mehr Personen (maximal 13)	10	8,5	100,0
Durchschnittliche Personenzahl	5,6		
zeitweilige Bewohner (*penduduk sementara*)			
nein, derzeit keine	88	75,2	75,2
ja, zumindest eine Person	29	24,8	100,0
- davon: 1 Person	15		
- davon: mehr als 1 Person (maximal 6)	14		

Flexible Grenzen zur Beschämungsmeidung
und Anpassung an die Bewohnerdynamik

Vielfältig und einfallsreich sind die Mittel, mit denen die bewohner Rappocinis innerhalb der Wohnungen und Häuser Grenzen schaffen und Zimmer unterteilen (Abb. 46). Gespräche über die Nutzung von Zimmern zeigten, daß es einerseits um Vermeidung von Beschämung (*malu*) und andererseits um optimale und flexible Nutzung des meist sehr begrenzten Platzes geht (Tab. 36 und 37). Dabei spielen zusätzliche Holzwände als dauerhafte und Schränke als zeitweilige Mittel der Abtrennung die Hauptrolle. Kurzfristig verhindert man die Einsicht in Zimmer von außen durch Gardinen vor den Fenstern und innerhalb des Hauses mittels Gardinen in den Türrahmen, die je nach Bedarf zusammengeknotet werden können. Diesen Zweck kann auch die o.g. Stoffhängewiege (*ayunan*) erfüllen, die gewöhnlich in einem Türrahmen hängt. Kleine zusätzliche Räume werden z.B. durch die wohl bedachte Aufstellung des TV-Möbels oder eines anderen Möbelstückes abgeteilt.

Durch unterschiedlichen Bodenbelag, kleine Stufen oder kleinere Möbel werden zusätzliche Grenzen und damit Verhaltensräume abgesteckt. Besonders deutlich wird das an den Hauseingängen, wo Besucher im allgemeinen ihre Schuhe ausziehen müssen. Hier gibt es oft einen asphaltierten Vorhof. Nur um etwa einen Zentimeter erhöht liegt die gekachelte Terrasse. An dieser Grenze lassen Gäste ihre Schuhe stehen. Die Familienmitglieder ziehen ihre Schuhe dagegen meist erst vor der Tür zum Gästeraum aus; lassen ihre Schuhe also auf der Veranda (*verandah*; *teras*) stehen. Viele dieser Mittel der Ab- und Eingrenzung scheinen aus der Not der räumlichen Enge geboren, auch wenn dies keiner besonderen Erwähnung seitens der Menschen bedarf.

Wie flexibel die Nutzung der Zimmer ist, wird besonders deutlich, wenn Mitglieder der erweiterten Familie auf unbestimmte Zeit ein- und oft erst nach längerem Aufenthalt wieder ausziehen. Die Abb. 47 verdeutlicht die Flexibilität der Raumnutzung anhand der Veränderungen, die die erste gastgebende Familie unmittelbar nach unserem Auszug vornahm. Etliche Zimmer wurden nach unserem Auszug teilweise anders genutzt und viele Möbel wurden umgesetzt, so daß sich ein weitgehend verändertes Arrangement ergab.

Frauen-Raum und Männer-Raum

Chabot (1967:195) betont die Bedeutung des Meidungsverhalten in der makasarischen Gesellschaft, besonders zwischen den Geschlechtern. Die dem zugrundeliegenden Meidungsregeln gelten in Süd-Sulawesi nicht nur für Makasar, sondern allgemeiner, und sie wurden schon bei den oben genannten Regeln zum Eintritt vom öffentlichen in den privaten Bereich als zentrales Moment deutlich. Frauen und Männer sitzen vor allem bei informellen Besuchen und kleineren Feierlichkeiten getrennt voneinander. Schon bei einfachen, unangekündigten Besuchen setzen sich die Frauen meist auf die Sessel oder Sofas, wobei sie häufig ein Kissen auf den Bauch legen und leise reden, während die Männer auf Stühlen sitzen. Oft bleiben die Frauen erst einmal zusammen stehen und tuscheln, oder es setzen sich nur einige und andere nur zeitweise. Bei kleineren Besuchen, z.B. anläßlich des Endes des Fastenmonates Ramadan (*Idul Fitri*), ziehen sich die Frauen meist recht bald in die Küche zurück. Im Gästezimmer sind sie dann nur, während sie die Männer bedienen; dort reden sie deutlich weniger und leiser als diese. Es kommt selten einmal vor, daß sie das Gespräch der Männer stören, von denen sie selbst jedoch oft unterbrochen werden. Falls Besucher doch einmal geschlechtlich gemischt sitzen, sind die Ehepaare darauf bedacht, nebeneinander zu sitzen. Die geschlechtliche Trennung gilt bei sehr formellen Anlässen nur eingeschränkt, etwa bei großen "Empfängen" (*resepsi*) wie den großen Hochzeitsempfängen außerhalb des Wohnhauses, wo sich Ehepaare zusammensetzen.

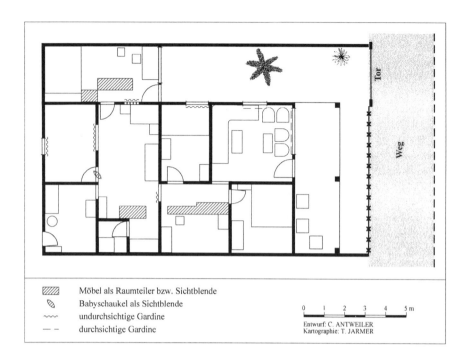

⁄⁄⁄⁄	Möbel als Raumteiler bzw. Sichtblende
⊘	Babyschaukel als Sichtblende
~~	undurchsichtige Gardine
– –	durchsichtige Gardine

Entwurf: C. ANTWEILER
Kartographie: T. JARMER

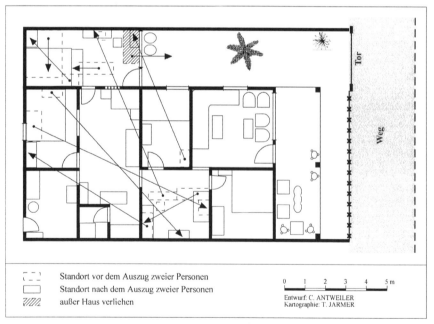

⌐ ⌐	Standort vor dem Auszug zweier Personen
☐	Standort nach dem Auszug zweier Personen
⁄⁄⁄⁄	außer Haus verliehen

Entwurf: C. ANTWEILER
Kartographie: T. JARMER

Abb. 46 (oben): Zeitweilige Begrenzungen in einem Wohnhaus und
Abb. 47 (unten): Anpassungen der Raumnutzung an Veränderungen
der Bewohnerzahl (Beispiel)

5.6.4 Arbeit und Islam als strukturierende Faktoren der Tageseinteilung

Wie hängen räumliche und soziale Lebensbereiche mit den Zeitkonzepten zusammen? Oben in 5.2.1 habe ich die polare Einteilung des Alltagslebens in das Leben zu Hause (*di dalam rumah*) und das Leben am Arbeitsplatz (*di kantor*) dargelegt. Eine entsprechende deutliche Polarisierung in Arbeitszeit und Freizeit existiert nicht, obwohl die meisten Männer ein formales Arbeitsverhältnis haben. Es gibt ein Konzept von Freizeit und Termini für "Freizeit" (*waktu libur*), "Pause" (*istirahat*) und für das "Ausspannen" (*santai*). Dabei wird *istirahat* eher mit Schlafen und *santai* eher mit Spielen und Unterhaltung assoziiert.

Freizeit findet jedoch nicht in zeitlichen Blöcken und räumlichen Bereichen statt. Beides, Freizeit wie auch Arbeit, haben sowohl am Arbeitsplatz als auch im privaten Haushalt ihren Raum. So wie sich die Bewohner zu Hause nicht nur ausruhen, sondern durch viele Aktivitäten auch zum Familieneinkommen beitragen, so gehen sie am Arbeitsplatz nicht nur der Arbeit, sondern auch anderen Tätigkeiten nach. Sie ruhen aus oder organisieren ihre Freizeit. Klar werden allerdings die Tage der Woche als "Arbeitstage" Montag bis Samstag (*hari kerja*) vom Wochenende bzw. von "freien Tagen" (*hari libur*) unterschieden. Freitags gehen fast alle Männer mittags zur Moschee, um das Freitagsgebet zu verrichten. Da deshalb mittags Büroschluß ist, ist dieser Tag ein besonderer. Die Phasen des Tages werden, wie in Indonesien üblich, in Abend und Nacht (*malam*), Morgen (*pagi*), Mittag (*siang*) und Nachmittag (*sore*) eingeteilt. Dem entsprechen die Bezeichnungen für Mahlzeiten, etwa fürs Frühstück "Morgenessen" (*makan pagi*, seltener *sarapan*).

Der Tagesablauf im Handeln als auch in der Alltagsrede gliedert sich jedoch viel deutlicher und präziser durch die zeitlich genauer bestimmten islamischen Gebete (*sembahyang, salat*; ca. 5, 8, 12, 16 und 18 Uhr). Bei Verabredungen sagt man z.B. die Uhrzeit oder etwa "nach dem Gebet" (*sesudah sembayang*). Da die Gebete mit Waschungen einhergehen, sagt man auch z.B.: "vor dem Baden" (*sebelum mandi*). Gegenüber Kindern ist eine der häufigsten Begrüßungen die Frage: "Hast Du schon gebadet?" (*anda sudah mandi?*).

Außerhalb dieser Punktierungen des Lebens durch die Gebete haben nur die Tagesabläufe der Büroangestellten und der Schüler und Studenten ein klares Muster. Im informellen Sektor ist jedoch auch der Tag fahrender Händler fest strukturiert, weil sie entweder von Zulieferung abhängig sind oder von weit her mit dem Fahrrad angefahren kommen und die Lebensmittel frisch liefern wollen. Hausfrauen dagegen teilen ihre Zeit sehr flexibel ein und passen sich kurzfristig an sich ergebende Notwendigkeiten an. Gleiches gilt für die Fahrer der Fahrradrikschas. Hierin zeigen sich die Unterschiede zwischen formalen Berufen oder Ausbildungsordnungen und dem informellen Arbeiten, wie der Eigenproduktion im Haus oder der Arbeit als *becak*-Fahrer.

5.6.5 Soziale Auswahl und Zeitmangel: "beschäftigt sein" (*sibuk*)

In marginalen Vierteln der Städte Südostasiens zeigt sich oft eine zweifache raumbezogene Ausrichtung der Bewohner, einerseits eine enge Orientierung der eher ärmeren Haushalte zur Nachbarschaft und andererseits die der besser Gestellten hin zum Stadtzentrum. Die zweifache Orientierung unterscheidet die Bewohner einerseits von ländlichen und andererseits von rein städtisch ausgerichteten Mittelklassebewohnern (vgl. z.B. Holnsteiner-Racelis 1988:236 für Manila).

In Rappocini gibt es ebenfalls diese zweifache Ausrichtung, aber sie ist unter den Haushalten sehr verschieden gewichtet, entweder deutlich hin zu nachbarschaftlichen Beziehungen oder mit einem klaren Schwergewicht auf Kontakte zur Innenstadt. In der untersuchten Nachbarschaft leben arme oft unmittelbar neben besser gestellten Familien. Bezüglich des Aktivitätsraumes hat die städtische *frontier* (5.2.3) bisher nur einen Teil der Haushalte voll erreicht. Einige, vor allem ärmere Haushalte sind fast ausschließlich auf die unmittelbaren Nachbarn konzentriert, weil sie de facto auf gegenseitige Hilfe angewiesen sind. Andere haben sowohl Kontakte zur Stadt als auch in der größeren Nachbarschaft. Außerdem ist das Viertel ethnisch gemischt und viele wohnen hier erst seit kurzem oder nur für kurze Zeit, weshalb es nur wenige tatsächlich bindende Normen und nur eine begrenzte soziale Kontrolle gibt.

Die gemischte Wohnweise und die fluktuierende Bewohnerschaft in dieser jung besiedelten Gegend erlauben es sogar, daß einige Familien fast gar keinen Kontakt mit ihren Nachbarn haben. Dies kann einfach daran liegen, daß die Familien Doppelverdienerhaushalte sind und deshalb selten jemand da ist. Hierfür ist entscheidend, daß die Frauen - als Hauptquelle von Nachbarschaftsbeziehungen - nachmittags nicht da sind und so keine intensiven Kontakte zu Nachbarn halten können. Solche Familien haben dann auch einen Lebensstil, wie er für Mittelklassehaushalte in Städten Südostasiens typisch ist. Es sind individuelle Haushalte, meist von Beamten (*pegawai negeri*). Die Erwachsenen haben das ganze Stadtgebiet umfassende Beziehungen zu Verwandten, Bürokollegen und Mitgliedern von Clubs, z.B. Sportvereinen. Ihre Kinder gehen in Schulen, die über die Stadt verstreut sind. Die Häuser dieser Familien sind baulich und symbolisch besonders scharf von der Nachbarschaft abgesetzt (Mauern statt Zäune, blind verglaste Fenster, breite ungenutzte Balkone, z.T. zweistöckige Bauten).

Die Familie, in der wir das erste Halbjahr der Feldforschung wohnten, steht an der Schwelle zu einem solchen Mittelklassestatus, hat ihn aber noch nicht erreicht. Ibu und Pak haben intensive nachbarschaftliche Beziehungen und benötigen auch manches Mal nachbarschaftliche Hilfe. Aber sie wählen die Beziehungen schon deutlich in Richtung besser gestellter Haushalte aus. Ibu backt noch Kuchen, den sie als informelle Geldquelle in der nahen Schule verkauft, sucht sich ihre Freundinnen aber selektiv in der weiteren Nachbarschaft. Sie nimmt am lokalen Gebetskreis der Frauen teil, aber sie spielt auch mit Freundinnen Badminton in einer teuren Halle in der Innenstadt.

Der Haushalt, in dem wir das zweite Halbjahr wohnten, repräsentiert eher einen typischen indonesischen Mittelklassehaushalt. Die Beziehungen zu den unmittelbaren Nachbarn sind wesentlich weniger intensiv als zu Personen in der Innenstadt, und sie sind noch selektiver. Im Unterschied zum Haus von Ibu und Pak ist die Haustür immer verschlossen und der Balkon wird wenig genutzt. Man hält sich im Inneren des Hauses auf, das wegen braun gefärbter Scheiben nicht einzusehen ist. In der ersten Familie hat Ibu eine Schülerin als Arbeitskraft im Haus, der sie dafür die Aufwendungen für die Schule bezahlt. Diese Beziehung leitet sich aus einem traditionellen Verhältnis von Adligen (Ibu trägt den *Andi*-Titel) zu Sklaven ab, in dem die Familie von Ibu und die des Mädchens stehen. Im zweiten Haushalt dagegen arbeitet eine Putzfrau, die in einer reinen Arbeitsbeziehung zur Familie steht. Dies leitet über zu Gründen der Meidung sozialer Beziehungen, die charakteristisch für die Region Süd-Sulawesi sind.

Der Kontakt zu Nachbarn wird so gering wie möglich gehalten, "weil es sonst ganz schnell Neid und böses Gerede gibt". Neben den allgemeinen Unterschieden in Lebensstandard und Lebensstil gibt es in Rappocini also auch Gründe, die Nachbarn aktiv zu meiden, die mit der in Süd-Sulawesi so bedeutenden *social location* zusammenhängen und die auch mehr oder minder offen ausgesprochen werden (siehe 5.7). Ein Meidungsmotiv dafür ist bei ärmeren Familien Scham (*malu, siriq*), während reichere eher befürchten, von den ärmeren Nachbarn belästigt oder um Hilfe gebeten zu werden (*minta-minta terus*; "immerfort bitten-bitten"). Eben dieser Grund wird auch dafür angegeben, warum man sich nur passiv an ethnischen Vereinigungen (*persatuan*) beteiligt. Viele seien zwar Mitglied, gingen aber nicht zu den Veranstaltungen, um dort nicht mit ärmeren Familien und deren Bitten konfrontiert zu werden.

Zeit ist ein wichtiges Thema für die Bewohner von Rappocini. Vor allem ihr Mangel wird häufig beklagt. Man ist *terlalu sibuk* ("zu sehr beschäftigt"). Zwar tragen die wenigsten Menschen eine Armbanduhr, aber in vielen Häusern hängt eine Uhr an der Wand. Mir gegenüber wurde häufig von der berühmten "Gummizeit" (*jam karet*) gesprochen, also der Toleranz gegenüber Verspätungen. Dabei schwingt einerseits ein positiver Unterton mit ("ohne Streß", *tanpa stress, tidak ada stressnya*). Andererseits signalisierten mir etliche Personen dabei mit einem Lächeln auch eine gewisse Selbstkritik, wobei Indonesien mit dem "geordneten" (*teratur*) Westen kontrastiert wird, "... wo sogar die Züge auf die Minute abfahren".

"Zu beschäftigt sein" ist eine der gängigen Formeln, die man benutzt, wenn man sich nicht an sozialen Aktivitäten beteiligen will. So wurde z.B. über die vielen Männer, die nicht zur gemeinschaftlichen Arbeit zur Säuberung der Nachbarschaft (*kerja bakti*) erschienen, entschuldigend gesagt, sie seien zu beschäftigt. Auch wenn man nicht zu einer der vielen Einladungen, die einen erreichen, erscheinen kann oder will, ist *sibuk* neben Kranksein eine allgemein akzeptierte Entschuldigung: Man ist "zu beschäftigt" oder "muß gerade das Haus verlassen". Einladungen sind ein Beispiel, an dem der Zeitmangel besonders deutlich wird. In manchen Zeiten im Jahr, z.B. im Sommer, wenn sich die Feste und Veranstaltungen häufen, kann es passieren, daß eine Familie für einen Tag zehn Einladungen erhält! Da Einladungen eine Ehrensache sind und schnell jemand der Beteiligten durch Nichterscheinen beleidigt werden kann, macht der Zeitmangel Entscheidungen erforderlich, die manchmal Kopfzerbrechen bereiten. Es "muß entschieden (ausgewählt) werden" (*harus dipilih-pilih*), wer wohin geht. Dazu kommt als zweite Beschränkung das Geld, denn bei jeder Einladung sollte ein Geldgeschenk gemacht werden. Pak entschied sich z.b. aus Zeitmangel, nicht zur Hochzeit eines Arbeitskollegen zu gehen, trug sich dafür aber in eine im Büro kursierende Liste der Geldspender ein (Pak, 8.7.91).

5.7 Entscheidungsrelevante lokale Konzepte sozialer Ungleichheit

Ein Hauptmerkmal städtischen Lebens besteht darin, daß man vielen Menschen begegnet, die man nicht persönlich kennt. Es wurde schon erwähnt, daß dieser öffentliche Bereich (*public realm*, Lofland 1986) in Rappocini oft schon vor der Haustür beginnt, weil man allgemein nur die engsten Nachbarn gut kennt. In Städten sind viele Begegnungen außerdem nur von kurzer Dauer, z.B. in öffentlichen Verkehrsmitteln, wo man sich nur kategorial wahrnimmt (vgl. Berreman 1972 zu indischen Städten). Die aktive Seite dieses Prozesses der Kategorisierung und Klassifizierung ist die Tendenz, daß man sich in Definitionsakten der Grenzziehung einander zuordnet und voneinander abgegrenzt (Bourdieus "feine Unterschiede" im "sozialen Raum" der Stadt, 1982; vgl. Sennett 1994).

In einer Region, wo Status und Sozialkategorien so stark das Handeln bestimmen und Wohnverhältnisse soziale Unterschiede sehr offensichtlich markieren, sind diese Prozesse zum Verständnis der Logik der Situation, in der sich die Menschen bei Entscheidungen im Bereich Wohnen und Umziehen sehen, besonders wichtig. Es ist zu fragen, welche sozialen Kategorien bestehen, in welchen Situationen sie sich bilden, in welchen Lebensbereichen sie die größte Bedeutung haben und wie die städtische Gesellschaft durch diese Definitionen horizontal in Teilnetzwerke und vertikal in eine Hierarchie von Gruppen gegliedert wird (Schiffauer 1994:34). Die wichtigsten Dimensionen, die in Ujung Pandang den Umgang mit sozialer Ungleichheit bestimmen, sind erstens soziale "Verortung" als dominantes Kulturthema und sozialer Aufstieg als Handlungsmotiv, zweitens polarisierte Sozialkategorien, die auf tradierte Hierarchien und auf die Sozialstruktur der Kolonialstadt zurückgehen, drittens neue Mittelschichtskonzepte und schließlich viertens interethnische Stereotype.

5.7.1 "Social Location": Sozialer Ort und Aufstiegsmotiv als ethnienübergreifende Kulturthemata

Millar stellte anhand der Heiratsfeste bei Bugis die Bedeutung der sozialen Einordnung in Süd-Sulawesi im allgemeinen heraus und bezeichnete diesen Komplex mit dem Ausdruck der *social location* (Millar 1981, 1985), was man mit "sozialer Verortung" übersetzen oder mit "an individual's sense of place" (Brawn 1993:248) umschreiben kann. Der Ausdruck der "sozialen Verortung" ist treffend, weil er deutlich macht, daß die soziale Einordnung in Süd-Sulawesi oft örtliche Konnotationen hat (die ich in 4.6.1 beschreibe). Ungleichheit jeglicher Art zwischen Personen wie Gruppen ist in Rappocini ein zentrales Alltagsthema. Das zeigt sich schon daran, wie häufig von "sozialer Schichtung" (*stratifikasi sosial*), von "sozialem Rang" (*derajat sosial*), "sozialer Ebene" (*lantai sosial*), "gesellschaftlichem Status" bzw. "Niveau der Gesellschaft" (*status masyarakat*) und schließlich von "Gruppen" (*golongan*) gesprochen wird. Die dabei im einzelnen verwendeten Kategorien und Merkmale sind ganz unterschiedlicher Art. Sie werden in wechselnder Zusammensetzung je nach der Situation verwendet, in der eine soziale Einteilung bzw. Einstufung vorgenommen wird. So vielfältig die Ausprägungen auch sein mögen: immer bedeutsam ist die "Suche nach Status" (*cari status*), der "Wunsch aufzusteigen" (*mau naik*).

Die wichtige Frage innerhalb des sozialen Umgangs ist immer, wer "oben" (*di atas*) steht und wer "unten" (*di bawah*) rangiert, wer "aufgestiegen" (*naik, tingkat*) und wer abgestiegen (wörtl.: "gefallen", *jatuh*) ist. Wichtige Gesichtspunkte zu potentiellen Heiratspartnern manifestieren sich heutzutage z.B in diesen Fragen: "welche Schule (hat er/sie besucht), welchen Glaubens (ist er /sie), welche Eltern und welche Abstammung (hat er/sie)?" (*sekolah apa, agama apa, orang tua/turunan apa?*). Ich illustriere im folgenden zunächst die allgemeine, d.h. alle Kulturdimensionen durchdringende Bedeutung sozialer Stratifikation und des Aufstiegsmotives. Dann fahre ich fort mit verschiedenen Sichten sowie unterschiedlichen Anwendungen der Kategorien je nach sozialer Situation und Position der Person, die diese Kategorien benutzt. Dazu ziehe ich einige Beispiele heran, wo mir Befragte ihre eigene Sicht der Sozialstruktur darlegten. Es handelt sich um Personen unterschiedlichen sozialen und ethnischen Hintergrundes. Anhand einzelner Fallbeispiele soll klar werden, wie soziale Ungleichheit als "kulturelles Thema" (im Sinn von Opler 1959:956ff.; zur Aufdeckung solcher Themen Spradley 1979:140-153; ähnlich: "Thema" bei Rössler 1990b) als kognitives Prinzip im sozialen Zusammenhang in Ujung Pandang zur Wirkung kommt.

Die Betonung sozialer Schichtung wird in Ujung Pandang an der Zurschaustellung des Lebensstandards und eines bestimmten "modernen" (*maju*) Lebensstiles offenbar. Im ländlichen Kontext, zumindest bei Makasar und Bugis, sind die Motive und Mechanismen sozialen Aufstiegs zum Teil sehr ähnlich wie in der Stadt. Gleiches gilt für die Bewußtheit des Einsatzes solcher materieller Ressourcen. Beides läßt darauf schließen, daß es sich um urbane Modifikationen des Konzepts der sozialen Stratifizierung in Süd-Sulawesi handelt, das in 3.2.2 erläutert wurde. Röttger-Rössler (1989:320) résümiert die Situation in einem fast rein makasarischen Dorf im Hochland von Gowa nahe Malino folgendermaßen:

"Einem Individuum wird also mit seiner Geburt *keine unveränderliche Position* in der sozialen Hierarchie zugeschrieben. Vielmehr ermöglicht die dem bilateralen Deszendenzsystem immanente Ambivalenz dem einzelnen, selbst Einfluß auf die Art und Weise zu nehmen, in der seine soziale Identität durch andere definiert wird. Eine sehr häufige *Strategie der Manipulation der Wahrnehmung sozialer Identität* durch andere besteht in der *Entlehnung von Symbolen und Privilegien*, die von der normativen Konzeption her ranghöheren Personen vorbehalten sind" (1989:320; Hervorh. CA).

In der ländlichen Lebenswelt sind die adopierten Symbole und Lebensstile stark am rituellen Bereich und der Übernahme von Privilegien bzw. Symbolen des Adels orientiert. Wenn auch das leitende Motiv des Aufstrebens in Stadt und Land ähnlich ist, so unterscheiden sich die Mechanismen und die verwendeten symbolischen Ressourcen zwischen Land und Stadt.

Im urbanen Milieu Rappocinis existiert erstens eine breitere Palette von Alternativen des Ausdruckes von Unterschieden. Zweitens sind diese Mittel der Demonstration sozialen Status stärker an der Geldwirtschaft, an materiellen Gütern und an formaler Bildung orientiert. Letzteres hat zwei Hintergründe. Bildung ist heute die "Eintrittskarte" in die Beamtenlaufbahn und in andere städtische Berufe, besonders in solche, die "leichte" bzw. "saubere" Arbeit versprechen. Ein anderer Grund liegt tiefer, nämlich in der Sozialgeschichte Süd-Sulawesis. In der Bevölkerung besteht die weitgehend geteilte Ansicht, daß Erziehung geeignet ist, Menschen "bewußt" bzw. "sich selbst bewußt" (*sadar* bzw. *sadar diri*) zu machen. Dies ist in dieser Region so bedeutsam, weil die Angehörigen der großen Gruppen, besonders die Makasar und Bugis, sich selbst für emotional aufbrausend und daher gefährlich halten. Der Mangel an Erziehung, ob tatsächlich vorhanden oder von anderen zugeschrieben, spielte ja auch in der Regionalgeschichte eine wesentliche Rolle, wie das Beispiel Kahar Muzakkars zeigte. In der Interpretation der Geschichte ihrer Gruppen führen die Menschen Grausamkeiten sowie andere "Fehler" oft darauf zurück, daß man damals "noch nicht bewußt" (*belum sadar*) gewesen sei, weil es damals "noch keine Erziehung gab" (*belum ada pendidikan*). Nur ein bewußter Mensch kann nämlich den ständig drohenden Begierden. Wünschen und Emotionen entgegenwirken. Conkling (1984:268f.) berichtet von Beamten in Ujung Pandang, die diese im Jahr 1972/73 Gefahren mit dem Wort *nafsu* (etwa svw. "natürlicher Appetit", "Begierde") umschrieben. Heute, fast zwanzig Jahre später, ist man in der Bevölkerung immer noch der Meinung, daß Reiche wie Arme diese Begierde teilen, aber heute ist die Redeweise vom "Aufsteigen wollen" (*mau naik*) üblicher. Die Emotionalität wird mit dem modernen Wort *emosi* bzw. der Rede vom "schnell aufwallenden Blut" (*darah cepat naik*) ausgedrückt[133].

Bildung bedeutet also nicht nur ein Schritt hin zu einem Arbeitsplatz. Sie ist auch ein Schritt zu weltlichem Status und zu innerer Läuterung. In diesem Kontext ist auch die Motivation zur Wanderung vom ländlichen Süd-Sulawesi in die Stadt Ujung Pandang zu sehen. Zum einen bietet die Stadt Arbeitsplätze, zwar wenige in der Industrie, aber viele in der Verwaltung. Zum anderen bietet sie Schulen und Hochschulen. Gerade das zieht die Menschen vom Land an. Angesichts dieser mehrfach positiv determinierten Erziehung überrascht es nicht, daß der Mensch, der in die Stadt kommt, weil er "Wissen sucht" (*cari ilmu*), als eigener Sozialtypus in der lokalen Klassifikation von Wanderern unterschieden wird (vgl. 5.2.1).

---

[133] Wenn es in der Stadt zu Gewalttätigkeiten kommt, was besonders zwischen Gruppen von Jugendlichen häufig der Fall ist, werden, jedenfalls im offiziellen und im Pressediskurs, ethnische Ursachen heruntergespielt und das Verhalten fast unisono damit erklärt, diese Menschen seien "(noch) nicht erzogen" bzw. es handele sich "sicher um Schulabbrecher" (*pasti drop-out sekolah*).

1 Wohnumstände
1.1 Wohnhaus
   - Material: Holz < Aluminium/Zink < Stein
   - Anzahl der Stockwerke: einstöckig < mehrstöckig
   - Abgrenzung zu Straße, Weg, Nachbarn: Lattenzaun (*pagar*) < Mauer
   - Vorgelände: keine Terrasse oder nur unbefestigter Vorhof < Terrasse
   - Hausfront: ohne Balkon < mit Balkon (Trend: Geländer aus Aluminiumrohren)
   - Fensterscheiben: durchsichtige Scheiben < getönte, nicht einsehbare Scheiben
   - Autoeinfahrt: nicht vorhanden < vorhanden (auch dann, wenn kein Auto besessen wird)
   - Haushaltsgüter: Radio, Casettendeck < TV < Karaoke < Kühlschrank < Telefon < Video < Satellitenantenne (*parabola*; höchstbewertetes äußeres Symbol)
1.2 Siedlungstyp und Wohngegend
   - Alter und Lage: "altes (Stadt)zentrum" (*pusat lama*) < neu besiedelte Gebieten (*daerah baru/ pemukiman baru buka*) < "Stadtrand" (*pinggiran kota*) ;
   - Siedlungstyp: staatliche Siedlungen (*Perumahan Nasional, Perumnas*) < einzelnes Eigenheim < Regierungssiedlungen (*Dinas*) < private Siedlungsprojekte
   - einzelne Siedlungen: Antang < Hartaco Indah < Pannakukang Emas (eine neue sog. "Elitesiedlung"; *lingkungan elite*)
1.3 Wohnweise
   - als Squatter (*merobot*) < Unterkommen bei Verwandten (*numpang*) < zusammen mit anderen zur Miete leben (*kontrak bersama*), gleichwertig: Wohnheim (*asrama*) < als Einzelmieter (*kontrak sendiri*) < Eigenheim (*milik sendiri*)
2 Transport und Konsum
2.1 Transportart
   - zu Fuß < mit öffentlichen Verkehrsmitteln < mit privatem Verkehrsmittel (Motorrad, PKW)
   - *Becak*-Abbonnement (*langganan*) für Erwachsene oder Schulkinder < zu Fuß gehen bzw. mitgenommen werden
   - falls öffentliche Verkehrsmittel: städtische Busse (*DAMRI*) < privater Kleinbus (*pete pete*) < Fahrradriksha (*becak*) < Taxi
   - bezüglich Automobilen: *Kijang* (Toyota) < *Hartop* < *Sedan* (große Limousine, möglichst mit schwarzen Scheiben. (Sprichwort: "eine andere Limousine, ein anderes Glück(-gefühl)", *lain sedan, lain sedang*)
2.2 Kleidung
   - bei Schulkindern (trotz Uniform): einfache/dünne Stoffe < feine / dicke Stoffe; ohne Schuhe < mit Schuhen; spezielle Sportkleidung < keine spezielle Sportkleidung
   - bei Feiern: Goldschmuck und Goldstoffe, Handtasche (Frauen), Sonnenbrille (Männer)
2.3 Dienstleistungskonsum
   - Haushaltshilfe(n) (*pembantu*), Chauffeur (*sopir*) nicht vorhanden < vorhanden
2.4 Einkaufsorte
   - Märkte < Händler (*kaki lima*) / Verkaufsstand (*warung*) < Geschäft (*toko*) < *Supermarket*
3 Ausbildung und Beruf
3.1 Bildungsgrad
   - Abschlüsse (*tamat*): Nichtakademiker (*belum sarjana*) < Akademiker (*sarjana*)
   - Akademische Abschlüsse: Bachelor of Arts (*B.A.*) < Doktorandus (Drs.; bzw. Doktoranda, Dra.; S1) <= Inseniur (Ir.) < Master of Arts (*M.A.*; S 2) < Juristischer Abschluß (S.H., *Sarjana Hukum*) < Doktor (DR.) < Professor
   - dies alles sichtbar auf Schildern und Visitenkarten (*kartu nama*)
3.2 Islamische Erziehung bzw. Erfahrung
   - Normalgläubiger < Mekkapilger (*Haji*) < Imam, islamischer Lehrer (*kiai*)
3.3 Beruf und Arbeitsverhältnis
   - harte und/oder sichtbare Arbeit (*kerja keras/bisa dilihat*), z.B. die eines Tagelöhners (*buruh harian*) oder Becakfahrers (*tukang becak*) < feine, leichte Arbeit (*kerja halus*), etwa Büroarbeit (*kerja kantor*), z.B. als Beamter (*pegawai*)
   - abhängige Arbeit (*tergantung*) < unabhängige Arbeit; Patron-Klient-Verhältnis: "Klient"-"Patron" (*punggawa-sawi*)

Abb. 48: Demonstration von sozialem Status durch Konsum, gesehene Möglichkeiten, pro Kategorie angeordnet nach zunehmender Wertschätzung (x < y)

Die Möglichkeiten, sozialen Status und Lebensstil durch Konsum von Gütern und Dienstleistungen, durch Bildung und in der Arbeitswelt offensichtlich zu machen, sind vielfältig (Abb. 48). Mit dieser Liste möchte ich verdeutlichen, daß in Ujung Pandang fast jeder Lebensbereich zur Demonstration sozialen Status genutzt wird. Die einzelnen aufgeführten Merkmale stammen von den Befragten, während die numerierten Oberkategorien von mir hinzugefügt sind. Die Rangfolge wurde aus Beobachtungen und mittels Nachfragen ermittelt. Zu jedem Merkmal gebe ich eine gemittelte Rangabfolge in aufsteigender Richtung (a < b < c ...) an. Fälle, in denen die Abfolge nicht eindeutig ist, sind mit Fragezeichen gekennzeichnet. Um zu einem möglichst repräsentativen Bild zu kommen, wurde die Aufstellung in Gesprächen mit Personen verschiedenster Lebenslage und ethnischer Zugehörigkeit besprochen.

5.7.2 Polare emische Modelle der Sozialstruktur

Wenn im alltäglichen Gespräch über Personen geredet wird, werden diese oft in polare Kategorien eingeordnet. Dichotome Begriffspaare spannen den gedanklichen Raum auf, in dem Personen meist nahe oder an den Polen angeordnet werden. Dies zeigt sich schon an der genannten Weise, wie Bewohner Rappocinis Mitbewohner in erster Linie danach einteilen, wie lange diese schon am Ort wohnen. Zugezogene (*orang pendatang*) werden von ursprünglichen Bewohnern (*penduduk asli* bzw. *orang asli*) unterschieden. Mit *orang asli* sind entweder ethnische Makasar oder in Rappocini geborene Personen oder aber solche Personen gemeint, die in Rappocini seit langem "Boden besitzen" (*punya tempat*, bzw. "Herren des Bodens", *tuan tanah*; i.w.S. svw. "Hausherr"). Beides deckt sich meist, aber nicht immer. Ältere Bewohner bezeichnen Zugezogene bisweilen deutlich abschätzig als "neue Leute" (*orang baru*[134]). Daneben werden zweitens bedeutende Personen, etwa heutige Amtsträger oder ehemals wichtige Personen, als *tokoh masyarakat* (etwa "Prominente der Gesellschaft/des Volkes") vom normalen Volk (*orang biasa*) unterschieden. Deutlich ausgebildet ist drittens die polare Unterscheidung von Menschen nach wirtschaftlichen Lebensstandard. Diese Einteilung kann quer zu den obigen Einteilungen stehen. Es gibt z.B. sowohl reiche, als auch arme *tokoh masyarakat*; einige davon sind "ursprüngliche Bewohner", andere "neue" Funktionäre. Auch die Kategorien wie "geehrt" bzw. "respektiert"(*terhormat*), "gemocht" (*disegani*) und "mit sozialer Einstellung" (*sosial*) stehen senkrecht zu den anderen Kategorien.

Im sozialen Umgang werden die Kategorien durch die in Abb. 48 angegebenen Merkmale offenbar. In Tab. 38 gebe ich eine Zusammenstellung derjenigen emischen Kategorien, die ich bezüglich der sozialen Einordnung von Personen und Gruppen im Lauf eines Jahres in Gesprächen sammeln konnte. In den Fällen, wo eine Kategorie häufig oder immer ein polares Gegenstück hat, also

---

[134] Dies spielt evtl. auch kritisch auf die neue politische Ordnung seit Suharto (*Orde Baru*) an, da während dieser Periode einheimische Amtsträger oft durch Javanen oder andere staatsloyale Personen ersetzt wurden.

dichotom verwendet wird, ist die komplementäre Kategorie jeweils in der gleichen Zeile aufgeführt. Es fällt auf, daß es für die mittlere Kategorie, also die Mittelschicht/-klasse, in der Bevölkerung recht wenige Termini gibt. *Orang menengah* entspricht etwa dem *kaum menengah* bzw. dem *kaum lumayan* ("die etwas besser gestellten"; Jav.) bzw. dem neueren Terminus derer, die die "genug haben" (*cukupan*) als Bezeichnungen für Angehörige der Mittelschicht in Java. Wie dort bezeichnet dies nicht eine Mittelschicht im europäischen alltagssprachlichen Sinne (etwa Ärzte, Rechtsanwälte, Lehrer), sondern umfaßt Unternehmer, bezahlte Angestellte, aber auch Händler, Handwerker und ausgebildete Arbeiter (vgl. Frederick 1983 für Surabaya). Die alltagspraktische Bedeutung solcher Kategorien für das Handeln wird dann im nächsten Abschnitt anhand ihrer Rolle bei Feierlichkeiten untersucht.

Tab. 38: Polare Sozial- und neue Mittelschichtskategorien in Ujung Pandang

obere Kategorie (*di atas*)	(eventuelle) mittlere Kategorie	untere Kategorie (*di bawah*)
orang besar ("große/bedeutende Leute")	versus	*orang kecil* ("kleine Leute"; *ribumi kecil* ("kleine indigene Indonesier")
orang (di) atas ("obere Menschen")	versus	*orang di bawah* ("untere Menschen")
anak di muka ("Leute an vorderer Front"	versus	*anak di belakang* ("hintere Kinder")
orang tingkat ("gehobene Leute") *orang tinggi* ("hohe Leute") *orang mampu* ("wohlhabende Leute") *orang kaya*[135] ("reiche Leute") *orang yg. punya modal* ("Leute, die Kapital haben") *elite* ("Elite") *orang berkembang* ("entwickelte Leute/moderne Leute") *eksekutif* („ausführende", "Exekutive")		
	orang menengah ke atas ("Mittlere nach oben") *orang menengah* ("Mittlere") *orang sedang* ("Durchschnittsleute") *orang menengah ke bawah* ("Mittlere nach unten")	
		orang sederhana ("einfache Leute") *masyarakat rendah* ("niederes Volk") *golongan rendah* ("niedere Gruppe") *orang kurang mampu* ("wirtschaftlichweniger Fähige" *masyarakat/rakyat kecil* ("kleine Leute") *orang miskin* ("arme Leute") *orang lemah* (wirtschaftlich "Schwache")

---

[135] In der traditionellen Sozialstruktur waren *orang kaya* Angehörige der Aristokratie, die sich im Handel betätigten. In *folk*-Modell der Sozialstruktur in javanischen Städten werden Wohlhabende auch als *orang berada* bezeichnet (vgl. Evers & Gerke 1994:3).

5.7.3 "Social Location" auf Familien- und Nachbarschaftsebene

Kategorien und Anlässe von Feierlichkeiten

Feierlichkeiten und Einladungstermine nennt man unspezifisch *acara* (wörtlich svw. "Angelegenheit", "Aktivität", "Programm"). Unterschieden werden in Ujung Pandang verschiedene Arten von Feierlichkeiten erstens nach der Größe und damit ihrer Bedeutung, zweitens nach der Formalität vs. Familiarität, d.h. nach der entsprechenden Etikette und schließlich drittens danach, ob dabei gemeinsam gegessen wird oder nicht. Diese drei Einteilungskriterien sind im Prinzip unabhängig voneinander, wie Abb. 49 schematisch zeigt; sie können aber im Einzelfall miteinander zusammenhängen.

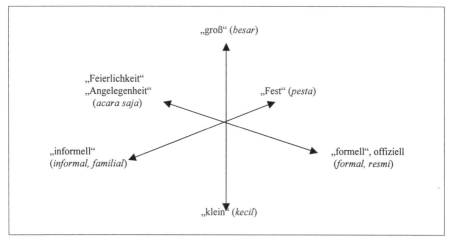

Abb. 49: Größe, Formalität und gemeinsames Mahl als emische Hauptdimensionen von Feierlichkeiten

Zunächst wird in "große" bzw. bedeutende (*acara besar*) und "kleine Feste" (*acara kecil*) unterschieden. Ferner differenziert man in "Familienfeiern" (*acara keluarga*) und "formelle Anlässe". Kleine und / oder Familienfeiern sind eher "nicht formell" (*acara informal*); bei großen Angelegenheiten handelt es sich dagegen eher um formelle Anlässe (*acara formal*). Besonders formell sind die sog. "offiziellen Feiern" (*acara resmi* bzw. *upacara*, eigtl. Zeremonie, Ritual; mit höfischer Konnotation). Dazu gehören die häufigen "Einweihungen" (*peresmian*; wörtl. "Offiziellmachung"), z.B. von Ämtern oder großen Banken. Eine Feierlichkeit wird dann als *pesta* ("Party", "Fest") angesehen, wenn dabei gemeinsam gegessen wird (vgl. *pesta* bei Millar 1981). *Pesta* ist eine Kategorie, die quer zur Einteilung in "große" und "kleine Anlässe" verläuft: Es gibt also "große Feste" (*pesta besar*), wie Hochzeiten und "kleine Feste" (*pesta kecil*, oft auch einfach *acara*), wie z.B. ein kleines Essen in der engeren Familie anläßlich des siebenten Schwangerschaftsmonates (Lae, 2.5.91).

Spezielle Worte zeigen besondere Formen oder religiöse Hintergründe von Feierlichkeiten an. Eine *resepsi* ist ein "Empfang", der, auch, wenn es dabei eine Mahlzeit gibt, nur kurz dauert und formaler Natur ist. In Ujung Pandang sind z.B. große Empfänge anläßlich von Hochzeiten (*resepsi perkawinan*), die außer Haus stattfinden, häufig. Mit dem javanischen Wort *selametan* werden Feierlichkeiten auf Nachbarschaftsebene bezeichnet, von denen man sagt, daß sie in Zusammenhang mit der "islamischen Ordnung" (*aturan islam*) stehen. Anlässe für *selametan* sind der Geburtstag, die Beschneidung, der Schulabschluß, die Heirat, der Tod (am 3., 7., 14., 40., 100. Tag nach dem Versterben) sowie der Geburtstag Mohammeds (*Maulid*) und der Übertritt zum Islam (wörtl. "Eintritt"; *masuk Islam*). Die Anlässe der meisten Feierlichkeiten (*acara*) sind Übergangsereignisse im Lebenslauf, islamische Feste und nationale Feiertage. Da es in Indonesien 39 "Nationale Feiertage" (an denen aber gearbeitet wird) gibt, und weiterhin insgesamt 13 Tage (bspw. im Jahr 1992, auch für die folgenden Angaben) offiziell als "Nationale Ferien" ausgewiesen sind, sind kaum jemandem alle Daten, Namen und erst recht Anlässe der einzelnen Feste bekannt.

Formalitäten des Einladens

Feste werden in Rappocini sehr ernst genommen. Einladungen (*undangan*) werden als ein "sensibles Thema" (*tema sensitif*) wahrgenommen. Die obligaten Einladungskarten sind fast immer in einer Druckerei gedruckt und werden in einem Umschlag übergeben, auf dem außen der Name des Empfängers angegeben ist. Sofern die einzuladende Person oder Familie in Ujung Pandang selbst wohnt, sollte der Gastgeber die Einladung persönlich überbringen. Eine per Post geschickte Einladung wird meist nicht ernst genommen. So fahren selbst wohlhabende Leute oder zumindest deren Bedienstete durch die Stadt, um Einladungen persönlich zu überbringen. Im Falle wohlhabender Familien gilt das manches Mal auch für die Einladungen zu eigentlich weniger bedeutenden Routineterminen, wie etwa zu den Treffen der Sparklubs der Frauen (*arisan*). Eine andere Möglichkeit ist, die Einladung von einem Komitee überbringen zu lassen. Dies ist besonders bei den so wichtigen Hochzeitsfesten (*pesta perkawinan*) passend. In Rappocini sieht man immer wieder junge Leute, die zu zweit oder zu dritt zu Fuß oder mit dem Motorrad unterwegs sind, um Einladungsbriefe zu den Häusern zu bringen. Meist sind sie besonders schön gekleidet; insbesondere Frauen tragen dabei oft "traditionelle Kleidung" (*pakaian adat*). Sie werden dann meist kurz ins Gästezimmer gebeten, holen den Einladungsbrief, der unter einem Tuch in einem speziellen Korb oder Gefäß liegt, hervor und übergeben ihn der eingeladenen Person oder jemandem aus der Familie. Kurz danach entschuldigen sie sich, um zur nächsten Adresse weiterzuziehen.

Im Rahmen von Einladungen können etliche Fehler passieren, die dann mit Bemerkungen wie "unpassend" (*kurang cocok*) oder gar "falsch" (*salah*) kommentiert werden und damit beschämt machen können (*memalukan*; umgspr. auch *kasih malu* oder *bikin malu*, vgl. 4.5.2). Man sollte eine Einladung z.B. nicht früher als etwa drei Tage vor dem Termin überbringen, sonst wird sie allzuleicht vergessen. Aber sie sollte auch nicht erst am Tag der Feier selbst erfolgen. Das würde die Eingeladenen brüskieren; sie müßten ja annehmen, sie seien als "Lükkenfüller" die letzte Wahl gewesen. Auf keinen Fall sollten Kinder eine solche Einladung überbringen, Angestellte nur im Notfall. Auch eine Einladung ausschließlich per Telefon zu übermitteln, ist unpassend. Ein grober Fehler wäre es auch, nicht alle Angehörigen der weiteren Familie des Gastgebers selbst schon vor der formellen Einladung vom bevorstehenden Familienfest zu informieren.

Regeln für Hochzeitsempfänge:
Skript für ein *resepsi perkawinan*

"Empfänge" (resepsi) haben stark formalen Charakter. Gastgeber wie Gäste können hier besonders viele Fehler dadurch machen, daß sie sich "unpassend", z.B. nicht standesgemäß, benehmen und dadurch ihre Familie oder andere beschämen Um sich angemessen benehmen zu können, muß man genau wissen, wie man sich richtig verhält; es geht um symbolisches Kapital (vgl. Bourdieu 1980) in einer Gesellschaft, die soziale Unterschiede wichtig nimmt, ja soziale Unterschiede ausdrücklich positiv bewertet. In Abb. 50 zeige ich einen prototypischen Handlungsablauf, eine Art Drehbuch (*script, action plan, schema*, Schank & Abelson 1977, Werner & Schoepfle 1987, Abelson 1981), das angibt, welche Abfolge seitens der Gäste zu befolgen ist, die einen Hochzeitsempfang als Teil der mehrtägigen Hochzeitsfeierlichkeiten besuchen. Solche Hochzeitsempfänge sind angesichts der wachsenden Mittelschicht in Ujung Pandang häufig: etwa zehn speziell dafür vorhandene Säle sind fast täglich ausgebucht.

Der wiedergegebene Handlungsplan beruht erstens auf teilnehmenden Beobachtungen von sechs derartigen Empfängen, verteilt über 10 Monate, bei Hochzeiten, an denen Bugis, Makasar und Mandar beteiligt waren. Besonders wichtig waren die vielfachen Diskussionen über "passendes und unpassendes Benehmen" unter den anderen Eingeladenen als auch explizite Anweisungen an mich und meine Frau, beides in den Tagen vorher und während der Fahrten zum jeweiligen Veranstaltungsort. Zweitens gingen Vorstellungen darüber, "wie man hier richtig Hochzeiten feiert", in das Skript ein. Sie stammen aus Texten, die die Indonesischlehrerin meiner Frau ihr zur sprachlichen Übung und zur Einführung in "Kultur und Gewohnheiten von Süd-Sulawesi" (*kebudayaan/budaya dan adat Sulawesi Selatan*) diktierte, anschließend mit ihr durchsprach und auch inhaltlich korrigierte. Eine weniger formale Variante dieses Skripts gilt bei Hochzeitseinladungen, die nicht außer Haus, sondern im Hause einer der beteiligten Familien stattfinden. Des öfteren wurde betont, daß diese Form zwar "der Tradition" (*tradisi*) und dem *adat* zwar folge, jedoch "modern" (*moderen, maju*) und "städtisch" sei. "Auf dem Lande" bzw. "im Dorf" seien solche Feiern weniger formal, es gebe nicht so viele Gäste ("nur die Familie", *keluarga saja*; was jedoch i.w.S. zu verstehen ist) und die Feierlichkeiten würden dort sehr viel länger dauern.

1. Kleide Dich besonders sauber und fein; evtl. in "traditioneller Kleidung" (*pakaian adat*).
2. Bereite passenden Geldbetrag vor und plaziere ihn in den Einladungsumschlag (alternativ: Besorge ein nichtgeldliches Geschenk, verpacke dies und versieh es mit deinem Namen).
3. Fahre allein oder besser zusammen mit Freunden / Nachbarn zum Ort des Empfanges. Nimm dafür am besten ein Taxi.
4. Gehe gemessenen Schrittes durch das Spalier des Empfangskomitees und grüße dabei kurz.
5. Falls Geschenktisch am Anfang des Raumes steht, gib das Geschenkpaket dort ab und lasse eine Karte mit Deinem Namen darauf anbringen (siehe unten: 11.)
6. Gehe Richtung Podest mit Baldachin am Kopf des Raumes, wo sich das Brautpaar befindet.
7. Gehe die seitlichen Stufen zum Podest an der Seite hinauf, wo auch die anderen Gäste hinaufgehen.
8. Begrüße und rede evtl. kurz mit den Eltern des Brautpaares und anderen dort wartenden Verwandten.
9. Begrüße das Brautpaar ohne mehr zu sagen, als *Selamat berbahagia!* ("Viel Glück!")
10. Stecke den Umschlag in das bei dem Baldachin stehende Gefäß.
11. Falls der Geschenktisch hier steht, lege das Geschenk hier ab (siehe oben: 5.).
12. Begrüße die Vertreter der Familien an der anderen Seite des Baldachins.
13. Gehe direkt vom Podest herunter zum Buffettisch.
14. Nimm dort einen Teller (selbst oder von einer Angehörigen gereicht).
15. Bediene Dich am Buffet, aber nimm nur wenig und nur einmal.
16. Setze Dich irgendwo auf einen der aufgereihten Stühle und verspeise das Gastmahl bei Unterhaltung durch Musik und eventuellen Gesprächen mit Nachbarn.
17. Gehe nach ca. 20 Minuten wiederum zum Podest und verabschiede Dich in umgekehrter Reihenfolge vom Brautpaar und den Angehörigen.
18. Verlasse den Saal und verabschiede Dich im Vorbeigehen kurz beim Empfangskomitee.
19. Fahre mit einem Taxi nach Hause.

Abb. 50: Alltagsdrehbuch (script) für den Besuch eines Hochzeitsempfanges (*resepsi perkawinan*)

Demonstration von Wohlstand und Prestige bei Festen

Wohlstand und Prestige von Gastgebern wie auch Gästen spielen in vieler Hinsicht bei Festen eine Rolle: bei der Einladung, hinsichtlich des Umfangs und der Lokalität des Fests, bezüglich der Geschenke und schließlich in Bezug auf die aufgetischten Gerichte. Schon der Akt des Einladens ist nicht nur, wie gezeigt, formal bedeutsam, sondern durch Gestaltung von Details für das Prestige relevant. Bei den Einladungsbriefen kann dickes Papier und Goldbeschriftung statt normalen und einfach beschrifteten Umschlägen verwendet werden. Die Einladung kann auf verschiedene Weise überbracht werden. Die Kleidung eines Einladungskomitees kann einfach oder auch aufwendig sein und traditionelle Kostüme umfassen oder nicht. All dies sagt etwas über Gastgeber, aber auch über die Wertschätzung der Eingeladenen aus und kann von deren Nachbarn beobachtet, eingeschätzt und über Klatsch verbreitet werden.

Das entscheidende Maß der Bewertung eines Festes selbst ist die Anzahl der eingeladenen Gäste. Wird es ein "großes Fest" oder nur ein "kleines" bzw. "normales Fest" (*acara/pesta kecil/biasa*)? Man spricht gerne darüber, wie viele Hunderte von Einladungsbriefen verteilt worden sind. Angesichts des häufigen Zeitmangels ist vor allem die Zahl derer, die dann tatsächlich beim Fest erscheinen, maßgeblich für die Wertschätzung und damit das Prestige der Gastgeber. Besonders in den Sommerferien (*waktu libur*), wenn sich die Feste häufen , müssen die Haushalte erstens entscheiden, welcher der vielen Einladungen man folgt und welcher nicht und zweitens, wer von der Familie zum Fest geht (vgl. 4.6.5: *sibuk*). Ein "großes Fest" ist eines, wo Hunderte von Gäste zu sehen sind. Gern sagt man als Gastgeber: "Ich habe viele eingeladen ... und alle sind gekommen". Weniger entscheidend ist es, wie lange die Gäste bleiben. Bei großen Heiratsempfängen, wie sie oben als Skript beschrieben wurden, gehört es ja sogar zum guten Benehmen, nur etwa 20 Minuten bis eine halbe Stunde zu bleiben (Regel 17), weil mehrere Hundert Gäste erscheinen. Bei kleineren Festen und begrenzten Mitteln hingegen müssen die Gastgeber sorgfältig entscheiden, wen sie aus der Nachbarschaft einladen. "Es gibt (da schon) eine Klassifizierung der Nachbarn" (*ada klassifikasi tetangga*), bei der Wohlstand der Eingeladenen im Verhältnis zu den Gastgebern (*keadaan sosial-econominya*) einen zentralen Gesichtspunkt darstellt. Man will solche Familien zu Gast haben, die von der materiellen und sozialen Lage zu einem selbst "passen" (*cocok*).

Die von den Gästen mitgebrachten Geschenke können klein und einfach eingeschlagen oder groß und aufwendig verpackt und damit aller Wahrscheinlichkeit nach teuer sein. Hinsichtlich der Geschenke unterscheidet man sehr genau. Kleine Mitbringsel, z.B. von einem Aufenthalt auf einer anderen Insel, nennt man *oleh-oleh*; größere Geschenke dagegen werden als *hadiah* bezeichnet, ein Wort, daß auch für Preise, etwa bei Preisausschreiben, und für kostenlose Beigaben bei Produkten, etwa im Supermarkt, angewendet wird. Besucher, die nicht zum Familienkreis gehören, schenken bei Hochzeiten im allgemeinen einen Geldschein im Umschlag, der als ein Unkostenbeitrag zur Feier verstanden wird. Dabei wird die Höhe des gespendeten Betrages zwar nicht den anderen Gästen offenbar, jedoch den Gastgebern, denn man gibt die Geldscheine meist in dem adressierten Umschlag ab, in dem man selbst die Einladung erhielt. Wenn man statt Geld ein Geschenkpaket mitbringt, handelt es sich um ein *kado (von frz. cadeau)*. Dessen Größe wird allen anderen Gästen sinnfällig, wenn die Geschenke zwar nicht geöffnet, aber die Geschenkschachteln an einem prominenten Platz, z.B. bei Hochzeitsfeiern zu Hause oder bei Hochzeitsempfängen neben dem Hochzeitsbaldachin, an dem alle Gäste vorbeidefilieren, aufgestapelt werden.

Ein sehr wirkungsvolles Mittel zur Demonstration materiellen Wohlstandes seitens der Gastgeber einer Feier ist die Art der Lokalität, an dem das Fest ausgerichtet wird. Eine Feier im offiziellen Saal (*acara di gedung*), wie z.B. ein Hochzeitsempfang, gilt mehr als eine Feier im eigenen Haus. Erstere kann in einem gemieteten Saal eines der dafür eigens gedachten Hochzeitsgebäude oder in einem Saal eines der wenigen großen Hotels stattfinden, eine privatere Feier entweder zu Hause oder in einem Haus einer befreundeten Familie. Neben der Größe und dem Image des Veranstaltungsortes ist das Essen für die Gäste ein zentraler Punkt der Gespräche vor, während und nach einem Fest. Entscheidende prestigerelevante Fragen sind:
- War das Essen zu Hause selbst gemacht und wurde es zum Saal oder Hotel transportiert oder - was höher bewertet wird - wurde es bei einem Betrieb bestellt bzw. vom Hotel selbst geliefert?
- Wenn letzteres, von welchem Hotel oder Betrieb wurde es geliefert?
- Wieviel hat das gekostet?

- War das Buffet schön aufgebaut?
- Wurde dauernd zum weiteren Essen aufgefordert?
- Gab es gutes Geschirr und Besteck?
- Gab es zu den Getränken Eis?
- Wurde die Feier mittels Video aufgezeichnet?

Die Einschätzung des Ranges der Gäste läßt sich an der Sitzordnung ablesen. Angesehene Personen werden vorne plaziert, weniger angesehene weiter hinten. Die besonders angesehenen Personen sowie nahe Verwandte und die alten Gäste sitzen auf Sesseln; andere sitzen auf Stühlen oder stehen. Wenn das Fest auf den Vorhof eines Hauses übergreift und wegen Enge auch noch der davor liegende Weg mitbenutzt wird, sitzen die weniger Angesehenen auf Stühlen, die auf diesem Weg stehen und sind damit den Zaungästen nahe, die oft in großer Anzahl zugegen sind.

Eine kurze Beschreibung einer *pesta* soll im Zusammenhang verdeutlichen, welche wichtige Rolle Statusbeziehungen und -überlegungen bei Festlichkeiten spielen (vgl. Millar 1981). Am 5. Juli 1991 findet im Haus eines Lehrerehepaares eine Feier anläßlich der Beschneidung (*sunnatan, khitan, pensyaratan*) ihres Sohnes statt. Die Familie richtet die Feier zusammen mit einer anderen aus, deren zwei Töchter ebenfalls beschnitten wurden (Infibulation). Die Redewendung für solches Zusammenwirken ist "Zusammenarbeit zweier Familien" (*kerja sama dua keluarga*). Die Mutter des Sohnes ist aktiv im lokalen Frauenverband *PKK* und auch sonst eine sozial wichtige Person in der Nachbarschaft. Seit vier Tagen haben etwa 20 Personen an den Vorbereitungen für diese Familienfeier mitgewirkt. Ibu, unsere Familienmutter, hat in den vorangehenden Tagen immer wieder längere Zeit bei den Gastgebern verbracht, um verschiedenste Fragen zu besprechen. Der Weg vor dem Haus ist gesperrt worden. Über ihn ist ein Sonnendach gespannt. Es sind viele geliehene Stühle für die zahlreichen eingeladenen Gäste herangeschafft worden. Der Großvater empfängt draußen auf dem Weg die ankommenden Gäste. Die Männer setzen sich großenteils auf die Stühle auf dem Weg; die Frauen dagegen sitzen im Vorhof des Hauses oder nehmen im Gästezimmer Platz. Dieses ist leergeräumt worden und die Frauen setzen sich im Kreis auf die ausgelegten Teppiche und haken die Arme unter. Die Vorsteher des *RW* und des *RT* sind auch erschienen und tragen aus Respekt Batiksarongs. Etwa die Hälfte der Frauen tragen Sarongs, etliche tragen außerdem weiße gestickte Umhänge.

Am Kopfende der Veranda sitzt der kleine frisch beschnittene Junge zusammen mit zwei Mädchen, die ebenfalls beschnitten wurden. Sie sind wie Brautleute (*pengantin*) geschmückt und tragen eine Krone. Über Stunden hinweg lassen sie die nicht enden wollenden Glückwünsche über sich ergehen, weil immer neue Gäste eintreffen oder sich wieder verabschieden. Im Schlafzimmer stehen auf dem Bett drei kleine Türme aus Reis. Auf zwei Tischen stehen mit Wasser gefüllte Gläser bereit, die mit Servietten vor Staub geschützt sind. Außerdem steht hier Reis und viel Fleisch für die Gäste bereit. Es wird auch Limonade mit Eis gereicht (was allen Anwesenden zeigt, daß die Familie einen Kühlschrank besitzt). Die aufwendig verpackten Geschenkschachteln sind aufgebaut, und separat davon werden die üblichen Einladungsumschläge mit den im Schnitt Rp. 5.000,- als Unkostenbeitrag gesammelt. Mit diesem Geld können die Schulden, die die Familie in den letzten Tagen bei etlichen Lebensmittelädchen in der Nachbarschaft gemacht hat, bezahlt werden. Außer durch das Essen werden die Gäste mit Schlagermusik unterhalten, die aus einem Lautsprecher ertönt. An der Außenwand des Gästeraumes hängen raffinierte Papierornamente, die von anderen Familien selbst hergestellt worden und gekauft worden sind. Gegen 14.30 sind die kleinen Beschnittenen schon sehr müde. Aber noch um 17.15 Uhr kommen neue Gäste an, um sie wegen dieses wichtigen Ereignisses zu beglückwünschen. Wieder werden neue Teller aufgestellt, Kerzen brennen, einige Männer unterhalten sich entspannt auf den Stühlen auf dem Weg sitzend. Jetzt werden Geschenke, im kleineren Kreis, nach und nach geöffnet. Jetzt erst sieht man die Mutter des beschnittenen Mädchens, die sich immer im Hintergrund aufgehalten hatte. Die Familie wohnt gegenüber, ist wesentlich ärmer als die Eltern des Jungen und feiert deshalb zusammen mit dessen Familie. Die ärmere Familie arbeitet hinten (*di belakang*, vgl. 4.6.1.) im Küchenbereich, während die Angehörigen der wohlhabenderen vorne beim Empfang und der Bewirtung der Gäste sichtbar agieren. Dies wird damit erklärt, das man in der Zusammenarbeit der Familien die Arbeit in einen "Konsumbereich" (*bagian konsumsi*), also den Küchenbereich und einen "Empfangsbereich" (*bagian terimah*) aufgeteilt habe. Die hauptsächlichen Unkosten entstehen durch die Rohstoffe für die Gerichte, die zubereitet werden. Bei diesem Fest kostet das etwa Rp. 350.000,-. Die bessergestellte Familie zahlt den Löwenanteil oder gar die gesamten Auslagen für das Essen, die Leihgebür für die Stühle und andere Ausgaben. Die Mitglieder der ärmeren Familie arbeiten dafür mehr, vor allem die Frauen in der Küche. Da sie dadurch tiefer einstuft werden, wollen sie dabei möglichst nicht gesehen werden. Es würde sie beschämen; also bleiben sie im Hintergrund. Charakteristisch für die gegenseitige Hilfe, die aber auch Abhängigkeiten und die Gefahr der Beschämung beinhaltet, ist wohl, daß der Familienvorstand der ärmeren Familie, als ich ihn frage, nicht genau weiß, wieviel das Essen gekostet hat.

5.7.4 Eine urbane Sicht zu Rang und Ansehen

Ibu und Pak hatten uns schon in den ersten Tagen unseres Aufenthaltes darauf hingewiesen, daß sie traditionelle Titel führen, nämlich *Andi* (B.; Ibu) und *Aco* (Mandaresisch; Pak). Wie an vielen anderen Häusern steht auf dem Namensschild an Paks Haus auch zunächst sein Titel (*Atjo;* ältere Schreibweise für *Aco*), dann sein Eigenname und schließlich der Name seines Vaters. Pak erläuterte mir schon früh das wichtige Thema sozialer Schichtung (vgl. Chabot 1967:147ff.). Er sprach von der "sozialen Schichtung Süd-Sulawesis" (*itu stratifikasi sosial Sulawesi Selatan*). Angewandt würden diese Kategorien einerseits bei Familienangelegenheiten, insbesondere Hochzeiten, und andererseits unter den Bediensteten der Ämter. Er erklärte mir die Schichtung ganz systematisch und skizzierte spontan ein Modell der Sozialstruktur auf. Er nannte mir jeweils Merkmale oder prototypische Vertreter, die die Kategorien bestimmen und außerdem in Prozenten den relativen Rang der Angehörigen einer jeweiligen Kategorie.

An höchster Stelle stehe der *raja* („König") „mit 100%", zunächst ohne daß er spezifiziert, von was dieser 100 Prozent habe. Dann folgten die "Noblen" (*bangsawan*; "Aristokraten"), die der "Gruppe des Königs" (*golongan king*) angehören würden, bzw. der "Abstammung des Königs" folgen würden und mit 75% zu veranschlagen seien. Darunter folgten mit 50% die Träger des Titel *Andi*. *Bangsawan* und *Andi*; hätten so betont Pak, allgemein viel Bodenbesitz. Darunter folgten religiöse Funktionsträger und höhere politische Amtsträger mit 25% und solche mit kleinem Amt, z.B. ein *RT*-Vorsteher, mit 10%. "Gewöhnliche Leute" (*orang biasa*), z.B. kleine Beamte (*pegawai kecil*) seien mit 5% zu veranschlagen, während z.b. *becak*-Fahrer 0% aufweisen würden. Pak erläuterte dazu, früher habe man sich vor dem König mit erhobenen Armen verneigt. Heute gelte das als "feudal" (*feódal*[136]); Suharto habe das abgeschafft. Die Gruppe der Noblen *bangsawan* erklärte er mir am Beispiel Helmut Kohls. Wenn Kohl der Kaiser sei, wären die *golongan king* (sic!) die "Kinder des Kaisers". Er erläuterte dann die je nach Ethnie verschiedenen Anredeformen für den *raja* (König) und merkte dann noch an, daß die Anredeformen in Ujung Pandang nicht so genau eingehalten würden. *Begitulah hidup di kota!:* So "ist (eben) das Leben (eigtl. *kehidupan*) in der Stadt!".

Das Beispiel ist sicherlich in vielem persönlich geprägt und reflektiert aktuelle Ereignisse, wie der Hinweis auf Helmut Kohl zeigt (Pak; 16.3.91). Typisch ist aber die Verquickung traditioneller sozialer Schichtung mit modernen Konzeptionen und Termini. Ferner ist eine solche Sicht der Sozialstruktur in Form einer systematischen Aufstellung charakteristisch für die Innensicht der Bewohner. Im Zusammenhang mit den vorangehenden Ausführungen ist im einzelnen folgendes festzuhalten:

1. Das System von Rang und Ansehen ist nicht etwa nur althergebracht bzw. lediglich als Konzept bekannt. Es ist auch noch heute bei verschiedenen formellen Anlässen und in der Bürokratie ein bedeutendes Thema und beeinflußt das Handeln. Es enthält tradierte Titel und tradierte Merkmale (Blutsabstammung). Nichtsdestotrotz lassen sich auch moderne Funktionsträger, wie ein *RT*-Vorsteher, darin einordnen. Die Quellen der Merkmale und Kategorien sind verschiedene Systeme sozialer Unterscheidung: (a) das tradierte verwandtschaftliche System der sozialen Schichtung aus den Königtümern Süd-Sulawesis, (b) die tradierte Unterscheidung nach Arbeit und Beruf, erweitert heute um den Bildungsgrad und (c) das nationalbezogene System der Unterscheidung nach modernen politischen Ämtern.
2. Die Ränge werden in Prozenten angegeben. Dies weist auf einen engen Bezug zur Abstammungsrechnung hin, der dann auch bei Berechnungen für den Ranggrad der Kinder von Eltern verschiedenen Grades benutzt wird. Diese Prozenteinteilung wird dann aber auch bei den eigentlich nur durch Beruf und Arbeit bestimmten Kategorien angewendet. Wegen der Basis in Abstam-

---

[136] Dieser Begriff ist in Süd-Sulawesi eng mit der "antifeudalen" Aufstandsbewegung Kahar Muzakkars und der *Muhammadiyah* verbunden (vgl. 3.2.7).

mungsrelationen sind die Abstände des Ranges über weite Strecken des Spektrums hinweg regelmäßig (100%, 75%, 50%, 25%, aber dann 10%).
3. Es ist den Menschen bewußt, daß das System, besonders in der Stadt situativ abgewandelt wird und insgesamt umstritten ist. Im Büro des Gouverneurs werden einige Geehrte z.b. mit dem Titel *Puang* (M.) angeredet. Legitimiert wird das durch andere Beamte, die sagen, mit wem und wie die entsprechende Person verbunden ist. Durchaus werden aber auch Titel einfach ohne Anspruch reklamiert und dies auch manches Mal akzeptiert. Einige Bewohner sehen klar, daß es z.b. für das Führen des Titels *Andi* "keine Ordnung (mehr) gibt" (*tidak ada aturan*). Man sagt, "die Traditionen sind verdrängt" (*tradisi tergeser*).
4. Das System wird in seinen Grundzügen übergreifend auf Personen aller Ethnien Süd-Sulawesis angewandt. Lokal existieren jedoch terminologische wie auch konzeptuelle Varianten. Es dominiert allgemein eine Sicht der Gesellschaft als grundsätzlich geschichtet. Das zeigte auch die obige Erläuterung der Aristokratie am Beispiel Kohls, wo Pak selbstverständlich annimmt, daß es ein solches System auch in Deutschland gebe. Das Wissen um dieses System ist je nach befragter Person sehr unterschiedlich. So fühlen sich viele ältere Menschen motiviert, mir traditionelle Titel zu erläutern und in den verschiedenen Lokalsprachen zu benennen. Aber das führt fast immer zu Diskussionen mit anderen Anwesenden. Das dann letztlich in Übereinstimmung gebrachte Modell unterscheidet sich meist deutlich von den Versionen aus anderen solchen Gesprächen.

Die eben dargestellte Sozialstruktur aus der Sicht Paks als die eines kleinen Beamten (*pegawai kecil*) kontrastiert stark z.B. mit der eines Spezialisten (*ahli*) für tradiertes Recht in Süd-Sulawesi, den ich befragte: Prof. Zainal Abidin Farid. Er ist Geschichts- und Rechtsgelehrter. Von vielen als "bester Kenner des Adatrechts" geachtet, genießt er ein hohes Ansehen in Süd-Sulawesi. Im Gespräch stellt er mir gegenüber zunächst heraus, daß er selbst eigentlich allen ethnischen Gruppen Süd-Sulawesis angehöre, weil sie alle in seinem Stammbaum vertreten seien. Er wäre z.B. immer ratlos, wenn er nach seiner ethnischen Zugehörigkeit gefragt würde. Als "moderner Mensch" hebt er hervor, daß dieses System sozialer Stratifikation eng mit den Werten der "Kultur der Beschämung" (*budaya siriq*) zusammenhänge. Heutzutage sei das stark mit dem Auftreten gegenüber anderen, mit der Sucht nach Prestige verbunden. Außerdem sei das System "nicht fair". Früher seien die zentralen Kriterien für die Einordnung eines Menschen einerseits die Abstammung und andererseits "persönliche Qualifikationen" (*qualifikasi pribadi*) gewesen. Erst ab Anfang der 1970er Jahre sei materieller Reichtum als weiteres Merkmal dazugekommen. Die Prestigeränge lauteten nach Zainal Abidin früher in absteigender Reihe: 1. König (*raja*), 2. Noble (*bangsawan*), 3. Wohlhabende (*orang kaya*). Die heutige Prestige-Reihenfolge sei bezüglich der Kriterien im Wandel und die Positionen in ihr umkämpft. Formelle Einladungen (*upacaras, acara formal*) und Einweihungen (*peresmian*) seien die besten Anzeiger für die gerade aktuelle Prestigeskala innerhalb der gesell-

schaftlichen Elite. Dabei ließe sich folgende Rangfolge an der Sitzordnung von vorne nach hinten beobachten:
(1.) "König" (*raja*), nur theoretisch, weil es kaum mehr welche gibt, bzw. die entsprechenden Personen krank sind, wie z.b. der *raja* von Bone
1. "Amtsträger oder ehemalige Amtsträger" (*pejabat atau bekas pejabat*)
2. Wohlhabende (wörtlich "Reiche"; *orang kaya*)
3. Kriegshelden, "Kämpfer" (*pejuang*) oder "Aristokraten, Noble" (*bangsawan*); sie hatten früher den zweiten Rang inne, sind also "abgefallen " (*jatuh*)
4. "Chinesen" (*orang cina*); auch wenn sie wohlhabend sind, sitzen sie im allgemeinen hinten, es sei denn sie sind Professoren.

Hier zeigen sich, so Abidin, Veränderungen gegenüber dem früheren System. Am deutlichsten ist heute der Einfluß der politischen Elite von der Zentralregierung in Jakarta ("aus der Zentrale"; *dari pusat*; vgl. 4.6.1). Weiterhin sind gegenüber früher z.b. die Kriegshelden und die Noblen um eine Stufe abgesunken. Solche Veränderungen sind aber nicht erst heute zu beobachten. Der Titel *Daeng* z.B. war früher nur für höherstehende Personen reserviert, wurde dann aber später allgemeiner benutzt. Wegen der mit der zunehmenden Verbreitung einhergehenden "inflatorischen" Entwertung dieses Titels trafen etwa im Jahre 1932 Vertreter der Königreiche zusammen, um einen neuen Titel zu suchen. Dabei ließen sie sich vom Vorsteher des malaiischen Bevölkerungsanteiles (*Kapitan Melayu*) in Ujung Pandang beraten. Er schlug den malaiischen Titel *Andikah* vor. Da dies zu lang erschien, entschied man sich kurzerhand für *Andi*. Dieser Titel ist laut Abidin erst ab 1933 in genealogischen Listen aufzufinden. Bei weniger formellen Anlässen gilt heute folgende Reihenfolge, die die verstärkte Bedeutung moderner Kriterien, wie der Art der Wirtschaftstätigkeit und dem Grad der Erziehung, für die soziale Schichtung aufzeigt (Far, 12.91):
1. "patriotische Helden" (*pahlawan*) und Wohlhabende (*orang kaya*)
2. (Universitäts-)"Absolventen" (*sarjana*)
3. "Mittlere" (Ränge) (*menengah*)
4. Geschäftsleute, "Händler" (*pedagang*)

Diese Sicht des heutigen Zustandes der sozialen Ränge durch einen lokalen Wissenschaftler deckt sich weitgehend mit eigenen Beobachtungen. Etliche Kategorien ergänzen heute die traditionellen Titel, bzw. liegen quer zu den alten Kategorien. Menschen, die die Pilgerfahrt nach Mekka schon hinter sich haben (*Haji*), werden dafür zwar verehrt, stehen aber eher außerhalb dieser Reihenfolge, es sei denn, wenn die Person als religiöser Sachverständiger (*ahli agama*) tätig ist.

Die Bedeutung der Erziehung ist in Ujung Pandang als Universitätszentrum Ostindonesiens besonders deutlich. In den lokalen Fernsehnachrichten tauchen z.B. fast täglich die Rektoren oder Dekane der größten Universitäten UNHAS und IKIP auf. Bei Einladungsschreiben wird deutlich gemacht, ob man *Doktorandus* (*Drs.*) bzw. *Doktoranda* (*Dra.*) oder - schon höher eingeschätzt - *Inseniur* (*Ir.*) ist oder ob man gar die höheren Grade erreicht hat, die in Sulawesi nur von der Universitas Hasanuddin vergeben werden (*Dr.*; *Sarjana S II*). Ein anderer Informant hat Erfahrungen mit diesem System im Arbeitsalltag einer Nichtregierungsorganisation (*NGO*, indonesisch *LSM* für *Lembaga Swadaya Masyarakat*). Er skizziert die Schichtungsproblematik am Beispiel von offiziellen Einladungen und der Personen, die dort einzuladen seien. Es gelte dabei folgende Rangfolge für die Einladung: 1. "Wohlhabende", 2. Personen mit Sitz in der "Volksvertretung" (*Dewan Perwakilan Rakyat, DPR*) und 3. "graue Eminenzen" (wörtl. "Könige hinterm Vorhang"; *raja belakang layar*), sowie Helden (*pahlawan*) und reiche Leute (*orang kaya*). Unbedingt einladen müsse man Abgeordnete der Volksvertretung; den Bürgermeister (*walikota*); Angehörige des *Musyawarah Pimpinan Daerah* (*MUSPIDA*). Die Sitzordnung bei formellen Einladungen sehe heute wie folgt aus (Jou 489, 22.12.91, Map):

1. Amtsträger (*pejabat*) früher zusammen mit islamischen Gelehrten (*kiai*),
2. islamische Gelehrte (*kiai*),
3. Wohlhabende (und evtl. junge *kiai*).
4. andere religiöse Lehrer.

Wo es einen Wirklichkeitssinn gibt, muß es auch einen Möglichkeitssinn geben.
Robert Musil

6 Rationalität in Wohnweise und räumlicher Mobilität

6.1 Lokale Entscheidungskonzepte und Entscheidungsroutinen

6.1.1 Entscheidungsbedarf, -bedingungen, -begrenzungen, -verfahren und -zuständigkeit

Was bedeutet "Entscheiden", "eine Entscheidung fällen", "eine Entscheidung machen" oder "eine Wahl treffen" für die menschen in Rappocini? Wie werden Entscheidungen kulturell definiert, und was wird als eine Entscheidungssituation angesehen? Welche übergreifenden Vorstellungen prägen Entscheidungen? Wie werden z.B. Motive gegenüber sich selbst erläutert und gegenüber Sozialpartnern rhetorisch vertreten; welche persönlichen und welche öffentlichen Rationalisierungen kennzeichnen Entscheidungsprozesse in Rappocini? All dies sind Fragen, deren Klärung aus dem hier verfolgten Zugang zu Handlungsrationalität, einer Kombination aus einer kritischen Theorie rationaler Wahl (*rational choice*) und dem naturalistischen methodischen Ansatz (*natural-decision-making*) heraus wichtig erscheinen.

Entscheiden und Entscheidungen sind ein gängiges Thema in der alltäglichen Konversation in Rappocini. Das Wort für "entscheiden" bzw. "auswählen" (*pilih, memilih*) hört man entsprechend häufig. Die teilnehmende Beobachtung des Alltagslebens zeigte, daß bestimmte lokale Konzepte zu Entscheidungsbedarf sowie zu einschränkenden Begrenzungen, zu grundlegenden Bedingungen, zu Verfahren und betreffs der Zuständigkeiten bei Entscheidungen existieren. Sehr oft wird etwa darüber gesprochen, daß ein Einzelner oder eine Familie etwas entscheiden könne oder wolle; eine Situation wird also als Entscheidungssituation definiert. Häufig wird dabei gleichzeitig gesagt, daß man zwar "entscheiden müsse" (*harus pilih, harus dipilih-pilih*); daß die zu treffende Entscheidung aufgrund irgendwelcher Umstände jedoch "nicht frei" sei *(tidak bebas; kurang bebas)*. Dies entspricht in etwa unserer Redeweise, daß "man nur eine Wahl hat"[137].

Außer dem gesehenen Entscheidungsbedarf und den Einschränkungen der Wahlfreiheit ist auch der Unterschied zwischen strategisch kalkulierendem, vorausdenkendem Entscheiden einerseits und Entscheidungen durch Versuch-und-Irrtum oder spontan emotionalem Entscheiden andererseits in Rappocini sehr be-

---

[137] Decktor Korn schreibt zu einem Beispiel aus dem Pazifik bezüglich der Wahl des Wohnsitzes, die in Tongatapu nicht kulturell vorgeschrieben, aber für eine Person durch ihre jeweilige Lebenssituation sehr eingeschränkt ist: "Thus, even if a decision is required in a certain situation, there may be no choice - no real choice is made in a situation of 'only one choice'" (1975:257).

wußt. Ersteres wird oft *strategi* genannt, während letzteres unter Begriffen wie *coba-coba* ("mehrmals versuchen/immer wieder versuchen"). Falls die Gesprächspartner Versuch-und-Irrtum als bewußt eingesetztes Verfahren des Entscheidens qua Nichtentscheiden (Fjellman 1976a:79) meinen, sprechen sie oft von *sistem eksperimental*. Individuelle Präferenzen für bestimmte Alternativen werden "Wunsch", "Bedürfnis", "Mögen" (*ada maunya/kemauan, keinginan*) genannt. Es scheint einen Zusammenhang der Vorstellungen von Entscheidung durch Versuch-und-Irrtum mit dem Konzept spontan-emotionellen Entscheidens zu geben. Wie ich in 6.1.4 zeigen werde, herrscht in Süd-Sulawesi, besonders in Ujung Pandang, die Vorstellung einer sog. "Ethik des Bewußtseins" (Conkling 1975:280-285, 1984:269). Zentrales Anliegen dabei ist, aus vergangenen Irrtümern zu lernen, die laut Binnensicht auf mangelnde Erziehung, zu hohe Emotionalität, zu starken Willen bzw. Begierde (*nafsu*) oder "(noch) fehlende Ordnung" (*belum ada aturan*) zurückgehen. Die besonders hohe Relevanz dieser im städtischen Indonesien verbreiteten Ideen in Süd-Sulawesi leitet sich aus ethnischen Selbst- und Fremdstereotypen, besonders bezüglich der Makasar und aus der Regionalgeschichte her. Hinsichtlich der Bugis und Makasar besteht allgemein die Vorstellung, daß diese emotional und schnell entscheiden, was als kopflos und gefährlich oder als notwendig interpretiert werden kann. Mochtar gibt dazu eine populäre emische Erklärung der Bugis:

"Die Javaner in ihren Dörfern haben Zeit und Geduld, ausführlich zu reden und gemeinsam zu Entschlüssen zu kommen. Für uns als Seefahrer kann es dagegen lebenswichtig sein, blitzschnell Entscheidungen zu treffen, um auf Stürme und Untiefen zu reagieren" (1988:19).

Ein lokales Bewußtsein dafür, daß Entscheidungen sich nach bestimmten Bedingungen richten, wurde zunächst darin deutlich, daß meine Gesprächspartner mir auf offene Fragen bezüglich verschiedenster Themen, z.B. "Was ist bezüglich X wichtig?", oft mit Unterscheidungen folgender Art antworteten: "Falls es so ist, ..." (*kalau begini, ...*) oder "Wenn X der Fall ist, dann ..." (*kalau X / dalam hal X, ...*) oder "Wenn es sich um Y-Menschen handelt, machen sie Z/werden sie Z machen" (*kalau orang Y, mereka bikin Z / mau Z*). Eine solche kognitive Rahmung (*framing*) in Form von Fallunterscheidungen verwendeten meine Informanten sowohl im Reden über kulturell eng normierte bzw. determinierte Entscheidungen, etwa dem Besuch einer Feier (vgl. 5.7.3), als auch hinsichtlich eher individuell oder familiär zu entscheidender Fragen; etwa einer Investitionsentscheidung (vgl. 6.1.3, *cari uang*).

Obwohl die Gesprächspartner immer wieder betonten, daß familienbezogene Entscheidungen gemeinsam gefällt werden, gibt es durchaus klare Zuständigkeiten für haushaltsbezogene Optionen, die als "Bereich" (*bagian*) unterschieden werden. Die oben dargestellte Aufteilung der Arbeitstätigkeiten im Haushalt spiegelt auch die Zuständigkeitsbereiche der Geschlechter bezüglich Entscheidungen betreffs des Hauses bzw. des Haushalts (*rumah tangga*) wider. Man sagt etwa "Jenes ist der Bereich der (Haus-)mutter" (*itu bagian ibu*). Die grundsätzliche Einteilung besagt, daß die Sphäre des Mannes die "außerhäusliche", die der

Frau die "innerhalb des Hauses" ist. Ibu z.B. sagt, sie als *ibu rumah tangga* führe "das Innere des Haus(halt)es" (*isi di dalam rumah*). Sie sei verantwortlich erstens für die Verwendung des Geldes, zweitens für die Versorgung von Kranken und drittens für die Erziehung sowohl der Kinder als auch ggf. in der Familie lebender Nichtverwandter. Pak dagegen als "Kopf der Familie" (*kepala keluarga*) sei für das Geldverdienen und die Erhaltung und Instandsetzung des Hauses verantwortlich. Entscheidungen, die nicht familienbezogen sind, sondern als nur persönlich relevant angesehen werden, weist man der Privatsphäre (*bagian pribadi*) zu.

Es wird sich unten zeigen, daß in Rappocini neben solchen entscheidungsbezogenen kulturellen Modellen allgemeine kognitive Schemata zum Wirtschaftsleben existieren, die auf dem Kontinuum liegen zwischen:
- Entscheiden für eine von mehreren Optionen,
- mehrfachen, sequentiellen Versuchen (und Irrtümern) und
- bewußtem Nichtentscheiden bzw. dem Entscheiden durch Nichthandeln (*non-decision decision* bzw. *inaction decision*; vgl. Bachrach & Baratz 1977:76-86, Fjellman 1976a:79ff.,90).

Die Bedeutung solcher Strategien des Nichtentscheidens oder des Entscheidens durch Versuch-und-Irrtum zeigen sich in Rappocini in ubiquitären Wendungen wie sie oben genannt wurden: "Suchen - wieder Suchen" (*cari-cari lagi*), "Versuchen - mehrmals versuchen, nochmal Versuchen" (*coba, coba coba, coba lagi*), "einfach Abwarten" (*tunggu saja*) oder der modernistischen Redeweise, daß man etwas nach dem *sistem eksperimental* angehe. Das positiv gemeinte Konzept des "Erfahrungen suchen" (*cari pengalaman*), dem wir noch öfter im Rahmen der Migration in Süd-Sulawesi begegnen werden, hat ebenfalls Relevanz für Entscheidungen. Es wird nämlich dann als Begründung angeführt, wenn lebenslange Gewohnheiten plötzlich abgelegt, Handlungsorientierungen schlagartig verändert werden und man etwas völlig Neues anfängt (vgl. Barley 1994:217).

Die Innensicht des Entscheidens wird in der Redewendung von der "Lebenslage", die ich jetzt genauer charakterisieren werde, besonders deutlich. Hier wird nämlich offenbar, inwieweit sich die Menschen als frei entscheidende Personen sehen und wie sie ihre Einbindung und Begrenzung durch strukturelle Situationen einschätzen.

6.1.2 Die "Lebenslage" (*situasi hidup*) als
grundlegende Handlungsbedingung

Im folgenden stelle ich die Kategorien zur allgemeinen Lebenslage (von Personen oder Haushalten) dar, wie sie in der Sicht meiner Gesprächspartner dann relevant sind, wenn es um im weitesten Sinne haushaltsbezogene Entscheidungen geht. Ich spreche in Anlehnung an den indonesischen Terminus *situasi hidup* ("Lebenssituation") von "Lebenslage" und bewußt nicht von "materieller Lage" bzw. "ökonomischer Situation". Nur ein Teil der von den Befragten angeführten Kategorien beziehen sich nämlich auf den wirtschaftlichen Bereich, für den es zudem spezielle Termini gibt. Außer der materiellen und der beruflichen Situation werden auch Merkmale der Stellung im Lebenszyklus, die mit bestimmten typisierten Motivationslagen assoziiert werden, bei der Unterscheidung der Kategorien als Entscheidungsbedingungen herangezogen. Damit entspricht das Konzept der *situasi hidup* in etwa der *situational logic* von Popper (siehe Prattis 1973). Wie ein Vergleich mit den in 5.7.2 analysierten Konzepten zeigt, stellen die folgenden nur einen Ausschnitt der den Akteuren verfügbaren sozialen Kategorien dar. Die dargestellte Teilmenge zeigte sich aber erstens in den Gesprächen als sehr stabil und wurde zweitens für unterschiedliche Entscheidungsbereiche immer wieder von den Akteuren herangezogen, was dafür spricht, daß diese Kategorien solche Lebenslagen bezeichnen, von denen die Befragten annehmen, daß sie grundsätzlich entscheidungsrelevante Bedingungen darstellen, also nicht etwa nur bereichsspezifisch relevant sind.

Personen, die erwachsen sind, aber derzeit keiner bezahlten Aktivität nachgehen, werden "Arbeitssuchende" (*pencari kerja*; seltener formell "Arbeitsloser"; *pengangur*) genannt. Dies gilt unabhängig davon, ob sich der- oder diejenige als arbeitslos gemeldet hat. Gemeldete Arbeitslose werden offiziell als *pencari kerja* (als Akronymi *pencaker*) bezeichnet. Eine zweite Kategorie ist stark an das Lebensalter gebunden. Schüler oder Studenten, deren Familie in der Stadt lebt, nennt man "Student" (*mahasiswa*) bzw. "Studentin" (*mahasiswi*). Falls es sich um Studierende handelt, die alleine vom Land zum Besuch einer Schule in die Stadt gekommen sind, spricht man eher von "(Menschen, die) Wissen suchen" (*cari ilmu*[138]). Falls sie ohne ein solches klares Ausbildungsziel oder Arbeitsziel vom Land in die Stadt gekommen sind, werden sie "(Menschen, die) Erfahrung suchen" (*cari pengalaman*) genannt. Eine weitere Unterscheidung ist die der "Lebensunterhalt (wörtl. Essen) Suchenden" (*cari nafkah*), der "Tagelöhner" (*buruh harian*), der "(einfachen) Handwerker" (*tukang*, wörtlich "Fachmann für ..."), z.B. *tukang kayu* (in etwa "Schreiner") oder *tukang batu* ("Bauarbeiter") und der Fahrer einer Fahrradriksha (*tukang becak*). Diese Kategorie der ärmeren Menschen wird aufgrund des entsprechenden Stereotyps tendenziell mit den Makasar assoziiert.

Jualan ("Verkäufer") bilden einen zentralen Teil des informellen Sektors (*kaki lima*; "fünf Füße"). Sie verkaufen an festen oder mobilen Ständen Eis, Soyakuchen oder eine lokaltypische Suppe mit Fleischeinlage (*bakso*). Für die Verkäufer gibt es auch spezielle lokalsprachliche Begriffe, die allgemein gebräuchlich sind. Personen, die in einem Angestelltenverhältnis außerhalb der Regierungsbehörden arbeiten, werden als "Angestellte" bzw. "private Angestellte" (*pegawai swasta*) bezeichnet. Bei Angestellten, die in Firmenbüros arbeiten (*kerja kantor*; vgl. 5.3.2), spricht man von *karyawan*. Wer selbst ein Unternehmen besitzt, wird unabhängig von dessen Größe als "Unternehmer" (*pengusaha* bzw. *swasta*; "privat", *wiraswasta* "Privatunternehmer") bezeichnet. Dem privaten Angestellten entspricht der Beamte, der "Angestellte des Staates" (*pegawai negeri*). Prototypische Beispiele für diese Gruppe sind in Rappocini Lehrer, Kin-

---

[138] Eigentlich müßte es *pencari ilmu* heißen, aber im Alltag werden Prä- und Suffixe fast immer weggelassen (vgl. 1.3). Dies gilt auch für die folgenden Begriffe. Wenn keine Differenzierung nach Geschlechtern angegeben ist, gelten die Begriffe jeweils für Frauen wie Männer.

dergärtnerinnen und Angestellte der Stadtverwaltung. Hohe Regierungsbeamte werden als "Amtsträger" (*pejabat*) von den "gewöhnlichen Beamten" (*pegawai biasa*) oder "kleinen Beamten" (*pegawai kecil*) unterschieden. Viele dieser Kategorien zur Lebenslage stehen in Beziehung zu bestimmten, von den Menschen gesehenen Optionen innerhalb von Entscheidungsstrategien.

6.1.3 Entscheidungsstrategien am Beispiel "Geld suchen" (*cari uang*)

Am Beispiel der Methoden, an Bargeld zu gelangen oder es zu mehren, stelle ich nun die von den Befragten gesehenen Auslöser, Bedingungen, Handlungsoptionen, Regeln, Strategien und Resultate von Entscheidungen dar. Der Auslöser für *cari uang* ist entweder ein kurzfristiger Bedarf an Bargeld oder der Wunsch, langfristig bei möglichst geringem Risiko Geld zu gewinnen. Diese Thematik wurde in offenen Gesprächen und mittels Entscheidungstabellen untersucht. Die Gesprächspartner gingen zumeist von verschiedenen grundsätzlichen Möglichkeiten aus, an Geld zu gelangen (*cari uang*; wörtl. "Geld suchen"), dieses zu mehren oder zu investieren (*investasi*). Deshalb ordne ich die folgende Erläuterung primär nach diesen gesehenen Handlungsoptionen an.

Eine erste Möglichkeit ist der Ankauf von Gold und der Handel mit Gold (*beli emas*). Der berufsmäßige Goldhandel befindet sich in Ujung Pandang fast ausschließlich in der Hand von Chinesen. Der private Ankauf von Gold dagegen wird klar mit den Bugis (und eingeschränkt mit den Makasar) assoziiert. Jeder weiß, daß besonders Bugis gern Gold in Form von Schmuck kaufen. Dieser wird im Wohnhaus gehortet und bei feierlichen Anlässen demonstrativ getragen, um damit den Status zu zeigen (vgl. 5.7.3). Oft wird Gold aber auch mit Neid und negativ gemeintem Streben nach Prestige (*gengsi*) in Zusammenhang gebracht. Der Verkaufspreis entspricht im allgemeinen dem Materialwert; der Verarbeitungsaufwand wird kaum veranschlagt. Aus diesem Grund eignet sich Gold hervorragend als Wertanlage, die schnell wieder in Bargeld umgesetzt werden kann. Aus der Sicht der Befragten können am ehesten Privatangestellte, Beamte und Unternehmer Gold kaufen. Goldschmuck wird aber auch häufig gekauft, ohne daß der Preis voll bezahlt werden kann. Dann legt jemand, der Geld flüssig hat (*punya modal*, "hat Kapital") oder allgemein besser gestellt ist (*orang mampu*; "wirtschaftlich Fähige"), das Geld vor, und der Käufer zahlt an ihn in Raten ab. Für Leute, die Bargeldüberschüsse haben, ist dies eine (als *kasih cicil emas*; etwa "Raten in Gold ausgeben") bekannte und akzeptierte Form der Mehrung ihres Besitzes, die zur Nebentätigkeit werden kann und - wie auch der Ankauf von Gold - mit den Bugis als Ethnie assoziiert wird.

Eine zweite Möglichkeit, Geld zu investieren, ist der Kauf unbebauten Landes (*beli tanah saja*; "nur Boden kaufen"). Diese Option könne einem "keine Kopfschmerzen bereiten" (*tidak pusing*), weil sie ohne Risiko ist und "sicheren Gewinn" (*utang pasti*) verspricht. Eine darauf aufbauende Strategie ist es, dann zu warten und darauf zu spekulieren (*spekulasi*), daß der Wert, z.B. durch von der Stadtverwaltung errichtete Infrastruktur, steigt (*bunga*; Zinsen, Ertrag). Diese

Vorgehensweise wählen den Befragten zufolge vor allem Unternehmer und Chinesen. Außerdem kann man Land mit Gebäuden darauf erwerben; eine Option, die besonders dann nützlich ist, wenn man später Wohnraum braucht. Als bewußte Strategie verfolgen dies z.B. Toraja-Familien, die auf dem Land wohnen und deren junge Mitglieder später in der Stadt studieren und zeitweise wohnen sollen. Diese Bauten können danach wieder als Wohn- oder Geschäftsräume genutzt oder aber vermietet werden. Eine alternative Möglichkeit ist, auf schon vorhandenem Land zu bauen und dann Mieter zu suchen (*bangun dan kasih kontrak*; wörtl. "Bauen und Vertrag geben"). Sie wird am ehesten Beamten zugeschrieben, die Geld zum Investieren haben.

Ein anderes Feld der Möglichkeiten, zu investieren, ist es, ein kleines "Unternehmen aufzuziehen" bzw. ein "Geschäft zu eröffnen" (*buka usaha, bisnis*). Diese Handlungsoption wird stark mit den Chinesen verbunden. Davon unterschieden werden kleinere Versuche, eine Existenz zu schaffen. Man kann ein kleines Lädchen (*warung*), in dem etwa Nudeln, Suppe oder Eis verkauft werden, eröffnen oder einen festen Laden (*toko*) aufmachen. Besonders die Eröffnung eines *warung* ist in der Sicht der Gesprächspartner mit Javanen (eingeschränkt mit Chinesen) und tendenziell mit ärmeren Leuten assoziiert. Ein Beamter wählt eine solche Option nur, "wenn er nicht viel Geld hat". In den Kreis "kleiner wirtschaftlicher Aktivitäten", die auch "Geschäft spielen" (*main bisnis*[139]) genannt werden, gehört z.B. die häusliche Herstellung und der Verkauf von selbstgemachten Kuchen, Eis und anderem. Ein Bild der Vielfalt der Alternativen, die es in diesem Bereich gibt, erschließt eine Auflistung, die mir Pak und die im Kleinhandel sehr aktive Ibu auf die Frage nach möglichen wirtschaftlichen Aktivitäten gaben: Herstellung von Flechtarbeiten, Blumentöpfen, Hausgerät, Eimern, Schnüren, Sitzmatten, Petroleumkochern, *saté*-Eßstäbchen, traditionellen Zigaretten (*kretek*), Besen; der Verkauf von Kuchen, Soyakuchen (*tempe*; ausschließlich Javanen), Holz, Flaschen oder Kleidung (Pak, Ibu; 24.4.91). Solche "kleinen wirtschaftlichen Aktivitäten" werden insgesamt am ehesten Beamten zugeordnet. Dies liegt vor allem an deren schlechter Bezahlung, die sie, wie man sagt, im allgemeinen nicht finanziell "fähig/potent" (*tidak mampu*) macht. Durch ihre guten Beziehungen (*hubungan*)[140] erfüllen Beamte die Bedingungen für solche Geschäfte in besonders hohem Maße.

Die allgemeine strategische Überlegung ist, daß man "... lieber hier nur wenig gewinnt, als ein großes Risiko auf sich nimmt". Aber trotz der nur geringen Investitionen ist ein Erfolg bei den kleinen wirtschaftlichen Aktivitäten nicht sicher; man brauche auch dabei eine gewisse "Risikobereitschaft" (*sifat risiko*). Handel in größerem Stil (*dagang*) wird wegen der dafür notwendigen höheren Investitionen als auf Unternehmer und Wohlhabende (*orang mampu*) beschränkt gesehen. "Große" und "städtische" wirtschaftliche Aktivitäten werden eindeutig, ja fast ausschließlich, Chinesen zugeschrieben, was ja auch ihrer Ethnizität in Selbstbild und Fremdbild entspricht. Man sagt etwa: "Was sie (die Chinesen)

---

[139] Gelegentlich wird der Ausdruck *main bisnis* allerdings auch für größere geschäftliche Unternehmungen verwendet. Vgl. auch weiter unten in 6.1.4 die Bemerkungen zu *main-main*.

[140] In humorvoller Form von Abkürzungen, wie sie in der indonesischen Bürokratie verwendet werden, werden diese Beziehungen auch als *PHB* (für *perhubungan*, "Beziehungen") bezeichnet.

auch machen (wörtl.: "Wo sie hingehen"), es wird groß werden" (*di mana jalan akan besar*). Bargeld kann auch durch verschiedene Möglichkeiten des Verleihens von Geld oder Gütern angesammelt werden. Zunächst kann man gegen Zinsen "Geld (an andere Leute) verleihen" (*pinjam uang kepada orang lain*; auch: *kreditlah* genannt). Dieses Verleihen von Geld gegen Zinsen wird zwar vom Koran geächtet; dennoch gilt es als weit verbreitet und wird als Strategie ethnisch den Makasar und sozioökonomisch den Beamten zugeschrieben. Auf die direkte Frage im Haushaltsinterview, wieviel durch Geldverleih erwirtschaftet werde, nahmen dagegen nur 55% überhaupt Stellung. Im Kreis der Nachbarschaft gilt das Verleihen gegen Zinsen als unmoralisch, weniger dagegen, wenn es sich um professionelle Verleiher handelt (vgl. Soegiarto 1993 für Yogyakarta).

Eine besonders benannte Möglichkeit der Mehrung von Bargeld ist es, anderen Leuten Geld für Waren, die diese selbst nicht bezahlen könnten, vorzustrecken. Diese zahlen es dann in Raten ab (*kasih cicil barang kepada orang lain*). Bezüglich des Ratenkaufs von Gold wurde diese Option schon oben angeführt. Bei auf Raten gekauften Produkten handelt es sich häufig um Güter des höheren, besonders prestigeträchtigen Bedarfs, wie etwa Fernsehgeräte oder Kühlschränke. Es ist allgemein bekannt, daß hierbei große Gewinne zu machen sind. Eine Familie kauft z.B. ein Fernsehgerät für Rp. 400.000,-, muß aber derjenigen Familie, die das Geld vorstreckt, über zehn bis zwölf Monate Raten bezahlen, die sich insgesamt auf eine Million Rp. belaufen. Diese Option wird oft von Beamten mit höheren Gehältern wahrgenommen, die solchen Familien Geld leihen, die Ambitionen auf diese Güter haben, aber sie, etwa als "kleine Beamte", nicht voll bezahlen können.

Schließlich kann man dadurch an Geld gelangen, daß man Reis oder Gewürznelken vom Land in der Stadt verkauft. Der Reis bzw. die Nelken stammen meist von eigenem oder von der Familie besessenem Land außerhalb der Stadt. Es ist in Rappocini üblich, daß Verwandte, die ihre Familienangehörigen in der Stadt besuchen, derartige Güter mitbringen. Als Möglichkeit, an Geld zu kommen, ist dies am ehesten für solche Haushalte geeignet, bei denen es ums tägliche Überleben und insbesondere die Grundversorgung mit Nahrung geht (*cari nafkah*); sie haben oft keine andere Wahl. Dies sind den Befragten zufolge arme Haushalte und/oder solche Menschen, die ihre Basis noch auf dem Lande haben (*orang daerah*) oder gerade erst in die Stadt migriert sind, und die in Ujung Pandang "Neuankömmlinge" (*orang/yang baru datang*) genannt werden, im Unterschied zu Migranten, die sich auf Dauer niedergelassen haben im allgemeinen (*pendatang*; wörtl. "Angekommene"; 6.2.1). Viele der im Haushaltsinterview befragten Familien gaben an, regelmäßig Sendungen von ihren Verwandten auf dem Lande zu erhalten. Die Sendungen der Städter zu ihren Verwandten auf dem Lande (Remissen) beschränken sich dagegen meist auf Zucker, andere Süßigkeiten und etwas Geld.

Die Entscheidungen in Rappocini werden jedoch nicht nur von lokalspezifischen Entscheidungskonzepten und -routinen bestimmt, sondern auch von solchen, die im nationalen politischen und bürokratischen Rahmen stehen. Diese werden durch Medien und Institutionen in ganz Indonesien verbreitet, haben aber eine jeweils besondere lokale Ausprägung. Diese formaleren Entscheidungskonzepte spielen insbesondere, wenn auch nicht nur, bei Beamten eine Rolle. Sie beeinflussen sowohl die Sphäre der Arbeitswelt (*kerja*) als auch das Leben im Haushalt. Da Ujung Pandang eine Verwaltungsstadt ist und Beamte einen großen Teil der Bevölkerung Rappocinis stellen, illustriere ich diese Entscheidungskonzepte jetzt an Fällen, in denen es vordergründig um ein anderes Thema, nämlich Bestechlichkeit, geht, die aber bei genauerem Hinsehen lokalspezifische Vorstellungen von Entscheiden und von Kontrollüberzeugung offenbaren, die das Alltagsleben prägen.

6.1.4 Struktureller Entscheidungsrahmen: schwach legitimierte Hierarchien und die *Indonesian Metropolitan Superculture*

Formale und normative Entscheidungsregeln

Die Bewohner Rappocinis kommen, vor allem durch Medien, bei Ämtergängen und in der Arbeitswelt, mit modernen und formalen Konzepten des Entscheidens in Kontakt. Diese betreffen insbesondere politisches oder wirtschaftliches Entscheiden und werden häufig in normativer Weise propagiert. So werden z.B. täglich im indonesischen Fernsehen (*Televisi Republik Indonesia, TVRI*) die fünf Leitlinien der Nationalphilosophie (*Pancasila;* vgl. 5.5.4) präsentiert. Eine davon ist das formale Prinzip der gemeinsamen Entscheidungsfindung (*musyawarah*), in der ohne Abstimmung zu einem Konsens (*mufakat*) gefunden werden soll. Im Alltag in Ujung Pandang hört man diese ursprünglich arabischen Begriffe jedoch selten; man spricht diesbezüglich eher in modernen und weniger formaler Wortewahl von *diskusi* (vgl. Echols & Shadilys Beispiel, 1990a:146: *Masih banyak yang harus kita diskusikan*; "Es gibt noch vieles, was wir diskutieren müssen"). Zeitungsleser und Studenten werden des öfteren unter dem Terminus *decisionmaking* mit ökonomischen Konzepten des Entscheidens konfrontiert. Ein weiteres formales Prinzip im Bereich Entscheiden ist das der notwendigen Zustimmung (*setuju*) all derer, die von einer geplanten Maßnahme betroffen werden. Dies ist ein allgemeines bürokratisch-politisches Entscheidungsprinzip. Wenn in Ujung Pandang etwa Toraja eine Kirche in einer überwiegend islamischen Nachbarschaft errichten wollen, müssen alle direkten Anwohner zustimmen.

In bürokratischen Kontexten und betreffs politischer Entscheidungen gibt es aber noch etliche andere Entscheidungsverfahren, denen keine formalen Begriffe entsprechen, weil sie den offiziellen Prinzipien zuwiderlaufen. Diese werden im Alltagsgespräch eher humorvoll bzw. kritisch beschrieben. Beispiele hierfür sind die häufige Rede von Entscheidungen, die *biasanya top-down* ("normalerweise von oben nach unten") gefällt werden, oder die in 6.1.1 behandelte Vorstellung von Entscheidungen, die einem "von oben" (*dari atas*), also von übergeordneten Instanzen oktroyiert werden, bzw. die "vom Zentrum herkommen" (*dari pusat*), also in Jakarta gefällt wurden. Die eher politischen bzw. gemeindebezogenen Entscheidungswege werden unter 5.4 abgehandelt, da sie als "Angelegenheiten politischer Art" angesehen werden und damit konzeptuell klar außerhalb der Haushaltssphäre angesiedelt sind. Bürokratische Entscheidungsprinzipien wirken dennoch stark in die alltägliche Rationalität hinein, z.B. einfach dadurch, daß man etwa ein Formular oder eine "Erlaubnis" braucht oder dadurch, daß man selbst Beamter (*pegawai negeri*) ist und täglich damit konfrontiert wird. Die vom Einzelnen erlebte Realität solchen bürokratischen Entscheidens mache ich im folgenden an einem Beispiel deutlich. Es zeigt, daß einzelne Konzepte bzw. Ideen zur Art und Weise des Entscheidens sehr wichtig für die Machtverteilung werden können, wenn die Entscheidungsträger selbst nur schwach legitimiert sind, so wie das in der Bürokratie in Ujung Pandang (und in Indonesien im allgemeinen; Conkling 1975:87ff.; 1979:543, 551) der Fall ist.

Informelles Entscheiden und "bürokratische Ethik":
Der Fall eines sozialen Experiments

Der folgende Fall betrifft die Verknüpfung von Bürokratie mit dem Alltagsleben der Bewohner der Stadt, insbesondere die vielfältigen sozialen Restriktionen, denen bürokratische Entscheidungen in Ujung Pandang unterliegen. Gleichzeitig illustriert dieser Fall aber auch die Möglichkeiten, bestimmte Entscheidungen zu beeinflussen, ja sogar formal fixierte Entscheidungswege zu verändern. Zentral sind dafür erstens eine in der Bevölkerung weitgehend geteilte Binnensicht von Bürokratie selbst und zweitens der Einfluß des Einzelnen auf die Definition und Interpretation von Entscheidungssituationen seitens anderer Personen. Basis der folgenden Beschreibung ist ein Fall, den Conkling (1984) aufgrund von Daten aus den Jahren 1972-73 berichtet, und den ich weitgehend nach einer Reanalyse wiedergebe, die ich an anderer Stelle im Rahmen eines methodologischen Beitrages zur ethnologischen Bürokratieforschung durchführte (Antweiler 1987:119-123). Auch fast zwanzig Jahre nach Conklings Beobachtungen entspricht vieles in Ujung Pandangs Bürokratie noch den damaligen Verhältnissen. Ich habe die Darstellung durch eigene Beobachtungen in verschiedenen Ämtern und durch Informationen aus vielen Gesprächen mit Beamten und über Beamte ergänzt.

In Ujung Pandang nimmt man selbstverständlicherweise an, daß Beamte ihre Entscheidungen nicht in fairer und unpersönlicher Weise treffen. Demzufolge werden Büroangestellte nicht als Autoritäten angesehen, und sie wissen dies (Conkling 1975:155-166). Das Problem Hasans, eines Angestellten einer Regierungsbehörde, ist es nicht etwa, seinen vorhandenen Einfluß auf Kosten anderer auszudehnen, sondern seine potentielle und ihm formal zustehende Macht auch tatsächlich zu verwirklichen. Dies geht nämlich nur über einen Konsens mit seinen Kollegen und Menschen außerhalb seiner Behörde. Hierfür ist die Innensicht der Angestellten über lokale Bürokratie von zentraler Bedeutung. Die Beamten denken, daß die Regierung einerseits eine Art Erziehungspyramide darstellt, in der Personen aufgrund ihrer Bildung als Eingangsvoraussetzung Positionen mit zunehmender Macht einnehmen. Daneben gibt es innerhalb dieser Pyramide aber Tätigkeitsbereiche, die unabhängig von der Höhe der Position günstig sind, und andere, die weniger profitabel erscheinen. In einer Analogie zum Reisbau sprechen die Beamten von "feuchten Gebieten" (*daerah basah*) und von "trockenen Gebieten" (*daerah kering*). "Feuchte Gebiete" sind solche Positionen innerhalb der Verwaltung, in denen man durch Nebenerwerb oder durch mehr oder minder große Bestechungsgelder sozusagen besonders gute oder zusätzliche "Ernten einfahren" kann. "Trockene" Stellen erbringen dagegen nur das schmale Grundgehalt (*gaji pokok*; vgl. 5.3.2 und für die Lebenshaltungskosten: A.3) und reguläre Extrazahlungen. Dies liegt daran, daß man in solchen Stellungen nur wenige Entscheidungen beeinflussen kann bzw. nur für unbedeutende Geldtöpfe verantwortlich ist. "Nasse" Stellen sind in der Regel, aber nicht immer, auch formal hohe Positionen; z.b. die des Vorstehers eines Departements, des "Sekretärs" (*sekretaris*[141]) und des Finanzverwalters. Bürokratische Entscheidungen werden also als eine Möglichkeit gesehen, Freunde, Verwandte und Menschen derselben ethnischen Identität[142] zu fördern oder durch Entgelte für Dienste für Fremde das magere Gehalt aufzubessern (Conkling 1984:260). Diese Konzepte stecken den Rahmen für die folgende Fallgeschichte ab.

Division A des städtischen Bauamtes (*Pekerjaan Umum*; *PU*) hat die Aufgabe, jeweils geeignete Angebote für geplante Bauprojekte auszuwählen und dann die Ausführung des Baues zu überwachen. Wenn z.B. eine andere Regierungsstelle, etwa die Gesundheitsbehörde, ein neues Gebäude bauen will, wendet sie sich mit eigenen Plänen an Division A oder veranlaßt dort entsprechende Planungen. Division A muß der Planung letztlich zustimmen, damit das Geld vom Finanzdepartment an die ausführende Baufirma ausgezahlt wird. Derzeit ist dies noch häufiger der Fall, als zur Zeit von Conklings Studie (1972/73), da jetzt viele Behörden vom "alten Zentrum" (*pusat lama*) in der Innenstadt in das "neue Zentrum" (*pusat baru*, das großteils in Rappocini liegt) umziehen. In diesem Fall kommen nach einer von Conkling leider nicht beschriebenen Vorauswahl zehn Angebote in die engere Wahl. Als Manager der Division A geht Hasan zusammen mit zwei Assistenten jeden Kostenvoranschlag im Detail durch, und sie wählen schließlich einen aus. Das Ziel der Auswahl ist es, denjenigen Voranschlag zu finden, der das "niedrigste noch verantwortbare Angebot" darstellt, also niedrig ist, aber noch realistisch erscheint. Die Regierung soll keinen Schaden durch unseriöse Anbieter haben. Es kann sonst etwa passieren, daß Gebäude nicht fertiggestellt werden, weil der Baufirma selbst das Geld ausgeht. Dazu sortieren Hasan und seine Kollegen alle nach ihrem Ermessen unrealistisch niedrigen Angebote aus und ebenfalls jeden Voranschlag, der mehr als 10% unter der Kalkulation der Abteilung selbst liegt.

In den Baufirmen ist bekannt, wer über die eingegangenen Angebote entscheidet, und versuchen, diese Entscheidung zu ihren Gunsten zu beeinflussen. Dafür gibt es verschiedene Wege. Man kann erstens bestehende persönliche Kontakte zu Hasan oder seinen Assistenten nutzen bzw. versuchen, solche aufzubauen. Oder man kann sich direkt an Hasans Vorgesetzten wenden ("direkt an den Boss"; *langsung ke boss*). Drittens besteht die Möglichkeit, die Gesundheits-

---

[141] Anders als die Bezeichnung vermuten läßt, ist der *sekretaris* in Indonesien meist der zweite Mann direkt hinter dem Chef und hat durch die Verantwortung für die alltäglichen Büroroutinen großen Einfluß.

[142] Dies bezieht sich ebenfalls auf die Rekrutierung des *staff*. Aus diesem Grunde ist es in Ujung Pandang auch von eminenter Bedeutung, aus welcher Region der Leiter der Behörde stammt bzw. welcher ethnischen Gruppe er angehört. Meiner Erfahrung nach wissen viele Bürger der Stadt, welchen ethnischen Gruppen die Chefs von Ämtern angehören, selbst wenn sie deren Namen nicht kennen.

behörde als letztlichen Auftraggeber zu beeinflussen, damit diese wiederum auf Division A einwirkt. Sie hat zwar selbst keine Entscheidungsbefugnis über ihr zukünftiges Gebäude, aber ein Einspruchsrecht (Conkling 1984:260). Die Kosten für Gefälligkeiten der Beamten tauchen laut Conkling im allgemeinen sogar in den Voranschlägen auf - er sagt leider nicht, unter welcher Rubrik - und sie betragen im Schnitt 10% der Projektkosten!

Jedem der Beteiligten ist klar, daß die Entscheidung in Division A von individuellen und nicht kontrollierbaren Wertungen und Kriterien beeinflußt sein wird. Über sie könnte man endlos diskutieren, was ja durch das genannte Prinzip *musyawarah-mufakat* auch nahegelegt würde. Da jeder um die persönlichen Einflußmöglichkeiten weiß, "verdächtigt jeder jeden", wie Hasan es ausdrückt. Entsprechend werden getroffene Entscheidungen vielfach nicht akzeptiert. Obwohl Conkling keinen konkreten Hinweis auf Unregelmäßigkeiten seitens Hasan finden konnte[143], wird auch dieser verdächtigt, persönliche Vorteile aus seiner Position zu ziehen. Dies nennt man allgemein "herumspielen" (*main main*[144]). Hasan möchte sich aber den Einflußversuchen von allen Seiten nicht beugen. Es verwundert nicht, daß etwa Vertreter der Baufirmen Hasan an Wochenenden privat aufsuchen, um ihn zu beeinflussen. Hasan reagiert darauf, indem er seine Familie sonntags in Häusern von Freunden unterbringt und sich selbst hinter sein verschlossenes und verdunkeltes Haus setzt, um dort unentdeckt zu arbeiten. Trotz seines Versuches, tatsächlich gerecht zu sein, werden auch seine Entscheidungen de facto nicht umgesetzt. Die Behörde, für die das Gebäude gebaut wird, setzt sich z.B. mit einer eigenen Entscheidung über die von Hasan und seinem Department hinweg. Hasans Machtlosigkeit ist nach Conkling auch gar nicht in dessen tatsächlichem Verhalten begründet, sondern im allgemeinen Bild, welches man von Bürokraten hat. Demzufolge nutzt ihm seine formale Entscheidungsgewalt wenig; die Kontraktoren, andere Regierungsstellen, ja sogar seine eigene Behörde sprechen ihm das Entscheidungsrecht einfach immer wieder ab.

Hasan weiß um seine faktische Machtlosigkeit, ist aber dennoch entschlossen, etwas konkretes dagegen zu tun. Er hat eine ganz besondere Idee, um zu einer "gerechten" Entscheidung, also einer im klassischen Sinn idealen bürokratischen Entscheidung unter Absehen von Persönlichem, zu kommen. Er entwirft folgende Formel zur Ermittlung des *lowest responsible bid*: die Kosten der Voranschläge werden summiert, dann ihr Durchschnitt gebildet, dieser Schnitt mit dem eigenen Voranschlag der Behörde addiert, die Summe durch zwei geteilt und von diesem Quotienten 10% subtrahiert. Dasjenige Angebot, das dem Ergebnis am nächsten kommt, soll den Zuschlag erhalten. Hasan weist allerdings später auf Nachfrage eines Kollegen darauf hin, daß das Angebot das Ergebnis der Formel um keine einzige *Rupiah* unterschreiten dürfe.

---

[143] Dies wäre für Conkling aber sicher methodisch schwierig gewesen; er teilt über seine persönlichen Beziehungen im untersuchten Feld, auch zu Hasan selbst, leider nichts mit; ebenso wie Hasans Beziehungsnetz im Dunkeln bleibt.

[144] Vgl. auch Conkling (1979:547). *Main* bedeutet wörtlich "spielen", ansonsten "eine gewöhnlich nicht respektierte Handlung ausführen" (Echols & Shadily 1990a:354f.). Zumindest in Ujung Pandang spricht man aber, wie oben gesagt, auch bei korrekten privaten Geschäften von *main bisnis*.

Hasans Formel entspricht in ihrer indiskreten Offenheit ("offen", *terbuka*) und jede Favorisierung vermeidenden "Gerechtigkeit" (*keadilan*[145]) Idealen, die auch in indonesischen Bürokratien apostrophiert werden, aber sie widerspricht allen ortsüblichen bürokratischen Entscheidungsroutinen. Diskussionen und Widerstände lassen auch nicht lange auf sich warten. Zunächst stellt Hasan seine Idee den sieben mit der Auswahl der Kostenvoranschläge betrauten Kollegen seines Büros vor. Er lädt dazu jedoch auch den "Sekretär" (*sekretaris*; wie gesagt in Indonesien eine hohe Position direkt hinter dem Chef) des gesamten Departments für öffentliche Bauten (*PU*) ein, der das Büro repräsentiert. Hasan stellt die Formel an einer Tafel vor, erläutert sie und fragt nach Stellungnahmen. Dabei plädieren einige dafür, die regierungseigenen Baufirmen, die bislang 60% der Aufträge erhielten, wegen ihrer "Erfahrung" vorzuziehen. Manche geben zu bedenken, die Formel führe zu "zufälligen" Entscheidungen. Andere wiederum meinen lobend, die Formel habe "eine nationale indonesische Qualität" (*bersifat nasional*). In einer Sitzung, die mehr und mehr den Charakter eines sozialen bzw. moralischen Dramas (Conkling 1984:263f.) annimmt, geht es erstens darum, "wer gewinnt und wer verliert": *siapa (yang) menang; siapa (yang) kalah?* "Gewinnen und verlieren" ist, wie schon angemerkt, ein häufiges Topos in Ujung Pandang. Conkling charakterisiert das Ganze dann auch als "social gambit" (1984:264).

Letztlich wird Hasans bürokratische Neuerung angenommen und auch in die Tat umgesetzt. In öffentlichen Veranstaltungen werden die Entscheidungen für alle demonstrativ transparent, nämlich an einer Tafel, gefällt. Selbst der *sekretaris* meint, man könne es mit der Formel probieren, ihr also eine Chance geben, auch wenn er hofft, daß sie im sozialen Experiment "verliert". Weitergehend geht es aber vor allem darum, was die Formel für die Akteure überhaupt darstellt, welche Bedeutung ihr zuzuschreiben ist, wie sie als neuer konzeptueller Bestandteil der bürokratischen Lebenswelt einzuordnen ist:

"What changed was not access to secret information, alliances to strongmen, comparative wealth, kinds of organization, or numbers of troops or voters, what changed was a view of reality. A victim of the old view, Hasan kicked the social process of interpretation into motion again with the introduction of his new formula, and the formula expanded paradigmatically to represent ideas from mathematics, the government regulations, and a vision of a just and prosperous society. The result was a changed reality in which Hasan's bid decisions were now perceived to embody motives of honesty, fairness, and public concern" (Conkling 1984:266).

Dieser Fall offenbart neben den einzelnen emischen Entscheidungskonzepten zwei allgemeine lokale Schemata (*schemas*) des Entscheidens, die sich schon bei kollektiven Entscheidungen in anderen Feldern und im haushaltlichen Alltag allgemein zeigten und die auch bei Wohnentscheidungen hereinspielen. Erstens

---

[145] Man denke an den klassischen und legendären "gerechten König" (*ratu adil*; Jav.).

werden gruppenrelevante Entscheidungen, jedenfalls was ihre öffentliche Seite betrifft, möglichst im Konsens getroffen. Dies wird durch Konzepte gestützt, die besagen, daß gewisse Dinge, z.B. Respekt, für die schwächere Partei bedeutsam sind. Diese Ideen werden von mächtigen und schwächeren Partner geteilt (Conkling 1984:256). Zweitens werden individuelle wie gemeinschaftliche Entscheidungsprobleme dann, wenn sie besonders stark durch Ambiguität gekennzeichnet sind, oft nicht definitiv und bindend entschieden. Stattdessen wird das Problem durch provisorische Lösungen nach dem Prinzip Versuch-und-Irrtum angegangen, oder man wartet ab (*tunggu saja*), was passiert.

Bezüglich der Handlungsrationalität macht Hasans Fall mehrere allgemeine Charakteristika des Handelns in Ujung Pandang deutlich, die mir immer wieder gemeinsam begegneten, auch wenn sie in der Literatur als einander ausschließend behandelt werden (vgl. Conklings diesbzgl. Kritik 1984:271). Die Handlungen im allgemeinen und Entscheidungen im besonderen sind oft persönlich und zugleich öffentlich. Symbole haben als solche eine Bedeutung, können aber auch eine wichtige utilitaristische Funktion haben, wie hier die "moderne" und formale Bildung anzeigende mathematische Formel. Das Handeln ist zielorientiert bzw. geplant, enthält aber auch Komponenten des Versuch-und-Irrtums. Es geht um Status und Prestige von Individuen; diese stehen aber im Kontext sozial weitgehend geteilter Programme und Moralvorstellungen[146].

Nachdem in diesem Abschnitt anhand von allgemeinen Charakteristika und Einzelfällen sowohl lokale Konzepte und Routinen von Entscheidungen als auch strukturelle Bedingungen von Entscheidungen behandelt wurden, gehe ich jetzt zu Strategien und emischen Entscheidungskonzepten im Handlungsfeld Migration und innerstädtischer Umzug über.

6.2 Die Suche nach physischer Sicherheit, Arbeit und Erziehung: Migration als regionale und diachrone Strategie

6.2.1 Indigene Migrationskonzepte

Im vierten Kapitel wurde dargelegt, in welch starker Weise die Region Süd-Sulawesi schon seit Jahrhunderten von räumlicher Mobilität gekennzeichnet, so daß man von einem umfassenden regionalen Wanderungssystem sprechen kann. Dies gilt insbesondere bezüglich eines Stadtteils wie Rappocini, der in weiten Teilen erst vor kurzem besiedelt wurde. Entsprechend existieren für langwährende Aufenthalte in der Stadt bzw. Zuwanderungen eigene Bezeichnungen und den Wanderern selbst werden spezielle Termini zugeordnet, die Migration von "Besuchen" unterscheiden. Die Konzeptionen zu Migration und Mobilität und die Kategorien von Migranten sind vielfältig und als Hintergrund der tatsächlich aus-

---

[146] Dies muß - entgegen Conkling (1984:273; Anm. 11) - nicht bedeuten, daß es sinnvoll ist, in Geertzscher Manier die analytische Unterscheidung zwischen symbolischer und Handlungsebene aufzugeben.

geführten Wanderungen aufschlußreich[147]. Die Generationen überspannende, materielle Bedeutung einerseits und die seelische Problematik von Wanderungen andererseits manifestieren sich auch in Sprichworten. Das am häufigsten zu hörende ist "Mag es in anderen Ländern einen Goldregen geben und zu Hause nur einen Steinregen, so sind wir doch lieber in unserer Heimat" (*Hujan emas di negeri orang, hujan batu di negeri kita, lebih baik di negeri kita*).

Oben erwähnte ich schon, daß etliche soziale Kategorien in Ujung Pandang an der Wohndauer und Herkunft festgemacht werden. Das Hauptbeispiel sind die *orang asli* als "Alteingesessene" gegenüber den *orang baru datang* als "Neuankömmlingen"[148]. Diese Unterteilung existiert auch im dörflichen Kontext, was nicht verwundert, da es im ländlichen Bereich in Süd-Sulawesi schon immer eine große, z.T. temporäre, räumliche Mobilität gab (Chabot 1967:197). Rössler beschreibt aus einer makasarischen Siedlung im Hochland Gowas die Kategorie "die Zugezogenen" (*tu palili´*; M.). Hiermit werden "in jüngerer Zeit Zugezogene", selbst wenn diese tatsächlich schon lange am Ort leben, bezeichnet und von "Alteingesessenen" unterschieden. Was im Konzept nicht explizit enthalten ist, aber die von Rössler dargestellten Fälle zeigen, ist das Faktum, daß die "Alteingesessenen" genealogische Verbindungen zur lokalen Verwandtschaftsgruppe bzw. bilateralen Verwandtschaft (Kindred: *pammanakang*; M.) haben. Interessanterweise ist die Kategorie der Zugezogenen aber nicht immer eindeutig definiert, und sie wird ebenfalls benutzt, um Personen abzuqualifizieren (Rössler 1987:125f.). Auch in Rappocini werden die Kategorien nicht einheitlich gebraucht, und hier ist die Bezeichnung "Neuankömmling", zumindest bei länger ansässigen bzw. älteren Bewohnern, mehr oder minder negativ belegt.

In Ujung Pandang leben zu jedem Zeitpunkt im Jahr Tausende von Menschen aus anderen Teilen der Provinz, um hier saisonal zu arbeiten, ohne angemeldet zu sein. Ein Großteil der viele Tausende *becak*-Fahrer Ujung Pandangs kommt regelmäßig für einige Monate im Jahr in die Stadt, wenn die landwirtschaftlichen Aktivitäten im trockenen Herkunftsgebiet, zumeist um Jeneponto im Süden Süd-Sulawesis, brach liegen und sie wegen fehlender Arbeitsmöglichkeiten gezwungen sind, ihr Brot in der Stadt zu verdienen. Den saisonalen Charakter dieser Migration macht die Bezeichnung *musiman* (etwa "Saisonaler"; von *musim*, "Jahreszeit") gut deutlich.

Wenn jemand Arbeit in der Stadt sucht, aber sich nicht festgelegt hat, ob und wie lange er in der Stadt bleibt, weil er bei Mißerfolg vielleicht weiterziehen wird, sagt man, er habe sich "nicht niedergelassen" (*tidak menetap*[149]). Dies steht

---

[147] Welchen Aufschluß die Untersuchung des "normalen Redens" der Akteure über Migration erbringen kann, zeigte Grillo in seiner bahnbrechenden Untersuchung des Diskurses über Migration in Frankreich (1985; insbesondere 51-83).

[148] Dieser Bezeichnung entspricht inhaltlich in der indonesischen Umgangssprache das Wort *totok*, das ich jedoch in Rappocini nie hörte; vgl. Robertson (1991) zu "Neuankömmling" als Kategorie in japanischen Städten.

[149] Im Vokabular der Stadtplanungsbehörden entspricht diesem Zustand die Ausweisung eines Hauses als "zeitweilig" (*sementara*) gegenüber "permanenten" (*permanen*) Häusern. In den Plänen für Rappocini sind, wie erwähnt, fast alle Häuser als "zeitweilig" eingestuft, auch wenn es sich um Steinhäuser handelt, was darin begründet ist, daß sie großenteils auf Land errichtet wurden, wo Hausbau verboten war bzw. ist und sie häufig bis heute noch nicht durch eine Baugenehmigung (*izin bangunan*) legalisiert sind.

in Zusammenhang mit der oben angeführten Strategie des durch Versuch-und-Irrtum erfolgenden "Suchens" (*cari*) und "Versuchens" (*coba*). Personen oder Familien, die nicht saisonal oder zeitweilig, sondern für immer oder zumindest für längere Zeit vom Land in die Stadt migrieren, werden *pendatang* oder *urbanisasi* genannt[150]. Von "Immigrant" (*imigran*) bzw. "Transmigrant" (*transmigran*) spricht man im Falle von Migranten, die aus anderen Gegenden oder von anderen Inseln für immer nach Sulawesi gezogen sind (vgl. Guiness 1982).

Wie oben angeführt, werden ethnischen Gruppen als Ganzen bestimmte Haltungen oder Neigungen zu Migration zugeschrieben. Diese Zuschreibungen stimmen mit der Eigenbeschreibung oft überein. Das gilt besonders einerseits für die Bugis, die als extrem mobil gelten, und auf der anderen Seite für die Toraja, die trotz ihrer hohen Migrationsraten als heimatbezogen gelten. Von letzteren nimmt man grundsätzlich an, daß sie nur zeitweilig außerhalb ihrer Heimatregion Tana Toraja leben, auch wenn viele tatsächlich schon lange in der Stadt ansässig sind (Nooy-Palm et al. 1979). Ein emischer Typus von Migrant, der stark in der traditionellen Kultur der großen ethnischen Gruppen verhaftet ist, ist der *pasompeq* (B., M.; *male sompa*, T.; Abustam 1975:41; in der Literatur oft *pasompe'*), der "Wanderer". Besonders bei den Bugis steht dahinter eine klar ausgesprochene Verhaltenserwartung an Männer, ihren Ursprungsort zumindest zeitweilig zu verlassen (vgl. Lineton 1975b). Dem *pasompeq* nahe steht der Mensch, der in einer spezifischen Lebenssituation bzw. während einer Lebensphase "Erfahrungen sucht" (*cari pengalaman*). Dies meint Personen, meist junge Männer, die ihre Heimat nicht primär aus ökonomischen Motiven verlassen, sondern dies - oft plötzlich - tun, um ihren Horizont zu erweitern. Damit handelt es sich bei *pasompeq* um ein ähnliches Phänomen wie *merantau*. Dies ist ein mittlerweile in Süd-Sulawesi allgemein verwendeter Begriff[151] für eine längere Phase des Lebens und Arbeitens außerhalb des Herkunftsgebietes. Alle drei Konzepte, *pasompeq*, *cari pengalaman* und *merantau*, beziehen sich, zumindest in der Verwendung der Befragten in Rappocini, in erster Linie auf Individuen, weniger dagegen auf ganze Familien oder Haushalte.

6.2.2 Fallgeschichte: Nurdin als "Wanderer" (*perantau*)

Mit der folgenden Lebensgeschichte möchte ich die Zusammenhänge von Land-Stadt-Wanderung und innerstädtischer Migration mit haushaltlichen Strategien der Sicherung des Lebensunterhaltes exemplarisch verdeutlichen. Der Fall ist insofern aufschlußreich, als er zum einen anhand eines Haushaltes eine Vielfalt von Strategien aufzeigt, und dies sowohl synchron als auch lebensgeschichtlich-

---

[150] Hiermit ist also - im Gegensatz zur westlichen (und indonesischen!) wissenschaftlichen Terminologie - nicht die Verstädterung von Regionen oder die zunehmende Urbanität im Lebensstil gemeint.
[151] *Merantau* (meist übersetzt als "in die Fremde gehen") wird in Indonesien allgemein für Migration verwendet, besonders aber mit den Minangkabau auf Sumatra assoziiert, bei denen eine deutliche Norm besteht, daß Männer zeitweise die Heimat, das Kernsiedlungsgebiet in West-Sumatra (Min.; *darek*) verlassen und ihren Lebensweg woanders (im *rantau*; in der "Fremde"), d.h. in anderen Gebieten Sumatras oder auf einer anderen Insel des Archipels, suchen sollten; vgl. 4.1 und Naim 1979; Kato 1982, Metje 1997).

diachron, und außerdem noch anhand der Arbeitswelt die regionale und globale Einbettung lokaler Handlungsrationalität verdeutlicht, sowohl was Begrenzungen, als auch was Optionen und Präferenzen betrifft.

Nurdin wohnt mit seiner Frau und seiner kleinen Tochter in einem etwa 4 x 4 m messenden kleinen Häuschen aus Aluminium an einem Weg (*lorong*) in Rappocini und lebt heute von der Herstellung von Möbeln aus Rattan (*rotang*), während seine Frau das Kind versorgt und die Arbeit im Haus erledigt. Er besitzt das Grundstück mit dem Haus, einen Motorroller, ein Fernsehgerät, jedoch keinen Kühlschrank und kaum Möbel. Nurdin wurde 1960 in Kolonodale in Zentral-Sulawesi (*Sulawesi Tenggara; Sulteng*) als eines von drei Kindern geboren und gehört der ethnischen Gruppe der Mori an. Sein Vater ist Muslim, während seine Mutter, wie die Mehrheit der Bewohner seines Heimatdorfes, christlichen Glaubens ist. Seine Eltern ließen ihn das notwendige Schulgeld für die Primarschule zur Hälfte selbst aufbringen. Da er in seinem Dorf aber schon früh keine Möglichkeiten für sich sah, ging er 1975, mit fünfzehn Jahren, zu Fuß über fünfzig Kilometer nach Soroako im nordöstlichen Süd-Sulawesi. Seine Eltern hatten zwar Angst um ihn, hinderten ihn aber nicht daran. In Soroako arbeitete Nurdin zunächst drei Jahre bei der Firma BECTEL, u.a. als Fahrer eines Laders. Dann wechselte er in Soroako zum multinationalen Nickelkonzern INCO (vgl. Robinson 1986), wo er zwei Jahre in der chemischen Abteilung arbeitete. Zusammen mit einem Amerikaner lebte er in einem Haus im von der Firma errichteten "Desa Nickel". Aber, so sagt Nurdin, während des Verfalls der Nickelpreise habe INCO von etwa 7000 Angestellten plötzlich 1500 entlassen; darunter auch ihn selbst. Während seiner Zeit in Soroako lernte er die Städte Palopo, Pare Pare, Pindrang und Takalar kennen. 1980 faßte er aber den Entschluß, direkt nach Ujung Pandang zu gehen und fuhr mit dem Überlandbus dorthin. Hier trat er zunächst für drei Monate eine Stellung bei der Zementfirma TONASA an. Während dieser Zeit lebte Nurdin bei seiner Tante in der Jl. Timur in der Innenstadt. Unzufrieden mit der harten Arbeit schiffte er sich aber noch im selben Jahr nach Balikpapan auf der Insel Kalimantan ein. Dort arbeitete er jedoch ebenfalls nur drei Monate, weil das Gehalt angesichts der dortigen hohen Lebenshaltungskosten zu gering war. Nurdin ging wieder zurück nach Ujung Pandang, wo er wieder bei seiner Tante lebte.

Zu dieser Zeit kam Nurdin auf die Idee, seinen Lebensunterhalt mit der Herstellung von Gegenständen aus Rattan zu verdienen, und er brachte sich die notwendigen Fähigkeiten selbst bei. Rattan kannte er aus seiner Zeit in Soroako (wo es vor der Errichtung der Nickelmine die Grundlage der dörflichen Wirtschaft bildete; vgl. Robinson 1983, 1986). Heute hat Nurdin unterschiedliche Einkommensquellen, die aber sämtlich mit der Produktion von Rattanmöbeln verbunden sind. Erstens stellt er im Haus und im kleinen Vorhof Gegenstände aus Rattan für Kunden in der Nachbarschaft in direktem Auftrag her. Er nimmt keine Anzahlungen, weil er dann "ein schlechtes Gefühl" und keine Motivation habe. Das Material bezieht er aus einer Möbelfabrik und bezahlt Rp. 700,- bis 1.000,-/kg, je nach Qualität. Er sagt, es komme heute nur noch aus Kalimantan, weil aus Soroako nichts mehr geliefert werde (die ehemaligen Rattansammler arbeiten jetzt in der dortigen Industrie). Zeitweise stelle er auch Mitarbeiter ein, um die Aufträge zu bewältigen. Außer dem Lohn erhielten diese samstags einmalig ein Mittagessen zu Hause bei ihm und seiner Frau. Daneben beliefert Nurdin drei Chinesen gehörende Geschäfte in der Jl. Irian in der Innenstadt und in der nahe gelegenen Jl. Veteran. Die Möbel werden von dort zum Teil ins Ausland exportiert und Nurdin sagt, das Geschäft verdiene nur etwa 5 bis höchstens 10% daran; es handelt sich also quasi um einen Verkauf in Kommission.

Diese Arbeit, so betont Nurdin, fordere ihn heraus, weil er sich immer wieder neue Modelle für die Stühle, Tische u.ä. einfallen lassen müsse. Neue Ideen seien wichtig, weil man sonst nichts verkaufen könne und weil andere Hersteller Ideen schnell klauen würden. Die Entwürfe für die Möbel macht er selbst, oder er schaut in Möbelzeitschriften aus Europa bzw. Amerika und fotokopiert sich daraus passende Vorlagen. Schließlich hat Nurdin auch noch enge Beziehungen zur Firma, von der er das Rattanmaterial bezieht. Er kennt die chinesischen Besitzer von seiner früheren Wohnung in der Jl. Timur her. Nurdin spielt selbst die Rolle eines Arbeitsvorstehers (*supervisor*). Derzeitig stellen fünf Handwerker in der Firma unter seiner Leitung Stühle her. Allesamt haben sie einen Vertrag ausschließlich mit ihm selbst, nicht aber mit dem Unternehmen. Ursprünglich hatte Nurdin sogar 27 Handwerker angeheuert, die er aus seiner Zeit in der Jl. Anuang kannte. Er hatte sie eine Woche lang in der Firma angelernt. Nach Erfüllung eines Großauftrages wanderten davon 22 wieder ab, die meisten in die Industrie.

Nurdin spielt hier die Rolle eines *punggawa* in einem auf Arbeit bezogenen Patron-Klient-Verhältnis, das für die sozialen Beziehungen, besonders in der Wirtschaft, in Süd-Sulawesi charakteristisch ist, wie in 4.3.4 erläutert wurde. Nurdin sagt: "Ich führe an; ich bin der Boss" (*saya pimpin*, *saya boss* bzw. "*saya supervisor*" ; Nurdin kann, seit er in Soroako mit einem Amerikaner zusammen wohnte, etwas Englisch, was in Süd-Sulawesi selten ist). Seine fünf Mitarbeiter arbeiten montags bis freitags, erhalten ihre Mahlzeit von und in der Fabrik und produzieren in der Woche durchschnittlich elf Stühle pro Person, wobei Nurdin etwa Rp. 300,-/Stück verdient. Die Aufträge des Unternehmens stammen größtenteils aus den Niederlanden. Er fertigt ein Probestück an, das dann nach Begutachtung nur noch modifiziert werden muß. Nurdin sagt, er selbst gehe freitags in die Firma, um die Qualität zu prüfen, und am Samstag, um die Handwerker zu entlohnen. Das Geld hole er vorher bei der Chefin ab. Nurdin hat, so betont er, ein enges Vertrauensverhältnis mit der Firmenleitung aufgebaut und wird um Zustimmung gefragt, wenn neue Handwerker eingestellt werden. Der Boss habe ihn auch fest für ein monatliches Fixum von Rp. 150.000,- einstellen wollen; er aber wolle frei (*bebas*) sein, womit er die lokale Unterscheidung zwischen "freien" und "unfreien" Entscheidungen (vgl. 6.1.1) verwendet. Das Vertrauen der Firmenleitung ihm gegenüber gehe so weit, daß diese ihm auch schon einmal Geld geborgt hätte, welches er selbst einem Freund bei dessen Heirat verliehen (und nie wieder gesehen) habe.

Im Jahre 1981 zog Nurdin zum ersten Male innerhalb der Stadt um. 1983 heiratete er seine jetzige Frau, die er in der Jl. Timur kennengelernt hatte. Sie war in Ujung Pandang aufgewachsen, wohin ihre Eltern, eine Frau von der Insel Buton und ein Makasar, aus Zentral-Sulawesi zugezogen waren. Bei seinem bisher letzten Umzug innerhalb Ujung Pandangs zog Nurdin mit seiner Familie von der

Jl. Anuang in Maricaya nach Rappocini. Er selbst hatte vorher Maricaya, Rappocini und Mariso in Augenschein genommen. Über das jetzige Häuschen informierte ihn ein nebenberuflicher Vermittler (*makler*), wofür Nurdin, wie er betont, statt der bis zu 15% üblichen Summe nur 5% des Hauspreises bezahlte[152]. Die Habe der Familie transportierte er mit einem für drei Tage gemieteten Fahrzeug über die kurze Entfernung von nur etwa drei Kilometern. Nurdin kennt viele andere Mori in der Stadt. Er sieht die Unterschiede seiner ethnischen Gruppe zu anderen vor allem "in den Namen, der Kleidung und den besonderen Tänzen". Er ist Mitglied der Vereinigung der Angehörigen der Mori (*Persatuan Indonesia Mori, PERIM*).

In seiner Nachbarschaft kennt er zwar eine makasarische Familie, hält aber sonst bewußt Distanz. Seine Frau nimmt an einem rotierenden Sparklub (*arisan*) teil, wo sie wöchentlich Rp. 5.000,- bis 10.000,- einsetzt. Mit der Struktur des lokalen *RT* und *RW* "kenne er sich noch nicht aus", sagt Nurdin. Er sieht sich selbst als *perantau* („Wanderer") obwohl er hier in der Stadt bleiben will. Die Hauptgründe für das „Wandern" (*merantau*) seien die Suche nach Arbeit und Ausbildung. Er habe seine Heimat während seiner Zeit in Soroako zwar dreimal besucht und bekam auch von seinen Eltern dreimal Besuch. Seit dem Weggang von Soroako sei er aber gar nicht mehr in seinem Heimatdorf gewesen. Nurdin schätzt Rappocini als "sicher" ein; es gebe hier "keinen Lärm". Man könne hier gut "für sich leben" und es gebe "keine Probleme" bzw. "keine Störungen" (*tidak ada persoalan, tidak ada nggangguan*) mit Eltern oder Verwandten. Er sagt, er möchte für immer in Ujung Pandang bleiben[153], aber zumindest noch einmal nach Hause, um seine Familie zu sehen. Für die Zukunft wünscht sich Nurdin genug Geld, um genügend in Material für seine Produktion investieren zu können. Wenn er kein Material verfügbar habe, "ist das Gefühl abgeschnitten und man wird faul", wie er es ausdrückt. Als "Erfolg" sieht es Nurdin an, wenn man Geld flüssig hat und in einem möglichst großen Haus allein wohnt. Seinen eigenen Erfolg erklärt er sich damit, daß er immer habe kämpfen müssen und immer wieder auf neue Ideen hätte kommen müssen, um seinen Lebensunterhalt zu sichern. Das hätte bei ihm ja schon damit begonnen, daß er als Kind für sein Schulgeld hatte aufkommen müssen.

6.2.3 Mobilitätserfahrungen: Biographische Kontinuität

Schon bei Wanderungen vom Land in Städte zeigt sich, daß die vorherigen Wanderungserfahrungen, neben jetzigen Plänen, einen entscheidenden Faktor bei Entscheidungen darstellt (Fuller et al. 1985:577 am Bsp. Thailand). Dies ist auch für innerstädtische Umzüge zu erwarten. Nach der Darstellung dieses Falles, der die persönliche und biographische Dimension der Migration an einem Lebenslauf

---

[152] Nach Auskunft eines solchen nebenberuflichen Maklers sind heute je nach Kaufpreis 2,5% bis 5% Vermittlungsgebühr üblich.

[153] Bei meinem Wiederbesuch im Jahre 1997 stellte ich jedoch fest, daß seine Familie weiterhin in Rappocini wohnt, er aber für einige Monate nach Irian Jaya gegangen ist, um dort Geld zu verdienen.

verdeutlichte, möchte ich einen Überblick geben, wie umfassend die bisherigen Migrationserfahrungen der Bewohner sind und in welcher Weise sie sich im lokalen Diskurs über Migration und innerstädtische Umzüge manifestieren. Tab. 39 zeigt, daß knapp 4/5 aller Haushalte in der untersuchten Nachbarschaft schon einmal innerhalb der Stadt umgezogen sind und Tab. 40 verdeutlicht anhand einer Auswahl, daß etliche sogar schon mehrfach ihren Wohnsitz innerhalb der Stadt gewechselt haben.

Tab. 39: Migrations- und Umzugserfahrungen aller Haushalte im untersuchten Stadtteil (*RT*)

Mobilitätsgeschichte	Anzahl	%	kumulative %
schon innerhalb Ujung Pandangs umgezogen	65	55,6	55,6
schon innerhalb des *kelurahan* Rappocini umgezogen	24	20,5	79,5
nur Migration Umland > Stadt Ujung Pandang	28	23,9	23,9
Summe	117	100,0	100,0

Tab. 40: Mobilitätshäufigkeit eines Samples von 34 Haushalten des *RT*

Mobilität	Anzahl der Wohnortsveränderungen						
	1	2	3	4	5	6	8
Bisherige Wohnortsveränderungen insgesamt	7	8	5	3	7	3	1
Innerstädtische Umzüge	7	12	4	4	3	3	1

Der Anhang A.4 zeigt, von wo die Haushalte der untersuchten Nachbarschaft hierher gezogen sind und die Häufigkeit und Richtung der bisherigen Migrationen und städtischen Umzüge, die eine Auswahl von 37 Bewohnerinnen und Bewohnern (vgl. dazu 3.2.2) vollzogen haben. Die Wohnortwechsel sind entlang des Lebenslaufes von oben nach unten, von ihrem Geburtsort bis zu ihrem jetzigen Wohnsitz in Rappocini angeordnet. Jeweils ist festgehalten, von welcher Regionskategorie in welche andere migriert wurde. Die zugrundeliegenden Daten wurden in den Gesprächen zur Residenzbiographie erhoben. In den Interviews habe ich nach den einzelnen Orten gefragt: Die hier benutzte Einteilung der Regionen, nämlich Ujung Pandang/Süd-Sulawesi/Sulawesi/Außersulawesi (Ostindonesien ist in dieser Auswahl nicht vertreten), nimmt die Regionen auf, die in der Geschichte Ujung Pandangs strukturell bedeutsam waren. Sie sind auch für die Verortung der Stadt in der Sicht der heutigen Bewohner bedeutsam (vgl. 5.6.1). Somit können die Wanderungen in der regionalen Struktur verstanden werden, innerhalb derer Ujung Pandang zugleich in bezug auf Süd-Sulawesi und Ostindonesien als zentral und in Hinsicht auf Jakarta als peripher einzuordnen ist. Die benutzte Matrixdarstellung ist zur Unterscheidung verschiedener Formen von Migration, die es neben der einfachen und endgültigen Stadt-Land-Wanderung gibt, geeignet. Besonders der diachrone Aspekt der Ortsbewegungen einzelner Individuen bzw. Familien und darin typische Abfolgen (Sequenzen) werden so deutlich und miteinander vergleichbar[154]. Das Muster der Migrationen möchte in zweierlei Hinsicht analysieren: (a) Wie ist die Abfolge der Migrationen im Lebensverlauf strukturiert? (senkrechte Dimension) und (b) Wie ist das Verhältnis von Migrationsverhalten zum Lebensalter (waagerechte Dimension)?

Hinsichtlich der Wohnbiographie wird auf den ersten Blick deutlich, daß sich die Ortsveränderungen zwischen dem 15. und dem 40. Lebensjahr häufen. Fast alle Personen sind schon mehrfach migriert, davon die meisten innerhalb Süd-Sulawesis. Die Personen, die nicht aus Süd-Sulawesi stammen, kommen vor allem aus Java und Kalimantan, kaum dagegen aus den anderen Provinzen Sulawesis. Das spiegelt die Anbindung Süd-Sulawesis an Java (insbesondere Ostjava) und an Ostkalimantan wider, die schon seit Jahrhunderten besteht, wie in 4.3.1 gezeigt wurde. 30 der 37 Personen hatten Migrationserfahrungen gesammelt, bevor sie in der Stadt umzogen. Oft migrierten sie von anderen Regionen nach Ujung Pandang (Stadt-Land-Migration) und zogen kurz danach in eine zweite Wohnung in der Stadt, wo sie dann länger blieben. Das ist Folge des geringen Wissens; erste Versuche der Ansiedlung in Ujung Pandang verliefen oft nicht zur Zufriedenheit. Nur für 6 der 37 Befragten ist der jetzige Wohnort der erste nach ihrem Geburtsort. Die überwiegende Mehrheit (31 von 37) ist schon mehrmals in der Stadt Ujung Pandang selbst umgezogen; fast ein Drittel der Personen (12 von 37) haben sogar schon vier oder mehr Male ihren Wohnsitz in der Stadt gewechselt (maximal acht mal).

Es zeigt sich ein mehretappiger Wanderungszyklus, wie er in Deutschland gefunden wurde (z.B. Popp 1976 zu Erlangen). Insgesamt wird hier deutlich, daß die innerstädtischen Umzüge zumeist im Rahmen etlicher, das Leben prägender Wohnortsveränderungen zwischen Heimatort und jetzigem Wohnstandort in der Stadt stehen. In dieser Region ist das häufige Wandern etwas "ganz normales". Außerdem bedeutet das Wegziehen von einem Wohnplatz nicht unbedingt die Aufgabe von Beziehungen oder Interessen am verlassenen Ort. Dies gilt insbesondere in der Stadt, wo der alte Wohnplatz weiterhin in Reichweite bleibt; ein Punkt, in dem sich innerstädtische Umzüge markant von Land-Stadt-Migration unterscheiden. In einem Migrationsfeld, wie es Süd-Sulawesi darstellt, gilt das auch für die Beziehungen jetziger Städter zu ländlichen Siedlungen. Wie Tab. 41 zeigt, haben nämlich fast die Hälfte aller Haushalte anderweitig Landbesitz, und der liegt fast immer innerhalb der Provinz Süd-Sulawesi.

---

[154] Die Matrixanordnung geht auf Darstellungen zurück, wie sie in der frühen skandinavischen Migrationsforschung und in ähnlicher Weise besonders in der (quantitativen) Forschung der *Life History Analysis* und in der *Residence History Analysis* verwendet werden (*life history matrix*; Price 1979:105; Lauro 1979:137; vgl. DuToit 1975:67; *migration histories*, Hugo 1981:218-221). Für synchrone Vergleiche der Situation von Migranten (*cross-sectional analysis*, Price 1979:104f.) eignen sich kreisförmigen sog. Hologramme, wie sie McGee (z.B. 1979b:109) verwendet. Eine andere, eher historisch orientierte Möglichkeit der Aufbereitung der gleichen Daten wäre eine Matrix, die die Wanderungen und Umzüge nach Kalenderjahren statt nach Lebensalter ordnet und so mehr die äußeren Einflüsse betont (z.B. Ostergren 1972: Fig.1) für eine schwedische Immigrationsgemeinde. Entsprechend könnte man, trotz methodischer Probleme, auch Genealogien von Haustypen bzw. Wohnformen entlang des Haushaltszyklus aufnehmen (vgl. Michelsons *hypothetical housing genealogy* 1980:88).

Tab. 41: Zusätzlicher Landbesitz von Bewohnern der Nachbarschaft

Region des anderweitigen Landbesitzes	Fälle	%	kumulative %
in Rappocini	4	3,5	3,5
in Ujung Pandang außerhalb Rappocinis	19	16,5	20,0
anderswo in Süd-Sulawesi	26	22,6	42,6
in Java	1	0,9	43,5
im restlichen Sulawesi und sonstigem Indonesien	0	0,0	43,5
kein anderweitiger Landbesitz	65	55,6	99,1
Fehlende Daten	2	1,7	100,0
Summe	117		

Das klassische Modell zur Kontinuität zwischen Land-Stadt-Wanderung und innerstädtischen Umzügen in Ländern der sog. Dritten Welt stammt von Turner (1968a,1968b) und beruht auf lateinamerikanischen Daten (Lima in Peru). Die einfache Annahme dahinter ist, daß sich die Wohnwünsche und damit der Standort im Lauf des Lebens je nach sozioökonomischer Position und Stellung im Lebenszyklus ändern. Das Resultat ist eine zweistufige Wanderung in der Abfolge Provinz > Stadtzentrum > Stadtrand. Neue Zuwanderer suchen Wohnstandorte nahe Arbeitsplätzen und wohnen zur Miete oder als Untermieter in einfachen Behausungen am Rande der Innenstadt. Für Neulinge ist ein erreichbarer Arbeitsplatz von zentraler Bedeutung, nicht dagegen die Art des Wohnens (*housing*) selbst. Wenn dann eine längerfristige Arbeit ein regelmäßiges, wenn auch geringes, Einkommen ermöglicht, entwickelt sich der Wunsch nach einem eigenen Heim und man zieht von diesem ersten "Brückenkopf" in der Stadt in eine eigene Wohnung am Stadtrand. Dahinter steht das Bestreben, sich definitiv in der Stadt zu verwurzeln, während Heirat und Familiengründung oft die unmittelbaren Auslöser für diesen Umzug sind. Auch wenn diese eigene Wohnung oft sehr einfach ist, ist man damit schon vom *bridgeheader* zum *consolidator* geworden und kann in Eigenarbeit dieses einfache Haus allmählich in ein stabiles Haus umgestalten (Portes 1972:279, Bähr 1992:367).

Das in Rappocini gefundene Muster der Umzüge zeigt aber einige Merkmale, die das klassische Modell Turners ergänzungsbedürftig erscheinen lassen[155]. Zunächst ziehen durchaus auch solche Personen und Familien in Ujung Pandang um, die aus der Stadt selbst stammen. Außerdem sind die (in den ersten Gesprächen miterhobenen und in der Tab. im Anhang A.4 nicht enthaltenen) anfänglichen städtischen Wohnsitze quer über die Stadt verteilt. Der erste Brückenkopf in der Stadt ist also nicht unbedingt in der Stadtmitte oder an deren Rand. In Ujung Pandang gibt es auch kein umschriebenes Stadtzentrum im Sinn einer *city*. Beides deckt sich mit neueren Ergebnissen zu lateinamerikanischen Städten.

---

[155] Auf eine zweite generelle Abweichung gegenüber diesem Modell gehe ich detaillierter in 6.5 anhand der Entscheidungsbedingungen ein: Turner betont Änderungen der Präferenzen und vernachlässigt dadurch die persönlichen, etwa finanziellen, Einschränkungen und strukturellen Beschränkungen, z.B. durch Armut (Schenk 1986:187ff), behördliche Reglementierungen (Bähr 1992:368) oder durch den Immobilienmarkt mit Hausbesitzern und Institutionen als Hauptakteuren (Dicken & Lloyd 1981:233ff.). Zur Kritik Turners mittels Beispielen aus Süd- und Südostasien vgl. auch Benninger (1970).

Die Tabellen 39 und 40 und die Daten in A.4 machen vor allem eines klar: Die innerstädtischen Umzüge stehen häufig im biographischen Kontext einer, meist aber mehrerer, vorheriger Wanderungen innerhalb ländlicher Gebiete. Damit sind sie zwar in den jeweiligen Einzelheiten, nicht aber als solche eine neue Erfahrung für die Haushalte bzw. Personen. Die vorangegangene Analyse der Migrationskonzepte und das Fallbeispiel zeigten, daß, wie es allgemein in armen Regionen der Fall ist, die Suche nach Arbeit und nach Bildung die Menschen in die Stadt zieht. In Ujung Pandang ist dabei das Angebot höherer Schulen besonders wichtig. Neben der Arbeits- und Erziehungssuche kommt aber in Süd-Sulawesi noch eine dritte Determinante ins Spiel. Sie wurde in offenen Gesprächen zum Thema häufig genannt und besonders von älteren Leuten immer wieder angesprochen: die Flucht vor der politischen Unsicherheit in den ländlichen Regionen bzw. die Suche nach physischer "Sicherheit" (*keamanan*).

Dieser Migrationsfaktor "Sicherheit" zeigt, wie wichtig der oben skizzierte regionalhistorische Kontext (4.2) für ein Verständnis der Charakteristika der Mobilität in Süd-Sulawesi ist. Die Geschichte der Stadt (4.5) spiegelt sich ebenfalls in den Stationen des Migrationsverlaufes und dem jeweiligen Lebensalter bei der Wanderung in den Wohnbiographien wider. Einige der Determinanten und Motive der Land-Stadt-Wanderung prägen sich auf die innerstädtischen Umzüge durch. Dazu kommen aber weitere Faktoren, die mit der Geschichte Rappocinis (5.1) und mit der jeweiligen Situation der Haushalte sowie den Zielen ihrer Bewohner zusammenhängen.

6.3 Mietunsicherheit, ökonomische Optionen und Status:
Innerstädtische Umzüge als Handlungsstrategie

6.3.1 Entscheidungsbedarf: Residenzwahl und Wohnzwänge

Ist die Entscheidung über den Wohnort und Wohnweise überhaupt eine für Individuen oder Haushalte offene Entscheidung? Ist die Freiheit des Entscheidens vielleicht dadurch eingeschränkt, daß bestimmte Kategorien von Personen an bestimmten Orten, Wohnplätzen oder in bestimmter Wohnweise, z.B. zusammen mit bestimmten anderen Personen, zu wohnen haben, so wie das in Residenzregeln vieler ethnischer Gruppen bekannt ist? In Süd-Sulawesi lassen vor allem die bilaterale Verwandtschaftsrechnung, die *kinship-by-choice* (vgl. 4.2.3), und das Fehlen einer Residenzregel keine derartigen Muster erwarten, vor allem nicht im städtischen Kontext. Trotzdem versuchte ich sicherheitshalber, diese Vermutung zu überprüfen. Dazu benutzte ich Fjellmans (1976b:672ff.) m.E. äußerst elegante Methode zur Eruierung von Residenzmustern. Ich bat Personen meiner ersten Gastfamilie, den Wohnort einer ihnen nicht bekannten erwachsenen Person in Rappocini ("Welcher Art ist die Behausung?") bzw. deren Wohnweise ("Mit wem lebt die Person zusammen?") dadurch herauszufinden, daß sie mir Fragen stellten. Ich würde jeweils nur mit "Ja" oder "Nein" antworten; direkte Fragen nach dem Wohnort oder der Wohnweise wären nicht möglich. Ich hielt die Abfolge der Fragen, die mir die Gesprächspartner daraufhin stellten, jeweils fest. Sie fragten nach Geschlecht, Familienstand und Ausbildung der Person. Es zeigte sich aber schnell, daß diese Vorgehensweise im Sinne Fjellmans nicht weiterführte. Die Gesprächspartner gingen nämlich gedanklich Eigenschaften von ganz bestimmten, ihnen bekannten Personen durch, statt Kategorien von Personen nachzufragen, die zu bestimmten Wohnorten/-weisen geführt hätten. Im anschließenden Gespräch sagten sie ausdrücklich, daß es keine dahingehenden Vorschriften gebe. Aus diesem kleinen Test und der regionalen ethnologischen Literatur zu Süd-Sulawesi, aus der die traditionell hohe und kaum normativ eingeschränkte Ortsmobilität hervorgeht (z.B. Chabot 1967), sowie der regionalen Geschichte schließe ich, daß die Residenzentscheidung zumindest nicht streng normativ eingeschränkt ist. Das heißt selbstverständlich nicht, daß diese Entscheidung frei ist, sondern bedeutet nur, daß bezüglich dieses Themas Abwägungen überhaupt relevant sind, so daß die Untersuchung von dahingehenden Entscheidungen sinnvoll ist.

Strukturelle Gründe versus spezielle Motive:
Der lokale Diskurs um räumliche Mobilität

Der wichtigste strukturelle Grund, von einem Wohnsitz wegzuziehen, ist, daß man bei der Wohnform Mieten (*kontrak*) im Regelfall die Mietsumme über die gesamte Laufzeit des Mietvertrages im Vorhinein zahlen muß. Da viele Haushalte nur wenige Rücklagen haben, können sie nur für einen kurzen Zeitraum von üblicherweise einem Jahr unterschreiben. Der Vermieter hat demnach immer die Möglichkeit, den Vertrag nicht zu verlängern, etwa wenn er die Wohneinheit selbst nutzen oder renovieren und dann teurer vermieten will ("der Vertrag ist zu Ende"; *habis kontrak*)[156]. Dies zwingt die Mieter zum Umzug. Welche weiteren Gründe bestehen für den Auszug aus einer Mietwohnung? Bei den im Zensusinterview gestellten Fragen zum Herkunftsort und zur Wohndauer in der Nachbarschaft äußerten sich viele der Befragten zu ihren Gründen zum Umzug nach Rappocini. Diese Angaben, welche die Befragten zumeist ungefragt machten und die in einer Gesprächssituation entstanden, in der das Thema Umzug nicht im Zentrum stand, geben einen Aufschluß über die Motive, die den Befragten spontan einfallen. In Abb. 51 sind sie nach drei Kategorien aufgeschlüsselt.

Die genannten Umzugsgründe lassen sich zunächst deutlich einerseits in solche, nach Rappocini zu ziehen, und andererseits in Beweggründe, vom vorherigen Ort wegzuziehen, einteilen. Dies ist insofern aufschlußreich, als diese Kategorisierung der bekannten, wenn auch wissenschaftlich problematischen, Einteilung in *push*- und *pull*-Faktoren in der Migrationsforschung (Germani 1974) entspricht[157]. Wegzugsgründe dominieren mit 51 Nennungen klar über Zuzugs-

---

[156] Vgl. weitgehend ähnliche Gründe für kurzfristige und temporäre Umzüge bei Angehörigen unterer Schichten in lateinamerikanischen Städten bei Bähr (1992:366f.; dort weitere Literatur).
[157] So läßt sich eine den Umzug motivierende schlechte Bedingung am Wegzugsort (*push*-Faktor), etwa fehlende Arbeit, meist als vom Akteur erwartete oder ihm bekannte positive Bedingung am Zielort (*pull*-Faktor) verstehen. Außerdem beeinflussen, wie Matter (1994:202) anhand von Migranten feststellt, positive Bilder der Zuzugsgesellschaft das Bild von der Herkunftsgesellschaft negativ, während negative Bilder über die Herkunftsgesellschaft die Zuzugsgesellschaft positiver erscheinen lassen.

motive, die nur 14 mal angeführt wurden. Unter den Gründen wegzuziehen, ist das (selbst nicht verhinderbare) Ende eines Mietvertrages oder eines kostenfreien Unterkommensverhältnisses (*numpang*) die entscheidende Größe. Ein häufig genanntes Umzugsmotiv ist das Bestreben, "unabhängig zu leben", autark zu sein (*mandiri*). Dieser Wunsch ist vordergründig positiv formuliert, aber in der Innensicht kein *pull*-Faktor, weil er nicht auf einen bestimmten Zielort bezogen ist. Der Wunsch, allein zu wohnen, ist aber auch nicht klar als Wegzugsmotiv (*push*-Faktor) zu sehen, weil er sich nicht auf spezifische negative Eigenschaften des früheren Wohnortes bezieht. Ferner deutet dieses Motiv auf moderne, individualistische Werte hin und steht im Zusammenhang mit Prestige (vgl. 5.7) und Bedürfnissen nach mehr Wohnraum, die wiederum mit veränderten Lebensstilen zusammenhängen.

---

1. Zuzugsgründe: 14 Nennungen (16,5%)
- hiesiger Landbesitz vorhanden oder jetzt eigener Hausbesitz (2)
- hiesige Schule für Kinder (1)
- Nähe zum Berufsort oder zur Universität (4)
- hiesige Nähe von Einkaufsgeschäften (1)
- hier kostenfreies Unterkommen möglich (*numpang*; 1)
- hier Land der Familie zu bewachen (*jaga tanah*; 1)
- hier Arbeitsmöglichkeit (*transmigrasi*; 1)
- hiesige berufliche Pflichten (*tugas*; 3)

2. Wegzugsgründe: 61 Nennungen (71,8%)
- Mietvertrag wurde nicht verlängert (*habis kontrakan*)
    - unspezifiziert (8)
    - selbst nicht verlängert (6)
    - vom Vermieter nicht verlängert (6)
- Wohnheimvertrag (*pondok, asrama*) bzw. Berechtigung für Wohnheim beendet (5)
- kostenfreies Unterkommen (*numpang*) beendet
    - selbst gewollt weggezogen (1)
    - Verwandte/Gastgeber nutzten selbst, renovierten oder verkauften (9)
    - Verwandte/Gastgeber zogen selbst um, weil ihr Mietvertrag nicht verlängert (2)
    - dort keine Kinderbewachung möglich (1)
- Wohnen bei Eltern beendet (2)
- Scheidung (1)
- unzureichende Wohnsituation
    - Lärm, schlechtes Wasser, fehlendes WC (2)
    - Enge (4)
    - fehlende/mangelhafte Schule (1)
    - schlechte Straße (1)
    - Überflutung zur Monsunzeit (1)
- eigenes Haus verkauft (1)

3. Wunsch, autonom zu sein (*mau sendiri; mandiri*), bzw. Heirat: 10 Nennungen (11,8%)

Abb. 51: Spontan genannte Beweggründe zum Umzug (73 Befragte, Mehrfachnennungen möglich)

Wie die Analyse Zimmeranzahl der Haushalte zeigt (Tab. 42), verfügen Familien, die in Wohnungen oder Häusern leben, die sie selbst besitzen, tatsächlich über mehr Wohnraum. Schließlich wurde das Motiv des *mandiri* oft im Zusammenhang mit weiteren Beweggründen für einen Wegzug genannt. Auch andere Aspekte sprechen dafür, den Wunsch, alleine zu wohnen, als eigenes Umzugsmotiv aufzufassen. *Mandiri* ("autark sein") ist nämlich ein in Rappocini sehr häufig zu hörender Ausdruck, was darauf verweist, daß es sich hier um ein allgemeines Ziel handelt, das besonders in der oberen Mittelschicht verbreitet ist. Frederick beschreibt ähnliche soziale Zielvorstellungen anhand der ab Mitte der 1920er Jahre entstehenden selbstbewußten, auf ihre Bildung stolzen, kolonialkritischen und Autonomie betonenden Schicht der sog. "neuen *priyayi*", in Surabaya. Auch bei ihnen stand der Terminus *berdiri sendiri* im Mittelpunkt (1983:364ff.). Conkling schreibt bezüglich Ujung Pandang der Jahre 1972/73, daß der Ausdruck ("der will für sich leben"; *dia mau hidup sendiri*) in Regierungsbehörden negativ auf solche Beamte bezogen wurde, die nur ihren persönlichen Wünschen folgen (*kemauan sendiri*), statt an die Bedürfnisse anderer zu denken, z.B. wenn sie durch Korruption erworbene Begünstigungen nicht verteilen (Conkling 1984:260). Entsprechend der sozioökonomischen Mischung wird der Ausdruck *mandiri* in Rappocini sowohl mit positiver Bedeutung verwendet, als auch, um etwa die Nichtbeteiligung an nachbarschaftlichem Austausch kritisch zu kommentieren: Solche Leute werden als selbstbezogen bzw. übertrieben individualistisch (*mau mandiri*; *individualisme*; *sifat individual*) oder gar als "aufgeblasen" (*sombong*) bezeichnet.

Tab. 42: Zusammenhang zwischen Wohnform und verfügbarem Wohnraum (Befragung und Beobachtung der 117 Haushalte des untersuchten *RT*)

Wohnform	Anzahl der Haushalte	Durchschnittliche Zimmerzahl	Minimale Zimmeranzahl	Maximale Zimmeranzahl
zur Miete (*kontrak*)	34	2,6	1	5
als Untergekommene (*numpang*)	9	3,5	1	9
in Eigenbesitz (*milik*)	74	4,0	1	9
Durchschnittliche Zimmeranzahl aller Kategorien	117	3,4		

Bisher wurden nur die genannten Motive für den letzten Umzug analysiert. In 6.2.3 wurde jedoch schon herausgestellt, daß den innerstädtischen Umzügen oft eine Migration vom Land in die Stadt vorangegangen ist und daß insgesamt die Umzüge besser im biographischen Rahmen verständlich werden. Also stellt sich die Frage, wie sich die Motive im Hinblick auf die Abfolge von mehreren Wohnortsveränderungen wandeln. Ich befragte ein Sample von 34 Haushalten über ihre sämtlichen bisherigen Umzüge. Jeweils fragte ich separat nach den Vor- und den Nachteilen der jeweils verlassenen und der jeweils bezogenen Wohneinheit und dies aus drei Gründen. Erstens ist aus methodischen Überlegungen heraus zu erwarten, daß bei einer derartig detaillierten Frageweise mehr über die vergangenen Umzüge in Erinnerung gerufen wird. Zweitens hatten die spontan genannten Motive ja eine deutliche Unterscheidung in *push*- und *pull*-Faktoren durch die Beteiligten selbst ergeben, was nahelegte, diese Kategorisierung für genauere Nachfragen zu verwenden. Drittens erlaubt ein detailliertes Erfragen jedes einzelnen Umzugs Vergleiche der Erwartungen bezüglich eines bezogenen Wohnplatzes X(t), nämlich aus den genannten Nachteilen des verlassenen X (t-1) und zur Zeit des Umzuges erwarteten Vorteilen des neuen X (t) einerseits mit den tatsächlichen Konsequenzen dieses Umzuges (aus den angesichts des nächsten Umzuges nach X (t+1) genannten Nachteilen des Wohnplatzes X(t) andererseits.

Kontinuierliche und neue Wanderungsgründe:
Ein emisches „*push-pull*-Modell"

Als Resultat der dargestellten systematischen Befragung versucht Abb. 52 eine Synthese der verschiedenen Wanderungsmotive vom Land in die Stadt und dann für die Umzüge innerhalb der Stadt selbst, wie sie sich in der Sicht der Bewohner darstellen. Zunächst fällt auf, daß für die Land-Stadt-Migration deutlich andere Motive wichtig sind als für die Umzüge in der Stadt und daß sich die Prioritäten bei weiteren Umzügen in der Stadt ändern, was Turner erstmals untersuchte (Turner 1968, differenziert bei Benninger 1970). Ferner wird klar, daß es in der Sicht der Beteiligten zu etlichen *push*-Faktoren entsprechende *pull*-Faktoren gibt (linkes und rechtes Feld auf gleicher Höhe ausgefüllt), so daß ein solches Motiv sprachlich quasi mehrfach determiniert ist.
Bei anderen Aspekten jedoch wird nur eine *push*- oder nur eine *pull*-Komponente benannt (linkes oder rechtes Feld leer). Wie schon in der freien Auflistung in Abb. 51 kommt die Sonderstellung des Wunsches, "autark" zu sein (*mandiri*), heraus. Es wird aber deutlich, daß er als modernes Motiv erst in der Stadt zum Tragen kommt und außerdem in der Innensicht weder eindeutig ein *push*- noch eindeutig ein *pull*-Faktor ist, da er sowohl als Wegzugsgrund als auch als Hinzugsmotiv genannt wird.

Die Residenzbiographien und die systematischen Befragungen nach Vor- und Nachteilen der einzelnen Wohnstandorte zeigen, daß das Verhalten nach dem ersten Zuzug in die Stadt in Ujung Pandang z.T. den zwei Formen innerstädtischer Wanderungen entspricht, die neuerdings bei Angehörigen bzw. Haushalten unterer Schichten in lateinamerikanischen Städten gefunden wurden (Bähr 1992:366f.):
1. Einzelpersonen oder Familien ziehen z.T. wiederholt innerhalb desselben Viertels oder in benachbarte, sozioökonomisch ähnliche Wohngebiete um, etwa weil sie mit der Miete im Rückstand stehen und ihnen gekündigt wird. Für viele sind diese meist beengten Mietwohnungen aber nur Durchgangsstationen zum Erwerb einer kleinen Parzelle am Stadtrand oder dem Bezug einer Sozialwohnung.
2. Andere ziehen mehr oder weniger spontan in neue illegale, halblegale oder legale Hüttenviertel oder füllen bestehende auf. Staatliche oder private Ländereien werden besetzt oder Grundstücke werden zwar legal gekauft, aber die Umwidmung in Bauland wird nicht legalisiert.

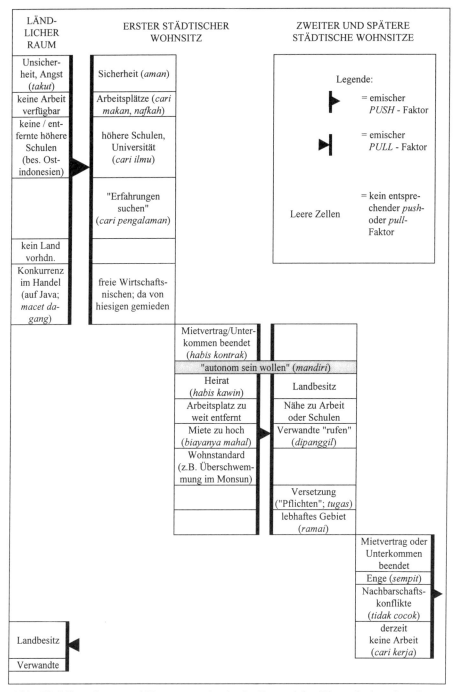

Abb. 52: Migrations- und Umzugsmotive in der Innensicht: Ein emisches Quasi-*push-pull*-Modell

Das erste Muster ist in den hier erhobenen Residenzbiographien deutlich erkennbar. Das zweite findet sich im untersuchten Teil Rappocinis heutzutage weniger als in der Zeit, als Rappocini noch eine unsichere *daerah* Texas und die Bodensituation rechtlich sehr unklar war (vgl. 5.1.2). Viele der Bewohner des untersuchten Viertels sind heute nicht mehr extrem arm, und entsprechend seltener es. Solche Wohnabfolgen sind derzeit eher in den stadtferneren Teilen Rappocinis zu beobachten, allerdings mit dem Unterschied zu den genannten lateinamerikanischen Städten (und etwa zu Jakarta), daß es in Ujung Pandang keine klassischen Hüttensiedlungen gibt. Dies hängt offensichtlich mit der geringen Besiedlungsdichte des Hinterlandes zusammen (vgl. Kristanto et al. 1989:388f.). Dieses zweite Muster wird in der Innensicht durch zwei der emisch konzipierten Wohnformen umschrieben, die ich im nächsten Abschnitt darstelle, nämlich dem sog. "Besetzen" und dem "Land anderer Leute bewachen".

Wenn Umziehen nicht möglich ist:
In-situ-Alternativen

Insgesamt hat sich bisher gezeigt, daß Residenzentscheidungen in Ujung Pandang einerseits recht "freie" Entscheidungen sind, weil der Wohnort und die Wohnweise nicht durch Residenzregeln kulturell vorbestimmt ist. Der Entschluß, aus einer Wohneinheit wegzuziehen, ist aber dennoch in der Innensicht für Individuen oder Haushalte nur in Grenzen frei, denn sie ist im allgemeinen deutlich strukturell bestimmt. Noch weiter eingeschränkt sind die Freiheiten, wenn man aus irgendwelchen Gründen nicht umziehen kann, obwohl man will. Welche Alternativen zum Umziehen sehen die Akteure im Fall, daß sie umziehen möchten, etwa weil sie die Wohnsituation als unzureichend empfinden, aber keine Möglichkeit zum Umzug besteht und man also gezwungen ist, andere Lösungen zu finden (Brown & Moore 1970, Knox 1994:297)? Gründe hierfür können etwa sein, daß ein Haushalt kein Geld hat, (noch) keine passende Wohnalternative weiß oder darauf wartet, eine Wohnung, z.B. in einer Siedlung, zu bekommen. Ein lokales Sprichwort sagt: "Wenn es eng und voll ist, bleibt immer noch ein Gefühl für Möglichkeiten" (*kompak penuh, rasa sempati*). Bei der Behandlung der sozialen Bezüge des Wohnraumes und seiner Nutzung im Haushalt in 5.6.3 wurden die flexiblen Lösungen gezeigt, die angewandt werden, falls sich die Zahl der Bewohner kurzfristig ändert und es eng wird. Es ist zu vermuten, daß diese Flexibilität, zumindest was den Umbau von Wohneinheiten betrifft, dadurch gefördert wird, daß die Renovierung und der Umbau von Häusern nicht nur eine Anpassung an praktische Probleme darstellt, sondern, wie vielfach in Südostasien, auch als solches prestigefördernd ist (Waterson 1990:232).

Die Problematik der Alternativen zum Umziehen wurde mit den Gesprächspartnern mittels folgender Frage besprochen: "Was kann man machen; welche Alternativen gibt es, wenn es z.B. eng wird, aber man nicht umziehen kann?". Dazu nutze ich als Darstellungsmittel die Entscheidungstabellen (*decision tables*). Ich werde die Darstellungsform der Entscheidungstabelle hier kurz an einem fiktiven Beispiel erläutern, weil ich sie im folgenden häufiger und für verschiedene Entscheidungsbereiche verwende[158].

Die Entscheidungsabelle in Tab. 43 ist in folgender Weise zu lesen. Wenn eine oder mehrere Bedingungen des linken oberen Feldes gegeben sind ("Erfüllung" im rechten oberen Feld), dann wird von den unten links genannten Optionen die unten rechts angekreuzte ausgewählt ("Auswahl").

Tab. 43: Beispiel einer einfachen Entscheidungstabelle

	REGELN	1	2	3	4
BEDINGUNGEN	ERFÜLLUNG				
- Bargeld bzw. Vermögen vorhanden		N	N	J	N
- Kreditzugänglichkeit		N	J	J	N
- Vermieter persönlich bekannt		N	N	N	J
OPTIONEN	AUSWAHL				
- Wohnung mieten		X			1.
- Wohnung kaufen			X	X	2.
- Haus kaufen				X	
	STRATEGIEN				A
J = Ja, Bedingung ist erfüllt; N = Nein, Bedingung ist nicht erfüllt					
X = gewählte Option bzw. ausgeführte Handlung					
1, 2, 3, ... = Regeln (= Kombinationen von Bedingungen)					
A, B, C, ... = Strategien (= Kombinationen von Optionen, gleichzeitig oder nacheinander)					

Eine jeweilige Kombination von Bedingungen und Optionen wird, spaltenweise gelesen, als "Regel" bezeichnet und mit einer Nummer (1,2,3,...) versehen. Wenn mehrere Optionen zusammen oder nacheinander gewählt werden, wird das als "Strategie" mit A, B, C, ... eingetragen (in diesem Fall nur eine: A). Im gegebenen (und extrem vereinfachten) Beispiel eines notwendigen oder gewünschten Umzuges hierzulande liegt der Fall wie folgt: Regel 1: Wenn man kein Bargeld oder Vermögen hat und keinen Zugang zu Krediten hat, mietet man eine Wohnung. Regel 2: Wenn man kein Geld hat, aber an einen Kredit kommt, wird man eine Wohnung kaufen. Regel 3: Wenn man Bargeld hat und Kreditmöglichkeiten hat, kauft man eine Wohnung oder ein Haus. Regel 4: Wenn man zwar weder Geld hat noch an einen Kredit kommt, aber den Vermieter einer Wohnung persönlich kennt, kann man Strategie A verfolgen und eine Wohnung mieten, von der man ausgehen kann, sie später kaufen zu können, wenn man dann das nötige Geld hat oder einen Kredit erhält.

Nach diesem fiktiven Beispiel komme ich zum Spektrum der Anpassungen für den Fall, daß es in der Wohnung oder im Haus dauerhaft zu eng ist (Tab. 44, Abb. 53). Die Befragten sehen eine Vielfalt von Möglichkeiten, entweder die Wohneinheit zu verändern oder Haushaltsmitglieder woanders unterzubringen. Bei einer gegebenen Kombination von Bedingungen existiert aber meist nur wenig Spielraum. Bezogen auf einzelne Haushalte illustriert das gefundene Bild also eher die Restriktionen (*constraints*) als die Wahlfreiheit. In der Sicht der Ge-

---

[158] Für Details der Entscheidungstabellen, die in der Literatur verwendete sehr uneinheitliche Terminologie sowie alternative Darstellungsformen siehe 3.2.3.

sprächspartner "entscheidet" hier eher die Situation als der Akteur. Die beiden zentralen Bedingungen sind erstens der allgemeine Wohlstand des Haushalts bzw. die Menge des gerade flüssigen Geldes sowie Besitzes und zweitens die jetzige Wohnsituation, genauer der Haustyp bzw. die Wohnform. Kleinere Anbauten an vorhandene Häuser oder Hütten sind auch bei begrenztem Land fast immer möglich, wie deren tatsächliche zeigt (Tab. 45).

Tab. 44: Innensicht des Problems beengter Wohnsituation; angeordnet nach gesehenen Alternativen (zur Erläuterung der Tabelle und aller weiteren Entscheidungstabellen siehe vorige Abb. und 3.2.3)

	1	2	3	4	5	6	7	8	9
"Arme" (*tidak mampu*)						J	J		
"Beamte"(*pegawai*)						J		J	
"Ländliche" (*orang daerah*) oder Bugis					J				
"Wohlhabende" (*orang mampu*)			J	J					J
"Geld vorhanden" ("flüssig")			J	J					
"restliches Bauland" am Haus oder "woanders Bodenbesitz"			J			N		N	J
"jetzt in zweistöckigem Haus wohnend" (*rumah atas*)	N	J		N	N				N
"Familie hat Land" (*punya tanah*) (oder Haus)							J	N	
"Aufstocken" eines einstöckigen Steinhauses (*lantai kedua*)	X								
"Untergeschoß ausbauen" (eines Holzhauses auf Stelzen)		X							
"Haus vergrößern"				X					
"Trennwände aus Presspan einziehen" (*tripleks*)					X				
"Kinder woanders unterbringen" (*numpang*)						X	X	X	
"bei Eltern/Familie unterkommen" (*numpang sama keluarga*)								X	
"Ausbauen", "Anbauen"									X

Tab. 45: Nachträgliche Anbauten bzw. Erweiterungen an Häusern der Nachbarschaft (Beobachtungen sämtlicher 117 Wohnbauten)

	Fälle	%	kumulative %
Anbau bzw. Erweiterung vorhanden	53	45,3	45,3
kein Anbau vorhanden	59	50,4	95,7
nicht beobachtet	5	4,3	100,0
Summe	117	100,0	

Eine kulturspezifische Bedingung ist mit den traditionellen zweistöckigen Holzhäusern (*rumah atas*; *rumah panggung*) gegeben. Sie werden in der Sicht der Befragten am ehesten von Bugis errichtet. De facto bauen auch Familien anderer ethnischer Zugehörigkeit, vor allem Makasar und Mandar, solche Häuser. Es wurde ja auch schon oben gezeigt, daß, wenn dieser Haustyp als solcher Thema von Gesprächen ist, oft ohne ethnische Spezifizierung vom "Haus von Süd-Sulawesi" (*rumah Sulawesi Selatan*) gesprochen wird. Die Handlungsoptionen bestehen vorwiegend entweder in Anpassungen *in situ* oder in der Hilfestellung durch Verwandte oder Bekannte, die Wohnraum zur kostenfreien Unterkunft (*numpang*) anbieten. Weiterhin fällt auf, daß die Gesprächspartner keine der sieben Alternativen als für hohe Beamte ("Amtsträger"; *pejabat*) und für Chinesen relevant ansahen, obwohl diese Gruppen in den bei den Gesprächen verwendeten Entscheidungstabellen enthalten waren. Für diese besonders wohlhabenden sozialen Kategorien stellt sich diese Frage einfach nicht: Wenn sie mit ihrer Wohnsituation unzufrieden sind, suchen sie nicht nach Lösungen am und im Haus, sondern "ziehen mit Sicherheit um".

Abb.: 53: Typischer Ausbau eines Hauses

6.3.2 Der soziale und symbolische Kontext des Umziehens

Wie verlaufen Umzüge in Rappocini und in welchem sozialen Rahmen stehen sie? Die allgemeinen Umstände und den Ablauf von Umzügen versuchte ich, anhand einzelner Fälle durch Mithilfe bei Umzügen, durch unseren eigenen Umzug innerhalb der Nachbarschaft (vgl. 3.1.1), durch Beobachtungen und in offenen Gesprächen während einiger Umzüge zu ergründen. Die einzelnen sozialen Dimensionen des Wissens um potentielle Ziele wurden durch zweierlei systematische Zugänge eruiert. Zunächst wurden alle bisherigen innerstädtischen Umzüge im Rahmen des Interviews zur Residenzbiographie aufgenommen. Mir war aber aufgefallen, daß zu verschiedenen Phasen eines Umzuges, d.h. vor der Entscheidung, danach und nach dem Umzug selbst verschiedene Aspekte schärfer ins Licht der Aufmerksamkeit der Beteiligten rücken. Andere dagegen werden in einem frühen Stadium des Entscheidungsprozessen eher noch nicht gesehen oder artikuliert; frühere Gesichtspunkte sind in späten Stadien wieder vergessen. Also kann man davon ausgehen, daß sich in einem ex-post-facto Gespräch bezüglich früherer Umzüge an vieles nicht mehr genau erinnert wird. Dies sagten die Gesprächspartner während der Interviews zur Residenzgeschichte auch des öfteren. Aus diesem Grund habe ich unabhängig von diesem Sample zur Wohnbiographie zweitens alle 32 kürzlich, d.h. im Jahre 1990 oder 1991, ins *RT* und der daran angrenzenden Nachbarschaft neu eingezogenen Familien nach den Umständen ihres gerade gemachten Umzuges im Detail befragt. Aus diesen beiden unabhängig voneinander gewonnen Datensätzen ergibt sich folgendes Bild.

Informationssuche und soziale Unterstützung

Über freie Wohnungen und Häuser erfährt man in Rappocini in aller Regel über informelle Gespräche und weniger über Zeitungsanzeigen, Makler oder durch eigene Suche. In den großen Tageszeitungen der Stadt finden sich diesbezüglich nahezu ausschließlich Annoncen von Wohnsiedlungen (*perumahan*), während einzelne Häuser selten und Wohnungen fast gar nicht angeboten werden. In etwa der Hälfte der daraufhin untersuchten bisherigen innerstädtischen Umzüge (52 von 111) jetziger *RT*-Bewohner Rappocinis kam die Information über die jetzige Wohnung von Mitgliedern der Familie oder aus der weiteren Verwandtschaft. Das entspricht der in Indonesien allgemein üblichen Form der Wohnungssuche (vgl. Nothofer & Pampus 1988:194). Eltern, Geschwister oder Verwandte informieren Umzugswillige über neue Möglichkeiten. Dahinter verbergen sich aber auch ein Großteil von Wohnverhältnissen, in denen eine Person oder Familie kostenlos unterkam. Dies wird oft so ausgedrückt, daß man von der Familie oder einem Verwandten "gerufen worden" (*dipanggil*) sei. In einem knappen Drittel der Fälle (35 von 111) informierten Freunde, Nachbarn, Kollegen ("Arbeitsfreunde", *teman kerja*) oder Arbeitgeber. Nur in je 6 Fällen wurde ein Makler (*makelar*) bzw. eine Agentur in Anspruch genommen oder auf eigene Faust gesucht. Bei knapp zwei Drittel der Umzüge hatten die Befragten keinen einzigen Wohnplatz selbst in Augenschein genommen, während bei gut einem Fünftel zumindest ein Angebot angesehen wurde. Nur in vereinzelten Fällen wurden zwei oder mehr Möglichkeiten selbst inspiziert.

Die Wohnbiographien zeigen also insgesamt, wie wichtig sozial vermittelte Information gegenüber dem unmittelbar vor Ort gewonnenen Wissen über Wohnmöglichkeiten ist. Hier ist methodische Vorsicht angebracht; es ist zu prüfen, ob die Antworten tatsächliche Umstände wiedergeben oder nur implizite Normen der Sozialität, z.B. der Bedeutung der Familie i.w.S. (*keluarga*) oder des gegenseitigen Helfens (*bantu-membantu*; vgl. 5.5.3) reflektieren. Dazu wurden die oben schon genannten 32 jüngst umgezogenen Haushalte befragt, woher sie von der gerade bezogenen Wohneinheit oder vom Bauplatz für den Neubau wußten. Als Kategorien hatte ich das gesamte Spektrum der in den Wohnbiographien ermittelten Möglichkeiten vorgegeben: selbst gefunden, Zeitungsanzeige, Freunde, Kollegen, Familie bzw. Verwandte, Makler, Nachbarn, ethnische Vereinigung, Kirche. Diese neu umgezogenen Familien bzw. Einzelpersonen waren mehrheitlich beraten worden, während die Einziehenden nur in acht Fällen selbst die Wohnung fanden. Die Information kam großteils von Angehörigen der Familie (12 von 37; Mehrfachnennungen möglich) oder über Freunde, Nachbarn oder Kollegen (8), während nur in einem Fall ein Makler herangezogen wurde und die Information in keinem einzigen Fall aus der Zeitung stammte oder durch Kontakte zu einer ethnischen oder kirchlichen[159] Organisation gewonnen wurde.

Abb. 54: Gegenseitige Hilfe beim Umzug

Separat erfragte ich dann, welche Personen allgemeine, also nicht spezifisch auf die letztlich gewählte Wohneinheit bezogene, Ratschläge zum Umzug gegeben hatten (Tab. 46). Hier überwog der Anteil der Familienmitglieder deutlicher (19 von 33). Schließlich fragte ich noch, wer beim Umzug praktisch mitgeholfen habe (Tab. 46). Auch hier überwogen Familienangehörige (26 von 53; Mehrfachnennungen möglich) neben früheren oder neuen Nachbarn (17), während Freunde und Kollegen (7 bzw. 2) weniger genannt wurden. Sowohl Information zum Wohnplatz und Hilfe beim Umzug, als auch allgemeine Ratschläge stammten öfters von Angehörigen anderer Ethnien als der der umziehenden Einzelperson (etwa Studenten) oder - im Falle von Familien - des Hausvorstandes bzw. der Ehefrau (welche ja selbst oft verschiedenen Ethnien angehören). Dies verwundert nicht angesichts der ethnisch weitgehend gemischten Wohnweise und der hohen

---

[159] Dies ist erstaunlich, da mir andererseits viele Toraja bei Gesprächen über die Kirche sagten, diese sei besonders für Migranten und Umziehende wichtige Informationsquelle. Wahrscheinlich gibt das eher eine verallgemeinerte Errinnerung an die 1950er bis 1970er Jahre wieder, als viele Zuwanderer noch keine Bekannten oder Verwandten in der Stadt hatten.

Rate interethnischer Heiraten. Die Bedeutung von Familienangehörigen bei der sozialen Unterstützung liegt einerseits in der Wertschätzung der Familie als solcher, zweitens im Respekt vor älteren Personen (*hormat*) und ist drittens in der tatsächlichen Erfahrung der älteren Personen begründet, die aufgrund ihrer früheren Land-Stadt-Wanderungen über eine breite Erfahrung mit Ortsveränderungen verfügen, die ihren Rat auch bei innerstädtischen Umzügen nützlich machen.

Tab. 46: Soziale Unterstützung bei Umzügen

Unterstützende Personen bzw. Instanzen	Information	Ratschläge	praktische Hilfe
keine (selbst in Augenschein genommen, *lihat sendiri*)	8		
Familie, Verwandte (*keluarga*)	12	19	26
Freunde (*teman-teman*)	5	1	7
Kollegen ("Arbeitsfreunde"; *teman kerja*)	3	3	2
Nachbarn (*tetangga*)	3	4	17
ethnische bzw. religiöse Organisationen	0	n. exist.	n. exist.
Makler (*makelar*)	1	n. exist.	n. exist.
Zeitungsanzeige (*surat kabar*)	0	n. exist.	n. exist.
Andere	4	0	0
keine Angabe	1	6	3
darunter:			
gleiche Ethnie (bei Nichtverwandten)	5	16	21
andere Ethnie (bei Nichtverwandten)	7	4	7
keine Angabe	6	11	3
Anzahl der Fälle	32	32	31
Mehrfachnennungen waren möglich; n. exist. = nicht existente Möglichkeit bzw. nicht erfragt			

Bei der Informationsuche über mögliche Umzugsziele spielen regionale Normen und Werte eine Rolle. Ein häufig genannter Grund dafür, daß so wenige potentielle Wohnplätze selbst in Augenschein genommen werden, ist nämlich *malu* im Sinn von "Schüchternheit". Denn wenn man sich freie Wohneinheiten in einem selbst unbekannten Gebieten anschaut, ergibt sich nämlich leicht die Situation, mit Leuten anderen sozioökonomischen Standes zusammenzukommen, was beide Beteiligte beschämt machen kann. Dies wurde uns bei unserem eigenen Umzug deutlich. Obwohl die Familien in unmittelbar benachbarten *RW* wohnten, der Umzug nur über einige Hundert Meter Entfernung ging und ich schon ein halbes Jahr auch in der neuen Nachbarschaft bekannt war, kannten sich die Familien nicht. Dies und der höhere Lebensstandard der zweiten Familie führten zu starker gegenseitiger Meidung und in den Fällen, wo man doch zusammentraf, zur beiderseitigen Beschämung. Ein seltener angeführter Grund ist, daß es in der Stadt genug freie Wohnmöglichkeiten gäbe, so daß eine vorherige Suche nicht notwendig sei. Das steht im Einklang damit, daß auf die Frage nach "interessanten" Stadtteilen viele Gesprächspartner differenziert antworteten, aber bei der Frage nach potentiellen Wohngebieten in der Stadt nur schlicht sagten, sie "wüßten keine" (*belum tahu, kurang tahu*), oder statt konkreter Stadtteile oder Straßennamen präferierte Eigenschaften von Wohnzielen im allgemeinen nannten, z.B. die Nähe zu einer Schule (vgl. 6.4.1).

Wohnfolge und *turnover*: Das lokale Wissen
über Vor- und Nachbewohner

Viele der innerstädtischen Umzüge bedeuten eher eine Ausweitung des Aktivitätsfeldes der Familien als echte Verlagerungen einzelner Haushalte. Dies zeigt sich in den Angaben zu den Vorbewohnern der bezogenen Wohnung zu den Personen, die Ratschläge geben, und zu den Nachbewohnern einer verlassenen Wohnung. In etwa der Hälfte aller in den Wohnbiographien angeführten Umzüge war die bezogene Wohneinheit leerstehend, oder es wohnten fremde Personen dort, während immerhin in einem knappen Drittel der Wohneinheiten schon Verwandte wohnten. Auch die allgemeinen Ratschläge bezüglich eines eventuellen oder anstehenden Umzuges holt man sich oft bei Verwandten. Auf die Frage, wer ihnen bezüglich der jeweiligen Wohnortswechsel woandershin Ratschläge gegeben hätte, nannte knapp die Hälfte Angehörige der Familie (30 von 72), während die anderen keine Ratschläge erhielten (28) und nur 4 auf Freunde verwiesen. In immerhin fast einem Drittel der zuletzt bewohnten Wohneinheiten (20 von 68) lebten zur Zeit der Befragung immer noch Familienangehörige, während in 45 Fällen kein Verwandter mehr am letzten Wohnplatz siedelte.

Tab. 47: Ethnische Interaktion durch Wohnwechsel

Interaktionspartner	Verkäufer		Vermieter		Unterkunftgeber	
	Fälle	%	Fälle	%	Fälle	%
Fremde: andere Ethnie	24	46,2	9	31,0	0	0,0
Fremde: gleiche Ethnie	17	32,7	10	34,5	0	0,0
Nachbar(n), unspezifiziert nach Ethnie	8	15,4	6	20,7	2	40,0
Verwandte	3	5,8	4	13,8	3	60,0
Anzahl analysierbarer Fälle	52		29		5	
keine Angabe (z.B. vergessen oder zu *malu*)	22		5		4	
gesamte Fallanzahlen	74		34		9	
Summe	117					

Tab. 48: Wissen von Neuumziehern zur Wohnfolge (*turnover*)

Kenntnisse über Umziehende und deren Umzugsumstände bei jetzigen Bewohnern	Nachbewohner der verlassenen Wohneinheit	Vorbewohner der jetzt bezogenen Wohneinheit
gänzlich unbekannt	11	12
irgend etwas zu Person oder Umständen bekannt	21	20
sind Familienangehörige bzw. Verwandte	5	7
sind Freunde, Kollegen, Nachbarn	13	8
Umzugsursache bzw. -motiv bekannt	19	17
Herkunftsort (letzter Wohnort) bekannt	17	n. ex.
Zielort des Umzugs bekannt	n. ex.	14
ethnische Zugehörigkeit bekannt	6	8
Beruf, Arbeit bekannt	6	8
immer noch nicht bezogen	2	n. ex.
neues Haus	n. ex.	2
N = 32 jüngst umgezogene Familien oder Einzelpersonen; n. ex. = trifft nicht zu, weil jetziger Wohnplatz		

Dieses Bild bestätigte sich in der Befragung der 32 Neueinzieher in der Nachbarschaft (Tab. 47). Hier fragte ich gesondert nach den Nachbewohnern der selbst verlassenen und den Vormietern der selbst neu bezogenen Wohneinheit. Für beide fragte ich nach der Beziehung zum Befragten (eigene Familie, Freunde, Schulfreunde, Kollegen, andere), nach deren ethnischer Zugehörigkeit, deren Beruf und nach dem Grund des Umzuges sowie nach dem Herkunftsort (bei den Nachbewohnern) bzw. dem Zielort (bei den Vorbewohnern). In einem guten Drittel (11 bzw. 12) war über Nach- und Vorbewohner gar nichts bekannt, wobei aber zu Buche schlägt, daß die Hälfte Studenten waren, die sehr begrenzte Zeit in einer Wohneinheit wohnten. Unter den Nachmietern waren wesentlich weniger Familienangehörige als andere Personen (5:13), während das Verhältnis unter den Vorbewohnern der jetzigen Wohneinheit zwischen familiären und nichtfamiliären ausgeglichen war (7:8). Viele der jetzigen Bewohner kennen sowohl die ethnische Zugehörigkeit als auch den Beruf der Vorgänger und Nachfolger (Tab. 48). Wenn das eine davon bekannt ist, ist fast immer auch das andere bekannt. Noch mehr wissen die Umziehenden über die Umzugsmotive, die Herkunft und die Ziele der Nach- und Vorbewohner. Dabei überwiegt die Kenntnis des Umzugsmotives gegenüber dem Wissen zu Herkunftsort und Umzugsziel. Dies mag aber daran liegen, daß die Motive u.U. teilweise eher zugeschrieben als tatsächlich bekannt sind (was bei der Frage nach Herkunfts- und Zielort wegen der vielen Möglichkeiten kaum möglich ist). Diese Daten verdichten das schon oben angedeutete Bild, daß viele der migrations- und umzugsrelevanten Informationen über persönliche Kontakte gewonnen und weitergegeben werden.

Symbolisierung von Umzug und Hausbau

Wenn umgezogen oder ein neues Haus bezogen wird, finden in den meisten Fällen größere oder kleinere Feierlichkeiten statt. Ich konnte durch die Mithilfe bei Umzügen und der Errichtung von Häusern und Hütten etliche dieser Feiern miterleben. Ferner befragte ich dazu eine Auswahl jetziger Bewohner, unter denen alle Wohnkategorien vertreten waren und unabhängig davon auch die jüngst umgezogenen Haushalte. Solche kleinen Feste finden eher beim Einzug als beim Auszug statt. In über zwei Drittel der daraufhin befragten Haushalte in der Nachbarschaft (26 von 37) fanden anläßlich zumindest eines der bisherigen Einzüge solche Feiern statt, während dies nur in 11 Fällen nie der Fall war; bei den Auszügen waren die Anteile genau umgekehrt. Dies deckt sich mit den Angaben der 32 jüngst eingezogenen Personen oder Familien. Hier wurden nur zu 7 Auszügen aus der letzten Wohnung Feiern veranstaltet (besonders bei Toraja), während 25 von 31 Einzügen gefeiert wurden. Bei Auszügen aus städtischen Wohneinheiten kann es aber durchaus vorkommen, daß Verwandte, zu denen eine Familie wieder zurückzieht, diese am Wegzugsort abholen und dort eine Feierlichkeit zusammen mit den bisherigen Nachbarn durchgeführt wird.

Angesichts des Umzuges ("Wechsel des Hauses"; *pindah rumah* bzw. "Platz verlassen"; *meninggalkan tempat*) oder des Bezuges eines neuen Hauses ("das Haus betreten"; *masuk rumah, naik rumah*) möchte man Gott danken und seiner

Freude gemeinsam Ausdruck verleihen. Diese Feiern werden zumeist mit dem sonst in Ujung Pandang eher seltenen javanischen Wort *slametan* (*acara keslamatan, slamatan*) bezeichnet, oder man spricht von einem "Ausdruck des Dankes an Gott" (*acara syukuran, ucapan syukur, terimah kasih kepada tuhan*). Eine solche Feier kann aufwendig, gewöhnlich (*acara biasa, makan biasa*) oder eher bescheiden ("klein-klein", *kecil-kecilan*) ausfallen, was von der dem Ereignis zugemessenen Bedeutung und den verfügbaren Ressourcen abhängt. Sie unterbleiben aber ganz, wenn der Umzug zu plötzlich erfolgt (was häufig der Fall ist), falls die bezogene Wohneinheit zu klein dafür ist (man könnte sich schämen, weil man nur wenige einladen kann), wenn alle Nachbarn einer anderen Ethnie bzw. Religion angehören oder falls man einfach zu arm dafür ist.

Das gemeinsame Essen ist bei diesen Feiern besonders wichtig, weshalb sie auch von vielen einfach "Essen" (*makan*) oder "Zusammen Essen" (*makan bersama*), "Essensfeier" (*acara makan*) oder "großes Essen" (*makan besar*) genannt werden. Wenn möglich, sollte Reis oder sogar ein besonderer, z.b. schwarzer Reis, dabei angeboten werden. Außerdem ißt man Kuchen, der oft von Verwandten aus dem Heimatort auf dem Lande mitgebracht wird, oder Bananen. Besonders bei Umzügen wird traditionelles Gebäck, kleine süße Bällchen (*onde-onde*; M.) als passend empfunden. Auch die Diskussionen angesichts einer Feier anläßlich unseres eigenen Umzuges im September 1991 offenbarten, daß dies sehr wichtig genommen wird. Die Vorstellungen über die Bestandteile des Essens im einzelnen gehen aber auseinander. Nur *onde-onde* sind ein "Muß". Bei wichtigen Ereignissen, z.B. größeren Bauten, wird ein Tier geopfert. Man schlachtet ein Huhn, ein Schaf oder gar eine Kuh. Solche aufwendigeren Feste finden auch z.B. dann statt, wenn die Familienmitglieder wieder zusammen wohnen, nachdem etwa eines von der Ausbildung oder der Arbeit in der Fremde, aus dem *merantau*, zurückgekehrt ist.

Sowohl für die Islamgläubigen als auch für die christlichen Toraja und hiesigen Ostindonesier ist die religiöse Komponente dieser Feiern wichtig. Man liest zusammen im Kreis der Nachbarn, häufig aber auch nur in der Familie, im Koran bzw. der Bibel oder betet zusammen (*baca Islam, baca Qu'ran, baca Bibel, sembahyang, berdoa kepada tuhan*). Lesungen und Rezitationen (*baca-baca*) gehören in dörflichen makasarischen Siedlungen zu den Riten der "Bewachung des Hauspfostens" (*a'mata-mata benteng*; M.) in der Nacht vor der Errichtung des Hauses und der Hauseinweihung und zum "Kaltmachen des Hauses" (*addingingi balla`*; M.) nach dem Einzug (Rössler 1987: 164-178). Aber auch im urbanen Kontext Rappocinis wird besonders die Errichtung eines Hauses oft von Riten begleitet, die als besonders "traditionell" bzw. "dem Adat folgend" eingeschätzt werden ("Feier des Betretens des Hauses"; *acara berdiri rumah, dirikan rumah adat, adat naik rumah, naik balla'*; M.; bzw. "Dachfertigstellung"; *glanka*; M.).

Schon anhand der Residenzbiographien und der gerade geschilderten sozialen Unterstützung bei Umzügen wurde deutlich, daß die Umzugsmotive und -umstände nur zu verstehen sind, wenn die verschiedenen Wohnformen berücksichtigt werden, in denen Umziehende vor und nach ihrem Umzug wohnen. Diese Wohnformen hängen im speziellen mit der materiellen Lage, der Lebensphase und dem Verhältnis jeweiliger Haushalte zu ländlichen Siedlungen und allgemein mit regionalen Wanderungstraditionen und Migrationskonzepten (6.2.1) zusammen. Diese verschiedenen Faktoren kulminieren in unterschiedlichen Wohnformen, die in der Innensicht mit bestimmten "Lebensmustern" (*pola hidup*) verquickt sind.

6.3.3 Wohnen und "Lebensmuster" (*pola hidup*)

In Ujung Pandang werden verschiedene Formen des Wohnens unterschieden, die sich an einer Reihe von Kategorien der Wohnplätze (*tempat tinggal*) festmachen[160]. Neben den Eigenschaften des Wohnhauses bzw. der Wohnung und dem Image des Wohngebietes haben auch diese verschiedenen Wohnformen selbst eine ziemlich genau angebbare Stellung auf der Prestigeskala und damit in der sozialen Verortung ihrer Bewohner (vgl. 5.7). Allgemein werden Häuser im Eigenbesitz (*milik, punya rumah*) dem Mietverhältnis (*kontrak*; wörtlich: "Vertrag") vorgezogen; das Wohnen zur Miete wiederum impliziert einen höheren Status als das kostenlose Unterkommen bei anderen (*numpang*). Solches Unterkommen rangiert etwa auf der gleichen Höhe wie das sog. "Bewachen von Land" (*jaga tanah*) als geduldete Wohnweise, was gegenüber dem illegalen Wohnen auf dem Land anderer Leute bevorzugt wird. Diese Bewertungen sind eng mit Prestige und besonders mit Konzepten von Ehre-und-Schande (*malu, siriq*) verquickt.

Abb. 55: Errichtung eines Wohnhauses

---

160 *Tempat tinggal* heißt wörtlich "Wohnort". Anders als im Deutschen ist dies aber auf die genaue Lokalität bzw. das Haus und nicht nur auf die Wohngegend (das wäre *daerah*) bezogen. Deshalb übersetze ich *tempat tinggal* mit "Wohnsitz" oder "Wohnplatz".

Die Erläuterung der indigenen Wohnkategorien ist im folgenden so angeordnet, daß die sozialen Umstände und die genannte Dimension sozialer Wertschätzung deutlich wird. Die Entscheidungstabellen werden zeigen, daß trotz dieser allgemeinen Bewertungen für einzelne Haushalte, die sich in einer bestimmten sozialen oder wirtschaftlichen Situation befinden, ganz bestimmte Wohnformen als die "passendsten" (*paling cocok*) oder "besten" gelten. Den hier beschriebenen Wohnkonzepten, die naturgemäß eher die Sicht der Bewohner bzw. der Besitzer fertiger Wohneinheiten offenbaren, sind die weiter unten dargestellten Weisen des Bauens (6.4.2) komplementär, welche die Perspektive von Bauherren eines Neubaues reflektieren.

(a) "Besetzen" (*menyerobot*, lokalspr. auch *merobot*)
Wenn man sich ohne Erlaubnis auf einem Landstück niederläßt, wird das im Volksmund *merobot* (vgl. *menyerobot*[161]; etwa "besetzen", "sich widerrechtlich aneignen"; im Jakarta-Dialekt "explodieren"; Echols & Shadily 1990a:164) genannt. Solches unerlaubt besiedeltes Land gehört oft der Regierung. Die illegalen Siedler, die auf solchem Land oft nur Hütten (*gubuk*) errichten, werden geduldet, bis das Land, etwa mit Verwaltungsbauten, bebaut wird. Dann werden die Bewohner "verdrängt" (*digusur*). Diese Familien, die in dieser Wohnform leben, müssen so im Laufe der Jahre des öfteren umziehen, leben also in ständiger Ungewißheit (*kurang pasti*). Da der Boden in der Stadt immer teurer wird und immer dichter bebaut ist, werden sie tendenziell aus dem Stadtgebiet nach außen abgedrängt. So mußten 1991 etliche Bewohner aus einem ca. 50m x 100m großen Gebiet im Ortsteil Banta-Bantaeng ihre Häuser abreißen und weiterziehen (Abb. 56). Sie waren vor Jahren aus anderen Gebieten der Stadt hierhin gezogen. Auch dort hatten sie auf Regierungsland gebaut und mußten weichen, als dort ein Krankenhaus errichtet wurde. In solchen Fällen erhalten die zum Umzug gezwungenen Familien eine "Entschädigung" (*ganti rugi*; eigtl. *ganti kerugian*), die die Kosten ihres Umzuges abdecken soll (etwa Rp. 20.000,-[162]). Etliche Bewohner Rappocinis wurden z.B. Ende der 1980er Jahre durch einen Entwässerungskanal verdrängt. Der Kanal entstand als Entwicklungsprojekt in Zusammenarbeit der indonesischen Regierung mit Kanada und Japan (jetzt nur noch Kanada) und schützt besonders in der Regenzeit die Siedlung vor größeren Überflutungen. Überflutungen waren (vgl. Karamoy & Dias 1986:194) und sind ein Problem in vielen Stadtteilen, die dicht und von ärmeren Menschen besiedelt sind. Die betroffenen Bewohner wurden z.B. nur mit Rp. 3.000,-/m^2 entschädigt, was in der Sicht mancher typisch dafür ist, wie seitens der Behörden mit machtlosen bzw. marginalen Menschen (*anak belakang;* vgl. 5.7) umgesprungen wird. Die Stadt verkaufte das Land z.T. für Rp. 1.000.000,-/m^2 weiter.
Um die Hintergründe des *menyerobot/merobot* und der daran anschließend beschriebenen Strategie des "Bewachens von Land" zu verstehen, bedarf es eines Exkurses über Bodenkonflikte als kontinuierlicher Struktur in der Sozialge-

---

[161] Obwohl *merobot* weder grammatikalisch, noch semantisch von *menyerobot* ableitbar ist.
[162] Die Menschen mokieren sich im Witz über solche niedrigen Entschädigungen, indem sie sagen *ganti rugi - ganti, tetapi rugi* (etwa: "Schadenersatz - ersetzt, dafür aber ruiniert").

schichte Ujung Pandangs. Die in 5.1.3 dargestellte konflikthafte Bodensituation in Rappocini gibt ein nur im Kontrast verstärktes Bild der Bodenkonflikte, die im allgemeinen in der ganzen Stadt bestehen. Viele Familien kommen vom Lande und bauen ohne Genehmigung der Behörden. Die Stadtverwaltung versucht, quasi erzieherisch, die Bewohner dazu zu bringen, nur mit Baugenehmigung zu bauen. So sieht man Schilder, auf denen zu lesen ist: "Die Bauausführung muß gemäß der Baugenehmigung erfolgen, die mit Einverständnis des Nationalen Amtes für Bauüberwachung erteilt wurde", oder "Bringen Sie sich in den Besitz einer Baugenehmigung, bevor Sie mit der Bauausführung beginnen", oder im Rahmen modernistischer Ideale mit dem Slogan: "Wenn Sie die Baugenehmigung besitzen, heißt das, daß Sie am Aufbau Ujung Pandangs beteiligt sind".

Heute schwelen in Rappocini erhebliche Bodenkonflikte, die aus der rechtlich über lange Zeit unklaren Rechtssituation verständlich werden. Dies um so mehr, als das verfügbare Bauland immer weniger wird. Bis 1980 war in den meisten Gebieten Rappocinis zwar der Reisanbau aufgegeben und damit freie Flächen verfügbar, aber guter, d.h. überschwemmungsgeschützter, Baugrund ist schon jetzt nur begrenzt verfügbar. Wenn ein Grundstück gekauft wird, setzen die Käufer häufig sofort ein Fundament darauf, um es vor fremdem Zugriff zu sichern. Mittels eines Fundaments beansprucht man das Land gegenüber der Stadtverwaltung oder anderen Personen. Pak, unser Familienvorstand, hatte beispielsweise das Land, das er in Rappocini gekauft hatte, drei Monate unbebaut gelassen. Prompt begann ein Nachbar, auf dem Grundstück zu bauen. Pak beschwerte sich bei diesem und der Nachbar zog wieder ab. Ein Fundament stellt eine zusätzliche Sicherheit zu der formellen Baugenehmigung (*izin pembangunan*) dar. Des öfteren kommt es nämlich vor, daß mehrere Käufer gleichzeitig eine solche Genehmigung für ein und dasselbe Grundstück haben. Wenn ein Fundament gebaut ist, ist man auch davor geschützt, daß das Land etwa für den Bau einer Straße beansprucht wird. In einem solchen Fall würde nämlich ebenfalls meist nur eine äußerst geringe Entschädigung gewährt werden.

(b) "Land anderer Leute bewachen" (*jaga tanah orang lain*)
Häufig siedeln Menschen auf fremdem Land[163] mit stiller Duldung oder dem ausdrücklichen Einverständnis des privaten Besitzers. Sie sind zwar nicht die Eigner des Bodens und haben auch keinen Miet- oder Pachtvertrag, aber sie sind im Gegensatz zu den meisten, die im *merobot*-Status wohnen, angemeldet und damit legale Bewohner. Diese Wohnform wird mit dem Ausdruck "das Land anderer Leute bewachen" (*jaga tanah orang lain*, meist einfach "Land bewachen", *jaga tanah*) bezeichnet. Das häufige Vorkommen solcher Wohnformen in Ujung Pandang zeigt, wie bedeutend Absentismus der Bodenbesitzer gerade im städtischen Bereich ist (vgl. Evers 1984:485 zu Malaysia und Indonesien im allgemeinen).

---

[163] Keiner der Gesprächspartner nannte die Möglichkeit des illegalen Wohnens in vorhandenen unbewohnten Häusern, was in lateinamerikanischen Städten bekannt ist (Bähr 1986:16). Ich konnte in Ujung Pandang auch nur sehr wenige unbewohnte Bauten entdecken, selbst in der Altstadt.

Abb. 56: Gebiet mit jüngst geräumten illegalen Hütten (Banta Bantaeng in Rappocini, Oktober 1991)

Abb. 57: "Land anderer Leute bewachen": kleiner Laden und Hütte auf nicht selbst besessenem Land

Einige Fälle sollen das "Land bewachen" verdeutlichen. Am Rande einer großen Durchgangsstraße werden röhrenförmige Brunnenelemente und weitere Teile aus Beton verkauft. Die Familie, die den Betrieb besitzt und die ganze Arbeit selbst leistet, gehört zur Ethnie der sind Makasar, stammt aus Gowa und lebt schon seit 1942 hier. Sie wohnt selbst hundert Meter entfernt in einem Gebiet, das, wie der frühere dortige *kampung*, Bontocinde heißt. Der Vater des jetzigen Besitzers hatte die Idee für das Geschäft. Es gibt etwa zehn solcher Betriebe an dieser großen Straße. Die Familie produziert in Eigenarbeit mit drei Frauen (diese leisten hier Schwerstarbeit) und zehn Männern pro Monat ca. 150 Rohre (Verkaufspreis je Rp. 7.500,-), rund 300 Brunnenelemente (je Rp. 15.000,-) sowie etliche Schmucksäulen ("schöne Pfeiler", *pilar indah*; Rp. 10.500,-). All diese Produkte lassen sich in diesem Stadtteil, wo sehr viel gebaut wird, gut absetzen. So gibt es an einer großen Ausfahrtsstraße der Stadt etliche gut etablierte Ladengeschäfte, die *pilar indah* verkaufen. Das Zementmaterial wird mit Autos angeliefert; die Gußformen aus Holz und Aluminium stellt die Familie selbst her. Laut eigenen Angaben liegt der Profit monatlich bei ca. Rp. 500.000,-. Das Land, auf dem der Betrieb steht, gehört aber nicht etwa der Familie, sondern einer anderen Firma, die bei der Aufnahme der Arbeit jedoch um Erlaubnis gefragt wurde. Die Familie weiß aber, daß ihr Betrieb weichen muß, wenn die Firma das Land selbst nutzen oder es verkaufen will. Trotzdem kann sie, die nachts im nahen *kampung* schläft, den Betrieb unbeaufsichtigt lassen; das Gebiet sei "schon sicher". "Land bewachen" ähnelt als Wohnweise dem *merobot* darin, daß beides ein geduldetes kostenfreies Wohnen auf (und/oder Nutzen von) Land ist, das man nicht besitzt. "Land bewachen" unterscheidet sich vom "Besetzen" darin, daß es als ganz normale und akzeptable Strategie für ärmere Haushalte gesehen wird, während das "Besetzen" geduldet wird, aber als illegal gilt und schlecht angesehen ist.

(c) "Unterkommen" (*penumpang*)
In Süd-Sulwesi ist es allgemein üblich, daß Verwandte oder Bekannte, auch für längere Zeit, im Haus einer Familie, die sie besuchen, wohnen[164]. Wir haben das oft erlebt. Häufig kündigen Verwandte oder Bekannte ihren Aufenthalt weder an, noch steht im Vorhinein fest, wie lange sie bleiben werden, auch wenn beides über Bekannte übermittelt werden könnte. Auch wenn solche Personen über Monate in einem Haushalt leben, melden sie sich meist nicht an. Sie leben dort dann manchmal mit in der Familie, arbeiten mit und werden als Mitglieder des Haushaltes angesehen. Häufig kommen die Besucher Verwandte vom Land aus verschiedenen Gründen für begrenzte Zeit in die Stadt, wissen aber noch nicht, wie lange der Aufenthalt dauern wird. Oft suchen sie nach Arbeit oder einem Platz in

---

[164] Dies scheint ein besonders im städtischen Indonesien weit verbreitetes Phänomen zu sein. Es ist unter Forschern, die teilnehmend in Haushalten gelebt haben, bekannt, und die meisten geben es nach einiger Zeit auf, einen Überblick über Kommen, Gehen, Herkunft und Beziehung der vielen Besucher zum Haushalt zu behalten (vgl. z.B. Jellinek 1990). Die Verbreitung temporärer Residenz ist ein Merkmal vieler indonesischer Gruppen, das sie mit etlichen pazifischen Gesellschaften teilen, die auch nicht von permanenten Haushaltsmitgliedern sprechen, sondern gegenüber dem "Besuchen" noch verschiedene andere Formen zeitweiligen Wohnens unterscheiden (vgl. Decktor Korn 1975:241 für Tongatapu in Polynesien).

einer höheren Schule (vgl. 6.2.1; *cari kerja, cari ilmu* innerhalb der emischen Migrationskonzepte). Tab. 49 gibt einen beispielhaften Einblick der Besuche in unserem Gasthaushalt und die Aufenthalte von Haushaltsmitgliedern an anderen Orten, beobachtet über vier Monate. Dies soll beispielhaft die unterschiedliche Dauer und verschiedenen Gründe der Besuche sowie deren Häufigkeit, besonders während der Ferienzeit im Sommer (*libur*) zeigen. Auch ein sehr langfristiges Unterkommen bis zu Jahren bei Verwandten oder Bekannten ist in Indonesien allgemein verbreitet (*numpang sama keluarga*). Man spricht kurz von *numpang*, eigtl. *menumpang*; von *tumpang*, "mit anderen zusammen"). Eine andere Form des "Unterkommens" ist das kostenfreie Wohnen bei einem Arbeitgeber (*numpang sama majikan/boss*) bzw. einem Patron (*numpang sama punggawa*). Solche längeren Aufenthalte gehen häufig in ein ständiges Unterkommen über.

Tab. 49 : Bewohnerfluktuation im gastgebenden Haushalt über vier Monate 1991 (Daten aus Feldtagebuch)

Datum	Person/Beziehung	Von ...	nach ...	angegebener Grund
22.4. bis 29.4.	Verwandter Jah	Soppeng	Rappocini	"Besuchen" (*jalan jalan*), Geschenke bringen
ab 24.4.	Studentin Ber	Soppeng	Rappocini	Studieren
o.A.	Mutter der Hausfrau mit zwei Töchtern	Soppeng	Rappocini	Ferien und Bewerbung an der Universität
5.6. bis 18.7	Haj mit Ita (Tochter der Familie)	Rappocini	Bandung	Ferien und "Suche nach einer Schule"
17.6. bis 29.6.	Adoptiertes Mädchen	Rappocini	Soppeng	Sehnsucht nach Großmutter
ab 28.6.	Lin und Sur	Soppeng	Rappocini	Unbekannt
28.6. bis 30. 6.	Schwester der Hausfrau mit kleinem Sohn und Haushilfe (*pembantu*)	anderer Stadtteil	Rappocini	Ehekrach
29.6. bis ca. 4.7.	Sur	Soppeng	Rappocini	*jalan jalan*, Aufnahmetest an der Universität
11.7. bis ca. 13.7.	gesamte Familie	Soppeng	Rappocini	*jalan jalan*
15.7. bis 17.7.	Ber	Rappocini	Soppeng	unbekannt
18.7. bis 21.7.	Irma und Bruder	Rappocini	Soppeng	*jalan jalan*
bis 25.8.	Ber	Rappocini	Soppeng	Ferien, Schulende
ab 18.8.	Sur	Rappocini	Soppeng	nicht in Universität aufgenommen

Die Wohnformen des *merobot*, des *jaga tanah* und des *numpang* werden nicht immer klar unterschieden[165]. Allesamt können sie als Formen des Umganges mit Bodenproblemen, die Konflikte vermeiden oder vermindern, begriffen werden. So kann ein und dasselbe Wohnverhältnis entweder als "Unterkommen" (eher die Sicht der Bewohner) oder als "(unser) Land bewachen" wahrgenommen oder dargestellt werden. Da "Besetzen" einen schlechten Ruf hat, werden dafür gern

---

[165] Erst der kognitive Zugang zeigt, daß sie überhaupt unterschieden werden. Die Unterscheidung ist im Vergleich etwa zu lateinamerikanischen Städten zu sehen, wo in der Literatur meist nur allgemein von *squattern*, bzw. von Personen, die in "Nischen" des bebauten Stadtgebietes unterkommen, gesprochen wird (Bähr 1986:16f.), obwohl es auch dort emische Differenzierungen gibt.

höher bewertete Kategorien benutzt. Mae z.B. ist 62 Jahre und lebt mit seiner 58-jährigen Frau und vier Kindern auf unbebautem städtischen Land. Er kam 1976 hierher, "weil das Leben hier leichter ist", als im *kampung* in Enrekang, wo er Trockenreisbau (*ladang*) betrieb. Seine jetzt zwischen 17 und 30 Jahre alten Kinder bauten die hiesige Holzhütte, die direkt neben einem Gebäude der städtischen Verwaltung liegt. Das Ehepaar betreibt hier ein kleines Restaurant. Als Kunden kommen vor allem die Beamten, die mittags an einem Tisch und zwei Bänken Reis, Nudeln und gebratene Bananen essen, die die Frau in einer winzigen Küche zubereitet. Drei der vier Söhne arbeiten in Kalimantan und senden etwa alle drei Monate Rp. 100.000,- nach Hause. Das sei zwar, so sagt Mae, nie sicher; aber im Jahr kämen doch durchschnittlich Rp. 600.000,- zusammen, was mit dem hier verdienten Geld "ausreiche" (*cucup*). Mae war von 1988 bis 1990 selbst in Samarinda auf Kalimantan, um dort eine Enkelin zu versorgen, deren Mutter arbeiten ging. Mae und seine Frau wissen, daß sie weichen müssen, wenn das Straßenbauprojekt (*Kampung Improvement Program, KIP*), im Zuge dessen schon die nahe Straße gebaut wurde, weitergeführt wird. Sie bezeichnen ihre Wohnform als *numpang*. Rein rechtlich handelt es sich um illegales Siedeln, also um "Besetzen". Aber die Behörden dulden es, womit die Wohnform de facto in die Nähe des "Unterkommens" rückt, insbesondere, weil das kleine Restaurant als Kantine für gering bezahlte Beamte fungiert. Derartige Betriebe, die sich örtlich wie wirtschaftlich eng bei Verwaltungsbauten "einnischen", sind in Ujung Pandang häufig zu finden. Dies verwundert nicht in einer von bürokratischen Institutionen geprägten Stadt.

(d) Regionales Wohnheim (*asrama daerah*)
In Ujung Pandang existieren etliche Wohnheime, die von bestimmten ethnischen Organisationen betrieben werden und einzelnen Mitgliedern zur Miete offenstehen. Sie werden meist *asrama daerah* genannt. Regionale Wohnheime werden von Bewohnern einer Region (*asrama daerah*) bzw. einer Siedlung (*asrama kampung*) betrieben und nehmen vorwiegend Menschen auf, die aus ihrem Gebiet stammen. Solche Unterkünfte sind oft von Pionieren gegründet worden, die als erste aus einer Region nach Ujung Pandang kamen. Im *asrama* Bogani z.B., das schon seit 1968 besteht, wohnen 43 Studenten in acht Zimmern. Es sind ausschließlich junge Männer, sie stammen alle aus einem *kabupaten* und bekennen sich alle zum Islam; allerdings wohnte früher auch schon einmal ein christlicher Student hier. Sie gestalten ihre Freizeit zusammen und werden von einer angestellten Kraft bekocht. In dieser Hinsicht gleicht dieses Wohnheim den *pondok* in Jakarta (vgl. Jellinek 1978). Eine andere Form der Gemeinschaftsunterkunft sind Wohnheime für Angestellte bestimmter Institutionen, z.B. des Militärs (*asrama ABRI*[166]).

---

[166] In Ujung Pandang gibt es meines Wissens keine *boarding houses* oder Kleinhotels, wo man täglich zahlt und demzufolge ohne Ankündigung gekündigt werden kann, wie sie in lateinamerikanischen Städten zu finden sind (Bähr 1986:15f.).

(e) Gemeinschaftshaus (*pondok*)
Ein *pondok* ähnelt dem eben dargestellten Wohnheim, ist aber nicht nach ethnischer oder regionaler Herkunft ausgerichtet oder auf eine Berufsgruppe zugeschnitten. Viele, besonders junge und/oder alleinstehende, Menschen wohnen in Ujung Pandang gemeinsam in einem Haus (*pondokan*; meist aber kurz *pondok*), wobei jeder ein Zimmer bewohnt. In den eben genannten *pondok* Jakartas werden die dort zusammen Wohnenden von einer Kraft, im allgemeinen von einer Frau, die den *pondok* betreibt, bekocht (Jellinek 1991:32-34). In Ujung Pandang dagegen ist mit dem Terminus *pondok* nur das Zusammenwohnen ohne Verpflegung gemeint. Wenn die Bewohner noch zusätzlich eine Küchenkraft haben, benennt man diese seltene Wohnform mit einer eigenen, aus dem Holländischen kommenden Bezeichnung als Wohnen "mit Kost und Logis" (*in-de-kos*; H., vgl. Ebery & Forbes 1985:167).

(f) Mieten (*kontrak*)
Zur Miete wohnt man entweder in einem Zimmer oder in einer Wohnung (*kontrak petak*); seltener ist das Mieten eines ganzen Hauses (*kontrak rumah*). Die Wohnungen befinden sich gewöhnlich in einem langgestreckten Haus mit aneinandergefügten gleichartigen Wohneinheiten, wie es in Städten Südostasiens typisch ist (Hofmeisters "Petak-Haus", 1991:116). Wie oben gesagt, ist es für die strukturelle Situation, in der sich viele Mieter befinden, entscheidend, daß die Mietsumme über die gesamte Laufzeit des Vertrages im Voraus an den Vermieter zu zahlen ist. Entsprechend kurz sind die meisten Mietverträge; sie laufen oft nur über ein Jahr und werden dann verlängert oder eben auch nicht. Die Befragten unterschieden im allgemeinen dazwischen, ob eine Wohneinheit von einer Person bzw. einer Familie allein (*kontrak sendiri*) oder zusammen mit anderen (*kontrak bersama*) gemietet wird. Auch im letzten Fall ist die Miete insgesamt vorweg zu entrichten.

(g) Eigenheim (*rumah*)
Die Unsicherheiten des Mietens vermeidet man, wenn man ein eigenes Haus besitzt (*milik, punya rumah, punya rumah sendiri*). Dies erfordert aber hohe Geldmittel für den Bau oder Kauf und es bringt oft Probleme durch die notwendige Baugenehmigung (*izin bangunan*), die oft nur schwer zu ergattern ist. Die Möglichkeiten des Baues eines eigenen Hauses oder des Kaufs eines Reihenhauses in einer Wohnsiedlung, Optionen, die in erster Linie für die Mittel- und Oberschicht relevant sind, werden in 6.4.2 und 6.4.3 detailliert untersucht.

Tab. 50: Wohnformen in der untersuchten Nachbarschaft (*RT*)

	Anzahl	%	kumulative %
Eigenbesitz (*milik, punya rumah*)	74	63,2	63,2
Mietverhältnis (*kontrak*)	34	29,1	92,3
kostenloses Unterkommen (*numpang*)	9	7,7	100,0
andere: *merobot, jaga tanah, asrama, pondok*	0	0,0%	
Summe	117		

Wohnformen als Entscheidungsfeld

Nachdem die einzelnen emischen Wohnoptionen beschrieben und durch Beispielfälle illustriert wurden, soll jetzt die Innensicht des Zusammenhanges von Wohnoptionen mit Bedingungen, insbesondere sozialen Kategorien potentieller Bewohner, systematisch angegangen werden. Dazu nutze ich als Darstellungsmittel wieder die Entscheidungstabellen.

Die Tabellen 51 und 52 betreffen den Komplex Wohnen, anhand der verbreiteten Optionen (Unterkommen, im Wohnheim wohnen, im *pondok* wohnen, eine Wohnung allein mieten, desgl. zusammen mit anderen, ein Haus mieten, ein Haus kaufen sowie Land kaufen und dann bauen) und der steuernden Bedingungen (verschiedene Lebenslagen und zusätzliche Merkmale). Beide Abbildungen enthalten dieselben Daten, aber deren unterschiedliche Anordnung zeigt verschiedene Aspekte der komplexen Zusammenhänge[167]. In Tab. 51 sind sie nach Wohnoptionen geordnet, was zeigt, welche Bedingungskonstellationen zu denselben gewählten Optionen führen. Die Anordnung nach Bedingungen in Tab. 52 erschließt dagegen, welche Wahlmöglichkeiten bei gegebenen Bedingungen bestehen, in anderen Worten, wie eingeschränkt die Entscheidung ist.

Zusammenfassend charakterisieren folgende Merkmale das Entscheidungsfeld des Wohnens:
(a) Die Akteure ziehen als Kriterium einerseits die allgemeine Lebenslage (*situasi hidup*; siehe 6.1.2), die vor allem durch Alter und Beruf charakterisiert ist, und andererseits zusätzliche Bedingungen, wie Familienstand, Geld- und Landbesitz, Entfernungen sowie soziale Kontakte, heran. Bei diesen zusätzlichen Bedingungen wird es von den Gesprächspartnern häufig ausdrücklich betont, falls sie in einem Fall nicht zutreffen ("N").
(b) Die Entscheidung für jede der acht Wohnoptionen kann nicht nur über eine, sondern über mehrere Kombinationen von Bedingungen erreicht werden.
(c) Eine gegebene allgemeine Lebenslage läßt zunächst mehrere Wohnoptionen offen. In Kombination von allgemeiner Lebenslage mit weiteren jeweils gegebenen Bedingungen bleiben dann aber nur wenige Alternativen oder nur eine Option übrig. Das zeigt sich darin, daß in den Spalten der Tab. 51 selten zwei oder mehr Wohnmöglichkeiten angekreuzt sind.
(d) Unter den weiteren Bedingungen sind der Familienstand und das Verfügen über Bargeld (*punya modal*) von hoher Bedeutung, wie die häufige Nennung (19 bzw. 23 mal) signalisiert.

---

[167] Hier zeigt sich deutlich der in 3.2.3 erläuterte Vorteil von Entscheidungstabellen gegenüber Entscheidungsbäumen, flexibler zu sein und trotzdem mehr Information übersichtlich darstellen zu können.

Tab. 51: Bedingungen und Optionen bei Umzügen in der Innensicht 1: Anordnung nach Wohnoptionen

	1	2	3	4	5	6	7	8	9	10	11	12	13	14	15	16	17	18	19	20	21	22	23	24	25	26	27	28	29	30	31	32	33	34	35	36	37	38	39	40
Arbeitsloser	J	J																																						
Student			J	J																															J					
Tagelöhner					J	J								J	J	J																								
Kleinhändler								J			J						J													J										
Angestellter										J		J						J													J					J				
Unternehmer																																	J						J	
Beamter							J																																	J
und verheiratet		N	N	N		J		N							N	J			J	N	N	N	N	J	N			J			J			J	J		J	J		
und Kind(er)			N								J	J	J			N				N	N	N	N	J	N			J										N		
und Schulkind(er)			N							J		N				N	J			N	N	N	N	N	N													N		
und hat Bargeld	N		N	N		N		N		N	N	N	N		J	J	N	N	J	N	N	N	N	J			N	J	N		J	J					J			
und besitzt Boden			N													N								N														J		
und Bez. in Stadt	J		J			J	J				N										J			N			N													
und Arbeitspl. nah					J																			N		J			J											
Unterkommen	X	X	X	X																																				
Wohnheim					X	X	X																																	
Pondok								X	X	X	X																													
Wng. zus. mieten												X	X	X	X	X	X	X																						
Wng. allein mieten																			X	X	X	X																		
Haus mieten																							X	X	X	X	X	X												
Haus bauen																														X	X	X	X	X	X	X	X	X	X		
Land kaufen																																								X	X

Tab. 52: Bedingungen und Optionen bei Umzügen in der Innensicht 2: Anordnung nach Bedingungen (soziale Lage u.a.)

	1	2	3	4	5	6	7	8	9	10	11	12	13	14	15	16	17	18	19	20	21	22	23	24	25	26	27	28	29	30	31	32	33	34	35
Arbeitsloser	J	J	J	J	J																														
Student						J	J	J	J	J	J	J	J	J	J	J																			
Tagelöhner																	J	J	J																
Kleinhändler																					J	J	J												
Angestellter																								J	J	J	J	J							
Unternehmer																													J	J					
Beamter																J															J	J	J	J	J
und verheiratet		N	J	J					N	J	N	J	N			J		N	N		J	J	J	J	J	J	J				J	J	J	J	J
und Kind(er)		N				N	N		N	N	N	J	N					N	N		J		J	J	J	J								N	
und Schulkind(er)		N				N	N		N	N	N	N	N				J	J	N		N	N	N	N	N	N								N	
und hat Bargeld		N	N	J		N	N		J	J	N	J	N	N		J		N	N		N	N	N	N	N	N	J						J	J	J
und besitzt Boden										N	N	N																J							
und Bezg. in Stadt										N	J	N									J	N				J					J				
und Arbeitspl. nah	J									N		N		J			J																		
Unterkommen	X	X															X				X										X				
Wohnheim							X	X										X				X		X											
Pondok			X					X	X	X	X							X	X						X										
Wng. zus. Mieten				X			X		X																X	X									
Wng. allein mieten					X				X			X		X	X				X			X					X	X							
Haus mieten														X	X	X							X					X	X	X		X			
Haus bauen																																X	X	X	
Land kaufen																													X						X

6.3.4 Sozialer Kontext und ethnienübergreifende Ideale als Entscheidungsgrenzen: zwei Fallgeschichten

Bauen und Umziehen im interethnischen
städtischen Beziehungsfeld

Anhand einer Fallgeschichte möchte ich wechselseitige Zusammenhänge von Umzugsmotiven, Baustrategien, interethnischem Umgang und Modernitätsidealen, wie sie für Ujung Pandang charakteristisch sind, aufzeigen. Ich verfolgte diesen Fall über Monate, während derer ich eine Baustelle mehrmals für längere Zeit und fast täglich kurzzeitig aufsuchte und mich mit dem Bauherren Resok, seinen Verwandten und seinen Arbeitern unterhielt.

Resok ist Makasar und wohnt schon lange in Rappocini. Er war früher ein Händler bzw. Verkäufer (*jualan*), arbeitet jetzt aber nicht mehr, da er um die siebzig Jahre alt ist. Das traditionelle Haus, in dem er mit seiner Frau und vier Kindern wohnt, liegt an der Jl. Rappocini Raya. Gleich nebenan ragen schon etliche *ruko*, die chinesischen und buginesischen Besitzern gehören, über den älteren Häuser und Hütten auf. Durch diese Geschäfte ist die Straße "belebt" (*ramai*) und "fortschrittlich" (*maju*; *berkembang*) geworden (5.2.3 zur städtischen *frontier*). Resok hatte sein Grundstück von seinem Vater geerbt. Er besaß es also schon, als hier nur wenige Menschen wohnten, konzentriert in dichten *kampung*, die von Reisfeldern umgeben waren, als die Gegend unsicher war und nur ein kleiner unbefestigter Weg am Haus vorbeiführte. Noch heute gehören die unmittelbaren Nachbarn zur weiteren Familie; zwischen den Häusern gibt es keinerlei Abgrenzung; sie teilen sich zusammen einen Innenhof.

Vor kurzem hat Resok das Land, auf dem sein traditionelles Haus steht, verkauft und er ist jetzt dabei, selbst ein Steinhaus auf einem Grundstück, das gegenüber der Straße in zweiter Reihe liegt und das er ebenfalls erbte, zu errichten. Er verkaufte das erste Grundstück, "um an Geld zu kommen, weil ich mein Kind verheiraten will" (*cari uang, kalau mau kasih anak kawin*). Sein Sohn ist zwanzig Jahre alt, die zukünftige Frau steht schon fest, und Resok will die Hochzeit ausrichten. Das ist ein für die Makasar (und für Bugis) charakteristischer Grund, Land in der Stadt zu verkaufen. Pak Resok baut das Haus für seinen Sohn und dessen zukünftige Frau, will aber auch selbst mit seiner Frau dort wohnen. Der Käufer des bisherigen Grundstückes ist ein chinesischer Geschäftsmann, der Rp. 210.000,-/m² bezahlt. Resok meint zunächst, der Chinese wolle dort ein Lager und evtl. später ein *ruko* (Wohn-und-Geschäftshaus) errichten. Resok kennt diesen Mann, der seinen Laden bislang am zentralen Markt (*Pasar Sentral*) in der stickigen Innenstadt betrieb, schon lange. Der Chinese glaubt, daß sich diese Straße hier schnell entwickeln werde; sie sei ja schon jetzt lebendig, was der Erfolg des *Toserba*-Supermarkts unterstreiche. Sehr bald wird auch klar, daß er sofort ein *ruko* bauen will, um ein Gemischtwarengeschäft zu eröffnen. Er selbst sagt mir, er wolle sogar auch noch das Nachbargrundstück kaufen, falls der bisherige Eigner, ein Makasar, dies verkaufen wolle. Der Abbruch des alten Holzhauses, der Neubau des modernen Steinhauses auf der anderen Straßenseite und der Neubau des Chinesen gehen simultan vor sich (Abb. 58).

377

Abb. 58: Wohnwechsel im sozialen und interethnischen Kontext: Abbruch und Umzug im Fall Resok

Resok löst z.B. die hölzernen Bodenplatten aus dem alten Haus heraus, trägt sie die 100m herüber zur Baustelle des neuen Hauses und benutzt sie dort als Verschalung des aus Beton gegossenen Fundamentes: "so läßt sich Geld sparen". Den Dachstuhl des Gebäudes fertigt der alte Mann zusammen mit Mitgliedern der weiteren Familie im Vorhof des alten Hauses. Dafür wird Holz aus Samarinda in Kalimantan verwendet, das zwar Rp. 25.000,-/m^2 kostet, aber etwa 30 Jahre hält. Insgesamt wird der einstöckige steinerne Neubau ca. Rp. 600.000,- kosten. Die Bauarbeiter und ihr Anführer (*pelaksana*; vgl. *punggawa* oben) kommen sämtlich aus einem Dorf in der Gegend von Gowa. Sie wurden - eine charakteristische Wendung innerhalb von Patron-Klient und Arbeitsbeziehungen - vom Nachbarn hierher "gerufen" (*dipanggil*). Dieser Nachbar besitzt auf der Rückseite des Baugrundstückes fünf Wohneinheiten, die er an Javanen, Bugis, Manadonesen und eine Familie aus Selayar vermietet hat[168]. Obwohl die Bauarbeiter hier nicht mehr verdienen, als in ihrem Heimatort, sind sie durch frühere Leistungen

---

[168] Hierbei ergeben sich komplizierte Ketten von Umzügen, die an dieser Stelle nicht weiter verfolgt werden können (vgl. *residence chains; vacancy chains*). In der *petak* des Javanen wohnte z.B. bis vor kurzem noch ein Toraja. Dieser arbeitet als Fleischverkäufer und zog weg, um dem Schlachthof, der aus der Innenstadt nach Antang verlegt wurde, nachzuziehen, weil nämlich er selbst dort unter einem *punggawa* arbeitet.

verpflichtet. Resok bezahlt dem *pelaksana* für zwei Monate Arbeit eine feste Summe (*borongan*), ohne zu wissen, was dieser seinen Arbeitern bezahlt. Das neue Haus ist ein "modernes" Haus, d.h. ein einstöckiges bungalowartiges Steinhaus nach europäisch-amerikanischem Stil (lt. Architektenplan ein *rumah tinggal permanen*). Resok sagt dazu, "die Kinder wollen es halt so" und außerdem sei der Bau eines traditionellen Hauses in der Stadt teuer. Der Plan, der von englischen Begriffen wimmelt, wurde nicht eigens für diesen Bau gezeichnet, sondern fand schon vor vier Jahren beim Bau des Hauses eines in der Nähe wohnenden Bekannten Verwendung. Jetzt wird er nur noch modifiziert, was Geld spart. Die Küche wird erheblich größer gebaut, als es der Plan vorsieht, und ein *mandi* wird in sie integriert, wie es in den ländlichen Häusern der Makasar üblich ist (s.o.). Außerdem wird der Gästeraum (*ruang tamu*) größer als planmäßig ausgelegt. Der Plan sieht ein Flachdach vor; Resok und seine Familie haben sich aber dafür entschieden, ein Holzsatteldach, wie es dem tradierten makasarisch-buginesischem Muster entspricht, auf den steinernen Unterbau zu setzen. Noch während Resok sein altes Haus Schritt für Schritt abbaut, beginnt um dieses herum der Aushub für die Fundamente des großen Geschäftshauses, das der Chinese hier bauen will. Seine Handwerker helfen auch beim Abbau der Seitenteile von Resoks Haus. Der Chinese sagt mir, die drei Handwerker und ein Aufseher (*mandur*; vgl. *punggawa*), die jetzt für ihn arbeiten, hätten ein "Abonnement" (*langganan*) bei ihm. Aber obwohl die Arbeiter schon angefangen haben, ist der Abnahmepreis für den fertigen Neubau des *ruko* noch nicht ausgehandelt. Tatsächlich haben die Handwerker Beziehungen zu Resok und wohnen in der unmittelbaren Nachbarschaft. Sie werden niedrig bezahlt (Rp. 3000,-/5.000,-/Tag); ein Arbeitsverhältnis, das Resok etwas euphemistisch als "Nachbarschaftshilfe" (*gotong royong*) apostrophiert[169].

Einen knappen Monat nach dem Beginn der Errichtung des Steinhauses, dem jetzt nur noch das Dach fehlt, wird das alte Stelzenhaus, dessen Grundstruktur noch steht, endgültig abgeräumt. Früh morgens beginnt der Abbau. Die ganze Familie hilft mit und es gibt Kaffee. Mittags essen alle Arbeiter zusammen mit Resok bei Nachbarn am Neubau. Nachmittags streicht Resok die Aluminiumplatten des alten Hausdaches neu. Sie sind zwar schon zwanzig Jahre alt, können aber beim Neubau wiederverwendet werden, weil es noch die "dicke alte Qualität" ist. Eine Nachbarin sichert sich noch einige Steine, die sie für einen Bodenbelag verwenden will. Abends ist das alte Haus bereits fertig abgebrochen. Einen Tag darauf wird auch das kleine Häuschen dahinter, das ein Verwandter Resoks bewohnte, abgebaut, da es ebenfalls auf dem Grundstück steht, das jetzt dem Chinesen gehört. Der Verwandte wird mit seiner Familie in eine nahe Wohnung umziehen (müssen). Resok schläft bei Nachbarn des neuen Hauses. Obwohl er noch bei Nachbarn schläft, betet Pak Resok schon jetzt im neuen Haus; dort stehen schon einige Möbel. Zwei Wochen später schläft er dann bereits dort, während seine Frau noch bei den Nachbarn übernachtet. Der chinesische Käufer des

---

[169] Man denke an die mehr oder minder erzwungenen kommunalen Arbeitsleistungen, die in kolonialer und nachkolonialer Zeit ebenfalls oft als "Nachbarschaftshilfe" bezeichnet wurden.

alten Grundstückes hat bislang Rp. 50.000.000,- bezahlt und wird den Restbetrag später begleichen.

Der Abbruch des alten und der Einzug im neuen Haus werden gefeiert. Pak Resok sagt dazu: "Wir befolgen das ländliche Adat" (*kita pakai adat daerah*). Die Fertigstellung des Daches wird in einer "das Haus aufrichten" (*naik rumah*) genannten Zeremonie begangen. Diese Bezeichnung geht auf die gemeinsame Aufrichtung der Stützpfähle bei traditionellen Häusern zurück. Beim Einzug in das neue Haus werden Freunde und die Familie eingeladen und "das Betreten des Hauses" (*masuk rumah*; *tama di balla'*; M.) gefeiert (vgl. 6.3.2). Dabei wird eine Ziege geopfert (*potong kambing*) und alle beten (*sembahyang*). Schließlich folgt alsbald die große Hochzeitsfeier für den Sohn und seine Frau. Der freie Hof zwischen dem Neubau und der Straße wird mit Bambuszäunen umgeben und geschmückt. An der Straße wird ein Empfangstor aus Bambus errichtet. Ein Palmenwedel zeigt den Passanten an, daß hier eine Hochzeitsfeier stattfindet. Ein bunter und glänzender Hochzeitsaltar steht am neuen Haus, während innen im Gästeraum Ornamente aus Papier installiert sind. Am Abend nach der formellen Trauung (*nikah*) treffen sich Verwandte, Freunde und Nachbarn zu einem rauschenden Fest. Viele Besucher sind gekommen, man hat die besten Kleider an und Geschenke mitgebracht. Alle erfreuen sich an der lauten Musik einer kleinen Band (*orkes*) und einer Sängerin, die, leicht bekleidet, makasarische Volkslieder und moderne Hits singt. Hunderte Zaungäste schauen zu, so viele, daß es auf der Straße zu einem längeren Stau kommt.

Der Fall des Grundstückverkaufs, des Hausbaues und Umzuges von Pak Resok zeigt idealtypisch etliche wichtige Dimensionen innerstädtischer räumlicher Mobilität in Ujung Pandang:

1. Regionalspezifische Normen strukturieren die Entscheidungen. Hier ist es die "große Hochzeit" für den Sohn, um keine "Beschämung zu fühlen" (*rasa malu*). Sie führen zu Zwängen, wie den schnellen Verkauf des Grundstücks unter Wert. Die wirtschaftlichen Konsequenzen der *malu*-Vorstellung zeigen sich auch darin, daß etliche, z.T. entscheidungsrelevante Informationen (genauer Zahltermin, zukünftige Nutzung des Grundstückes durch den Chinesen) aus Furcht vor Ehrverletzung nicht eingeholt werden. Regional tradierte Werte sind verquickt mit neuen städtischen Wünschen. Hier ist die "moderne" Form des Hauses zu nennen, das als importierte westliche Lösung für eigene Zwecke im Sinne tradierter Präferenzen modifiziert wird (Änderungen des Hausplanes).

2. Vertikale Sozialbeziehungen, wie sie für Gesellschaften Süd-Sulawesis charakteristisch sind, bestehen neben und verquickt mit modernen geschäftlichen Beziehungen. Hier ist das *punggawa-sawi*-Arbeitsverhältnis sowie die Nutzung anderer etablierter Patron-Klient-Beziehungen bei der Rekrutierung der Bauarbeiter aus dem *kampung* im Hinterland zu nennen. Interethnische Beziehungen werden besonders über wirtschaftlichen Austausch etabliert, hier durch Kauf und Verkauf zwischen einem Makasar und einem Chinesen sowie durch die Arbeitsbeziehungen zwischen makasarischen und anderen Arbeitern des Chinesen.

3. Eine nichtintendierte Konsequenz der Akkumulation solcher und ähnlicher Fälle führt auf der Makroebene zu ethnischen Verschiebungen im Raum. Die räumliche Verdrängung, die auch emisch wahrgenommen wird (*pergeseran*), betrifft vor allem die Makasar, die aus den günstigeren Wohnlagen ausweichen; ein Prozeß, der in 5.1.3 und 5.1.4 beschrieben wurde: Der Fall zeigt typisch, daß dabei ethnienspezifische ökonomische und kulturelle Beschränkungen die entscheidende Rolle spielen. Resok als Makasar zieht in ein Gebiet mit geringerem Bodenpreis, wohnt aber damit "nach hinten" (*ke belakang*), eher "im *kampung*", nicht mehr direkt an der Straße (*di muka*), wo es städtischer ist und wo jetzt vorwiegend Chinesen und Bugis wohnen. Bei Chinesen spielen ebenfalls wirtschaftliche Gründe und ethnienspezifische Ziele eine wichtige Rolle. Für sie ist ein bewußt strategisches Entscheiden für günstige Standorte einerseits und die Suche nach Nähe zu anderen Chinesen andererseits maßgeblich bei der Wohnsitzwahl: Der chinesische Geschäftsmann zieht an einen Ort, der wirtschaftlich günstig ist (*tempat strategis*), in "städtischer" Umwelt, statt in einem *kampung* liegt (vgl. Evers 1977:223) und möglichst dorthin wo schon eine Reihe chinesischer *ruko* steht.

Entscheidungsgrenzen und Planungshorizonte:
Eine Renovierungsmaßnahme

Eine Fallgeschichte aus der Familie von Ibu und Pak soll verdeutlichen, in welcher Weise kulturspezifische, aber von der Bevölkerung in Süd-Sulawesi weitgehend geteilte Normen und Werte den Spielraum von Entscheidungen in Rappocini eingrenzen, wie sich das auf den Verlauf der Handlungen auswirkt und wie sich dabei von den Akteuren gesehene Optionen und angestrebte Ziele verändern. Der Fall entstammt einem Aktivitätsbereich, der in Rappocini, als erst jüngst besiedeltem Wohngebiet, sehr häufig ist: dem Neubau oder Umbau von Häusern. Es geht um die Renovierung des Daches von Paks und Ibus Haus.

Am 5. Mai 1991 beginnt die Verschönerung des Daches über der Veranda auf der Hausseite zum Weg hin. Pak hat dazu einen etwa 50 Jahre alten Mann aus der Familie der Nachbarn aus dem Haus gegenüber engagiert. Dieser Schreiner (*tukang kayu*), ein Makasar, der gewöhnlich als Tagelöhner arbeitet, hat zur Zeit keine Arbeit; er ist alt und leidet an Asthma. Er lebt seit vielen Jahren in dieser Familie, die selbst Bauleute sind. Pak erklärt mir das kostenlose Unterkommen (*numpang*) des alten Mannes, indem er auf die Wichtigkeit "menschlicher Sozialbeziehungen" verweist. Die Kinder des Handwerkers leben ebenfalls in Ujung Pandang, unterstützen ihn aber nicht. Ibu und Pak wissen das und engagieren ihn, um zu helfen (*bantu-membantu*). Pak hat vorher dreizehn Dachpfannenelemente aus Asbest auf der nahen Jl. Veteran gekauft, deren Preis er von Rp. 6500,- pro Stück auf je Rp. 6000,- heruntergehandelte. Auf dieser Straße, die bis zum Jahre 1971 den Stadtrand bildete und heute eine wichtige Nord-Süd-Arterie Ujung Pandangs darstellt, gibt es viele Baugeschäfte. Hier am Stadtrand werden aufgrund der vielen Umzüge aus anderen Teilen Ujung Pandangs, bzw. des Zuzugs von Migranten, die vom Land in die Stadt kommen, viele Häuser neu gebaut.

Oder aber es werden Häuser nachgebessert bzw. erneuert, sobald die Eigner über etwas flüssiges Geld verfügen. Viele Familien bauten und bauen nämlich zunächst in eigener Regie Bambushäuser, um dann später Aluminium- bzw. Steinhäuser zu errichten.

Pak bemalt zunächst die jeweiligen Außenrundungen der Asbestfertigteile mit roten Farbstreifen. Für diese Verschönerung arbeitet er geduldig den ganzen Tag lang, wobei er ständig raucht und ab und zu mit den spielenden Kindern redet. Der Handwerker kommt und arbeitet zunächst allein. Er bringt seine Werkzeuge mit, baut sich aber die Leiter für die Arbeit erst an Ort und Stelle aus alten Dachlatten. Später bringt er des öfteren für kürzere Zeit zur Verstärkung zwei weitere Leute mit, Söhne der o.g. Familie, ebenfalls Makasar. Pak hat mit dem alten Mann weder einen Preis für die Arbeit noch einen Termin für die Fertigstellung ausgehandelt. Der Mann hat auch nicht nach einer Summe gefragt, weil das diesen beschämt hätte, wie Pak sagt. Pak beabsichtigt, ihm etwa Rp. 35.000,- für die gesamte Arbeit zu geben (*sistem borongan*). Der Handwerker arbeitet zunächst einige Tage regelmäßig am und auf dem Dach. Viele Holzlatten des Gerüstes, das die Verandaplatten hält, müssen ausgetauscht werden. Ebenfalls sind mehrere der sehr dünnen Aluminiumplatten des Daches auszuwechseln, da sie im tropisch feuchten Klima nur ca. zehn Jahre halten. Die Maße werden mit der Hand oder mittels Holzlatten abgenommen; ein Zollstock wird nur selten gebraucht. Die Arbeitsphasen wechseln ab mit Rauchen und Teetrinken, wobei sich der Handwerker mit Pak oder einem der Mädchen im Haus unterhält. Kaffee oder Tee, jedoch nicht Zigaretten, werden von der Familie gestellt und stehen immer bereit.

Schließlich erscheint der Handwerker aber tagelang nicht, ohne daß er oder die Familie, bei der er wohnt, einen Grund mitgeteilt hätten. Pak und Ibu nehmen an, er sei krank; er hätte während der Arbeit öfter nach Luft geschnappt und sei allgemein angeschlagen. Pak sagt mir, er wolle drei Tage abwarten und falls der alte Mann nicht wieder erscheint, einen anderen *tukang* engagieren. Pak will, obwohl der *tukang* ja im Haus direkt gegenüber wohnt, nicht nach dem Grund fragen, um den alten Mann nicht zu beschämen. Ibu hat bald einen Mann aus der Nachbarschaft vom Lorong 8 als Ersatz gefunden. Dieser soll die Holzplatten für die Verandadachverkleidung in Stücke zuschneiden und festnageln. Ibu kennt seine Frau, weil diese zum gleichen Gebetskreis gehört, ihren "Gebetsfreunden" (*teman pengajian*), wie sie es nennt[170]. Ibu und Pak beabsichtigen, dem neu angestellten Mann Rp. 2500,- pro Tag (oder aber insgesamt Rp. 20.000,-) zu geben. Ein erfahrener *tukang* würde für die gleiche Arbeit Rp. 5000,- pro Tag nehmen. Der junge Mann steht mit der Miete im Rückstand; ihm droht also die Kündigung. Ibu will ihm Arbeit geben, da sie ein "sozialer Mensch" sei; "gegenseitige Hilfe" (*tolong-menolong*) wäre wichtig. Dies ist eine typische Situation, in der eine bedürftige Person von einer potenteren "gerufen wird" (*dipanggil*). Zur Ent-

---

[170] Dieser Gebetskreis, der im Jahre 1989 gegründet wurde, hat etwa 25 Mitglieder und tagt jede Woche einmal, wobei sich jedesmal etwa 15 Frauen reihum in einem der Häuser treffen. Im Gästezimmer des jeweiligen Hauses werden unter Anleitung religiös besonders erfahrener Mitglieder gemeinsam Gebete rezitiert; die Frauen diskutieren religiöse Themen und essen von der gastgebenden Hausfrau vorbereitete Gerichte.

lohnung kommen für jede arbeitende Person (genau) zwei mal pro Tag Tee und ein warmes Essen hinzu. In Ibus Worten: Man "ist höflich" bzw. "zeigt sich erkenntlich".

Pak fragt mich, wie man die großen und ca. 3mm dünnen Preßspanplatten (*tripleks*) so auf 100 x 50cm, bzw. 70 x 50cm messende Stücke zuschneiden könnte, daß nicht allzuviele Reste übrig bleiben. Die Platten sollen nämlich genau ebenso groß sein, wie die, die sie ersetzen, und die anderen, die noch in Ordnung sind. Sie sollen auch an den Ecken genau so rund gesägt werden wie jene. Dies ist wichtig für die Schönheit und entspricht einem häufig in Ujung Pandang zu findenden, "modern" genannten Muster, das an die Innenarchitektur der fünfziger Jahre in Europa erinnert. Wir zeichnen zusammen etliche Skizzen; auch meine Frau wird zu Hilfe gerufen: "Du bist doch Mathematikerin". Ich gehe ab und zu zum Dach und messe mit dem Lineal die genauen Maße ab; Pak hatte dies nicht getan. Es ergibt sich aber keine befriedigende Lösung, so daß wir schließlich aufgeben. Ich schlage vor, die Platten einfacherweise nicht an den Ecken abzurunden, sondern dies nur durch die Bemalung zu verdeutlichen. Pak findet die Idee gut. Am nächsten Morgen wird klar, daß er doch alle 50 x 100cm messenden Platten auswechseln will. Also werden sämtliche alten Platten von den sie tragenden Holzlatten abgenommen. Außerdem werden die Platten doch alle noch abgerundet, was sehr viel Arbeit bedeutet.

Der junge Mann, der gerufen worden war, kommt schließlich, bringt aber aus eigener Initiative vier weitere Mitarbeiter aus seiner Nachbarschaft mit. Sie wissen nicht, wieviel sie von ihm bekommen werden, wie sie auf meine Nachfrage sagen. Der von Ibu angeheuerte Mann fungiert hier als wirtschaftlich potentere Person, die auch hier *punggawa* genannt wird, was Ibu und Pak mir bestätigen. Ich erfahre später durch Nachfrage, daß der gerufene Mann sich die schließlich vereinbarten Rp. 30.000,- mit einem Freund geteilt hat. Die anderen jungen Männer haben nur Zigaretten bekommen (sowie getrunken und gegessen). Während der junge Mann und die von ihm mitgebrachten Helfer auf der Veranda arbeiten, weist uns Ibu mehrmals darauf hin, unser Zimmer abzuschließen, "damit nichts geklaut wird". Sie kenne die meisten Jungen nicht ("es sind Fremde"). Diebstähle sind allseits in der Nachbarschaft gefürchtet, obwohl die "Sicherheit" (*keamanan*) die meistgenannte positive Eigenschaft des hiesigen *RT* ist. Ibu berichtet, man habe ihr schon etliche Stühle bei ähnlichen Gelegenheiten gestohlen. Außerdem hätten die Jungs lange Haare (was tatsächlich nicht zutrifft). Auch als die Männer im Eßzimmer des Hauses speisen, sagt Ibu, wir sollten unsere Zwischentür schließen. Außerdem sollen die Männer unser Essen nicht sehen. Sie könnten sonst in der Nachbarschaft herumerzählen, was es hier gibt. Dies würde Tratsch nach sich ziehen. Deshalb wird, wie auch bei anderen Gelegenheiten, wenn Gäste zu Besuch sind und wir essen, eine Gardine vor das Zimmer, in dem wir essen, gezogen. Die Männer verwenden bei ihrer Arbeit keinerlei elektrische Geräte. Die geraden Linien für die Ausrichtung der Dachlatten werden mittels Bindfäden bzw. gespannter gelber Plastikschnüre gezogen. Alte Nägel werden geradegeklopft und dann wieder verwendet. Gesägt wird auf dem kleinen hölzernen Couchtisch oder auf einer kleinen Leiter. Einige Geräte, wie z.B. die Leitern, sind an Ort und Stelle hergestellt worden. So dient etwa eine quadratische Holzplatte, auf eine Latte genagelt, als Hilfsmittel, um fertig zugeschnittene Deckenelemente hochzuhalten und sie zum Festnageln an die Latten einzupassen.

Eines Morgens erscheinen der angeheurte Mann und seine drei bis fünf Helfer nicht. Ibu erläutert, der Mann habe Zahnschmerzen. Nachmittags ist er aber nicht etwa bei sich zu Hause, wie mir Nachbarn vor seinem Haus lachend sagen. Pak streicht, bevor er ins Büro in die Stadt fährt, selbst die zweite Hälfte der Befestigungslatten für die Dachplatten mit Firnislack, damit sie dem feuchten Monsunklima besser widerstehen. Einen Tag später sind am Morgen jedoch wieder alle jungen Männer vollständig erschienen, um die Arbeit fortzusetzen. Abends gegen sieben Uhr ist die Renovierung fast beendet; es fehlen nur noch sechs Platten. Die restlichen will Pak selbst zuschneiden und annageln, um nicht einen weiteren Arbeitstag bezahlen zu müssen. Dies kann aber erst morgen geschehen, weil man jetzt, wo die Neonröhre abgenommen ist, nichts mehr sieht. Die Sessel, die sonst auf der Veranda stehen, sind aufgereiht vor dem Schiebetor abgestellt, und die älteren Mädchen und die Kinder räkeln sich darauf. Die Mädchen der Familie und die *pembantu* helfen den Tagelöhnern beim Wegräumen der Materialreste und Werkzeuge. Die jungen Männer nehmen Reste von langen Aluminiumleisten mit, die bei der Erneuerung vom Dach entfernt wurden. Als diese gegangen sind, kehren die Mädchen die Terrasse. Pak, eben vom Tennisspielen zurückgekommen, schaut, nach kurzem Gespräch allein mit Ibu, zu und trägt dabei seinen kleinen Sohn im Arm. Ibu gibt Anweisungen und beklagt sich darüber, daß die Handwerker oft die Blumen im Vorgärtchen kaputt machen. Am 29.5. kommt Pak wie immer mittags um kurz nach 13 Uhr von seinem Arbeitsplatz nach Hause. Spätnachmittags beginnt er, die restlichen Holzplatten anzunageln. Er wird jedoch nicht damit fertig, weil er die Familie zum Augenarzt begleitet. Er fährt wohl mit, weil es wegen der üblichen langen Wartezeit beim Arzt bis in den Abend hinein dauern wird und die Frauen geschützt werden müssen.

Am Abend des gleichen Tages sind zwei Bekannte bei Pak zu Gast. Sie sitzen mit ihm im Gästezimmer (*ruang tamu*), trinken Tee und rauchen. Nach einiger Zeit schaslten sie sich in die Renovierung ein; sie beginnen diese Männer jedoch, die Neonröhre am erneuerten Verandadach zu installieren. Pak guckt zu und reicht Schraubenzieher an; ein Nachbarjunge, der schon den ganzen Abend im Haus ist und hier fernsieht, weil das eigene Gerät kaputt ist, hält die Taschenlampe. Nach etwa zwanzig Minuten geben die Männer aber auf, weil der Strom nicht fließt. Sie vermuten, die zahlreichen Mäuse hätten inzwischen die Leitungen durchgenagt. Am Freitag, dem 31. Mai, fragt mich Pak nebenbei, ob ich bei der Fertigstellung der Verandadachverkleidung helfen wolle. Ich hatte dies vorher mehrmals angeboten. Zunächst schneiden wir die restlichen Holzstücke passend zu. Pak rundet zur Schönheit alle Platten ab, indem er mit dem Stechbeitel die Ecken abstößt. Zwischendurch verschwindet Pak und wechselt seine Shorts gegen eine golddurchwirkte Batik aus und trägt jetzt auch trotz der noch intensiven Sonne kurz vor 18 Uhr einen dicken Anorak - es ist Freitag und da kleidet man sich besonders gut. Samstags kommt Pak wie gewöhnlich früher als sonst von seiner Arbeit im Büro eines Amtes der Stadtverwaltung nach Hause. Er ruht sich etwas aus und beginnt nachmittags, die Holzplatten mit Firnislack zu streichen. Am Tag zuvor hatte Ibu mir beiläufig gesagt, wenn ich wolle, daß das Dach schön würde, könne ich doch eine Dose Lack kaufen ...; diesmal ging ich nicht auf einen unter vielen derartigen Sparversuchen ein.

Im Juni, fast genau einem Monat nachdem der alte Mann mit der Arbeit begann, ist die Dachrenovierung beendet. Es ist Sonntag, und Pak streicht die Holzplatten mit Firnislack an. Die angebrochene Dose reicht fast, jedoch nicht ganz. Einige Platten bleiben ungefirnist ... und ich will erst einmal einige Tage warten und sehen, ob er selbst eine weitere Dose kauft. Tage später sehe ich den alten *tukang* bei einer anderen Arbeit an der Hauptstraße. Er hilft beim Aufbau eines Ladens, den eine Familie, die im gleichen *RT* schon einen Autoreparaturbetrieb haben, eröffnen will.

Diese Fallgeschichte macht deutlich, daß ein Entscheidungsprozeß in Rappocini oft in einem "Durchwursteln" (*muddling through*; Wilk 1993) besteht, daß der Planungshorizont der Handlungen nur kurzzeitig ist und daß viele Ziele in einer Art *piecemeal engineering* erreicht werden. Außerdem werden Handlungsgrenzen des Individuums, die durch soziale Obligationen gegeben sind, offenbar. Im Fall der Renovierung eines Hausdaches spielen hier besonders Prinzipien gegenseitiger Unterstützung ("helfen"; *bantu-membantu*), also Reziprozitätsnormen, und typische Arbeitsverhältnisse eine solche einschränkende Rolle. Dabei zeigt sich, daß es sich um Normen handelt, deren jeweilige Umsetzung von der spezifischen Situation und Konfiguration der Akteure abhängt. Die Verpflichtungen werden im Alltagsdiskurs als "allgemein" geltend deklariert. So verweist Ibu im Gespräch über den alten Handwerker auf die sozialen Verpflichtungen: "Als Hausbesitzer kann man sich nicht verweigern". Tatsächlich erlaubt es aber die lockere Nachbarschaftsstruktur durchaus, daß die Akteure auswählen, wen sie unterstützen und wen nicht. Dies macht noch einmal den Aspekt der sozialen Selektion deutlich, der in 5.6.5 bezüglich der Zeitnutzung geschildert wurde. Das Beispiel macht aber auch die Unsicherheiten bei der Interpretation der Normen sowie nicht intendierte Konsequenzen bei der Befolgung solcher Ideen deutlich, die nur regulativ wirken und nicht allgemeinverbindlich sind (vgl. 5.5.3). Schließlich wird in dieser Fallgeschichte wie im vorangehenden Fall an mehreren Stellen die Bedeutung des Beschämungsthemas (*malu-siriq*) als wichtiges Handlungsregulativ offensichtlich.

6.4   Wohnort und "sozialer Ort": ethnienübergreifende
      und ethnenspezifische Ziele

6.4.1   Wohnen: allgemeine Ziele und Präferenzen

Welche allgemeinen Werte und Ideale des Wohnens leiten die Entscheidungen bezüglich einer Mietwohnung sowie des Kaufs eines Hauses oder eines Baugrundstückes im einzelnen? Dies ist wichtig zu wissen, da anzunehmen ist, daß der "subjektive Wohnwert" (Bodzenta & Vascovics 1973:12) einer gegebenen Wohnsituation für die Haushaltsmitglieder nicht nur von der jetzigen Situation, sondern von allgemeinen Normen und Werten des Wohnen beinflußt wird. Mit modernistischen Werten und Zielen des Wohnens kommen die Bewohner im städtischen Kontext immer wieder in Form programmatischer, von der Verwaltung bzw. in der Werbung propagierter Ideale wie "Sicherheit", "Ordnung", "Sauberkeit", "Frische/Kühle", "Schönheit", "Gastfreundschaft" und "Freude", in Berührung, z.B. in dieser Abfolge im Slogan *"Aman, tertib, bersih, sejuk, indah, ramah-tamah, kenangan"*. (vgl. das *Bersinar*-Programm in 4.5.3). Welche wohnbezogenen Ziele und Bevorzugungen haben aber die Bewohner selbst? Ein erster qualitativer Einblick in diesbezügliche Normen, Werte und Präferenzen der Bewohner Rappocinis ergab sich aus einer offenen Frage, die ich am Ende der Haushaltsbefragung stellte: "Wie ist das Leben hier?" (*bagaimana hidup di sini?*).

Nur wenige meinen dazu unbestimmt oder neutral, das Leben in dieser Nachbarschaft sei "normal" bzw. "gewöhnlich" (*biasa, biasa biasa saja*). Die meisten Gesprächspartner bewerten ihre gegenwärtige Wohnsituation positiv. Es gebe "keine Probleme" (*tidak ada masalah*), sie seien "zufrieden" *(senang)*, die "Situation" bzw. die "Umgebung" sei gut (*bagus, enak; situasi bagus, lingkungan bagus*), der Wohnort sei "passend" (*cocok*). Charakteristisch ist, daß die Termini "Umgebung" und "passend", wie auch "Probleme" (*masalah*) dabei sowohl auf infrastrukturelle als auch auf soziale Charakteristika des Wohnortes verweisen können. Auch *senang* meint nicht nur einfach Zufriedenheit, sondern ein wohliges Gefühl sozialer Geborgenheit. An infrastrukturellen Aspekten werden der gute Zugang bzw. die Nähe zu Geschäften (*bagus belanjar; dekat toko*), Schulen, Universitäten, Kirchen, Moscheen positiv hervorgehoben. Einzelne heben besondere Aspekte, wie die Sauberkeit (*bersih*), die vorhandenen Gärten (*ada kebun*) oder die frische Luft (*air segar*), die relative Sicherheit vor Überschwemmungen (*tidak ada banjir*) hervor. Seltener werden die "Schönheit" (*indah*), bzw. das schöne "Aussehen" (*kelihatannya*) oder der "gute Ausblick" (*pemandangan bagus*) betont. Ein zentraler Bewertungsgesichtspunkt sind die hiesigen Lebenshaltungskosten (*ongkos, biaya*) und das lokale Potential bezüglich Einkommen (*pendapatan*). Eine häufige Redewendung besagt, daß "es von den Kosten abhängt" (*menurut dari biayanya*). Hier am Ort, so sagen die Befragten, sei es im Vergleich zu anderen Stadtteilen oder Orten "weniger teuer" (*kurang mahal*), die "Lebenshaltungskosten sind gering" (*biaya hidup murah*). Andere heben die Möglichkeiten, Geld zu verdienen, hervor, etwa wenn sie sagen, daß es "hier jeden Tag Geld gibt" (*setiap hari ada uang*) oder man "hier komplikationslos Geschäfte" (*usaha lancar di sini*) machen bzw. "allein (überleben) kann" (*bisa sendiri*).

Der soziale Bewertungsaspekt macht sich im Alltagsdiskurs vor allem an dem Begriff der Nachbarn (*tetangga*) und Konzepten zur allgemeinen Haltung und Stimmung (*rukun; rasa*) fest. Das zeigt, daß die in 5.2.2 beschriebene neuere Nachbarschaftseinheit *Rukun Tetangga* (*RT*) nicht nur eine administrative und von oben aufgesetzte Struktur ist, sondern selbst in einem erst vor kurzem besiedelten Gebiet doch schon eine gewisse Bindung im Denken der Bewohner hat (vgl. Guiness 1989: 57-64). Man sagt etwa, daß hier das "Gefühl gut" sei bzw. daß es einen "guten Nachbarschaftsgeist" gebe; daß man hier "sozial" (*sosial*) sei.

Die Beziehungen bzw. der Umgang miteinander (*hubungan, bergaulan,* seltener auch *rapat*) seien gut. Die gegenseitige Toleranz (*toleransi*) sei da; ja man sei sich gegenseitig "nahe" (*akrab; keakraban bagus*). Einige gehen sogar soweit, von einem "familiären Gefühl" (*rasa keluargaan*) zu sprechen. Maßstab für letzteres ist vor allem die Einschätzung, ob es tatsächlich Nachbarschaftshilfe gibt. Einige Gesprächspartner loben die Zusammenarbeit der *kerja bakti*, bzw. des *gotong royong*; man "folgt dem Geben von Hilfe" (*ikut memberi bantuan*) und man leihe sich gegenseitig Geld.

Eine Fülle von Formulierungen dreht sich um "Sicherheit", womit, wie schon an mehreren Stellen deutlich wurde, in erster Linie, aber nicht ausschließlich, physische Sicherheit gemeint ist. Befragte sagen etwa, hier am Wohnort sei es "sicher", "schon sicher", "etwas sicher", "sicher genug", "auch abends sicher" (*aman, sudah aman, sedikit aman, cukup aman, aman juga malam*). Oder man meint, es gebe hier "keine Unruhe", "keine Störungen", "keinen Lärm", "keinen Streit", "keine schlagenden Kinder" (*tidak ada ... kacau, bissing, nggangguan, gaduh, ribut, bertenkar*) und "keine Diebe" (*belum ada pencuri*). Besonders gefürchtet sind Schlägereien, weshalb hervorgehoben wird, daß es hier keine "Kinder, die sich schlagen" (*anak berkelahi*) bzw. "ungezogene Kinder" (*anak nakal*) gebe. Gewalttätige Auseinandersetzungen sind gefürchtet und werden einem ländlichen bzw. traditionellen, früheren, eigentlich überwundenen sozialen Entwicklungsstadium zugeordnet, während das friedliche Zusammenleben als städtisch bzw. modern gilt. Hier in Rappocini sei man "im sicheren Bereich" (*termasuk aman*); hier seien die Leute "schon modern" *(sudah berkembang),* auch wenn einige betonen, daß manche "Kinder noch nicht positiv" seien (*ada anak belum positiv*), oder es noch viele "Leute ohne Erziehung" (*orang tanpa pendidikan*) bzw. "noch nicht bewußtes Volk" (*masyrakat belum sadar*) gebe. In diesen Formulierungen scheinen regionalspezifische Konzepte durch, aber auch Ideale sozialen Umgangs, wie sie als Element einer panindonesischen städtischen Kultur am Beispiel der lokalen Bürokratie in 6.1.4 beschrieben wurden.

Der soziale Frieden im Wohngebiet wird darauf zurückgeführt, daß die Bewohnerschaft gemischt ist (*orang campur*), oder darauf, daß die Menschen hier zu "beschäftigt" seien (*sibuk*), um sich zu streiten. Dies steht im Einklang mit den o.g. Beobachtungen zum Netzwerk, die zeigen, daß etliche Haushalte ihre nachbarschaftlichen Beziehungen bewußt einschränken, weil enge Beziehungen als potentiell gefährlich gelten. Allzu schnell nämlich entstehen Gerüchte, die sich in einer statusorientierten Gesellschaft, wo "das Blut schnell aufwallt" (*darah cepat naik*), bald zu tätlichen Auseinandersetzungen auswachsen können.

Negative Bewertungen der Wohnsituation beziehen sich vor allem auf infrastrukturelle Mängel. Hausfrauen bedauern, daß es hier in der weiteren Nachbarschaft keinen Markt gibt und sagen, daß das Gemüse bzw. der Fisch der durchziehenden Händler (*paqgandeng, paqlembara, paqgaroba;* M., vgl. 5.1.2) nicht frisch sei. Viele beklagen auch die Unsauberkeit der Wege und das allgegenwärtige "Müllproblem" (*masalah sampah*); er liege überall herum; es sei "noch dreckig" (*masih kotor*) und keiner kümmere sich darum. In diesem Zusammenhang wird auch auf den *individualisme* vieler Bewohner hingewiesen. Andere sagen, ihre Wohnung sei weit vom nächsten Verkehrsanschluß entfernt (obwohl die nächste Straße, auf der *pete pete* verkehren, maximal einen Kilometer entfernt ist), es gebe kein Kino oder aber, es sei allgemein zu eng; es gebe keinen Platz, wo die Kinder ungefährdet von Müll und Verkehr spielen könnten. Ein weiterer Komplex negativer Einschätzungen dreht sich um die allgemeine Lebenslage (*situasi hidup*; vgl. 6.1.2) vieler Bewohner. Diese prägt das Image einer Nachbarschaft. Manche halten die Wirtschaft in der Umgegend ihres Wohnsitzes für "schwach" bzw. "noch schwach" oder "noch nicht gut" (*ekonomi lemah/masih lemah/belum bagus*); die Einkommen seien noch gering (*pendapatan masih rendah/masih sederhana*). Die häufigen Wendungen, wie "noch nicht ..." bzw. "schon ...", reflektieren die quasi sozialevolutionistische Erwartung eines zukünftigen gerichteten Wandels des gesamten Viertels[171], die ich schon genannt habe.

Die Einschätzungen und Präferenzen in Tab. 53 offenbaren folgendes:
1. Es gibt eine Vielzahl von Merkmalen für die Bewertung der eigenen Wohnsituation; sie umfassen infrastrukturelle wie auch soziale Belange.
2. Die meisten Gesprächspartner schätzen ihre gegenwärtige Wohnumwelt als positiv ein
3. Ein zentraler Gesichtspunkt ist die Bewertung der "Sicherheit": Ist die Nachbarschaft *aman*? Dies bestätigt wieder die schon öfters als wichtiger Faktor genannte, regional in der Sozialgeschichte Süd-Sulawesis begründete und in der Residenzbiographie der einzelnen Personen erfahrene Bedeutung von "Sicherheit".

Einige Fragen bleiben aber noch offen. Welche infrastrukturellen Merkmale werden für besonders wichtig gehalten, welche sind weniger bedeutend? Dies versuchte ich, durch systematische kognitive Befragung (*systematic elicitation*) der im Jahre 1991, also gerade erst umgezogenen Haushalte zu beantworten. Innerhalb der Befragung der Neuumzieher bat ich, zehn vorgegebene Eigenschaften nach der Bedeutung für die Entscheidung zu einem Wohnplatz (*tempat tinggal*) durch aufsteigende Numerierung vom wichtigsten zum weniger wichtigen zu ordnen (*ranking*). Die vorgegebenen Kriterien waren nicht von mir ausgedacht, sondern hatten sich aus offenen Gesprächen, dem eigenen Leben in der Nachbarschaft und aus den Residenzbiographien ergeben. Zusätzlich war eine offene Kategorie ("andere Kategorien") hinzugefügt. Tab. 53 zeigt das Ergebnis, wobei die von den Befragten genannten Rangpositionen pro Kriterium als Zahlenwerte aufsummiert wurden, so daß die Merkmale mit dem geringsten Wert die höchste Priorität haben. Es zeigt sich deutlich, daß den Befragten die Sicherheit (*keamanan, aman*) am wichtigsten ist. Mit deutlichem Abstand folgen die Nähe des Wohngebiets zum Arbeitsplatz, zur Familie, zum Markt und zur Schule mit Werten, die alle sehr eng beieinander liegen. In einer dritten Ranggruppe finden sich die Sicherheit vor Überschwemmungen in der Monsunzeit, gutes Trinkwas-

---

[171] Kaum einer der Gesprächspartner nannte als positive Eigenschaft, daß der Wohnort "lebhaft" (*ramai*) sei. Da *ramai* eine der allgemein hoch geschätzten Eigenschaften bei der Bewertung von Wohngebieten ist, bedeutet das eine gute Kontrolle dafür, daß die Befragten tatsächlich zu ihrer unmittelbaren Wohnumgebung sprachen (die nicht eigentlich lebhaft ist) und nicht etwa über das Viertel als ganzes, das mit der Jl. Rappocini Raya eine allgemein als sehr lebhaft eingestufte Straße umfaßt.

ser, Anschluß an einen asphaltierten Weg und die Schönheit der Wohngegend. Nur in einzelnen Fällen wurden weitere Kriterien hinzugefügt, nämlich "gute Nachbarn", "keine Enge", "Straßenanschluß", "Nähe zur Kirche" und "saubere Gegend". Hinsichtlich eines so vielfältigen Konzeptes, wie es *aman* darstellt, bleibt offen, auf welche einzelnen Merkmale sich eine Einschätzung der unmittelbaren Wohnumwelt bzw. eines ganzen Viertels als "sicher" oder "unsicher" eigentlich stützt. Welche Merkmale sind beobachtbar, welche nicht, welche sind schnell offensichtlich, welche erschließen sich dagegen erst nach längerer Wohndauer? Worauf stützen sich die Images ganzer Stadtteile und inwiefern prägt ein solches Stadtteilimage die Einschätzung eines potentiellen Wohnsitzes?

Tab. 53: Präferenzen für Wohneinheiten: jüngst umgezogene Haushalte bzw. Personen

Merkmal / Kriterium	Zahlenwert	Rang	Ranggruppe
sichere Gegend (*daerah aman*)	84	1	I
nahe zum Arbeitsplatz (*dekat kerja*)	155	2	II
nahe zu Familienmitgliedern (*dekat anggota keluarga*)	159	3	II
nahe dem Markt (*dekat pasar*)	161	4	II
nahe zur Schule (*dekat sekolah*)	167	5	II
geringe Miet-, Boden-, Hauskosten (*biaya murah*)	172	6	II
keine Gefahr der Überflutung (*tidak ada banjir*)	200	7	III
gutes Wasser bzw. PAM vorhanden (*air bagus, ada PAM*)	201	8	III
Anschluß an asphaltierten Weg (*lorong diasfal*)	211	9	III
schöne Gegend (*daerah indah*)	224	10	III
andere Eigenschaften (*lainya*; meist nicht spezifiziert)	280	11	III

6.4.2 Hausbau: Strategien entsprechend sozialer Lage, Modernitätsidealen und ethnischen Präferenzen

Oben wurde gezeigt, daß der Bau eines Hauses die prinzipielle Alternative zum Mieten ist. Der Kauf eines fertigen Hauses stellt wegen der hohen Investitionssumme für wenig bemittelte Haushalte eher eine theoretische Option dar. Laut Auskunft lokaler Makler werden fertige Häuser nicht so gern gekauft, weil sie (a) den eigenen Wünschen weniger gut angepaßt werden können, (b) wegen der hohen Kosten - ein eigenes Haus könne man oft billiger bauen -, (c) wegen der häufigen bürokratischen Probleme und schließlich einfach deshalbund (d), weil die Leute "nicht dazu neigen" (*cenderung*)[172]. Anders ist die Situation beim Kauf

---

[172] Eine besondere Form, die in Ujung Pandang, jedoch nicht im Untersuchungsgebiet vorkommt, ist der gemeinsame Kauf eines Hauses durch mehrere Familien. Laut Auskunft von Maklern wird diese Möglichkeit von Fahrradrikschafahrern öfters genutzt, wobei jeweils einer von ihnen mit der *Real Estate*-Firma verhandelt und die anderen "folgen" (*ikut*; Ria, 29.8.91/11.1.92). Meist wohnen die *tukang becak* allerdings - ebenfalls zusammen mit Kollegen - als Gruppe in einem gemeinsamen Mietverhältnis (*kontrak petak bersama*) oder kommen bei ihrem Arbeitgeber unter (*numpang sama majikan*).

von Häusern in Wohnsiedlungen, eine Möglichkeit, die aber an bestimmte Bedingungen geknüpft ist, die ich in 6.4.3 darlege.

Welche Ziele haben Bauherren, welche Bedingungen und Optionen spielen beim Bau von Häusern eine Rolle? Um dies zu ermitteln, besuchte ich regelmäßig Baustellen im *RT* und der näheren Umgebung. Ich traf die Bauherren häufig an ihren Grundstücken und Rohbauten an, da sie oft zur Stelle sind, um selbst am Bau zu arbeiten oder die Tagelöhner und Handwerker zu überwachen. So war es möglich, die meist erst vor kurzem getroffene Entscheidung, umzuziehen und zu bauen, im unmittelbaren Anschluß zu besprechen und die situative Definition des Bauens direkt mitzuverfolgen. Außerdem konnte ich so einen Einblick in die Detailentscheidungen gewinnen, die erst während des Bauens sequentiell fallen. Welches sind die hauptsächlichen Handlungsoptionen, was motiviert ihre Auswahl in den Bereichen des Haustyps, der Arbeitsorganisation und der Baustrategie?

Haustypen: "moderne Häuser"
und "traditionelle Häuser"

Wie in 4.1.3 dargestellt wurde, sehen die Bewohner ihre Siedlung als "urban" an. Dies zeigt sich auch darin, wie sie Wohnhäuser kategorisieren. Sie unterscheiden das "traditionelle Haus" (*rumah tradisional*; *rumah adat*) vom "modernen Haus" (*rumah moderen*) bzw. "schon modernisierten", "schon modernen" Haus, (*rumah sudah modernisasi*); eigtl. *rumah sudah dimodernisasikan* bzw. *rumah sudah moderen*). Manchmal spricht man auch vom "traditionellen Modell" (*model tradisional*) im Gegensatz zum "neuen Modell" (*model baru*). Etliche Unterschiede werden von Informanten genannt, wenn sie diese beiden Hausformen gegenüberstellen. Ein traditionelles Wohnhaus habe kleinere, aber zahlreichere Zimmer als ein modernes. Es habe im Gegensatz zum modernen Haus eine Treppe und unbedingt einen Vorbau sowie einen Dachaufsatz. Weiterhin wird das Sitzen mit untergeschlagen Beinen auf dem Boden (*duduk bersila/bersilang*) des traditionellen Hauses dem Sitzen auf Stühlen in modernen entgegengestellt. Wichtig seien im traditionellen Haus die drei verschiedenen Höhenniveaus des Bodens. Sie zeigen die verschiedenen Funktionen der Räume oder Raumbereiche, wie Schlafen oder Arbeiten, an und sind relevant für die soziale Wertschätzung, z.B. von Gästen (vgl. Lim 1987 zum malaiischen Haus im allgemeinen sowie Pelras 1975c, 1997 und Errington 1979 zum Haus der Bugis und Robinsin 1998 zu Traditionen des hausbaus in Süd-Sulawesi). Schließlich nennt man das moderne gestufte Dach, welches - durch aus dem malaiischen Raum, besonders aus Palembang auf Sumatra kommende Einflüsse - seit den 1940er Jahren hier in Ujung Pandang das alte Walmdach verdrängt habe (Gruppendiskussion, 7.7.91). Im städtischen Bereich ergibt sich die Ausrichtung eines Wohnhauses oft aus dem Zuschnitt der Grundstücke (*kapling/kaveling*), der selbst oft alten Grenzen von Reisfeldern folgt; und dem Verlauf der Wege. Sie folgt kaum mehr der Regel, die Längsachse möglichst senkrecht zur Ost-West-Richtung auszurichten. Weiterhin betonen die

Gesprächspartner, es habe früher kaum oder allenfalls niedrige Zäune oder Hekken zwischen benachbarten Häusern gegeben.

Innerhalb der traditionellen Häuser werden von den Gesprächspartnern noch Unterschiede benannt, wenn sie ethnienspezifische Merkmale im "Aussehen", bzw. der "Form" haben (z.b. *bentuk Bugis*), wobei das Wissen hierüber aber sehr unterschiedlich ist. Eine weitere typologische Unterscheidung seitens der Bewohner ist die zwischen dem Haus auf Stelzen (Abb. 59, "Säulenhaus", *rumah tiang* bzw. "oberes Haus", *rumah atas, rumah panggung,* B.; "Plattformhaus") und dem auf dem Boden gebauten Haus. Letzteres wird auch "Flachhaus" (*rumah datar*) genannt und oft mit einem Steinhaus (*rumah batu*) gleichgesetzt, obwohl viele Flachhäuser nicht aus Stein sind. Zuweilen wird der Typ des Stelzenhauses auch *rumah Makasar* genannt. Meine Beobachtungen zeigen, daß die Häuser in Rappocini und allgemein in Ujung Pandang deutlich vielfältiger sind, als es die dichotome emische Trennung in Stelzen- und Flachhaus nahelegt.

Abb. 59: Typ Stelzenhaus (*rumah tiang*); hier mit Ausbau

Andererseits ist die zunehmende Verbreitung eines allgemeinen Mischtyps von Haus zu beobachten. Das Grundmodell des Wohnhauses nennen die Bewohner "Süd-Sulawesi-Modell" (*model Sulawesi Selatan*; Abb. 60). Es stellt eine Kombination von Elementen dar, die sich aus der früheren Architektur der Makasar und Bugis herleitet und ist besonders an den Giebeln, die Büffelhörner symbolisieren, erkennbar[173]. Dieser Mischtyp findet sich auch im ländlichen Süd-Sulawesi. Pelras spricht von "neotraditionalen Bugis- und Makasar-Häusern", die mittels gekreuzter Giebelbalken und Unterteilungen an den Frontseiten Symbole einer "supraethnischen regionalen Identität" anzeigt, die Tiefland-Süd-Sulawesi umfasst (1997:8). Heute sind moderne Gebäude verbreitet. Ein besonderes Merkmal, das vor allem bei Häusern Wohlhabender oder bei Amtsgebäuden in Ujung Pandang auffällt, sind die horizontalen parallelen Latten an den Giebelfronten. Traditionell zeigten sie den Status an; je mehr Latten, desto höher der Status der Bewohner. Nur Familien, die mit dem Königshaus in Verbindung standen, durften fünf Latten anbringen. Die Dorfgemeinschaft wachte streng über die Einhaltung dieser Regeln und sanktionierte Übertretung manchmal sogar dadurch, daß das betreffende Haus niedergebrannt wurde. Im heutigen Ujung Pandang dagegen finden sich Häuser mit bis zu neun solcher Latten. Informanten sagen dazu etwa, das sei "eigentlich nicht passend/korrekt" (*sebetulnya tidak cocok*), aber würde geduldet, "wenn die Bewohner das schön finden".

Abb. 60: Typ "Süd-Sulawesi-Haus" (*rumah Sulawesi Selatan*)

---

[173] Dieser Haustyp, der in vielen Varianten auftritt, aber immer den Büffelhorngiebel zeigt, ist auch im ländlichen Süd-Sulawesi sehr verbreitet (Bildbeispiele finden sich in Waterson 1980: plate 1 und Dawson & Gillow 1994: Figs. 107-118). Vgl. auch Robinson (1993) zur symbolischen Bedeutung von Häusern für regionale Identität. Einer der Gründe dafür, daß es heute im ländlichen Süd-Sulawesi mehr Mischtypen als klar makasarische oder buginesische Häuser gibt, besteht wahrscheinlich darin, daß in der Zeit der modernistisch-islamischen politischen Aufstände zwischn 1950 und 1965 viele traditionelle Häuser zerstört wurden, da sie als "feudal", "bäuerlich" bzw. "abergläubisch" galten. Ferner siedelte die Nationalarmee viele Menschen zwangsweise um, um sie in von ihr kontrollierten Gebieten zu sammeln. Ganze Dörfer wurden zerstört (Pelras 1975:95, 1997:7; Waterson 1980:248).

Schließlich existieren offizielle Kategorisierungen von Häusern. In Dokumenten der Behörden werden die Kategorien A ("permanent"), B ("semipermanent") und C ("Hütte"; *gubuk*; eigentlich eine Hütte im Reisfeld) unterschieden. Diese Kategorisierung wird verständlich, wenn man um die Besiedlungsgeschichte Rappocinis und insbesondere die vielen illegal errichteten Behausungen weiß (5.1.2). 1991 gab es in Rappocini laut offiziellen Daten 6087 permante Häuser (davon 156 im untersuchten *RW*), 2256 halbpermanente Häuser (159) und 2753 (450) Hütten (Lurah; 23.6.91). Manchen Bewohnern sind diese offiziellen Einteilungen bekannt und sie wurden mir von Informanten etwa beschrieben als Kategorie "A: Steinbau, hoch, luxuriös", "B: mittel" und "C: einfach": *sederhana*).

Arbeitsorganisation beim Hausbau

Die Häuser werden entweder in Eigenarbeit oder mit Hilfe von Handwerkern (*tukang*) und Tagelöhnern (*buruh harian*) errichtet (Tab. 54). Die Tagelöhner kommen oft von weit her, etwa aus dem trockenen makasarischen Gebiet von Takalar. Sie fahren täglich über 40 km mit dem Fahrrad in die Stadt gefahren, um für einen Lohn von Rp. 2.500,-/Tag zu arbeiten, während die *tukang* etwa das Doppelte verdienen. Die Arbeiter essen mittags üblicherweise an einem nahen Essensstand (*warung*) oder/und werden von der Familie des Bauherrn verköstigt. Die Arbeiter stehen, wie das im Baugewerbe Indonesiens oft der Fall ist, in einer Art *punggawa-sawi*-Verhältnis zum Vorarbeiter (vgl. Titus et al. 1986 bzgl. Java). Der *punggawa* (*kepala tukang*, wörtl. "Kopf der Handwerker" oder *mandur*, "Aufseher"; vgl. Sannen 1986) engagiert sie und bezahlt sie wöchentlich. Wenn allerdings kein Baumaterial da ist, was beim gegenwärtigen Bauboom in Ujung Pandang öfter vorkommt, können sie nicht arbeiten und erhalten dann auch keinen Lohn. Der Bauherr zahlt gewöhnlich dem *punggawa* eine feste Summe für die Fertigstellung ("Kontraktarbeit", *sistem borongan*). Dieses Arbeitssystem ist im einzelnen kompliziert und beinhaltet verschiedene Einzelschritte. Der folgende Aktionsplan (Abb. 61) führt die Abfolge der einzelnen Schritte mit ihren Alternativen (jeweils a, b, c) auf.

Tab. 54: Arbeitsdurchführung beim Entwurf, Bau und Ausbau von Häusern

	Hausentwurf	Bauausführung	Ausbau, Renovierung
bezahlte Handwerker (*tukang*)	n. exist.	55,8	64,0
in Eigenarbeit: selbst und Familie (*sendiri*)	86,8	37,2	36,0
Nachbarschaftshilfe (*gotong royong*)	n. exist.	7,0	n. exist.
Architekt (*arsitek*)	13,2	n. exist.	n. exist.
kumulative %	100,0	100,0	100,0
Fallanzahl	91	86	100

Bauen: emische Ziele und Strategien

Im folgenden beschreibe ich allgemeine Baustrategien, die die Bewohner unterscheiden. Dies ergänze ich jeweils durch ein exemplarisches Fallbeispiel. Schließlich fasse ich diese Strrategien in einer Entscheidungstabelle zusammen. Besonderes Augenmerk wird auf die Wissensstrukturen gelegt, die sich auf Handlungsabläufe beim Bauen und insbesondere auf die Aufteilung längerer Entscheidungsprozesse in Einzelschritte beziehen (vgl. ähnlich Nardi 1983 zu Szenarios bzw. zur "Sequenzierung" bei Reproduktionsentscheidungen).

---

1. Bauherr sucht ein Grundstück zum Ankauf.
2. Bauherr kauft das Landstück.
3. Bauherr holt Bauerlaubnis (*izin bangunan*) ein. (Dies umfaßt i.d.R.
    einen langen eigenen Aktionsplan)
4. Bauherr sucht sich einen *punggawa* (auch *mandur*), z.B. in dem Geschäft, wo er die Baumaterialien kaufen will. Der *punggawa* hat oft ein "Abonnements"-Verhältnis (*langganan*) zum Bauherren.
5. *Punggawa* macht einen Kostenvoranschlag
    5a. für die Arbeit (*kerja saja*) oder
    5b. für die gesamte Fertigstellung (*sistem borongan*).
6. Bauherr und *punggawa* handeln entsprechend Schritt 5b einen festen Endpreis aus, entweder
    6a. nur für die Arbeit oder
    6b. für die schlüsselfertige Übergabe (*terima selesai*).
    Diese häufigere Alternative wird hier weiter verfolgt.
7. *Punggawa* engagiert Handwerker (*tukang*)
    7a. aus seiner Familie oder
    7b. Handwerker, die bei ihm ein "Abonnement" haben oder
    7c. neue Handwerker.
8. *Punggawa* handelt mit Handwerkern Lohnform und Höhe aus:
    8a. Tageslohn oder
    8b. Stundenlohn
    8c evtl. einen Gesamtlohn.
9. *Punggawa* kauft Baumaterialien.
10. *Punggawa* bewacht Handwerker (*tukang*) und Tagelöhner (*buruh harian*), falls er mit ihnen einen Stundenlohn ausgehandelt hat. Dies wird als "der Arbeit folgen" (*ikut kerja*) bezeichnet und ist besonders dann angebracht, wenn der *punggawa* mit den Handwerkern und Tagelöhnern nicht einen Tages-, sondern einen Stundenlohn (8b) ausgehandelt hat.
11. Bauherr nimmt fertigen Bau ab und bezahlt den *punggawa*.

Abb. 61: Aktionsplan für den Bau eines Wohnhauses (*bangun rumah tinggal*) (Daten aus Beobachtungen und Befragungen)

(a) "Provisorisch bauen" (*bangun sementara*)
Das vorläufige Bauen spielte besonders in den Anfängen der Besiedlung Rappocinis eine wichtige Rolle, weil es bis in die frühen 1970er Jahre keine Baugenehmigungen gab. Aber auch jetzt in den 1990er Jahren bauen etliche Bewohner noch Häuser, die sie als "vorläufig" bzw. "zeitweilig" bezeichnen. Diese Behausungen bestehen meist aus Bambus, sind nur ca. 2x5m groß und werden oft auch "Notunterkunft" (*rumah darurat*) genannt. Auch die Familien, die für andere "Land bewachen" (*jaga tanah*), errichten Hütten. Des öfteren tragen diese Graf-

fiti, die den späteren Abbruch ankündigen (*mau dibongkar*; "wird eingerissen"). Einmal fand ich an einer Hütte den vielsagenden Schriftzug "Leidenshütte" (*gubuk derita*). Das vorläufige Bauen ist mit der o.g. Strategie des "Abwartens" verknüpft; man baut mit geringem Aufwand ein zeitweiliges Haus, zieht dort ein und wartet, bis man über genügend Geld verfügt, um die Bambushütte durch ein echtes, permanentes Haus (*rumah permanen*) zu ersetzen. Die Erhebungen zur Baugeschichte ergaben, daß in den 32 Fällen, wo beide Daten ermittelt werden konnten, zwischen der Errichtung eines ersten provisorischen Baues, meist einer Hütte, und dem heute permanent bewohnten Haus auf dem gleichen Grundstück, im Schnitt 4,4 Jahre liegen. In wenigen Fällen wurde das jetzige Haus noch im selben Jahr gebaut, in einem Extremfall lagen sogar 14 Jahre dazwischen. Oft dauert es lange, bis genügend Mittel vorhanden sind, um ein permanentes Haus, meist einen Steinbau, zu bauen.

Abb. 62: Fundamente für ein Wohnhaus, an dem die Bautätigkeit schon lange ruht

Ein Fallbeispiel soll das "provisorische Bauen" verdeutlichen. Sun ist ein Toraja und hat ein kleines Grundstück gekauft. Bislang lebte er mit seiner Familie nur ca. 300m von diesem entfernt. Dort wohnten zwar viele Toraja, aber er wohnte nur zur Miete, während er hier am neuen Wohnplatz allein wohnen kann. Mit Hilfe von Familienmitgliedern glättet er am 13. Dezember zunächst den Boden und baut ein Gestell aus Bambuslatten, das die Basis der Hütte aus Bambus und Mattengeflecht bildet. Sun arbeitet immer nachmittags nach der Büroarbeit am Bau. Fünf Tage später ist schon das Dach der Hütte fertig; eine weitere Woche danach sind bereits die Seitenwände aus Mattengeflecht eingesetzt und die Türöffnung ist behelfsmäßig verschlossen. Sun spricht von seiner Hütte als einem *model Jawa* oder *rumah darurat*, das man auch "Entwurfshaus" (*rumah denah*) nennen könne. Später, wenn Geld da ist, will er ein Steinhaus errichten. Schon während der Bauarbeiten knüpft Sun Kontakte zu den unmittelbaren Nachbarn. Mit einem Fahrrad holt er Wasser von der *PAM*-Station (*Proyek Air Minum*), die bei den Nachbarn direkt gegenüber steht. Als Sun an seinem Haus arbeitet und eine Pause macht, gesellt sich alsbald ein in der Nähe wohnender älterer *becak*-Fahrer zu ihm, der vielleicht auf einen neuen Fahrgast als Abonnementskunden (*langganan*; s.o.) hofft.

(b) "Langsam bauen" (*bangun pelan pelan*)
"Langsam Bauen" bedeutet, ohne bestimmte zeitliche Vorstellungen mit dem Bau zu beginnen und jeweils so schnell weiter zu bauen, wie das flüssige Geld und die vorhandene Zeit es erlauben. Diese Form wird auch "eins nach dem anderen" (*satu-satu*; "nur ein bißchen" (*sedikit sedikit*) oder "gestuftes Bauen" (*tertahap*) genannt. In der Sicht der Bauherren ist das ziemlich einhellig die Baumethode der Wahl für Beamte. Ihre kleinen Gehälter lassen ihnen "keine andere Möglichkeit", wenn sie bauen wollen. Das "langsame Bauen" prägt weite Teile des Siedlungsbildes von Rappocini; überall sieht man Fundamente, an denen z.T. schon so lange nicht mehr weitergearbeitet wurde, daß sie überwachsen sind (Abb. 62). Die Anlage von Fundamenten hat, wie schon angemerkt, auch die Funktion, den Besitzanspruch zu sichern und zu verhindern, daß Müll auf dem Grundstück abgeladen wird. Es gibt Übergänge vom langsamen Bauen zum Renovieren bzw. Ausbauen und zum eben besprochenen "provisorischen Bauen". Ein neues, größeres Zinkblechdach wird etwa über einem vorhandenes Dach aus Ried angebracht. Letzteres wird dann entfernt, wenn das neue Dach fertig ist. In anderen Fällen "langsamen Bauens" wohnt die Familie des Bauherren schon im neuen Rohbau, auch wenn die Fertigstellung vielleicht noch nicht absehbar ist. Man richtet sich notdürftig in einem der Räume ein. Auf diese Weise hat man schon das Gefühl, "für sich zu wohnen" bzw. "autonom" (*mandiri*) zu sein, und man kann so auch den Baufortschritt selbst überwachen. Auf diesem Gebiet gibt es in Rappocini faszinierende Improvisationen. Der erstaunlichste Fall war ein Bauherr, der sein neues Haus inklusive des Daches um das noch vollständige alte Haus herum errichtete. So konnte er weiter darin wohnen und es als eine Art inneres Baugerüst für den Neubau verwenden. Der alte Bau wurde erst abgetragen, als das neue Haus fertig war.

Auch diese Bauform soll durch ein Beispiel illustriert werden. Tah ist Mandar aus der Polmas-Gegend im Norden der Provinz Süd-Sulawesi und kommt zusammen mit seiner Frau und fünf Kindern zur Zeit bei seinen Eltern in der Innenstadt unter (*numpang*). Er kaufte 1989 hier in Rappocini ein Grundstück und bezahlte damals Rp. 20.000,-/m^2, während er heute (1991) schon das Doppelte zahlen müßte. Damals hatte er auch schon die Fundamente gebaut. Er errichtet hier jetzt ab Juni 1991 langsam ein Stelzenhaus, das er als *model Mandar* bezeichnet (das aber vom Aussehen her dem allgemeinen *Model Sulawesi Selatan* entspricht) und dessen Gesamtkosten er auf 3 bis 4 Mio. Rupiah schätzt. Er will mit seiner Familie in den oberen Stock einziehen und das untere Stockwerk an Studenten vermieten. Auf dem Bau wird unregelmäßig und bis zum Sonnenuntergang gearbeitet. Zeitweise ruht die Arbeit, weil er kein Geld für den Kauf weiteren Holzes hat. Wenn der Rohbau leer steht, weil nicht gearbeitet wird, sichert Tah als Bauherr ihn durch ein Holzgestell auf dem zuführenden Weg provisorisch ab. Nachdem das hölzerne Grundgerüst und das Dach des Hauses fertig sind, wird erst drei Monate später ein steinerner Anbau für die Küche im Erdgeschoß gebaut. Dies ist eine Innovation Tahs, der sich inzwischen entschieden hat, zuerst selbst in dieser späteren Küche zu wohnen. Die Bauarbeiter wohnen in der Nähe, haben aber keine Beziehung zur Familie. Nur einer der Helfer ist ein Arbeitskollege (wörtl. "Arbeitsfreund"; *teman kerja*) aus dem Büro, wo der Bauherr tagsüber arbeitet. Er hat für die Fertigstellung dieses Bauteils, der vier Arbeiter für einen halben Monat beschäftigen wird, eine feste Summe (*borongan*; s.o.) von Rp. 240.000,- für die Arbeit ausgehandelt. Die Küche wird mit einem WC und einer Wasserpumpe ausgestattet[174]. Als nächstes werden im oberen Stockwerk Holzwände eingezogen, die er später, nach seinem Einzug, durch hochwertigere ersetzen will. Das untere Stockwerk soll in Zukunft aufgemauert werden, um dann die eigenen erwachsenen Kinder oder Schüler aus dem *kampung*, aus dem er stammt, aufzunehmen. Als der Bauherr jetzt aber feststellt, daß das Haus, wenn es auf dem nun schon drei Jahre alten Fundament stünde, über den Dachrand Regen ins Nachbargrundstück schütten würde, erweitert er dieses und versetzt das Haus um einen halben Meter. Im November werden Kokosnüsse und Zweige als Glückssymbole am zentralen Pfosten des Hauses befestigt. Im Dezember 1991 werden Holzbretter als provisorische Wände im unteren Stock angebracht und eine feste Holzleiter, die ins obere Stockwerk führt, eingebaut. Der Bauherr sagt, er wolle jetzt bald einziehen. Bei meinem späteren Wiederbesuch in der Stadt im September 1992 sehe ich aber, daß das Haus immer noch nicht bewohnt ist.

(c) "Direkt bauen" (*bangun langsung*)
Dem "langsamen bauen" steht die schnelle, direkte, zeitlich geplante Errichtung eines Hauses, auch "alles zugleich bauen" (*bangun sekaligus*) genannt, gegenüber. Diese Form, die man im Deutschen wohl am besten "Hochziehen" nennen würde, wird ziemlich eindeutig Unternehmern (*pengusaha*, meist kurz *usaha*) zugeordnet. Ein "gewöhnlicher Beamter" (*pegawai biasa*) hat nie so viel Bargeld bzw. ist nie ausreichend kreditwürdig, um direkt zu bauen - so das allgemeine Bild. Falls ein Beamter aber substantielle anderweitige Einkünfte hat, etwa durch Korruption in kleinerem Rahmen (*main main*), und/oder selbst am Bau mitwirkt, kann auch er de facto schnell ein Haus errichten.

Uni z.B. kaufte sein Grundstück im Mai 1991 von einem mandaresischen Besitzer und bezahlte Rp. 100 Mio. für ein kleines Grundstück. Er arbeitet derzeit als Beamter in der Universitätsverwaltung. Daneben verdient er nachmittags Geld

---

[174] Traditionelle Häuser der Makasar und Bugis auf dem Lande haben die Toilette sehr häufig in oder an der Küche, was in Süd-Sulawesi Mitglieder anderer ethnischer Gruppen, westliche Entwicklungshelfer - und im persönlichen Gespräch auch manche Ethnologen - mit verwunderten und abfälligen Bemerkungen quittierten.

bei der Arbeit in einem Krankenhaus. Bisher kam er mit seiner Familie bei Bekannten in der nahen Jl. Veteran unter. Ein Bugi informierte ihn über dieses Grundstück. Uni sieht sich selbst als zukunftsorientiert und als einen, der ständig arbeitet. Dies sei auch nötig, denn dieses Steinhaus wird etwa Rp. 15 bis 17 Mio. kosten. Ich sehe den Bauherrn fast jeden Tag spätnachmittags am Rohbau, wo er selbst Hand anlegt. Die Bauarbeiter sind sämtlich Männer aus der Stadt, die für die Arbeit am Ende mit einem Gesamtbetrag bezahlt werden. Mitte September wird das Fundament gebaut; am 16. Dezember sind bereits Glasscheiben in die vorgefertigten Holzfensterrahmen eingesetzt; zwei Tage darauf ist schon der Zaun fertig, und Uni wird in Kürze einziehen.

(d) "Stelzenhaus bauen" versus (e) "Steinhaus bauen"
Stelzenhäuser sind einstöckige Häuser, die auf mehr oder minder hohen Pfählen (*tiang*) stehen und meist aus Holz, neuerdings aber oft auch aus Aluminium bestehen. Da sie durch die Stelzen hoch aufragen und die meisten Hütten und Steinhäuser überragen, werden sie auch "obere Häuser" (*rumah atas*) genannt. Studien ländlicher Stelzenhäuser betonen die Flexibilität, die sie in der Nutzung und in ihren Erweiterungsmöglichkeiten durch An- und Umbauten ermöglichen (Pelras 1997:5). Eine verbreitete Strategie in Rappocini ist es, ein Stelzenhaus aus Holz zu bauen und zunächst eigene Kinder, die in der Stadt die Schule oder Universität besuchen, dort wohnen zu lassen oder das Haus an Studenten zu vermieten, wobei mit Bambusgeflecht (*gamacca*; M.) einzelne Abteilungen geschaffen werden. Die leere Fläche unter der Wohnebene kann als Stauraum, für kleine Ställe, als Platz für die Siesta oder zum Unterstellen von Motorrädern (*garasi*) genutzt werden. In einem späteren Schritt kann man Holz- oder sogar Steinwände zwischen die Pfosten ziehen und so ein zusätzliches Geschoß schaffen. Dieses Haus kann dann für einen höheren Mietpreis, etwa an eine ganze Familie, vermietet werden. Ein Holzhaus auf Stelzen ist nicht nur flexibel nutzbar, sondern auch selbst beweglich: Ein solches Haus kann nämlich als Ganzes von einer Gruppe von Männern an einen anderen Ort getragen werden.

Steinhäuser (*rumah batu*; Abb. 63) sind meist niedrig, weil sie fast immer einstöckig sind. Zwei- oder mehrstöckige Gebäude werden, falls es sich nicht um Wohn-cum-Geschäftshäuser (*ruko*) handelt, "hohe Steinhäuser" (*rumah batu tingkat*) bzw. "Stapelhäuser" (*rumah susun*) genannt. Bei den häufig sehr engen Mietshäusern, die Mietskasernen en miniature ähneln, verwundert es kaum, daß gerade sie oft als "Stapelhäuser" bezeichnet werden. Ein Steinhaus ist weniger flexibel nutzbar als ein Stelzenhaus, kann aber dennoch Teil einer längerfristigen Baustrategie sein, wie das folgende Beispiel zeigt.

Lah kommt aus Soppeng und ist Bugis, während seine Frau Buginesin aus Sidrap ist. Sie haben zwei Kinder und wohnten bislang bei Leuten zur Miete, die auch aus Soppeng stammen. Vor eineinhalb Jahren kaufte Lah das Grundstück von einem buginesischen Besitzer. Jetzt bebaut er ein Teilstück (*petak*) mit einem einstöckigen Steinhaus und wohnt schon im hinteren Teil, der bereits fertig ist. Auf dem restlichen Grundstück hat er Fundamente für ein zweites Haus gebaut, das er errichten will, wenn er über genügend Geld verfügt, um es dann in vier Einheiten zu vermieten. Lah sagt mir, er würde jede Arbeit annehmen, um an

Geld zu kommen. Er habe schon als Fahrer, auf dem Bau und im Goldhandwerk gearbeitet. Er meint, wenn man nicht allzu *malu* und nicht hochmütig oder neidisch auf bessergestellte Leute sei und somit auch niedere Arbeiten annähme, fände man immer eine Beschäftigung. Damit bezieht er sich auf das schon geschilderte Stereotyp der Makasar als Menschen, die nur Arbeit annehmen, die nicht ehrenrührig erscheint.

Abb. 63: Typ Steinhaus (*rumah batu*)

(f) Haus bauen und vermieten (*kasih kontrak*)
Diese Baustrategie besteht darin, ein Haus zu bauen, in dem meist mehrere Parteien zur Miete wohnen. Ein solches Haus ist ein- oder zweistöckig und meist wohnen die Bewohner in gleichartigen kleinen Abschnitten. Diese Baustrategie stelle ich an einem Fall dar, den ich in unmittelbarer Nachbarschaft meiner Gastfamilie verfolgen konnte.

Mur ist Beamter, der in einem anderen Stadtteil den Posten eines *lurah* bekleidet. Er wohnt mit seiner Frau und zwei Kindern in einem modernen Steinbungalow direkt gegenüber einer Mietskaserne und einem kleinen *warung* mit armen Bewohnern. Mitte des Jahres beginnt Mur, auf einem nur 30m entfernt liegenden Grundstück zu bauen. Es wird ein Holzhaus mit sieben Einheiten (*pe-*

tak, "Abschnitt"[175]) errichtet, die allesamt vermietet werden sollen. Da Mur tagsüber im Büro ist, überwacht seine Frau die Arbeiten am Bau. Die erste Mieterin wird Rab, eine Bekannte der Familie, die bislang mit ihrem arbeitslosen Mann und einem kleinen Kind am anderen Ende des *lorongs* wohnt. Sie ist Kindergärtnerin im kleinen Kindergarten (*TKK*; *Taman Kanak Kanak*), der zwischen Murs Haus und dem jetzigen Grundstück liegt. Rab erhält die direkt am Weg liegende Einheit. Dadurch verfügt sie als einzige der Mietparteien über einen Vorhof. Hier liegt auch der zementierte Brunnen, an dem sich alle Mieter Wasser holen. Der Bau kleiner Wohneinheiten in Mietshäusern kann sehr schnell vonstatten gehen, wenn viele Personen mithelfen, da fast alle Materialien, vor allem das Sperrholz (*tripleks*) für die Innenwände, leicht transportabel sind. Mitte Juli ist die Holzwand auf einer Seite errichtet, der WC-Behälter gemauert, der Zaun halb aufgestellt, die Mauerung des Bades begonnen und die Steinwände zweier weiterer Abschnitte vollendet. Zwei Tage später sind Rabs Bad und das Toilettenhäuschen fertiggestellt und auch der Zaun vervollständigt. Wenn ein solches Haus viele kleine Wohneinheiten enthält, kann sich die Investition für den Bauherrn auch bei den vergleichsweise geringen jährlichen Mieten (Tab. 55), die etwa ein bis zwei Monatseinkommen ausmachen, lohnen.

Tab. 55: Mietpreise in der untersuchten Nachbarschaft

jährlicher Mietzins in indonesischen Rupiah (Rp.)	Anzahl	%	kumulative %
bis Rp. 100.000,- (Minimum Rp. 70.000,-)	4	11,8	11,8
über Rp. 100.000,- bis Rp. 200.000,-	19	55,9	67,7
über Rp. 200.000,- bis Rp. 300.000,-	3	8,8	76,5
über Rp. 300.000,- bis Rp. 400.000,-	4	11,8	88,2
über Rp. 400.000,- bis Rp. 500.000,-	2	5,9	94,1
über Rp. 500.000 (Maximum 700.000,-)	2	5,9	100,0
Summe	34	100,0	

In systematischen Interviews über die verschiedenen Baustrategien unter Zuhilfenahme von Entscheidungstabellen zeigten sich weitere Details. Zunächst sehen die Befragten auch "kulturelle" Hintergründe bei der Entscheidung (Tab. 56). Einige Baustrategien werden eher den Makasar, andere eher den Bugis, wiederum andere den Chinesen zugeschrieben. Außerdem werden persönliche Vorlieben und Eigenschaften, wie Risikofreudigkeit, als Entscheidungsfaktor angeführt. Zweitens bestätigte sich die Zuordnung bestimmter Strategien zu sozioökonomischen Schichten (Tab. 57). Deutlich wurde aber auch, daß diese Zuordnung nicht so idealtypisch ist, wie es nach einzelnen Gesprächen zunächst erschien. Ferner lassen sich einzelne Baustrategien miteinander zu komplexeren Strategien kombinieren (A bis E).

---

[175] Im Indonesischen heißt *petak* soviel wie Kompartiment bzw. Einteilung, wird aber auch für Landabschnitte, z.B. Teile eines Naßreisfeldes, verwendet. In Ujung Pandang bezeichnet man Landabschnitte bzw. Grundstücke aber eher als *kapling*.

Einiges von dieser allgemein geteilten Innensicht zu Baustrategien findet sich auch in den Angaben der 32 befragten Neueinzieher über ihre eigene Strategie wieder, auch wenn diese Auswahl aufgrund der Dominanz von Beamten nicht das ganze Spektrum der Baumöglichkeiten abdeckt. Die meisten meinten, sie verfolgten die Strategie des "langsam Bauens", wobei darunter fast doppelt so viele Beamte wie private Angestellte waren. Nur halb so viele verfolgten das "Boden kaufen und abwarten" und die anderen Strategien waren fast gar nicht vertreten. Von den in 6.4.1 dargestellten Zielen und Präferenzen des Wohnens stand beim Hausbau deutlich das "unabhängige, autarke Wohnen" (*tinggal sendiri*) und das Bestreben, Familienangehörigen bei Bedarf Unterkunft zu gewähren (*numpang*) im Vordergrund.

Tab. 56: Innensicht der Optionen, Regeln und Strategien beim Hausbau 1: als "kulturell" wahrgenommene Entscheidungswege

	1	2	3	4	5	6	7	8	9	10	11
"Leute von hier" (*masyarakat di sini*; d.h. Makasar)	J	J									
"Leute vom Land" (*orang daerah*, meist Bugis)				J							
Chinesen (*orang cina*)						J	J	J	J	N	
Persönliche Vorliebe (*mau, keinginan*)										J	J
"Risikofreudige" (*sifat risiko*)										J	
"schon lange hier wohnend"(*sudah lama di sini*)											J
"wohlhabend" (*mampu*)								N			
"Bodenkauf und warten"											
"Vorläufig bauen"		X				X					
"Langsam bauen"											
"Direkt bauen"					X						
"Stelzenhaus"	X	X							X	X	
"einstöckiges Steinhaus"							X			X	X
"zweistöckiges Steinhaus"				X							

Tab. 57: Innensicht der Optionen, Regeln und Strategien beim Hausbau 2: als "ökonomisch" wahrgenommene Entscheidungswege
(1. und 2. = Abfolgen)

	1	2	3	4	5	6	7	8	9	10	11	12	13	14	15	16	17	18	19	20
Beamter	J	J	J	J	J	J	J	J	J	J		J								
"Wohlhabender"					N	N	N	N	J	J		J		J		J	J	J	J	J
Amtsträger													J	J	J					
"Reicher"																	J			
"prestigebewußt" andere Wohnung vorhdn.								J	J	N										
"Bodenkauf und Warten"							X													
"Vorläufig bauen"	X			X		X				X										
"Langsam bauen"			X		1.		X			2.										
"Direkt bauen"															X		X			X
"Stelzenhaus"				X													1.			
"einstöckiges Steinhaus"		2.													X		2.	1.		X
"zweistöckigesSteinhaus"	X															X	1.		2.	
"Bauen und Vermieten"									1.	X						2.				
Strategien				A				B								C	D	E		

401

6.4.3 Haus- und Bodenkauf: Aufstiegsmotiv
(*cari status*) und urbane Ideale

Welche Wohnalternativen bieten sich den Haushalten, von denen ein Mitglied eine feste Arbeitsstelle hat oder die über Geld verfügen und damit längerfristig planen können? Oben wurde gesagt, daß der Kauf eines bestehenden einzelnen Hauses selten ist, obwohl solche Häuser angeboten werden, etwa wenn Geld für die Heirat eines Kindes oder für die Pilgerfahrt nach Mekka (*naik haji, naik tanah suci*) gebraucht wird. Wichtiger als einzelne, zum Verkauf stehende Häuser sind in Ujung Pandang verschiedene Typen von Wohnsiedlungen (*perumahan*), die in staatlichem und privatem Siedlungsbau errichtet wurden und werden. Im *kelurahan* Rappocini lebten laut Angaben des *lurah* 1991 ca. 30.000 Menschen in solchen Siedlungen, also knapp die Hälfte aller Bewohner. Die Häuser, die in den Siedlungen liegen, die von der *Bank Tabungan Negara* finanziert und von privaten Firmen (*real estate*) gebaut werden (kurz *BTN* genannt), kann man mit dem Vorteil kaufen, daß eine Zahlung in Raten möglich ist. Die Häuser in den *PERUMNAS*-Siedlungen (Akronym aus *Perumahan Nasional*) sind allgemein zugänglich (*umum*); man kann sie mieten oder auch kaufen. In behördlich gebauten Siedlungen (im Volksmund *DINAS* genannt) hingegen kann man Gebäude nur zeitweilig mieten; sie sind ausschließlich Beamten vorbehalten und auch dies nur bis zur Pensionierung.

Tab. 58: Entscheidungskomplex Kauf von Boden
mit fertigem Haus; angeordnet nach Optionen

	1	2	3	4	5	6	7	8	9	10	11	12	13	14
gewöhnl. Beamte (*pegawai biasa*)	J		J		J						J			
höhere B., "Wohlhabende" (*mampu*)					J	J					J			
"Amtsträger" (*pejabat; jabatan*)		J		J				J						
Chin. Unternehmer, "Reiche" (*kaya*)									J			J	J	
Militärs (*ABRI*)														J
hat Geld flüssig (*punya modal*)										J				
Haus in *BTN* - Siedlung	X													
Haus in *DINAS* - Siedlung		X	X											
Haus in *PERUMNAS* - Siedlung				X	X	X	X							
Haus in privater Wohnsiedlung									X	X				
einzelnes Eigenheim (*pribadi*)											X	X	X	
"strategisch Gebäude" (*strategis*)													X	
ABRI-, SOPIL- Siedlung														X

Die Angaben der Gesprächspartner, die in der Entscheidungstabelle in Tab. 58 wiedergegeben sind, zeigen deutlich, daß in diesem Bereich pro gegebener Bedingungskonstellation wesentlich mehr echte Optionen gesehen werden und auch tatsächlich alternative Möglichkeiten bestehen. Dies liegt vor allem an der Beamten und Unternehmern zugestandenen Kreditwürdigkeit. Die hauptsächlichen Einschränkungen bestehen bei den relativ billigen *DINAS*-Wohnungen, die nur für Beamte zugänglich sind. Es ist zu vermuten, daß diejenigen, die einmal eine solche *DINAS*-Wohneinheit ergattert haben, kaum ein Motiv haben, noch weiter umzuziehen (Reid, pers. Mitt. 1991). Dies gilt aber nur, wenn man nicht zu einem anderen Arbeitsort versetzt wird (s.o. *tugas*). Der Status des Beamten erleichtert es allgemein, in eine Wohnsiedlung zu ziehen. Das ist den meisten Menschen bekannt und neben dem Image der "sauberen Arbeit" einer der Gründe, warum so viele junge Leute Staatsbeamte werden wollen. Zu ergänzen ist noch, daß Militärs zunächst oft in speziellen Wohnheimen der *ABRI* (*asrama ABRI*; s.o.) leben, um später in Eigenheimsiedlungen der *ABRI* umzuziehen.

Abb. 64: Moderne Wohneinheiten einer "Elite(wohn)gegend" (*lingkungan elite*), dem "Goldenen Pannakukang"

Obwohl ein privates einzeln stehendes Eigenheim im allgemeinen höher als eines in einer Wohnsiedlung eingestuft wird, wie im Kapitel zu den Konzepten sozialer Ungleichheit gezeigt wurde, werden die Häuser in privaten Wohnsiedlungen, die es in Ujung Pandang erst seit kurzer Zeit gibt, noch höher eingeschätzt. Ich erlebte den Bau einer solchen Siedlung mit. Sie wurde in Rappocini, jedoch außerhalb des Befragungsgebietes, errichtet. Das "Goldene Pannakukang" (*Pannakukang Emas*, nach einer alten Lokalbezeichnung des Gebietes), das in der Werbung explizit als "Elitegegend" (*lingkungan elite*) firmiert, wurde von der Immobilienfirma P.T. Asindoindah Gryatama, einem Teil der Asindo Group, deren Besitzer ein Chinese ist, errichtet. Allgemein wird vermutet, Suharto, seine Frau oder einer seiner Söhne besäßen die Firma, was derzeit in Indonesien über viele große Bau- und andere Projekte im ganzen Land gesagt wird. Seit 1989 wurden die Häuser östlich der großen Straße Jl. Andi Pangeran Petterani errichtet, an der viele neue Verwaltungsbauten liegen. Nach der Stadtplanung (*Pannakukang Plan*) soll hier das zukünftige "neue Zentrum" (*pusat baru*) der Stadt sein. Ende 1991, als ich Angestellte der Firma im Verkaufsbüro in der Siedlung selbst befragte, waren gerade fünf Familien in die noch kaum fertigen Häuser eingezogen, aber viele der Einheiten schon verkauft (24.12.91). Die Angestellten meinten selbst, daß zu erwarten sei, daß nur Geschäftsleute dort einziehen würden, weil es für Beamte zu teuer sei. Die Familien, die bisher eine Einheit gekauft hätten, kämen von ihren Häusern in älteren, zentralen Teilen der Stadt hierhin. Entweder würden sie die bisherigen Häuser verkaufen bzw. vermieten oder diese weiterbenutzen und hier in Rappocini ein zusätzliches Wohn-cum-Geschäftshaus (*ruko*) errichten. Es seien meist Chinesen, die das Prinzip verfolgten, daß möglichst jedes Kind ein eigenes *ruko* bekommt. Die Hauptmotive für den Umzug chinesischer Geschäftsleute aus der Innenstadt seien erstens die Enge der dortigen älteren und kleineren *rukos* und zweitens die mangelnde Kaufkraft der dortigen Kundschaft (17; 31.5.91).

Die für Informations- und Werbezwecke im Büro ausliegenden Zeichnungen und Modelle der Gesamtanlage der Siedlung (Abb. 64) und die Grundrisse der Häuser machen die leitenden Idealvorstellungen gut deutlich. Die Anlage macht den Eindruck einer vollständigen Stadt mit allen Einrichtungen. Sie ist durch einen Zaun und ein großes Eingangstor, welches als erstes fertiggestellt wurde und nachts hell erleuchtet ist, von der Stadt abgetrennt. Interessanterweise ist der Stil dieses Eingangstores wie auch der Häuser der moderne, buginesisch inspirierte Einheitsstil Süd-Sulawesis. Trotz der meist chinesischen Käufer finden sich keinerlei chinesische Merkmale[176]. Der Planungsgrundsatz der Straßen ist das Sackgassensystem (*cul-de-sac*) aus der westlichen Stadtplanung. Die Siedlung umfaßt außer Wohnhäusern einen Präsentationsraum für Autos, einen Supermarkt, mehrere Reihen von *ruko* und ein Sportzentrum. Dem potentiellen Käufer einer Wohneinheit bieten sich verschiedene Haustypen an, darunter etwa das "*Model Country*", das ein Architekt aus Surabaya nach Vorbildern aus Jakarta und Singapur entwarf. Daneben gibt es auch freien Boden, wo man selbst den Haustyp wählen kann (*tipe bebas*; "freier Typ"). Die Finanzierung wird über einen "Hausbesitzkredit" (*Kredit Pemilikan Rumah*; *KPR*) durch die *Bank Umum Nasional* und die *Bank Niaga* mit einer Laufzeit von bis zu fünf Jahren ermöglicht.

Laut den Angestellten sind die hauptsächlichen Motive, in diese Siedlung zu ziehen, daß die Wohneinheiten vollständig ausgestattet und sofort bezugsfertig seien. Man brauche sich hier "nicht den Kopf zu zerbrechen" (*tidak pusing-pusing*[177]). Die Straßen seien breit, und außerdem seien diese Häuser im Unterschied zu anderen Siedlungsprojekten tatsächlich vor Überschwemmungen sicher. In fast allen Anzeigen für solche Wohnsiedlungen wird mit mit diesem Sicharheitsaspekt geworben (*"bebas banjir"*). Hinzu kommt, wie bei anderen sol-

---

[176] Wie oben gesagt, tragen chinesisch bewohnte Häuser auch in der Innenstadt keine expliziten ethnischen Marker, vor allem keine chinesischen Schriftzüge.

[177] *Saya tidak mau ambil pusing* (etwa: "Ich möchte keine Probleme auf mich nehmen") ist auch in Jakarta eine populäre Redewendung (Murray 1991:24).

chen Siedlungen am Stadtrand, ihre günstige Verkehrslage zu Malino im Hochland Gowas, einem beliebten Ausflugsort für Wochenenden oder die Ferien. Die Käufer informieren sich laut den befragten Angestellten in erster Linie bei Freunden und nur sekundär in den großen Anzeigen, die die Firma in den Zeitungen schaltet. Die Angestellten sagen, etliche Interessenten seien zunächst zu *malu*, um in das Informationsbüro zu kommen, weil sie befürchten, etwas kaufen zu müssen. Bei der Planung der Siedlung wurde auch auf den wichtigen Gesichtspunkt der "Sicherheit" eingegangen. In jeder Straßeneinfahrt der Siedlung soll ein Sicherheitsposten (*SATPAM*) postiert sein, der außer für die allgemeine Sicherheit dafür zu sorgen habe, daß die in Ujung Pandang sonst allgegenwärtigen Straßenhändler nicht in der Siedlung zirkulieren könnten. Sie dürfen, wenn die Siedlung fertiggestellt ist, nur bis zu einer Grenze kommen; jetzt sei der Zugang noch erlaubt, bis Geschäfte (*toko*) da seien. Ein dreiviertel Jahr später, bei meinem Wiederbesuch Ujung Pandangs im September 1992, beobachtete ich, daß vor dem Eingangstor der Siedlung ein Standort für Straßenhändler, quasi ein kleiner Markt, entstanden war.

Dieses Siedlungsprojekt blieb nicht ohne Konflikte, die besonders aus der Geschichte der Planung für das Gebiet heraus verständlich werden. Mit dem unter Patompo verabschiedeten Plan zum Bau von Pannakukang (*Pannakukang Plan*; *Proyek Pannakukang*) von 1974 sollte vor allem die Stadt dezentralisiert werden, weil das Zentrum zu verschmutzt, zu dicht besiedelt (ca. 200 Menschen/km^2) und für den Verkehr zu schwer zugänglich war. Deshalb sollte das Verwaltungszentrum mit regionalen und städtischen Behörden an den Stadtrand in die Pannakukang-Ebene verlegt werden, wo es expandieren konnte. Das Management lag bei der privaten Firma P.T. Timurama. Das bisherige Stadtzentrum sollte spezielle Funktionen übernehmen, vor allem im kommerziellen Sektor (Latief 1975, Patompo 1976; Forbes 1979:20). Dafür kaufte die Regierung Boden auf, der bis dahin als Reisland genutzt worden war, und begann, eine Infrastruktur und Gebäude zu errichten. Dazu kam die Planung eines Wohnhauskomplexes (*building estate*) nach dem Muster von Kebayoran Baru in Jakarta, d.h. mit geschwungenen Straßen und viel Platz zwischen den Häusern (Kampung Improvement Program o.J.:1, Patompo 1976). Das Gebiet Rappocinis wurde in den Straßenbau und Surveyarbeiten einbezogen und war innerhalb dieses Planes zunächst für untere Sozialschichten, für "kleines Volk" (*rakyat kecil*) ausgewiesen. Schon vor Jahren vermutete Forbes (1979:21), daß untere Einkommensschichten die Mieten wohl nicht werden zahlen könnten.

Die jetzt fertiggestellte Siedlung befindet sich teilweise auf dem Gebiet der damaligen Planung. Sie könnte dem früher gesteckten Ziel nicht deutlicher entgegenstehen. Das kommt außer in den beschriebenen Merkmalen der Infrastruktur und den anvisierten Käufern schon im Namen zum Ausdruck, der auf großen Schildern werbewirksam zu lesen ist: "Elitegegend" (*lingkungan elite*). Die Meinungen hierüber sind in der Stadt sehr geteilt. Sicherlich findet fast jeder die Häuser schön und erstrebenswert. Aber alle wissen, wie oben schon gesagt, daß nur reiche Leute, vorwiegend chinesische Geschäftsleute und hohe Beamte hier leben werden. Die reichen chinesischen Geschäftsleute sind dafür bekannt, daß sie die Kaufsumme auf einen Schlag bar bezahlen (*bayar cash*). Ein besonderer

Konfliktstoff entstand dadurch, daß die früher verstreut auf diesem Bauland lebenden Familien offenbar bis heute nicht für ihre Häuser und das Land entschädigt wurden. Mitte 1991 waren dann auf Bauzäunen in metergroßen Buchstaben gemalte Protestbekundungen zu lesen ("nicht für die Elite", *tidak untuk elite*). Fast jeder, mit dem ich über dieses Projekt sprach, sagte, hier würden "mit Sicherheit nur Chinesen", "nur Büros oder Bosse" (*kantor kantor dan boss boss saja*) oder "korrupte (Beamte)" (*pegawai korupsi*) einziehen können. Ein normaler, ja selbst ein Beamter einer höheren Gehaltsgruppe könne sich solch ein Haus niemals leisten. Dazu müsse man schon ein hoher Amtsträger (*pejabat*) sein, der Zugang zu illegalen Möglichkeiten hat, an Geld zu kommen.

Aufgrund der finanzkräftigen Käuferschaft, die anvisiert wird, gibt es auch in anderen Wohnsiedlungsprojekten Rappocinis bestimmte Hausmodelle, in erster Linie zweistöckige Geschäftshäuser (z.B. Prospekt *Bumi Permata Hijau*, 1991, 150m² groß). Sie sind auf Geschäftsleute, vor allem Linie Chinesen, zugeschnitten[178]. Daneben stehen verschiedene Klassen von einstöckigen Wohnhäusern zur Wahl, die auf die potentiellen Käufer schließen lassen: Chinesen und Javanen aus Ujung Pandang und wohlhabende Bugis aus Süd-Sulawesi, die über ein Auto verfügen. Die kleineren, etwa 60m² messenden Häuser kosten zwischen 34,5 Mio. und 77 Mio. Rp. und sind für die Schicht "von unten nach oben" (*bawah ke atas*; vgl. 5.7) mit einem monatlichen Einkommen zwischen 0.5 und 1 Mio. Rupiah gedacht, während die etwa 100m² großen Einheiten um 130 Mio. Rp. kosten und sich an Käufer wenden, die mit einem monatlichen Gehalt von 1,5 bis 2 Mio. Rupiah als "mittel bis oben" (*tenggah ke atas*) eingestuft werden. In den Hausgrundrissen ist neben einem kombinierten Gäste-, Wohn- und Eßzimmer (*ruang tamu/ruang makan/ruang keluarga*) und einem Schlafzimmer (*ruang tidur*) auch ein kleiner Raum für die Haushaltshilfe (*ruang pembantu*) vorgesehen. Dies zeigt die Mittelschichtsideale genauso wie der Vorgarten, die Balkons und die vorgesehene Garage (*car port*; Prospekt Bumi Permata Hijau).

Zusammenfassend läßt sich sagen, daß diese geplante Wohnsiedlung städtischen Prinzipien entspricht, aber nicht nur westlichen, wie es auf den ersten Blick erscheinen mag. Mehrere kulturspezifische Konzepte von Stadt und urbanem Leben kommen in unterschiedlichem Ausmaß und verschiedenen Dimensionen zum Ausdruck. Westliche Vorstellungen dominieren im Grundriß und der äußeren Gestaltung der Wohnhäuser (oft nach modifizierten spanischen Vorlagen). Chinesische Konzepte der Stadtvorstellungen finden sich lediglich bei den Toren und Steinwänden und vor allem bei den Wohn-cum-Geschäftshäusern. Hier zeigt sich wahrscheinlich der Einfluß von Chinesen in den kontraktierten Planungs- und Baufirmen. Anders als in weiten Teilen Malaysias wird die modernisierte Version des chinesischen Geschäftshauses nur für die kombinierten Gebäude (*ruko*) benutzt und nicht für ausschließlich zum Wohnen genutzte Häuser (mit Nutzung der unteren Etage als Garage; vgl. Evers 1977:224). Die malaiische Stadtkonzeption, etwa mit ihrer Toleranz gegenüber der Raumnutzung durch Nichtbesitzer und der

---

[178] Bislang ziehen chinesische Geschäftsleute nur sehr vereinzelt in Gebiete, in denen sonst wenige Chinesen wohnen. Für einen Geschäftsmann sind *ruko* außerhalb einer solchen Siedlung billiger, bergen aber das Risiko einer nur kleinen Kundschaft, wenn sie in einem noch wenig dicht besiedelten oder in einem geschlosseneren, weniger heterogenen, *kampung* liegen.

geringeren Betonung von Grenzen, findet sich in diesen Wohnsiedlungen kaum. Sie zeigen sich jedoch in den Aufteilungen der Zimmer, die z.b. immer einen großen Gästeraum und oft zwei Badezimmer (*kamar mandi*) vorsehen.

6.5 Systematisierung und Test: das Handlungsfeld städtischer Residenz

In diesem Abschnitt lege ich erstens systematisch dar, inwieweit die empirischen Befunde zum Entscheidungsbewußtsein allgemein, zur Land-Stadt-Migration, zu innerstädtischen Umzügen und zu Baustrategien mit dem in 2.2.3 vorgestellten Modell des Akteurs als *resourceful, restricted, evaluating, expecting, maximizing man*, dem RREEM-Modell, vereinbart werden können. Zweitens soll aufgezeigt werden, inwieweit Hypothesen über die Rationalität, die aus den Entscheidungstabellen abzuleiten sind, sich in Form eines Tests mit davon unabhängigen Aussagen solcher Gesprächspartner decken, die ihren Umzug bzw. Hausbau tatsächlich gerade ausführen oder gerade hinter sich haben.

Abb. 65 gibt einen systematischen Gesamtüberblick der Optionen, die die Menschen bezüglich der zeitweiligen bzw. dauerhaften Wohnortverlagerung versus dem Bleiben am Ort, zu unterschiedlichen Wohnorten, Wohnformen, Hausformen und Baustrategien sehen. Im folgenden erläutere ich zunächst (1) die allgemeine Haltung zum Entscheiden und dann die einzelnen Entscheidungen (2) zur Migration in die Stadt, (3) zum Umzug innerhalb der Stadt und (4) zum Hausbau. Ich gehe diese Haltungen jeweils einzeln nach den fünf Annahmen des RREEM-Modells durch (2.2.3). Dieses postuliert ja, daß Akteure kreativ und findig (*resourceful*), aber in ihrer Handlungsfreiheit beschränkt sind (*restricted*), daß sie bewerten bzw. Vorlieben haben (*evaluating*) und Erwartungen hegen (*expecting*) und daß sie im allgemeinen der Maximierungsregel folgen (*maximizing*).

Bezüglich der allgemeinen Haltung zu Entscheidungen sind die Akteure in mehrerer Hinsicht findig und kreativ. Trotz vielfältiger Beschränkungen suchen sie nach neuen Lösungen ihrer Alltagsprobleme, nach neuen Optionen, was sich im Selbstbild z.B. in der vielfältigen Verwendung des Wortes *cari* ausdrückt. Reflektiert bzw. überlegt sind die Akteure darin, daß sie ihre Entscheidungen im sozialen Kontext fällen sie sich über die materiellen, sozialen und kognitiven Beschränkungen ihres Handelns im Klaren sind. Sie sind sich vor allem über die materiellen Restriktionen bewußt, indem sie deutlich zwischen Lebensbereichen und sozialen Situationen unterscheiden, in denen sie tatsächlich entscheiden können, gegenüber anderen, in denen "es nur eine Wahl gibt". Dieses Bewußtsein der Handlungsbedingungen erweist sich auch darin, daß sie spontan Fallunterscheidungen zwischen Personen und Haushalten unterschiedlicher Lage (*situasi hidup*) machen. Hinsichtlich der sozialen Beschränkungen der Entscheidungsfreiheit werden erstens haushaltliche Zuständigkeitsbereiche unterschieden, zweitens wird häufig für bestimmte Situationen und Personenkreise ein bestimmtes Handeln als "passend" (*cocok*) ausgewiesen. Schließlich gibt es Lebenslagen und Umstände, in denen emisch gesehen keine Wahl bleibt, sondern in normativ genau vorgeschriebener Weise gehandelt werden muß, nämlich bei starken Verletzungen der familienbezogenen Ehre. Die Menschen bewerten die Konsequenzen verschiedener Optionen und folgen bestimmten Präferenzen. Allgemein angestrebt sind Sicherheit, Modernität, Konsum und soziales Prestige. Zusammengenommen manifestiert sich das im sehr verbreiteten Bestreben, eine Stellung als Beamter zu erlangen.

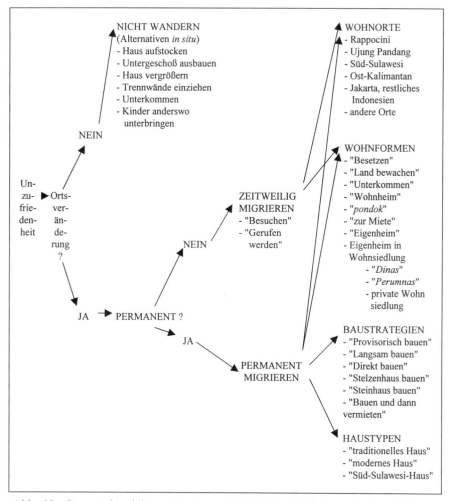

Abb. 65 : Gesamtübersicht zu räumlicher Mobilität und Wohnen als Entscheidungsfeld in Süd-Sulawesi

Die Menschen sind sich durchaus dessen bewußt, daß nur einige der kulturellen Werte unter ihnen geteilt sind und daß wohlhabende Haushalte andere Präferenzen haben als schlecht gestellte. Außerdem ist ihnen klar, daß es auch rein persönliche Vorlieben gibt, was sich in der Form ausdrückt, daß man sagt, daß jemand dies und das einfach tut, weil er oder sie "es so mag" oder "schön findet". Die Menschen haben Erwartungen über die Entwicklung ihres Stadtviertels. Sie sehen Rappocini in stereotyper Weise als Siedlung, die quasigesetzhafter eine aufstrebende Entwicklung durchläuft. Über ihr eigenes Schicksal haben sie weniger deutliche Erwartungen; hier überwiegt bei den Ärmeren die Betonung der Unsicherheit der Zukunft, bei den besser gestellten die Erwartung, daß individuelles Streben zum Erfolg führt.

Im allgemeinen wählen sie maximierend unter Optionen derart, daß sie ihren persönlichen Nutzen oder den ihres sozialen Nahfeldes erhöhen. Traditionelle Normen legen nahe, die weitere Familie in die Ziele, die man verfolgt, miteinzubeziehen und islamische Werte fordern, die ganze Nachbarschaft zu unterstützen. De facto entscheidet man aber tendenziell zum Vorteil der engeren Familie und nur der unmittelbaren Nachbarn. Prestige ist nicht nur ein Mittel zum Erreichen anderer Ziele, sondern häufig auch ein Selbstzweck, was in der Innensicht der Menschen in erster Linie den Makasar zugeschrieben wird. In der Außensicht ist Prestige in der Region ganz allgemein ein angestrebtes Ziel, was nur aus der Regionalgeschichte und der Sozialstruktur der großen Ethnien heraus verständlich ist.

Die Migrationsentscheidungen sind in dem Sinn als findig, kreativ, reflektiert und überlegt einzuschätzen, daß die stadtwärtigen Wanderungen Elemente längerfristiger und bewußter Haushaltsstrategien darstellen. Das zeigt sich auch darin, daß man eine solche Entscheidung genauer abwägt und vor der Wanderung Informationen einholt. Das positiv besetzte Konzept des "Erfahrungen suchen" (*cari pengalaman*) läßt es jedoch in der Innensicht auch als "vernünftig" erscheinen, wenn man kurzfristig und versuchsweise in die Stadt zieht. Die Beschränkungen der Land-Stadt-Migration bestehen in erster Linie in unvorhersehbaren und oft plötzlich eintretenden Situationen, etwa wenn man aufs Land zurückkehren muß, weil man dort als Arbeitskraft gebraucht wird. Die Werte bzw. Präferenzen gehen dahin, daß man Städte und Stadtteile sucht, die erstens "sicher" sind und zweitens ein Minimum an Infrastruktur aufweisen. Allgemein werden lebhafte, interessante und moderne Orte bevorzugt.

Die Erwartungen bezüglich Migration sind stark von der Erfahrung in der eigenen Familie und dadurch geprägt, daß Wanderung einen Teil der Normalbiographie darstellt. Gefördert wird dies durch Konzeptionen zum Migranten als (meist männlichem) Sozialtypus und durch Vorstellungen, daß ganze Ethnien besonders mobil seien. Trotz der intensiven Beziehungen zwischen Land und Stadt werden die Erwartungen zum Leben in der Stadt eher von allgemeinen Konzepten zu Urbanität als Lebensform und Feld von Chancen gespeist, als durch konkretes Wissen über die dortigen Lebensbedingungen. Die Informationen, die die Migranten über die Möglichkeiten städtischen Lebens haben, entsprechen häufig nicht den tatsächlichen Verhältnissen. Maximierend handeln die einzelnen Wanderer bzw. Haushalte in dem Sinn, daß sie meist direkt in die Stadt ziehen, von der sie sich den höchsten Nutzen versprechen, statt in Etappen über kleinere Städte in die größeren zu wandern. Eine räumliche Grenze findet dies darin, daß viele nach Ujung Pandang als Primatstadt der Region ziehen, nicht aber direkt in die Megalopolis Jakarta.

Hinsichtlich der Entscheidungen zu innerstädtischen Umzügen ist festzustellen, daß die Personen und die Haushalte findig und kreativ vor allem in der Suche nach neuen Optionen sind. Im Unterschied zu den Entscheidungen zur Migration vom Land in die Stadt sind sie aber relativ weniger reflektiert bzw. überlegt. Sie folgen mehr einem Muster von Versuch-und Irrtum und der Planungshorizont ist wesentlich kürzer als bei jenen. Solche Umzüge unterliegen klaren Beschränkungen vor allem durch die kurzfristigen Mietverträge, die eine ständige Unsicherheit zur Folge haben. Entsprechend führen die Menschen bezüglich Wohnortwechseln in der Stadt viel häufiger Gründe zum Auszug als Zuzugsmotive an. Oft ist jedoch auch die Möglichkeit wegzuziehen beschränkt, etwa weil keine freie Wohnung bekannt ist oder man im Gebiet einer freien Wohnung niemanden kennt und eine Inspizierung der Gegend einen beschämen könnte. Fehlendes Wissen stellt eine allgemein wichtige Einschränkung bei Umzugsentscheidungen in dieser Stadt dar. Entsprechend findig sind die Haushalte bei der Suche nach Alternativen zum Umzug. Sie verändern ihre Wohnungen bzw. Häuschen *in situ* oder sie lagern Mitglieder des Haushaltes zu Bekannten oder Verwandten aus.

Bei der Bewertung von Wohnstandorten und besonders den Prioritäten ergeben sich deutliche Veränderungen im Laufe mehrfacher innerstädtischer Umzüge. Neben der Sicherheit und der Nähe zum Arbeitsplatz und zu Schulen werden bei mehrfachen Wohnortwechseln zunehmend individuelle oder familiäre Autarkie und großer Wohnraum bevorzugt. Dieser Präferenzwandel geht tendenziell mit dem Lebens- bzw. Haushaltszyklus und sozioökonomischem Aufstieg einher, hängt aber auch mit der durch die Umzüge zunehmenden Erfahrung zusammen. Die Erwartung der Akteure ist, daß man durch häufiges Umziehen dem optimalen Wohnstandort immer näher kommt und währenddessen erstens wichtige Erfahrungen macht und zweitens sein Netzwerk in der Stadt ausbaut. Die Akteure wählen nur teilweise maximierend unter Optionen; teilweise folgen sie wegen der Einschränkungen und Unsicherheiten deutlich einem *satisficing* im Sinne Herbert Simons. Auf eine Kurzformel gebracht: Ärmere und Ankömmlinge in der Stadt begnügen sich mit begrenzten Zielen oder folgen einer Minimax-Strategie, besser Gestellte und länger Ansässige optimieren bzw. maximieren. Optimieren und Maximieren spielen vor allem bei den Entscheidungen zum Bau von Häusern eine Rolle. Diese Entscheidungen zum Hausbau und die Wahl von Häusern in Wohnsiedlungen sind findig und kreativ sowie reflektiert und überlegt vor allem darin, daß es hierfür bestimmte bewußte Strategien gibt. Eine allgemeine Beschränkung liegt aber auch hier im begrenzten Wissen um vorhandene Optionen.

Der Immobilienmarkt in Ujung Pandang ist segmentiert. Nur Wohneinheiten in Siedlungen werden öffentlich in der Zeitung oder auf großen Tafeln annonciert. Ansonsten informiert man sich über eigene Netzwerkkontakte und über die wenigen Makler, deren Klientel wiederum sozial segmentiert ist. Die Beschränkungen der Entscheidungsfreiheit werden als je nach sozioökonomischer

Lage unterschiedlich gesehen und jeweils bewußt eingeplant. Sie liegen vor allem in der Verfügbarkeit größerer Geldmengen einerseits und in institutionellen Regelungen zum Zugang zu Wohnsiedlungen andererseits. Entsprechend unterschiedlich sind auch die Präferenzen zwischen Nichtbeamten, die nur unsicher über Geld verfügen, Beamten, die langfristig sicher, jedoch meist wenig Geld haben, und höheren Beamten bzw. Unternehmern, die langfristig über Bargeld verfügen.

Allgemein geteilt ist die hohe Präferenz für "sichere" und "moderne" Wohngebiete, bzw. solche mit hohem Prestige. Die Maximierungsregel in engerem Sinne gilt in der Innensicht für Wohlhabende, in erster Linie chinesische (und in zweiter buginesische) Unternehmer und höhere Beamte, die direkt bauen, also in einem Schritt die beste Lösung anstreben. Gewöhnlichen Beamten wird ein langer Planungshorizont zugeschrieben; sie bauen langsam. Sie können also ebenfalls bezüglich Wohnraum und Prestige maximieren, aber das Ziel wird nicht sogleich erreicht. Außer den höheren Beamten und reichen Unternehmern spielt prozedurale (bzw. prozessuale) Rationalität im Sinn von Simon (1990b), die langsam zu zufriedenstellenden Lösungen führt, die dominierende Rolle. In den Entscheidungstabellen zeigt sich, daß Ärmere und Nichtbeamte so vielen Beschränkungen unterliegen, daß sie entweder "abwarten", bis sich eine gute Gelegenheit bietet, oder Lösungen suchen, die zwar nicht optimal, aber "gut genug" sind.

Nun zum Test des bislang gewonnenen Bildes aus den Entscheidungstabellen, der anhand von davon unabhängigen Daten erfolgt. Das zentrale Kriterium, nach dem sich die Entscheidung für eine bestimmte Form zeitweiligen oder permanenten Wohnens von selbst ergibt oder bewußt gefällt wird, ist nach allgemeiner Ansicht der Bewohner die "Lebenslage" (*situasi hidup*). Dies wurde bezüglich der wichtigsten Wohnoptionen an einer unabhängigen Auswahl getestet. Es handelt sich also um einen Test emischer Daten (aus den Entscheidungstabellen) mittels anderer, davon unabhängig gewonnener, aber ebenfalls emischer Daten. Diese wurden am Schluß eines Kurzfragebogens, in welchem alle während der Feldforschung oder kurz davor umgezogenen Haushalte im *RT* und im näheren Umkreis über die Umstände ihres kürzlichen Umzuges befragt wurden (vgl. 3.2.2), erhoben. Mittels einer Tabelle fragte ich dabei nach den "gewöhnlichen/üblichen" Wohnumständen verschiedener sozialer Kategorien. In der vorgelegten Tabelle waren in den Zeilen die wesentlichen emischen Wohnkategorien und in den Spalten die im Alltagsgespräch relevanten Personenkategorien angeordnet. Es wurde gefragt: "Wie wohnen nach ihrer persönlichen Erfahrung üblicherweise solche (X,Y, ...) Personen?" Die Kategorien hatte ich in den vorangehenden Interviews mittels Entscheidungstabellen gewonnen. Die Befragten wurden gebeten, entsprechend anzukreuzen, wobei ausdrücklich mehrere Kreuze pro Kategorie möglich waren.

Die aus Beobachtungen, informellen Gesprächen und den obigen Entscheidungstabellen abgeleiteten Hypothesen, die getestet wurden, waren folgende: (a) Die Kreuze müßten gehäuft nahe einer Diagonale von links oben nach rechts unten verteilt sein, weil die Wohnform von der sozioökonomischen Lage abhängt und die Kategorien der Wohnformen in den Zeilen als auch der Personen in den

Spalten in aufsteigender Rangfolge geordnet wurden. (b) Die Anzahl der Kreuze pro sozioökonomischer Kategorie müßte von links nach rechts zunehmen, da die besser bzw. höher gestellten nach allgemeiner Ansicht mehr Optionen haben als die niedriger gestellten; sie sind einfach "freier" (*bebas*). Tab. 59 zeigt die Ergebnisse der 15 befragten Haushalte (von 32; die anderen hatten nur ihre eigene Wohnform angekreuzt).

Die Tatsache, daß die Matrix nur wenige leere Zellen aufweist (15 von 110), deutet zunächst darauf hin, daß die Wohnform in der Innensicht nicht ausschließlich von der sozioökonomischen Kategorie abhängt. Dies mag zum Teil am Verfahren liegen. Die Befragten sehen hier, wo ihnen die gesamte Bandbreite der Wohnkategorien vorgelegt wird, mehr Optionen, als wenn man sie offen nach den Möglichkeiten bestimmter Sozialkategorien fragt, wie das in den obigen Entscheidungstabellen getan wurde. Die erste Hypothese wird durch die Daten gestützt, was man besonders deutlich sieht, wenn man die Zellen, die nur eine einzige Nennung enthalten, außer Acht läßt. Die zweite Hypothese kann dagegen weniger gut untermauert werden. Auch die materiell schlechter gestellten Sozialkategorien haben nämlich in der Sicht der Befragten verschiedene Optionen, während die materiell am besten gestellten, die "Amtsträger", die wenigsten Optionen haben. Dies läßt sich damit erklären, daß die Breite der Optionen der ärmeren Haushalte durch ihre materiellen Ressourcen begrenzt sind, wohingegen die Wahlfreiheit der besser gestellten durch Statusnormen eingeschränkt ist. Um eine Wohneinheit in *DINAS*- und *PERUMNAS*-Siedlungen zu bekommen, muß man bestimmte Voraussetzungen erfüllen, z.B. für die *DINAS*-Wohnungen im Staatsdienst arbeiten und noch nicht pensioniert sein. Nichtsdestotrotz sehen die Befragten, außer für Tagelöhner und Wanderer, die Möglichkeit, in solchen Siedlungen zu wohnen. Das kann an fehlendem Wissen oder daran liegen, daß man annimmt, solche Hindernisse mit entsprechenden "Verbindungen" umgehen zu können.

Tab. 59: Wohnoptionen in Abhängigkeit von der sozioökonomischen Lage in der Sicht von jüngst umgezogenen Haushalten

WOHNFORM	SOZIOÖKONOMISCHE KATEGORIE									
	"Tagelöhner"	"Wanderer")	"Student"	"Arbeitsuchender/becakfahrer"	"Kleinunternehmer"	"Privatangestellter"	"Unternehmer"	"normaler Beamter"	"Militär" ABRI	"Amtsträger"
"Land bewachen" (*jaga tanah*)	XXX XX		X	XXX XXX X	XXX XX	XX X			X	X
"Unterkommen bei Familie" (*numpang sama keluarga*)	XXX XXX	XXX XXX X XXX	XXX X XXX XX	XXX XXX X		XX	XX		XX	XX
"Unterkommen beim Boss" (*numpang sama boss/majikan*)	XXX XXX X	XX XX		XXX XX	XX XX		XX	XXX	X	XX
"Regionales Wohnheim" (*asrama daerah*)	X	X		XXX XXX XXX XXX	X	X	XX X	X	XX	XXX XXX XXX	X
"Pondok" (*pondok/ in-de-kos*)	X	XX XX		XXX XXX XXX XXX X	XX	XX X	XX X	X	XX	X
"Wohnung zusammen mieten" (*kontrak petak bersama*)	XX XX	X		XX XX	XX XX	XX	XX		X	XX
"Wohnung einzeln mieten" (*kontrak petak sendiri*)	XXX XX	XXX XX	XX XX	XXX XXX	XXX XXX	XXX XX	XX	XXX XX	XX	
"Haus mieten" (*kontrak rumah*)	XXX XXX	XX	XXX XXX X	XXX XX	XXX XXX XXX X	XXX XXX XX	XXX XXX XX	XXX XXX XX	XXX XX	XX X
"Eigenes Haus" (*punya rumah sendiri*)	X	X	X	XX X	XXX XXX XXX XXX	XXX XXX XXX XX	XXX XXX XXX XX	XXX XXX X XXX	XXX XXX X	XXX XXX XXX
DINAS-Siedlung			X	X	X	XX X	XX X	XX XX XX	XXX XXX XXX XX	XXX XXX XXX XXX
PERUMNAS-Siedlung			X	X	XX X	XXX XX	XXX XX	XXX XXX XXX XXX	XXX XXX	XX X

413

In a refigured postcolonial space, in which questions of identity have become more complex and disputed, inevitably the imagining of new urban forms will come from many different sources.
Dean Keith Forbes, 1999

7 Synthese: Urbanität als Rationalität und städtische Dynamik in Südostasien

7.1 Ansatz: handlungsbezogene urbane Kognition und *Natural Decision-Making*

Das Thema dieser Untersuchung ist handlungsbezogene Kognition im Rahmen städtischer Lebensweise. Den theoretischen Hintergrund bildet die sozialwissenschaftliche Debatte um Rationalität. Das spezielle Interesse gilt einer immer wieder postulierten, spezifisch urbanen, Ausprägung von Rationalität. Methodisch wird das Thema Handlungsrationalität hier entsprechend dem Ansatz des *Natural Decision-Making* angegangen. Im Zentrum stehen Entscheidungen zur Wohnweise und zu Umzügen innerhalb einer Stadt, wie sie im realen raumzeitlichen Kontext getroffen werden.

Die Forschungslokalität, Ujung Pandang, ist eine ethnisch extrem gemischte und außerdem in starkem Wandel begriffene Regionalmetropole im Osten Indonesiens. Die Region Süd-Sulawesi stellt insgesamt seit langem ein Migrationsfeld dar und hat zudem ein markantes historisches Profil als Heimat von Seefahrern, die seit Jahrhunderten in ganz Südostasien bekannt sind. Die Wahl von Wohnen und Wohnortswechsel im Rahmen sozialer Mobilität als empirischem Fokus ist also nicht nur theoretisch und methodisch begründet. Räumliche Mobilität ist ein Thema, das die Geschichte der Region prägte und das für das Leben der heutigen Bevölkerung auch in der Innensicht relevant ist. Die empirischen Daten wurden in einem Ortsteil namens Rappocini am Rand der Stadt gewonnen. Der Stadtteil ist sozial und politisch kaum integriert und weist eine hohe Residenzdynamik auf. Auf die kürzeste Formel gebracht, ist Rappocini ethnisch gemischt, sozioökonomisch teilweise entmischt, durch die untere Mittelschicht dominiert und baulich äußerst vielfältig. Somit ist diese Arbeit auch ein Beitrag dazu, nicht nur entweder arme Bewohner oder aber städtische Eliten zu untersuchen, sondern verstärkt Angehörige der mittleren Schichten (Sanjek 1990:152f., ähnlich Forbes 1999), die auch in Südostasien nicht einfach als „Mittelklasse" zu fassen sind.

Da die Arbeit eine theoretisch orientierte Fallstudie darstellt, stelle ich die Resultate in zwei Teilen dar. Im ersten Teil versuche ich, die Einzelergebnisse im Rahmen eines Modells von Handlungsrationalität in eine Synthese zu bringen. Der zweite Teil diskutiert die Resultate zur Verstädterung und zu Urbanität als Lebensform in einer vergleichend-regionalen Perspektive auf Südostasien und seine derzeit große urbane Dynamik.

7.2 Theoriebezogene Ergebnisse: Handlungsrationalität im postkolonialen Kontext

Das Ziel der Arbeit war eine systematische Exploration der Handlungsrationalität, nicht eine umfassende Erklärung. Die theoriebezogenen Resultate sind im Folgenden dennoch nach der in 2.2.3 erläuterten Struktur sozialwissenschaftlicher Erklärung mit der Unterscheidung der Logiken der Situation, der Selektion und der Aggregation sozialen Handelns dargestellt (Abb. 66). So läßt sich die Verquickung von struktureller gesellschaftlicher Makroebene und der Mikroebene der handelnden Menschen gut zeigen.

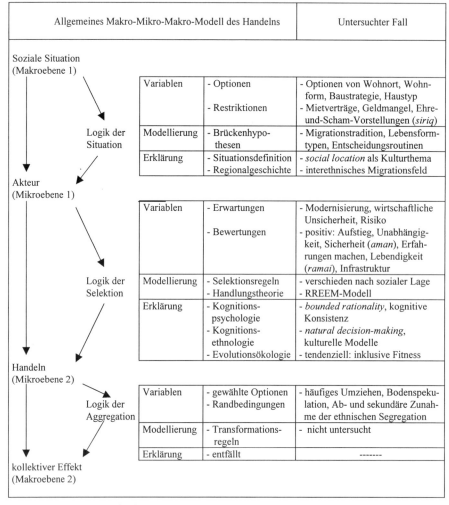

Abb. 66: Handlungsfeld Wohnen und Mobilität, dargestellt im Rahmen des Makro-Mikro-Makro-Modells sozialwissenschaftlicher Erklärung

Von der Makroebene zu den Akteuren:
Die "Logik der Situation"

Wie stellt sich die soziale Situation, in der sich die Menschen sehen, in einer typisierenden Beschreibung dar? Worin bestehen die strukturellen Rahmenbedingungen auf der Makroebene, und was sind die eher festgelegten Bedingungen auf der Mikroebene? Wo spielen andererseits weniger verfestigte Grundlagen, wie beispielsweise ein eher flexibles kulturspezifisches Wissen und lokale Überzeugungen eine Rolle und wie schlagen sich diese in besonderen Deutungen der Handlungssituation nieder? Wo liegen also die physischen und sozialen Beschränkungen des Handelns, welche Optionen bestehen und zu welchen materiellen und symbolischen Ressourcen haben die Akteure Zugang?

Zu Wohnortsveränderungen unterscheiden die Bewohner zunächst zwischen zeitweiliger Ortsverlagerung, permanenter Migration und der Alternative, Wohnprobleme *in situ*, ohne Ortsveränderung, zu lösen. Zeitweiliges Migrieren wird oft zunächst als "Besuchen" bezeichnet, wobei es häufig unklar ist, wie lange der Aufenthalt dauern wird. Üblicherweise helfen einem Familienmitglieder an anderen Orten, indem man von ihnen "gerufen wird" und sie einem Unterkunft gewähren (und oft auch Arbeit verschaffen). Wenn eine Ortsverlagerung nicht möglich ist, gibt es mehrere Möglichkeiten der Anpassung *in situ*. Einerseits können Veränderungen am und im Haus bzw. der Wohnung vorgenommen werden. Eine Alternative dazu besteht darin, einzelne Haushaltsmitglieder, z.B. Kinder, bei Freunden oder Bekannten unterzubringen oder als ganze Familie woanders unterzukommen. Die Zielorte, die in die Überlegungen einbezogen werden, sind über ganz Indonesien verteilt, haben aber einen Schwerpunkt in der Provinz selbst und an der Gegenküste in Ost-Kalimantan. In der Innensicht werden sieben grundlegende Wohnformen unterschieden: "Besetzen" (*menyerobot*), d.h. illegales Bewohnen von fremdem Land, erlaubtes bzw. geduldetes "Bewachen von Land anderer Leute" (*jaga tanah orang lain*), kostenfreies "Unterkommen" (*numpang*), Wohnen in einem der Herkunftsregion zugeordneten Wohnheim (*asrama daerah*), Wohnen im Gemeinschaftshaus (*pondok*), Wohnen zur Miete in einer Wohnung oder (selten) in einem Haus ("Vertrag", *kontrak*) und Wohnen im Eigenheim (*rumah sendiri*).

Die Bewohner unterscheiden als Wohnoptionen verschiedene Haustypen, vereinfacht gesagt, "traditionelle Häuser" - prototypisch Holzbauten auf Stelzen - und "moderne Häuser", für die einstöckige Steinbauten typisch sind. Innerhalb der letzteren werden z.T. noch ethnische Stile unterschieden (z.B. *bentuk Bugis*, *bentuk Mandar*). Drittens gibt es das Konzept des "Süd-Sulawesi-Hauses" (*rumah Sulsel*), das seinerseits mit der Vorstellung einer einheitlichen "Kultur Süd-Sulawesis" (*kebudayaan Sulawesi Selatan*) zusammenhängt. Hiermit sind verschiedene Bauten von kleinen Häuschen aus Holz bis hin zu Amtsgebäuden gemeint, wenn sie moderne Elemente mit vereinfachten tradierten Formen verbinden und keinem einzelnen ethnischen Stil zugeordnet werden können. Im privaten Sektor werden die Häuser meist in einer Mischung aus Eigenarbeit und Arbeit durch angestellte Arbeiter bzw. Tagelöhner errichtet. Oft wird ein Vorarbeiter engagiert und mit ihm ein Festpreis ausgehandelt (*sistem borongan*). Dieser Vorarbeiter rekrutiert dann selbständig, ähnlich einem traditionellen Patron (*punggawa*), die Arbeitskräfte. In der Innensicht werden, ähnlich wie bei den Wohnformen, auch hinsichtlich des Bauens von Gebäuden verschiedene Formen unterschieden, die tendenziell bestimmten Personenkreisen bzw. Haushaltstypen zugeordnet werden. Man unterscheidet zwischen den Formen "Provisorisch bauen", "Langsam bauen", "Direkt bauen", "Stelzenhaus bauen", "Steinhaus bauen" und "bauen und dann vermieten". Diese Formen des Bauens hängen mit den Wohnformen und den Haustypen zusammen, haben aber eher den Charakter von Strategien, indem sie mehrere Optionen gleichzeitig oder nacheinander verknüpfen. Außerdem vergleichen die Akteure hierbei alternative Handlungsverläufe, statt einzelne Faktoren zu gewichten. Hierin ähneln die Bauentscheidungen den Familienentscheidungen zu Heirat und Allianz, die Bovill (1986:Kap.7) in Medan untersuchte. Die Baustrategien zeigen unter den untersuchten Wohnentscheidungen am deutlichsten, daß Wohnweisen in prozessualer Sicht zu sehen sind (*housing as a process*, Rodman 1993:126).

Zur Frage der Bedingungen, die das Handeln einschränken (Restriktionen) wurde zunächst sichergestellt, daß es keine bindenden kulturellen Vorschriften bezüglich Wohnort und Wohnweise, etwa für bestimmte Lebensabschnitte oder nach der Heirat, gibt. Der in der Außensicht als zentral erscheinende strukturelle Umzugsgrund wird auch in der Sicht der Menschen selbst als wichtig empfunden. Die zentrale Einschränkung der *agency* der Akteure ist, daß im Mietverhältnis (*kontrak*) die gesamte Mietsumme über die volle Länge eines Vertrages vorweg zu zahlen ist. Wegen verbreitetem Geldmangel laufen die Mietverträge deshalb in aller Regel nur über kurze Zeiträume, typischerweise ein Jahr. Damit bleibt das Mietverhältnis auf Dauer unsicher. Wohnverhältnisse, in denen man kostenlos unterkommt (*penumpang*) sind ebenfalls unsicher, weil die, welche die Unterkunft gewähren, den Wohnraum u.U. plötzlich selbst benötigen oder man wegen Konflikten mit ihnen kurzfristig ausziehen muß.

Die Tatsache, daß die Mehrzahl der Haushalte meistens über wenig oder gar kein flüssiges Geld verfügt, spielt nicht nur bei Mietverträgen die entscheidende Rolle, sondern stellt auch allgemein eine dauernde Beschränkung der Handlungsfreiheit dar. Zwar ist in einem Großteil der Familien der untersuchten Nachbarschaft zumindest eine Person Staatsbeamter und ein Drittel der Haushalte sind Doppelverdiener. Laut eigener Einschätzung ist bei 90% der Haushalte das Gesamteinkommen ausreichend oder liegt sogar deutlich über den Ausgaben. Die formalen Einkommen sind jedoch gering. In über einem Viertel der Haushalte wird eine formale Nebentätigkeit ausgeübt, und in über der Hälfte werden Einnahmequellen im informellen Sektor genutzt. Um ein ausreichendes Gesamteinkommen zu erzielen, versorgen sich 40% zusätzlich selbst, etwa durch Gartenbau, Kleinviehhaltung oder Herstellung von selbst genutzten Gütern. Trotz dieser Nebentätigkeiten und der Selbstbeschäftigung verfügen die meisten Haushalte über wenig flüssiges Bargeld.

Das Handeln wird auch durch soziale Unterschiede im Zusammenspiel mit allgemein geteilten Vorstellungen zur Sozialstruktur eingeschränkt. Dies ist für viele mobilitäts- und wohnbezogene Handlungen wichtig, spielt aber auch eine allgemeine Rolle im sozialen Umgang. In Ujung Pandang - einer Stadt mit einer langen Tradition interethnischen Kontaktes - ist der soziale Austausch heute eher durch wirtschaftliche Unterschiede als durch ethnische Grenzen eingeschränkt. Einerseits spielen regionalspezifische, tradierte Vorstellungen von Schichtung sowie Respekt, Selbstwertgefühl und Ehre (*siriq*) eine Rolle und andererseits moderne polarisierte Vorstellungen sozialer Ungleichheit. Die Bewohner unterscheiden in aller Regel in dichotomer Weise in "die oben" und "die unten". Prototypisch für die Oberen sind hohe Beamte und ökonomisch potente Chinesen. Das in Süd-Sulawesi allgegenwärtige Thema sozialer Verortung (*social location*, Millar 1981,1985) manifestiert sich im urbanen Kontext in erster Linie in sichtbarem Konsum und bei Festlichkeiten, wie Hochzeiten, und bei öffentlichen Anlässen, z.b. Einweihungen großer Gebäude. Bei solchen Ereignissen treffen Menschen unterschiedlicher sozioökonomischer Lage und verschiedener Ethnizität aufeinander. In ihrem Umgang und der Sitzordnung manifestiert sich dabei diese Verquickung von unterschiedlicher sozioökonomischer Lage mit lokalspezifischen Konzepten zu sozialer Ungleichheit z.b. darin, daß manche der Beteiligten moderne Funktionsträger sind, aber auch traditionelle Titel innehaben. Auch im Alltagsleben, also außerhalb besonderer Ereignisse, neigen die besser gestellten Haushalte dazu, den Umgang mit Ärmeren zu begrenzen. Es zeigen sich deutliche Tendenzen der Herausbildung einer Mittelschicht (vgl. Kahn 1992 bzgl. Südostasien und Dick 1985, Evers 1994 und Evers & Gerke 1979 zu Indonesien). Auch in der Innensicht wird das Aufkommen einer Mittelschicht immer deutlicher registriert. Neben den genannten polaren Sozialkategorien wird immer häufiger von *orang menengah* ("Mittlere") gesprochen. Die Angehörigen der Mittelschicht fürchten beim sozialen Umgang allgemein um ihr Prestige und im besonderen, von den Ärmeren um Unterstützung gebeten zu werden und dies dann nicht ablehnen zu können. Die soziale Ungleichheit und die Furcht vor Beschämung spielen immer dann in die Entscheidungen zur Wohnmobilität hinein, wenn soziale Kontakte wichtig werden, so z.b. bei der Beschaffung von Informationen über Wohnmöglichkeiten, der Besichtigung leerer Wohnungen und beim Umzug selbst.

Weitere Begrenzungen der Handlungsfreiheit ergeben sich durch lokale Konzeptionen von Raum und Zeit. Die Nachbarschaft selbst wird zwar als *kampung* bezeichnet, aber weniger als homogene Einheit begriffen, sondern eher als soziales Netz mit Knotenpunkten für ein jeweiliges Ego aufgefaßt. Auf der Mikroebene wird der Haushalt (*rumah tangga*) von der Welt außerhalb des Haushaltes abgegrenzt. In und um das Haus gibt es eine Vielfalt von symbolischen und materiellen Grenzen, die mit Vorstellungen sozialer Ungleichheit und mit islamischen Regeln zusammenhängen. Sie schränken den sozialen Umgang in vielfacher Hinsicht ein. Die wichtigsten Größen für die Konzeptualisierung und die Nutzung von Zeit sind die islamischen Gebetszeiten und die Arbeitswelt. Der Einfluß moderner Zeitkonzepte zeigt sich in der Häufigkeit, mit der die Bewohner zeitliche Überlastung als Grund fehlender sozialer Aktivität anführen und dies auch akzeptiert wird.

Die Definition der Situation der Akteure wird in bezug auf Makroumstände maßgeblich durch regionale Migrationstraditionen und etablierte interethnische Kontakte geformt (Abb. 67). Süd-Sulawesi nimmt wirtschaftlich und politisch gesehen, eine periphere Stellung innerhalb Indonesiens ein, spielt aber eine zentrale Rolle in Ostindonesien. Naßreisanbau, Fischerei und Seehandel sind die traditionellen Säulen der Wirtschaft. Die Bevölkerung lebt hauptsächlich von Reis und Fisch. Unter den Ethnien dominieren vier größere Gruppen: die islamischen Bugis, Makasar und Mandar sowie die meist christlichen Toraja. Die ersten drei Gruppen sind im ganzen Archipel als Seefahrer bekannt und waren schon immer auf die Außenwelt hin orientiert, während die Toraja eher binnenorientiert waren und mehrheitlich noch sind. Mitglieder aller vier Gruppen haben seit langer Zeit einen intensiven Umgang miteinander. Dieser hat seine Basis in kulturellen Gemeinsamkeiten und ist durch den interinsularen Handel sowie durch Mischheiraten quasi institutionalisiert. Die interethnischen Beziehungen waren besonders in der Kolonialstadt Makassar, die einen Außenposten der Vereinigten Niederländischen Kompanie (VOC) darstellte, immer sehr intensiv; sie liefen aber eher über einzelne Personen als über ganze Gruppen.

1. teilweise gemeinsame Mythologie bzw. Kosmologie
2. lange, wenn auch "verspätete" Islamisierung (300 Jahre; außer Mehrheit der Toraja)
3. stratifizierte Gesellschaften: sozialer Rang und persönliches Ansehen wichtig
4. Statuserhaltung und -erhöhung wichtiges kulturelles Thema (*social location*)
5. Konkurrenzbeziehungen und Aufstiegsmotiv (bei Bugis allerdings sozial stärker eingeschränkt)
6. bilaterales (*nonunilinear*) kinship-System, starke bilateral gebildete, korporate *kin*-Gruppen
7. Gruppenbasis in lockerer, loser Verwandtschaft (*kinship-by-choice*)
8. interethnische Zusammenarbeit und politischer Opportunismus
9. interethnische, oft strategisch motivierte Heiraten der höheren Schichten (*cari kawin*)
10. überlokale Herrschaftsgebilde (supralokal herrschende Eliten)
11. politische Instabilität der Region (Rivalität der Königreiche, Rivalitäten nach der Unabhängigkeit)
12. Ehre-, Scham- und Schande-Vorstellungen (*siriq, malu*)
13. Patron-Klient-Verhältnisse in der Wirtschaft (*punggawa-sawi*)
14. Suche nach physischer Sicherheit (*keamanan*) als regionalweites Migrationsmotiv
15. geringe Ortsgebundenheit: Handelsseefahrt, Auswanderung (*merantau*) und innerregionale Migration

Abb. 67: Transethnische Strukturmerkmale der großen Ethnien und politökonomische Kontinuitäten in Süd-Sulawesi (schematisch)

Die heutige Stadt ist von ethnischer Vielfalt einerseits und andererseits durch die Dominanz der Bugis und Makasar gekennzeichnet. Angehörige dieser beiden Gruppen empfinden sich als einander ähnlich, konkurrieren aber auch miteinander. Das eigene regionale Profil Süd-Sulawesis basiert in der Handelstradition im Archipel und der schon im Kolonialsystem peripheren Stellung der Stadt. Makassar war im Kolonialsystem, in Max Webers (1972) Typologie ausgedrückt, weit mehr eine Handelsstadt als eine Herrschaftsstadt. Ferner schweißen die kulturellen Gemeinsamkeiten der wichtigsten Gruppen und die jüngere Geschichte die Region zusammen. Süd-Sulawesi hat eine lange Tradition des Strebens nach politischer Autonomie, die bis zum Separatismus reichte. Vielen Bewohnern sind diese Ereignisse gegenwärtig, und ihr Stolz auf die heroische Geschichte manifestiert sich in Erzählungen über die "mutigen Kämpfer der Region", die gegen die Holländer oder gegen die nationale Armee antraten. Seit den 1950er Jahren, als es zu lang andauernden politischen Unruhen in der ganzen Region kam (die Region konnte erst Mitte der 1960er Jahre effektiv in den indonesischen Nationalstaat integriert werden), ist die Auswanderungsrate aus der Provinz hoch.

Aber auch innerhalb der Provinz ist eine starke räumliche Mobilität festzustellen, sei es zwischen einander nahen ländlichen Siedlungen oder zwischen weit entfernten Orten. Ein Hintergrund dafür ist die hohe individuelle Wahlfreiheit in bestimmten Lebensbereichen, die ethnienübergreifend festzustellen ist und anhand fast jeder Monographie zu Süd-Sulawesi gezeigt werden kann. Diese relative Freiheit ist in spezifischen Merkmalen der Sozialstruktur begründet, die besonders bei Bugis und Makasar zu finden sind, aber auch die Mandar und eingeschränkter die Toraja charakterisieren. Es herrscht zwar eine strikte soziale Hierarchie vor, aber sozialer Aufstieg wird positiv gesehen und ist in Grenzen tatsächlich möglich. Eine binäre Verwandtschaftsrechnung erlaubt ein strategisches Manövrieren bezüglich der eigenen Stellung einerseits und der bevorzugt kontaktierten Sozialpartner andererseits. Fehlende Residenzregeln erlauben den Individuen räumliche Freiheit. Die große Bedeutung, die dem Thema Ehre, Scham und Schande beigemessen wird, ist ein weiterer Faktor, der Mobilität begünstigt. Konflikte, die daraus resultieren, können nämlich durch temporäre oder permanente Wanderung aufgefangen werden. Diese und weitere für Süd-Sulawesi regional besondere bzw. auf einzelne Ethnien bezogene Faktoren, die die Logik der Situation für räumliche Mobilität charakterisieren, indem sie über ökonomische Motive i.e.S. hinausgehen, sind in Abb. 68 zusammengestellt.

1. Verteilter Landbesitz als Statusgrundlage
2. Motiv sozialen Aufstieges
3. Flexibilität der Haushaltsstruktur
4. Ausweichen vor sozialen Konflikten
5. Konfliktregelung durch Spaltung von kin-Gruppen
6. Häufige Fluchtheiraten (*silariang*)
7. Verschicken schwer erziehbarer Kinder in neue soziale Umwelt
8. Unterbringung kranker Kinder in anderer Region
9. Aufnahme alter Menschen zur Pflege
10. Ländliches Süd-Sulawesi seit 1950er Jahren mit physischer Unsicherheit assoziiert
11. Wanderungsbezogene Lebensstadien (*pasompeq, pencari pengalaman, musiman*)
12. Widersprüche in Normen: Übernahme von Risiko positiv; Initiative negativ sanktioniert
13. Interethnische Heiraten; früher unter den Eliten, heute allgemein
14. Tradition interethnischen Handels innerregional und im ganzen Archipel
15. Blockierung sozialen Aufstieges wegen Heiratsnormen

Abb. 68: Migrationsursachen in Süd-Sulawesi: regional- und ethnienspezifische Gründe

Räumliche Mobilität ist demnach in Süd-Sulawesi ein normaler Bestandteil des Lebens; Wanderung wird zum Teil der "Normalbiographie" (vgl. Hoffmann-Nowottny 1994). Etliche soziale Kategorien in Ujung Pandang sind z.B. entweder an der regionalen Herkunft, an der Wohndauer oder an der Form der Wanderung, die man hinter sich hat, festgemacht. Die Menschen unterscheiden zwischen "Alteingesessenen" (*orang asli*) und Migranten ("Neulingen/Angekommenen", *pendatang*, vgl. Robertson 1991 zu einer ähnlichen Unterscheidung in einer Vorstadt von Tokyo). Zeitweilige bzw. saisonale Wanderer werden besonders benannt (*musiman*). Diese städtischen Unterscheidungen stehen in Kontinuität zu ähnlichen, die in den ethnisch gemischten Siedlungen im ländlichen Süd-Sulawesi seit langem verwendet wurden. Auch das Konzept des "Erfahrung suchens" (*cari pengalaman*), das, wie oben gesagt, oft die gängige emische Erklärung plötzlicher Entscheidungen bildet, steht in Zusammenhang mit Migration, denn die neuen Erfahrungen können vor allem in Städten gemacht werden. Ein spezifischer Migrantentyp ist der junge männliche Wanderer (*pasompeq*), der insbesondere bei den Bugis ein zentrales männliches Leitbild darstellt.

Wanderungen vom Land in die Stadt und innerhalb der Stadt stellen eine vergleichsweise gewöhnliche ökonomische Strategie der Haushalte dar. Die Lebensgeschichte eines Wanderers demonstriert exemplarisch, daß die Ortsveränderungen nicht nur, aber mehrheitlich, wirtschaftlich motiviert sind. Die Erhebung der letzten Wohnplätze aller Haushalte der untersuchten Nachbarschaft zeigte, daß 3/4 der Haushalte schon innerhalb der Stadt umgezogen waren. Die Kontinuität zwischen vorangegangener Land-Stadt-Wanderung und späteren innerstädischen Umzügen erweist sich besonders in den Residenzbiographien einer Auswahl von Bewohnern der Nachbarschaft. Die meisten Wanderungen vom Land gingen nicht etwa zunächst in eine kleinere Stadt, sondern meistens direkt nach Ujung Pandang. Dies deckt sich mit dem allgemeinen Befund, daß das Modell der Etappenmigration (1. ländliche Region, 2. Kleinstadt, 3. Großstadt) in Südostasien nur selten zutrifft (Bidani 1985:26, am Beispiel Thailands Lightfoot et al. 1981). In Süd-Sulawesi ist das vor allem als Ausdruck der Funktion Ujung Pandangs als Primatstadt der Region zu werten. Die ersten städtischen Wohnplätze von Migranten liegen entgegen dem klassischen Modell Turners (1968a,1968b) im allgemeinen nicht im Stadtzentrum, sondern sind über die ganze Stadt verteilt.

Ein wichtiges Element der Logik der Situation sind die subjektiven Modelle, die die Menschen zu Entscheidungsprozessen selbst haben, und die Entscheidungsroutinen. "Entscheidungen" und "Entscheiden müssen" sind in Rappocini ein gängiges Gesprächsthema im Alltagsdiskurs. Es bestehen emische Konzepte bezüglich Entscheidungserfordernissen, zu beschränkenden Rahmenbedingungen von Entscheidungen und zu bestimmten Entscheidungsroutinen bzw. -strategien. Ein deutliches Empfinden gibt es für die vielfältigen sozialen und materiellen Einschränkungen der Entscheidungsfreiheit, was sich z.B. in der häufigen Redewendung von "passendem" (*cocok*) Handeln oder in der Wendung, finanziell oder anderweitig "nicht fähig" (*tidak mampu*) zu sein, ausdrückt. Ansonsten bezieht man sich oft auf die Handlungsfreiheit bzw. das Improvisieren des Einzelnen oder der Familie. Markante Strategien des Entscheidens in fast allen Lebensbereichen sind das "Suchen" (*cari*) und "Versuchen" (*coba*) sowie das "Abwarten" (*tunggu saja*), also eine Entscheidung durch vorläufiges Nichtentscheiden. Das eben angeführte Konzept "Erfahrungen suchen" bietet nicht nur eine emische Begründung für eine plötzliche Entscheidung, sondern insbesondere dafür, etwas ganz anders zu machen als bisher. Die Autonomie des Entscheidens - ein zentrales Merkmal von Rationalität in westlicher Tradition (vgl. Brunckhorst 1881:252ff.) - ist bei vielen sozialen Interaktionen, besonders innerhalb von Arbeitsverhältnissen, deutlich eingeschränkt. Die Entscheidungen folgen dabei oft nur in einer tendenziell kurzfristigen und auf den sozialen Nahbereich ausgerichteten Maximierung, etwa "weil man anderen Menschen helfen soll" oder "weil man niemanden beschämen will", wie häufig gebrauchte Formulierungen sagen. Bei starken Verletzungen der familienbezogenen Ehre (*siriq*) besteht hingegen in der Innensicht absolut keine Entscheidungsfreiheit, da sie als Familienehre möglichst sofort durch Vergeltung (*imbalas*) wiederhergestellt werden muß.

Die zentrale Rahmenbedingung, die in der Innensicht als bestimmend für wichtige lebenspraktische Entscheidungen gesehen wird, ist die "Lebenslage" (*situasi hidup*). In diesen Begriff gehen nicht nur sozioökonomische Merkmale, sondern auch die Stellung des entscheidenden Akteurs im Lebenszyklus bzw. im Haushaltszyklus ein. Im städtischen Rahmen, besonders in einer Verwaltungsstadt, werden die tradierten emischen Konzepte von der Bürokratie und von Medien beeinflußt. Die Schüler lernen im Unterricht Prinzipien, z.B. konsensuellen Entscheidens (*musyawarah-mufakat*), und diese werden auch im Fernsehen propagiert, besonders im Rahmen der Nationalphilosophie *Pancasila*. Diesen Prinzipien der Entscheidung durch Konsens stehen im täglichen Erleben der Menschen aber andere, deutlich hierarchisch geprägte Entscheidungsmuster gegenüber. Das lehren in den Schulen, die Reden der Politiker im Fernsehen und auch die öffentlichen Veranstaltungen in der Stadt folgen einem *top-down*-Ansatz, wie man in Ujung Pandang sagt. Besonders die Beamten werden im Arbeitsalltag mit formalen Entscheidungsprinzipien in den Behörden konfrontiert. Die Reanalyse eines publizierten Falles lokalen bürokratischen Entscheidens zeigte, daß die tägliche Arbeitserfahrung der Beamten in ihren Büros aber dennoch ambivalent. Einerseits stehen sie in strikten Hierarchien; andererseits sind die höheren Positionen fast alle nur schwach legitimiert. Das eröffnet vielfache Möglichkeiten des Aushandelns und der Manipulation formaler Entscheidungen.

Handlungswahl auf der Mikroebene:
Die "Logik der Selektion"

Welcher Zusammenhang besteht zwischen den Eigenschaften der Akteure, zu denen maßgeblich ihre eigene Sicht der eben dargestellten Logik der Situation gehört, und bestimmten Optionen im sozialen Feld der räumlichen Mobilität und des Wohnens? Warum migrieren die Menschen vom ländlichen Bereich in die Stadt und ziehen dann fast nur innerhalb der Stadt weiter um? Wie kann die Wahl der Handlungen aus der Kombination einer allgemeinen Handlungstheorie mit empirisch gefundenen Erwartungen und Bewertungen gedeutet werden?

Die Bewohner erwarten allgemein eine Verbesserung der Lebensbedingungen in der Stadt, während sie sich über ihre eigene Zukunft unsicher sind. Im Rahmen eines Geschichtsbildes, das man als evolutionistisch-modernistisch charakterisieren könnte, erwarten sie ein Aufblühen des Stadtviertels und eine Zunahme der Konsummöglichkeiten. Über ihre eigene Zukunft aber sagen sie oft: "Wer weiß es?" (*siapa tahu?*). Die allgemeinen Erwartungen beziehen sich auf die städtische Lebensweise, auf Urbanität. Welche Bewertungen und kulturspezifischen Ziele beeinflussen Mobilität und Wohnen? Urbanität, die, wie gezeigt, die Erwartungen der Menschen stark prägt, bemißt sich vor allem daran, ob ein Ort oder Ortsteil "lebhaft" (*ramai*) ist. Dies gilt ganz allgemein als äußerst positiv und beinhaltet Intensität des Lebens, dichten Straßenverkehr, hohe Lautstärke und Begegnungen mit vielen verschiedenen Menschen. Hierin entspricht der Sicht von Urbanität, wie sie sich auch aus anderen Studien indonesischer Städte gewinnen läßt: "... the growing intensity of the tone of life, i.e. the diversification of life-styles which is the essence of the urban process ..." (Nas 1986:16).

Bezüglich des Wohnens bestehen allgemeine und regionalspezifische Präferenzen. Bei der Wahl von Wohnstandorten in Rappocini wird in der Innensicht vor allem die "Sicherheit" (*keamanan*) der Wohngegend und mit einigem Abstand die Nähe zu wichtigen Personen bzw. Einrichtungen sowie infrastrukturelle Merkmale, z.B. der Straßenanschluß oder der Schutz vor Überschwemmung in der Monsunzeit präferiert. Die "Sicherheit" bezieht sich in engerem Sinne auf physische Sicherheit, was mit der oben angesprochenen Sozialgeschichte Süd-Sulawesis zusammenhängt. In weiterem Sinn meint "Sicherheit" aber auch konfliktfreie Nachbarschaftsbeziehungen und eine gute Infrastruktur. Ziele und Präferenzen des Wohnplatzes bzw. der Wohnform, die als für den sozialen Status wichtig angesehen werden, gelten quer durch die Schichten. In einer Region, in der dem sozialen Status eine derart hohe Bedeutung zugemessen wird, gelten sie nicht ausschließlich für die besser gestellten Haushalte.

Der lokale Diskurs über innerstädtische Umzüge und Land-Stadt-Migration offenbarte eine spezifische Sichtweise der Ziele von Mobilität, die man als eine Art emisches *push/pull*-Modell auffassen kann. Die Gesprächspartner unterschieden einen Wandel der Motive zwischen der Land-Stadt-Migration und innerstädtischen Umzügen und differenzierten dann noch zwischen dem ersten und weiteren Umzügen in der Stadt. Die Gespräche, die ich über die Vor- und Nachteile aller bisherigen Wohnplätze der Bewohner der Nachbarschaft einschließlich des jetzigen und potentieller zukünftiger Standorte führte, zeigten als wichtigste Motive für die Wanderung vom Land in die Stadt die Suche nach physischer Sicherheit (*cari keamanan*), nach Arbeit (*cari kerja*), nach höherer Bildung (*cari ilmu*) und den o.g. Wunsch, "Erfahrungen zu sammeln" (*cari pengalaman*). Dies deckt sich mit anderen Studien zur stadtwärtigen Migration in Südostasien, die besonders die Suche nach Stätten höherer Bildung und das Streben nach städtischen Erfahrungen als Migrationsmotiv herausstellen (Guiness 1993:312).

Migranten, die in Ujung Pandang ankommen, ziehen oft einfach dahin, wo Verwandte wohnen, statt Standortmerkmale wie günstige Lage oder Infrastruktur zu berücksichtigen (vgl. Berner & Korff 1994:7). Beim ersten innerstädtischen Umzug kommen dann aber neue strukturelle Ursachen und Motive hinzu. Bei den spontan geäußerten Umzugsmotiven bezüglich der jetzigen Wohnung dominieren Wegzugsgründe deutlich gegenüber Hinzugsmotiven und einem speziellen Streben, das beide Faktoren übergreift, nämlich dem Wunsch, als Individuum oder Kleinfamilie "allein zu wohnen" bzw. "autark" zu sein (*mandiri*). Dieser Wunsch ist aber deutlich von Ambiguität gekennzeichnet. Vor allem die besser Gestellten sehen *mandiri* allgemein positiv und folgen damit modernen, individualistischen Mittelschichtsidealen. Andererseits wird dieser Ausdruck aber auch mit negativer Bedeutung gebraucht, nämlich wenn diese Haltung dazu führt, "unsozial" zu sein. Neben der Mietunsicherheit und dem Wunsch nach Autarkie sind beim ersten Umzug in der Stadt besonders die Entfernung zum Arbeitsplatz oder zu Schulen der Kinder wichtig. Zusätzliche Motive für innerstädtische Mobilität ergeben sich oft erst angesichts weiterer Wohnortwechsel. Hier sind Platzmangel und Konflikte mit Nachbarn zu nennen. Die strukturellen Wegzugsgründe, also das Ende eines Mietvertrages, der Abbruch eines Unterkommensverhältnisses und die Suche nach Arbeit, bleiben auch bei weiteren innerstädtischen Umzügen als Motive wichtig.

Im Zusammenhang mit Wanderungen vom Land in die Stadt und Umzügen innerhalb der Stadt führen die Menschen in Ujung Pandang sehr oft das oben genannte Konzept der "Sicherheit" (*keamanan*) an. Dieses ist so weit gefaßt, daß zu vermuten ist, daß sich dahinter außer der genannten physischen Sicherheit und der nationalistischen Konzeption "sozialen Friedens", aufgefaßt als Sicherheit und Ordnung, auch strukturelle Dimensionen der Lebensbedingungen verbergen, die mit allgemein verbreiteten Erwartungen an Städte zusammenhängen. Wie die meisten Wanderer wissen, bietet die Stadt zwar kaum Arbeitsplätze, aber doch eine größere Sicherheit des materiellen Überlebens als das Land. Migranten können in Ujung Pandang z.B. befestigte Wege, öffentliche Freiräume, unbebautes Land, die Wasser- und teilweise auch die Gesundheitsversorgung nutzen, ohne dafür einen entsprechenden Beitrag zu leisten, da die Abgaben gering sind bzw. nicht tatsächlich eingefordert werden. In eher ländlichen Gebieten fehlt diese Infrastruktur und die ökonomischen Nischen, die besonders für den informellen Sektor wichtig sind. In der Stadt können Güter und Leistungen also kollektiv konsumiert werden (Evers 1982:167).

Die o.g. Befunde über soziale Kontakte während des Umzuges und zur Kenntnis der Vor- und Nachbewohner zeigen, daß die innerstädtischen Umzüge oft weniger eine Verlagerung des Wohnorts als eine Ausweitung des Aktivitätsspielraumes darstellen. So wie Migranten in Indonesien während ihres Lebens ein oft weites Netz an Kontaktpunkten nutzen und ausbauen, schafft man sich durch innerstädtische Umzüge zusätzliche Basispunkte in der Stadt, indem Kontakte zu früheren Wohnplätzen aufrechterhalten werden. Dies deckt sich mit Ergebnissen zur Stadt-Land-Wanderung in Thailand, die ebenfalls eher als Ausweitung eines Aktionsfeldes denn als Standortverlagerung aufzufassen ist (Sripraphai 1987, Sripraphai & Sripraphai 1981, 1985). Ferner paßt dieses Ergebnis zu dem Befund vieler Migrationsstudien, daß Menschen oft lieber unbeschäftigt in der Stadt leben als unterbeschäftigt auf dem Land (Parnwell 1993:87).

Die Erklärung über kollektiven Konsum paßt zu den oft kurzfristigen und häufigen innerstädtischen Umzügen und auch zu den geduldeten Wohnformen des "Besetzens" und des "Land bewachens". Man zieht dorthin, wo der kollektive Konsum, auf dem die Haushaltsökonomie großteils basiert, möglich ist. In Ujung Pandang sind das z.B. unbebaute Grundstücke, die von ihren privaten Besitzern aus Spekulationsgründen frei gelassen werden. Oder es sind Parzellen, die von der Stadtverwaltung noch nicht bebaut sind. Allgemein liegen solche strategisch günstigen Plätze (*tempat strategis*) nahe an Straßen, Wasserstellen oder Märkten oder in unmittelbarer Umgebung von Verwaltungsgebäuden. Auch das Nebeneinander unterschiedlichster Haushaltstypen in der Stadt und besonders in Rappocini kann mit der Annahme, daß der kollektive Konsum als Ursache der Wanderung in die Stadt und Motiv zum dortigen Bleiben bedeutsam ist, in Zusammenhang gebracht werden. Die verschiedenen Haushaltstypen stehen in komplementärem Verhältnis zueinander; Subsistenzproduktion ist mit kollektivem Konsum verknüpft:

"In Squatter-Siedlungen tritt dieses System besonders stark hervor, aber auch sonst spielt die Verbindung zwischen Subsistenzproduktion und Kollektivkonsum eine entscheidende Rolle. So werden Mitglieder städtischer Unterschichten als Hausdiener direkt in der Hauswirtschaft eingesetzt oder bieten als Rikscha-Kulis öffentliche Verkehrsleistungen an. Andere finden beim Staat Anstellung und werden damit in der Produktion für Kollektivkonsum eingesetzt" (Evers 1988:170).

Die Möglichkeiten solcher kollektiven Konsumtion sind groß, weil sich durch den geringen Bevölkerungsdruck im Hinterland die Zahl der Migranten in Ujung Pandang noch in Grenzen hält und weil das gemischte und lückenhafte Siedlungsbild viele Freiräume zur Nutzung öffentlich errichteter Infrastruktur, wie Wegen und Wasserstationen, schafft. Andererseits sind die Gelegenheiten zum kollektiven Konsum in mehrfacher Weise beschränkt, weil selbst in besseren Gegenden die Infrastruktur oft unzureichend ist. Sogar bessere Villen sind allgemein schlecht und in der Monsunzeit kaum erreichbar, weil die Zufahrtswege nicht asphaltiert sind. Es ist ein allgemeintypisches Merkmal peripherer Verstädterung, daß sich die Angebote zu kollektivem Konsum auf Verkehrswege, Schulen und das Notwendigste an Gesundheitsversorgung beschränken (Chtouris et al. 1993:27). Eine zweite Begrenzung kollektiven Konsums ergibt sich aus der Politik der Stadtverwaltung, die illegale Straßenmärkte, unangemeldete Siedler und den informellen Sektor nur so lange duldet, wie nicht andere Interessen verletzt werden. Dies sind vor allem die Interessen der Mittel- und Oberschicht, die durch westliche Ideale und Konzeptionen in regionalspezifischer Ausformung gekennzeichnet sind.

Wenn eine sozialwissenschaftliche Darstellung von Handlungsrationalität zu Hypothesen führen soll, muß innerhalb der Logik der Selektion gesagt werden, von welchem allgemeinen (!) Akteurmodell sie ausgeht. Das meine Darstellung leitende Menschenbild ist eines, das sich nicht in die polaren Kategorien eines rationalen oder emotional-impulsiven Menschen pressen läßt. Auf einen Nenner gebracht, gehe ich von folgenden Annahmen aus: Der durchschnittliche Akteur ist findig, kreativ, reflektiert, überlegt; er oder sie unterliegt Beschränkungen; er bewertet bzw. hat Präferenzen und Werte; er hat Erwartungen und wählt maximierend unter gesehenen Optionen. Dieses Modell, das Modell des *resourceful, restricted, evaluating, expecting, maximizing man* (Lindenberg 1985:100ff.) ist individualistischer als die meisten sozialwissenschaftlichen Handlungstheorien, unterscheidet sich aber deutlich vom Menschenbild des *homo oeconomicus*, der voll informiert ist, sichere Erwartungen und stabile Präferenzen hat, sich seiner Ziele voll bewußt ist und zwischen vorgegebenen und deutlichen Optionen wählt. Die zentrale Annahme jedoch bleibt, daß Akteure kombinierte Erwartungen und Bewertungen bezogen auf ihre Nahumwelt maximieren.

Dieses Akteurmodell wird in den meisten Aspekten von meinen empirischen Befunden zu den Selektionsregeln in Ujung Pandang gestützt. Die Akteure verfolgen im allgemeinen maximierend Nahziele, die auf ihre eigene Person oder ihren Haushalt bzw. ihre Familie beschränkt sind, und der Handlungshorizont ist zeitlich meist kurz. Eine deutliche Ausnahme von der kurzfristigen individuellen Maximierung und der Entscheidungsfreiheit des Einzelnen bilden soziale Situationen, in denen die familienbezogene Ehre und das Selbstwertgefühl offensichtlich verletzt werden. In solchen Fällen ist nämlich die moralische Verpflichtung - zumindest in der Innensicht - so stark, daß ohne Rücksicht auf das Ego sofort zu handeln ist. Beobachtungen und Gespräche zu konkreten Fällen zeigen aber, daß die Individuen auch hier abwägen können, ob sie der strikten Norm tatsächlich folgen. Überhaupt besteht im städtischen Rahmen vermehrt die Freiheit, individuelle Maximierung auf Kosten der der Familie zu verfolgen. Die geringe soziale Kontrolle erlaubt es in Grenzen, daß Haushalte, um ihren eigenen Nutzen zu erhöhen, soziale Gebote, z.B. zur nachbarschaftlichen Hilfe, verletzen. In der untersuchten Nachbarschaft sind die sozioökonomischen Unterschiede nicht so prägnant, wie in Slums südostasiatischer Städte, wo sie strategisches Entscheiden zu einer alltäglichen Angelegenheit machen (Berner & Korff 1994:9 zu Manila). Aber drei Tatbestände machen das Thema Rationalität in Form von Entscheidungen, Strategien und sozialer Selektion in diesem Viertel besonders wichtig: 1. die ethnische Mischung, 2. der schnelle Wechsel der Bewohnerschaft und 3. die Tatsache, daß die meisten Bewohner über dem Existenzminimum leben und gewisse Wahlfreiheiten haben.

Im Bereich der räumlichen Mobilität und des Wohnens zeigt sich Maximierung als Selektionsregel vermischt mit Strategien, das maximale Risiko klein zu halten (Minimax), und vor allem mit der Wahl von Lösungen, die zwar nicht optimal, aber durchführbar und zufriedenstellend im Sinn von "gut genug" sind (Simons *satisficing*; 1957,1990:25f.). Deutlich wird das besonders an den Selektionsregeln zu Wohnformen und Baustrategien, wo die Menschen in dem Sinne verschiedene Typen von Rationalität unterscheiden, daß sie sagen, welche Option in welcher Lebenslage "passend" ist. Anhand von Entscheidungstabellen zeigt sich, daß etliche der sieben Wohnformen bestimmten prototypischen Lebenslagen bzw. Lebensweisen zugeordnet werden. Besonders wichtig für Ortsmobilität ist der "Arbeitssuchende" (*pencari kerja*) und der Sozialtyp des "Erfahrungen Suchenden" (*pencari pengalaman*). Auch an den verschiedenen Strategien des "Beschaffens von Geld" wird deutlich, daß diese Lebensformtypen emisch als die zentrale Determinante unterschiedlicher Wirtschaftsrationalität verschiedener

Akteure, seien es Individuen oder Haushalte, gelten. Eine jeweilige Lebensform bzw. eine jeweilige Position im Lebenszyklus läßt zwar mehrere Wohnoptionen zu, aber in Kombination mit weiteren Kriterien der wirtschaftlichen Lage, des Alters und der Familiengröße ergeben sich nur sehr wenige Wahlmöglichkeiten.

So wie bestimmte Wohnformen in der Innensicht für bestimmte Lebenslagen "passend", also rational im Sinne von "vernünftig" erscheinen, so werden auch verschiedene Strategien des Bauens von Wohngebäuden gesehen, die für unterschiedliche Lebenslagen "passen". "Provisorisches Bauen" (*bangun sementara*) entspricht ärmeren Haushalten und ist mit den allgemeinen Handlungsstrategien des "Abwartens" (*tunggu*) und "Suchens" bzw. "Versuchens" (*cari*; *coba coba*) verknüpft. Man wartet, bis man irgendwann ein permanentes Haus errichten kann. "Langsames Bauen" (*bangun pelan pelan*) dagegen ist auch eine langfristige, aber gezieltere und sicherere Strategie. In der Sicht der Befragten paßt sie am ehesten zu Beamten, die zwar wenig verdienen, aber einen sicheren Arbeitsplatz haben und evtl. freie Zeit zur Eigenarbeit aufbringen können. Diese Baustrategien zeigen also eine "prozedurale (bzw. prozessuale) Rationalität" im Sinne von Simon (1990), die nicht gleich zu optimalen, aber annehmbaren Lösungen führt. Das "direkte Bauen" (*bangun langsung*) entspricht dem umgangsdeutschen "Hochziehen" und wird deutlich Unternehmern oder hohen Beamten zugeordnet, die Bargeld haben und an Kredite gelangen können. Weitere Strategien, die emisch unterschieden werden, betreffen die allgemeine Form des Baues: eines Stelzen-, eines Steinhauses oder eines Miethauses, wobei zu letzterem ein- und mehrstöckige Varianten kenzeptuell unterschieden werden.

Ein klares Bewußtsein besteht über die unterschiedlich weiten Planungshorizonte, die die Entscheidungen beim Bauen bestimmen. Haushalte, die über eine feste Arbeitsstelle bzw. über Geld verfügen, können langfristiger planen als die ärmeren. Ihnen bieten sich verschiedene Optionen, Häuser und/oder Land zu kaufen. Grundsätzlich kann ein einzelnes Haus oder eines in einer geplanten Wohnsiedlung (*perumahan*) gekauft werden. Unter diesen gibt es zum einen private und zum anderen verschiedene Typen öffentlicher Siedlungen. Die Häuser dort werden tendenziell gegenüber einzelnen Eigenheimen bevorzugt, aber ein Einzug ist an bestimmte Bedingungen geknüpft. Die entsprechenden Entscheidungstabellen zeigen trotzdem, daß im Bereich des Haus- und Landkaufs deutlich freiere Entscheidungen getroffen werden können als in Miet- oder Unterkommens-Verhältnissen. Dies hängt u.a. damit zusammen, daß man als Eigner viel leichter an Kredite kommt. Auf der anderen Seite ergeben sich für Wohlhabendere wiederum soziale Restriktionen durch Statuszwänge, die ihre Handlungsautonomie einschränken. Insgesamt sind in der Innensicht demnach sozioökonomische Merkmale für die Wahl der Wohn- und Bauweise allgemein bestimmend. Die entsprechenden Entscheidungstabellen zeigen auch, daß untergeordnet auch ethnienspezifische Bevorzugungen bzw. Gewohnheiten, etwa der Makasar und Bugis, und andererseits individuelle Präferenzen, wie Vorstellungen über ein "schönes Haus", eine Rolle spielen. Im Sinne des hier verwendeten Akteurmodells müßte man für diese ethnischen Gewohnheiten selbst Erklärungen suchen (Esser 1990,1993b zu *habits*), statt sie den Ethnien unhistorisch zuzuschreiben. Dies wurde in dieser Arbeit im Kapitel zur Sozialgeschichte in Umrissen versucht, wäre aber eine eigene Untersuchung wert.

Von der Mikro- zur Makroebene: die „Logik der Aggregation"

Welchen kumulativen Effekt haben die Handlungen, für die sich die einzelnen Akteure, seien es Haushalte oder Einzelpersonen, entscheiden? Obwohl die Makroebene in dieser ethnologischen Untersuchung eines lokalen Ausschnitts nur ansatzweise angegangen wurde, sei hier kurz erläutert, inwieweit institutionelle bzw. Transformationsregeln bestehen und welche sonstigen Randbedingungen existieren.

Es gibt keine institutionellen Regeln zur Migration, zu innerstädtischen Umzügen und zu Wohnformen, oder sie werden kaum beachtet. Das Mobilitäts- und Wohnmuster trägt Merkmale von Selbstregulation. Zunächst bestehen, wie oben gesagt, bei den großen ethnischen Gruppen keine Residenzvorschriften. Ferner melden sich viele Bewohner nicht offiziell an, auch wenn sie länger in der Stadt wohnen. Schließlich wird häufig ohne Genehmigung gebaut, und die Pläne der Stadtverwaltung werden nur teilweise verwirklicht. Dazu kommt, daß der Immobilienmarkt deutlich fraktioniert ist und keine klaren Regeln des Transfers von Immobilien erkennen läßt. Zeitungsanzeigen und Makler spielen in Ujung Pandang fast keine Rolle. Die Kundschaft von Maklern und Immobiliengesellschaften ist nach sozialen und nach Kriterien der Nähe aufgeteilt. Informationen über freie Wohnungen oder Grundstücke und Ratschläge erhielten die Befragten über persönliche Kontakte innerhalb ihrer sozialen Netzwerke. Es gibt eine Fülle ethnischer, regionaler und religiöser Organisationen in Ujung Pandang, aber auch sie sind für die Information über Wohnmöglichkeiten unbedeutend. Eine Ausnahme bildet hier nur das kirchliche Umfeld, das für die Toraja eine Informationsbasis bietet. In aller Regel werden nur sehr wenige potentielle Wohnplätze selbst in Augenschein genommen, so wie das erstaunlicherweise auch in westlichen Ländern der Fall ist (Übersicht bei Knox 1994). Wie dort spielt auch in Rappocini der Mangel an Zeit eine große Rolle. Als ein weiterer Grund für die meist nur indirekte Information wurde von den Gesprächspartnern die Schüchternheit bzw. mögliche Beschämung (*siriq, malu*) angeführt, die eine Besichtigungssituation mit sich bringe.

Wegen der häufigen innerstädtischen Umzüge entsteht als kumulativer Effekt ein Verwischen der ehemaligen ethnischen Wohnsegregation. Die Veränderung in den ethnischen Anteilen am Bodenbesitz und die räumliche Veränderung bis Aufhebung ethnischer Konzentrationen ist ein in Städten Südostasiens wichtiger und konflikterzeugender, aber wenig erforschter Prozeß. Hierzu gibt es bislang fast nur Befunde aus Malaysia (vgl. Evers 1984:488f.). Dort sind die Daten leichter zugänglich, weil Malaien, Chinesen und Inder in den Zensus unterschieden werden. In Ujung Pandang enthalten selbst die Familiendokumente (im Unterschied z.B. zu Medan, Bovill 1986) keine Angaben zur ethnischen Zugehörigkeit. Strukturell gibt es deutliche Entsprechungen zu den Befunden aus Malaysia.

In Ujung Pandang zeigt sich neuerdings aber eine der ethnischen Vermischung auf Nachbarschaftsebene gegenläufige Tendenz. Die Zunahme der sozioökonomischen Segregation und das Faktum, daß die Makasar im Durchschnitt ärmer sind, hat nämlich zur Folge, daß sie im gesamtstädtischen Rahmen schleichend in die peripheren Bereiche verdrängt werden. Diese Verschiebung geht von den Hauptstraßen nach innen in die *kampung* und vom Stadtzentrum nach außen zum Stadtrand. So wie am Rand wachsender malaysischer Städte Malaien Land an Entwicklungsfirmen verkaufen, die dieses Land dann aufteilen und meist an Chinesen verkaufen (Evers 1984:488), so verkaufen in Rappocini und anderen Randbereichen Ujung Pandangs vor allem Makasar ihr Land. Über Wohnungsbaugesellschaften landet es letztlich bei Besitzern, die in erster Linie Bugis, Chinesen oder Beamte von anderen Inseln sind. Die Klassenbeziehungen, die in einer Stadt, in der es nur wenig Industrie gibt, vor allem durch Landbesitz gekennzeichnet sind, haben also eine deutlich ethnische Dimension. In der Innensicht werden sie sogar zu einer fast ausschließlich ethnischen Frage: Man unterscheidet "die armen makasarischen Tagelöhner", "die reichen chinesischen Geschäftsleute" (de facto sind viele Chinesen in der Stadt arm) und "die reichen buginesischen Geschäftsleute und Landbesitzer".

Eine Fallgeschichte über den Abbruch eines alten Hauses und den anschließenden Umzug in ein neu errichtetes zeigte, welche kumulativen Wirkungen sich aus der Verquickung ethnischer mit sozioökonomischen Faktoren bei Umzügen ergeben und welche typischen Formen interethnischen Umgangs dabei eine Rolle spielen. Es treten deutliche Unterschiede der Rationalität je nach ökonomischer Lage (in der Außensicht) und nach ethnischem Hintergrund (so vereinfacht die Innensicht) zutage. Wohlhabende Chinesen (und eingeschränkter Bugis) entscheiden demnach eher strategisch und langfristig, während arme Makasar mehr tradierten, moralischen Verpflichtungen folgen. Die Notwendigkeit einer "großen Hochzeit" eines Kindes, die zu akutem Geldbedarf führt, zeigt exemplarisch den Einfluß kulturspezifischer Ziele und Normen. Mangels Geldes verkaufen vor allem Makasar ihr strategisch günstig gelegenes Land. Die Käufer sind meist Bugis und Chinesen. Durch den Kauf und Verkauf von Boden und den Bau von Häusern ergeben sich interethnische Arbeitsverhältnisse, die tendenziell asymmetrisch sind. In Ujung Pandang sind Chinesen oder Bugis typischerweise die Bauherren und Arbeitgeber. Mitglieder anderer Ethnien stellen die Handwerker und Handlanger. Unter den Arbeitern sind asymmetrische Sozialbeziehungen zwischen Vorarbeitern und Tagelöhnern vorzufinden, die an regionaltypische Patron-Klient-Verhältnisse (*punggawa-sawi*) anknüpfen. Der kumulative Effekt ist, daß Makasar in periphere Standorte umsiedeln.

7.2 Regional vergleichende Ergebnisse:
Neue Urbanität und Stadtkultur in Südostasien

"Periphere Metropolen"

Ujung Pandang ist eine in diesem Jahrhundert schnell gewachsene Hafenstadt von heute knapp einer Million Einwohnern. Hier leben etwa zwei Drittel der städtischen Bevölkerung der Provinz Süd-Sulawesi. Als Provinzhauptstadt ist sie politisches Zentrum mit vielen regionalen und städtischen Behörden. Entsprechend prägen Amtsgebäude das Bild der Stadt und Staatsbeamte das soziale Leben. Dies ist in vielen Städten in Südostasien besonders dann der Fall, wenn es sich um Regionalstädte handelt, wo die Stadtverwaltung oft sogar der größte Arbeitgeber ist (Rüland 1988b:65). Es gibt in Ujung Pandang und seinem Umland kaum Industrie; die Regierung ist der größte Arbeitgeber und die Laufbahn des Beamten das verbreitete Berufsziel junger Leute. Funktional hat es die Stellung einer regionalen Primatstadt, da die nächst größere Stadt Pare Pare sehr viel kleiner ist. In Hinsicht auf Ostindonesien bildet Ujung Pandang einen Verkehrsknotenpunkt und Umschlagplatz. Außerdem ist die Stadt das Zentrum höherer Ausbildung für den ganzen Osten Indonesiens. Das macht sie nicht nur zum Ziel von Migranten aus der Region selbst, sondern auch von vielen Schülern und Studenten aus ganz Ostindonesien.

Als allgemeine Faktoren der Urbanisierung in Indonesien sind folgende bekannt: 1. die Ausweitung der Verwaltung, 2. die Expansion der Landwirtschaft, 3. die Kommerzialisierung der Landwirtschaft, 4. die Industrialisierung, 5. der Transport und 6. das Image von Städten (Colombijn 1994a:220). In Ujung Pandang spielen von diesen Faktoren nur die Verwaltung, der Transport und das urbane Image eine tragende Rolle für die Stadtentwicklung, während die anderen, vor allem die Industrie, sekundär sind. Das resultiert in einer "peripheren Verstädterung" (Chtouris, Heidenreich & Ipsen 1993; vgl. auch Mai 1984 für Kleinstädte Nord-Sulawesis). Diese Verstädterungsform weicht insofern von den gängigen Urbanisierungsmodellen ab, als der Immobilienmarkt familiengebunden und lebensweltlich orientiert ist, daß z.B. bei der Preisbildung außerökonomische Faktoren wirksam sind. Allgemeiner gesagt subsumieren sich hier Tradition und Moderne gegenseitig. Moderne Kultur und Konsumformen entwickeln sich auf dem Hintergrund traditioneller Familienformen und klientelartiger Beziehungsmuster und im Rahmen einer eher lokalen Vergesellschaftung. Eine derartige Verstädterung findet sich vor allem in der sog. Dritten Welt, aber auch in Europa, etwa bis in die letzten Jahre hinein in Madrid und Rom und bis heute in Athen. Ein entscheidender Punkt ist jedoch die Einsicht, daß periphere Lage nicht mit inaktiver oder nur reaktiver Orientierung der Bewohner gleichzusetzen ist. Die Außeneinflüsse, die von den Zentren oder Metropolen kommen, werden lokal verarbeitet (vgl. die historische Arbeit von Heersink 1995, bes. 5ff.;247, über die Insel Selayar südlich von Sulawesi, eine Peripherie in der Peripherie).

Regionalbewußtsein versus "plurale Gesellschaft"

In Ujung Pandang leben heute die Mitglieder verschiedener ethnischer Gruppen eng zusammen. Sie begegnen sich nicht nur im Arbeitsleben, sondern auch die Wohnweise ist ethnisch kaum segregiert. Es gibt zwar einige Wohngebiete, die traditionell von einer Ethnie dominiert sind, aber dies sind nur wenige und sie sind deutlich im Abnehmen begriffen. Im Gegensatz zu einigen anderen Städten Indonesiens, z.B. Medan, ist die soziale Differenzierung in Ujung Pandang in erster Linie sozioökonomisch und nicht ethnisch, weshalb es sich in dieser Hinsicht bei der Gesellschaft der Stadt nicht um eine plurale Gesellschaft handelt. Das Wirtschaftsleben ist dagegen deutlicher ethnisch segregiert. Man konkurriert um dieselben Positionen und Status (Nagata 1980:137), aber im Endeffekt gibt es eine tendenzielle ethnische Arbeitsteilung, womit die Gesellschaft Ujung Pandangs teilweise Merkmale einer pluralen Gesellschaft aufweist (vgl. Furnivall 1980:86). Da die Makasar weniger Chancen haben, handelt es sich dabei nur in Grenzen um einen "balancierten Pluralismus". Chinesen und Bugis dominieren den Handel, während Makasar stark im informellen Sektor vertreten sind und Toraja im Dienstleistungsbereich arbeiten. Diese ethnische Segregation der Wirtschaft ist allerdings in der Sicht der Bevölkerung deutlich stärker ausgeprägt, als das in der Außensicht der Fall ist.

Das Zusammenleben ohne soziale Mischung, Kernmerkmal einer pluralen Gesellschaft im Sinne Furnivalls, gilt in Ujung Pandang nur hinsichtlich der Chinesen. Nur für sie trifft es zu, daß die Mehrheit ihrer Beziehungen innerhalb der Kategorie verläuft (Abb. 69). Der interethnische Umgang steht in Ujung Pandang im Rahmen des Bewußtseins einer Regionalkultur Süd-Sulawesis (*kebudayaan Sulawesi Selatan*). Ujung Pandang ist eine multiethnische Stadt, aber nicht "eine Stadt der Minderheiten", wie Jakarta (Persoon 1986:180) oder Medan (Bovill 1986:97). Das Regionalbewußtsein hat wegen der Dominanz der großen, in der Region beheimateten Ethnien (vor allem der Bugis und Makasar) Wirkungen über den interethnischen Umgang hinaus (vgl. Tauchmann 1984 für Nord-Sulawesi). Die Idee einer regionalen Kultur bietet nämlich eine ethnienübergreifende Orientierung, die über den Islam hinausgeht und auch die vorwiegend christlichen Toraja umfaßt. Da interethnischer Umgang seit langer Zeit etwas normales ist, besonders zwischen Bugis, Makasar, Mandar und Toraja, gelten tradierte Prinzipien nicht nur für den Umgang mit Mitgliedern der eigenen, sondern durchaus auch für die Interaktion mit Mitgliedern anderer Ethnien. Dies steht in markantem Kontrast zu Befunden zu den Batak in Medan auf Sumatra, deren *adat* nach Bruners Untersuchungen (1961,1964,1972) nur intern gilt, nicht also für Beziehungen, die verwandtschaftliche und ethnische Grenzen überschreiten. Dies führte ihn dazu, den kulturellen Wandel in dieser Stadt, z.B. bei Hochzeitsfeiern, als reine "Addition" zu tradiertem *adat* zu charakterisieren. In Ujung Pandang zeigen sich dagegen Tendenzen einer nichtadditiven kulturellen Amalgamierung und Synthese bei gleichzeitiger Aufrechterhaltung ethnischer Grenzen im Bewußtsein, wie es heute auch in anderen Städten Südostasiens zu beobachten ist. Am Vergleich der Verhältnisse in Ujung Pandang mit Daten zur ethnischen Situation in Jakarta und Medan werden zwei Merkmale deutlich, die für die Stellung einer Gruppe und ihren Umgang mit anderen entscheidend sind (vgl. Nas 1986:191f.). Erstens ist der Anteil einer jeweiligen ethnischen Gruppe in der Stadtbevölkerung wichtig. Bildet sie eine unter wenigen Minderheiten, eine von vielen Minderheiten, oder stellt sie die relative oder gar die absolute Mehrheit? Zweitens ist die Herkunft der Gruppen bedeutsam. Hier unterscheiden die Menschen in der Region ansässige Ethnien von Migrantengruppen.

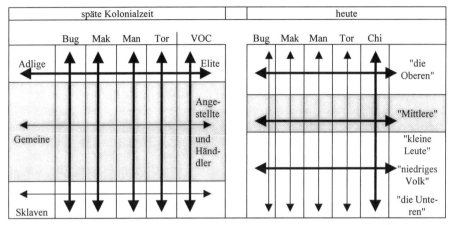

Abb. 69: Kontinuität und Verschiebung der ethnischen und Schichtungskategorien und tendenzielle Verlagerung der von intraethnischem zu schichtengebundenem Umgang (◄─► = primäre, ◄─► = ekundäre Interaktionsebene)

Abb. 69 faßt schematisch die sozialen Kategorien und Interaktionsebenen zusammen, welche die Untersuchung der Innensicht ergab. Damit soll klar werden, wie ethnische und sozioökonomische Kategorien bei der in Städten allgemein bedeutenden sozialen Distinktion als individuelles und kollektives Dispositionssystem zusammenwirken (Bourdieu 1982; vgl. Schwingel 1993:27ff.). Die städtische "Kultur des Unterschiedes" (Sennett 1994) ist in der untersuchten Region, in der die soziale Verortung ohnehin ein zentrales Kulturthema ist, besonders ausgeprägt. Deutlich zeigt sich (1) die Kontinuität zwischen der früheren hierarchischen Sozialstruktur und der heutigen Schichtung. Die heutige Schichtung ist (2) dichotomer, als das früher der Fall war, aber es entwickelt sich ein allgemeines Bewußtsein der Existenz einer Mittelschicht. Es zeigt sich (3), daß der interethnische Umgang früher vor allem innerhalb der Eliten stattfand (Heiraten, Verträge), heutzutage dagegen alle Schichten durchgreift. Heute findet der soziale Umgang verstärkt innerhalb der Schichten zwischen Angehörigen verschiedener ethnischer Gruppen statt. Eine Ausnahme bilden die Chinesen, die ihre Beziehungen stark auf die eigene Gruppe konzentrieren.

Sozial teilintegrierte *kampung* und
"Lokalitäten" für arme Haushalte

Rappocini, die untersuchte Siedlung, verweist in vielerlei Hinsicht auf ein seit Wirth (1938) klassisches Merkmal urbaner Lebensform, das in vielen späteren Arbeiten über Städte wieder unterging: die Heterogenität der Bewohner und die Vielfalt der Lebensweisen. Dazu kommen als weitere Merkmale der geringe Organisationsgrad und das schnelle Wechseln der Bewohnerschaft, das auch in den neueren peripher gelegenen *kampung* in Jakarta beobachtet wurde (Murray 1991:15). Rappocini ist ein randstädtisches, ethnisch gemischtes Viertel mit heute über 70.000 Einwohnern. Die Siedlung ging aus einem Teil des ehemaligen Königreiches Gowa hervor und wurde 1972 in die Stadt eingemeindet. Bis dahin bestand das Gebiet aus einzelnen, kompakten makasarischen Siedlungen, die von Naßreisland umgeben waren. Mit der Eingemeindung in die Stadt und der Entstehung eines Bodenmarktes siedelten immer mehr Menschen verschiedener anderer ethnischer Gruppen, vor allem Bugis, Mandar und Toraja, im Gebiet, besonders in dem Teil, der dem Stadtzentrum zugewandt ist. In den 1970er Jahren wurden Teile des Gebietes von Rappocini in der Stadtplanung für öffentlichen Wohnungsbau ausgewiesen. Dieser war ausdrücklich für ärmere Sozialschichten gedacht. Vor allem aus Mangel an öffentlichen Geldern wurde die Planung jedoch nur in einem kleinen Areal verwirklicht. Der öffentliche Wohnungsbau, der eigentlich für ärmere Sozialschichten gedacht war (*low cost housing*), kam nur teilweise zustande. Da der Stadt das Geld zum Ankauf von Land oder zum Aufbau der Infrastruktur fehlt und zudem Korruption, Spekulation und Renditeerwägungen hereinspielen, kommt das Bauprogramm im Endeffekt in erster Linie dem Mittelstand zugute. Dies ist ein Prozeß, der auch in Randzonen anderer indonesischer Städte (Nas 1986:9, Jung 1990, Fremerey 1994:407) und in vielen Städten Südostasiens (Nas 1990/91) festzustellen ist. Einzelne Siedler kauften kleine Landstücke und bis heute sind viele Bodenbesitzfragen ungeklärt. Darin zeigt sich ein Bild einer weitgehend von den Menschen selbst geregelten Besiedlung, wie es für viele städtische *kampung* in Indonesien charakteristisch ist (Jellinek 1990, Murray 1991:18). In solchen Formen der Selbstregulation ist allgemeiner ein typisches Merkmal peripherer Verstädterung zu sehen (vgl. Chtouris et al. 1993).

Entsprechend dieser behördlich nicht geordneten, sondern von der Bevölkerung selbst regulierten Entwicklung bildet Rappocini physisch keine Einheit. Das Siedlungsbild ist äußerst vielfältig und auf den ersten Blick verwirrend. Dicht bebaute Gebiete mit Einzelhäusern wechseln mit leerstehenden Grundstücken, unbebautem ehemaligem Reisland sowie neuen abgegrenzten Reihenhaussiedlungen ab. Mitte der 1970er Jahre wurde eine Durchgangsstraße durch das Gebiet gebaut, die eine wichtige Verbindung zwischen der Stadt und dem Hinterland darstellt. Da es nur diese eine asphaltierte Straße gibt, ist es hier bis jetzt nur in Ansätzen zu der sonst in indonesischen Städten typischen "Block-Innen-Bebauung" gekommen, wo die Straßenfronten durchgehend bebaut sind und auf den dahinter liegenden Flächen nur vereinzelt Häuser stehen (Multhaup & Santoso 1984:141). Stattdessen entwickelt sich nur an der einen Straße in einer Art *frontier* eine geschlossene Zeile moderner, mehrstöckiger Steinhäuser, in denen meist Bugis oder Chinesen wohnen und ihre Geschäfte tätigen. Davon gehen Wege ab, die in das dahinter liegende Gebiet des *kampung* mit meist einfachen Häusern führen. Diese Wege wurden in den 1980er Jahren im Rahmen des *Kampung Improvement Program* in Teilen Rappocinis befestigt, und zusätzlich wurden einige Wasserstationen gebaut. Anschluß an städtische Einrichtungen haben die Bewohner über die Wege und die Straße. In Ujung Pandang hat diese ungeregelte Entwicklung durch den ökonomischen Aufschwung entlang solcher Straßen, wie oben dargelegt, dazu geführt, daß die ökonomisch im Schnitt schwächeren Makasar dadurch verdrängt werden, daß sie Land in Rappocini verkaufen und in peripherere Bereiche umziehen.

Die vorliegende Untersuchung konzentrierte sich auf eine Nachbarschaftseinheit, ein *RT*. Früher war hier nur Reisland, aber ein makasarischer *kampung* war nahe gelegen. Die ersten dauerhaften Häuser wurden 1974 gebaut. Die Nachbarschaft grenzt an die genannte Durchgangsstraße, und sie ist von befestigten Wegen und unbefestigten Trampelpfaden durchzogen. Die Spannweite der Haustypen und -standards ist breit. Großteils findet sich ein für städtische Verhältnisse in Indonesien hoher Wohnstandard. Es handelt sich um eine demographisch junge Bewohnerschaft (73% unter 30 Jahre). Der Bildungsgrad ist hoch, denn allein über 30% der Bewohner haben eine höhere Sekundarschule besucht. 80% der Haushalte werden von einzelnen Kernfamilien gebildet. In knapp der Hälfte der Haushalte (44%) leben dauerhaft zusätzliche Mitglieder, nämlich Eltern, verwandte Erwachsene oder verwandte Kinder, Enkel oder auch nichtverwandte Erwachsene.

Die Bewohnerschaft im untersuchten *RT* ist heute ethnisch sehr gemischt, aber die großen Ethnien der Region dominieren (Bugis 28%, Makasar 14%, Mandar 11% und Toraja 5%). Fast 90% der Bewohner sind in der Provinz selbst geboren, davon nahezu die Hälfte in Ujung Pandang. Innerhalb der Nachbarschaft besteht eine geringe räumliche Segregation nach sozioökonomischen Unterschieden und auch kaum eine nach ethnischer Zugehörigkeit. Oft stehen einige Häuser besser gestellter Familien nebeneinander, aber Gebäude Wohlhabender stehen auch unmittelbar neben Hütten armer Bewohner. Die ethnische Mischung geht bis in die einzelnen Familien: In 42% der Haushalte leben Mitglieder verschiedener Ethnien zusammen. Trotz des damit intensiven interethnischen Umganges und vieler Situationen, in denen sozioökonomische Konzepte entscheidender sind als ethnische Unterscheidungen, bestehen deutliche interethnische Stereotype. Dies stützt die Erkenntnis der Ethnizitätsforschung seit Barth (1979), daß intensiver Umgang kulturelle Grenzen verstärkt, statt sie abzubauen, und den Befund der Beiträge in Cohen (1974), daß dies besonders für Städte gilt. Negative Fremdstereotype betreffen besonders die Makasar, die als wirtschaftlich unfähig und wegen ihres Aufbrausens als gefährlich gelten, und die Chinesen, die man für rein ökonomisch orientiert und unsozial hält. Bei den Makasar deckt sich das Fremdbild z.T. mit dem Eigenstereotyp. In der Innensicht werden die ethnischen Eigenarten in aller Regel mit quasigenetischen, unveränderbaren Eigenschaften der Gruppen erklärt. Die Ethnizität ist jedoch im einzelnen situativ geprägt und von der erwähnten spezifischen Zusammensetzung einerseits sowie der regionalen Herkunft der Bewohnerschaft der Stadt andererseits mitbestimmt.

Es bestehen in Rappocini nur wenige Grundüberzeugungen, die ethnienübergreifend gelten. Der islamische Glaube (außer bei den Toraja) und der regionaltypische Vorstellungskomplex um das Thema Scham und Ehre (*siri'/siriq, malu*) sind die zentralen, die Wirklichkeit der Akteure konstituierenden Säulen. Diese Prinzipien werden im Alltag immer wieder als allgemeine Leitlinien benannt. Darüber hinaus bestehen konkrete Vorstellungen, z.B. einerseits die Norm gegenseitiger sozialer Unterstützung, vor allem unter unmittelbaren Nachbarn, und nationale bzw. modernistische Ideale andererseits. Aufgrund der Tatsache, daß man sich der sozialen Kontrolle durch Kontaktmeidung entziehen kann, werden diese Verhaltenserwartungen zwar im Alltagsgespräch oft bemüßigt, im konkreten Fall sind sie aber verhandelbar bzw. nur situativ bedeutsam. Das gilt entsprechend für die sozialen Netzwerke. Da eine Person meist sehr viele Verwandte in der Stadt hat, werden nur zu einigen davon Bindungen aufrechterhalten. Die Netzwerke nutzen zwar verwandtschaftliche Beziehungen, aber berufliche Kontakte, individuelle Freundschaft oder Nähe sind oft wichtiger als *kinship* (vgl. Berner & Korff 1994:9 zu Manila).

Die einzelnen Wohneinheiten, die unmittelbare Nachbarschaft der Häuser und die Wege stellen eine *locale* im Sinn von Giddens (1984:375) dar. Durch die vielen sozialen Grenzen bildet sich ein sozial interpretierter physischer Raum, der die Interaktionen durch eindeutige Schranken konzentriert. Eine "Lokalität" dagegen - im Sinne eines lokalen sozialen Systems als Fokus des Lebens, in dem die Menschen miteinander umgehen, ihre Erfahrungen artikulieren und mit der Umwelt interagieren (Dickens 1990:3) - stellt die untersuchte Nachbarschaft nur für die ärmeren Haushalte, die darauf angewiesen sind, dar. Die besser gestellten Haushalte haben nämlich einen Großteil ihrer Sozialbeziehungen außerhalb des Gebiets, was auch für ihren Konsum gilt. Dies deckt sich mit Befunden aus europäischen Städten, wo sich auch zeigt, daß die lokale Nachbarschaft nur für die schlechter gestellten Haushalte bedeutsam ist, weil sie auf Beziehungsnetze als ihr soziales Kapital angewiesen sind, während andere ihre Netzwerke eher individuell und weiter gestreut auf der Basis von gemeinsamen Lebensstilen knüpfen (Häußermann & Siebel 1994:379). Auch auf der Ebene der untersuchten Nachbarschaft als Ganzer und auf der Stadtteilebene ist die soziale Konstruktion einer Nachbarschaft (vgl. Suttles 1972) bzw. Lokalität nur in Ansätzen zu finden. Berner & Korff (1994:9) schreiben zu Slums in Manila treffend:

"... there is a difference between the creation of social cohesion in a locality that is a precarious process and drags on for a long time, and the integration of newcomers that is achieved in a very limited period".

Der Kern von Urbanität: die Permanenz
eines öffentlichen Bereiches

In welcher Hinsicht ist diese Siedlung über die skizzierte Heterogenität hinausgehend von der Lebensform her als urban anzusehen? Hierzu ist ein neuer Beitrag von Lofland (1989) hilfreich, weil die Autorin Urbanität empirisch faßbar macht und außerdem - anders als das oft in westlicher Stadtplanungsliteratur geschieht - Urbanität nicht unausgesprochen als positives Leitbild der Stadtentwicklung sieht (vgl. zur Kritik implizit positiv wertender Urbanitätsbegriffe Friedrichs 1977:329-339; Häußermann & Siebel 1987:238-250, Lefèbvre 1990, Rüegg 1996:56-72). Lofland charakterisiert eine soziale Umgangsform, wie sie für Städte charakteristisch ist, und die den "öffentlichen Bereich" ausmacht:

"The public realm may be defined rather broadly as those nonprivate sectors or areas of urban settlements in which individuals in co-presence tend to be personally unknown or only categorically known to one another" (1989:454).

Der erste Teil der Definition ist zwar durch die Verwendung des Wortes "privat" fast tautologisch; der zweite Teil enthält aber ein operationalisierbares Kriterium, nämlich die nur kategorische Kenntnis anderer Personen. Lofland unterscheidet den öffentlichen Bereich (*public* realm) vom intimen und haushaltsorientierten privaten Bereich (*private realm*) einerseits und vom kommunal orientierten Nachbarschaftsbereich (*parochial realm*) andererseits. Öffentlichen Umgang gibt es zwar auch bei nichtstädtischer Lebensweise, z.B. auf Märkten, bei Pilgerreisen oder auch bei formalisierten öffentlichen Ereignissen (Handelmans *public events*, 1990). Das Entscheidende für die städtische Existenz ist aber, daß ein öffentlicher Bereich permanent vorhanden ist, so daß man immer von Menschen umgeben ist, die einem persönlich fremd sind (Lofland 1989:455,473; vgl. Mitchell 1987:Kap.4, Hannertz 1980:106). Die Bevölkerung von Städten ist so groß und dicht, daß sich die Mehrzahl der Bewohner nicht gegenseitig persönlich kennt und ein Großteil der Beziehungen öffentlicher Art ist, wie Max Weber schon früh feststellte (1958:65). Aus diesem Grunde sind neben der Öffentlichkeit auf der Straße auch die kurzen Begegnungen in öffentlichen Verkehrsmitteln eine wichtige Domäne städtischen Lebens. Die dauerhafte Existenz eines "öffentlichen Sektors" als Kernmerkmal der Urbanität im Sinn von Lofland kann in Zusammenhang mit dem oben im Rahmen der Migrationsmotive beschriebenen kollektiven Konsum gebracht werden. Auch dieser ist ein Charakteristikum städtischen Lebens, ein Gesichtspunkt, der vor allem in der "New Urban Sociology" betont wurde, und er beruht auf der Nutzung von Infrastruktur in öffentlichen Räumen der Stadt.

Die meisten Bewohner in Rappocini kennen ihre unmittelbaren Nachbarn persönlich und haben intensive Kontakte zu ihnen. Aber es wird geduldet, wenn Bewohner kaum Kontakte zu ihren Nachbarn haben wollen. Deshalb beginnt der öffentliche Bereich in Loflands Sinn für viele Personen de facto schon in der unmittelbaren Nachbarschaft. Schon hier kennen sich viele Bewohner nur kategorial, nämlich nach Beruf oder ethnischer Zugehörigkeit. Das gleiche gilt in vielen Haushalten für die Kontakte bei der Arbeit und in der Freizeit. In Ujung Pandang sind die öffentlichen Beziehungen und Räume aber eben nur ein Teil aller Beziehungen. Die untersuchte Nachbarschaft ist weder einheitlich ein "urbanes Dorf" in Form eines selbstgenügsamen städtischen *kampung* noch eine anonyme Mittelklassesiedlung. Auch in westlichen Städten hält das Bild der "anonymen Stadt" empirischen Untersuchungen nicht stand. Dies zeigt sich besonders in multiethnischen amerikanischen Städten, gilt aber allgemeiner. Die Stadt weist eine Vielfalt von persönlichen und weniger persönlichen sozialen Sektoren und räumlichen Bereichen auf (Lofland 1989:468f., vgl. Häußermann & Siebel 1987, 1994). Wie die Resultate zur Handlungsrationalität deutlich zeigen, prägt die Vielfalt der Möglichkeiten städtischer Kontakte das Leben der Bewohner trotz aller strukturellen Beschränkungen. In der untersuchten Nachbarschaft sind die sozioökonomischen Unterschiede nicht so prägnant, wie in den Slums der südostasiatischen Städte, wo sie nach neueren Untersuchungen strategisches Entscheiden zu einer alltäglichen Angelegenheit machen (Berner & Korff 1994:9 zu Manila).

Vier Tatbestände machen das Thema Rationalität in Form von Entscheidungen, Strategien und sozialer Selektion im untersuchten Gebiet besonders relevant für das Alltagsleben der Bewohner: die ethnische Mischung, der schnelle Wechsel der Bewohnerschaft, die Tatsache, daß die meisten Bewohner über dem Existenzminimum leben und gewisse Wahlfreiheiten haben, und schließlich die geringe soziale Kontrolle über den Bereich der engsten Nachbarschaft hinaus.

Stadt-Land-Beziehung und
indigene Urbanitätskonzepte

Eine wichtige Komponente zur empirischen Klärung von Urbanität als Lebensform ist die Siedlungsweise, die Art der sozialen Aktivitäten und Kontakte sowie die Art, wie die Bewohner selbst ihren Wohnort im Übergangsfeld zwischen "Stadt" und "Land" einordnen. Diese Einordnungen hängen sowohl mit der faktischen Dynamik der Urbanisierung als auch mit Urbanitätsvorstellungen zusammen. Drei Konzepte wurden in der neueren Literatur vorgeschlagen, um Veränderungen in den Stadt-Land-Beziehungen in Südostasien zu charakterisieren: 1. *kampungisasi*, eine dichte Besiedlung im formell ländlichen Raum (Baks 1988); 2. *kotadesasi*, das Vorkommen städtischer und ländlicher Aktivitäten am gleichen Ort (McGee 1989) und 3. *in situ Urbanisierung*, das Phänomen städtischer Struktur auch in stadtfernen äußerlich ländlichen Gebieten (Brookfield et al. 1991). Wenn man diese Konzepte auf die Region Süd-Sulawesi und besonders auf das Umland Ujung Pandangs, die Stadt selbst und Rappocini als randstädtische Siedlung bezieht, zeigen sich folgende Befunde.

Eine *kampungisasi* im Sinne von Baks ist im weiteren Umfeld Ujung Pandangs nicht zu finden, da die Besiedlungsdichte viel geringer ist als in Java, wo das Konzept entwickelt worden ist. Die physische Dichte, die Baks für das ländliche Java beschreibt, findet sich in Süd-Sulawesi allenfalls in Gebieten nahe des Stadtzentrums, etwa in den westlichen Teilen Rappocinis. Andere, dem Stadtzentrum fernere Teile des Viertels hingegen sind fast unbesiedelt und stellen Spekulationsland dar. Die soziale Heterogenität und die soziale Dichte, die Baks beschreibt, findet sich ansatzweise, z.T. sogar schon lange, auch in ländlichen Siedlungen Süd-Sulawesis. Das hängt mit der langen Tradition örtlicher und sozialer Mobilität zusammen, die die Region zu einem Migrationsfeld machte.

Eine *kotadesasi* ist im Umland Ujung Pandangs nur in Grenzen zu beobachten, da die Region vergleichsweise dünn besiedelt und wenig industrialisiert ist. Von den fünf Merkmalen der *kotadesasi*, die McGee nennt, treffen die starke Mobilität, die Mischung der Aktivitäten und die fehlende Kontrolle durch die Behörden zu, weniger dagegen die Industrialisierung und der zunehmende Anteil der Frauen in der Wirtschaft. Eine genauere Einordnung einzelner Regionen des Stadtumlandes würde eine eigene Studie im Makrorahmen erfordern, die die offiziell publizierten Daten zu den Wirtschaftssektoren auf Einheiten tatsächlich enger Interaktion umrechnet oder aber einzelne Marktsektoren und -kanäle untersucht.

Als *in situ-Urbanisierung* kann die Entwicklung der Umgebung von Ujung Pandang entlang der Straßen verstanden werden. Sie reicht sogar bis zur Region Tana Toraja. Steigende Bodenpreise fördern den Landkauf von Städtern in ländlichen Siedlungen. Minibusse ermöglichen intensives Pendeln in die Stadt und machen viele Dörfer vom Arbeitsmarkt her strukturell städtisch. Weite Teile Rappocinis werden von täglich pendelnden Händlern mit Lebensmitteln aus dem Umland versorgt. Eine Urbanisierung *in situ* hat vor allem die früheren, fast rein makasarischen Siedlungen in der Nähe der Stadt erfaßt. In Rappocini stellen sie heute die dichter besiedelten, ärmeren und sozial kompakteren Teile der urbanen Siedlung dar. Die weiter außerhalb des Stadtzentrums liegenden *kampung* sind strukturell und von der Lebensform her ebenfalls städtisch, sehen aber noch ländlich aus, was Brookfield et al. anhand des Umlands von Kuala Lumpur treffend als "the body of a village; the mind of a city" umschreiben.

Die Bewohner der untersuchten Nachbarschaft sprechen von ihrem Wohngebiet als "ihrem *kampung*", obwohl es sich weder um einen physisch abgegrenzten, um einen monoethnischen Stadtteil, noch um eine sozial integrierte Gemeinschaft handelt. Die heutige Vorstellung des Ortes macht sich im Sinne der "symbolischen Ortsbezogenheit" Treinens eher am Namen "Rappocini" fest. Wegen der rapiden Entwicklung dieses Stadtteiles wird der Name mit der Vorstellung von Modernität und Urbanität verknüpft. Die Durchgangsstraße, die asphaltierten Wege und die neue Ansiedlung chinesischer Geschäftsleute führen dazu, daß die Gegend allgemein als "städtisch" bzw. "lebendig" (*ramai*) und auch als "sicher" (*aman*) empfunden wird. Dies kann als Ausdruck der im malaiischen Raum verbreiteten Konzeption des "Städtischen" als lebendiger Marktplatz verstanden werden. Die ganz junge Ansiedlung der Chinesen entspricht der Erfahrung, daß sie sich in den peripheren Vierteln südostasiatischer Städte nur ansiedeln, wenn sich schon Konzentrationen des Handels herausgebildet haben (Hofmeister 1991:117). Trotz der empfundenen Modernität lassen sich deutlich subjektive Handlungssphären unter den Bewohnern ausmachen, die eher einer *kampung*-Mentalität entsprechen. Die lokale Politik ist vom wahrgenommenen Gegensatz einer "Innensphäre" und einer "Außensphäre" gekennzeichnet. Dies ähnelt stark der Vorstellung der "kleinen Welten" vs. der "großen Welt" in javanischen Städten (Multhaup & Santoso 1984:142). Nachbarschaftliche Angelegenheiten und Konflikte werden möglichst intern und ohne Polizei geregelt. Die größere Nachbarschaftsorganisation des *Rukun Warga* (*RW*) hat eine Basis in der Bevölkerung und spielt eine Rolle bei der Integration der Bewohner, die sich zum großen Teil nicht persönlich kennen und oft nur für kurze Zeit am Ort wohnen. Die kleinere Einheit des *Rukun Tetangga* (*RT*), die eigentlich informell und der Bevölkerung am nächsten sein sollte, ist dagegen im Bewußtsein der Bewohner viel weniger präsent. Die Bedeutung des *RT* ist stark vom Einsatz des jeweiligen Vorstehers abhängig. Wie verschiedene Fallbeispiele zeigen, werden die Maßnahmen der Stadtverwaltung zum großen Teil als "von oben" kommend, also als oktroyiert, empfunden. Dies gilt besonders in einem Gebiet mit fluktuierender Bevölkerung. Der geringe nachbarschaftliche Zusammenhalt zeigt sich auch bei Gemeinschaftsarbeiten und beim seit Jahren ungelösten Problem der Müllentsorgung und verweist auf eine Folge hoher Wohnmobilität, die sich in vielen Städten der sog. Dritten Welt trotz gegenteiliger Bemühungen durch verschiedenste Gruppen zeigt:

"Collective action is not easily organized in cultures in which there is a high degree of spatial mobility. Common interests are likely to be temporary and common action short lived" (Roberts 1993:103).

Die Wahrnehmung der Nachbarschaft und der Stadt wird von lokalen Prinzipien der Konzeptualisierung von Raum und Zeit beeinflußt. In Ujung Pandang sind diese meistens nicht nur Ausdruck einer Wahrnehmung bzw. einer "kognitiven Karte", sondern haben bewertende Konnotationen. In einer Makroperspektive wird die Region Süd-Sulawesi von den Bewohnern wegen ihrer Geschichte als heroisch angesehen. Die jetzige Position der Stadt und Süd-Sulawesis insgesamt wird dagegen als peripher und abhängig von Jakarta eingeschätzt. Trotz des ländlichen Charakters vieler Randbereiche der Stadt, des breiten ländlich-städtischen Übergangsbereiches und der intensiven wirtschaftlichen Verflechtung zwischen der Stadt und dem Hinterland wird Ujung Pandang als Stadt (*kota*) klar vom ländlichen Süd-Sulawesi (*daerah, pedalaman*) getrennt.

Diese, trotz der tatsächlich intensiven Verflechtung mit dem Hinterland, seitens der Bewohner getroffene scharfe Absetzung der Stadt vom Land hat mehrere Hintergründe. Zum einen hat Ujung Pandang, wie gesagt, innerhalb der Provinz Süd-Sulawesi eine so dominante Stellung, daß sie einer Primatstadt in einem Staat entspricht. Zum anderen spielt die europäische Konzeption von Stadt, die diese als aufgeklärten, zivilisierten Gegenpol zum bäuerlichen bzw. barbarischen Land sieht, eine Rolle. Die Stadt wird als Ort kultivierter Umgangsformen gesehen (vgl. *urbane thought*, Corbin 1977:185). Diese Vorstellungen haben sich durchgesetzt gegenüber den älteren Raumkonzepten, nach denen die Zentren der makasarischen und buginesischen Kultur auf dem Lande bzw. in kleineren Städten (z.B. Jeneponto, Bone) waren. Vergleichbares ist von Java bekannt, wo koloniale Stadtkonzeptionen Stadt und Land dichotom trennten und dadurch ländliche Gebiete in der Vorstellung und der Politik "paganisierte". Auch dort waren diese westlichen Konzepte stärker als das ursprüngliche javanische Konzept, welches weder eine Stadt-Land-Dichotomie noch ein genau umgrenztes, zentral verwaltetes Territorium vorsah. Das dichotome Bild setzte sich durch, obwohl der Hof (*kraton*) und die Schicht der *priyayi* faktisch keine rein außerdörflichen Welten waren, das *desa* keine korporierte, selbstgenügsame Einheit darstellte und es außerdem eine erhebliche vertikale und horizontale Mobilität gab (vgl. Schiel 1990:599 und dortige Literatur). In Ujung Pandang wird diese konzeptuelle Dichotomie dadurch gefördert, daß es hier, ganz anders als auf dem Land, Einrichtungen zur höheren Bildung und damit Zugangsmöglichkeiten zu hohem Status gibt. Und gerade Status ist es, der in Süd-Sulawesi ethnienübergreifend einen hohen Stellenwert einnimmt. Es paßt zu diesen modernen Mittelschichtsvorstellungen von Stadt als einem Milieu, welches hohem Status und verfeinertem Leben zugeordnet wird, daß der ländliche Raum zunehmend als Ressource für die Erholung gesehen wird. Ellen & Bernstein (1994:17) zeigen anhand von Brunei eine ähnliche Entwicklung am Beispiel der Veränderungen in der Wahrnehmung und Nutzung des Regenwaldes, die heute mittelschichtsorientiert und im oben genannten Sinn *urbane* ist.

Zur "indonesischen städtischen Superkultur"

Schon vor knapp dreißig Jahren postulierte Hildred Geertz, daß es im urbanen Indonesien eine übergreifende nationale Kultur (*Indonesian metropolitan superculture*, Geertz 1963:35; Buchholt 1994:26) gebe, die die Angehörigen der städtischen Mittelschicht überregional verbinde. Diese Kultur zeige sich vor allem in der allgemeinen Verwendung der Nationalsprache *Bahasa Indonesia*. Inhaltlich werde sie in der politischen Ideologie, in Kunststilen und in der materiellen Kultur deutlich. Mit der indonesischen Sprache seien moderne Popmusik, Filme, historische und politische Literatur assoziiert. Dazu kämen neue soziale Ziele, wie Gleichheit, wirtschaftlicher Fortschritt und das Wohlergehen der Nation. Symbolisch manifestiere sich diese Kultur in höherer Erziehung, Fremdsprachenkenntnis, Reisen und westlichen Gütern, wie Autos (Geertz 1963:38). Bruner dagegen stritt die Existenz einer solchen Kultur ausdrücklich ab (besonders 1961:512ff.). Geertz führt diese Diskrepanz der Einschätzungen auf semantische Mißverständnisse um den Begriff der metropolitanen Nationalkultur zurück (1963:479). Mir scheint der wirkliche Grund zu sein, daß Bruner in seiner Argumentation ausschließlich Daten der Toba-Batak als Minderheit in Medan anführte. Die dortige kulturelle Situation ist aber für heutige indonesische Großstädte nicht typisch. Die Batak in Medan sind eine christliche Minderheit in einer Stadt, die dadurch eine ganz spezifische ethnische Zusammensetzung aufweist, daß die Mehrheit der heutigen Bewohner (Javanen und Chinesen) nicht aus der Region selbst stammt.

Heute ist die Existenz einer nationalen indonesischen Kultur nach dem Befund aus Ujung Pandang und nach dem Bild, das andere, auch kleinere, indonesische Städte abgeben, als ein Faktum anzusehen. Als Orientierungsrahmen formt diese Kultur, verquickt mit spezifischen ethnischen Handlungsorientierungen, das Leben der Menschen. Auch wenn sie für die meisten Bewohner städtischer *kam-*

pung in Indonesien weitgehend eine Phantasie bleiben wird, kann diese nationale Kultur nicht mehr als nur äußerlich, als national oktroyiert oder als reine Eliteideologie aufgefaßt werden, wie es auch in stadtethnologischen Untersuchungen, vor allem wenn sie auf die Unterschicht konzentriert sind, immer noch geschieht (z.B. Murray 1991:12). Besonders in einer Verwaltungsstadt wie Ujung Pandang ist sie in den Köpfen eines Großteils der Bewohner präsent, wobei das Indonesische, das die gewöhnliche Sprache in den Haushalten ist, eine eminente Bedeutung hat. Die Städte werden offiziell als Zentren des *nation building* gesehen, wobei die Einheitssprache als wichtiger Motor eingeschätzt wird (Kuntjoro-Jakti 1991:4ff.). Dies ist nicht nur politisches Programm, sondern hat tatsächliche Wirkungen. Mit Ausnahme der Gleichheitsidee, die aufgrund der tradierten hierarchischen Sozialstruktur in Süd-Sulawesi nur wenig bemüht wird, sind aber auch die anderen Elemente der metropolitanen Nationalkultur im Sinne von Geertz in Ujung Pandang vertreten. Selbst die von Bruner als Gegenbeispiel angeführten Hochzeitszeremonien haben hier, obwohl die Bewohner sie als besonders "traditionell", "speziell" und "ländlich" bezeichnen, einen definitiv städtischen Charakter angenommen.

Westliche Urbanität und *Nanyang*-Urbanismus
versus malaiische Stadtkonzepte

Die Untersuchung des Wohnens und Wohnortswechsels zeigte die eben genannten allgemeinen modernen Orientierungen an einem ausgewählten Lebensbereich. Dabei wurde auch die in der Stadt faktisch erhöhte Wahlfreiheit deutlich. Die Bewohner sehen unterschiedliche Möglichkeiten, und sie haben in der Außensicht qualitativ und quantitativ unterschiedliche Optionen, auch wenn diese sehr begrenzt sind. Weiterhin zeigte sich an der Beschreibung des Viertels und auch an der Analyse der Wohnentscheidungen, daß die Menschen in sehr unterschiedlichem Maße an dieser nationalen metropolitanen Kultur teilhaben. Die städtischen Ideale, die implizit die Ziele der nationalen Entwicklung prägen, bestimmen die Wünsche der Menschen stark. Für ganz Südostasien gilt, daß die Entscheidungen über Migration im Rahmen einer nationalen Ideologie stehen, die Ungleichheiten zwischen Stadt und Land zur Folge hat (Lightfoot 1990:266). Die Entscheidungen über innerstädtischen Wohnortswechsel stehen zusätzlich im Rahmen modernistischer Ideale des Wohn- und Lebensstils, welche städtische Werte wie "Sauberkeit", "Ordnung" und "Attraktivität" sowie einen Planungszuschnitt für Autoverkehr betonen (Murray 1991:14).

Eine neue, private Wohnsiedlung in Rappocini offenbart die strukturellen Wandlungen und Bodenkonflikte in Ujung Pandang im Zusammenhang mit urbanistischen Konzeptionen, die von der Stadtverwaltung propagiert und von der Mittel- und Oberschicht getragen werden und im Endeffekt eine soziale Differenzierung des städtischen Raumes bewirken. Diese neue Siedlung ist, anders als die ehemals für Rappocini geplante, aber nicht verwirklichte Siedlung, explizit für die Mittel- und Oberschicht gedacht. Sie firmiert als "Elitenachbarschaft" (*lingkungan elite*) und wurde auf einem Landstück errichtet, dessen Eigner weichen mußten, aber offensichtlich bislang nicht entschädigt wurden. Die Prospekte und Grundrisse zeigen, daß das Leitbild die gut verdienende Kleinfamilie der oberen Mittelschicht ist, die über ein Auto verfügt. Die jetzigen Bewohner sind vorwiegend höhere Beamte und chinesische Geschäftsleute, die aus der verschmutzten Innenstadt wegziehen.

In dieser Siedlung sind verschiedene Konzepte von Stadt vermischt, die ursprünglich "Subkulturen des Urbanismus" (Bestor 1993:51) darstellen. Den Rahmen der Planung bilden nationalpolitische Stadtideale der indonesischen Regierung. Dies zeigt sich an Wachhäuschen mit Sicherheitsposten, der Umzäunung des Areals und darin, daß der informelle Sektor keinen Zugang zur Siedlung haben soll. Im Grundriß der verwirklichten Siedlung dominieren moderne westliche urbanistische Konzeptionen (z.b. breite Straßen, das *cul-de-sac*-Prinzip, Garagen) und Stadtbauprinzipien der *Nanyang*-Chinesen (Stadtmauern, scharfe Grenzen zwischen Häusern, kombinierte Wohn- und Geschäftshäuser). Malaiische Raumkonzepte, die das spezifisch Urbane im lebendigen Treiben auf der Straße und den Märkten sehen, finden keinen Niederschlag. Nur die Inneneinrichtung der Häuser berücksichtigt sowohl allgemein malaiische als auch spezifisch indonesische Vorstellungen (z.B. große Gästezimmer und zwei Bäder).

Die Bewohner erledigen ihre täglichen Einkäufe in Supermärkten der Siedlung selbst oder kaufen auf dem Weg von oder zur Innenstadt in einem Supermarkt, der in der untersuchten Nachbarschaft liegt, ein. Sie leben in diesem neuen Wohnareal weitgehend ohne Kontakte zu Nachbarn. Soziale Beziehungen unterhalten sie in erster Linie zu Haushalten in der Innenstadt und diese vielfach übers Telephon. Dies deckt sich mit jüngsten Beobachtungen, daß nachbarschaftlicher Austausch in etablierten Mittelschichtwohngebieten in Südostasien fast nicht existiert (Berner & Korff 1994:5), und dem Befund aus anderen Städten Indonesiens, daß ein zentrales Motiv des Umzugs aus Einzelhäusern im *kampung* in die Wohnsiedlungen ist, sich der sozialen Verpflichtung zum Teilen des Wohlstandes zu entziehen (Evers & Gerke 1994:11).

Diese neue Wohnsiedlung zeigt exemplarisch zwei wichtige strukturelle Entwicklungsmuster in Städten Südostasiens. Der erste Trend besteht darin, daß Konflikte im Wohnbereich oft härter ausgetragen werden als solche im Produktionsbereich. Das Eigentum an städtischem Grund und Boden als Reproduktionsmittel scheint wichtiger zu sein als die aus entwickelteren Ländern bekannten Klassenverhältnisse, definiert als Zugang zu Produktionsmitteln. Die sozioökonomische Lage in der Stadt trennt vor allem landlose Mieter und Grundbesitzer, wodurch der Zugang zu Wohnraum, aber auch zu wirtschaftlichen Aktivitäten und dem oben genannten kollektiven Konsum geregelt wird (Evers 1982,1984a:495; Schmidt-Kallert 1990:7f.). Diese Tendenz ist in den Metropolen in Südostasien sehr deutlich ausgeprägt, während sie in Ujung Pandang erst in Ansätzen zu beobachten ist. Das läßt sich mit der strukturell peripheren Situation der Stadt, der fast fehlenden Industrie in Stadt und Umland und dem vergleichsweise geringen Bevölkerungsdruck in Süd-Sulawesi erklären. Die zweite damit zusammenhängende Tendenz ist die zunehmende physische und soziale Abgrenzung der Mittel- und Oberschichten, die schon seit einiger Zeit in den Metropolen Südostasiens zu beobachten ist, jetzt aber auch auf die Sekundärstädte übergreift.

Globalisierung *und* Lokalisierung,
Politische Ökonomie *und* Postkolonialität

Die Geschichte und die heutige Struktur von Ujung Pandang im Ganzen, aber auch die Lebensweise und das urbane Bewußtsein in der untersuchten Nachbarschaft zeigen, daß der lokalkulturelle Hintergrund von entscheidender Bedeutung für die Denk- und Handlungsweisen ist. Die lokale Handlungsrationalität muß aber nicht nur im regionalen Kontext Süd-Sulawesis und im nationalen Rahmen Indonesiens, sondern im globalen Rahmen (Kolonialsystem, Weltwirtschaftssystem, Globalisierungprozeß) gesehen werden. Am Beispiel Ujung Pandangs zeigt sich, daß ein Charakteristikum heutiger Urbanität gerade in der Verquickung von Globalisierung und Lokalisierung zu sehen ist (Prigge 1993:207; Robertson 1992). Städtische Lebensformen sind heute nur verständlich, wenn sie im Rahmen der politischen Ökonomie kapitalistischer Produktionsweise (Gutkind 1983, Southall 1983, Safa 1989, Chatterjee 1989:130-140, Thrift 1989) bzw. im Kontext des Weltwirtschaftssystems bzw. des Weltsystems im Wallersteinschen Sinn (Rollwagen 1980, Roberts 1982, King 1990, Hannertz 1992:217-267, Sassen 1994, Antweiler 1999) gesehen werden. Vor allem in ehemaligen Kolonialstädten ist diese Einbettung besonders stark (Ross & Telkamp 1985, Braudel 1986, King 1990:13-43). In vielen Städten Südostasiens ist der Bezug zum Weltsystem tiefgehend, da sie schon sehr lange, oft schon seit vorkolonialer Zeit, in weite Handelsnetzwerke eingebunden sind (Curtin 1984, Chaudhuri 1985, Schweizer 1991 am Bsp. Bengkulus in Sumatra). In Indonesien gilt diese globale Einbindung verstärkt seit den weltweiten ökonomischen Umstrukturierungen der letzten Jahre. Dies zeigt sich extrem in Jakarta (Spreitzhofer & Heintel 1997), aber auch im rapiden Wandel einiger ehemals peripherer Regionen, z.B. im Riau-Archipel und in Ost-Kalimantan; (vgl. Wood 1983 am Bsp. Balikpapan und Samarinda). Entscheidend ist die Einsicht, daß Städte und Städter ins Weltsystem eingebettet sind, darin aber keine rein passive, sondern eine aktive Rolle spielen (Sanjek 1990:152f.).

Als Schlußfolgerung ergeben sich vor allem zwei Gesichtspunkte zur Globalisierung. Erstens werden die weltsystemischen Wirkungen auf lokaler Ebene in spezifischer Weise verarbeitet. Diese lokale Umsetzung führt sowohl innerhalb als auch zwischen Städten nicht zur Vereinheitlichung, sondern erzeugt oft größere Diversität (vgl. Korff 1992 und 1995 zur Lokalisierung in Bangkok und Manila). Es entstehen neue Subkulturen und neue räumliche Disparitäten. Gerade die lokal und kulturell spezifische Urbanität in dieser Stadt ist ein Beispiel dafür, wie nationale und globale Einflüsse sowie universale Ideen vor Ort umgesetzt werden. Dabei ergeben sich neue Formen kulturellen "Synkretismus" (Abu-Lughod 1991) bzw. kultureller Mischung (*cultural creolization*, Hannertz 1992), aber auch neue soziale Grenzen, so daß die kulturelle Vielfalt nicht per se abnimmt. Diese Phänomene zeigen sich weltweit vor allem in Großstädten (vgl. Cohen 1993 und Schiffauer 1994 als Überblicke). In armen Ländern finden sie sich bezüglich der Sozialstruktur sehr klar in der Mittelschicht und örtlich besonders markant an Stadträndern. Zweitens sind die globalen Wirkungen nicht nur ökonomischer Natur, wie das nach vielen Arbeiten im Rahmen des politökonomisch ausgerichteten Weltsystemansatzes erscheint. Die lokalen Auswirkungen weltsystemischer Veränderungen betreffen in ganz entscheidender Weise auch den gedanklichen und den Gefühlsbereich.

Die Ethnologie kann dazu beitragen, zu verstehen, wie sich transnationale Tendenzen ausbilden (Glick Schiller et al. 1995), insbesondere, wie sie sich lokal manifestieren, am Ort reinterpretiert werden und teils auch zu Gegenreaktionen führen (Lokalisierung, Glokalisierung; Antweiler 1998b als Literaturübersicht). Die zukünftige Entwicklung wird zeigen, inwieweit sich die Dynamik von Globalisierung und Lokalisierung vor allem in Städten offenbart und inwieweit sie sich netzartig in ländliche Gebiete ausbreitet. Offen ist auch die Frage, unter welchen Umständen sich eine "Urbanisierung ohne Urbanität" entwickelt, etwa wenn Regionen zwar strukturell verstädtern, vom Lebensstil her aber dörflich bleiben (vgl. Schilling 1993 am Beispiel des Frankfurter Umlands). An diesen realen Veränderungen und nicht nur theoretisch wird sich entscheiden, ob es in Zukunft noch ein distinktes Forschungsfeld "Stadtkultur" geben wird oder ob es sich erübrigt, da die ganze Welt kulturell verstädtert (vgl. die Debatte Kemper 1991 vs. Sanjek 1990). Damit stellt sich verstärkt die Frage, ob man von städtischer Kultur als eigener Lebensweise reden kann oder eher von einer allgemeinen Modernität, die sich nur in Städten am deutlichsten manifestiert, ein Gedanke der - wie Savage & Warde (1993:96-121) gut herausarbeiten - auf Georg Simmel zurückgeht. Ethnologen können durch Fallstudien und Vergleiche insbesondere zeigen, welche kognitiven und emotiven Dimensionen globale Modernisierung und Lokalisierung beinhaltet und wie Akteure in ihrem sozialen Feld und im lokalen Rahmen kreativ damit umgehen.

"Die Wissenschaft hat keineswegs nur die Wahl zwischen der totalitären Maßlosigkeit eines dogmatischen Rationalismus und der ästhetischen Abdankung eines nihilistischen Irrationalismus; sie kann sich durchaus mit partiellen und vorläufigen Wahrheiten zufriedengeben, die sie gegen die allgemeine Anschauung und gegen die intellektuellen Lehrmeinungen zu erschließen vermag und die allein die rationalen Mittel bereitstellen können, mit denen sich die menschlichen Handlungsfähigkeiten ausschöpfen lassen, die der Freiheit, das heißt dem politischen Eingriff, verblieben sind" (Bourdieu 1994:156f.).

Anhang

A.1 Glossar

Vorbemerkung:
Dieses Glossar gibt Erklärungen der häufig in dieser Arbeit benutzten einheimischen Termini. Da in Indonesien, besonders im städtischen Rahmen und betreffs Organisationen, oft nur die Abkürzungen (*singkatan*), meist als Akronyme verwendet werden, sind diese ggf. mit angegeben. Falls es sich nicht um Wörter des Indonesischen handelt, ist die Herkunftssprache wie folgt vermerkt. B. = Buginesisch, M.= Makasarisch; T. = Toraja; N. = Niederländisch; A. = Arabisch.

agama: 1. von der indonesischen Regierung anerkannte Hochreligion; 2. verallgemeinernd für Islam

Andi (B.): Adelstitel bei den Bugis, in den 1930er Jahren eingeführt

Angkatan Bersenjata Republik Indonesia (ABRI): indonesische Wehrmacht

arisan: kooperativer rotierender Sparklub von Frauen; in der englischsprachigen Literatur als *rotating credit association, savings club* oder *cooperative savings scheme* bezeichnet

Badan Penhayatan Persatuan Komunikasi Bangsa (BAKOM-PKB): Behörde für Information und Zusammenführung der verschiedenen Volksgruppen

Badan Perencanaan Pembangunan Daerah (BAPPEDA): regionale Behörde für Entwicklungsplanung

Bank Tabungan Negara (BTN): 1. staatlich kontrollierte Sparkasse; 2. durch die BTN finanzierte Wohnsiedlungen

becak: Fahrradriksha; Fahrer: tukang becak

bissu (M.): religiöse Funktionsträger, die die Regalia kontrollieren und die Herrschaft legitimierenden Rituale ausführen, oft Transvestiten

bupati: Kreis-, Gemeindevorsteher, ähnlich dem deutschen Landrat, Regent eines Regierungsbezirks, *kabupaten* (siehe dort)

burger: freier Bürger unter holländischer Kolonialmacht

buruh: Gelegenheitsarbeiter; Tagelöhner (*buruh harian*)

camat: Führer eines Subdistrikts bzw. Kreises, *kecamatan*

cari ilmu (eigtl. *pencari ilmu*): Mensch auf der Suche nach höherer Bildung

cari nafkah (eigtl. *pencari nafkah*): Mensch auf der Suche nach Arbeit; auch *cari uang*

cari pengalaman (eigtl. *pencari pengalaman*): Mensch auf der Suche nach Lebenserfahrung

Daeng (Dg.): Adelstitel in Süd-Sulawesi

daerah: 1. Gegend, Region, Ort, Bezirk; 2. volkstümlich auch für die Provinzen (*propinsi*) der Republik Indonesien

Darul Islam: islamische Widerstandsbewegung in den 1950er bis Mitte 1960er Jahren

Dewan Perwakilan Rakyat Daerah (DPRD I, II): Provinz- und Regionalparlament

dinas: von N. "Dienst" für öffentliche Aufgaben; 1. Stelle der Provinzregierung, die spezifische Dienstleistungen auf Provinz- und Distriktebene ausführt; 2. allgemein auch: Dienststelle, Amt, Büro, Regierung, offizielle Person; 3. umgangssprachlich:auch für die von der Regierung errichteten Wohnsiedlungen

Direktorat Tata Kota dan Tata Daerah (TATAKOTA): Direktorat für Stadt- und Regionalplanung

Djawatan Angkutan Republik Indonesia (DAMRI): öffentliche Verkehrsmittel

gotong-royong: 1. gegenseitige Nachbarschaftshilfe; 2. unbezahlte Gemeinschaftsarbeit

Hadat Tinggi: "hohe Tradition" (von *adat*); früherer Verwaltungsrat für Süd-Sulawesi

hak garap: quasi-legales Recht bzw. Nutzungsrecht an Land

hak milik: Besitzrecht

hansip (pertahanan sipil): Dorfsicherheit

harga diri: Selbstwertgefühl, oft statusbezogen; vgl. *siriq*; vgl. *malu*

ilmu: 1. formale Bildung, Wissen; 2. esoterisches bzw. geheimes Wissen; z.B. *ilmu kebal*, das Wissen um Unverletzlichkeit

Indonesia Timur (INTIM), auch ***Bagian Indonesia Timur (BIT):*** Ostindonesien, östlicher Bereich Indonesiens, östlich der Wallace-Linie (zwischen Kalimantan und Sulawesi), aber nicht bei allen Autoren, Sulawesi einschließend; offiziell wird Kalimantan meist einbezogen

Institut Keguruan dan Ilmu Pendidikan (IKIP): Institut für Lehre und Erziehungswissenschaften; pädagogische Hochschule mit Abteilungen in ganz Indonesien; drei Campus in Ujung Pandang

Integrated Urban Infrastructure Development Projects (IUIDP): an lokaler Ebene orientiertes, verschiedene Infrastrukturbereiche integrierendes Programm der Planung, Durchführung und Erhaltung von städtischer Infrastuktur

Iuran Pembangunan Daerah (IPEDA): regionale Entwicklungssteuer, de facto eine Bodensteuer

kabupaten: Regierungsbezirk; größte Verwaltungseinheit innerhalb der Provinz; Regentschaft; Vorsteher: *bupati*

kaki lima: (eigtl. "Bürgersteig"); Verkauf innerhalb des mobilen informellen Sektors

kampung (1): im ländlichen Bereich 1. umgrenztes Dorf; 2. Verwaltungseinheit unterhalb des *desa*

kampung (2): im urbanen Bereich 1. frühere ethnisch abgegrenzte Teile in Kolonialstädten; 2. heutiges dörfliches Stadtviertel, meist um eine Moschee oder ein Gebetshaus konzentriert (*urban village*); 3. dicht besiedelte Gebiete hinter großen Verkehrsstraßen

Kampung Improvement Program (KIP), seltener auch *Proyek Diperbaikan Kampung*: Programm zur Sanierung von Stadtteilen, seit 1969

kavling (kaveling): Maßeinheit für Land, kartu kaveling: Dokument über ein von der Lokalbehörde erworbenes Recht auf Staatsland

Karang Taruna: Jugendsektion des *kelurahan*

Kartu Tanda Penduduk (KTP): Identitätskarte, Personalausweis

keamanan: Sicherheit, Frieden; vgl. emische Definition in A.2

kecamatan: Kreis, Verwaltungseinheit unterhalb des *kabupaten*; Vorsteher: *camat*

kelurahan: Gemeinde, Verwaltungssubdistrikt, unterhalb des *kecamatan*; statt früherem *lingkungan*; Vorsteher: *lurah*; ähnelt einer *neighborhood* im angloamerikanischen Verständnis

kotamadya (auch: kota madya): städtische Munizipalität, unterhalb der Provinzebene

kuliah kerja nyata (KKN): soziale Arbeit von Studierenden in Dörfern

Lembaga Ilmu Pengetahuan Indonesia (LIPI): indonesisches Institut der Wissenschaften, Jakarta

Lembaga Ketahanan Masyarakat Desa (LKMD): Verwaltungsrat, Behörde für öffentliche Sicherheit auf Dorfebene, die alle institutionalisierten lokalen Interessengruppen repräsentieren soll

Lembaga Swadaya Masyarakat (LSM): indonesische Bezeichnung für Nichtregierungsorganisation bzw. Selbsthilfeverein; oft nicht mit international gängigen Formen von NGOs gleichzusetzen, auch LPSM (Lembaga Pengembangan Swadya Masyarakat)

lingkungan: 1. frühere Verwaltungseinheit unter dem *kecamatan* (vgl. *kelurahan*); 2. Nachbarschaft, Umgebung (*lingkungan sosial*; vgl. emische Definition in A.2)

lorong: kleiner Weg, nur zu Fuß oder nur von einem Auto passierbar

lontaraq (M.): von Lontara-Palme; "Manuskript", 1. alte Schriftstücke der Bugis und Makasar; 2. Schriftform der Makasar

lurah: Bezirksvorsteher, Gemeindevorsteher, Verwalter des *kelurahan* (siehe dort)

malu: verlegen, schüchtern, beschämt, Scham, Schande; vgl. *siriq*; vgl. *harga diri*

Mandi-Cuci-Kakus (MCK): "Bad-Waschen-Latrine"; öffentliche Sanitätsstation mit Bade- und Waschgelegenheit sowie Toilette

Meer Uitgebreid Lager Onderwijs (MULO): im Prinzip für alle offene untere Sekundarschule zur Kolonialzeit, vor allem in Java, erleichterte Eintritt in höhere Schulen

merantau: "in die Fremde gehen"); längeres Verlassen der Heimat; allgemein für Migration verwendet, besonders aber mit den Minangkabau auf Sumatra assoziiert, bei denen eine deutliche Norm besteht, daß Männer zeitweise die Heimat, das Kernsiedlungsgebiet in West-Sumatra (Min.; *darek*) verlassen und ihren Lebensweg woanders (im *rantau*; in der "Fremde, suchen sollen.

Muhammadiyah (A.): puristische islamische Reformbewegung ; gegründet 1912 in Java, heute eine Massenorganisation; in Ujung Pandang eng mit den Bugis-Enrekang assoziiert

musyawarah-mufakat: allgemeine bzw. gemeinsame Beratung (*musyawarah*) und Entscheidung durch allseits akzeptierten Konsens (*mufakat*) (vgl. eine emische Definition in A.2)

Musyawarah Pemimpin Daerah (MUSPIDA): Konzil der Regionalführer; von der Zentralregierung als obere lokale Verwaltungsebene abgestellte Militärs und Bürokraten

Nahdlatul Ulama/Nahdatul Ulama(NU): konservative islamische Bewegung; gegründet 1926 in Java; Massenorganisation; seit den 1970er Jahren eine Partei islamischer Gelehrter, heute ca. 35 Mio. Mitglieder

Negara Indonesia Timur (NIT): unabhängiger ostindonesischer Staat

numpang (von *tumpang, menumpang*): kostenloses Wohnen bzw. Unterkommen (seltener auch für traditionelle Form des Hausbesitzes auf nichteigenem Land verwendet)

pacce (M.): Gruppensolidarität, neben *siriq* zentraler Wert bei Bugis und Makasar

Pancasila: indonesische Nationalphilosophie bzw. -ideologie in fünf Prinzipien: (1) Glaube an Gott den Einen; (2) Achtung vor dem Menschen in Gerechtigkeit und Kultiviertheit; (3) Einheit Indonesiens; (4) Volksherrschaft, geleitet durch die Weisheit gemeinsamer Beratung und (5) soziale Gerechtigkeit für das ganze indonesische Volk

panitia: Komitee; in Indonesien üblich auch für kleinere Maßnahmen und Projekte

patuntung (M.): Anhänger des tradierten makasarischen Glaubens

pegawai, pegawai Negeri: Regierungsbeamter

Pekerjaan Umum (PU): "öffentliche Arbeiten"; Bauamt

Pembinaan Kesejahteraan Keluarga (PKK): Frauenbewegung und Programm zur familiären Wohlfahrt auf Nachbarschaftsebene bzw. die entsprechende Frauenorganisation

pembantu: Haushaltshilfe, in aller Regel eine Frau

Perjuangan Semesta (Permesta): "totaler Krieg"; 1. i.w.S. der Aufstand der 1950er Jahre in Süd-Sulawesi; 2. spezieller: die regionalistische Proklamation von Militärs und Prominenten im Jahre 1957 (*Piagam Perjuangan Semesta Alam*)

Peranakan: in Indonesien geborene, mit Indonesiern vermischte bzw. indonesisch lebende Chinesen; Ggs. *totok*

Perusahaan Umum Pembangunan Perumahan Nasional (PERUMNAS): nationale Organisation für Wohnsiedlungen

Perusahan Pertambangan Minyak dan Gas Bumi Nasional (PERTAMINA): staatliche Erdölgesellschaft

pesta: Feier, Fest, festliche Versammlung

petak: Kompartiment, Einteilung, Kabine; abgeteilte Wohneinheit in einem Mietshaus

pete pete: Kleinbus, meist japanisches Fabrikat; in anderen Teilen Indonesiens etliche andere Bezeichnungen

pinati (M.): unterschiedliche Bedeutungen in Raum und Zeit: 1. im urbanen rahmen: Spezialist für traditionelle Riten, z.B. Lesungen und Rezitationen (*baca-baca*); 2. in ländlichen Siedlungen der oder die Zuständige für heilige Objekte und Interpretation der Wünsche der Vorfahren; tw. Heiler, tw. Spezialisten des Adatrates bzw. Aufsichtsperson für die Landwirtschaft

pindahan: alltagssprachlich für innerstädtischen Umzug

Pos Pelayanan Terpadu (POSYANDU): integrierte Beratungsstelle, stationärer oder mobiler Gesundheitsposten

Perusaan Air Minum (PAM): Regierungsbehörde zur öffentlichen Wasserversorgung mit kleinen Tanks oder Wasserleitungen (*air leding*)

punggawa (M.): Person, die in einer Wirtschaftsbeziehung dominant ist; in anderen Teilen Indonesiens bzw. zu anderen Zeiten teils abweichende Bedeutungen (so z.B. in Bali als Bezeichnung für traditionelle Führer und in der Kolonialzeit für Distriktchefs verwendet)

Pusat Kesehatan Masyarakat (PUSKESMAS): lokale Gesundheitsklinik, Krankenhaus *raja*: König, Fürst, Regent; seltener auch *datu* genannt; entsprechend *kerajaan* (Königreich)

Rencana Pembangunan Lima Tahun (REPELITA): fünfjährlicher nationaler Entwicklungsplan (seit 1969)

Rukun Kampung (RK): ältere bezeichnung für die nachbarschaftliche Organisation zur gegenseitigen Hilfe; jetzt *Rukun Warga* (*RW*) genannt (siehe dort)

Rukun Tetangga (RT) bzw. *Organisasi Rukun Tetangga* (*ORT*): Nachbarschaftsvereinigung, Nachbarschaftsorganisation, kleinste Einheit des staatlichen Verwaltungssystems; oft für die Nachbarschaft als kleinste geographische Einheit verwendet

Rukun Warga (RW) bzw. *Organisasi Rukun Warga* (*ORW*): Bürgervereinigung, ersetzt gleichartiges früheres *Rukun Kampung* (*RK*; siehe dort)

rumah toko (ruko): kombiniertes Wohn- und Geschäftshaus nach chinesischem Grundmodell

Sekolah Dasar (SD): Grundschule, 1.-6. Klasse

Sekolah Menengah Atas (SMA): Obere Sekundarschule, 10.-12. Klasse

Sekolah Menengah Pertama (SMP): untere Sekundarschule, 7.-9. Klasse

siriq (sirik, siri') (M.): Scham, familienbezogene Ehre, Selbstwertgefühl; vgl. *malu, harga diri*

Somba; Somba ri Gowa (M.): Titel der Fürsten des makasarischen Reiches von Gowa

Sulawesi Selatan (Sulsel; seltener auch *Sul-sel, SUL-SEL, SULSEL* geschrieben*)*: Provinz Süd-Sulawesi, deren Hauptstadt Ujung Pandang ist

Summer Institute of Linguistics (SIL): amerikanische christliche Organisation zur Erforschung von (großteils nicht verschriftlichten) Sprachen; in Süd-Sulawesi sehr aktiv

Tanah Toraja (Tator): "Torajaland"; Kern des Siedlungsgebiets der Toraja im Nordteil Süd-Sulawesis

Televisi Republik Indonesia (TVRI): staatliches Fernsehprogramm

téseng (B.), *tesang* (M.): Teilpacht, sharecropping, Besitzer und Bearbeiter teilen meist 1/2 und 1/2

toko: Laden, Geschäft; größer als ein *warung* (siehe dort)

tongkonan (T.): traditionelles, im Weltbild zentrales, auf die *kindred* bezogenes Haus der Toraja; heute ethnischer Marker der Toraja

totok: in China geborene bzw. nicht mit Indonesiern vermischte Chinesen; Ggs: *peranakan*

tukang: 1. gelernter Handwerker; vgl. *buruh*; 2. Künstler

tumanurung (M.): "die, die herabgestiegen ist"; göttliche Begründerin der politischen Führer, bzw. des Adels

tu palili' (M.): "Zugezogene"; auf dem Land gebräuchliche Bezeichnung für Bewohner, die keine oder nur geringe genealogische Bindungen zur Dorfgemeinschaft haben

Universitas Hasanuddin (UNHAS): größte, nach einem regional bedeutsamen Volkshelden benannte Universität in Ujung Pandang

urbanisasi: Land-Stadt-Migration (also im Unterschied zur wissenschaftlichen bedeutung nicht Verstädterung ehemals ländlicher Gebiete, die eher als *modernisasi* bezeichnet wird)

Vereenigde Oost-Indische Compagnie (VOC): Niederländische Vereinigte Ostindien-Gesellschaft

walikota: Vorsteher einer Munizipalität, siehe *kotamadya*

Warga Negara Asing (WNA): nicht-indonesischer Bürger; in Ujung Pandang sind meist Chinesen gemeint; vgl. *Warga Negara Indonesia (WNI)*

Warga Negara Indonesia (WNI): indonesischer Staatsbürger bzw. naturalisierter Bürger chinesischer Abstammung; vgl. *Warga Negara Asing (WNA)*

warung: kleiner Laden, oft fahrbar; kleiner als ein *toko*

A.2 Lokale Definitionen handlungsrelevanter Begriffe

Vorbemerkung:

Als Illustration des lokalen semantischen Akzents der *Bahasa Indonesia* in Ujung Pandang gebe ich im folgenden eine Übersicht der häufigsten Bedeutungen, wobei ich zunächst die gängigste Übersetzung aus Wörterbüchern (Indonesisch-Deutsch, Indonesisch-Englisch; Rahajoekoesoemah 1984, Echols & Shadily 1989/90, Kamus Besar Bahasa Indonesia (1990) anführe und dann die emische Definition *(folk-definition)* gebe. Die angegebene Definition ist eine Zusammenfassung der jeweils assoziierten Wörter *(composite folk defnition*; Werner 1994), die zum leichteren Verständnis hier in zusammenhängenden Sätzen formuliert sind. Die charakteristischen Wörter innerhalb der Definition sind zusätzlich im Original wiedergegeben, um das weitere Wortfeld zu einem Eintrag zu erschließen. Die Basis dieser Definitionen sind 193 einzelne bei Taxifahrern der Stadt gesammelte Worterklärungen. Anders als bei der Erhebung (3.2.2) sind die Wörter hier nach inhaltlicher Nähe angeordnet.

- Gesellschaft, Gemeinschaft *(masyarakat)*
"Das hat eine sehr weite bzw. allgemeine Bedeutung, bezieht sich auf einen *kampung*, ist weiter gefaßt als *warga* (s.d.). Es geht um viele Leute *(banyak, rakyat yg. banyak, massa, semua, rombongan*; zumindest über 20 Leute). Das ist eine Gegend, ein Lebensbereich *(lingkungan; lingkungan hidup)* bzw. sind die Leute, die an einem Ort wohnen. Das sind die Leute, die hier (Ujung Pandang) wohnen *(masyarakat di sini)*."

- Bürger, Mitglied *(warga)*
"Das sind die Leute einer Gegend *(lingkungan)*, z.B. eine Umgebung *(sekitar)*. Das sind die Gleichen in einer Gegend *(lingkungan)*, die Nachbarn *(tetangga)*. Das sind die Einwohner *(penduduk)* bzw. die hiesigen Einwohner *(penduduk di sini)*. Es sind die Leute, die einer Familie entstammen. Das hat mit der Regierung zu tun. Das sind die Leute, die in einem Staat wohnen, z.B. Indonesien *(warga Indonesia)*. Das ist die Ethnie *(suku)*, z.B. bin ich ethnischer Einwohner Indonesiens *(suku-penduduk Indonesia)*. Das ist die Kurzform für 'indonesischer Staatsbürger' *(Warga Negara Indonesia)*."

- Gegend, Gebiet, Umgebung *(lingkungan)*
"Das ist ein Ort *(tempat)* und seine Umgebung *(sekitar)*, z.B. hier (gerade) das Gebiet, was nicht weit von der Straße entfernt ist. Das ist auf eine Region *(daerah)* bezogen bzw. auf eine Siedlung *(desa; kampung)* auf dem Lande. Das ist, wenn wir ein Dorf haben, z.B. wir haben einen *kampung* in Ujung Pandang. Das ist ein Gebiet, das schon bestimmt *(tertentukan)* ist und abgegrenzt ist, z.B. ein *kelurahan*. Das ist größer als die Familie *(keluarga)*. Das hängt von den Einwohnern ab, welche Einflüsse bestehen, z.B., wenn welche unverschämt *(nakal)* sind. Wenn Sie (CA) z.B. jemand fragt, wo Sie wohnen, könnte man sagen, im *lingkungan* Rappocini."

- Nachbarn *(tetangga)*
"Das sind die nahe *(dekat)* Wohnenden und wir, z.B. die aus der Gegend ums Haus *(sekitar)*, die also nicht weit von uns weg sind. Nachbarn sind die Menschen, die in einer Gegend versammelt sind *(sekelompok satu lingkungan)*, z.B. die 'Familie Rappocini' *(keluarga Rappocini)*. Das sind die, die sich nahe empfinden *(akrab)* und unter denen man sich gegenseitig hilft *(saling membantu)*. Wenn Sie (CA) in einem Haus wohnen und ich daneben. Die ASEAN-Länder sind Nachbarn."

- Familie *(keluarga)* bzw. *(famili)*
"*Famili* ist man selbst, die Geschwister, Vater und Mutter, *keluarga* umfaßt alle die, die mit einem verwandt sind *(bersaudara)*. Man kann sagen, die Personen, die in einem Haus *(satu rumah)* leben. Das sind diejenigen, deren Beziehung nicht zerstört werden kann. In weiter Bedeutung sind das alle diejenigen, die man gut kennt, die man schon verinnerlicht hat *(sudah mendalam)*, mit denen man Umgang *(pergaulan)* hat, z.B. die Nachbarn *(tetangga)*. *Keluarga* ist weiter gefaßt als *famili*, umfaßt verschiedenes *(macam-macam)*, z.B. auch Personen, die "weiter weg von uns" *(jauh dari kita)* sind, etwa Neffen *(sepupu)*. Oder aber *famili* bedeutet fast das gleiche *(hampir sama)* wie *keluarga* bzw. ist das kürzere Wort."

- Kultur, Bildung, Zivilisation *(budaya)*
"Das ist eine Tradition *(tradisi)*, die Gewohnheiten *(kebiasaan; adat)*; eine Kultur der Leute früher. Wir haben z.B. die Tradition und das Erbe der Vorfahren *(nenek moyang)*. Wenn man sein Handeln vor allem an den Alten orientiert, statt in der Schule zu lernen. Kultur ist 'das von ganz früher' *(yang dulu dulu)*

oder 'das von früher' (*dari dulu*), Kunst, Tänze, Spiele und Kleidung (*pakaian*), z.B. wenn man bestimmte Kopfbekleidung trägt und dem *adat* folgt. Kultur ist ziemlich begrenzt (*agak sempit*) und bezieht sich auf Gold, Erholungsorte, ländliche Gegenstände und Tourismus. Das ist der Ort eines Museums, von Kultur, z.B. ein Königreich (*kerajaan*). Das bezieht sich auf eine Arbeit, z.B. das Transportgewerbe in Ujung Pandang: Früher machten das Pferdewagen (*dokar kuda*), heute dagegen *becak*."

- Gewohnheiten, Bräuche, Sitten (*adat*; *adat istiadat*)
"Adat hat eine weite Bedeutung (*itu luas*). Es ist das, was von den Vorfahren (*nenek moyang*) stammt, was man nicht ändern kann (*tidak bisa dirobah*), weil es schon Tradition ist (*sudah tradisi*). Es ist die Tradition bzw. die Tradition des Dorfes (*tradisi kampung*). *Adat* ist das, was regional besonders ist (*khusus daerah*) und was die einzelnen Ethnien (*suku*) unterscheidet, z.B. die Makasar von den Toraja. Dies beinhaltet die Kultur (*budaya*) und zeigt sich in Tänzen, bei Festen, bei Gebeten und traditioneller Kleidung (*pakaian tradisional*). Sulawesi hat ein bestimmtes *adat* bei den Heiratsfesten (*pesta perkawinan, adat pengantin*). Das hat mit Leuten zu tun, die man um Erlaubnis (*permisi*) fragen muß."

- schüchtern, respektvoll, beschämt (*malu, siriq*; M.; B.)
"Wenn man z.B. vor aller Augen geschlagen wird oder wenn ich z.B. ein Dieb bin und die Leute das wissen, so daß ich nicht mehr mit Ihnen (CA) verkehren kann. Dies ist ein negatives, niederes Gefühl der Minderwertigkeit (*rasa minder*), wenn man etwa arbeitslos ist oder einen Fehler (*kesalahan*) macht. Wenn z.B. Sie (CA) rauchen würden und ich nicht, dann würde ich mich zu sehr schäme, um Sie nach einer Zigarette zu fragen. Wenn Sie (CA) mich (als Taxi) rufen würden und ich noch esse, bin ich schon beschämt (*sudah malu*). Wenn man von jemand anderem z.B. wegen der Kleidung auf einer Feier abwertend behandelt wird (*dihina*) oder jemand einen durch vulgäre Sprache mißbraucht (*maki maki*), fühlt man sich beschämt (*kita rasa / persepsi malu*). Man geht nicht gern zu reichen Leuten, wenn man ärmlich gekleidet ist. Ebenso beschämt es einen, wenn andere Dinge besitzen, die man selbst nicht hat. Wenn man sein Schicksal als armer Mensch (*orang miskin*) aber angenommen hat, braucht man sich deshalb nicht mehr zu schämen. *Malu* kann auch Schüchternheit sein, z.B. wenn man sich schämt, bei einem Fest ins Haus zu treten, wenn schon viele Menschen drin sind, oder wenn man sich schämt, weil man beim Essen oder Küssen gesehen wird. Besonders beschämt (*sangat malu* bzw. *siriq besar*) ist man z.B., wenn ein Kind (eine Tochter) von anderen Leuten ohne Erlaubnis (*tidak ada doa restu, tanpa izin*) verführt wurde (*dibawah lari cewek*; *kawin lari*) und man sie aus Rachegelüsten (*mau imbalas*) dafür schlagen oder "direkt umbringen" (*langsung bunuh*) will bzw. dies aus Familienehre tun muß. Unter Makasar und Bugis kann man so etwas nicht über die Polizei regeln, sondern nur in der Familie (*famili sendiri*)."

- Ansehen, Prestige (*gengsi*)
"Das hängt mit den Werten (*nilai*) der Menschen zusammen. Gengsi entspricht weitgehend *malu* und dem Minderwertigkeitsgefühl (*minder*). Man schämt sich etwa einer Arbeit (*malu kerja*) oder man schämt sich, etwas zu fragen (*malu bertanya*) oder um etwas zu bitten (*malu minta*). Man ist *gengsi*, wenn man kein Steinhaus hat oder weil man nur mit dem Fahrrad fährt, während ein anderer mit dem Motorrad fährt. Als Fahrradfahrer ist man wiederum *gengsi* gegenüber dem Fußgänger. Wenn die Leute reich sind, wollen sie nicht mehr zu Fuß gehen. Weil andere sehen, wie man bedient wird, bevorzugt man die teurere Fahrradriksha gegenüber dem Taxi. Man ist *gengsi*, wenn man nicht bei der Arbeit gesehen werden will, insbesondere, wenn es harte Arbeit (*kerja keras*) ist oder wenn man erst gar keine minderen Tätigkeiten (*kerja kecil*) annimmt. *Gengsi* ist aber auch, wer sich mit traditionellen Titeln anreden läßt. Zu hohes Selbstwertgefühl kann einen faul (*malas*) machen, viel Geld und das Streben nach Ansehen kann einen leicht überheblich (*sombong*) werden lassen."

- Achtung, Ehrerbietung, Respekt, Wertschätzung (*hormat*)
"Das ist die Wertschätzung von (anderen) Menschen (*saling menghargai seseorang/orang lain*), z.B. wenn ein Polizist einen ehrt, bevor er einen etwas fragt. Wenn man Menschen schätzt, z.B. wenn ich mich gegenüber dem Nachbarn gut bzw. freundlich (*sopan*) verhalte und wenn man Gäste oder Fremde (*orang datang*) ehrt; zu Gästen muß man freundlich sein. Man ehrt die Menschen, sei es auf der Straße oder im Haus. Ich ehre Sie (CA) z.B., wenn ich Sie *tuan* ("Herr") nenne. Wenn als kleiner Mensch (*orang kecil*) einem Menschen, der höher ist (*mempunyai atasan*; *orang yg. di atas*), Ehre bezeuge, z.B. Könige (*raja*), Militärs (*tentara*), Noblen (*bangsawan*), einem potenteren Geschäftspartner (*punggawa*), einem Chef (*boss*) ... oder z.B. Ihnen (CA) als Dozent (*dosen*). Man ehrt die Religion und die Unabhängigkeit bzw. die Wahrnehmung, daß wir eine eigene Gegend haben (*persepsi, bahwa kami punya lingkungan sendiri*)."

- Beratschlagung, Zusammentreffen (*musyawarah*) und gemeinsame Entscheidung (*mufakat*)
"Das ist eine Versammlung, die organisiert ist und an einem Ort abgehalten wird, um etwas zu besprechen (*kumpulan untuk membicarakan*). Dort werden die Meinungen hin und her ausgetauscht (*tukar-menukar pikiran*; *diskusi*), insbesondere dann, wenn ein gemeinsames Problem (*masalah*) durch Zusammenarbeit (*kerjasama*) anzugehen ist. Ein Beispiel ist ein Klub (*club*) mit Mitgliedern. *Muafakat* ist die Einigung bzw. gemeinsame Zustimmung (*persetujuan*). Ohne *muafakat* gibt es keine Entscheidung; die Meinungen müssen schon (ver)einig(t) sein (*sudah bersatu pikiran*)."

- helfen, unterstützen, beistehen (*tolong-menolong*)
"Das ist das gegenseitige Helfen (*saling membantu*; *tolong timbal balik*) und allgemein die Hilfe gegenüber Menschen (*sama manusia*), und das ist wichtig in der Gesellschaft (*masyarakat*). Wenn ich z.b. ein Haus baue, helfen mir die Nachbarn und umgekehrt. Wenn ich arm bin, erbitte ich materielle Hilfe und Rat. Wenn jemand ein Problem (*kesulitan*) hat, z.B. kein Trinkwasser da ist, bittet der um Hilfe ("fragt"; *minta bantuan*), und man hilft. Gegenseitig borgt man sich Gegenstände (*pinjam-meminjam*); solche Hilfe wird nicht bezahlt und muß nicht genau entsprechend ausgeglichen werden. *Tolong-menolong* ist dem *gotong-royong* (der traditionellen Nachbarschaftshilfe) ähnlich. Ein Beispiel für Helfen ist aber auch die Beschaffung von Arbeit, wenn z.B. ich für Sie arbeite (Ihnen helfe) und Sie mich dafür entlohnen."

- sicher, ordentlich, friedlich (*aman*)
"Friedlich (*tentram*) ist es, wenn schon nichts mehr ist (*sudah tidak apa apa*), wenn es nämlich keinen Streit (*berkelahian*) gibt, keine Provokationen ("Störungen", *nggangguan*) und keinen Lärm (*ribut*), wenn keine unverschämten Jugendlichen ("Kinder", *anak nakal*) in der Gegend sind, wenn es keine Diebstähle gibt. Das ist eine Eigenschaft des Milieus (*suasana*). Friedlich und ruhig (*tenang*, *sepi*) ist eine Gegend, wenn die Bewohner gut sind und es Nachbarschaftshilfe (*gotong-royong*) gibt. Das Gegenteil ist der Fall, wenn eine Gegend ungeordnet bzw. chaotisch (*kacau*) ist, wie das auf dem Lande vorkommt."

- geschäftig, lebhaft, interessant (*ramai*)
"Lebendig ist es dort, wo viele Menschen sind, wo es voll ist, wo man ausgelassen und froh (*gembira*) ist. Das kann z.B. auf Festen, etwa bei Hochzeiten, auf dem Markt oder an anderen Verkaufsstätten sein. Auch auf dem Fußballplatz, im Kino (*bioskop*) oder bei öffentlichen Ausstellungen, wo viele Zuschauer sind, ist es lebendig. Besonders städtische Gebiete, wo viel Straßenverkehr ist, sind *ramai*."

- vorankommend, Fortschritt, nach vorne schauend, sich entfaltend (*maju, berkembang*)
"Fortschrittlich oder modern (*moderen*) sind Aktivitäten, die tatsächlich zu Ergebnissen führen (*berhasil*). Wenn man nach vorne (*ke muka*) bzw. nach oben aufsteigen (*meningkat*) will, darf man nicht zurück gehen *(tidak boleh mundur)*, sondern dafür muß man zusammen zu Fuß gehen (*jalan kaki sama sama*). Fortschrittlich sind moderne Straßen mit Ampeln, Unternehmen, Geschäftszentren (*pusat pertokoan*) und das Stadtgebiet von Ujung Pandang, das schon strahlt (*sudah bersinar*). Rappocini z.B. ist schon *maju*, weil es groß und aufgestiegen ist. Modern ist es dort, wo sich alles immer wieder wandelt. *Maju* ist auch, wenn etwas zunimmt (*bertambah*), z.B. wenn ich heute Rp. 1.000,- habe, morgen aber schon 2.000,-. Modern ist es, Geld zu investieren (*modal*), um aus kleinen Anfängen größer zu werden (*mulai dari kecil sampai besar*) bzw. aufzusteigen (*tingkat*)."

- Einheimische, ursprüngliche Menschen (*orang asli*)
"Das sind die Menschen hier (*di sini*), die ursprünglichen Bewohner (*penduduk asli*). In dieser Gegend die Makasar und Bugis. Dies sind die Menschen, die nicht vermischt sind (*tidak ada campur*)."

- Ankömmling, Außenseiter, Fremder (*pendatang*)
"Dies sind Fremde, die von außen (*dari luar*) bzw. von weit her (*dari jauh*) kommen und hereinkommen (*masuk*), z.B. in den *kampung*. Dies sind beispielsweise Besucher, wie Sie (CA) oder Touristen (*parawisata*). Das sind z.B. Leute vom Land (*orang daerah*), die kürzlich angekommen sind (*baru datang*) bzw. sich gerade erst niedergelassen haben (*baru menempati*)."

- neues Gebiet, neue Gegend (*daerah baru*)
"Das ist eine gerade fertiggestellte Gegend (*lingkungan baru*). Dies ist ein Wohngebiet neuer Bewohner (*lokasi pemukiman baru*). Das ist ein Gebiet, das früher nicht bekannt war. Dies ist ein Gebiet, das neu bebaut wurde und lebendig (*ramai*) ist. Rappocini ist z.B. ein solches neues Gebiet. Neue Gebiete sind solche, die man erst seit kurzer Zeit besitzt, z.B. Ost-Timor, weil Indonesien dort erst vor kurzem 'eingetreten' ist (*baru masuk*; sic !)."

A.3 Lebenshaltungskosten in Ujung Pandang

Die folgende Aufstellung gibt Preise in Ujung Pandang für den Zeitraum 1990/1991/1992 an. Die Angaben beruhen auf eigenen Erhebungen und Angaben der Frauenkooperative Koperasi Wanita "Teratai". (Rp. 1258,37 = 1 DM; Stand 11.12.1991, Zentralbank-Mittelkurs).

Produkt oder Dienstleistung	Umfang	Preis in Rupiah	Erläuterungen / Anmerkungen
Reis (*beras*)	1 kg, 1 l	450,- bis 500.-	Grundnahrungsmittel
Nudeln (*mie*)	200 g	250,-	beliebt, "modern": *"Supermie"*
Trinkwasser	10 l	25,-	*air leiding / PAM*
Trinkwasser	1/2 - 1 l	500,- bis 750,-	in Plastikflasche
Bananen	1 kleine Hand	300,-	ca. 6 Stück
gebratene Banane	1	50,-	Zwischenmahlzeit, Snack
Zucker	1 kg	1.200,-	*gula pasir*
kleiner Kuchen (*kue*)	1	250,-	beliebt, Nebenverdienst
Seife	1	200,-	Wäsche waschen, Körperpflege
Waschpulver	ca. 200 g	200,-	gilt als "modern"
Transport mit Kleinbus	einfache Fahrt	200,- bis 250,-	Festpreis für Kurzstrecke
Fahrt mit Fahrradriksha (*becak*)	einfache Fahrt	600,- bis 900,-	zur Innenstadt (4-6 km)
Miete für Nutzung eines *becak*	1 Tag	700,- bis 1.000,-	falls Fahrer es nicht selbst besitzt
Erdöl	1 l	250,-	für Lampen
Reisgericht (im Straßenrestaurant)	1	500,- bis 700.-	am Stadtrand (Mittagessen)
Reisgericht (in einf. Restaurant)	1	1200,-	im Stadtinneren
Nelkenzigaretten (*kretek*)	20	600,- bis 800,-	fast nur für Männer
Zigaretten	20	2.000,-	Tabak, importiert
Bier (indonesisches)	1 l	2.500,-	im Geschäft
Bier (indonesisches)	1 l	4.500,-	im Restaurant
Bier (importiertes)	1 l	6.000,-	im Hotel
Tennisbälle	3	5.500,-	„moderne" Freizeitbeschäftigung
Eier	1 kg	2.300,-	zur Ernährung und bei Festen
Fleisch	1 kg	5.000,-	in erster Linie für Chinesen
Huhn	1	4.500,-	wichtig für Feste (*pesta*)
Handwerker	10 Tage	ca. 35.000,-	plus Zigaretten, Tee
Einzahlung in Sparklub (*arisan*)	1	5 bis 10.000,-	monatlich
Abonnement einer Tageszeitung	1 Monat	7.500,-	*"Pedoman Rakyat"*
Plastiktäschchen für Schule	1	4.550,-	im Supermarkt
Filmentwicklung inkl. Abzüge	1	9.000,-	Farbfilm, beliebtes Hobby
Haushaltshilfe (*pembantu*)	1	Ab 40.000,-	monatlich
traditioneller Hochzeitsbaldachin	1	250.000,-	für islamische Hochzeitsfeier
Verhütungsmittel: Präservative	10	1.000,-	Pille kaum benutzt
Geburt in Krankenhaus	1	35.000,-	Mittelklasseziel
traditionelle Medizin	1 Portion	200,-	meist javanisches *jamu*
Krankenversicherung	1 Monat	7.000,-	selten genutzt
Holzhaus, traditionell	1	4.000.000,-	inklusive Arbeitslohn
Steinhaus, einstöckig	1	ca. 20.000.000,-	bei Eigenarbeit
Hausfundament aus Beton	1	ca. 450.000,-	Sicherung von Grundstücken
Aluminiumblech c. 70 x 130 cm	1	7.000,-	für Hausbau
Miete im *pondok*	1 Jahr	40 bis 120.000,-	unterschiedlich je nach Service
Miete in student. Wohnheim	1 Monat	ca. 75.000,-	ohne Essen
Lamm	1	60.000,-	im Opfermonat (*lebaran*)
Gold (Stand August 1991)	1 g	ca. 22.000,-	inklusive Verarbeitung
Tischcomputer	1	ca. 3.500.000,-	inklusive Drucker
Pilgerreise nach Mekka (*haj*)	1 Person	ca. 6.000.000,-	billigste Variante

A.4 Biographischer Kontext von Migration und innerstädtischen Umzügen

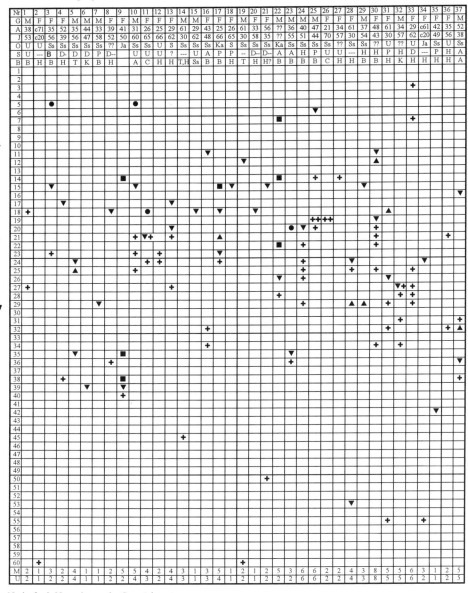

Nr. laufende Numerierung der Gesprächspartner
G = Geschlecht (F = Frau; M = Mann)   A = Alter in Jahren   G = Geburtsjahr (19xx)
O = Geburtsort (Ss = Süd-Sulawesi; U = Ujung Pandang; S = Sulawesi; Ja = Java; Ka = Kalimantan)
S = Schulbildung (D = SD; P = SMP; A = SMA; H = Hochschule; U = Universität)
B = Beruf / Arbeit (H = Hausfrau; T = Tagelöhner/Handwerker; B = Beamter; A = Angestellter;
    K = Kleinhändler/Kleinunternehmer; S = Student; C = Arbeitssuchender)
Migration und Umzüge:
■   = von einem Ort außerhalb Süd-Sulawesis nach einem anderen Ort außerhalb Süd-Sulawesis
●   = innerhalb Süd-Sulawesis
▼▲ = Süd-Sulawesi nach Ujung Pandang (umgekehrt)
+   = innerstädtischer Umzug in Ujung Pandang
M   = Gesamtanzahl bisheriger Migrationen inklusive innerstädtischer Umzüge
U   = Gesamtzahl bisheriger Wohnplätze in Ujung Pandang (außer dem Geburtsort)

Bibliographie

Vorbemerkung

Da die Literatur, besonders die in Südostasien und in Australien erschienenen Titel, z.T. nur schwer erreichbar ist und manche Autoren verschiedene Schreibweisen ihrer Namen angeben, sind die Vornamen der Autoren ausgeschrieben sowie die Verlage und evtl. Reihentitel mit angegeben. Die Schreibweise der bibliographischen Angaben folgt strikt den Angaben, die in den Schriften selbst gemacht werden. Durch zeitliche Änderungen und unterschiedliche Verwendungen ergeben sich so des öfteren voneinander abweichende Schreibweisen, z.B. für denselben Autor (z.B. *Mukhlis, Mukhlis Paeni, Muchlis)*, bei lokalen Termini *(lontara, lontara', lontarak, lontaraq)*, Institutionen *(Kotamadya, Kota Madya)*, bei Verwaltungseinheiten *(propinsi, provinsi)* sowie bei Erscheinungsorten. So finden sich bei Schriften, die im Untersuchungsort erschienen, neben *Ujung Pandang* auch *Ujungpandang, Makassar* und *Makasar*.

Indonesische Dokumente

Basis Data Kelurahan Rappocini (für 1990). Kantor Kelurahan Rappocini. Ujung Pandang; o.J. (1991)
Buku Perkembangan Penduduk (Rappocini; für Monate 1/1989 bis 5/1991). Kantor Kelurahan Rappocini. Ujung Pandang; o.J. (1991)
Buku Profil Kotamadya Ujung Pandang Tahun 1989. Pemda Kotamadya Tk. II Ujung Pandang; Badan Perencanaan Pembangunan Daerah (BAPPEDA). o.J. (ca. 1990)
Buku Perubahan Penduduk (Rappocini; für Monate 5/1991 bis 9/1991). Kantor Kelurahan Rappocini. Ujung Pandang; o.J. (1991)
Bumi Permata Hijau (Werbeprospekt für eine Wohnsiedlung). Ujung Pandang; 1991
Dokumen Pelaksanaan Fisik Tahun 1991/1992 (Sektor Non Air Bersih). IUIDP Sulawesi. Preparation of Integrated Urban Infrastructure Development Projects for Sulawesi Region. Republic of Indonesia, Ministry of Public Works, Directorate General Cipta Karya, Directorate Bina Program. Ujung Pandang; 1991
Fakta Wilayah Kotamadya Ujung Pandang 1987. Penelitian Tata Guna Tanah. Kantor Agraria Kota Madya Ujung Pandang. Tahun Anggaran 1987/88. Ujung Pandang; o.J. (1987)
Identifikasi Kawasan Kumuh Perkotaan Tahun Anggaran 1991/1992. Pemerintah Propinsi Daerah Tingkat I Sulawesi Selatan, Dep. Pekerjaan Umum-Dinas PU Cipta Karya, Proyek Penyehatan Lingkungan Pemukiman Sul Sel und Traksi Perdana, Konsultan Teknik. Ujung Pandang; 1992
Indonesia Panel Seminar on Problems for Social Development Planning in Indonesia. Southeast Asia Development Advisory Group of the Asia Society, New York; o.J. (ca. 1975)
Kanwil Parpostel 1991: Indonesia. South Sulawesi. Ujung Pandang: Department of Tourism, Post and Telecommunications for South & Southeast Sulawesi Region (Broschüre; 24pp.)
Kotamadya Ujung Pandang Dalam Angka 1991. Statistik Tahunan. Ujung Pandang; Bappeda dan Kantor Statistik Kotamadya Daerah TK. II Ujung Pandang: o.J. (1992)
Laporan Bulanan Desa/Kelurahan (Rappocini, für Monate 1/1985 bis 3/1987; 4/1987 bis 1/1989). Pemerintah Kabupaten/Kotamadya Daerah Tingkat II. Ujung Pandang: o.J.
Laporan Bertanggung Jawab Pengurus dan Badan Pemeriksa, Koperasi Wanita "Teratai", Ujung Pandang; 1991
Laporan Hasil Survey Micro Kecamatan, Unit Daerah Kerja Pembangunan /U.D.K.P.): Kantor Pembangunan Desa. Ujung Pandang; 1985
Laporan Pembangunan dan Monografi Kel. Rappocini Kec. Tamalate Kotamadya Ujung Pandang. Lurah Rappocini. o.O. (Ujung Pandang); 1988
Lingkungan Elite Yang Bersinar. Perumahan Panakukkang Emas (Werbeprospekt für eine Wohnsiedlung). Ujung Pandang: PT Asindoindah Gryatama; o.J. (1991)
Masterplan MINASAMAUPA. Pemerintah Kotamadya Daerah Tingkat II. Ujung Pandang: o.J.
Monografi (über Rappocini; 1991 betreffend). Kantor Kelurahan Rappocini. o.O. (Ujung Pandang); o.J. (1992)
Pendahuluan (Zusammenfassung; ohne Titel). Pemerintah Kotamadya Dati II Ujung Pandang, Kecamatan Tamalate. Ujung Pandang, o.J. (1986)
Pengaruh Migrasi Penduduk Terhadap Perkembangan Kebudayaan Daerah Sulawesi Selatan.. Proyek Penelitian dan Pencatatan Kebudayaan Daerah. o.O., o.J. (1977/78)

Penyajian Evaluasi Lingkungan (PEL), Proyek Sanitasi. IUIDP Sulawesi. Preparation of Integrated Urban Infrastructure Development Projects for Sulawesi Region. Republik of Indonesia, Ministry of Public Works, Directorate General Cipta Karya, Directorate Bina Program. Ujung Pandang; 1991
Rencana Teknik Ruang Kota. Kotamadya Ujung Pandang. Kawasan Rappocini (BWK G), Kawasan Daya (BWK K). Pemerintah Kotamadya Daerah Tingkat II; Ujung Pandang; 1987
Peraturan Daerah Tingkat II Ujung Pandang Nomor 2 Tahun 1975 Tentang: Rencana Wilayah Pembangunan Panakkukang. Pemerintah Kotamadya Daerah Tingkat II. Ujung Pandang; o.J. (1975)
Statistik Penduduk Kotamadya Ujung Pandang Akhir Tahun 1996. Ujung Pandang: BPS, Kantor Statistik Ujung Pandang
Statistik Potensi Pembangunan Provinsi Sulawesi Selatan Tahun 1986. Kodya Ujung Pandang, Kecamatan Tamalate. Kantor Statistik Sulawesi Selatan. Ujung Pandang: o.J. (ca. 1987)
Sulawesi Selatan Dalam Angka. Statistik Tahunan/South Sulawesi in Figures/Annual Statistic. Ujung Pandang: Kantor Statistik Sulawesi Selatan: Statical Office South Sulawesi, Perwakilan BPS; 1991
Sulawesi Selatan Dalam Angka. Statistik Tahunan/South Sulawesi in Figures/Annual Statistic. Ujung Pandang: Kantor Statistik Sulawesi Selatan: Statical Office South Sulawesi, Perwakilan BPS; 1996
Ujung Pandang Area Highway Development Study. Interim Report (2 Vols.). Japan International Cooperation Agency. o.O.; 1988
Wählerliste des RT X für die Wahl (Pemilihan Umum, Pemilu). Ujung Pandang; 1991

Bücher und Aufsätze

Abdullah, Hamid 1985: Manusia Bugis Makassar. Suatu Tinjauan Historis. Jakarta: Saptodadi/Inti Indaya Pers
Abdurrahim 1953: Kedatangan Orang Melayu di Makassar. Buku Peringatan Tionghoa Indonesia Peranakan (PERTIP)) Makasar 1946-1953. Makassar: Pertip
Abdurrahim & Ridwan Borahima 1975: Sejarah Kerajaan Tallo´: Suatu Transkripsi Lontarak. Ujung Pandang: Lembaga Sejarah dan Antropologi
Abelson, Robert P. 1981: Psychological Status of the Script Concept. *American Psychologist* 36:715-729
Abelson, Robert P. & Ariel Levi 1987: Decision Making and Decision Theory. In: Gardner Lindzey & Eliot Aronson (eds.): Handbook of Social Psychology. Volume 1: Theory and Method:231-310. New York: Random House
Abeyasekere, Susan 1989[2]: Jakarta. A History. Singapore: Oxford University Press
Abu Hamid 1983: Perkampungan di Perkotaan Sebagai Wujud Proses Adaptasi Sosial: Kehidupan di Perkampungan Miskin Kota Madya Ujung Pandang. Ujung Pandang: Direktorat Jenderal Kebudayaan, Direktorat Sejarah dan Nilai Tradisional, Proyek Inventarisasi dan Dokumentasi Kebudyaan Daerah
Abu Hamid 1984: Kotamadya Ujung Pandang, Sulawesi Selatan. Ujung Pandang: Departemen Pendidikan den Kebudayaan, Direktorat Jenderal Kebudayaan, Proyek Inventarisasi dan Dokumentasi Kebudyaan Daerah
Abu-Lughod, Janet 1991: Going beyond the Global Babble. In: Anthony King (ed.): Culture, Globalization and the World System: Contemporary Conditions for the Representation of Identity:131-138. London: Macmillan
Abustam, Muhammad Idrus 1975: Tukang Sepatu Toraja di Ujung Pandang. Suatu Studi Mengenai Proses Perpindahan dan Penyesuaian Cara Hidup di Kota. Laporan Penelitian. Ujung Pandang: Pusat Penelitian Ilmu-Ilmu Sosial
Abustam, Muhammad Idrus 1982: Economic and Socio-Cultural Aspects of Migration from Rural Areas to the City of Ujung Pandang, South Sulawesi. Research Report. The Philippines: Council for Asian Manpower Studies
Abustam, Muhammad Idrus 1987: Gerak Penduduk pada Komunitas Padi Sawah, Studi Kasus Tiga Daerah Pedesaan Sulawesi Selatan. Bogor: Institut Pertanian Bogor (IPB), Fakultas Pasca Sarjana (FPS); Diss.
Abustam, Muhammad Idrus 1988: Analisis Migrasi Penduduk berdasarkan Data SUPAS 1985. Propinsi Sulawesi Selatan: Yogyakarta: Pusat Penelitian Kependudukan dan Lingkungan Hidup, Universitas Gadjah Mada; Jakarta: Kantor Menteri Negara Kependudukan
Acciaioli, Greg L. 1990: How to Win Followers and Influence Spirits: Propitiation and Participation in a Multiethnic Community of Central Sulawesi, Indonesia. *Anthropological Forum* 16,2:207-135
Acciaioli, Greg L. 1993: Stichwort Bugis. In: Hockings (ed.):48-52

Accialioli, Greg 1994: What's in a Name? Appropriating Idioms in the South Sulawesi Rice Intensification Program. *Social Analysis* 35:39-60
Acciaoli, Greg L. & C. van Dijk (eds.) im Ersch.: Authority and Leadership in South Sulawesi. Leiden: KITLV Press
Ackermann, Andreas 1997: Ethnologische Migrationsforschung: ein Überblick. *Kea* 10:1-28
Adams, Kathleen Marie 1988: Carving a New Identity: Ethnic and Artistic Change in Tana Toraja, Indonesia. University of Washington: Ph.D.-Diss.
Adams, Kathleen Marie 1993a: The Discourse of Souls in Tana Toraja (Indonesia): Indigenous Notions and Christian Conceptions. *Ethnology* 32,1:55-68
Adams, Kathleen Marie 1993b: Stichwort Toraja. In: Hockings (ed.):281-283
Adams, Kathleen Marie 1995: Making Up the Toraja? The Appropriation of Tourism, Anthropology, and Museums for Politics in Upland Sulawesi, Indonesia. *Ethnology* 34,2:143-153
Adams, Kathleen Marie 1997a: Ethnic Tourism and the Renegotiation of Tradition in Tana Toraja (Sulawesi, Indonesia). *Ethnology* 36,4:309-320
Adams, Kathleen Marie 1997b: Touting Touristic "Primadonas": Tourism, Ethncity, and National Integration in Sulawesi, Indonesia. In: Michel Picard & Robert Everett Wood (eds.): Tourism, Ethnicity, and the State in Asian and Pacific Societies:155-180. Honolulu: University of Hawai'i Press
Adelaar, Sander 1995: Borneo as a Crossroads for Comparative Austronesian Linguistics. In: Peter Bellwood, James Fox & Darrell Tryron (eds.): The Austronesians: Historical and Comparative Perspectives. Canberra: Dept. of Anthropology, Australian National University
Adriani, N. & A. Kruyt 1912: De Baare-speking Toraja's van Midden-Celebes. Batavia (3 vols.)
Agar, Michael H. 1975: Selecting a Dealer. *American Ethnologist* 2,1:47-60
Agar, Michael H. 1980: Stories, Background Knowledge and Themes: Problems in the Analysis of Life History Narrative. *American Ethnologist* 7,3:223-239
Agar, Michael H. & Jerry A. Hobbs 1985: How to Grow Schemata out of Interviews. In: Dougherty (ed.): 413-431
Aitken, Stuart C. 1983: Residential Cognition, Search, and Evaluation: A Humanistic Perspective and Empirical Evaluation. *Ontario Geography* 21:67-84
Aitken, Stuart C. 1984: Normative Views and Ordering the Urban Milieu. *East Lakes Geographer* 14:1-16
Aitken, Stuart C. 1987: Households Moving within the Rental Sector: Mental Schemata and Search Spaces. *Environment and Planning* A, 19:369-383
Aitken, Stuart C. 1990: Local Evaluations of Neighborhood Change. *Annals of the American Association of Geographers* 80,2:247-267
Aitken, Stuart C. & Timothy J. Fik 1981: The Daily Journey to Work and Choice of Residence. The *Social Science Journal* 25,4:463-475
Albert, Hans 1994: Kritik der reinen Hermeneutik. Der Antirealismus und das Problem des Verstehens. Tübingen: J.C.B. Mohr (Paul Siebeck)
Albrecht, Günter 1972: Soziologie der geographischen Mobilität. Zugleich ein Beitrag zur Soziologie des sozialen Wandels. Stuttgart: Ferdinand Enke Verlag
Alexander, Paul 1989: Introduction. In: Alexander (ed.):i-vii
Alexander, Paul (ed.) 1989: Creating Indonesian Cultures. Sydney: Oceania Publications (Oceania Ethnographies, 3)
Ammassari, Savina 1994: Internal Migration, Population Distribution and Development Policy. Brighton: University of Sussex; Institute of Development Studies (Discussion Papers, 342)
An, P. van der 1719: Macassar. Capitale du roiaume du même nom. Leiden
Andaya, Barbara Watson & Leonard Y. Andaya 1982: A History of Malaysia. Basingstoke, London: Macmillan
Andaya. Leonard Y. 1979: A Village Perception of Arung Palakka and the Makassar War of 1666-69. In: Anthony Reid & David Marr (eds.): Perceptions of the Past in Southeast Asia:361-378. Singapore: Heinemann Educational Books (Asia) Ltd. (Asian Studies Association of Australia, Southeast Asia Publications Series)
Andaya, Leonard Y. 1981: The Heritage of Arung Palakka. A History of South Sulawesi (Celebes) in the Seventeenth Century. Den Haag: Martinus Nijhoff (Verhandelingen van het Koninklijk Instituut voor Taal-, Land- en Volkenkunde, 91)
Andaya, Leonard Y. 1984: Kingship-Adat Rivalry and the Role of Islam in South Sulawesi. *Journal of Southeast Asian Studies* 15,1:22-42
Anderson, Benedict Richard O'Gorman 1972: The Idea of Power in Javanese Culture. In: Claire Holt (ed.): Culture and Politics in Indonesia:1-69. Ithaca, N.Y.: Cornell University Press

Anderson, Benedict Richard O'Gorman 1990: Language and Power. Exploring Political Cultures in Indonesia. Ithaca, London: Cornell University Press
Anderson, T.J. 1990: Personal Construct Theory, Residential Decision-Making and the Behavioural Environment. In: Frederick W. Boal & David N. Livingstone (eds.): The Behavioural Environment. Essays in Reflection, Application and Re-Evaluation:133-162. London, New York: Routledge
Anonymus 1957: Memperkenalkan Kota Makassar "Jumpandang". Makassar: Penerbit Tribakti
Anonymus 1981: Ceritera Rakyat Sulawesi Selatan: Jakarta: Departemen Pendidikan dan Kebudayaan
Ansari, Ghaus & Wil. J.M. Prins (eds.) 1983: Town-Talk. The Dynamics of Urban Anthropology. Leiden: E.J. Brill
Antweiler, Christoph 1987: Wie läßt sich Verhalten in Bürokratien erforschen? In: Sabine Künsting, Andreas Bruck & Peter Tschohl (Hrsg.): Mit Theorien Arbeiten. Untersuchen in der Kulturanthropologie:99-124. Münster: Lit-Verlag
Antweiler, Christoph 1988: Kulturevolution als transgenerationaler Wandel. Probleme des neueren Evolutionismus und Lösungsansätze dargestellt unter besonderer Berücksichtigung der angloamerikanischen Diskussion um sogenannte kulturelle Selektion. Berlin: Dietrich Reimer Verlag (Kölner ethnologische Studien, 13)
Antweiler, Christoph 1990: Das eine und die vielen Gesichter kultureller Evolution. Eine Orientierung zum begrifflichen Handwerkszeug des Neoevolutionismus. *Anthropos* 85, 4-6:383- 405
Antweiler, Christoph 1991a: Transgenerational Cultural Dynamics: From Neo-Evolutionism to a Truly Evolutionary Theory. In: Tim Ingold (ed.): Evolutionary Models in the Social Sciences. *Cultural Dynamics* 4,3 :270-289 (Themenheft)
Antweiler, Christoph 1991b: Introduction: Current Approaches to Classic and New Isssues in Social Evolution. In: Antweiler, Christoph and Richard N. Adams (eds.): Social Reproduction, Cultural Selection, and the Evolution of Social Evolution:107-114. Leiden: E.J. Brill (Koautor: R.N. Adams)
Antweiler, Christoph 1991c: On Natural Experiments in Social Evolution: The Case of Oceania. In: Antweiler, Christoph and Richard N. Adams (eds.*): Social Reproduction, Cultural Selection, and the Evolution of Social Evolution*:158-171. Leiden: E.J. Brill
Antweiler, Christoph 1992: The Cultural Context of Intraurban Residential Mobility. A Report of Anthropological Field Research in Ujung Pandang. In: *Baruga. Sulawesi Research Bulletin* 8:11-13
Antweiler, Christoph 1993: Universelle Erhebungsmethoden und lokale Kognition am Beispiel urbaner Umweltkognition in Süd-Sulawesi/Indonesien. *Zeitschrift für Ethnologie* 118,2:251-287
Antweiler, Christoph 1994a: Eigenbilder, Fremdbilder, Naturbilder. Anthropologischer Überblick und Auswahlbibliographie zur kognitiven Dimension interkulturellen Umganges. *Anthropos* 89:137-168
Antweiler, Christoph 1994b: South Sulawesi: Towards a Regional Ethnic Identity?. Current Trends in a 'Hot' and Historic Region. In: Ingrid Wessel (ed.): Nationalism and Ethnicity in Southeast Asia. Proceedings of a Conference held at Humboldt University, Berlin. 2 Vols. Vol. 1: 107-137. Münster: Lit (Berliner Afrika- und Asien-Studien, 4,1 und 4,2)
Antweiler, Christoph 1994c: Bios - Kultur - Geschichte: Anthropos. Neue Literatur zu einer integrierten Humanwissenschaft. *Anthropos* 90, 1-3:228-234
Antweiler, Christoph 1995a: Urbanism Beyond Primate Cities: The Case of Ujung Pandang/Indonesien, Paper, EUROSEAS Conference "Keys to Southeast Asia", Leiden
Antweiler, Christoph 1995b: Lokales Wissen. Grundlagen, Probleme, Bibliographie. In: Susan Honerla & Peter Schröder (Hrsg.): Lokales Wissen und Entwicklung. Zur Relevanz kulturspezifischen Wissens für Entwicklungsprozesse:19-52. Saarbrücken: Verlag für Entwicklungspolitik (Sonderband der Zeitschrift "Entwicklungsethnologie")
Antweiler, Christoph 1996 Local Knowledge and Cultural Skills as Resources for Sustainable Forest Development". Eschborn: Bundesministerium für wirtschaftliche Zusammenarbeit und Entwicklung und Deutsche Gesellschaft für Technische Zusammenarbeit (Koautor Christian Mersmann)
Antweiler, Christoph 1997a: Ujung Pandang: multikulturelles Stadtleben an der Peripherie Indonesiens. *Kita* 7,1:48-55
Antweiler, Christoph 1997b: Südostasien: Eine Bibliographie der Überblicksliteratur. Essen: Asienhaus und Trier: Universität Trier, FB IV-Ethnologie
Antweiler, Christoph 1998a: Ethnozentrismus im interkulturellen Umgang - Theorien und Befunde im Überblick. In: Roland Eckert (Hrsg.): Wiederkehr des "Volksgeistes"? Ethnizität, Konflikt und politische Bewältigung:19-81. Opladen: Leske + Budrich

Antweiler, Christoph 1998b: Globalisierung: kommentierte Literatur. *Entwicklungsethnologie* 7,1:137-140
Antweiler, Christoph 1998c: Contested Provincial Identity in South Sulawesi/Indonesia. Paper, EUROSEAS Conference "Looking Forward, Looking Back", Hamburg, 3.-6.9.1998, Session on "Collective Identies in Southeast Asia"
Antweiler, Christoph 1998d: Local Knowledge and Local Knowing. An Anthropological Analysis of Contested "Cultural Products" in Development. *Anthropos* 93,4-6:469-494
Antweiler, Christoph 1998e: Interkulturalität in der Theorie und ein Beispiel aus Indonesien. In: *Trierer Beiträge. Aus Forschung und lehre an der Universität Trier*, Heft XXVII (im Druck)
Antweiler, Christoph 1998e: Putting Indigenous Peoples First. Neue Literatur zu lokalen Ressourcen für indigene Entwicklung. *Entwicklungsethnologie* 7,2:128-137
Antweiler, Christoph 1999: Immanuel Wallerstein (1930 -). In: Entwicklung und Zusammenarbeit 40,9: (Serie „Wer ist Wer in der Entwicklungstheorie") (im Druck)
Antweiler, Christoph & Richard Newbold Adams (eds.) 1991: Social Reproduction, Cultural Selection, and the Evolution of Social Evolution. (Themenheft von *Cultural Dynamics*, 4,2). Leiden: E.J. Brill
Aragon, Lorraine V. 1991: Sulawesi. In: Paul Michael Taylor & Lorraine Aragon (eds.): Beyond the Java Sea. Art of Indonesia's Outer Islands:173-199. Washington, New York: The National Museum of Natural History, Harry N. Abrams, Inc.
Aragon, Lorraine V. 1991/2: Revised Rituals in Central Sulawesi: The Maintenance of Traditional Cosmological Concepts in the Face of Allegiance to World Religion. *Anthropological Forum* 6,3:371-384
Arbeitsgruppe Soziologie [10]1992: Denkweisen und Grundbegriffe der Soziologie. Eine Einführung. Frankfurt, New York: Campus Verlag
Ardener, Shirley & Sandra Burman (eds.) 1995: Money-Go-Rounds. The Importance of ROSCAs for Women. Oxford, Providence: Berg Publishers
Armstrong, Warwick R. & Terence Gary McGee 1980: A Theory of Urban Involution. In: Evers (ed.):220-234
Armstrong, Warwick R. & Terence Gary McGee 1985: Theatres of Accumulation. Studies in Asian and Latin American Urbanization. London, New York: Methuen
Askew, Marc & William S. Logan (eds.) 1994: Cultural Identity and Urban Change in Southeast Asia: Interpretative Essays. Geelong, Victoria: Deakin University Press
Atkinson, Jane Monnig 1983: Religions in Dialogue: The Construction of An Indonesian Minority Religion. *American Ethnologist* 10:684-696
Atkinson, Jane Monnig & Shelly Errington (eds.) 1989: Power and Difference. Gender in Island Southeast Asia. Stanford: Stanford University Press
Azis, Iwan J. 1996: Eastern Indonesia in the Current Policy Environment. In: Barlow & Hardjono (eds.):75-122
Bachrach, Peter & Morton S. Baratz 1977: Macht und Armut. Eine theoretisch-empirische Untersuchung. Frankfurt a.M.: Suhrkamp
Bähr, Jürgen 1986: Intra-Urban Migration of Lower Income Groups and Peripheral Growth of Latin American Metropolitan Areas - The Impact of Political and Socioeconomic Factors. *Erdkunde* 40:7-30
Bähr, Jürgen [2]1992: Bevölkerungsgeographie. Verteilung und Dynamik der Bevölkerung in globaler, nationaler und regionaler Sicht. Stuttgart: Verlag Eugen Ulmer
Bailey, F.G. 1970: Stratagems and Spoils. A Social Anthropology of Politics. Oxford: Basil Blackwell
Baks, Chris 1988: Kampungisasi or Urbanization. Java's Saturation with Buildings, Houses, and Dwellings. In: Claessen & Moyer (eds.):215-225
Barlett, Peggy F. 1977: The Structure of Decision Making in Paso. *American Ethnologist* 4:285-307
Barlett, Peggy F. (ed.) 1980: Agricultural Decision Making: Anthropological Contributions to Rural Development. New York: Academic Press
Barlett, Peggy F. 1982: Agricultural Choice and Change. Decision Making in a Costa Rican Community. New Brunswick, N.J.: Rutgers University Press
Barlett, Peggy F. 1989: Introduction: Dimensions and Dilemmas of Householding. In: Wilk (ed.):3-10
Barley, Nigel 1994: Hallo Mister Puttyman. Bei den Toraja in Indonesien. Stuttgart: Klett-Cotta
Barlow, Colin & Joan Harjono (eds.) 1996: Indonesia Assessment 1995. Development in Eastern Indonesia. Canberra: Research School of Pacific and Asian Studies, Australian National University and Singapore: Institute of Southeast Asian Studies (ISEAS)
Barth, Fredrik 1967: On the Study of Social Change. *American Anthropologist* 69:661-669

Barth, Fredrik 1969: Introduction. In: Barth, Fredrik (ed.): Ethnic Groups and Boundaries. The Organization of Cultural Difference:1-11. Oslo: Universitetsforlaget; Boston, Mass.: Little Brown & Co.
Barth, Fredrik 1983: Sohar. Culture and Society in an Omani Town. Baltimore: Johns Hopkins University Press
Barth, Fredrik 1984: Problems in Conceptualizing Cultural Pluralism, with Illustrations from Sohar, Oman. In: Maybury-Lewis (ed.):77-87
Barth, Fredrik 1991: The Analysis of Culture in Complex Societies. *Ethnos* 3-4:120-142
Barth, Fredrik 1992: Towards a Greater Naturalism in Conceptualizing Societies. In: Kuper (ed.):17-33
Bateson, Gregory 1981: Auswirkungen bewußter Zielsetzung auf die menschliche Anpassung. In: Ökologie des Geistes. Anthropologische, psychologische, biologische und epistemologische Perspektiven.566-577. Frankfurt a.M.: Suhrkamp Verlag (zuerst 1972)
Bateson, Mary Catherine [2]1991: Our Own Metaphor. A Personal Account of A Conference on the Effects of Conscious Purpose on Human Adaptation. Washington & London: Smithsonian Institution Press (Neuausgabe, zuerst 1972)
Beck, Ulrich 1986: Risikogesellschaft. Frankfurt a.M.: Suhrkamp Verlag
Belshaw, Cyril S. 1957: The Great Village. The Economic and Social Welfare of Hanuabada, an Urban Community in Papua. London: Routledge & Kegan Paul
Bennett, John W. 1981: Anticipation, Adaptation and the Concept of Culture in Anthropology. *Science* 192:847-853
Benninger, Christopher 1970: Models of Habitat Mobility in Transitional Economies. *Ekistiks* 29:124-128
Bentley, Jeffery W. 1989: Eating the Dead Chicken: Intra-Household Decision Making and Emigration in Rural Portugal. In: Wilk (ed.):73-90
Berger, Peter & Thomas Luckmann 1980: Die soziale Konstruktion der Wirklichkeit. Frankfurt a.M.: Fischer Taschenbuch Verlag (zuerst 1966)
Bernard, H. Russel 1994[2]: Research Methods in Anthropology. Qualitative and Quantitative Approaches. Thousand Oaks: Sage Publications
Berner, Erhard & Rüdiger Korff 1994: Globalization and Local Resistence: The Creation of Localities in Manila and Bangkok. Bielefeld: Universität Bielefeld, Forschungsschwerpunkt Entwicklungssoziologie (Working Paper, 205)
Berreman, Gerald D. 1972: Social Categories and Social Interaction in Urban India. *American Anthropologist* 74:567-586
Bestor, Theodore C. 1985: Tradition and Japanese Social Organization: Institutional Development in a Tokyo Neighborhood. *Ethnology* 24,2:121-135
Bestor, Theodore C. 1989: Neighborhood Tokyo. Stanford: Stanford University Press
Bestor, Theodore C. 1993: Rediscovering Shitamachi: Subculture, Class, and Tokyo's "Traditional" Urbanism. In: Rotenberg & McDonogh (eds.):47-60
Bidani, Nirmala D. 1985: Demographic Characteristics of the Urban Population in Southeast Asia. In: Krausse (ed.):15-42
Bigalke, Terance William 1981: A Social History of "Tana Toraja" 1870-1965. University of Wisconsin-Madison: Ph.D.-Diss.
Bigalke, Terance William 1983: Dynamics of the Torajan Slave Trade in South Sulawesi. In: Anthony Reid (ed.): Slavery, Bondage and Dependency in South East Asia:341-363. St. Lucia: University of Queensland Press
Bilmes, Jack M. 1976: Rules and Rethoric. Negotiating the Social Order in A Thai Village. *Journal of Anthropological Research* 32:44-57
Bilmes, Jack M. 1986: Discourse and Behavior. New York, London: Plenum Press
Bintarto, R. [2]1986: Urbanisasi dan Permasalahannya. Jakarta: Ghalia Indonesia
Blechmann-Antweiler, Maria 1997: Besuch einer Hochzeit in Ujung Pandang. *Kita* 7,1:57-63
Bloch, Maurice 1977: The Past and the Present in the Present. *Man* 12:278-292
Bloch, Maurice 1991; Language, Anthropology and Cognitive Science. In: *Man* 26:183-198
Bloch, Maurice 1992: What Goes Without Saying. The Conceptualization of Zafimaniry Society. In: Kuper (ed.):127-146
Blussé, Leonard [2]1988: Strange Company. Chinese Settlers, Mestizo Women and the Dutch in VOC Batavia. Dordrecht, Providence: Foris Publications (Verhandelingen van het Koninklijk Instituut vorr Taal-, Land- en Volkenkunde, 122)
Blust, Robert 1980: Early Austronesian Social Organization: The Evidence of Language. *Current Anthropology* 21,2: 205-226

Boehm, Chistopher 1978: Rational Preselection from Hamadryas to Homo Sapiens: The Place of Decisions in Adaptive Process. *American Anthropologist* 80:265-296

Boehm, Christopher 1980: Exposing the Moral Self in Montenegro: The Use of Natural Definitions to Keep Ethnography Descriptive. *American Ethnologist* 7,1:1-27

Boehm, Chistopher 1983: Montenegrian Social Organization and Values: Political Ethnography of a Refuge Area Tribal Adaptation. New York: AMS

Boehm, Chistopher 1985: Execution Within the Clan as an Extreme Form of Ostracism. *Social Science Information* 24:309-321

Boehm, Chistopher 1989: Ambivalence and Compromise in Human Nature. *American Anthropologist* 91:921-939

Boehm, Christopher 1993: Egalitarian Behavior and Reverse Dominance Hierarchy. *Current Anthropology* 34,3:227-254

Boehm, Chistopher 1996: Emergency Decisions, Cultural-Selection Mechanics, and Group Selection. *Current Anthropology* 37:763-778

Boesch, Ernst E. 1980: Kultur und Handlung. Einführung in die Kulturpsychologie. Bern: Verlag Hans Huber

Boesch, Ernst E. 1982: Von der Handlungstheorie zur Kulturpsychologie. Abschiedsvorlesung vor der Philosophischen Fakultät der Universität des Saarlandes gehalten am 28. Juni 1982. Saarbrücken: Universität des Saarlandes (Separatum)

Bommer, Bettina 1991: Zur Anlage der Urbanethnologie: Ansätze zur Konzeption eines Forschungsgebietes im Rahmen der Zeitschrift Urban Anthropology und einige grundsätzliche Fragen. In: Kokot (ed.):15-27

Borgatti, Stephen P. 1989: Provisional Documentation Anthropac 2.6. Manuskript. o.O.; o.J.

Borgatti, Stephen P. 1990: Using Anthropac to Investigate a Cultural Domain. *CAM Cultural Anthropology Methods Newsletter* 2,3:10

Borgerhoff Mulder, Monique & Daniel W. Sellen 1994: Pastoralist Decisionmaking: A Behavioral Ecological Perspective. In: Elliot Fratkin, Kathleen A. Galvin & Eric Abella Roth (eds.): African Pastoralist Systems: An Integrated Approach:205-229. Boulder and London: Lynne Rienner Publishers

Borowsky, Robert 1987: Making History. Pukapukan and Anthropological Constructions of Knowledge. Cambridge: Cambridge University Press

Boster, James Shields 1984: Inferring Decision Making from Preferences and Behavior. An Analysis of Aguaruna Jivaro Manioc Selection. *Human Ecology* 3:343-358

Boudon, Raymond 1988: Ideologie. Geschichte und Kritik eines Begriffs. Reinbek bei Hamburg: Rowohlt Taschenbuch Verlag (Rowohlts Enzyklopädie, 469)

Bourdieu, Pierre 1976: Entwurf einer Theorie der Praxis auf der ethnologischen Grundlage der kabylischen Gesellschaft. Frankfurt a.M.: Sührkamp Verlag

Bourdieu, Pierre 1982: Die feinen Uterschiede. Kritik der gesellschaftlichen Urteilskraft. Frankfurt a.M.: Suhrkamp Verlag

Bourdieu, Pierre 1985: The Market of Symbolic Goods. *Poetics* 14: 13-44

Bourdieu, Pierre 1994: Die Welt der Politik und die Interventionskraft der Vernunft. *Neue Rundschau* 105,2:153-157

Bovill, Kathryn J. 1986: Toba Batak Marriage and Alliance: Family Decisions in an Urban Context. Ann Arbor: University Microfilms International (UMI)

Bowen, John R. 1993: Centralizing Agricultural Time: A Case from South Sulawesi. In: Henry J. Rutz (ed.): The Politics of Time. Arlington, Virginia: American Anthropological Association

Boyd, Robert & Peter J. Richerson 1985: Culture and the Evolutionary Process. Chicago: Chicago University Press

Bräunlein, Peter J. & Andrea Lauser 1997: Grenzüberschreitungen, Identitäten. Zu einer Ethnologie der Migration in der Spätmoderne. *Kea* 10:I-XVIII

Braudel, Fernand 1985: Sozialgeschichte des 15. bis 18. Jahrhunderts. Bd. 1: Der Handel. München: Kindler Verlag

Braudel, Fernand 1986: Sozialgeschichte des 15. bis 18. Jahrhunderts. Bd. 3: Aufbruch zur Weltwirtschaft. München: Kindler Verlag

Braukämper, Ulrich 1992: Migration und ethnischer Wandel. Untersuchungen in der östlichen Sudanzone Stuttgart: Franz Steiner Verlag (Studien zur Kulturkunde, 103)

Brawn, David Michael 1993: Immanent Domains. Ways of Living in Bone, Indonesia. Ann Arbor: University of Microfilms International (University of Michigan: Ph.D.-Diss.)

Bremm, Heike 1989: Nachbarschaftsbeziehungen in einem javanischen Kampung. In: Schweizer, Thomas (Hrsg.): Netzwerkanalyse. Ethnologische Perspektiven:47-62. Berlin: Dietrich Reimer Verlag (Ethnologische Paperbacks)
Brettschneider, Erika 1992: Indonesien. Ein Reisebuch in den Alltag. Reinbeck bei Hamburg: Rowohlt (Reihe Anders Reisen)
Britan, Gerald & Bette S. Denich 1976: Environment and Choice in Rapid Social Change. *American Ethnologist* 3:55-72
Broeze, Frank J.A. (ed.) 1989: Bridges of the Sea. Port Cities of Asia from the 16th to 20th Centuries. Kensington: New South Wales University Press (Comparative Studies in Asian History and Society)
Bromley, R. & Chris Gerry (eds.) 1979: Casual Work and Poverty in Third World Cities. Chichester: Wiley
Bronger, Dirk 1990. Das Phänomen "Metropolisierung". *Südostasien-Informationen* 6,3:9-14
Bronger, Dirk 1991: Dynamik der Metropolisierung als Problem der räumlichen Entwicklung in Asien. *Internationales Asienforum* 22,1-2:5-14
Brookfield, Harold, Abdul Samad Hadi & Zaharah Mahmud 1991: The City in the Village. The In-Situ Urbanization of Villages, Villagers and their Land around Kuala Lumpur, Malaysia. Singapore etc.: Oxford University Press
Brown, David 1994: Neo-Patrimonnialism and National Integration in Indonesia. In: Ders.: The State in Ethnic Politics in Southeast Asia:112-157. London, New York: Routledge
Brown, Donald E. 1991: Human Universals. New York: Mc Graw-Hill, Inc.
Brown, Lawrence A. & E.G. Moore 1970: The Intra-Urban Migration Process: A Perspective. *Geografisker Annaler* 52B:1-13
Brown, Lawrence A. & Rickie L. Sanders 1981: Towards a Development Paradigm of Migration, with Particular Reference to Third World Settings. In: De Jong & Gardner (eds.):148-185
Bruner, Edward M 1961: Urbanization and Ethnic Identity in North Sumatra. *American Anthropologist* 63,3:508-521
Bruner, Edward M. 1964: Medan: The Role of Kinship in an Indonesian City. In: A. Spoehr (ed.): Pacific Port Towns and Cities. A Symposium:1-12. Honululu: Bishop Museum Press
Bruner, Edward M. 1972: Batak Ethnic Associations in Three Indonesian Cities. *Southwestern Journal of Anthropology* 28,3:207-238
Bruner, Edward M. 1974: The Expression of Ethnicity in Indonesia. In: Cohen (ed.):251-280.
Bruner, Edward M. 1984: The Symbolics of Urban Migration. In: Maybury-Lewis (ed.):64-75.
Brunkhorst, Hauke 1991: Entwicklung des Rationalitätsbegriffs. In: Harald Kerber & Arnold Schmieder (Hrsg.): Soziologie. Arbeitsfelder, Theorien, Ausbildung. Ein Grundkurs: 252-294. Reinbek bei Hamburg: Rowohlt Taschenbuch Verlag.
Bruno-Haff, Holly 1985: A Sense of Place: Residential Alternatives for Hing Kong's Boat People. In: Krausse (ed.):67-85
Buchholt, Helmut 1990: Kirche, Kopra, Bürokraten: Gesellschaftliche Entwicklung und strategisches Handeln in Nordsulawesi/Indonesien. Saarbrücken, Fort Lauderdale: Breitenbach Publishers (Bielefelder Studien zur Entwicklungssoziologie, 44)
Buchholt, Helmut & Ulrich Mai (eds.) 1994: Continuity, Change and Aspirations. Social and Cultural Life in Minahasa, Indonesia. Singapore: Institute of Southeast Asian Studies (ISEAS)
Bulbeck, David 1992: A Tale of Two Kingdoms. The Historical Archaeology of Gowa and Tallok, South Sulawesi, Indonesia. Canberra: Australian National University, Ph.D.-Diss.
Bulbeck, David 1993: New Perspectives on Early South Sulawesi History. In: *Baruga. Sulawesi Research Bulletin* 9:10-18
Burch, Carol Ann 1984: A Structure for Resilience: Subsistence Strategies of the To Maki Toraja (Indonesia). Ann Arbor: University of Microfilms, Inc. (PhD.-Diss, University of Hawaii)
Cadwallader, Martin T. 1992: Migration and Residential Mobility. Macro and Micro Approaches. Madison: The University of Wisconsin Press
Cadwallader, Martin T. 1996: Urban Geography: An Analytic Approach. Upper saddle River, N.J: Prentice-Hall
Caldwell, Ian 1988: South Sulawesi A.D. 1430-1600. Ten Bugis Texts. Canberra. Australian National University; Ph.D.-Diss.
Caldwell, Ian 1991: The Myth of the Exemplary Centre: Shelly Errington's Meaning and Power in a Southeast Asian Realm. *Journal of Southeast Asian Studies* 22,1: 109-118
Caldwell, Ian 1992a: Early History: Ancient Kingdoms of the South. In: Volkman & Caldwell (eds.):28-29

Caldwell, Ian 1992b: Peoples of the South: Seafarers, Traders and Christians. In: Volkman & Caldwell (eds.):62-63

Caldwell, Ian 1992c: Let's Stamp out Makassar and the Makassarese. In: *Baruga. Sulawesi Research Bulletin* 8:5-6

Caldwell, Ian 1992d: Rezension von Millar 1981 (1989). *Journal of Southeast Asian Studies* 23,1:179-189

Campbell, Donald T. 1965: Variation and Selective Retention in Socio-Cultural Evolution. In: Herbert R. Barringer, George N. Blancksten & Raymond W. Mack (eds.): Social Change in Developing Areas: A Reinterpretation of Evolutionary Theory:19-49. Cambridge: Schankman

Campbell, Donald T. 1986: Rationality and Utility from the Standpoint of Evolutionary Biology. In: Hogarth & Reder (eds.): 171-180

Campbell, George L. 1991a: Stichwort Buginese. In: Ders. (ed.): Compendium of World's Languages:230-234. London, New York: Routledge

Campbell, George L. 1991b: Stichwort Macassarese. In: Ders. (ed.): Compendium of World's Languages: 834-838. London, New York: Routledge

Carter, Harold [4]1995: The Study of Urban Geography. London etc.: Arnold

Castles, Lance 1967: The Ethnic Profile of Jakarta. *Indonesia* 3:153-204

Castles, Steven & Mark J. Miller 1993: The Age of Migration. International Population Movements in the Modern World. Basingstoke, London: Macmillan

Cense, A. A. in samenwerking met Abdoerrahim 1979: Makassaars-Nederlands woordenboek, met Nederlands-Makasaars register. 'S-Gravenhage: Martinus Nijhoff

Centlivres, Pierre (ed.) 1985: Migrationen in Asien. Bern: Ethnologisches Institut (Ethnologica Helvetica).

Chabot, Hendrik Theodorus 1950: Verwantschap, Stand en Sexe in Zuid-Celebes. Groningen-Djakarta: J.B. Wolters' Uitgeversmaatschappij N.V.

Chabot, Hendrik Theodorus 1996: Kinship, Status, and Gender in South Celebes. Leiden: KITLV (KITLV, Translation Series, 26) (=Übersetzung von Chabot 1950)

Chabot, Hendrik Theodorus 1955: Jonge vrouwen in conflict: Ene studie in cultuurverandering, aan de hand ener verggelijjking van stads- en plattelandsgegevens. *Indonesie* 8:40-47

Chabot, Hendrik Theodorus 1967: Bontoramba: A Village of Goa, South Sulawesi. In: Koentjaraningrat (ed.): Villages in Indonesia:189-209. Ithaca, New York: Cornell University Press

Chabot, Hendrik Theodorus o.J (1993): Overzichtslist collectie H. Th. Chabot. Leiden: Koninklijk Instituut voor Taal-, Land- en Volkenkunde; No. H 1251

Charras, Muriel 1982: De la forêt maléfique à l'herbe divine: Ta transmigration en Indonésie: Les Balinais à Sulawesi. Paris: Editions de la Maison des Sciences de l'homme (Etudes insulindiennes - Archipel, 5)

Chase, Valerie M., Ralph Hertwig & Gerd Gigerenzer 1998: Visions of Rationality. Trends in Cognitive Sciences 2,6:206-214

Chatterjee, Lata 1978: Housing in Indonesia. Amsterdam: Free University, Institute for Geography and Planning (Contributions to Social Geography, 14)

Chatterjee, Lata 1989: Third World Cities. In: Peet & Thrift (eds.):127-146

Chaudhuri, K.N. 1985: Trade and Civilisation in the Indian Ocean. An Economic History from the Rise of Islam to 1750. Cambridge etc.: Cambridge University Press

Chauvel, Richard 1996: Beyond the Wallace Line. In: Barlow & Hardjono (eds.):61-74

Chibnik, Michael 1980: Working Out and Working In: The Choice between Labour and Cash Cropping in Rural Belize. *American Ethnologist* 7:86-105

Chibnik, Michael 1981: The Evolution of Cultural Rules. *Journal of Anthropological Research* 37:256-268

Chtouris, Sotiris, Elisabeth Heidenreich & Detlev Ipsen 1993: Von der Wildnis zum urbanen Raum. Zur Logik der peripheren Verstädterung am Beispiel Athen. Frankfurt, New York: Campus Verlag

Claessen, Henri J.M. & David S. Moyer (eds.) 1988: Time Past, Time Present, Time Future. Perspectives on Indonesian Culture. Essays in Honour of Professor P.E. Josseliin de Jong. Dordrecht, Providence: Foris Publications (Verhandelingen van het Koninklijk Instituut voor Taal-, Land- en Volkenkunde; 131):

Clark, W.A.V. & Eric Moore (eds.) 1980: Residential Mobility and Public Policy. Beverly Hills, London: Sage Publications (Urban Affairs Annual Reviews, 19)

Cohen, Abner (ed.) 1974: Urban Ethnicity. London: Tavistock Publications

Cohen, Anthony P. 1993: Introduction. In: Cohen & Fukui (eds.):1-18

Cohen, Anthony P. & Katsuyoshi Fukui (eds.) 1993: Humanizing the City? Social Contexts of Urban Life at the Turn of the Millenium:1-18. Edinburgh: Edinburgh University Press

Cohen, Anthony P. & Nigel Rapport 1994: The Very Idea. *Anthropology Today* 10,1:1-2
Cohen, Robin (ed.) 1996: The Sociology of Migration. Cheltenham, Brookfield: Elgar Reference (The International Library of Studies on Migration, 3)
Coleman, James S. 1986: Social Theory, Social Research, and a Theory of Action. *American Journal of Sociology* 91,6:1309-1335
Coleman, James S. & Thomas J. Fararo (eds.) 1992: Rational Choice Theory: Advocacy and Critique. Newbury Park: Sage Publications
Collins, Thomas W. 1980: Cities in A Larger Context. Athens, Georgia (Southern Anthropological Society Proceedings, 14)
Colombijn, Freek 1989: The Use of Urban Space in Padang in the Twentieth Century. In: *Newsletter Centre for Non-Western Studies*:44-45
Colombijn, Freek 1994a: Rezension von Frank (1993). *Bijdragen tot de Taal-, Land- en Volkenkunde* 150,1:219-221
Colombijn, Freek 1994b: Patches of Padang. The History of an Indonesian Town in the Twentieth Century and the Use of Urban Space. Leiden: CNWS Publications
Conkling, Robert 1975: Bureaucracy in Makassar, Indonesia. The Political Anthropology of a Complex Organization. Chicago, Ill.: The University of Chicago, Dept. of Anthropology, Ph.D.-Diss.
Conkling, Robert 1979: Authority and Change in the Indonesian Bureaucracy. *American Ethnologist* 6:543-554
Conkling, Robert 1984: Power and Change in an Indonesian Government Office. *American Ethnologist* 11:259-274
Conrad, Joseph 1991: Der Verdammte der Inseln. Frankfurt am Main: Fischer Taschenbuch Verlag (orig. 1896: An Outcast of the Islands)
Conrad, Joseph 1972: Almayers Wahn. Frankfurt: Fischer Taschenbuch Verlag (Übersetzung von Günther Danehl; orig. Almayer's Folly. A Story of an Eastern River, 1895)
Conrad, Joseph 1997: Almayers Luftschloß. Die Geschichte eines östlichen Stroms. Frankfurt: Hafmans Verlag (Neuübersetzung; orig. Almayer's Folly. A Story of an Eastern River, 1895)
Cook, Karen Schweers & Margaret Levi (eds.) 1990: The Limits of Rationality. Chicago, London: The University of Chicago Press
Cooke, M. 1988: Makassar and Northeast Arnhem Land: Missing Links and Living Bridges. *Indonesia Studies* 5,1:17-27
Corbin, J.R. 1987: Urbane Thought: Culture and class in an Andalusian City. Aldershot, Hants etc.: Gower (Studies in Spanish Anthropology, 2)
Costa, Frank J., Ashok K. Dutt, Lawrence J.C. Ma & Allan G. Noble (eds.) 1989: Urbanization in Asia. Spatial Dimensions and Policy Issues. Honolulu: University of Hawaii Press
Costello, Michael A., Thomas R. Leinbach & Richard Ulack, with Marilou Palabrica-Costello & Bambang Suwarno 1976: Mobility and Employment in Urban Southeast Asia. Examples from Indonesia and the Philippines. Boulder and London: Westview Press
Coville, Elizabeth 1989: Centripetal Ritual in A Decentered World: Changing Maro Performances in Tana Toraja. In: Russel & Cunningham (eds.):101-131
Crick, Malcolm 1982: Anthropology of Knowledge. *Annual Review of Anthropology* 11:287-313
Critchfield, R. 1970: Hello Mister!, Where are You Going: The Story of Hussen, a Javanese (Betjak) Driver. New York: The Alicia Patterson Fund
Crozier, Michel & Erhard Friedberg 1990: Die Zwänge kollektiven Handelns. Über Macht und Organisation. Frankfurt a.M.: Athenäum, Hain, Hanstein
Crystal, Eric 1979: Mountain Ikats and Coastal Silks: Traditional Textiles in South Sulawesi. In: Joseph Fischer (ed.): Threads of Tradition: Textiles of Indonesia and Sarawak. Berkeley: Lowie Museum of Anthropology, University Art Museum, University of California
Crystal, Eric 1994: Rape of the Ancestors: Discovery, Display and Destruction of the Ancestral Statuary of Tana Toraja. In: Paul Michael Taylor (ed.): Fragile Traditions: Indonesian Art in Jeopardy:29-41. Honolulu: University of Hawaii Press
Cunningham, Clark E. 1958: The Postwar Migration of Toba-Bataks to East Sumatra. New Haven: Yale University Press (Southeast Asia Studies, Cultural Report series, 5)
Cunningham, Clark E. 1979: South Sulawesi: Aspects of Identity. In: Gloria Davis (ed.): What is Modern Indonesian Culture?:268-281. Athens, Ohio: Ohio University Center for International Studies (Southeast Asia Series, 52)
Curtin, Phillip 1989: Cross-Cultural Trade in World History. Cambridge: Cambridge University Press
Dahm, Bernhard 1990: Der Dekolonisationsprozeß Indonesiens. Endogene und exogene Faktoren. In: Wolfgang J. Mommsen (Hrsg.): Das Ende der Kolonialreiche. Dekolonisation und die Politik der Großmächte:67-88. Frankfurt a.M.: Fischer Taschenbuch Verlag

D'Andrade, Roy G. 1984: Cultural Meaning Systems. In: Shweder & Levine (eds.):88-119
D'Andrade, Roy G. 1990: Some Propositions about the Relations Between Culture and Human Cognition. In: James W. Stigler, Richard A. Shweder & Robert Herdt (eds.): Cultural Psychology. Essays in Comparative Human Development:65-129. Cambridge: Cambridge University Press
D'Andrade, Roy G. 1991: Connectionism and Culture, Or Some Implications of a New Model of Cognition with Respect to Anthropolgical Theory. Meeting for the Society for Psychological Anthropology; Mskr., o.O.
D'Andrade, Roy G. & Claudia Strauss (eds.) 1992: Human Motives and Cultural Models. New York: Cambridge University Press
Dalton, Bill 1991: Indonesia Handbook. Chico, Cal.: Moon Publications, Inc.
Darwis, Abdullah 1980: Orang Minang di Ujung Pandang. Perobahan Nilai Dalam Perkawinan. Padang: Kerjasama Andalas dalam IKIP Padang. Paper Seminar Internasional Mengenai Kesusasteraan, Kemasyarakatan dan Kebudayaan Minangkabau, 4.-6.9.1980, 19pp.
Davidson, Donald A. 1993: Der Mythos des Subjektiven. Philosophische Essays. Stuttgart: Philipp Reclam Junior
Davies, Wayne K.D. & David T. Herbert 1993: Communities within Cities. An Urban Social Geography. London: Belhaven Press
Dawson, Barry & John Gillow 1994: The Traditional Architecture of Indonesia. Ch.4: Borneo and Sulawesi, Home of Tribes and Ancestors:109-146. London: Thames and Hudson
Decktor-Korn, Shulamith R. 1975: Household Composition in the Tonga Islands. A Question of Options and Alternatives. *Journal of Anthropological Research* 31,3:235-260
De Jong, Christiaan G.F. 1995: Geschiedenis van de Nederlandse Zending op Zuid-Sulawesi 1852-1966: Een bronnenpublicatie. Oegstgeest: Raad voor de Zending der Nederlandse Hervormde Kerk
De Jong, Gordon F. & James T. Fawcett 1981: Motivations for Migration: An Assessment and a Value-Expectancy Research Model. In: De Jong & Gardner (eds.):13-58
De Jong, Gordon F. & Robert W. Gardner (eds.) 1981: Migration Decision Making. Multidisciplinary Approaches to Microlevel Studies in Developed and Developing Countries. New York etc.: Pergamon Press
De Jong, Wouter & Frank van Steenbergen 1987: Town and Hinterland in Central Java. The Banjarnegara Productionstructure in Regional Perspective. Yogyakarta: Gadjah Mada University Press
Desbarats, J. 1983: Constrained Choice and Migration. *Geografisker Annaler* 71,B:11-22
Devereux, Georges 1984: Angst und Methode in den Verhaltenswisssenschaften. Frankfurt: Suhrkamp Verlag (orig 1967: From Anxiety to Method in the Behavioral Sciences, Paris, Editions Mouton & Ecole Pratique des Hautes Etudes)
Dick, Howard W. 1985: The Rise of a Middle Class and the Changing Concept of Equity in Indonesia. An Interpretation. *Indonesia* 39:71-92
Dick, Howard W. 1993: The Economic Role of Surabaya. In: Howard W. Dick, James W. Fox & Jamie Mackie (eds.) 1993: Balanced Development:328-343. Singapore etc.: Oxford University Press
Dicken, Peter & Peter E. Lloyd 1981: Modern Western Society. A Geographical Perspective on Work, Home and Well-Being. London: Harper & Row, Publishers
Dickens, Peter 1990: Urban Sociology. Society, Locality and Human Nature. New York etc.: Harvester Wheatsheaf (Studies in Sociology)
Dirkse, Jan-Paul, Frans Hüsken & Mario Rutten (eds.) 1993: Development and Social Welfare. Indonesia's Experiences under the New Order. Leiden: KITLV Press (Verhandelingen van het Koninklijk Instituut voor Taal-, Land- en Volkenkunde, 156)
Dixon, Chris 1991: South East Asia in the World-Economy. Cambridge etc.: Cambridge University Press (Series Geography of the World-Economy)
Dörner, Dietrich & Gerhard Kaminski 1987: Handeln - Problemlösen - Entscheiden. In: Deutsches Institut für Fernstudien an der Universität Tübingen (Hrsg.): Funkkolleg Psycho-Biologie. Verhalten bei Mensch und Tier; Studienbegleitbrief 7, Studieneinheit 17:69-115. Weinheim, Basel: Beltz Verlag
Donham, Donald 1981: Beyond the Domestic Mode of Production. *Man* 16:515-541
Dougherty, Janet W.D. (ed.) 1985: Directions in Cognitive Anthropology. Urbana: University of Illinois Press
Drakakais-Smith, David William 1987: The Third World City. London, New York: Routledge (Routledge Introductions to Development)
Drakakais-Smith, David William 1992: Pacific Asia. London, New York: Routledge (Routledge Introductions to Development)
Drakakais-Smith, David William & Peter J. Rimmer 1982: Taming "the Wild City". Managing Southeast Asian Primate Cities. *Asian Geographer* 1,1:17-34

Dürr, Heiner 1994: Nationales Wirtschaftswachstum, regionale Ungleichheiten, lokale Handlungspotentiale. Indonesien als Beispiel. *Südostasien Informationen* 10,1:11-14

Duncan, James S. 1990: The City as Text. The Politics of Landscape Interpretation in the Kandyan Kingdom. Cambridge, New York: Cambridge University Press (Cambridge Human Geography Series)

Du Toit, Brian M. 1975: A Decision-Making Model for the Study of Migration. In: Brian M. Du Toit & Helen Safa (eds.): Migration and Urbanization. Models and Adaptation Strategies:49-76. Paris: Mouton Publishers

Dwyer, Denis John (ed.) 1972: The City as a Centre of Change in Asia. Hong Kong: Hong Kong University Press

Dwyer, Denis John (ed.) 1990a: South East Asian Development: Geographical Perspectives. London: Longman Scientific & Technical

Dwyer, Denis John 1990b: Urbanization. In: Ders. (ed.): 278-308

Eades, Jeremy 1987: Anthropologists and Migrants: Changing Modes and Realities. In: Jeremy Eades (ed.): Migrants, Workers, and the Social Order. London: Tavistock Publications (ASA-Monographs, 26)

Ebery, M.G. & Dean K. Forbes 1985: The "Informal Sector" in the Indonesian City: A Review and a Case Study. In: Krausse (ed.):153-170

Echols, John M. & Hassan Shadily 1975: Kamus Inggris-Indonesia. Ithaca, London: Cornell University Press und Jakarta: P.T. Gramedia

Echols, John M. & Hassan Shadily 1989/90[3]: Kamus Indonesia-Inggris. Jakarta: Penerbit PT Gramedia

Ehrlich, Howard 1979: Vorurteil. Eine sozialpsychologische Bestandsaufnahme der Lehrmeinungen amerikanischer Vorurteilsforschung. München, Basel: Ernst Reinhart (zuerst 1973; New York)

Eichener, Volker 1989: Ratio, Kognition und Emotion. Der Modus menschlichen Handelns als abhängige Variable des Gesellschaftsprozesses. *Zeitschrift für Soziologie* 18,5:346-361

Eisenstadt, Shmuel Noah & A. Shachar 1987: Society, Culture and Urbanisation (Ch.3: Urbanisation in Southeast Asia). Newbury Park: Sage Publications

Elias, Norbert 1979[6]: Über den Prozeß der Zivilisation. Soziogenetische und psychogenetische Untersuchungen Band 1 und 2. Frankfurt a.M.: Suhrkamp Verlag

Ellen, Roy F. 1987: Environmental Perturbation, Inter-Island Trade, and the Relocation of Production Along the Banda Arc; or, Why Central Places Remain Central. In: Tsuguyoshi Suzuki & Ryutaru Ohtsuka (eds.): Human Ecology of Health and Survival in Asia and the Southern Pacific:35-61. Tokyo: University of Tokyo Press

Ellen, Roy & Jay Bernstein 1994: Urbs in Rure. Cultural Transformations of the Rainforest in Modern Brunei. *Anthropology Today* 10,4:16-19

Elster, Jon 1978: Beyond Gradient-Climbing. In: Dwain Walcher, Norman Kretchmer & Henry N. Barnett (eds.): Mutations: Biology and Society:273-314. New York etc.: Masson Publishing USA, Inc.

Elster, Jon 1989: Nuts and Bolts for the Social Sciences. Cambridge: Cambridge University Press

Epstein, A. L. 1969: Matupit. Land Politics and Change Among the Tolai of New Britain. Canberra: Australian National University

Eriksen, Thomas Hylland 1992a: Multiple Traditions and the Question of Cultural Integration. *Ethnos* 57,1-2:5-30

Eriksen, Thomas Hylland 1992b: Ethnicity and Nationalism. Anthropological Perspectives. London, New York: Pluto Press

Errington, Shelly 1979: The Cosmic House of the Buginese. *Asia* 1,5:8-14

Errington, Shelly 1989: Meaning and Power in a Southeast Asian Realm. Princeton: Princeton University Press

Esser, Hartmut 1980: Aspekte der Wanderungssoziologie. Assimilation und Integration von Wanderern, ethnischen Gruppen und Minderheiten. Eine handlungstheoretische Analyse. Darmstadt: Luchterhand (Soziologische Texte, 119)

Esser, Hartmut 1990: "Habits", "Frames" und "Rational Choice". Die Reichweite von Theorien der rationalen Wahl (am Beispiel der Erklärung des Befragtenverhaltens). *Zeitschrift für Soziologie* 19,4:231-247

Esser, Hartmut 1991: Alltagshandeln und Verstehen. Zum Verhältnis erklärender und verstehender Soziologie am Beispiel von Alfred Schütz und "Rational Choice". Tübingen: J.C.B. Mohr (Paul Siebeck)

Esser, Hartmut 1993a: Soziologie. Allgemeine Grundlagen. Frankfurt, New York: Campus Verlag

Esser, Hartmut 1993b: The Rationality of Everyday Behavior. A Rational Choice Reconstruction of the Theory of Action. *Rationality and Society* 5:7-31

Esser, Hartmut & Jürgen Friedrichs (Hrsg.) 1990: Generation und Identität. Theoretische und empirische Beiträge zur Migrationssoziologie. Opladen: Westdeutscher Verlag

Etzioni, Amitai 1988: The Moral Dimension. Toward a New Economics. London: Collier Macmillan (deutsch 1994 als "Jenseits des Egoismus-Prinzips. Ein neues Bild von Wirtschaft, Politik und Gesellschaft". Stuttgart: Schäffer-Poeschel)

Evans, Alan W. 1973: The Economics of Residential Location. London, Basingstoke: The Macmillan Press Ltd.

Evens, Terence M.S. 1994: Mythic Rationality, Contradiction and Choice among the Dinka. *Social Anthropology* 2,2:99-114

Evers, Hans-Dieter 1974: Evolusi Kota. *Prisma* 3,2:73-82

Evers, Hans-Dieter 1975: Urbanization and Urban Conflict in Southeast Asia. *Asian Survey* 15,9:775-785

Evers, Hans-Dieter 1977a: Differing Concepts of Settlement Patterns. The Malay and Chinese in Malaysia. *Ekistics* 263:220-225

Evers, Hans-Dieter 1977b: The Culture of Malaysian Urbanization. Malay and Chinese Conceptions of Space. *Urban Anthropology* 6:205-216

Evers, Hans-Dieter 1978: Urbanization and Urban Conflict in Southeast Asia. In: P.S.J. Chen & Hans-Dieter Evers (ed.): Urban Society and Social Change:323-332. Singapore: Chapman Enterprises

Evers, Hans-Dieter (ed.) 1980a: Sociology of South-East Asia: Readings of Social Change and Development. Kuala Lumpur: Oxford University Press

Evers, Hans-Dieter 1980b: Ethnic and Class Conflict in Urban South-East Asia. In: Evers (ed.) 1980a:121-124

Evers, Hans-Dieter 1980c: Subsistence Production and the Jakarta "Floating Mass". *Prisma* 17:27-35

Evers, Hans-Dieter 1982: Politische Ökologie der südasiatischen Stadt. Neuere theoretische Ansätze zur Urbanisierungsproblematik. In: Hermann Kulke, H.C. Rieger & L. Lutze (Hrsg.): Städte in Südasien:159-176. Wiesbaden: Franz Steiner Verlag

Evers, Hans-Dieter 1984a: Urban Landownership, Ethnicity and Class in Southeast Asian Cities. *International Journal of Urban and Regional Research* 8,4:481-496

Evers, Hans-Dieter 1984b: Cities as a "Field of Anthropological Studies" in Southeast Asia. In: P.E. Josselin de Jong (ed.): Unity and Diversity. Indonesia as a Field of Anthropological Studies:143-151. Dordrecht, Cinnaminson: Foris Publications (Verhandelingen van het Koninklijk Instituut voor Taal-, Land- en Volkenkunde, 103)

Evers, Hans-Dieter 1985: Max Weber und Parkinson in Südostasien: Zur Entwicklung der öffentlichen Verwaltung in Thailand, Malaysia und Indonesien. *Asien* 15:111-117

Evers, Hans-Dieter 1988: Schattenwirtschaft, Subsistenzproduktion und Informeller Sektor. Wirtschaftliches Handeln jenseits von Markt und Staat. In: Klaus Heinemann (Hrsg.): Soziologie wirtschaftlichen Handelns:353-366. Gütersloh: Westdeutscher Verlag

Evers, Hans-Dieter 1989: Urban Poverty and Labour Supply Strategies in Jakarta. In. Gerry Rogers (ed.): Urban Poverty and the Labour Market. Access to Jobs and Incomes in Asian and Latin American Cities:145-172. Genf: International Labour Organization

Evers, Hans-Dieter & Solvay Gerke 1994: Social Mobility and the Transformation of Indonesian Society. Bielefeld: Universität Bielefeld, Fakultät für Soziologie, FSP Entwicklungssoziologie, (Southeast Asia Programme, Working Papers, 202)

Evers, Hans-Dieter & Heiko Schrader (eds.) 1994: The Moral Economy of Trade. Ethnicity and Developing Markets. London, New York: Routledge

Faist, Thomas 1997a: The Crucial Meso-Level. In: Hammar, Brochmann, Tamas & Faist (eds):187-217

Faist, Thomas 1997b: From Common Questions to Common Concepts. In: Hammar, Brochmann, Tamas & Faist (eds):247-276

Fawcett, James T. 1989: Networks, Limkages and Migration Systems. International Migration Review 23,3:671-680

Fawcett, James T., Siew-Ear Khoo & Peter C. Smith (eds.) 1984: Women in the Cities of Southeast Asia. Boulder, Col.: Westview Press

Featherstone, Mike (ed.) 1990: Global Culture. Nationalism, Globalization and Modernity. London etc.: Sage Publications

Felgentreff, Carsten 1995: Räumliche Bevölkerungsmobilität in Fidji. Eine exemplarische Untersuchung der Dorfgemeinschaft von Naikeleyaga (Kabara Island, Lau-Province). Potsdam: Selbstverlag des Instituts für Geographie und Geoökologie

Festinger, Lionel 1962: Cognitive Dissonance. *Scientific American* 207:93-102

Fielding, Gordon J. 1974: Geography as a Social Science. New York etc.: Harper & Row, Publishers

Fikentscher, Wolfgang 1995: Modes of Thought. A Study in the Anthropology of Law and Religion. Tübingen: J.C.B. Mohr (Paul Siebeck)

Findley, Sally E. o.J.: Planning for Internal Migration. A Review of Issues and Policies in Developing Countries. Washington D.C.: U.S. Government Printing Office

Findley, Sally E. 1987: Rural development and Migration: A Study of family Choices in the Philippines. Boulder, London: Westview Press (Brown University Studies in Population and Development)

Finnegan, Ruth & Robert Horton 1973: Introduction. In: Horton & Finnegan:13-62

Firdausy, Carunia Mulya 1994: Urban Poverty in Indonesia: Trends, Issues, and Policies. *Asian Development Review* 12,1:68-89

Fischer, Claude S. 1976: Theories of Urbanism. In: Gmelch & Zenner (eds.):58-69

Fischer, Peter A., Reiner Martin & Thomas Staubhaar 1997: Should I stay or Should I Go?. In: Hammar, Brochmann, Tamas & Faist (eds):49-90

Fjellman, Stephen 1976a: Natural and Unnatural Decision-Making. A Critique of Decision Theory. *Ethos* 4: 73-94

Fjellman, Stephen 1976b: Talking about Talking about Residence: An Akamba Case. *American Ethnologist* 3,4:671-682

Flade, Antje 1990: Wohnen und Wohnzufriedenheit. In Kruse et al. (Hrsg.):484-492

Forbes. Dean Keith 1978: Urban-Rural Interdependence: The Trishaw-Riders of Ujung Pandang. In: Rimmer et al. (eds.):219-236

Forbes. Dean Keith 1979: The Pedlars of Ujung Pandang. Melbourne: Monash University Centre of Southeast Asian Studies (Working Papers, 17)

Forbes, Dean Keith 1981: Mobility and Uneven Development in Indonesia: A Critique of Explanations of Migration and Circulation. In: Jones & Richter (eds.):51-70

Forbes, Dean Keith 1986: Spatial Aspects of Third World Multinational Corporations´ Direct Investment in Indonesia. In: Michaeel Taylor & Nigel J. Thrift (eds.): Multinationals and the Restructuring of the World Economy:86-104. London: Croom Helm

Forbes, Dean Keith 1996: Asian Metropolis: Urbanisation and the Southeast Asian City. Melbourne etc: Oxford University Press (Meridian: Australian Geographical Perspectives)

Forbes, Dean Keith 1999: Globalisation, Postcolonialism and New Representations of the Pacific Asian Metropolis. In: Kris Olds, Peter Dicken, Philip F. Kelly, Lily Kong & Henry Wai-chung Yeung (eds.): Globalisation and the Asia-Pacific. Contested Territories:238-254. London & New York: Routledge (Warwick Studies in Globalisation)

Ford, Larry R. 1993: A Model of Indonesian City Structure. *Geographical Review* 83:374-396

Forth, Gregory 1992: Conjecture, Comparision and the Coaxing of Soals: Errington´s Omission. *Bijdragen tot de Taal-, Land- en Volkenkunde* 148,1:125-129

Foster, George M. & Robert V. Kemper 1996: Anthropological Fieldwork in Cities. In: Gmelch & Zenner (eds.):135-150

Fox, James J. 1977: Harvest of the Palm: Ecological Change in Eastern Indonesia. Cambridge: Cambridge University Press

Fox, James J. (ed.) 1980: The Flow of Life: Essays on Eastern Indonesia. Cambridge, Mass., London: Harvard University Press

Fox, James S., Ross Garnant, Peter Mc Cawley & J.A.C. Mackie (eds.) 1980: Indonesia. Australian Perspectives. Canberra: Australian National University, Research School of Pacific Studies

Fox, Richard G. 1972: Rationale and Romance in Urban Anthropology. *Urban Anthropology* 1,2:205-233

Frake, Charles O. 1962: Cultural Ecology and Ethnography. *American Anthropologist* 64:53-59

Francis, Emerich K. 1981: Darwins Evolutionstheorie und der Sozialdarwinismus. *Kölner Zeitschrift für Soziologie und Sozialpsychologie* 33:209-228

Frank, Manuelle 1993: Quand la rizière rencontre l'asphalte. Semis urbain et processus d' urbanisation à Java-est. Paris: École des hautes études en sciences sociales; CID (Etudes insulindiennes/Archipel, 10)

Frank, Robert H. 1990: Rethinking Rational Choice. In: Friedland & Robertson (eds.):53-87

Franz, Peter 1984: Soziologie der räumlichen Mobilität. Frankfurt a.M., New York: Campus (Campus Studium, 556)

Frederick, William H. 1983: Hidden Change in Late Colonial Urban Society in Indonesia. *Journal of Southeast Asian Studies* 14,2:354-371

Freeman, Derek 1978: The Anthropology of Choice. *Canberra Anthropology* 4,3:62-100

Fremerey, Michael 1994: Indonesien. In: Nohlen & Nuscheler (Hrsg.):384-415

Frey, Dieter 1988: Ein ipsatives Modell menschlichen Verhaltens. Ein Beitrag zur Ökonomie und Psychologie. *Analyse & Kritik* 2:182-205

Frey, Dieter & Martin Irle (Hrsg.) 1993^2: Theorien der Sozialpsychologie. Band 1: Kognitive Theorien. Bern etc.: Verlag Hans Huber

Friberg, T. (ed.) 1988: Unhas - SIL South Sulawesi Sociolinguistics Surveys 1983-1987. Ujung Pandang: Summer Institute of Linguistics and Department of Education and Culture (Workpapers in Indonesian Languages and Cultures, 5)

Friedericy, Herman J. 1933: De standen bij de Boegineezen en Makassaren. *Bijdragen tot de Taal-, Landen Volkenkunde* 90:447-602

Friedland, Roger & Alexander Foster Robertson (eds.) 1990: Beyond the Marketplace. Rethinking Economy and Society:53-87. New York: Aldine de Gruyter (Series Sociology and Economics. Controversy and Integration)

Friedrichs, Jürgen 1977: Stadtanalyse. Soziale und räumliche Organisation der Gesellschaft. Reinbek bei Hamburg: Rowohlt Taschenbuch Verlag

Fryer, Donald W. 1953: The "Million City" in Southeast Asia. *Geographical Review* 43,4:474-494

Fuller, Theodore D., Paul, Lightfoot & Peerasit Kamnuansilpa 1985: Rural-Urban Mobility in Thailand: A Decision-Making Approach. *Demography* 22,4:565-579

Furnivall. J. S. 1980: Plural Societies. In: Evers (ed.) 1980a:86-96

Gani, J. 1990: Cina Makassar. Suatu kajian tentang Masyarakat Cina di Indonesia (1906-1959). Ujung Pandang: Universitas Hasanuddin, Fakultas Sastra

Garbett, G. Kingsley 1975: Circulatory Migration in Rhodesia: Towards a Decision Model. In: David Parkin (ed.): Town and Country in Central and Eastern Africa. Studies presented and discussed at the Twelfth International African Seminar, Lusaka, September 1972:113-125. London: Oxford University Press (International African Institute, IAI)

Gardner, Robert W. 1981: Macrolevel Influences on the Migration Decision Process. In: De Jong & Gardner (eds.):59-89

Gatewood, John B. 1985: Actions Speak Louder Than Words. In: Dougherty (ed.):199-219

Geertz, Clifford 1956: Religious Belief and Economic Behaviour in A Central Javanese Town. *Development and Cultural Change* 4:134-158

Geertz, Clifford 1963a: Agricultural Involution. The Process of Ecological Change in Indonesia. Berkeley: The University of California Press

Geertz, Clifford 1963b: Peddlers and Princes. Social Development and Economic Change in Two Indonesian Towns. Chicago: University of Chicago Press

Geertz, Clifford 1965: The Social History of an Indonesian Town. Cambridge: MIT Press

Geertz, Hildred 1967: Indonesian Cultures and Communities. In: Ruth T. McVey (ed.): Indonesia: 24-96. New Haven: Yale University, Southeast Asia Studies and HRAF Press

Geoghegan, William H. 1969: Residential Decision-Making among the Eastern Samal (with Addendum on Refugee Population). Berkeley: University of California; Dept. of Anthropology

Germani, Gino 1974: Migration und Akkulturation. In: Peter Atteslander & Bernd Hamm (Hrsg.): Materialien zur Siedlungssoziologie:301-321. Köln: Kiepenheuer & Witsch (zuerst 1964 in: Hauser, P.M., ed.: Handbook of Social Research in Urban Areas, Paris: UNESCO 1964:159-178)

Gervaise, Nicolas 1701: A Historical description of the Kingdom of Macasar in the East-Indies. London (zuerst 1688, Paris)

Geyer, Christian 1995: Eingekeilt. Die Kunst der Entscheidung (Glosse). *Frankfurter Allgemeine Zeitung* Nr. 114, 17.5.1995; S. N5

Gibson, Thomas 1994: Ritual and Revolution: Contestimng the State in Central Indonesia. *Social Analysis* 35:61-83

Giddens, Anthony 1984: The Constitution of Society. Oxford: Polity Press

Giddens, Anthony 1992: Sociology and the Explanation of Human Behaviour. In: Anthony Giddens (ed.): Human Societies. An Introductory Reader in Sociology:362-365. Cambridge: Polity Press

Gilbert, Alan G. & A. Varley 1990: Renting a Home in a Third World City: Choice or Constraint? *International Journal of Urban and Regional Research* 14:89-108

Gilbert, Alan G. & Peter M. Ward 1982: Residential Movement among the Poor: The Constraints on Housing Choice in Latin American Cities. *Transactions of the Institute of British Geographers* 7,2:129-149

Gilges, Martina & Rainer Schaefer 1993: Wohnzufriedenheit, Wohnpräferenzen und ihre Umsetzung in die kommunale Wohnungspolitik. *Aus Politik und Zeitgeschichte* B 8-9:43-52

Gilligan, Carol 1988: Die andere Stimme. München: Beck

Ginsburg, Norton S. 1955: The Great City in Southeast Asia. *American Journal of Sociology* 60:455-462

Ginsburg, Norton S. 1986: Some Reflections on Urbanization in Southeast Asia. In: Michael P. Conzen (ed.): World Patterns of Modern Urban Change. Essays in Honor of Chauncey D. Harris:195-216. Chicago: The University of Chicago, Dept. of Geography (Research Papers, 217/218)

Ginsburg, Norton S. 1989: An Overview of the Literature. In: Costa et al (eds.):19-23

Ginsburg, Norton S., Bruce Koppel & Terrence Gary McGee (eds.) 1991: The Extended Metropolis: Settlement Transition in Asia. Honolulu: University of Hawaii Press

Gladwin, Christina H. 1980: A Theory of Real Life Choice. Applications to Agricultural Decisions. In: Barlett (ed.):45-85

Gladwin, Christina H. 1989a: Ethnographic Decision Tree Modeling. Newbury Park, Ca. etc.: Sage Publications (Qualitative Research Methods, 19)

Gladwin, Christina H. 1989b: On The Division of Labor between Economics and Economic Anthropology. In: Plattner (ed.):397-425

Gladwin, Christina H. & Judith Garis 1996: Decision Theory. In: David Levinson & Melvin Ember (eds.): Encyclopedia of Cultural Anthropology:316-319. New York: Henry Holt & Company

Gladwin, Christina H. & Michael Murtaugh 1980: The Attentive/Pre-Attentive Distinction in Agricultural Decisions. In: Barlett (ed.):105-136

Glagow, Manfred & Helmut Willke 1984: Entscheidungstheorien. In: Kerber & Schmieder (Hrsg.):116-119

Glick Schiller, Nina, Linda Basch & Christina Szanton Blanc 1995: From Immigrant to Transmigrant: Theorizing Transnational Migration. *Anthropological Quarterly* 68,1:48-63

Gmelch, George & Walter P. Zenner (eds.) [3]1995: Urban Life. Readings in Urban Anthropology. Prospect Hights, Ill.: Waveland Press, Inc.

Goddard, V.A. 1995: Gender, Family, and Work in Naples. Oxford: Berg Publishers

Godelier, Maurice 1972: Rationality and Irrationality in Economics. London: New Left Books

Göhlich, Ingeborg 1991: Gairah hidup di bumi yang hijau. Perjalanan melalui Sulawesi Selatan. Wo die Menschen gern lachen. Eine Reise durch Süd-Sulawesi. Ujung Pandang: Hasanuddin University Press

Görlich, Joachim 1992: Tausch als rationales Handeln. Zeremonialer Gabentausch und Tauschhandel im Hochland von Papua-Neuguinea. Berlin: Dietrich Reimer Verlag (Kölner Ethnologische Studien, 18)

Görlich, Joachim 1993: Die Theorie rationalen Handelns in der Wirtschaftsethnologie. In: Thomas Schweizer, Margarete Schweizer & Waltraud Kokot (Hrsg.): Handbuch der Ethnologie:241-262. Berlin: Dietrich Reimer Verlag

Goldschmidt, Armin F. 1990: Land-Stadt- und Stadt-Land-Migration. In: Kruse et al. (Hrsg.):576-583

Golledge, Reginald G. 1987: Environmental Cognition. In: Stokols & Altman:131-174

Gonggong, Anhar 1992: Adhul Quahar Muazzakkar dari patriot hingga pemberontak. Jakarta: Gramedia Widiasarana Indonesia (Grasindo)

Goodenough, Ward Hunt 1951: Property, Kin, and Community on Truk. *Yale University Publications in Anthropology* 46:1-192

Goodenough, Ward Hunt 1955: A Problem in Malayo-Polynesian Social Organization. *American Anthropologist* 57:71-83

Goodenough, Ward Hunt 1956: Residence Rules. *Southwestern Journal of Anthropology* 12:24-37

Goodman, Allen E. 1971: The Political Implications of Urban Development in Southeast Asia: The "Fragment" Hypothesis. *Economic Development and Cultural Change* 20:117-130

Granovetter, Mark 1983: The Strength of Weak Ties: A Network Theory Revisited. *Sociological Theory* 1:201-233

Granovetter, Mark 1992: The Nature of Economic Relations. In: Ortiz & Lees (eds.):21-37

Gregerson, Marilyn (ed.) 1993: Ritual, Belief, and Kinship in Sulawesi. Dallas, Texas: International Museum of Cultures

Gregory, Chris A. & Jon C. Altman 1989: Observing the Economy. London, New York: Routledge (ASA Research Methods in Social Anthropology)

Greverus, Ina-Maria, Johannes Moser, Beatrice Ploch, Regina Römhild, Heinz Schilling & Marietta Scult (Hrsg.) 1994: Kulturtexte. 20 Jahre Institut für Kulturanthropologie und Europäische Ethnologie. Frankfurt a.M.: Institut für Kulturanthropologie und Europäische Ethnologie (Kulturanthropologische Notizen, 46)

Grillo, Ralph D. 1985: Ideologies and Institutions in Urban France. The Representation of Immigrants. Cambridge etc. Cambridge University Press

Grimes, Barbara F. (ed.) [13]1996: Ethnologue. Languages of the World. Dallas: Summer Institute of Linguistics, Inc.

Grimes, Charles E. & Barbara F. Grimes 1987: Languages of South Sulawesi. Canberra: The Australian National University, Department of Linguistics, Research School of Pacific Studies. (Pacific Linguistics Series D, 78)

Gross, Daniel 1983: The Ecological Perspective in Economic Anthropology. In: Ortiz (ed.):155-181

Guiness, Patrick 1982: Transmigrants in South Kalimantan and South Sulawesi. In: Jones & Richter (eds.):63-71
Guiness, Patrick 1989: "Social Harmony" as Ideology and Practice in a Javanese City. In: Alexander (ed.):55-74
Guiness, Patrick 1992: On the Margins of Capitalism. People and Development in Mukim Plentong, Johor, Malaysia. Singapore: Oxford University Press
Guiness, Patrick 1993: People in Cities. Anthropology in Urban Asia. In: Grant Evans (ed.): Asia's Cultural Mosaic. An Anthropological Introduction:307-323. New York etc.: Prentice Hall
Gulick, John 1984: The Essence of Urban Anthropology: Integration of Micro and Macro Research Perspectives. *Urban Anthropology* 13, 2-3:295-306
Gutkind, Peter C.W. 1983: New Directions in Urban Anthropology. In: Ansari & Prins (eds.):22-36
Haberkorn, Gerald 1981: The Migration Decision-Making Process: Some Social-Psychological Condiderations. In: De Jong & Gardner (eds.):252-278
Hadimuljono & Muttalib 1979: Sejarah Kuno Sulawesi. Ujung Pandang: Kantor Suara Peninggalan Sejarah dan Purbakala
Häußermann, Hartmut & Walter Siebel 1987: Neue Urbanität. Frankfurt a.M.: Suhrkamp Verlag
Häußermann, Hartmut & Walter Siebel 1994: Gemeinde- und Stadtsoziologie. In: Kerber & Schmieder (Hrsg.):363-387
Häußermann, Hartmut & Walter Siebel 1995: Wohnungsnot, Wohnungsqualität und Wohnungspoltik in Deutschland. *Praxis Geographie* 1:4-8
Häußermann, Hartmut & Walter Siebel 1996: Soziologie des Wohnens. Eine Einführung in Wandel und Ausdufferenzierung des Wohnens. Weinheim und München: Juventa Verlag (Grundlagentexte Soziologie)
Hafid, Anwar 1981: South Sulawesi: An Overview. The Hague: Institute of Social Studies, Bogor: Agro-Economic Survey (Microfiche)
Hall, Kenneth R. 1985: Maritime Trade and State Development in Early Southeast Asia. Honululu: University of Hawaii Press
Hallpike, Christopher Robert 1979: The Foundations of Primitive Thought. Oxford: Clarendon Press
Hamer, Andrew M., Andrew D. Steer & David G. Williams 1986: Indonesia: The Challenge of Urbanization. Washington, D.C.: The World Bank (World Bank Staff Working Papers, 787)
Hamid, Abdullah 1985: Manusia Bugis-Makassar. Jakarta: Inti Idayu Press
Hamm, Bernd 1982: Einführung in die Siedlungssoziologie. München: Verlag C.H. Beck (Beck'sche Elementarbücher)
Hammar, Tomas, Grete Brochmann, Kristof Tamas & Thomas Faist (eds.) 1997: International Migration, Immobility and Development. Multidisciplinary Perspectives. Oxford and New York: Berg Publishers
Hamonic, Gilbert 1987: Le langage de dieux. Cultes et pouvoirs pré-islamiques ein Pays Bugis Célèbes-Sud, Indonésie. Paris: Editions Centre Nationale de la Recherche Scientifique
Hamonic, Gilbert 1988: Les réseaux marchands bugis-makassar. Grandeur et décadence du principe de la liberté des mers. In: Lombard & Aubin (dir.):253-265
Handelman, Don 1990: Models and Mirrors: Towards an Anthropology of Public Events. Cambridge: Cambridge University Press
Hanisch, Rolf 1994: Struktur- und Entwicklungsprobleme Südostasiens. In: Nohlen & Nuscheler (Hrsg.):54-113
Hannertz, Ulf 1980: Exploring the City: Towards an Urban Anthropology. New York: Columbia University Press
Hannertz, Ulf 1992a: Cultural Complexity. Studies in the Social Organization of Meaning. New York: Columbia University Press
Hannertz, Ulf 1992b: The Global Ecumene as a Network of Networks. In: Kuper (ed.):34-56
Harbison, Sarah F. 1981: Family Structure and Family Strategy in Migration Decision Making. In: De Jong & Gardner (eds.):225-251
Hardjoeno 1990: Faculty of Graduate Studies in South Sulawesi. *Baruga. Sulawesi Research Bulletin* 6:13-16
Harris, Marvin 1974: Why a Perfect Knowledge of All the Rules One Must Know How to Act Like a Native Cannot Lead to the Knowledge of How Natives Act. *Journal of Anthropological Research* 90:242-251
Hart, Gillian 1992: Imagined Unities: Constructions of "the Household" in Economic Theory. In: Ortiz & Lees (eds.):111-129

Hart, Gillian 1995: Gender and Household Dynamics: Recent Theories and Their Implications. In: M. G. Quibria (ed.) 1995: Critical Issues in Asian Development. Themes, Experiences and Policies:39-74. Hong Kong, Oxford: Oxford University Press

Harvey, Barbara Sillars 1974: Tradition, Islam, and Rebellion: South Sulawesi 1950-65. Ann Arbor: University of Microfilms International. Cornell University, Ithaca; Ph.D.-Diss.

Harvey, Barbara Sillars 1985: South Sulawesi: Puppets and Patriots. In: Audrey R. Kahin (ed.): Regional Dynamics of the Indonesian Revolution. Unity from Diversity:207-235. Honululu: University of Hawaii Press

Harvey, Barbara Sillars 1989: Pemberontakan Kahar Muzakkar dari Tradisi ke DI/TII. Jakarta: Grafitipers

Hauser, Philip Morris 1986: Introduction and Overview. In: Hauser et al. (eds.):1-32

Hauser, Philip Morris, Daniel B. Suits & Naohiro Ogawa (eds.) 1986: Urbanization and Migration in ASEAN Development. Tokyo: National Institute for Research Advancement (NIRA)

Heeren, H.J. 1952: De Trek der Toraja's naar Makassar. In: Gerard Henrik Van der Kolff (ed.): Sticusa Jaarboek 3:52-63. Amsterdam: Stichting voor Culturele Samenwerking, Van Campen

Heersink, Christiaan Gerard 1995: The Green Gold of Selayar. A Socio-Economic History of an Indonesian Coconut Island, c. 1600-1950: Perspectives from a Periphery. Amsterdam: Vrije Universiteit, Proefschrift

Hefner, Robert W. 1983: The Problem of Preference: Economic and Ritual Change in Highlands Java. *Man* 18:669-689

Heider, Karl. G. 1991: Landscapes of Emotion. Mapping three Cultures of Emotion in Indonesia. Cambridge etc.: Cambridge University Press, Paris: Editions de la Maison des Sciences de l'Homme

Heidtmann-Fromme, Susanne 1994: Migration. In: Kerber & Schmieder (Hrsg.):384-387

Hein, Jürgen 1988: Harijan-Balmiki: der Haushalt einer Großfamilie. Abschlußbericht zum Feldpraktikum in Delhi. Universität zu Köln, Institut für Völkerkunde; unv. Mskr.

Heiner, Ronald A. 1983: The Origin of Predictable Behavior. *American Economic Review* 73:560-595

Heinzmann, Ute & Claus Heidemann 1979: Familiensituation und Umzugsverhalten. Karlsruhe (IFR-Schriftenreihe, 16)

Helbig, Karl 1949: Die südostasiatische Inselwelt (Inselindien). Stuttgart: Frank'sche Verlagsbuchhandlung (Kleine Länderkunden)

Henley, David 1995: Nationalism and Regionalism in a Colonial Context: Minahasa in the Dutch East Indies. Leiden: Koninklijk Instituut voor Taal-, Land- en Volkenkunde (Verhandelingen, 168)

Herbert, Patricia & Anthony Crothers Milner (eds.) 1989: Southeast Asia: Languages and Literatures. A Select Guide. Honululu: University of Hawaii Press, Arran: Kiscadale Publications (The Southeast Asia Library Group)

Hicks, David 1997: Besprechung von Chabot 1996. *Anthropos* 93:236-237

Hilgers-Hesse, Irene 1967: Schriftsysteme in Indonesien: Makassaren und Buginesen. *Studium Generale* 20,9:548-558

Hill, Hal (ed.) 1989: Unity and Diversity. Regional Economic Development in Indonesia since 1970. Singapore: Oxford University Press

Hill, Hal & Anna Weidemann 1989: Regional Development in Indonesia: Patterns and Issues. In: Hill (ed.) 1989):3-54

Hill, Polly 1963: The Migrant Cocoa Farmer of Southern Ghana. Cambridge: Cambridge University Press

Hillmann, Felicitas 1996: Jenseits der Kontinente. Migrationsstrategien von Frauen nach Europa. Pfaffenweiler: Centaurus-Verlagsgesellschaft (Stadt, Raum und Gesellschaft, 3)

Hobart, Mark (ed.) 1993: An Anthropological Critique of Development. The Growth of Ignorance. London, New York: Routledge

Hockings, Paul (Vol. ed.) 1993a: Encyclopedia of World Cultures. Volume V: East and Southeast Asia. Boston: G.K. Hall & Co.

Hockings, Paul (Vol. ed.) 1993b: Introduction. In: Hockings 1993a:xxi-xxxii

Höllhuber, Dietrich 1982: Innerstädtische Umzüge in Karlsruhe: Plädoyer für eine sozialpsychologische Perspektive für die Humangeographie. Erlangen (Erlanger geographische Arbeiten, 13)

Hoffmann, Michael L. 1992: Unregistered Land, Informal Housing, and the Spatial Development in Jakarta. In: Tchangho John Kim, Gerrit Knaap & Iwan J. Azis (eds.): Spatial Development in Indonesia. Review and Prospects:329-349. Aldershot etc.: Avebury

Hoffmann-Axthelm, Dieter 1993: Die dritte Stadt. Bausteine eines neuen Gründungsvertrages. Frankfurt a.M.: Suhrkamp Verlag

Hoffmann-Nowotny, Hans-Joachim 1970: Migration. Ein Beitrag zu einer soziologischen Erklärung. Stuttgart: Enke Verlag

Hoffmann-Nowotny, Hans-Joachim 1993: Weltmigration-eine soziologische Analyse. In: Kälin & Moser (Hrsg.)
Hoffmann-Nowotny, Hans-Joachim 1994: Migrationssoziologie. In: Kerber & Schmieder (Hrsg.):388-406
Hofmeister, Burkhard 1991[2]: Die Stadtstruktur. Ihre Ausprägung in den verschiedenen Kulturräumen der Erde. Darmstadt: Wissenschaftliche Buchgesellschaft (Erträge der Forschung, 132)
Hogarth, Robert M. & Melvin W. Reder (eds.) 1986: Rational Choice. The Contrast between Economics and Psychology. Chicago, London: University of Chicago Press
Hollan, Douglas 1994: Suffering and the Work of Culture. A Case of Magical Poisoning in Toraja. *American Ethnologist* 32,1:74-87
Hollan, Douglas & Jane C. Wellenkamp 1994: Contentment and Suffering: Culture and Experience in Toraja. New York: Columbia University Press
Hollis, Martin & Steven Lukes (eds.) 1982: Rationality and Relativism. Cambridge, Mass.: MIT Press, Oxford: Blackwell Publishers
Hollnsteiner-Racelis, Mary 1988: Becoming an Urbanite: The Neighbourhood as a Learning Environment. In. Gugler, Josef (ed.): The Urbanization of the Third World:320-341. Oxford: Oxford University Press
Horridge, Adrian [2]1985: The Prahu: Traditional Sailing Boat of Indonesia. Singapore etc.: Oxford University Press
Horton, Robin & Ruth Finnegan (eds.) 1973: Modes of Thought. Essays on Thinking in Western and Non-Western Societies. London: Faber & Faber
Hospes, Otto 1995: Women's Differential Use of ROSCAs in Indonesia. In: Shirley Ardener & Sandra Burman (eds.): Money-Go-Rounds. The Importance of Rotating Savings and Credit Associations for Women:127-148. Oxford and Washington, D.C.: Berg
Households and Their Resources 1982 (ohne Autorenangabe): Changing Relationships. Research Statement. University of Illinois at Urbana-Champaign, Office of Women in International Development, o.O.
Howard, Alan 1963: Land, Activity Systems, and Decision-Making Models in Rotuma. *Ethnology* 2:407-439
Howard, Alan & Sutti Ortiz 1971: Decision Making and the Study of Social Process. *Acta Sociologica* 14,4:213-226
Hubbell, Linda J. 1976: Class Structure Self-Perceived: A Methodology for Discovering Native Models of Stratification Systems. *Urban Anthropology* 5,1:19-33
Huber, Oswald 1982: Entscheiden als Problemlösen. Bern etc.: Verlag Hans Huber
Hugo, Graeme John 1981: Village-Community Ties, Village Norms, and Ethnic and Social Networks. A Review of Evidence from the Third World. In: De Jong & Gardner (eds.):186-221
Hugo, Graeme John 1995: Indonesia's Migration Transition. *Journal für Entwicklungspolitik* XI,3:285-309
Hugo, Graeme John 1996: Urbanization in Indonesia: City and Countryside Linked. In: Josef Gugler (ed.): The Urban Transformation of the Developing World:133-183. Oxford etc.: Oxford University Press
Hugo, Graeme John 1997: Population Change and Development in Indonesia. In: Ray F. Watters & Terrence Gary McGee (eds.) and Ginny Sullivan (ass. ed.): Asia-Pacific. New Geographies of the Pacific Rim: 223-249. London: Hurst & Company
Hugo, Graeme John, Valerie Hull, Terence H. Hull & Gavin W. Jones (eds.) 1987: The Demographic Dimension in Indonesian Development. Singapore etc.: Oxford University Press
Huijsman, Abraham 1986: Choice and Uncertainty in a Semi-Subsistence Economy. A Study of Decision Making in a Philippine Village. Amsterdam: Koninklijk Instituut voor de Tropen; Proefschrift
Hunn, Eugene 1989: Ethnoecology: the Relevance of Cognitive Anthropology for Human Ecology. In: Morris Freilich (ed.): The Relevence of Culture:143-160. New York etc.: Bergin & Garvey Publishers
Hutchins, Edwin 1980: Culture and Inference. A Tobriand Case Study. Cambridge, Mass., London: Harvard University Press
Hutchins, Edwin 1995: Cognition in the Wild. MIT Press
Hutter, Angelika 1990: Ethnologische Forschungen zur symbolischen Ortsbezogenheit in der Stadt. Köln: Institut für Völkerkunde; MA.-Arbeit
Ichlasul Amal Achmad 1984: West Sumatra and South Sulawesi: Two Regions in their Relations to the Central Government of Indonesia 1949-1979. Clayton: Monash University, Ph.D.-Diss.
Institut Teknologi Bandung 1973: Masterplan Kotamadya Ujung Pandang. Kompilasi Data: Bandung
Jackson, James C. 1975: The Chinatowns of Southeast Asia. Traditional Components of the City's Central Area. *Pacific Viewpoint* 16,1:45-80

Jäckel, Wolfram 1993: The Changing Role of Port Cities as Part of the European Expansion in the Southeast Asian Archipelago: Outlining an Approach. In: Hans-Jürgen Nitz (ed.): The Early Modern World-System in Geographical Perspectives:383-403. Stuttgart: Franz Steiner Verlag (Erdkundliches Wissen, 110)

Jakle, John A., Stanley D. Brunn & Curtis Roseman 1976: Human Spatial Behavior. A Social Geography. North Scituate: Duxbury Press

Janis, Irving L. & L. Mann 1977: Decision Making Theory. A Psychological Analysis of Conflict, Choice, and Commitment. New York: The Free Press

Jefferson, Mark 1939: The Law of the Primate City. *Geographical Review* 29,2:226-232

Jellinek, Lea O. 1978: The Pondok System and Circular Migration. In: Jellinek et al. (eds.):1-16

Jellinek, Lea O. 1991: The Wheel of Fortune: The History of a Poor Community in Jakarta. Sydney etc.: Allen & Unwin (Asian Studies Association of Australia, Southeast Asia Publications Series, 18)

Jellinek, Lea O., Chris Manning & Gawin W. Jones (eds.) 1978: The Life of Poor in Indonesian Cities. Melbourne: Monash University, Centre of Southeast Asian Studies

Jocano, Felipe Landa 1975: Slum as a Way of Life. A Study of Coping Behavior in an Urban Environment. Quezon City: University of the Philippines Press

Jochim, Michael 1978: Strategies for Survival. New York: Academic Press

Johnson, Allen 1972: Individuality and Experimentation in Traditional Agriculture. *Human Ecology* 1:145-159

Jones, Gawin W. 1988; Urbanization Trends in Southeast Asia: Some Issues for Policy. *Journal for Southeast Asian Studies* 19,1:137-154

Jones, Gawin W. 1991: Urbanization Issues in the Asian-Pacific Region. *Asian-Pacific Economic Literature* 5,2:5-13

Jones, Gawin W. and Hazel Laura Richter (eds.) 1981: Population Mobility and Development in South East Asia and the Pacific. Canberra: Australian National University (Development Studies Centre Monographs, 27)

Jones, Gawin W. and Hazel Laura Richter (eds.) 1982: Population Resettlement Programs in Southeast Asia. Melbourne: ANU (Development Studies Centre Monographs, 30)

Jones, Gawin W. & Barbara Supratilah 1975: Some Information on Urban Employment in Palembang and Ujung Pandang. Jakarta: Universitas Indonesia; Lembaga Demografi

Jones, Gawin W. & Barbara Supratilah 1985: Underutilization: Tenaga Kerja die Palembang dan Ujung Pandang. *Bulletin of Indonesian Economic Studies* 12,1:30-57

Jordan, Rolf 1997: Migrationssysteme in Global Cities. Arbeitsmigration und Globalisierung in Singapur. Hamburg: Lit Verlag (Südostasien. Entwicklungen-Problemstrukturen-Perspektiven, 7)

Jo-Santoso 1979: Selbstkolonisierung. Die Zerstörung des "traditionellen" Sektors und ihre Auswirkung auf die Städte in den Ländern der Dritten Welt. *Bauwelt* 28:1176-1179

Jung, Erika 1990: Traum und Alptraum für Millionen. Bodenspekulation und Landkonflikte in Jakarta. *Südostasien Informationen* 6,3:43-45

Kälin, Walter & Ruppert Moser 1993[2]: Migrationen aus der Dritten Welt. Ursachen - Wirkungen - Handlungsmöglichkeiten. Bern etc.: Paul Haupt

Kahn, Joel S. 1991: Constructing Culture. Towards an Anthropology of the Middle Classes in Southeast Asia. *Asian Studies Review* 15,2:50-56

Kahn, Joel S. 1992: Class, Ethnicity and Diversity: Some Remarks on Malay Culture in Malaysia. In: Joel S. Kahn & Francis Loh Kok Wah (eds.): Fragmented Vision. Culture and Politics in Contemporary Malaysia. North Sydney: Asian Studies Association of Australia in Association with Allen & Unwin:158-178. (Southeast Asia Publication Series, No. 22)

Kaharuddin 1988: Adaptasi dan Interaksi Orang Cina di Kotamadya Ujung Pandang. Suatu Tinjauan Antropologis terhadap WNI Keturunan Cina. Ujung Pandang: Universitas Hasanuddin, Fakultas Ilmu Sosial dan Ilmu Politik

Kalter, Frank 1997: Wohnortwechsel in Deutschland. Ein Beitrag zur Migrationstheorie und zur empirischen Anwendung von Rational-Choice-Modellen. Opladen: Leske & Budrich

Kampung Improvement Program Ujung Pandang. Preliminary Data and Analysis for Project Development. Department of Public Works and Electric Power, Directorate General of Housing, Building, Planning and Urban Development, Directorate of the City and Regional Planning, in Cooperation with U.N.D.P. o.O. (Ujung Pandang); 1975

Kapong, Elias 1986: Perantau Flores Timur di Kotamadya Ujung Pandang. In: Mukhlis & Robinson (eds.):135-204

Karamoy, Amir & Gillian Dias (eds.) 1982: Participatory Urban Services in Indonesia: People Participation and the Impact of Government Social Services Programmes on the Kampung

Communities. A Case Study in Jakarta and Ujung Pandang. Jakarta: Lembaga Penelitian, Pendidikan dan Penerangan Ekonomi dan Sosial (LPIIIES)

Karamoy, Amir & Gillian Dias 1986: Delivery of Urban Services in Kampungs in Jakarta and Ujung Pandang. In: Yeung & McGee (eds.):191-210.

Kaseng, Syahruddin 1978: Kedudukan dan Fungsi Bahasa Makassar di Sulawesi Selatan. Jakarta: Pusat Pembinaan dan Pengembangan Bangsa

Kathirithambi-Wells, J. 1990: Introduction. In: Kathirithambi-Wells &Villiers (eds.):1-16

Kathirithambi-Wells, J. & John Villiers (eds.) 1990: The Southeast Asian Port and Polity. Rise and Demise. Singapore: Singapore University Press

Kaufmann, Albert, unter Mitarbeit von Gertrud Artner, Christine Diebalek & Hans Dulovits 1976: Motive und Formen der Wohnungsmobilität. Eine Befragung von Wohnungswechslern in den sechs österreichischen Großstadtregionen. Wien: Institut für Stadtforschung, Verlag für Jugend und Volk

Kearney, Michael 1986: From the Invisible Hand to the Visible Feet: Anthropological Studies of Migration and Development. *Annual Review of Anthropology* 15:331-361

Keeney, Ralph L. 1992: Value-Focused Thinking. A Path to Creative Decision Making. Cambridge, Mass.: Harvard University Press

Keesing, Roger M. 1967: Statistical Models and Decision Models of Social Structure. A Kwaio Case. *Ethnology* 6:1-16

Kelly, George A. 1955: The Psychology of Personal Constructs (2 Vols.). New York: W.W. Norton (dt. Übersetzung der ersten drei Kapitel: Die Psychologie der persönlichen Konstrukte. Paderborn: Junfermann, 1986)

Kemp, Jeremy (ed.) 1989: Peasants and Cities, Cities and Peasants. Rethinking Southeast Asian Models. *Sojourn. Social Issues in Southeast Asia* 4,1 (Special Focus Issue)

Kemper, Robert V. 1991: Trends in Urban Anthropological Research: An Analysis of the Journal Urban Anthropology, 1972-1991. *Urban Anthropology* 20,4:373-384

Kennedy, Raymond (Harold C. Conklin, ed.) 1953: Field Notes on Indonesia: South Celebes 1949-1950. New Haven: Human Relations Area Files

Kennedy, Richard 1991: Forest, Field and Sea: Cultural Diversity in the Indonesian Archipelago. In: Smithsonian Institution (ed.): 1991 Festival of American Folklife:55-60. o.O. (Washington, D.C): Smithsonian Institution

Kerber, Harald & Arnold Schmieder (Hrsg.) 1994: Spezielle Soziologien. Problemfelder, Forschungsbereiche, Anwendungsorientierungen. Reinbek bei Hamburg: Rowohlt Taschenbuch Verlag

Keyes, Charles F. (ed.) 1983: Peasant Strategies in Asian Societies: Moral and Rational Economic Approaches - A Symposion. *Journal of Asian Societies* 42,4:753-868

Keyfitz, Nathan 1976: The Ecology of Indonesian Cities. In: Yeung & Lo (eds.):125-130 (zuerst in *Journal of Sociology* 66, 1961)

King, Anthony D. 1990: Urbanism, Colonialism, and the World-Economy. Cultural and Spatial Foundations of the World Urban System. London, New York: Routledge

King, Victor T. 1994: The Sociology of South-East Asia. A Critical Review of Some Concepts and Issues. *Bijdragen tot de Taal-, Land- en Volkenkunde* 150,1:171-206

Kippenberg, Hans G. 1987: Einleitung: Zur Kontroverse über das Verstehen fremden Denkens. In: Kippenberg und Luchesi (Hrsg.): 9-51

Kippenberg, Hans G. & Brigitte Luchesi (Hrsg.) 1987: Magie. Die sozialwissenschaftliche Kontroverse über das Verstehen fremden Denkens. Frankfurt: Suhrkamp Verlag

Kirchgässner, Gebhard 1988: Die neue Welt der Ökonomie. *Analyse & Kritik* 10:107-137

Kirk, William 1990: South East Asia in the Colonial Period: Cores and Peripheries in Development Processes. In: Dwyer (ed.):15-47

Kißler, Mechtilde & Josef Eckert 1990: Multikulturelle Gesellschaft und Urbanität – Die soziale Konstruktion eines innerstädtischen Wohnviertels aus figurationssoziologischer Sicht. *Migration* 8:43-81

Klemm, Elmar 1990: Dateneingabe und Datenmanagement in SPSS/PC+. Mannheim etc.: BI Wissenschaftsverlag

Knie, Andreas & Sabine Helmers 1991: Organisationen und Institutionen in der Technikentwicklung. Organisationskultur, Leitbilder und "Stand der Technik". *Soziale Welt* 42,4:427-444

Knight, C. Gregory 1974: Individual Crop Experimentation among Shifting Cultivators. *Journal of Symbolic Anthropology* 2:1-20

Knox, Paul 1995: Urban Social Geography. An Introduction. Harlow, Essex: Longman Scientific & Technical

Koentjaraningrat, R.M. 1978: Stichwort Macassarese-Buginese. In: Richard V. Weekes (ed.-in-chief): Muslim Peoples. A World Ethnographic Survey:237-239. Westport, London: Greenwood Press

Koentjaraningrat, R.M. ^{5}1980: Kebudayaan Bugis-Makassar. In: R.M. Koentjaraningrat (ed.): Manusia dan kebudayaan di Indonesia:259-278. o.O. (Jakarta): Djambatan

Körner, Heiko 1990: Internationale Mobilität der Arbeit. Eine empirische und theoretische Analyse der internationalen Wirtschaftsmigration im 19. und 20. Jahrhundert. Darmstadt: Wissenschaftliche Buchgesellschaft

Kokot, Waltraud 1987: Ethnologische Feldforschung in der Großstadt: Probleme der Abgrenzung. In: Kuntz & Pfleiderer (Hrsg.)

Kokot, Waltraud 1990: Ethnologische Forschung in Städten: Gegenstände und Probleme. In: Kokot & Bommer (Hrsg.):1-11

Kokot, Waltraud 1993: Kognitive Ethnologie. In: Hans Fischer (Hrsg.): Ethnologie. Einführung und Überblick:359-373. Berlin: Dietrich Reimer Verlag

Kokot, Waltraud et al. 1982: Methoden der Untersuchung kulturellen Wissens. Ein praxisorientierter Leitfaden. Köln: Institut für Völkerkunde; unv. Mskr.

Kokot, Waltraud & Bettina C. Bommer (Hrsg.) 1991: Ethnologische Stadtforschung. Eine Einführung. Berlin: Dietrich Reimer Verlag

Kokot, Waltraud, Hartmut Lang & Eike Hinz 1982: Current Trends in Cognitive Anthropology. In: *Anthropos* 77:329-350

Kolb, Hanns-Joachim 1992: Bevölkerungswanderungen in der Gegenwart. *Geographie und Schule* 78:2-10

Kornrumpf, Martin 1935: Mensch und Landschaft auf Celebes. Breslau (Geographische Wochenschrift; Beiheft 8)

Korff, Rüdiger 1995: Global and Local Spheres: The Diversity of Southeast Asian Urbanism. *Sojourn. Social Issues in Southeast Asia* xx:xx

Korte, Hermann 1986: Stadtsoziologie. Forschungsprobleme und Forschungsergebnisse der 70er Jahre. Darmstadt: Wissenschaftliche Buchgesellschaft (Erträge der Forschung, 234)

Kottwitz, Gisela & Monika Vanberg 1971/72: Entwicklung eines Modells der Wanderungsentscheidung. *Arbeitshefte aus dem Institut für Soziologie der TU Berlin*, 4:35-96

Kraus, Karl-Heinz 1990: Sulawesi/Indonesien. Mit Anreise durch Java und Bali. Bielefeld: Peter Rump Verlag (Reihe Reise Know-How)

Krasberg, Ulrike 1989: Tradition und Moderne in Griechenland. Von städtischen Lebensidealen und den Bedingungen des Lebens auf dem Land, von Arbeitsmigration und dörflicher Heimat. *Anthropos* 84:433-446

Krausse, Gerald Hans (ed.) 1985: Urban Society in Southeast Asia. Volume 1: Social and Economic Issues. Hong Kong: Asian Research Service (Asian Studies Monograph Series)

Kristanto, Kustiah, Tajuddin Parenta & Neill Sturgess 1989: South Sulawesi: New Directions in Agriculture? In: Hill (ed.):387-407

Kroeber-Riel, Werner & Jürgen Hauschildt 1989: Stichwort Decision Making. In: Adam Kuper & Jessica Kuper (eds.): The Social Science Encyclopedia:102-104. New York: Routledge

Kruse, Lenelis, Carl-Friedrich Graumann & Ernst-Dieter Lantermann 1990: Ökologische Psychologie. Ein Handbuch in Schlüsselbegriffen. München: Psychologie Verlags Union

Kuntz, Andreas & Beatrix Pfleiderer (Hrsg.) 1987: Fremdheit und Migration. Berlin: Dietrich Reimer Verlag

Kuper, Adam (ed.) 1992: Conceptualizing Society. London, New York: Routledge (European Association of Social Anthropologists)

Kuntjoro-Jakti, Dorodjatun 1991: Cities of Indonesia: A Network of Nation-Building Centres. *Garuda Indonesia* (Magazin) 1:4-5

Laboratory of Comparative Human Cognition 1978: Cognition as a Residual Category in Anthropology. *Annual Review of Anthropology* 7:51-68

La Gory, Mark & John Pipkin 1981: Urban Social Space. Belmont: Wadsworth Publishing Company

Lakoff, George 1987: Women, Fire, and Dangerous Things. What Categories Reveal about the Mind. Cambridge, London: The University of Chicago Press

Lalli, Marco & Stefan E. Hormuth 1990: Wohnortwechsel. In: Kruse et al. (Hrsg.):569-575

Lang, Hartmut 1981: Systemanalyse und Systemtheorie in der Ethnologie. *Zeitschrift für Ethnologie* 106:3-22

Langenheder, Werner 1968: Ansatz zu einer allgemeinen Verhaltenstheorie in den Sozialwissenschaften. Dargestellt und überprüft an Ergebnissen empirischer Untersuchungen über Ursachen von Wanderungen. Köln, Opladen: Westdeutscher Verlag

Langenheder, Werner 1975: Theorie menschlicher Entscheidungshandlungen. Stuttgart: Ferdinand Enke Verlag (Sozialisation und Kommunikation, 3)
Langton, John 1979: Darwinism and the Behavioral Theory of Sociocultural Evolution: An Analysis. *American Journal of Sociology* 85,2:288-309
Latief, Abdul Rifai 1975: Beberapa Aspek Administrasi Sekitar Perluasan Kota Madya Ujung Pandang. Ujung Pandang: Universitas Hasanuddin, Fakultas Sospol (unveröffentlichte Abschlußarbeit)
Lauro, Don 1979: Life History Matrix Analysis: A Progress Report. In: Pryor (ed.) 1979b:134-154
Lave, Jean. Michael Murtaugh & Olivia de la Rocha 1984: The Dialectic of Arithmetic in Grocery Shopping. In: Rogoff & Lave (eds.):67-94
Leach, Edmund R. 1960: The Sinhalese of the Dry Zone of Northern Ceylon. In George Peter Murdock (ed.): Social Structure in Southeast Asia:116-126. Cambridge: Quadrangle Books
Leaf, Michael 1993: Land Rights for Residential Development in Jakarta, Indonesia: The Colonial Roots of Contemporary Urban Duelism. *International Journal of Urban and Regional Research* 17,4:477-491
LeBar, Frank M. 1972: Celebes. In: Ders. (ed.) Ethnic Groups of Insular Southeast Asia. Vol 1: Indonesia, Andaman Islands and Madagascar:124-147. New Haven, Conn.: Human Relations Area Files (HRAF) Press
Lee, Everett S. 1972: Eine Theorie der Wanderung. In G. Szell (Hrsg.): Regionale Mobilität:117-129. Frankfurt a.M., New York: Nymphenburger (zuerst 1966 in: *Demography* 3:47-57)
Lee, Raymond L.M. 1986: Social Networks and Ethnic Interaction in Urban Malaysia: An Exploratory Survey. *Sojourn. Social Issues in Southeast Asia* 1,1:109-123
Lees, Susan H. & Daniel G. Bates 1990: The Ecology of Cumulative Change. In: Emilio Moran (ed.): The Ecosystem Approach in Anthropology. From Concept to Practice:247-277. Ann Arbor: The University of Michigan Press
Lefébvre, Henri 1990: Die Revolution der Städte. Frankfurt a.M.: Verlag Anton Hain
Lehmann, Herbert 1936: Das Antlitz der Stadt in Niederländisch-Indien. In: Länderkundliche Forschung. Festschrift für Norbert Krebs:109-139. Stuttgart: J. Engelhorn Nachf.
Leinbach, Thomas R. & Chia Lin Sien (eds.) 1989: South-East Asian Transport. Issues in Development. Singapore etc.: Oxford University Press
Leinbach, Thomas R. & Richard Ulack [2]1993: Cities of Southeast Asia. In: Stanley D. Brunn & Jack Francis Williams (eds.): Cities of the World. World Regional Urban Development:389-429. New York: Harper Collins College Publishers
Leirissa, Richard Z. 1990: PRRI/Permesta: Strategi Membangun Indonesia Tanpa Kommunis. Jakarta: Grafitipers
Leirissa, Richard Z. 1993: The Structure of Makassar-Bugis Trade in Pre-Modern Moluccas. *Review of Malaysian and Indonesian Affairs* 27:77-90
Lenhart, Lioba 1992: Indonesien: Die Konzeption einer nationalen Kultur im Kontext des Nation-Building. *Orientierungen* (Themenheft Indonesien): 83-103
Lenhart, Lioba 1994: Ethnic Minority policy and National Development in Indonesia In: Wessel, Ingrid (ed.): Nationalism and Ethnicity in Southeast Asia. Proceedings of the Conference "Nationalism and Ethnicity in Southeast Asia" at Humboldt University:87-105. Berlin, Münster: Lit (Berliner Afrika- und Asien-Studien, 4,1)
Lenz, Carola 1988: Von seiner Heimat kann man nicht lassen: Migration in einer Dorfgemeinde in Ecuador. Frankfurt a.M., New York: Campus Verlag
Lesser, Alexander 1981: Social Fields and the Evolution of Society. *Southwestern Journal of Anthropology* 17:40-47
Lévy-Bruhl, Henry 1922: Das Denken der Naturvölker. Wien, Leipzig (zuerst 1910: La mentalité primitive. Paris: Alcan)
Lewis, E.D. 1991: Why did Sina dance? Stochasm, Choice and Intentionality in the Ritual Life of the Ata Tana 'Ai of Eastern Flores. In: Alexander (ed.):175-198
Lewis, G.J. 1982: Human Migration. A Geographical Perspective. London: Croom Helm
Leur, Jacob C. van 1955: Indonesian Trade and Society: Essays in Asian Social and Economic History. The Hague, Bandung: Van Hoeve (Selected Studies on Indonesia by Dutch Scholars, 1)
Li, Tania 1989: Malays in Singapore. Culture, Economy and Identity. Singapore etc.: Oxford University Press (East Asian Social Science Monographs)
Liberman, Kenneth 1980/82: The Organization of Talk in Aboriginal Community Decision Making. *Anthropological Forum* 5,1:38-53
Liebner, Horst 1990: See- und Handelsrecht in Süd-Sulawesi. Köln: Unv. Mskr., 12pp.
Liebner, Horst 1996: South Sulawesi - Outline of History. Ujung Pandang: Mskr., 6pp.
Lightfoot, Paul Theodore 1990: Population Mobility. In: Dwyer (ed.):256-277

Lightfoot, Paul, Ted (=Theodore) Fuller & Peerasit Kamnuansilpa 1981: Impact and Image of City in the Northeast Thai Countryside. *Cultures et Developpement* 13:97-122

Lim Jee Yuan 1987: The Malay House. Rediscovering Malaysia's Indigenous Shelter System. Penang: Institut Masyarakat

Lind, Joan Dyste 1983: The Organization of Coercion in History: A Rationalist-Evolutionary Theory. In: Randall Collins (ed.): Sociological Theory 1983:1-29. San Francisco: Jossey Bass Publishers

Lindenberg, Siegwart 1985: An Assessment of the New Political Economy: Its Potentials for the Social Sciences and for Sociology in Particular. *Sociological Theory* 3:99-114

Lindenberg, Siegwart 1990: Rationalität und Kultur. Die verhaltenstheoretische Basis des Einflusses von Kultur auf Transaktionen. In Hans Haferkamp (Hrsg.): Sozialstruktur und Kultur:249-287. Frankfurt a.M.: Suhrkamp Verlag

Lindenberg, Siegwart & Reinhard Wippler 1978: Theorienvergleich: Elemente der Rekonstruktion. In: Karl Otto Hondrich & Joachim Matthes (Hrsg.): Theorienvergleich in den Sozialwissenschaften:219-231. Darmstadt, Neuwied: Lucherhand (Soziologische Texte, Neue Folge, 108)

Lineton, Jacqueline Andrew 1975a: An Indonesian Society and its Universe. A Study of the Bugis of South Sulawesi (Celebes) and their Role within a Wider Social and Economic System. University of London; Ph.D-Diss.

Lineton, Jacqueline Andrew 1975b: Pasompe' Ugi': Bugis Migrants and Wanderers. *Archipel: Études interdisciplinaires sur le monde insulindien* 10:173-201

Lingenfelter, Sherwood G. 1977: Emic Structure and Decision-Making in Yap. *Ethnology* 16:331-352

Lofland, Lyn H. 1989: Social Life in the Public Realm. A Review. *Journal of Contemporary Ethnography* 17,4:453-462

Lombard, Denys & Jean Aubin (dir.) 1988: Marchands et hommes d'affaires asiatiques dans l'Océan Indien et la Mer de Chine, 13e-20e siècles. Paris: Editions de l'École des Hautes Études en Sciences Sociales (Ports, routes, trafics, 29)

Lombard-Salmon, Claudine 1969a: La Communauté chinoise de Makassar: Vie collective et organisations. *France-Asie* 197,2:159-194

Lombard-Salmon, Claudine 1969b: La Communauté chinoise de Makassar. Vie réligieuse. *T'oung Pao* 60,4-5:241-297

Low, Setha M. 1996: The Anthropology of Cities: Imagining and Theorizing the City. *Annual Review of Anthropology* 25:383-409

Lubis, Mochtar 1990: Dämmerung über Jakarta. Bad Honnef: Horlemann Verlag

Lundstrom-Burghoorn, Wil 1981: Minahasa Civilization. A Tradition of Change. Göteborg: Acta Universitatis Gothoburgensis (Gothenburg Studies in Social Anthropology, 2)

Lutz, Catherine 1988: Unnatural Emotions. Everyday Sentiments on a Micronesian Atoll and Their Challenge to Western Theory. Chicago, London: The University of Chicago Press

Lutz, Catherine & Geoffrey M. White 1986: The Anthropology of Emotions. *Annual Review of Anthropology* 15:405-436

Macdonald, Charles 1987: Histoire dún projet: de la notion de "maison" chez Levi-Strauss à la comparaison des sociétés en Asie du Sud-Est insulaire. In: Ders. & membres de l'ECASE: De la hutte au palais. Sociétés "à maison" en Asie du Sud-Est insulaire:3-11. Paris: Editions du Centre National de la Recherche Scientifique

McGee, Terence Gary 1967: The Southeast Asian City. New York: Praeger

McGee, Terence Gary 1976: Beach-Heads and Enclaves: The Urban Debate and The Urbanization Process in Southeast Asia since 1945. In: Yeung & Lo (eds.):60-75

McGee, Terence Gary 1978: Rural-Urban Mobility in South and Southeast Asia: Different Formulations, Different Answers. In: William H. McNeill & Ruth S. Adams (eds.): Human Migration: Patterns and Policies:199-224. Bloomington, London: Indiana University Press

McGee, Terence Gary 1979a: The Poverty Syndrome. Making Out in the Southeast Asian City. In: Bromley & Gerry (eds.):45-68

McGee, Terence Gary 1979b: Migrant Adaptation Profiles: Holograms. In: Pryor (ed.) 1979b:109-133

McGee, Terence Gary 1985: The Changing Cities. In: Ronald D. Hill (ed.): South-East Asia. A Systematic Geography:180-191. Kuala Lumpur etc.: Oxford University Press

McGee, Terence Gary 1989: Urbanisasi or Kotadesasi? Evolving Patterns of Urbanization in Asia. In: Costa et al. (eds.):93-108

McGee, Terence Gary 1991a: Southeast Asian Urbanization: Three Decades of Change. *Prisma. The Indonesian Indicator* 51:3-16

McGee, Terence Gary 1991b: Presidential Address: Eurocentrism in Geography – The Case of Asian Urbanization. *The Canadian Geographer* 35,4:332-344

McGee, Terence Gary, Dean K. Forbes & Peter Munzinger 1984: Beca, Beca, coba saya bawa. Jakarta: Lembaga Studi Pembangunan (Galang, Seri Sektor Informal; SSI)
McGee, Terence Gary & Yue-Man Yeung (eds.) 1977: Hawkers in Southeast Asian Cities: Planning for the Bazaar Economy. Ottawa: International Development Research Centre (IDRC)
McGee, Terence Gary & Yue-Man Yeung 1986: Participatory Urban Services in Asia. In: McGee & Yeung (eds.):9-27
McGee, Terence & Yue-man Yeung 1994: Urban Futures for Pacific Asia: Towards the 21st Century. In: Yue-man Yeung (ed.): Pacific Asia in the 21st Century: Geographical and Developmental Perspectives:47-67. Hong Kong: Chinese University Press
Macknight, C.C. 1983: The Rise of Agriculture in South Sulawesi before 1600. *Review of Indonesian and Malaysian Affiars* 17:92-116
Macknight, C.C. 1972: Macassans and Aborigines. *Oceania* 42:283-321
Macknight, C.C. 1975: The Emergence of Civilization in South Celebes and Elsewhere. In: Anthony Reid & Lance Castles (eds.): Pre-Colonial State Systems of Southeast Asia. The Malay Peninsula, Sumatra, Bali-Lombok, South Celebes:126-135. Kuala Lumpur (MBRAS Monographs of the Malayan Branch of the Royal Asiatic Society, 6)
Macknight, C.C. 1976: The Voyage to Marege'. Macassan Trepangers in Northern Australia. Melbourne: Melbourne University Press
Macknight, C.C. 1986: Changing Perspectives in Island Southeast Asia. In: David G. Marr & A.C. Milner (eds.): Southeast Asia in the 9th to 14th Centuries:215-227. Singapore: Institute of Southeast Asian Studies and Australian National University, Research School of Pacific Studies
Macknight, C.C. 1993: The Early History of South Sulawesi: Some Recent Advances. Clayton, Victoria: Monash University, Centre of Southeast Asian Studies (Working Paper)
McKinley, Robert 1979: Zaman dan Masa, Eras and Periods. Religious Evolution and the Permanence of Epistemological Ages in Malay Culture. In: A.L. Becker & Aram Yengoyan (eds.): The Imagination of Reality. Essays in Southeast Asian Coherence Systems:303-324. Norwood, N.J: Ablex Publishing Corporation
McNetting, Robert, Richard R. Wilk & Eric J. Arnould (eds.) 1984: Households: Comparative and Historical Studies of the Domestic Group. Berkeley, Los Angeles: University of California Press
McTaggart, W. Donald 1976a: Kebijaksanaan Pembangunan Kota Di Indonesia. Kasus Ujung Pandang, Sulawesi Selatan. *Masyarakat Indonesia* 3,1:71-102
McTaggart, W. Donald 1976b: Urban Policies in an Indonesian City: The Case of Ujung Pandang, South Sulawesi. *Town Planning Review* 47,1:56-81 (Übers. von 1976a)
McTaggart, W. Donald 1979: Ipeda Land-Tax Data as a Source of Information on the Indonesian City. The Case of Ujung Pandang. *Professional Geographer* 31:416-421
McTaggart, W. Donald & D. Stormont 1975: Urbanization Concepts in the Restructuring of Indonesia. *Journal of Tropical Geography* 41:34-44
Maeda, Narifumi 1982: Makassarese Social Organization in a Mountainous Habitat. In: Mattulada & Maeda (eds.):177-212
Maeda, Narifumi 1986: Reflections on Bugis Household and Kinship. In: Koji Tanaka, Mattulada & Narifumi Maeda (eds.): Environment, Landuse and Society in Wallacea:93-104. Kyoto: Center for Southeast Asian Studies, Kyoto University
Maeda, Narifumi 1990: Household and Religion. The Problem of Identity in A Bugis Community. *Tonan Kenkyu (Southeast Asian Studies)* 28,1:3-5
Maeda, Narifumi 1991: Agricultural Rites in South Sulawesi. *Tonan Ajia Kenkyu (Southeast Asian Studies)* 28,4:535-543(85-93)
Maeda, Narifumi 1993: Forest and Sea among the Bugis. *Southeast Asian Studies* 30,4:420-426
Maeda, Narifumi 1994: Coping with the Currents of Change: A Frontier Bugis Settlement in Johor, Malaysia. *Southeast Asian Studies* 32,2:197-230
Magenda, Burhan 1988: Ethnicity and State-Building in Indonesia: the Cultural Base of the New Order. In: R. Guidieri, F. Pellizi, Stanley Jeyaraja Tambiah (eds.): Ethnicity and Nations. Processes of Interethnic Relation in Latin America, Southeast Asia, and the Pacific:345-361. Austin: Rothko Chapel
Magnis-Suseno, Franz von 1989: Neue Schwingen für Garuda. Indonesien zwischen Tradition und Moderne. München: Kindt Verlag (Fragen einer neuen Weltkultur, 4)
Mai, Ulrich 1984: Urbanisierungsprozesse in Kleinstädten der Peripherie: Zur Rolle der Wochenmärkte in der Provinz Nord-Sulawesi, Indonesien. Bielefeld: Universität Bielefeld, Fakultät für Soziologie, Forschungsschwerpunkt Entwicklungssoziologie (Working Papers, 47)

Mai, Ulrich 1992: Credit, Consensus, and Power: The Local Association as A Modern Institution of Socialization. Bielefeld: Universität Bielefeld, Fakultät für Soziologie, Forschungsschwerpunkt Entwicklungssoziologie, Southeast Asia Programme (Working Papers, 167)

Mai, Ulrich & Helmut Buchholt 1987: Peasant Pedlars and Professional Traders. Subsistence Trade in Rural Markets of Minahasa, Indonesia. Singapore: Institute of Southeast sian Studies (ISEAS)

Makaliwe, Willem H. 1969: An Economic Survey of South Sulawesi. In: *Bulletin of Indonesian Economic Studies* 10,1:33-54

Makkulau, Andi (ed.) 1978: Zone Zone Transisi. Ujung Pandang: IKIP

Malinowski, Bronislaw 1948: Magic, Science and Religion, and other Essays. Boston: Beacon

Malmberg, Gunnar 1997: Time and Space in International Migration. In: Hammar, Brochmann, Tamas & Faist (eds):21-48

Malo, Manasse & Peter J.M. Nas 1995: Queen City of the East and Symbol of the Nation: The Administration and Management of Jakarta. Paper; EUROSEAS Conference "Keys to South-East Asia"; Session on Urban Southeast Asia, Leiden, 29.6.-1.7.1995

Mangalam, J. & H.K. Schwarzweller 1970: Theoretical Outlines Toward A Sociology of Migration. *International Migration Review* 5,2

Mangemba, Hamzah Daeng 1956: Kenallah Sulawesi-Selatan. Djakarta: Timur Mas

Mangemba, Hamzah Daeng 1972: Kota Makassar Dalam Lintasan Sejarah. Makassar: Universitas Hasanuddin, Fakultas Sastra, Lembaga Sejarah

Mandl, H. & G.L. Huber (Hrsg.) 1983: Emotion und Kognition. München etc.: Huber Verlag

Manning, Chris 1993: Rural Problems and Urban Opportunities. In: Dirkse et al. (eds.):87-92

Manning, Chris & Michael Rumbiak 1989: Irian Jaya: Economic Change, Migrants and Indigenous Welfare. In: Hill (ed.)77-106

Mantra, Ida Bagus 1981: Population Movement in Wet Rice Communities. A Case Study of Two Dukuh in Yogyakarta Special Region. Yogyakarta: Gadjah Mada University Press

Mappawata, Tatjong 1986: Hubungan Patron Klien di Kalangan Nelayan: Studi Kasus Desa Tamalate, Kecamatan Galesong Utara, Kabupaten Takalar, Sulawesi Selatan. Jakarta: Thesis Universitas Indonesia

Margolis, Howard 1982: Selfishness, Altruism, and Rationality. Cambridge: Cambridge University Press

Marquard, Odo 1986: Merkende Vernunft. Beobachtungen über Vernunft und Zufall beim Menschen. In: Rössner (Hrsg.):247-256

Marzuki, H. Mohamad Laica 1995: Siri': Bagian Kesadaran Hukum Rakyat Bugis-Makassar (Sebuah Telaah Filsafat hukum). Ujung Pandang: Hasanuddin University Press

Mathews, Holly F. 1987: Predicting Decision Outcomes: Have we Put the Cart before the Horse in Anthropological Studies of Decision Making? *Human Organization* 46,1:54-61

Mathews, Holly F. & Carole E. Hill 1990: Applying Cognitive Decision Theory to the Study of Regional Patterns of Illness Treatment Choice. *American Anthropologist* 92: 155-170

Matthes, Benjamin Frederik 1859: Makasarsch-Hollandsch Woordenboek met een tot de Verklaring. Amsterdam: Nederlandsche Bijbelgenootschap

Matthes, Benjamin Frederik 1874: Begineesch-Holandsch Woordenboek, met Hollandsch-Boegineesch woordenlijst, en verklaring van een tot opheldering bijgevoegten ethnographischen Atlas. Amsterdam: Nederlandsche Bijbelgenootschap

Mattulada 1975: Latoa. Suatu Lukisan Analitis terhadap Antropologi Politik orang Bugis. Yogyakarta: Gadjah Mada University Press

Mattulada 1979a: The Involvement of South-Sulawesi in the Independent Revolution of Indonesia (1945-1950). Kyoto: Vortragsmanuskript (16 S.)

Mattulada 1979b: Bugis-Makassar: Manusia dan Kebudayannya. Jakarta: Universitas Indonesia (Terbitan Khusus Berita Anthropologi, 6,16)

Mattulada 1982: South Sulawesi, Its Ethnicity and Way of Life. *Southeast Asian Studies* 20,1:4-22

Mattulada 1985: Mobilitas Penduduk: Studi Kasus tentang Masyarakat Sulawesi Selatan. Jakarta: Seminar Kependudukan dan Pembangunan oleh Kantor Menteri Negara dan Lingkungan Hidup Bersama Bank Dunia; Mskr.

Mattulada 1988: Kebudayaan Bugis-Makassar. In: Koentjaraningrat (ed.): Manusia dan Kebudayan Indonesia :266-285. Jakarta Penerbit Djambatan

Mattulada [2]1991:Menyusuri Jejak Kehadiran Makassar Dalam Sejarah (1510-1700). Ujung Pandang: Hasanuddin University Press

Mattulada & Narifumi Maeda (eds.) 1982: Villages and the Agricultural Landscape in South Sulawesi. Kyoto: Center for Southeast Asian Studies; Kyoto University

Mayburi-Lewis, David (ed.) 1984: The Prospects of Plural Societies. Washington, D.C.: American Ethnological Society

Mayer, Jörg (Hrsg.) 1993: Die aufgeräumte Welt-Raumbilder und Raumkonzepte im Zeitalter globaler Marktwirtschaft. Rehburg-Loccum: Evangelische Akademie Loccum (Loccumer Protokolle, 74/92)

Medick, Hans & David Sabean (Hrsg.) 1984: Emotionen und materielle Interessen. Sozialanthropologische und historische Beiträge zur Familienforschung. Göttingen

Mertins, Günter 1984: Marginalsiedlungen in Großstädten der Dritten Welt. *Geographische Rundschau* 36,9:434-442

Metje, Ute Marie 1997: Merantau - Migration und Matrilinearität bei den Minangkabau. *Kea* 10:231-251

Metzger, Duane G. & Gerald E. Williams 1966: Some Procedures and Results in the Study of Native Categories: Tzeltal "Firewood". *American Anthropologist* 68:389-407

Michelson, William 1980: Residential Mobility and Urban Policy: Some Sociological Considerations. In: Clark & Moore (eds.):79-99

Millar, Susan Bolyard 1981: Bugis Society: Given by the Wedding Guest. Ann Arbor: University Microfilms International (Ph.D.-Diss., Cornell University). Auch 1989 als Bugis Weddings: Rituals of Social Location in Modern Indonesia. Berkeley: University of California Press (Center of South and Southeast Asian Studies, Monographs, 29)

Millar, Susan Bolyard 1985: Hochzeiten als Ausdrucksform für die soziale Hierarchie in der Gesellschaft der Bugi in Süd-Sulawesi, Indonesien. In: Gisela Völger & Karin von Welck (Hrsg.): Die Braut: geliebt, verkauft, gebraucht, geraubt. Zur Rolle der Frau im Kulturvergleich:514-519. Köln: Rautenstrauch-Joest Museum

Milone, Pauline Dublin 1966: Urban Areas in Indonesia. Administrative and Legal Concepts. Berkeley: University of California, Institute of International Studies (Research Series, 10)

Milone, Pauline Dublin 1967: Indische Culture, and its Relationship to Urban Life. *Comparative Studies in Society and History* 9,4:407-427

Milone, Pauline Dublin 1976: Contemporary Urbanization in Indonesia. In: Yeung & Lo (eds.):91-98 (zuerst in *Asian Survey* 4, 1964)

Mills, Roger F. 1975: The Reconstruction of Proto South Sulawesi. *Archipel: Études interdisciplinaires sur le monde insulindien* 10:205-224

Mitchell, J. Clyde 1983: Case and Situation Analysis. *The Sociological Review* 31:187-211

Mitchell, J. Clyde 1987: Culture, Society and Social Perception. A Central African Perspective. Oxford: Clarendon Press

Mithen, Steven J. 1989: Modeling Hunter-Gatherer Decision Making: Complementing Optimal Foraging Theory. *Human Ecology* 17:59-83

Mochtar, Achmad 1988: Von Makassar nach Madagaskar. In: Karl Mertes & Rüdiger Siebert (Red.): Indonesien verstehen:19. Starnberg: Studienkreis für Tourismus e.V. (Sympathie Magazin, 7)

Moerman, Michael 1968: Agricultural Change and Peasant Choice in A Thai Village. Berkeley: University of California Press

Moewes, Winfried 1980: Grundfragen der Lebensraumgestaltung. Berlin, New York: Springer Verlag

Moore, Sally Falk 1987: Explaining the Present: Theoretical Dilemmas in Processual Ethnography. *American Ethnologist* 14,1:727-736

Muijzenberg, Otto D. & Peter J.M. Nas 1985: Indonesian Towns. A Bibliography. In: Nas (ed.):247-317

Mukhlis 1975: Struktur Birokrasi Kerajaan Gowa, Jama Pemerintahan Sultan Hasanuddin (1653-1669). Yogyakarta: Universitas Gadjah Mada (Abschlußarbeit)

Mukhlis (ed.) 1986: Dinamika Bugis-Makassar. Ujung Pandang: PLPIIS-YIIS

Mukhlis 1989: Social Structure of Bugis-Makassar in South Sulawesi. Ujung Pandang: Universitas Hasanuddin, Center for Rural and Regional Development

Mukhlis 1993: Dimensi Sosial-Budaya Sejarah Sulawesi Selatan. Makalah pada seminar Sejarah Masyarakat Sejarahwan Indonesia (MSI) SUL-SEL Kerjasama dengan Balai Kajian Sejarah & Nilai Tradisional. Ujung Pandang: Mskr.

Muchlis Paeni (=Mukhlis), Anhar Gonggong, M. Nur Baso & Sarita Pawiloy 1984/85: Sejarah Sosial Daerah Sulawesi Selatan. Mobilitas Sosial Kota Makasar 1900-1950. Jakarta: Departemen Pendidikan dan Kebudayaan, Direktorat Sejarah dan Nilai Tradisional, Proyek Inventarisasi dan Dokumentasi Sejarah Nasional

Mukhlis & Darmawan Mas´ud Rahman 1991: Boatbuilding Myth and Ritual in South Sulawesi. In: Smithsonian Institution (ed.): 1991 Festival of American Folklife. o.O. (Washington, D.C.):Smithsonian Institution

Mukhlis & Kathryn Robinson (eds.) 1986: Migrasi. Ujung Pandang: Lembaga Penerbitan Universitas Hasanuddin

Multhaup, Bernd & Surjadi Santoso 1984: Surabaya: The City is not a Tree. In: Rainer W. Ernst (Hrsg.): Stadt in Afrika, Asien und Lateinamerika:125-151. Berlin: Colloquium Verlag

Murphey, Rhoads 1989: On the Evolution of the Port City. In: Broeze (ed.):224-245

Murphey, Rhoads 1996: A History of the City in Monsoon Asia. In: Josef Gugler (ed.): The Urban Transformation of the Developing World:18-58. Oxford etc.: Oxford University Press
Murray, Alison J. 1991: No Money, No Honey. A Study of Street Traders and Prostitutes in Jakarta. Oxford etc.: Oxford University Press
Mutsara, A.R. 1993: Perjanjian bagi hasil atau "tesang" die Sulawesi Selatan. Ujung Pandang: Universitas Muslim Indonesia, Lembaga Percetakan & Penerbitan
Nagata, Judith 1974: Adat in the City: Some Perceptions and Practices Among Urban Malays. *Bijdragen tot de Taal-, Land- en Volkenkunde* 130:91-109
Nagata, Judith 1980: Perceptions of Social Inequality in a Plural Society: Malaysia. In: Evers:125-139
Naim, Mochtar 1970: Perantau Minang di Makassar. *Haluan* 8 (Nopember)
Naim, Mochtar 1979: Merantau. Pola Migrasi Suku Minangkabau. Yogyakarta: Gadjah Mada University Press (zuerst als Ph. D.-Diss. University of Singapore 1973)
Nardi, Bonnie 1983: Goals in Reproductive Decision Making. *American Ethnologist* 10,4:697-715
Nas, Peter J.M. 1986: Introduction: A General View on the Indonesian Town. In: Nas (ed.):1-17
Nas, Peter J.M. (ed.) 1986: The Indonesian City. Studies in Urban Development and Planning. Dordrecht, Cinnaminson: Foris Publications (Verhandelingen van het Koninklijk Instituut voor Taal-, Land- en Volkenkunde, 117)
Nas, Peter J.M. 1990/91: Urban Development and Land Speculation. With Special Reference to Tropical Asia. *Netherlands Review of Development Studies* 3:63-72
Nas, Peter J.M. (ed.) 1993: Urban Symbolism. Leiden etc.: E.J. Brill (Studies in Human Society, 8)
Nas, Peter J.M. 1995: Miniature of Manado: Images of a Peripheral Settlement. In: Reimar Schefold (ed.): Minahasa Past and Present: Tradition and Transition in an Outer Island Region of Indonesia: 58-71. Leiden: Research School CNWS (CNWS Publications, 28)
Nas, Peter J.M. (ed.) 1995: Issues in Urban Development. Case Studies from Indonesia. Leiden: Research School CNWS
Nas, Peter J.M. 1995: Indonesian Cities, 1985-1995: A Bibliography. In: Nas (ed.):246-293
Nas, Peter J. M. 1998: The House in Indonesia. Between Globalization and Localization. In: Peter J.M. Nas (ed.): Globalization, Localization and Indonesia (= *Bijdragen to de Taal-, Land- en Volkenkunde* 154,2:181-364):335-360
Nas, Peter J.M., G.J. Van Reenen, L. Darmayanti & F. Sjamsir 1981: Indonesian Cities. A Typology of Kotamadya's. Leiden: University of Leiden: Institute of Cultural and Social Studies (Working Papers, 3)
Nasar, Jack L. 1998: The Evaluative Image of the City. Thousand Oaks etc.: Sage Publivations
Nauck, Bernhard 1988: Sozialstrukturelle und individualistische Migrationstheorien. Elemente eines Theorienvergleichs. Kölner Zeitschrift für Soziologie und Sozialpsychologie 40,1:15-39
Needham, Rodney 1988: Makasarese/Endehnese/Sumbanese. In: Claessen & Moyer (eds.):42-54
Newman, Katherine 1980: Incipient Bureaucracy: The Development of Hierarchies in Egalitarian Organizations. In: Gerald Britan & Ronald Cohen (eds.): Hierarchy and Society. Anthropological Perspectives on Bureaucracy:143-163. Philadelphia: Institute for the Study of Human Issues (ISHI)
Nipper, Jürgen 1975: Mobilität der Bevölkerung im engeren Informationsfeld einer Solitärstadt. Eine mathematisch-statistische Analyse distanzieller Abhängigkeiten, dargestellt am Beispiel des Migrationsfeldes der Stadt Münster. Gießen (Gießener Geographische Schriften, 33)
Nisbett, R. & L. Ross 1990: Human Inference. Strategies and Shortcomings of Social Judgements. Englewood Cliffs, N.J.: Prentice Hall
Nohlen, Dieter & Franz Nuscheler (Hrsg.) 1994: Handbuch der Dritten Welt. Band X, Südasien und Südostasien. Frankfurt a.M.: Dietz Verlag
Noorduyn, Jacobus 1956: Die Islamisierung von Makasar. *Bijdragen tot de Taal-, Land- en Volkenkunde* 112:247-266
Noorduyn, Jacobus 1964: Sejarah Agama di Sulawesi Selatan. Panggilan Kita di Indonesia Dewasa ini. Jakarta: Badan Penerbit Kristen
Noorduyn, Jacobus 1965: Origins of South Celebes Historical Writing. In: Soejatmoko, G.J. Resink & George McT. Kahin (eds.): An Introduction to Indonesian Historiography:137-155. Ithaca, New York: Cornell University Press
Noorduyn, Jacobus 1991a: A Critical Survey of Studies on the Languages of Sulawesi. Leiden: KITLV Press (Bibliographical Series, 18)
Noorduyn, Jacobus 1991b: The Manuscripts of the Makasarese Chronicle of Goa and Talloq: An Evaluation. *Bijdragen tot de Taal-, Land- en Volkenkunde* 147,4:454-484
Nooy-Palm, C. Hetty M. 1975: Introduction to the Sa'dan Toraja People and their Country. *Archipel* 10:53-92

Nooy-Palm, C. Hetty M. 1979: The Sa'dan Toraja. A Study of their Social Life and Religion. Vol 1: Organization, Symbols and Beliefs. Dordrecht, Providence: Foris Publications (Verhandelingen van het Koninklijk Instituut voor Taal-, Land- en Volkenkunde, 87)

Nooy-Palm, C. Hetty M. 1986: The Sa'dan Toraja. A Study of their Social Life and Religion. Vol 2: Rituals of the East and West. Dordrecht, Providence: Foris Publications (Verhandelingen van het Koninklijk Instituut voor Taal-, Land- en Volkenkunde, 118)

Nooy-Palm. C. Hetty M. et al. 1979: The Sa'dan Toraja in Ujung Pandang (Sulawesi, Indonesia): A Migration Study. Amsterdam: Koninklijk Instituut voor de Tropen; Uung Pandang; University of Hasanuddin Press

Nothofer, Bernd & Karl-Heinz Pampus [2]1988: Bahasa Indonesia. Indonesisch für Deutsche. Teil 1. Heidelberg: Jullius Groos Verlag

Nothofer, Bernd, Karl-Heinz Pampus, Gloria und Soepomo Poedjosoedarmo & Margund Wuchterl 1987: Bahasa Indonesia. Indonesisch für Deutsche. Teil 2. Heidelberg: Jullius Groos Verlag

Nuckolls, Charles W. 1994: The Anthropology of Explanation. *Anthropological Quarterly* 67: 1-21

O'Connor, R. 1983: A Theory of Indigenous Southeast Asian Urbanism. Singapore: Institute of Southeast Asian Studies (ISEAS) (Research Notes and Discussion Papers, 38)

Oenarto, Joseph 1989: Case Studies of the Housing Process in Jakarta. In: Einhard Schmidt (Hrsg.): Squatter's Struggles and Housing Policies in Asia. Experiences from Five Countries in Southeast and South Asia:26-41. Dortmund: Informationskreis für Raumplanung

Oliver, Symmes C. 1965: Individuality, Freedom of Choice, and Cultural Flexibility of the Kamba. *American Anthropologist* 67:421-428

Opler, Morris E. 1959: Component, Assemblage and Theme in Cultural Integration and Differentiation. *American Anthropologist* 61:955-964

Orians, Gordon H. 1986: Habitat Selection: General Theory and Applications to Human Behavior. In: Joan S. Lockard (ed.): The Evolution of Human Social Behavior:49-66. New York: Elsevier North Holland

Ortiz, Sutti (ed.) 1983a: Economic Anthropology. Topics and Theories. Lanham etc.: University Press of America

Ortiz, Sutti 1983b: What is Decision Analysis about? The Problems of Formal Representations. In: Ortiz (ed.): 249-297

Ortiz, Sutti & Susan Lees (eds.) 1992: Understanding Economic Process. Lanham: University Press of America, Inc. (Monographs in Economic Anthropology, 10)

Ortner, Sherry B. 1994: Theory in Anthropology since the Sixties. In: Nicholas B. Dirks, Geoff Eley & Sherry B. Ortner (eds.): Culture/Power/History. A Reader in Contemporary Social Theory. Princeton, N.J.: Princeton University Press:372-411 (zuerst 1984 in *Comparative Studies in Society and History* 26,1:126-166)

Overing, Johanna (ed.) 1985: Reason and Morality. London: Tavistock Publications (ASA-Monographs, 24)

Ouroussoff, Alexandra 1993: Illusions of Rationality: False Premises of the Liberal Tradition. *Man* 28:281-298

Padoch, Christine 1982: Migration and Its Alternatives among the Iban of Sarawak. The Hague: Martinus Nijhoff (Verhandelingen van het Koninklijk Instituut voor Taal-, Land- en Volkenkunde, 98)

Parnwell, Mike 1993: Population Movements and the Third World. London, New York: Routledge (Routledge Introductions to Development)

Parsidi, Agata (ed.) [2]1995: Kamus Akronim Initialisme dan Singkatan. Leiden: KITLV Press, Jakarta: Lembaga Ilmu Pengetahuan Indonesia (LIPI)

Patompo, H. M. 1976: Rahasia Menyingkap Tabir Kegelapan (Fragmen Revolusi Pembangunan). Ujung Pandang: SMP Frater

Patunru, Abdurrazak Daeng 1967: Sejarah Gowa. Makassar: Yayasan Kebudaan Sul-Sel dan Tenggara (JKSST)

Peet, Richard & Nigel Thrift (eds.) 1989: New Models in Geography. Vol. 1: The Political-Economy Perspective. London: Unwin Hyman

Pelissier, Catherine 1991: The Anthropology of Teaching and Learning. *Annual Reviews of Anthropology* 20:75-95

Pelras, Christian 1975a: Celébes-Sud: Fiche signalétique. In: *Archipel: Études interdisciplinaires sur le monde insulindien* 10:5-10

Pelras, Christian 1975b: Guide Archipel II: La Province de Célèbes-Sud. *Archipel: Études interdisciplinaires sur le monde insulindien* 10:11-50

Pelras, Christian 1975c: La Maison Bugis: Formes, Structures et Fonctions. *Asie du Sud-Est et Monde Insulindien* 6,2-3:61-100

Pelras, Christian 1977: Culture, ethnie, espace social: quelques réflexions autour du cas Bugis. *Asie du Sud-Est et Monde Insulindien (ASEMI)* 8,2:57-79
Pelras, Christian 1993: Religion, Tradition, and the Dynamics of Islamization in South Sulawesi. *Indonesia* 57:133-154 (zuerst in *Archipel* 29:107-135, 1985)
Pelras, Christian 1995: Pre-Islamic Rice-Rituals and Myths in their Austronesian Southeast Asian Context. Paper: EUROSEAS Conference "Keys to South-East Asia". Leiden; 15pp.
Pelras, Christian 1996: The Bugis. London: Blackwell (The Peoples of South-East Asia and the Pacific)
Pelras, Christian 1997: Bugis (and Makassar) Houses: Variation and Evolution. Paper. Paris: CNRS/LASEMA
Pelras, Christian 1998: Bugis Culture - A Tradition of Modernity. In: Robinson & Mukhlis (eds.):19-28
Pelto, Pertti J. & Gretel H. Pelto 1975: Intracultural Diversity: Some Theoretical Issues. *American Ethnologist* 2:1-18
Peristiany, Jean G. 1966/74: Honour and Shame. The Values of Meditteranean Society. London: Weidenfeld & Nicolson; London: Oxford University Press, Chicago: Chicago University Press
Pernia, E.M. 1991: Aspects of Urbanization and Environment in Southeast Asia. *Asian Development Review* 9,2:113-136
Persoon, Gerard 1986: Congelation in the Melting Pot. The Minangkabau in Jakarta. In: Nas (ed.):176-196
Pertierra, Raul 1988: Religion, Politics and Rationality in a Philippine Community. Honolulu: University of Hawaii Press
Petersen, William 1958: A General Typology of Migration. *American Sociological Review* 23,3: 256-266
Plattner, Stuart (ed.) 1989a: Economic Anthropology. Stanford: Stanford University Press
Plattner, Stuart 1989b: Introduction. In: Plattner (ed.):1-20
Poelinggomang, Edward L. 1993: The Dutch Trade Policy and Its Impact on Makassar's Trade. *Review of Indonesian and Malaysian Affairs* 27:61-76
Poeze, Harry A. & Pim Schoorl (red.): 1991: Excursies in Celebes. Een bundel bijdragen bij et afscheid van J. Noorduyn als director-secretaris van het Koninklijk Instituut voor Taal-, Land- en Volkenkunde. Leiden: (Verhandelingen van het Konijklik Institut voor Taal-, Land- en Volkenkunde, 147)
Poot, Huib, Arie Kuyvenhoven & Jaap C. Jansen 1990: Industrialisation and Trade in Indonesia. Yogyajarta: Gadjah Mada University Press
Popkin, Samuel L. 1979: The Rational Peasant. The Political Economy of Rural Society in Vietnam. Berkeley etc.: University of California Press
Popp, Herbert 1976: The Residential Location Decision Process (Signalement). *Tijdschrift voor Economische en Sociale Geografie* 67,5:300-306
Portes, Alejandro 1972: Rationality in the Slum: An Essay in Interpretative Sociology. *Comparative Studies in Society and History* 14:268-286
Prager, Michael 1992: Structure, Process, and Performance in Eastern Indonesian Rituals. A Review Article. *Anthropos* 87:548-555
Prattis, J. Iain 1972: Dilemmas of Decision Making: The Cross-Cultural Relevance of Economic Models. In: Morris Freilich (ed.): Relevant Anthropology. Chicago: Aldine
Prattis, J. Iain 1973: Strategizing Man. *Man* 8,1:45-58
Preston, V. A. & S.M. Taylor 1981: Personal Construct Theory and Residential Choice. *Annals of the Association of American Geographers* 21:437-461
Price, C.A. 1979: A Comment on the Cultural and Social Context of Residence Histories. In: Pryor (ed. 1979b):103-108
Prigge, Walter 1993: Raumkonzepte. Das Städtische als Vermittlung globaler und lokaler Praxis. In: Mayer (Hrsg.):203-210
Prins, Wil J.M. & Peter J.M. Nas 1983: The Struggle for the Third World City. In Ansari & Prins (eds.): 38-51
Prodolliet, Simone 1996: Händlerinnen, Goldgräber und Staatsbeamte: Sozialgeschichte einer Kleinstadt im Hochland Südwestsumatras. Berlin: Dietrich Reimer Verlag
Pryor, Robin J. (ed.) 1979a: Migration and Development in Southeast Asia. Kuala Lumpur: Oxford University Press
Pryor, Robin J. (ed.) 1979b: Residence History Analysis. Canberra: Australian National University, Dept. of Demography (Studies in Migration and Urbanisation, 9)
Ptak, Roderich & Dietmar Rothermund (eds.) 1991: Emporia, Commodities and Entrepreneurs in Asian Maritime Trade, c. 1400 - 1750. Stuttgart: Franz Steiner Verlag. (Beiträge zur Südasienforschung, 141)
Quinn, Naomi 1975: Decision Models of Social Structure. *American Ethnologist* 2:19-45

Quinn, Naomi & Dorothy Holland 1987: Culture and Cognition. In: Dorothy Holland & Naomi Quinn (eds.): Cultural Models in Language and Thought:3-40. Cambridge: Cambridge University Press
Raben, Remco 1995: Facing the Crowd: The Urban Ethnic Policy of the Dutch East India Company 1600-1800. In: K.K. Mathew (ed.): Mariners, Merchants and Oceans: Studies in Maritime History:209-245. New Delhi: Manohar
Rachman, Darmawan Mas'ud 1987: Puang dan Daeng di Mandar: Studi kasus mengenai nilai-nilai budaya dalam pendekatan simbolis. Ujung Pandang: Universitas Hasanuddin, Departemen Antropologi, PhD.-Diss.
Rahajoekoesoemah, Datje 1984: Kamus Lengkap Jerman Indonesia, Indonesia-Jerman. Jakarta: Penerbit CV. Rajawali
Rahim, Abdullah & Ridwan Borahima (ed.) 1975: Sejarah Kerajaan Tallo' (Suatu Transkripsi Lontara'). Ujung Pandang: Lembaga Sejarah dan Antropologi
Ramage, Douglas E. 1995: Politics in Indonesia: Democracy, Islam and the Ideology of Tolerance. London, New York: Routledge (Politics in Asia series)
Rapoport, Amos 1994: Spatial Organization and the Built Environment. In: Tim Ingold (ed.): Companion Encyclopedia of Anthropology:460-502. London, New York: Routledge:
Ravenstein, Ernst-Georg 1885/1889: The Laws of Migration. *Journal of the Royal Statistical Society* 48:167-227 und 52:241-301
Redfield, Robert & Milton Singer 1954: The Cultural Role of Cities. *Economic Development and Cultural Change* 3:53-73
Reed, Robert R. 1976: Indigenous Urbanism in South-East Asia. In: Yeung & Lo (eds.):14-27
Reid, Anthony 1980: The Structure of Cities in South East Asia: Fifteenth to Seventeenth Centuries. *Journal of Southeast Asian Studies* 2,2:235-250
Reid, Anthony 1981: A Great Seventeenth Century Indonesian Family: Matoaya and Patingalloang of Makassar. *Masyarakat Indonesia* 8,1:1-28
Reid, Anthony 1983: The Rise of Makassar. In: *Review of Indonesian and Malaysian Affairs* 17:117-160
Reid, Anthony 1988: Southeast Asia in the Age of Commerce 1450-1680. Vol 1: The Lands below the Wind. New Haven, London: Yale University Press
Reid, Anthony 1989: The Organization of Production in the Pre-Colonial Southeast Asian Port City. In: Broeze (ed.):54-74
Reid, Anthony 1992a: Dutch Hegemony. The Fall of Makassar. In: Volkman & Caldwell (eds.):32-35
Reid, Anthony 1992b: Independence. The Rocky Road to Nationhood. In: Volkman & Caldwell (eds.):36-37
Reid, Anthony 1992c: Old Makassar. Cosmopolitan Kingdom by the Sea. In: Volkman & Caldwell (eds.):66-67
Reid, Anthony 1992d: Ujung Pandang. Gateway to the Eastern Isles. In: Volkman & Caldwell (eds.):68-73
Reid, Anthony 1993: Southeast Asia in the Age of Commerce 1450-1680. Vol 2: Expansion and Crisis. New Haven, London: Yale University Press
Reid, Helen & Anthony Reid 1988: South Sulawesi. Berkeley: Periplus (Periplus Adventure Guides)
Reiss, Albert J. 1964: Stichwort Urbanism. In: Julius Gould & Willaim A. Kolb (eds.): A Dictionary in the Social Sciences:738-739. New York: The Free Press of Glencoe
Ridder, J. 1988: Maritime Trade Networks in Transition. The Buginese of South Sulawesi: Universiteit Wageningen: Ph.D.-Diss.
Rigg, Jonathan & Philip Scott 1992: The Rise of the Naga. The Changing Geography of South-East Asia 1965-90. In: Graham P. Chapman & Kathleen M. Baker (eds.): The Changing Geography of Asia:74-121. London, New York: Routledge
Rimmer, Peter J., David W. Drakakis-Smith & Terence Gary McGee (eds.) 1978: Food, Shelter and Transport in Southeast Asia and the Pacific. Challenging the "Unconventional Wisdom" of Development Studies in the Third World. Canberra: Australian National University, Dept. of Human Geography, Research School of Pacific Studies; Publication HG 12
Ritzer, George 1982: Contemporary Sociological Theory. New York etc.: McGraw-Hill Publishing Company
Robarchek, Clayton 1989: Primitive Warfare and the Ratomorphic Image of Mankind. *American Anthropologist* 91:903-920
Robbins, Lionel 1968: The Subject Matter of Economics. In: Edward E. LeClair & Harold K. Schneider (eds.): Economic Anthropology. New York: Holt, Rinehard & Winston
Roberts, Bryan 1982: Cities in Developing Countries. In: Hamza Alavi & Teodor Shanin (eds.): Introduction to the Sociology of "Developing Countries":366-385. New York, London: Monthly Review Press

Roberts, Bryan 1993: Cities in Permanent Transition. Variations among Cities of the Developing World. In: Cohen & Fukui (eds.):85-109

Robertson, Jennifer 1991: Native and Newcomer. Making and Remaking a Japanese City. Berkeley etc.: University of California Press

Robertson, Roland 1992: Globalization. Social Theory and Global Culture. London etc.: Sage Publications

Robinson, Kathryn May 1983: Living in the Hutani: Jungle Village Life under Darul Islam. *Review of Indonesian and Malayan Affairs* 17:208-279

Robinson, Kathryn May 1986: Stepchildren of Progress. The Political Economy of Development in an Indonesian Mining Town. New York: State University of New York Press

Robinson, Kathy (= Kathryn May) 1988: What Kind of Freedom is Cutting Your Hair? In: Glen Chandler, Norma Sullivan and Jan Branson (eds.): Development and Displacement: Women in Southeast Asia:63-77. Clayton, Victoria: Monash University, Centre of Southeast Asian Studies

Robinson, Kathryn May 1993: The Platform House: Expression of Regional Identity in the Modern Indonesian Nation. In: Virginia Matheson-Hooker (ed.): Culture and Society in New Order Indonesia:228-242. Kuala Lumpur: Oxford University Press (South-East Asian Social Science Monographs)

Robinson, Kathy (= Katryn May) 1997: History, Houses, and Regional Identities. *The Australian Journal iofAnthropology* 8,1:71-88

Robinson, Kathryn May & Mukhlis Paeni (eds.) 1998: Living Through Histories. Culture, History and Social Life in South Sulawesi. Canberra: Department of Anthropology, Research School of Pacific and Asian Studies, The Australian National University

Rocha, Jorge M. 1996: Rationality, Culture, and Decision Making. *Research in Economic Anthropology* 17:13-41

Rodenburg, Janet 1997: In the Shadow of Migration: Rural Women and Their Households in North Tapanuli, Indonesia. Leiden: KITLV (Verhandelingen van het Koninklijk Instituut voor Taal-, Land- en Volkenkunde, 174)

Rodman, Margaret 1993: Beyond Built Form and Culture in the Anthropological Study of Residential Community Spaces. In: Rotenberg & McDonogh (eds.):123-138

Röll, Werner 1994: Die Zuwanderung der Toba Batak nach Padang-Bedagai: Ein Beitrag zur Migrationsforschung in Nordsumatra, Indonesien. In: Benno Werlen & Samuel Wälty (Hrsg.): Kulturen im Raum: Theoretische Ansätze und empirische Kulturforschung in Indonesien:185-202. Bern: Verlag Rüegger (Konkrete Fremde. Studien zur Erforschung und Vermittlung anderer Kulturen, 10)

Rössler, Martin 1988: Die soziale Realität des Rituals: Kontinuität und Wandel bei den Makassar von Gowa (Süd-Sulawesi/Indonesien). Berlin: Dietrich Reimer Verlag. (Kölner Ethnologische Studien, 14)

Rössler, Martin 1990a: Striving for Modesty. Fundaments of the Religion and Social Organization of the Makassar Patuntung. *Bijdragen tot de Taal-, Land- en Volkenkunde* 146, 1-3:289-324

Rössler, Martin 1990b: Interpretationen kulturellen Wissens. Zur Theorie und Praxis ethnographischer Beschreibung. *Anthropos* 85:345-372

Rössler, Martin 1993: Stichwort: Makassar. In: Hockings (ed.):171-174

Rössler, Martin 1997a: Der Lohn der Mühe. Kulturelle Dimensionen von "Wert" und "Arbeit" im Kontext ökonomischer Transformation in Süd-Sulawesi, Indonesien. Münster: Lit Verlag (Göttinger Studien zur Ethnologie, 3)

Rössler, Martin 1997b: Islamization and the Reshaping of Identities in Rural South Sulawesi. In: Richard W. Hefner & Patricia Horvatich (eds.): Islam in an Era of Nation States. Politics and Religious Renewal in Muslim Southeast Asia:275-306. Honolulu: University of Hawai´i Press

Rössler, Martin & Birgitt Röttger-Rössler 1988: Sprache und soziale Wertschätzung. Soziolinguistische Aspekte des Makassarischen. In: Karl-Heinz Pampus & Bernd Nothofer (Hrsg.): Die deutsche Malaiologie (Festschrift für Prof. Hilgers-Hesse):169-196. Heidelberg: Julius Groos Verlag

Rössler, Martin & Birgitt Röttger-Rössler 1991: The Anonymity of Persons and Places in Ethnography. *Anthropos* 86:204-207

Roessner, Hans (Hrsg.) 1986: Der ganze Mensch. Aspekte einer pragmatischen Anthropologie. München: Deutscher Taschenbuch Verlag

Röttger-Rössler, Birgitt 1989: Rang und Ansehen bei den Makassar von Gowa (Süd-Sulawesi/Indonesien). Berlin: Dietrich Reimer Verlag (Kölner Ethnologische Studien, 15)

Rodseth, Lars 1998: Distributive Models of Culture. A Sapirian Alternative to Essentialism. *American Anthropologist* 100,1:55-69

Rogers, Alisdair & Steven Vertovec (eds.): 1995: The Urban Context. Ethnicity, Social Networks and Situational Analysis. Oxford, Washington, D.C: Berg Publishers (Explorations in Anthropology Series)
Rogoff, Barbara & Jean Lave (eds.) 1984: Everyday Cognition: Its Development in Social Context. Cambridge, Mass.: Harvard University Press
Rollwagen, Jack R. 1979: Some Implications of the World System Approach for the Anthropological Study of Latin American Urbanization. *Urban Anthropology* 8,3-4:249-265
Rollwagen, Jack R. 1980: Cities and the World System. Toward An Evolutionary Perspective on the Study of Urban Anthropology. In: Collins (ed.):123-140
Rondinelli, Dennis A. 1983: Secondary Cities in Developing Countries: Policies for Diffusing Urbanization. Beverly Hills: Sage Publications
Ross, Robert & Gerald J. Telkamp (eds.) 1985: Colonial Cities. Essays on Urbanism in A Colonial Context. Dordrecht: Foris Publications
Rosser, Colin 1983: The Evolving Role of A National Agency for Housing and Urban Development in Indonesia. *Habitat International* 7,5-6:137-149
Rossi, Peter H. 1980[2]: Why Families Move. Beverly Hills, London: Sage Publications (zuerst 1955 mit dem Untertitel: A Study in the Social Psychology of Urban Residential Mobility; New York: Macmillan)
Rotenberg, Robert 1995: The Metropolis and Everyday Life. In: Gmelch & Zenner (eds.):60-81
Rotenberg, Robert & Gary W. McDonogh (eds.) 1993: The Cultural Meaning of Urban Space. Westport, Conn., London: Bergin & Garvey (Contemporary Urban Studies)
Rothermund, Dietmar 1991: Asian Emporia and European Bridgeheads. In: Ptak & Rothermund (eds.):3-8
Rüegg, Erwin 1996: Urbanität und Stadtentwicklung. Politische Entscheidungsprozesse in Bologna, Frankfurt/Main und Zürich. Amsterdam: Overseas Publishers Association, Verlag Fakultas (Schriftenreihe Europäische Urbanität - Politik der Städte)
Rüland, Jürgen 1985: Small Cities, Decentralization and Regionalization: A Review of Recent Literature Published by the United Nations Centre for Regional Development (UNCRD). *Internationales Asienforum* 16,1-2:165-174
Rüland, Jürgen (ed.) 1988: Urban Government in Southeast Asian Regional Cities. Issues and Problems in Dispersing Urban Growth. Bangkok
Rüland, Jürgen 1988a: A Critical Review of Theoretical Approaches to Urban Government in Southeast Asia. In: Rüland (ed.):12-53
Rüland, Jürgen 1988b: Urban Government and Development in Southeast Asian Regional Cities: Issues and Problems in Dispersing Urban Growth. In: Rüland (ed.): 54-121
Rüland, Jürgen (Hrsg.) 1996: The Dynamics of Metripolitan Management in Southeast Asia. Singapore: Institute of Southeast Asian Studies (Social Isues in Southeast Asia, 16)
Russel, Susan & Clark Cunningham (eds.) 1989: Changing Lives, Changing Rites. Ritual and Social Dynamics in Philippine and Indonesian Uplands. Ann Arbor: University of Michigan Press (Michigan Studies of South and Southeast Asia, 1)
Russo, J. Edward & Paul J. H. Schoemaker 1989: Decision Traps. Ten Barriers to Brilliant Decision-Making and How to Overcome Them. New York etc.: Simon & Schuster, Inc.
Rutz, Henry J. 1977: Individual Decisions and Functional Systems: Economic Rationality and Environmental Adaptation. *American Ethnologist* 4:156-174
Rutz, Henry J. 1987: Capitalizing on Culture. Moral Ironies in Urban Fiji. *Comparative Studies in Society and History* 29:533-567
Rutz, Werner 1985: Die Städte Indonesiens. Städte und andere nicht-landwirtschaftliche Siedlungen, ihre Entwicklung und gegenwärtige Stellung in Verwaltung und Wirtschaft. Berlin, Stuttgart: Gebrüder Bornträger (Urbanisierung der Erde, 4)
Rutz, Werner 1995: Fahrgastschiffahrt in Indonesien - Bestimmungsgründe, Netzgestalt und Leistungsstand. In: Harald Leisch (Hrsg.): Perspektiven der Entwicklungsländerforschung. Festschrift für Hans Hecklau:301-322 (Trierer Geographische Studien, 11)
Saaduddin, Kasim 1972: Masalah Minoritas Cina di Kota Madya Ujung Pandang. Ujung Pandang: Universitas Hasanuddin (Unveröffentlichte Abschlußarbeit)
Saegert, Susan & Gary H. Winkel 1990: Environmental Psychology. *Annual Review of Psychology* 41:441-477
Sahlins, Marshall David 1981: Kultur und praktische Vernunft. Frankfurt a.M.: Suhrkamp Verlag (zuerst 1976)
Sahlins, Marshall David 1995: How "Natives" think. About Captain Cook, For Example. Chicago, London: The University of Chicago Press

Sanjek, Roger 1977: Cognitive Maps of the Ethnic Domain in Urban Ghana: Reflections on Variability and Change. *American Ethnologist* 4:603-622

Sanjek, Roger 1982: The Organization of Households in Adabraka: Toward a Wider Comparative Perspective. *Comparative Studies in Society and History* 24:57-103

Sanjek, Roger 1990: The Ethnographic Present. *Man* 26:609-628

Sankoff, Gillian 1971: Quantitative Analysis of Sharing and Variability in A Cognitive Model. *Ethnology* 10:389-408

Sannen, Ad M.H. 1986: Mandur and Tukang: The Functioning of Informal Subcontractors and Building Workers in the Construction Sector of Bandung. In: Nas (ed.):220-236

Sarasin, Paul und Fritz Sarasin 1905: Reisen in Celebes. Ausgeführt in den Jahren 1893-1896 und 1902-1903. 2 Bände. Wiesbaden: C.W. Kreidel's Verlag

Sassen, Saskia 1994: Cities in A World Economy. London, New York: Pine Forge Press (Sociology for an New Century Series)

Savage, Mike & Alan Warde 1993: Urban Sociology, Capitalism and Modernity. London: Macmillan

Schank, Roger C. & Robert P. Abelson 1977: Scripts, Plans, Goals, and Understanding. An Inquiry into Human Knowledge Structures. Hillsdale: Erlbaum Publishers

Schefold, Reimar (ed.) 1995: Minahasa Past and Present: Tradition and Transition in An Outer Island Region of Indonesia. Leiden: Research School CNWS (CNWS Publications, 28)

Schenk, Hans 1986: Residential Immobility in Urban India. *Geographical Review* 76:184-194

Scherer, Klaus R. 1986: Zur Rationalität der Emotionen. In: Rössner (Hrsg.):180-191

Schiel, Tilman 1990: Zivilisierung oder Paganisierung? Moderne Kolonialpolitik und "traditionelle" Gesellschaft auf Java. In: Karl-Heinz Kohl & Ernst-Wilhelm Müller (Hrsg.): Die Vielfalt der Kultur. Ethnologische Aspekte von Verwandtschaft, Kunst und Weltauffassung. Erich W. Mühlmann zum 65. Geburtstag:589-605. Berlin: Dietrich Reimer Verlag (Mainzer Ethnologica, 4)

Schiffauer, Werner 1994: Zur Logik von kulturellen Strömungen in Großstädten. In: Greverus et al. (Hrsg.):29-59

Schilling, Heinz 1993: Urbanization without Urbanism: The Transformation of the Frankfurt Hinterland. *Anthropological Journal on European Cultures* 2:113-138

Schimank, Uwe 1988: Gesellschaftliche Teilsysteme als Akteurfiktionen. *Kölner Zeitschrift für Soziologie und Sozialpsychologie* 40:619-639

Schmid, Michael 1987: Collective Action and the Selection of Rules. Some Notes on the Evolutionary Paradigm in Social Theory. In: Michael Schmid & Franz M. Wuketits (eds.): Evolutionary Theories in the Social Sciences:79-100. Dordrecht: D. Reidel Publishing Company

Schmidt-Kallert, Einhard 1990: Leben und Überleben in den Metropolen. Eine Einführung. *Südostasien Informationen* 6,3:4-8

Schmitt, Eberhard, Thomas Schleich & Thomas Beck (Hrsg.) 1988: Kaufleute als Kolonialherren: Die Handelswelt der Niederländer vom Kap der Guten Hoffnung bis Nagasaki 1600-1800. Bamberg: C.C. Buchners Verlag (Schriften der Universitätsbibliothek Bamberg, 6)

Schneider, Helmut 1998: Migration und Existenzsicherung in Thailand und den Philiippinen. Strategien städtischer Haushalte in ausgewählten Sekundärzentren. *Zeitschrift für Wirtschaftsgeographie* 42,3-4:246-262

Schneider, Helmut & Karl Vorlaufer (eds.) 1997: Employment and Housing. Central Aspects of Urbanization in Secondary Cities in Cross-Cultural Perspective. Aldershot: Ashgate

Schneider, David M. 1976: Notes Towards a Theory of Culture. In: Keith Basso & Henry Selby (eds.): Meaning in Anthropology. Albuquerque: University of New Mexico Press

Schneider, Gerhard 1990: Methoden der Umweltrepräsentation. In: Kruse et al. (Hrsg.):218-231

Schrauwers, Albert 1995: The Household and Shared Poverty in the Highlands of Central Sulawesi. *Man* N.S. 30:337-357

Schrauwers, Albert 1997: Houses, Hierarchy, Headhunting and Exchange: Rethinking Political Relations in the Southeast Asian Realm of Luwu. *Bijdragen tot de Taal-, Land- en Volkenkunde* 153,3:356-380

Schubert, Renate 1987: Interne Migration in Entwicklungsländern. Zur Rationalität von Land-Stadt-Wanderungen. *Zeitschrift für Wirtschafts- und Sozialgeographie* 107:207-223

Schulze, Gerhard 1995: Die Erlebnisgesellschaft. Kultursoziologie der Gegenwart. Frankfurt, New York: Campus Verlag

Schwartz, Theodore 1978: Where is the Culture? Personality as the Distributive Locus of Culture. In: George D. Spindler (ed.): The Making of Psychological Anthropology:419-441. Berkeley: University of California Press

Schwartzmann, Helen & Oswald Werner 1990: Census, Taxonomies, and the Partition of Ethnographic Tasks. *CAM Cultural Anthropology Methods Newsletter* 2,3:8-9

Schwarz, Norbert 1985: Theorien konzeptgesteuerter Informationsverarbeitung in der Sozialpsychologie. In: Dieter Frey & Martin Irle (Hrsg.): Theorien der Sozialpsychologie. Band III: Motivations- und Informationsverarbeitungs-theorien:269-292. Bern etc.: Verlag Hans Huber

Schweizer, Gerhardt, H. Gebhardt & H. Zehner o.J.: Haushaltsbefragung in Kölner Stadtteilen (Fragebogen, 9 S.). Köln: Universität Köln: Geographisches Institut; Mskr.

Schweizer, Thomas 1985: Soziale Schichtung im kolonialen Java. *Anthropos* 80:153-183:

Schweizer, Thomas 1989a: Prozessanalyse in der Ethnologie: Eine Exploration von Verfahren und Problemen. *Zeitschrift für Ethnologie* 114:55-74

Schweizer, Thomas 1989b: Perspektivenwandel in der ethnologischen Primär- und Sekundäranalyse. Die frühere und die heutige Methode des interkulturellen Vergleichs. *Kölner Zeitschrift für Soziologie und Sozialpsychologie* 41,3:465-482

Schweizer, Thomas 1989c: Economic Individualism and Community Spirit: Divergent Orientation Patterns of Javanese Villagers in Rice Production and the Ritual Sphere. *Modern Asian Studies* 23,2:277-310

Schweizer, Thomas 1991: Handelsnetze und Stadtentwicklung in Südostasien: Benkulen im Zeitalter der kolonialen Expansion, 1685-1824. In: Kokot & Bommer (Hrsg): 45-74

Schweizer, Thomas 1992: Die Sozialstruktur als Problem der ethnologischen Forschung. *Zeitschrift für Ethnologie* 117:17-40

Schwemmer, Oswald 1984: Zweck-Mittel-Relation. In: Kerber & Schmieder (Hrsg.):678-682

Schwingel, Markus 1993: Analytik der Kämpfe. Macht und Herrschaft in der Soziologie Bourdieus. Hamburg: Argument-Verlag (Argument Sonderbände, N.F., AS 215)

Sen, Amartya 1979: Rational Fools. In: F. Hahn & Martin Hollis (eds.): Philosophy and Economic Theory:100-118. Oxford: Oxford University Press

Scott, James C. 1976: The Moral Economy of the Peasant. Rebellion and Subsistence in Southeast Asia. New Haven, Conn., London: Yale University Press

Sennett, Richard 1994: Civitas. Die Großstadt und die Kultur des Unterschieds. Frankfurt a.M.: Fischer Taschenbuch Verlag

Seymour-Smith, Charlotte 1987: Dictionary of Anthropology. London, Basingstoke: Macmillan

Short, John Rennie 1996: The Urban Order. An Introduction to Cities, Culture, and Power. Cambridge, Mass., Oxford: Blackwell Publishers

Shweder, Richard A. & Robert A. LeVine (eds.) 1984: Culture Theory. Essays on Mind, Self and Emotion. Cambridge: Cambridge University Press

Siagian, Sherlina (ed.) 1989: Budaya Nusantara. Jakarta: Penerbit Bahtera Jaya

Sianipar, T. 1979: Dukun di Ujungpandang. *Widyapura* 2,2:54-65

Siebel, Walter 1998: Fremde in der Stadt. *Die Zeit*: Nr. 48 vom 19.11.1998:59

Siebert, Rüdiger 1989: Das Meer der Träume. Joseph Conrads Ostindien. München: Piper

Siebert, Rüdiger 1995: Aufbruch ins 21. Jahrhundert. In: Hendra Pasuhuk & Edith Koesoemawiria (Hrsg.): Traum der Freiheit. Indonesien 50 Jahre nach der Unabhängigkeit:11-16. Köln: Omimee Interculture Publications

Siebert, Rüdiger 1998a: Marsinah klagt an. Indonesien vor dem Ende einer Ära. *Blätter für deutsche und internationale Politik* 3:320-328

Siebert, Rüdiger 1998b: Indonesien. Inselreich in Turbulenzen. Unkel, Rhein, Bad Honnef: Horlemann

Siegel, James T. 1986: Solo in the New Order: Language and Hierarchy in an Indonesian City. Princeton: Princeton University Press

Simkins, P.D. & F. Wernstedt 1971: Philippine Migration: The Settlement of the Digos-Padada Valley, Davao Province. New Haven: Yale University Press

Simon, Herbert A. 1957: Models of Man. Social and Rational. New York: Wiley

Simon, Herbert A. 1990a: Die Wissenschaften vom Künstlichen. Berlin: Kammerer & Unverzagt (zuerst 1969 und ^{2}1981 bei MIT Press)

Simon, Herbert A. 1990b: Invariants of Human Behavior. *Annual Review of Psychology* 41:1-19

Simon, Herbert A. 1993: Homo rationalis. Die Vernunft im menschlichen Leben. Frankfurt, New York: Campus Verlag (orig. Reason in Human Affairs, Stanford: Stanford University Press, 1983)

Simmel, Georg 1993: Die Großstädte und das Geistesleben. In: Ders.: Das Individuum und die Freiheit. Frankfurt a.M.: Suhrkamp (zuerst 1901)

Simmons, Alan, Sergio Diaz-Briquets & Aprodicia Laquian (eds.) 1977: Social Change and Internal Migration: A Review of Research Findings from Africa, Asia and Latin America. Ottawa: International Development Research Center (IDSC)

Singarimbun, Masri 1977: Urbanisasi: Apakah itu Suatu Problem. *Prisma* 6,5:3-11

Skeldon, Ronald 1992: International Migration Within and From the East and Southeast Asian Region: A Review Essay. *Asian and Pacific Migration Journal* 1:19-63

Skinner, G. (ed.) 1963: Sja'ir Perang Mengkasar (The Rhymed Chronicles of the Macassar War) by Entji' Amin. 'S-Gravenhage: Martinus Nijhoff (Verhandelingen van het Koninklijk Instituut voor Taal-, Land- en Volkenkunde, 40)

Slaats, Herman & Karen Portier 1992: Traditional Decision-Making and Law. Institutions and Processesin An Indonesian Context. Yogyakarta: Gadjah Mada University Press

Smith, Eric Alden 1987: Optimization Theory in Anthropology: Applications and Critiques. In: John Dupré (ed.): The Latest and the Best. Essays on Evolution and Optimality:201-249. London: MIT Press

Smith, Eric Alden 1988: Risk and Uncertainty in the "Original Affluent Society": Evolutionary Ecology of Resource-Sharing and Land Tenure. In: Ti, Ingold, David Riches & James Woodburn (eds.): Hunters and Gatherers 1: History, Evolution and Social Change:222-251. Oxford etc.: Berg (Explorations in Anthropology Series)

Smith, Eric Alden & Bruce Winterhalder 1992: Natural Selection and Decision-Making: Some Fundamental Principles. In: Eric Alden Smith & Bruce Winterhalder (eds.): Evolutionary Ecology and Hunman Behavoir:25-60. New York: Aldine de Gruyter

Smith, Joan, Immanuel Wallerstein & Hans-Dieter Evers (eds.) 1984: Households and the World Economy. Beverly Hills: Sage Publications

Smith, Mary Estellie 1986: Review of Nas (ed., 1986). *Bijdragen tot de Taal-, Land- en Volkenkunde* 152,2:301-305

Smith, Terence & W.A.V. Clark 1980: Housing Market Search: Information Constraints and Efficiency In: Clark & Moore (eds.):100-125

Soegiarto, Heru-Nugroho 1993: The Embeddedness of Money, Moneylenders and Moneylending in a Javanese Town. A Case Study of Bantul-Yogyakarta Special Province. Bielefeld: Univeritat Bielefeld, Fakultät für Soziologie, Diss.

Soegijoko, Budhy Tjahjati S. 1993: Urban Growth, Industrial Development and Migration. In: Dirkse et al. (eds.):67-86

Soemardjan, Selo 1988: Indonesia: A Socio-Economic Profile. New Delhi: Sterling Publishers Private Limited (AASSREC Series Introducing Asian Societies, 1)

Soemantri, Gumilar Rusliwa 1995a: Migration Within Cities: A Study of Socio-Economic Pressures, Intra-City Migration and Grass-Roots Politics in Indonesia. Bielefeld: Universität Bielefeld, Fakultät für Soziologie, Diss.

Somantri, Gumilar Rusliwa 1995b: People Making the City: Patterns of Intra-City Migration in Jakarta. Bielefeld: Universität Bielefeld, Fakultät für Soziologie, Forschungsschwerpunkt Entwicklungssoziologie, (Southeast Asia Programme, Working papers, 228)

Sondakh, Lucky & Gavin Jones 1989: North Sulawesi: Unexploited Potential. In: Hill (ed. 1989): 365-385

Soussan, J. 1980: The Fate of Villages as Cities Grow. A Delhi Experience. Leeds: University of Leeds, School of Geography (Working Papers, 273)

Southall, Aidan 1983: Towards A Universal Urban Anthropology. In: Ansari & Nas (eds.):7-21

Spencer, Andrew H. 1989: Urban Transport. In: Leinbach & Sien (eds.):190-231

Spencer, Robert F. 1970: Migration and Anthropology. Seattle, London: University of Washington Press (Proceedings, American Ethnological Society)

Sperber, Dan 1989: Das Wissen der Ethnologen. Frankfurt a.M.: Edition Qumran im Campus Verlag, Paris: Editions de la Maison des Sciences de l'Homme

Spradley, James P. 1979: Participant Observation. New York etc.: Holt, Rinehart and Winston, Inc.

Spradley, James P. 1980: The Ethnographic Interview. New York etc.: Holt, Rinehart and Winston, Inc.

Spreitzhofer, Günter & Martin Heintel 1995: Jakarta: Der "Big Apple" Südostasiens? In: Peter Feldbauer, Karl Husa, Erich Pilz & Irene Stacher (Hrsg.): Mega-Cities. Die Metropolen des Südens zwischen Globalisierung und Fragmentierung. Frankfurt a.M., Wien: Brandes & Apsel/Südwind (Historische Sozialkunde, 12)

Sripraphai (O'Hearn), Kathleen Ellen 1987: Personal Futures in Transition. Perspectives of Young Rural Thai Women. Saarbrücken: University of the Saar, Diss.

Sripraphai, Phornchai & Kathleen Ellen Sripraphai 1981: The Socio-Ecopsychological Determinants of Migration Tendencies (Village-Town Migration) in Thailand. Saarbrücken: Universität des Saarlandes, Sozialpsychologische Forschungsstelle für Entwicklungsplanung

Sripraphai, Phornchai & Kathleen Ellen Sripraphai 1985: Migration in Thailand. A Social, Eco-Psychological Approach. In: Centlivres (ed.):206-224

Stahr, Volker S. 1997: Südostasien und der Islam. Kulturraum zwischen Kommerz und Koran. Darmstadt: Primus Verlag, Wissenschaftliche Buchgesellschaft

Stillwell, J. & P. Congdon (eds.) 1991: Migration Models. Macro and Micro Approaches. London: Belhaven Press
Steensgard, Niels 1991: Emporia: Some Reflections. In: Ptak & Rothermund (eds.):9-12.
Stöhr, Waldemar 1992a: Stichwort Bugis. In: Inga Rogg & Eckard Schuster (Hrsg.): Die Völker der Erde. Kulturen und Nationen von A-Z:73. München: Bertelsmann Lexikon Verlag
Stöhr, Waldemar 1992b: Stichwort Toraja. In: Inga Rogg & Eckard Schuster (Hrsg.): Die Völker der Erde. Kulturen und Nationen von A-Z:384. München: Bertelsmann Lexikon Verlag
Stokols, Daniel & Irwin Altman (eds.) 1987: Handbook of Environmental Psychology, Vol. 1 und 2. New York: Wiley
Stokols, Daniel & Sally Ann Shumaker 1982: The Psychological Context of Residential Mobility and Well-Being. *Journal of Social Issues* 38,3:149-171
Strauss, Anselm L. 1987: Qualitative Analysis for Social Scientists. Cambridge etc.: Cambridge University Press
Strauss, Claudia 1990: Who Gets Ahead? Cognitive Responses to Heteroglossia in American Political Culture. *American Ethnologist* 17,2:312-328
Strauss, Claudia & Naomi Quinn 1994: A Cognitive/Cultural Anthropology. In: Robert Borowsky (ed.): Assessing Cultural Anthropology:284-297. New York etc.: McGraw-Hill, Inc.
Streck, Bernhard 1985: Netzwerk: der transaktionale Einspruch gegen das Paradigma der struktural-funktionalen Ethnologie. *Anthropos* 80:569-586
Suharso, Alden Speare Jr., Han R. Redman & Imron Husin 1976: Rural-Urban Migration in Indonesia. Jakarta: National Institute of Economic and Social Research, Lembaga Ekonomi dan Kemasyarakatan, Lembaga Ilmu Pengetahuan Indonesia (LEKNAS-LIPI)
Sukanto, Suryono (Soerjono Soekanto) & Soleman B. Taneko 1981: Hukum Adat Indonesia. Jakarta: Penerbit C.V. Rajawali
Sullivan, John 1980: Back Alley Neighbourhood: Kampung as Urban Community in Yogyakarta. Melbourne: Monash University, Centre of Southeast Asian Studies (Working Papers, 18)
Sullivan, John 1991: Local Government and Community in Java. An Urban Case-Study. Singapore etc.: Oxford University Press
Sullivan, Norma 1983: Indonesian Women in Development: State Theory and Urban Kampung Practice. In: Lenore Manderson (ed.): Women's Work and Women's Roles. Economics and Everyday Life in Indonesia, Malaysia and Singapore:147-171. Canberra: Australian National University, Melbourne: Monash University (ANU Development Studies Centre Monographs, 32)
Sullivan, Norma 1989: The Hidden Economy and Kampung Women. In: Alexander (ed.):75-90
Sullivan, Norma 1994: Masters and Managers: A Study of Gender Relations in Urban Java. St. Leonards, New South Wales: Allen & Unwin (Asian Studies Association of Australia, Women in Asia Publication Series)
Suparlan, Parsudi 1978: Flat dari Aspek Antropologi. *Widyapura* 2,1:15-22
Suselo, Hendropranoto, John L. Taylor & Emiel A. Wegelein (eds.) 1995: Indonesia's Urban Infrastructure Development Experience: Critical Lessons for Good Practice (IUIDP). o.O.: United Nations Centre for Human Settlements (HABITAT)
Sutherland, Heather 1983: Slavery and Slave Trade in South Sulawesi, 1660s-1800s. In: Anthony Reid (ed.): Slavery, Bondage and Dependency in South East Asia: 263-285. St. Lucia: University of Queensland Press
Sutherland, Heather 1986: Ethnicity, Wealth and Power in Colonial Makassar: A Historiographical Reconstruction. In: Nas (ed.):37-55
Sutherland, Heather 1989: Eastern Emporium and Company Town: Trade and Society in Eighteenth Century Makassar. In: Broeze (ed.):97-128
Sutherland, Heather 1992: Trade in VOC Indonesia. The Case of Makassar. In: Bernhard Dahm (ed.): Regions and Regional Development in the Malay-Indonesian World:45-62. Wiesbaden: Otto Harrassowitz
Suttles, Gerald D. 1972: The Social Construction of Communities. Chicago: University of Chicago Press
Sutton, R. Anderson 1995: Performing Arts and Cultural Politics in South Sulawesi. *Bijdragen tot de Taal-, Land- en Volkenkunde* 151,4:672-699
Sztompka, Piotr 1993: The Sociology of Social Change. Oxford, Cambridge, Mass.: Blackwell
Tachya, A. 1983: Pagandeng dan Pajama. Pedagang Keliling dan Pekerja Kecil di Kelurahan Tetebatu Gowa. Ringkasan Hasil Penelitian. Ujung Pandang: Universitas Hasanuddin-PLPIIS
Tambiah, Stanley Jeyaraja 1990: Magic, Science, Religion, and the Scope of Rationality. Cambridge: Cambridge University Press
Taneko, Soleman B. 1986: Konsepsi Sistem Sosial dan Sistem Sosial Indonesia. Jakarta: Penerbit CV. Fajar Agung

Tantu, Hammado 1982: Menarik Becak dan Hari Esok. Kasus: Penarik Becak Asal Camba-Camba dan Bonto-Burungeng di Kota Madya Ujung Pandang. Jakarta: Yayasan Ilmu-Ilmu Sosial

Tarnutzer, Andreas 1993a: Kota Adat Denpasar (Bali). Stadtentwicklung, staatliches Handeln und endogene Institutionen. Universität Zürich, Geographisches Institut (Anthropogeographie, 12)

Tarnutzer, Andreas 1993b: Das andere Bali II: Urbanisierung auf der Insel der Götter. *Geographica Helvetica* 48,1:27-36

Tauchmann, Kurt 1984: Political Integration and Divergence of Native Traditions: An Example from the Igorot/Philippines. *Internationales Asienforum* 15,1-2:89-98

Taylor, Paul Michael 1994: The "Nusantara" Concept of Culture: Local Traditions and National Unity as Expressed in Indonesia's Museums. In: Paul Michael Taylor (ed.): Fragile Traditions: Indonesian Art in Jeopardy:71-90. Honolulu: University of Hawaii Press

Taylor, Michael 1989: Structure, Culture and Action in the Explanation of Social Change. *Politics and Society* 17,2:115-162

Taylor, Ralph B. 1988: Human Territorial Functioning. An Empirical Evolutionary Perspective on Individual and Small Group Territorial Cognitions, Behaviors and Consequences. Cambridge: Cambridge University Press

Theroux, Paul 1993: Die glücklichen Inseln Ozeaniens. Hamburg: Hoffmann und Campe

Thrift, Nigel 1989: Introduction (zum Part II: New Models of the Citty). In: Peet & Thrift (eds.):43-54.

Thrift, Nigel & Dean K. Forbes 1986: Urbanization in Vietnam 1954-1985. London: Allen & Unwin

Tim Penyusuan Kamus Pusat Pembinaan den Pembangunan Bahasa [3]1990: Kamus Besar Bahasa Indonesia. Jakarta: Balai Pustaka, depertemen Pendidikan dan Kebudayaan

Tirtosudarmo, Riwanto 1985: Migration Decision Making. The Case of East Java. Jakarta: Lenbaga Ilmu Pengetahuan Indonesia (LIPI/LPIIIES)

Tirtosudarmo, Riwanto 1992: Indonesia 1991. Quest for Democracy in a Turbulent Year. In: Daljit Singh (ed.): Southeast Asian Affairs 1992:123-139. Singapore: Institute of Southeast Asian Studies (ISEAS)

Tirtosudarmo, Riwanto 1997: Economic Development, Migration, and Ethnic Conflict in Indonesia: A Preliminary Observation. *Sojourn. Social Issues in Southeast Asia* 12,2:293-328

Tirtosudarmo, Riwanto 1999: The Impact of Migration in Eastern Indonesia. *Jakarta Post* Vol. 16, Nr. 335, Seite 4

Todaro, Michael P. 1976: Internal Migration in Developing Countries: A Review of Theory, Evidence, Methodology and Research Priorities. Genf: International Labour Organization (ILO)

Todaro, Michael P. [3]1985: Economic Development in the Third World. New York, London: Longman (Kap. 9: Urbanization and Migration: Internal and International:247-284)

Tognoli, Jerome 1987: Residential Enviroments. In: Stokols & Altman (eds.):vol. 1:655-690

Tol, Roger 1989: De Buginezen op Zuid-Sulawesi. Geschiedenis en Literatur. In: W. Van der Molen (ed.): Indonesiana, Culturkunde van Indonesié:52-73. Leiden: Vakgroep TCZOAO

Tol, Roger 1991: Toloqna Arung Labuja: Een twintigste-eeuws Buginees heldengedicht van de hand van I Malloq Daéng Mabéla Arung Manajéng. Leiden: KITLV (Verhandelingen van het Koninklijk Instituut voor Taal-, Land- en Volkenkunde, 141)

Treinen, Heiner 1965: Symbolische Ortsbezogenheit. *Kölner Zeitschrift für Soziologie und Sozialpsychologie* 17:73-97 und 254-297

Tuaruns, Acmad & David Kurnia 1991: Studi Kesakitan dan Kematian Anak Balita di Kotamadya Ujung Pandang Tahun 1988 sampai 1990. Ujung Pandang: Universitas Hasanuddin, Laboratorium Ilmu Kesehatan Masyarakat dan Ilmu Kedoktoran Pencegahan Fakultas Kedokteran

Tugiyono o.J. (ca. 1982): Atlas dan Lukisan Sejarah Nasional Indonesia. Untuk Sekolah Menengah dan Umum. Jakarta: CV. Baru

Turner, Fredrick Jackson 1962: The Frontier in American History. New York: Holt, Rinehart & Winston (orig. 1920)

Turner, John C. 1968: Housing Priorities, Settlement Patterns, and Urban Development in Modernizing Countries. *Journal of the American Institute of Planners* 34:354-363

Turner, Victor 1992: Prozeß, System, Symbol. Eine neue anthropologische Synthese. In: Rebekka Habermas & Nils Minkmar (Hrsg.): Das Schwein des Häuptlings. Sechs Aufsätze zur historischen Anthropologie:130-146. Berlin: Verlag Klaus Wagenbach (zuerst in *Daedalus* 106,3; 1977)

Tversky, Amos 1981: The Framing of Decisions and the Psychology of Choice. *Science* 211:453-458

Uhlenberg, Peter 1973: Non-Economic Determinants of Non-Migration: Sociological Considerations for Migration Theory. *Rural Sociology* 38,3:296-311

Uhlig, Harald 1988: Fischer Länderkunde Südostasien. Frankfurt a.M.: Fischer Taschenbuch Verlag

Uhlig, Harald 1992: Südostasien vor dem Jahr 2000. Die industrielle und agrarische Entwicklung der ASEAN-Länder. *Geographische Rundschau* 44,1:10-17

Ulack, Richard & Thomas R. Leinbach 1985: Migration and Employment in Urban Southeast Asia. *National Geographic Research* 1,3:310-337

Ursprung, Heinrich 1988: Evolution and the Economic Approach to Human Behavior. *Journal of Social and Biological Structures* 11:257-297

Valjavec, Friedrich 1997: Globale Ethnologie. Zur Bedeutung in kulturellen Randlagen. München: Akademischer Verlag

Vanberg, Monika 1975: Ansätze der Wanderungsforschung. Folgerungen für ein Modell der Wanderungsentscheidung. In: Untersuchungen zur kleinräumigen Bevölkerungsbewegung:3-20. Hannover: Schroedel (Veröffentlichungen der Akademie für Raumforschung und Landesplanung, Forschungs- und Sitzungsberichte, 95)

Vanberg, Viktor 1975: Die zwei Soziologien. Individualismus und Kollektivismus in der Sozialtheorie. Tübingen: J.C.B. Paul Mohr (Siebeck)

Van de Vyvere, Ives 1994: Stated Preference Decompositional Modelling and Residential Choice. *Geoforum* 25,2:189-202

Vayda, Andrew P. & Ahmad Sahur 1985: Forest Clearing and Pepper Farming by Bugis Migrants in East Kalimantan. Antecendents and Impacts. *Indonesia* 39,4:93-110

Villiers, John 1983: One of the Especiallest Flowers in our Garden: The English Factory at Makassar, 1613-1667. *Archipel: Études interdisciplinaires sur le monde insulindien* 39:159-178

Villiers, John 1990: Makassar: The Rise and Fall of an East Indonesian Maritime Trading State, 1512-1669. In: Kathirithambi-Wells & Villiers (eds.): 143-159

Vincent, Joan 1978: Political Anthropology: Manipulative Strategies. *Annual Review of Anthropology* 7:175-194

Visser, Leontine E. (ed.) 1994: Halmahera and Beyond: Social Science Research in the Moluccas. Leiden: KITLV Press (KITLV Proceedings, 1)

Volkman, Toby Alice 1984: Great Performances: Toraja Cultural Identity in the 1970s. *American Ethnologist* 11,1:152-169

Volkman, Toby Alice 1985: Feasts of Honor. Ritual and Change in the Toraja Highlands. Urbana: University of Illinois Press (Illinois Studies in Anthropology, 16)

Volkman, Toby Alice 1987: Mortuary Tourism in Tana Toraja. In: Rita S. Kipp & Susan Rogers (eds.): Indonesian Religions in Transition: 161-167. Tuscon: University of Arizona Press

Volkman, Toby Alice 1990: Visions and Revisions. Toraja Culture and the Tourist Gaze. *American Ethnologist* 17,1: 91-110

Volkman, Toby Alice 1994: Our Garden is the Sea: Contingency and Improvisation in Mandar Women's World. *American Ethnologist* 21,5:564-586

Volkman, Toby Alice & Ian Caldwell (eds.) 1992: Sulawesi. The Celebes. Singapore: Periplus Editions (Periplus Travel Guides)

Volkman, Toby Alice and Kal Muller 1992: Peoples. An Island of Great Ethnic Diversity. In: Volkman & Caldwell (eds.):41-47

Volkstelling 1930: Vorlopige Uitkomsten. Batavia: Landsdrukkerij; Departement van Landbouw en Handel

Volkstelling 1996: Volkstelling 1930. Deel V: Inheemische bevolking van Borneo, Celebes, de Kleine Soenda Eilanden en De Molukken. Batavia: Landsdrukkerij

Vunderink, A. (ed.) 1938: Gids van Makassar en Zuid-Celebes. Makassar: Celebes Drukkerij

Wagner, Wilfried (Hrsg.) 1992[2]: Identität im Wandel auf indonesischen Außeninseln. Münster: Lit Verlag

Walinono, Hasan 1974/75: Sebab Musabab Outflow Penduduk Sulawesi Selatan (Penelitian I/II). Ujung Pandang: Universitas Hasanuddin, Lembaga Kependudukan

Walinono, Hasan, M. Anshar Ahmad, Syamsuddin Suryana, Syamsuddin Nur Indar & A. Gani Baso 1974: Peta Sosiologis Kota Madya Ujung Pandang (Suatu Survey). Ujung Pandang: Universitas Hasanuddin; Lembaga Penetilian Sosial Politik

Wallace, Alfred Russell 1989: The Malay Archipelago. The Land of the Orang-Utan, and the Bird of the Paradise. Singapore etc.: Oxford University Press (zuerst 1869, New York)

Wallace, Anthony F. 1965: Driving to Work. In: Melford Spiro (ed.): Context and Meaning in Cultural Anthropology. In Honour of A. Irving Hallowell:277-292. New York, London: The Free Press, Collier Macmillan

Warren, Carol 1993: Adat and Dinas. Balinese Communities in the Indonesian State. Kuala Lumpur etc.: Oxford University Press

Warren, James Francis 1981a: The Dynamics of External Trade, Slavery, and Ethnicity in the Transformation of a Southeast Asian Maritime State. Singapore: Singapore University Press
Warren, James Francis 1981b: The Sulu Zone: Commerce and Evolution of A Multi-Ethnic Polity, 1768-1898. *Archipel: Études interdisciplinaires sur le monde insulindien* 18:223-229
Warren, James Francis 1987: Joseph Conrad's Fiction as Southeast Asian History: Trade and Politics in East Borneo in the Late Nineteenth Century. In Ders.: At the Edge of Southeast Asian History:8-20. Quezon City: New Day Publishers (zuerst in *The Brunei Museum Journal* 1977:21-34)
Wassmann, Jürg 1993: Das Ideal des leicht gebeugten Menschen. Eine ethno-kognitive Analyse der Yupno in Papua-New Guinea. Berlin: Dietrich Reimer Verlag
Wassmann, Jürg & Pierre R. Dasen (eds.) 1990: Alltagswissen. Der kognitive Ansatz im interdisziplinären Dialog. Fribourg: Universitätsverlag
Waterson, Roxana 1990: The Living House: An Anthropology of Architecture in South-East Asia. Singapore etc.: Oxford University Press
Weber, Helmut 1994: The Indonesian Concept of Development and Its Impact on the Process of Social Transformation. In: Buchholt & Mai: 194-210
Weber, Max 1958: The City. New York: The Free Press
Weber, Max 1995: Schriften zur Soziologie. Stuttgart: Philipp Reclam jun.
Weber, Peter 1982: Geographische Mobilitätsforschung. Darmstadt: Wissenschaftliche Buchgemeinschaft (Erträge der Forschung, 179)
Weede, Erich 1989: Der ökonomische Erklärungsansatz in der Soziologie. *Analyse & Kritik* 11:23-61
Wellenkamp, Jane C. 1988: Order and Disorder in Toraja Thought and Ritual. *Ethnology* 27:311-326
Weichhart, Peter 1990: Raumbezogene Identität. Bausteine zu einer Theorie räumlich-sozialer Kognition und Identifikation. Stuttgart: Franz Steiner Verlag (Erdkundliches Wissen, 102)
Weichhart, Peter 1994: Vom "Räumeln" in der Geographie und anderen Disziplinen. Einige Thesen zum Raumaspekt sozialer Phänomene. In: Mayer (Hrsg.):225-241
Weller, Susan C. & A. Kimball Romney 1988: Systematic Data Collection. Newbury Park etc.: Sage Publications (Qualitative Research Methods, 10)
Welz, Gisela 1991: Sozial interpretierte Räume, räumlich definierte Gruppen. Die Abgrenzung der Untersuchungseinheiten in der amerikanischen Stadtforschung. In: Kokot & Bommer (Hrsg.):29-43
Werner, Oswald 1993: Short Take 10: Semantic Accent and Folk Definitions. *CAM Cultural Anthropology Methods Newsletter* 5:6-7
Werner, Oswald & Mark Schoepfle 1987: Systematic Fieldwork (2 Vols.). Newbury Park: Sage Publications
Wertheim, Wim F. 1951: De stad in Indonesie: Oud-Indonesische steden. *Indonesie* 5:24-40
Wertheim, Wim F. et al. (eds.) 1958: The Indonesian Town. Studies in Urban Sociology. Den Haag, Bandung: Van Hoeve (Selected Studies on Indonesia. By Dutch Scholars, 4)
Wertheim, Wim F. 1958: Urban Development. In: Wertheim et al. (eds.):168-192
Wertheim, Wim 1987: Colonial and Post-Colonial Cities as Arenas of Conflict (Rezension zu Nas; ed. 1986). *Bijdragen tot de Taal-, Land- en Volkenkunde* 143,4:539-544
Wheatley, Paul 1983: Negara and Commandery. Origins of Southeast Asian Urban Traditions. Chicago: University of Chicago Press (Dept. of Geography Papers, 207/208)
Whitten, Anthony J., Muslimin Mustafa & Gregory S. Henderson 1987: The Ecology of Sulawesi. Yogyakarta: Gadjah Mada University Press
Wiedemann, Peter 1991: Gegenstandsnahe Theoriebildung. In: Uwe Flick, Ernst von Kardorff, Heiner Keupp, Lutz von Rosenfeld & Stephan Wolff (Hrsg.): Handbuch Qualitative Sozialforschung. Grundlagen. Konzepte, Methoden und Anwendungen:440-445. München: Psychologie Verlags Union
Wiesenthal, Helmut 1987: Rational Choice. Ein Überblick über Grundlinien, Theoriefelder und neuere Themenakquisition eines sozialwissenschaftlichen Paradigmas. *Kölner Zeitschrift für Soziologie und Sozialpsychologie* 16,6:434-449
Wilk, Richard R. (ed.) 1989: The Household Economy. Reconsidering the Domestic Mode of Production. Boulder etc.: Westview Press
Wilk, Richard R. 1989: Decision Making and Resource Flows Within the Household: Beyond the Black Box. In: Wilk (ed.): 23-52
Wilk, Richard R. 1990: Household Ecology: Decision Making and Resource Flows. In: Emilio Moran (ed.): The Ecosystem Approach in Anthropology. From Concept to Practice:323-355. Ann Arbor: The University of Michigan Press
Wilk, Richard R. 1991: Household Economy: Economic Change and Domestic Life among the Kekchi Maya of Belize. Tuscon: University of Arizona Press (Arizona Studies of Human Ecology)

Wilk, Richard R. 1993: Altruism and Self-Interest: Towards an Anthropological Theory of Decision Making. In: Barry Isaac (ed.): Research in Economic Anthropology, Vol 14:191-212. Greenwich, Conn., London: JAI Press, Inc.
Wilson, Alan G. 1980: Residential Mobility: Policy, Models, and Information. In: Clark & Moore (eds.):153-167
Wilson, Bryan R. (ed.) 1970: Rationality. Oxford: Basil Blackwell (Key Concepts in the Social Sciences)
Wirosuhardjo, Kartomo 1982: Patterns and Trends of Internal Migration and Urbanization in Indonesia and Their Policy Implications. Jakarta: Universitas Indonesia; Diss.
Wirth, Louis 1974: Urbanität als Lebensform. In: Herlyn, Ulfert (Hrsg.):42-66 (zuerst in *American Journal of Sociology* XLIV:1-24, 1938)
Wiswede, Günter ²1995: Einführung in die Wirtschaftspsychologie. München, Basel: Ernst Reinhardt Verlag
Witt, Ulrich 1989: Wissen, Präferenzen und Kommunikation - eine ökonomische Theorie. *Analyse & Kritik* 11:94-109
Wolbert, Barbara 1995: Der getötete Pass. Rückkehr in die Fremde. Eine ethnologische Migrationsstudie. Berlin: Athenäum (Zeithorizonte. Studien zu Theorie und Perspektive der Europäischen Ethnologie, 3)
Wolfram-Seifert, Ursel 1992: Faktoren der Urbanisierung und die Entwicklung regionaler Städtesysteme auf Sumatra. Analyse der Siedlungsstrukturen in den Provinzen Nord-, West- und Süd-Sumatra (Indonesien). Hamburg: Verlag Ferdinand Schöningh (Hamburger Geographische Studien, 46)
Wolhoff, G.J. & Abdurrahim o.J.: Sedjarah Goa. Bingkisan, Seri A, Jilid 1. o.O. (Makassar): Jajasan Kebudayaan Sulawesi-Selatan & Tenggara (JKSST)
Wolpert, J. 1965: Behavioral Aspects of the Decision to Migrate. *Papers of the Regional Science Association* 15:159-169
Wolters, Oliver William 1982: History, Culture, and Religion in Southeast Asian Perspectives. Singapore: Institute of Southeast Asian Studies
Wood, William B. 1989: Intermediate Cities on the Resource Frontier: A Case Study from Indonesia. In: Costa et al. (eds.):191-206
Wouden, F.A.E. van 1968: Types of Social Structure in Eastern Indonesia. The Hague: Martinus Nijhoff
Wurm, Stephen ²1994: Section 2: Australasia and the Pacific. In: Christopher Moseley & R.E. Asher (general eds.): Atlas of the World's Languages:92-156. London: Routledge
Yamashita, Shinji 1986: The Toraja Community in Ujung Pandang: A Study on a Local City in Indonesia. *Toman-Ajia-Kenkyu. Southeast Asian Studies* 23,4:419-438
Yamashita, Shinji 1994: Manipulating Ethnic Tradition: The Funeral Ceremony, Tourism and Television among the Toraja of Sulawesi. *Indonesia* 58:69-82
Yeh, Stephen H.K. & Aprodicio A. Laquian (eds.) 1979: Housing Asia's Millions: Problems, Policies and Prospects for Low-Cost Housing in Southeast Asia. Ottawa: International Development Research Center (IDSC)
Yeung, Yue-Man 1985: The Housing Problem in Urbanizing Southeast Asia. In: Krausse (ed.):43-66
Yeung, Yue-Man 1989: Bursting at the Steams: Strategies for Controlling Metropolitan Growth in Asia. In: Costa et al. (eds.):311-332
Yeung, Yue-Man & C.P. Lo (eds.) 1976: Changing Southeast Asian Cities: Readings in Urbanization. Singapore u.a: Oxford University Press
Yeung, Yue-Man & Terence Gary McGee (eds.) 1986: Community Participation in Delivering Urban Services in Asia. Ottawa: International Development Research Centre (IDRC-238e)
Young, James Clay 1980: A Model of Illness Treatment in a Tarascan Town. *American Ethnologist* 5:81-97
Young, James Clay 1982: Medical Choice in a Mexican Village. New Brunswik, N.J.: Rutgers University Press
Zainal Abidin, Farid 1971: Notes on the Lontara' as Historical Sources. *Indonesia* 12:159-172
Zainal Abidin, Farid 1982: Peradjinan Penggulayan Persatuan Rakyat Sulawesi Selatan untuk mengusur V.O.C. dari Makassar pada abad ke 18: trio La Ma'dukkeling, Karaeng Bonto Langkasa dan Arung Kaju. Ujung Pandang: Makalah (disampaikan pada) Seminar Sejarah Perjuangan Rakyat SULSEL menenteng Perjahan Asing; 8.-11.12.1982; paper; 36pp.
Zainal Abidin, Andi 1983: Persepsi Orang Bugis, Makassar tentang Hukum, Negara dan Dunia Luar. Bandung: Penerbit Alumni
Zenner, Walter P. 1980: Urbanism. In: Gmelch & Zenner (eds.):9-25
Zerner, Charles 1982: Silk from Southern Sulawesi. *Orientations* 13,2:46-55
Zintl, Reinhard 1989: Der Homo Oeconomicus: Ausnahmeerscheinung in jeder Situation oder Jedermann in Ausnahmesituationen? *Analyse & Kritik* 11: 52-69

REIMER

Kölner Ethnologische Mitteilungen
Herausgegeben von Ulla Johansen und Thomas Schweizer

Band 8
Aparna Rao (Hg.)
The other nomads
Peripatetic minorities in cross-cultural perspective
XIII und 391 Seiten, Tabellen und Abbildungen. 1987
Gebunden / Best. Nr.: 50201

Band 9
Thomas Schweizer
Reisanbau in einem javanischen Dorf
Eine Fallstudie zu Theorie und Methodik der Wirtschaftsethnologie
XVI und 718 Seiten, zahlr. Tabellen, 22 Abbildungen davon 2 als Faltblatt. 1990
Gebunden / Best. Nr.: 50202

Band 10
Michael J. Casimir
Flocks and Food
A biocultural approach to the study of pastoral foodways
XI V und 327 Seiten, 7 Abbildungen und zahlr. Tabellen. 1992
Gebunden / Best. Nr.: 50203

Band 11
Rolf Wirsing
Gesundheits- und Krankheitsverhalten und seine kulturelle Einbettung in einer Kleinstadt im Südosten der Türkei
XV und 312 Seiten. 1992
Gebunden / Best. Nr.: 50204

REIMER